SERGEJ O. PROKOFIEFF

Novalis
Ewige Individualität

Novalis

SERGEJ O. PROKOFIEFF

NOVALIS
EWIGE INDIVIDUALITÄT

Zur karmischen Novalis-Biographie

BEITRÄGE ZUR GEISTESGESCHICHTE MITTELEUROPAS BD. I

Aus dem Russischen von Ursula Preuß

2., durchgesehene und ergänzte Auflage 2008

Frontispiz: Novalis-Büste von Friedrich Schaper
auf dem Grab von Novalis in Weißenfels.

Einbandgestaltung Gabriela de Carvalho

Verlag am Goetheanum, CH-4143 Dornach
Gesamtherstellung: fgb · freiburger graphische betriebe
ISBN 978-3-7235-1321-7

ALLEN GEWIDMET,
DIE MITTEL- UND OSTEUROPA
GEISTIG VERBINDEN WOLLEN

Inhalt

Vorwort

«... wie ein roter Faden durchgegangen war durch seine Weisheitsoffenbarungen: das Mysterium von Novalis, Raphael, Johannes.»*

Marie Steiner

«Novalis muß heute als lebendige Geistgestalt erlebt werden ... So muß auch seine ewige Entelechie zu uns sprechen.»*

Albert Steffen

«So gibt es zwei Michaels-Strömungen: die eine, die an Michael, den Sonnengeist selbst anknüpft, und die zweite, von Elias geleitete.»*

Ita Wegman

Wie wohl keine andere Individualität erweist sich diejenige, die in ihrem vergangenen Erdenleben unter dem Namen Novalis wirkte, als ein Schlüssel zu den Geheimnissen sowohl der frühesten Vergangenheit als auch der fernsten Zukunft.

Ebenso nimmt sie in den geisteswissenschaftlichen Betrachtungen Rudolf Steiners einen ganz besonderen Platz ein. Faßt man alles, was der Begründer der modernen Wissenschaft vom Geiste über sie sagte, zusammen, entsteht der Eindruck, daß die Individualität von Novalis zweifellos jenem Kreis übersinnlicher Inspiratoren der Anthroposophie angehört, welche von Anfang an unsichtbar ihre allmähliche Verkörperung auf der Erde im 20. Jahrhundert begleiteten.

Davon ausgehend stellt sich der vorliegenden Arbeit eine dreifache Aufgabe. Erstens ist eine Antwort zu finden auf die Frage: Welche Stelle nimmt die Erforschung von Novalis' karmischer Biographie im Lebenswerk Rudolf Steiners ein, und, vor allem, wo können wir unter der Vielzahl seiner geisteswissenschaftlichen Mitteilungen Spuren unmittelbarer Inspiration dieser Individualität finden, welche von deren Beteiligung an der anthroposophischen Bewegung zeugen?

---

*Angaben zu den drei Mottos: Siehe in «An Stelle eines Nachworts».

Eine Antwort auf diese Frage ist jedoch nicht nur mit der *vergangenen* Entwicklung dieser Individualität verbunden, soweit sie uns durch die Mitteilungen moderner okkulter Forschung von Rudolf Steiner bekannt wurde, sondern es erweist sich auch als notwendig, einen Weg zu finden, der zu einem Verständnis der *zukünftigen* Mission dieser Individualität führt, die so eng mit dem geistigen Sinn der Erdenevolution verbunden ist.

Der Hinweis auf Novalis' zukünftige Aufgabe in der Erdenentwicklung, so wie sie, in seiner reichen karmischen Vergangenheit wurzelnd, sich allmählich entfaltet und Gestalt annimmt – das ist das zweite Anliegen dieser Arbeit.

Das dritte Anliegen schließlich, das in gewisser Beziehung auch die zwei erstgenannten einschließt, besteht darin, die Individualität von Novalis der Seele jedes Anthroposophen dadurch noch näher zu bringen, daß versucht werden soll, zu den tieferen Gründen seiner inneren Welt, zu den verborgeneren Triebkräften seiner Seele vorzudringen – zu dem Geheimnis der in ihm und durch ihn wirkenden, die Menschheit führenden okkulten Mächte, der Mächte, die in unserer Zeit durch Rudolf Steiner die Anthroposophie ins Leben riefen. Mit anderen Worten: Novalis' Geistgestalt uns näherzubringen, daß er ein naher Freund und geistiger Gefährte jedes Anthroposophen in seinem inneren spirituellen Streben werden möge, ein wahrer Helfer bei der Verwirklichung der Aufgaben der Anthroposophie in unserer heutigen Welt – das ist das dritte Anliegen dieses Buches.

Denn es ist Novalis' Mission mit der Hauptaufgabe der Anthroposophie in unserer Zeit, mit ihrem Dienst für den zentralen Impuls der ganzen Erdenentwicklung, dem Impuls von Michael-Christus ganz unmittelbar verbunden.

Wie Rudolf Steiner mehrfach bezeugte, ist es eine der wichtigsten Aufgaben der Anthroposophie, noch im Schoße unserer fünften nachatlantischen Kulturepoche die künftige sechste Epoche vorzubereiten, in welcher jenes *spirituelle oder johanneische Christentum* seine volle und höchste Blüte erreichen soll, dessen erster Vorbote heute die moderne Wissenschaft vom Geiste ist. Diese kommende spirituelle Epoche, die etwa in der Mitte des vierten Jahrtausends nach Christi Geburt beginnen soll, wird ganz besonders mit der slawischen Bevölkerung Osteuropas verbunden sein.

Genaueres darüber wird in dieser Arbeit gesagt werden. Hier ist deswegen darauf hinzuweisen, weil sie im Jahr vor dem tausendjährigen Jubiläum der Christianisierung des größten Volkes Osteuropas vollendet wurde.

Die im Jahre 988 in Kiew erfolgte Taufe Rußlands hat nicht nur für Europa eine Bedeutung, da es nun weitgehend christianisiert war, sondern auch für die ganze Menschheit. Denn durch sie erlangte Osteuropa den Zugang zu denjenigen geistigen Kräften, deren volle Entfaltung es der ganzen Menschheit ermöglichen wird, in der sechsten Kulturepoche sich auf eine neue, höhere Stufe in ihrer Entwicklung zu erheben.

Wenn wir nun vom Standpunkt dieser von uns skizzierten geisthistorischen Perspektive auf die Persönlichkeit und das Werk von Novalis schauen, können wir die ganz erstaunliche Entdeckung machen, daß wohl keine einzige Persönlichkeit der neueren Zeit so viele und so charakteristische Züge der künftigen sechsten Kulturepoche aufweist wie Novalis!

Diese «Entdeckung», die für den Verfasser zum Schlüssel für das Verständnis der Persönlichkeit und des Werkes von Novalis wurde, bildete dann auch den Anlaß, dieses Buch zu schreiben. Denn er erkannte: in Novalis kann nicht nur Mitteleuropa und Westeuropa seine eigene Zukunft wie in einem Spiegel sehen, sondern vor allem auch *Osteuropa.*

Deshalb kann die Individualität von Novalis wie keine andere als eine Brücke dienen, die Mitteleuropa und Osteuropa geistig verbindet, indem sie prophetisch durch ihre Persönlichkeit und ihr Werk den zukünftigen Übergang der Menschheit von der fünften zur sechsten Kulturepoche vorwegnimmt, welche ihrerseits die erste Stufe auf dem Wege zu dem neuen Äon der Weltentwicklung ist, dem Jupiter-Äon.

Ein *solches* Verständnis von Novalis als einem *Mittler* zwischen dem Westen und dem Osten zu ermöglichen und gleichzeitig als einem Führer der ganzen Menschheit zu der kommenden spirituellen Kultur, das ist das Anliegen dieser Arbeit.

Arlesheim, Johanni 1987 *Sergej O. Prokofieff*

1.
Der Ursprung

Unter allen geisteswissenschaftlichen Mitteilungen Rudolf Steiners nimmt das Thema der Karma-Forschung einen ganz besonderen Platz ein. Es kann – nach Rudolf Steiners eigener Aussage mit seiner wichtigsten Lebensaufgabe in Zusammenhang stehend[1] – als eine Art Alpha und Omega seines gesamten geistigen Schaffens angesehen werden. Schon zu Beginn seiner öffentlichen Tätigkeit als Lehrer des christlichen Okkultismus wählte er für die einleitenden Vorträge bei der Begründung der deutschen Sektion der Theosophischen Gesellschaft im Herbst 1902 den Titel «Praktische Karma-Übungen»[2]. Zwar konnte sein damaliges Vorhaben nicht verwirklicht werden, und doch war dieses Thema wie ein während langer Winterzeit in der Erde ruhender Same bei vielen geisteswissenschaftlichen Untersuchungen der folgenden Jahre gleichsam im Hintergrund anwesend, um sodann an der Weihnachtstagung von 1923 mit aller Kraft hervorzutreten und in den Karma-Vorträgen des Jahres 1924 seine höchste Entwicklung und Entfaltung zu erfahren. So bildet die geisteswissenschaftliche Forschung auf dem Gebiet des Karma, gleichsam eine majestätische geistige Brücke bildend, die Anfang und Ende der irdischen Entwicklung der Anthroposophie im Laufe des ersten Viertels des 20. Jahrhunderts verbindet, zugleich ihren wichtigsten Beitrag zur gesamten Geisteskultur.

Abgesehen von dem genannten Anfangs- und Endpunkt der Entwicklung dieses Themas können wir jedoch auch beobachten, wie es zu bestimmten Zeiten, die in den Werdegesetzen der Geisteswissenschaft selbst begründet sind, immer wieder in den verschiedensten Zusammenhängen ins Zentrum der anthroposophischen Betrachtungen rückt. In dieser Beziehung hat das Jahr 1909 eine ganz besondere Bedeutung: das Jahr des Beginns der Wiederkunft Christi in ätherischer Gestalt, das Jahr, an dem der Prozeß, durch den Er allmählich zum Herrn des Karma wird, seinen Anfang nahm.[3]

Im Zusammenhang mit diesen für die weitere Weltentwicklung so entscheidenden Ereignissen führt Rudolf Steiner in den Kreis seiner geisteswissenschaftlichen Betrachtungen ein ganz neues Thema ein, das den Mysterien der «spirituellen Ökonomie» gewidmet ist und in dem das Motiv der Karma-Forschung sowie der karmischen Führung des Menschen und der Menschheit mit besonderer Kraft in Erscheinung tritt.[4]

Der erste Vortrag zu diesem Thema wurde zwar schon am 28. Dezember 1908 gehalten, er hatte jedoch noch bis zu einem gewissen Grad den Charakter einer esoterischen Stunde – es war zum Beispiel nicht gestattet mitzuschreiben.

Den eigentlichen Anfang aller weiteren Mitteilungen über die Mysterien der «Spirituellen Ökonomie» bildet der Vortrag vom 21. Januar 1909*. Etwa in der Mitte zwischen diesen zwei Daten, am Epiphanias-Fest 1909, an dem die Verkörperung des Christus auf der Erde durch die Johannes-Taufe im Jordan gefeiert wird, enthüllte Rudolf Steiner erstmals, während eines Münchner Vortrags, in einem Raum, der mit Reproduktionen von Bildern Raphaels geschmückt war, anläßlich eines dem Werk von Novalis gewidmeten Abends, seinen anthroposophischen Hörern das karmische Geheimnis dieser Individualität, indem er auf den Zusammenhang hinwies, der zwischen Novalis, Raphael, Johannes dem Täufer und dem Propheten Elias besteht.[5]

Das ist ein klassisches Beispiel für die Karma-Forschung Rudolf Steiners, das zugleich, neben zwei weiteren Beispielen im Weihnachtszyklus von 1910,[6] so etwas wie eine Vorwegnahme der späteren Mitteilungen zu diesem Thema im Jahre 1924 darstellt.

Um nun die Bedeutung, die diese karmische Untersuchung für die Entwicklung der Anthroposophie hat, auch wirklich zu erfassen und um zu erkennen, welch herausragenden Platz sie innerhalb der übrigen Karma-Forschung Rudolf Steiners einnimmt, muß man sich der kosmisch-irdischen Tätigkeit dieser Individualität, die in den vier genannten Verkörperungen ihren Ausdruck findet, zuwenden, zunächst jedoch ihrem geistigen Ursprung. Hinweise auf den letzteren finden wir in dem Vortragszyklus, der dem Lukas-Evangelium gewidmet ist und den Rudolf Steiner im September 1909 in Basel hielt.

---

* Er wurde fast ein Jahr vor dem Beginn der Verkündigung der Wiederkunft Christi im Ätherischen gehalten.

Nach den geisteswissenschaftlichen Mitteilungen in diesem Zyklus handelt es sich bei Elias-Johannes dem Täufer um die älteste Seele der Menschheit, die in lemurischer Zeit ihrer gesamten Entwicklung die Richtung gab, welche sie allmählich «vom Himmel auf die Erde» führte. In gewissem Sinne haben wir hier die Individualität Adams, des Ur-Vaters der Menschheit, vor uns.* Vom Urbeginne her mit der Erdenentwicklung verbunden und am Ursprung der Erdenmenschheit stehend ist diese Individualität von Anfang an eng mit jener hohen Loge der Menschheitsführung verbunden, welche Rudolf Steiner die «große», von Manu geleitete «Mutterloge» nennt.[8] Deshalb weist er auch, als er von der Verkörperung dieser Individualität an der Zeitenwende als Johannes der Täufer spricht, deutlich darauf hin, daß ihr Ich unmittelbar von Manu selbst Zacharias und Elisabeth aus der «Mutterloge» heraus auf die Erde gesandt wurde.[9]

Zudem wirkte diese Individualität während der auf die lemurische folgenden atlantischen Entwicklung aus den Kräften, die sie dank ihrer unmittelbaren Verbindung mit dem zentralen Sonnenorakel auf der Atlantis – welches die Mutterloge auf der Erde repräsentiert – und mit seinem höchsten Eingeweihten aus der Sonnensphäre empfing.[10] Später äußerte sich das so, daß von seiten des Sonnenorakels und seines Führers für die direkten Nachkommen des ursprünglichen «Hauptpaares», das die Mondenkrise[10a] auf der Erde erlebt hatte, besonders vorgesorgt wurde. Denn die Ätherleiber dieser Nachkommen, insbesondere aber der Ätherleib Adams, des ersten Menschen, den Rudolf Steiner bei der Beschreibung der Mondenkrise die «stärkste Seele» der Erdenentwicklung nennt, befanden sich von allem Anfang an unter dem besonderen Schutz des führenden Sonnengeistes, des kosmischen Christus.[11]

Auf einen anderen, nicht weniger wichtigen Zusammenhang dieser Individualität mit den Urquellen der Menschheit weist Rudolf Steiner in

---

* Hier und weiterhin wird mit Adam nicht der Adam Kadmon der Kabbala bezeichnet, der das geistige Urbild der gesamten Menschheit ist, sondern die konkrete menschliche Individualität, die als eine der ersten den Weg der irdischen Verkörperungen betrat. In diesem Zusammenhang sprach Rudolf Steiner von nur sehr wenigen irdischen Individualitäten, welche die sogenannte «Mondenkrisis» im alten Lemurien überlebten (die Zeit zwischen der Abtrennung der Sonne von der Erde und der späteren Abtrennung des Mondes) und in jener Zeit nicht zu anderen Planeten hinübergingen. Zu diesen ältesten Individualitäten der Menschheit gehörte auch die genannte Individualität, die nur in diesem *eingeschränkten Sinne* die «Verkörperung» Adams genannt werden kann.[7]

seiner letzten Ansprache. Es ist das ihre Beziehung zu der Sphäre der sogenannten «Mondenlehrer der Weisheit», der Ur-Lehrer der Menschheit, die am Ende der lemurischen Epoche die Erde verließen, zusammen mit dem sich von ihr trennenden Mond, und die im geistigen Bereich des letzteren eine Art «kosmischer Kolonie» begründeten, von woher sie seitdem die karmischen Beziehungen innerhalb der Erdenentwicklung lenken und ordnen.[12]

Die von uns angeführten Fakten bestimmten nun auch das weitere Wirken dieser Individualität unter den Menschen. Von allem Anfang an durch ihren geistigen Ursprung und ihre Nähe zu den «Mondenlehrern der Weisheit» mit dem Karma der ganzen Menschheit verbunden, empfing sie, infolge ihrer unmittelbaren Beziehung zur «Mutterloge» und ihrem Führer in einem bestimmten Augenblick ihrer Entwicklung von dorther den Impuls, sich mit demjenigen Volk zu verbinden, dessen besondere Aufgabe es war, die notwendigen Voraussetzungen für die Verkörperung des Sonnen-Logos, des kosmischen Christus, in einem Menschenleibe auf der Erde zu schaffen. Dieses Volk war das Volk des Alten Testamentes, das in der Morgendämmerung seines Daseins diese hohe Aufgabe von dem Manu selbst erhielt.[13]

So konnte die Individualität Adams, nachdem sie zu lemurischer Zeit das «Tor» für das Eindringen der luziferischen Impulse in die Menschheit gebildet und damit ihr allmähliches Versinken in die materielle Welt herbeigeführt hatte, nun auf die wirksamste Weise an der Vorbereitung jenes Ereignisses teilnehmen, das der ganzen Weltentwicklung die umgekehrte Richtung geben sollte. Dieses Ereignis war die Verkörperung des Christus auf der Erde an der Zeitenwende und das darauf folgende Mysterium von Golgatha.

Eine entscheidende Epoche und zugleich ein wichtigster Wendepunkt in der Geschichte des alttestamentarischen Volkes bedeutete aber das Wirken eines der fortgeschrittensten Schüler des großen Zarathustra in seiner Mitte – das Wirken von Moses.[14] Am Hofe des ägyptischen Pharao erzogen und durch ägyptische Priester eingeweiht, vermochte Moses die hohe Offenbarung der Christus-Wesenheit durch den ihr dienenden Monden-Elohim Jahve auf dem Berge Sinai zu empfangen. Infolgedessen konnte er zum unmittelbaren Zeugen des «unaussprechbaren Gottes», des «Ich bin der Ich-Bin», vor dem alttestamentarischen Volke werden, zum Zeugen der sich der Erde nähernden Christus-Wesenheit und ihres Wirkens in der Sphäre der irdischen Elemente: Feuer, Blitz und Donner.[15]

Mit dieser ersten großen Offenbarung der Christus-Wesenheit für das alttestamentarische Volk verbindet sich auch die älteste Individualität der Menschheit, um im entscheidenden Augenblick diese Offenbarung vor der vollständigen geistigen Verdunkelung und das israelische Volk vor der physischen Vernichtung zu retten. Sie verkörpert sich in der Epoche des Moses unter dem Namen Pinehas in diesem Volk, und sie vermag die Hauptaufgabe des Moses, die so tief mit der eigentlichen Aufgabe der Menschheit zusammenhängt, auf der Erde zu retten. Infolge dieser Taten kann Pinehas sich sodann auf eine noch höhere Stufe in seiner eigenen Entwicklung erheben, eine Stufe, von der in der Bibel gesagt wird, daß Gott ihm «den Bund ewigen Priestertums» verlieh.[16]

Späterhin erhält diese Individualität, sich wiederum im althebräischen Volk verkörpernd, als Prophet Elias die Aufgabe, nicht nur die Moses gewährte Offenbarung von dem zukünftigen Impuls des Welten-Ich weiter zu entwickeln und zu vertiefen, sondern auch das Werk Mosis auf eine noch höhere Stufe zu heben. Deshalb nennt Rudolf Steiner in diesem Zusammenhang Elias auch einen «Statthalter» Mosis und weist mehrfach auf die weitere Entwicklung, welche diese Verkündigung des Moses von dem Auf-die-Erde-Kommen des Christus infolge der Tätigkeit des Propheten Elias in der physischen und der geistigen Welt nahm.[17] Das war Elias jedoch nur dank einer einmaligen Einweihung möglich: «Dazu war notwendig, daß in der Seele dieser Persönlichkeit ganz besondere Kräfte aus den verborgenen Untergründen und Tiefen aufstiegen, die vorher nicht bei den Menschen, *auch nicht bei den Lehrern der Menschheit* waren. Eine Art mystischer Einweihung *erster Art,* durch welche die Kunde von einem solchen Gott [von Jahve als dem ‹Monden-Abglanz› des Christus] hereinziehen konnte, mußte sich in der Wesenheit des Elias abspielen.»[18]

Infolge dieser Einweihung konnte Elias späterhin «Wunder» vollbringen, beginnend mit der «Vermehrung des Brotes» und der Auferweckung des «Sohnes der Witwe»[19] bis hin zu seiner Beziehung zu der Welt der Naturgewalten. Wenn Moses einst die Offenbarung des Jahve-Christus als Offenbarung des Welten-Ich nur durch die *äußeren* Elemente von Feuer, Blitz und Donner zu erleben vermochte, da er das «verheißene Land» noch nicht betreten, sondern nur den Weg zu ihm weisen konnte, so wirkt Elias hingegen ganz und gar *innerhalb* dieses Landes, das heißt, er erlebt die Offenbarung des Jahve-Christus bis zu einem gewissen Grad bereits in seinem eigenen Innern.[19a] Das erklärt auch seine ganz andere Beziehung zur Welt der natürlichen Elemente.

Sie sind für ihn nicht mehr «Vermittler» der höheren Offenbarung wie für Moses, sondern er gebietet ihnen selbst kraft der Ich-Offenbarung, die er durch seine «mystische Einweihung erster Art» in seiner Seele trägt.

Weiter wissen wir durch die geisteswissenschaftlichen Mitteilungen, daß es sich bei Elias um eine Individualität handelt, die so umfassende geistige, mit den Ur-Anfängen der Menschheit verbundene Kräfte in sich trägt, daß sie sich in Wirklichkeit niemals *vollkommen* auf der Erde verkörpern kann. Denn in jeder Verkörperung bleibt ihre geistige Wesenheit gleichsam wie schwebend über dem menschlichen Leibe, mit dem sie sich nur zum Teil verbinden kann. Darauf weist Rudolf Steiner besonders deutlich hin an dem Beispiel, wie sich die geistige Wesenheit des Elias zu seinem physischen Träger Naboth verhält.[19b] Obwohl Rudolf Steiner selbst Elias nirgends einen «Bodhisattva» nennt, so haben wir doch allen Grund, von ihm als von einer «Bodhisattva-ähnlichen» Wesenheit zu sprechen, ganz besonders, wenn wir die Hinweise auf seine nur «teilweisen» Verkörperungen in Betracht ziehen sowie auf seine Nähe zu den Mondenlehrern der Weisheit, deren Gesandte auf der Erde die Bodhisattvas waren.[20] Mehr noch: Die Individualität des Elias kam in ihrer eigenen Entwicklung, während sie ihre hohe Mission unter dem althebräischen Volk erfüllte, so weit, daß sie eine Art «Gruppenseele» desselben werden konnte: «Wie den Volksgeist des althebräischen Volkes können wir ihn ansprechen», so äußert sich Rudolf Steiner.[21] Das bedeutet, daß Elias in einem bestimmten Augenblick zum Gesandten Jehovas, des führenden Monden-Elohim, wurde: «Nun ist Elias selbstverständlich nicht mit dieser Gottheit selbst zu identifizieren; er ist das irdische Abbild dieser Gottheit, er ist jenes irdische Abbild, das zugleich die Volksseele des althebräischen Volkes ist. Eine Art differenzierter Jehova, eine Art irdischer Jehova, oder – wie man es im Alten Testament ausdrückt – wie das *Antlitz des Jehova* ist dieser Geist Elias.»[22]

Die letzten hervorgehobenen Worte weisen auf ein weiteres Geheimnis der Elias-Individualität. Es besteht darin, daß Elias als Träger der «Volksseele» zugleich auch das «Instrument» nicht nur Jehovas, sondern auch des wahren *Geistes* des althebräischen Volkes, des *Erzengels Michael,* war, der dieses zu jener Zeit führte und nun nicht das «irdische», sondern das höhere, übersinnliche *«Antlitz Jehovas»* bildete. Mit diesen beiden hierarchischen Wesenheiten war aber die Individualität des Adam-Elias schon seit der Zeit des alten Lemurien verbunden.

Denn in Jehova haben wir den eigentlichen Schöpfer des *irdischen* Menschen, der einst in dem Prozeß, da dem Menschen die Substanz seines Ich verliehen wurde, eine entscheidende Rolle spielte,[23] und in Michael als dem «Antlitz Jehovas» den himmlischen Helfer und Mittler bei diesem Geschehen.[24] Seitdem inspirierten diese zwei hierarchischen Wesenheiten, die zum Rang der Exusiai oder Geister der Form beziehungsweise der Archangeloi gehörten, das ganze geistige Leben des althebräischen Volkes durch Moses bis hin zu Elias und allen auf ihn folgenden Propheten.[25]

Mit diesen zwei hierarchischen Wesenheiten, die das alttestamentarische Volk zur Verwirklichung seiner eigentlichen Aufgabe – die Hüllen für die Verkörperung der Christus-Wesenheit auf der Erde zu schaffen – aus der geistigen Welt heraus führten, vereinigt sich nun Elias geistig im Laufe seiner Einweihung[26] als ihr irdisches Instrument und ihr Gesandter. Damit wirkt von einem bestimmten Augenblick der Geschichte des althebräischen Volkes an ein neues Wesen in seiner Mitte, dessen Leib, Seele und Geist so organisiert sind, daß die Wesenheit des Elias zur Erfüllung ihrer Mission in ihren Leib nur teilweise eintretend mit ihrem «seelischen Teil» in der geistigen Welt ein Gefäß für das Wirken Michaels, des Volks-Geistes, bildet und mit ihrem «geistigen Teil» ein Gefäß für das sich bis zum Naturgeschehen hin erstreckende Wirken Jehovas: «So war es besonders bei Elias. Was während seines Lebens als Elias lebte, was sein Mund sprach, was seine Hand deutete, stammte *nicht nur von dem Teil [seines Wesens], der in ihm lebte, sondern das waren Offenbarungen göttlich-geistiger Wesenheiten, die dahinterstanden.*»[27]

Und so haben wir bei Elias als Bodhisattva-ähnliche menschliche Wesenheit:

Geist – Jehova (Geist der Form),
Seele – Michael (Erzengel),
Leib – Naboth[28].

2.
An der Zeiten-Wende

Die Hauptaufgabe, welche die Elias-Individualität, den Moses-Impuls im Rahmen des althebräischen Volkes weitertragend, als der wichtigste Wegbereiter für das Kommen der Christus-Wesenheit als Träger des Prinzips des Welten-Ich auf sich genommen hatte, erreicht an der Zeitenwende bei ihrer Verkörperung als Johannes der Täufer ihren Höhepunkt und zugleich ihre Vollendung. Bei dieser Verkörperung trat Elias als eine Art Vorläufer des Christus Jesus auf, indem er die zwei hauptsächlichen Mysterienströmungen der Vergangenheit, deren höchste Vertreter vor den Ereignissen von Palästina die Buddha- und Zarathustra-Individualität waren, vereinigte. Denn diese beiden Individualitäten nahmen nach den Mitteilungen der Geisteswissenschaft nicht nur an der Entwicklung von Jesus von Nazareth[29] unmittelbar teil, sondern auch an der von Johannes dem Täufer. Der Zusammenhang des letzteren mit der Zarathustra-Strömung rührt davon her, daß er teilhatte an der Verwirklichung und Entwicklung des von Moses gegebenen Impulses, und dieser Impuls geht letzten Endes auf das Wirken der Kräfte desjenigen Ätherleibes in der Seele des Moses zurück, den dieser von dem Begründer der alt-persischen Kultur[30] empfangen hatte. So trug die Elias-Wesenheit, da sie in geistiger Beziehung ein «Statthalter»[31] des Moses innerhalb des althebräischen Volkes war, als sie sich abermals in Johannes dem Täufer verkörperte, Kräfte von Zarathustras mächtigem Ätherleib in sich. – Andererseits wirkte der in der geistigen Welt weilende Nirmanakaya des Buddha indirekt, durch seinen Astralleib, auf sein Ich: «Mehr aus der geistigen Welt heraus, näher schon der Erde ist das Ich dieser Wesenheit [der Nirmanakaya des Buddha], die jetzt viel mehr mit der Erde verbunden ist als die Wesenheiten, welche früher den Elias geleitet haben [das heißt im Sinne des oben Gesagten: Jahve und Michael].» Und Rudolf Steiner fährt fort: «Es sollte ja jetzt der Übergang geschaffen werden zu der Verbindung der Buddha- mit der Zarathustra-Strömung.»[32] Und diesen Übergang vollzog Johannes der Täufer, wenn auch nur auf prophetische Weise, so doch als Vorbereitung der endgültigen Vereinigung beider Strömungen in der kosmisch-irdischen Wesenheit des Christus Jesus. Trug aber Johannes der Täufer seit seiner Verkörperung als Elias die Verbindung mit den Kräften des Zarathustra-Ätherleibes auf unmittelbare Weise in sich, so strömten ihm während seiner Verkörperung an der Zeitenwende die Inspirationen des Nirmanakaya des Buddha mittelbar zu. Deshalb können wir mit Rudolf Steiner sagen: «Was der Mund des Johannes sprach, das geschah unter der Inspiration des Buddha.»[33]

Aber auch die höheren hierarchischen Wesenheiten wirkten weiterhin durch den als Johannes der Täufer verkörperten Elias. Es vollzog sich jedoch alles *um eine Stufe tiefer* als während seines vorhergehenden Erdenlebens. So wirkte an Stelle des Erzengels Michael ein ganz besonderer Engel in seiner Seele[34], auf den uns vor allem der Anfang des Markus-Evangeliums hinweist. Um dessen Beziehung zur Michael-Sphäre zu verstehen, müssen wir uns nochmals dem übersinnlichen Einfluß zuwenden, den der Nirmanakaya des Buddha auf Johannes den Täufer ausübte. Denn dieser war nicht nur der Inspirator seiner Predigten, sondern auch der Erwecker seines Ich unmittelbar bei seiner Geburt: «Nur bewirkte diese Kraft [des Nirmanakaya des Buddha], weil sie jetzt näher der Erde stand, nicht bloß eine Inspiration, sondern wirklich die Herausgestaltung des Ich des Johannes. Unter dem Einflusse des Besuchs derjenigen*, welche da [im Evangelium] die Maria genannt wird, regte sich das Ich Johannes des Täufers. So wirkt der Nirmanakaya des Buddha aufweckend und bis in die physische Substanz hinein erlösend auf das Ich des einstigen Elias, auf das jetzige Ich Johannes des Täufers.[35]

Damit haben wir eine zweifache Einwirkung auf das Ich Johannes des Täufers seit seiner Geburt. Auf der einen Seite wird es durch den Nirmanakaya des Buddha «aufgeweckt», und andererseits bleibt es infolge seiner unvollständigen Verkörperung im physischen Leib so selbstlos, daß ein bestimmtes Engelwesen durch es wirken kann: «Es hat noch Johannes sagen können: nicht ich, sondern der Engel in mir ist hergesandt und benutzt mich als Werkzeug.»[36]

So befindet sich das Ich des Johannes seit seiner Geburt unter einer zweifachen Einwirkung, die von zwei verschiedenen Wesenheiten aus-

* Es handelt sich hier um den Besuch Marias bei Elisabeth, wie er im Lukas-Evangelium (1,39–45) beschrieben ist.

geht: einem Engel und dem Nirmanakaya des Buddha.[37] Man kann auch sagen: Der Nirmanakaya des Buddha «erweckt» das Ich Johannes des Täufers bei seiner irdischen Verkörperung im sechsten Monat der Schwangerschaft Elisabeths, als das Kind noch in so hohem Grade selbstlos war, daß das Wesen aus der Hierarchie der Angeloi durch es zu wirken vermochte. Daraus resultieren alle die wunderbaren Fähigkeiten und seelischen Eigenschaften, über welche Johannes der Täufer schon von seiner frühesten Kindheit an verfügte und die ihn späterhin dazu führten, daß er, ohne ein Mitglied des Essäer-Ordens zu sein, doch den Zutritt zu vielen seiner Mysterien erhielt und in viele seiner Geheimnisse eingeweiht wurde. Für unsere Betrachtung ist dabei die Tatsache von besonderer Bedeutung, daß in der Individualität Johannes des Täufers die übersinnliche Wesenheit des Buddha und ein bestimmtes Engelwesen gemeinsam wirkten. Zudem ist ersterer eine Art Wegbereiter für das spätere Wirken des letzteren. Auch zeugt dieses *gemeinsame* Wirken der zwei geistigen Wesenheiten durch Johannes den Täufer von der tiefen Beziehung, die zwischen ihnen besteht, eine Tatsache, welche es uns ermöglichen kann, den Schleier des Geheimnisses dieses Engelwesens, dessen Werkzeug Johannes der Täufer werden sollte, zu lüften. Bevor wir uns jedoch der Betrachtung dieses Mysteriums zuwenden, ist auf ein Ereignis hinzuweisen, bei dem die Beziehung zwischen dem Nirmanakaya des Buddha und dem Engelwesen, das Johannes den Täufer inspirierte, besonders deutlich in Erscheinung tritt. Das ist die Verkündigung für die Hirten auf dem Felde bei der Geburt des nathanischen Jesus-Knaben, wie sie im Lukas-Evangelium beschrieben wird. Da heißt es im 2. Kapitel: «Und es waren Hirten in derselben Gegend auf dem Felde bei den Hürden, die hüteten des Nachts ihre Herde. Und siehe, des *Herrn Engel* trat zu ihnen, und die Klarheit des Herrn leuchtete um sie; und sie fürchteten sich sehr. Und der Engel sprach zu ihnen: Fürchtet euch nicht! Siehe ich verkündige euch große Freude, die allem Volke widerfahren wird; denn euch ist heute der Heiland geboren, welcher ist Christus, der Herr, in der Stadt Davids… Und war da *bei dem Engel die Menge der himmlischen Heerscharen,* die lobten Gott und sprachen: Ehre sei Gott in der Höhe und Friede auf Erden und den Menschen ein Wohlgefallen.» (8–11; 13–14)

Es erscheint hier demnach zunächst ein Engel, und danach tritt «alsbald die Menge der himmlischen Heerscharen» zu ihm, die gemäß der Geistesforschung Rudolf Steiners nichts anderes ist als die Imagination des «Nirmanakaya des Buddha».[38] Zunächst verkündet der Engel die

Geburt des Herrn (des Kyrios im griechischen Text des Lukas-Evangeliums), sodann bringt der Buddha den Hirten die neue Offenbarung aus der geistigen Welt, seine hohe Friedensbotschaft. Diesem Wort von dem sich nähernden Herrn (Kyrios) begegnen wir auch am Anfang des Markus-Evangeliums, wo von dem Engel gesprochen wird, der durch Johannes den Täufer verkündigt: «Bereitet den Weg des Herrn, machet seine Steige richtig.»[39] So haben wir in beiden Fällen ein und dieselbe Verkündigung, die von dem gleichen Engelwesen ausgeht. Und in beiden Fällen wird von der Geburt oder dem Näherkommen des «Ich, des Herrn der Seelenkräfte», gekündet – so übersetzt Rudolf Steiner das Wort «Kyrios», Herr, das wir in den zwei Evangelien finden, in unsere heutige Sprache.[40] Und von Johannes teilt er zudem mit: «Deshalb sagte Johannes der Täufer zu seinen intimen Schülern: Ich kann meinem Engel durch die Wassermann-Initiation nur die Kräfte zur Verfügung stellen, daß *er verkünden kann, daß der Herr, der Kyrios, kommt.*»[41]

Wenn wir uns nun das mehrfach beschriebene Wirken des Nirmanakaya des Buddha durch Johannes den Täufer nochmals in Erinnerung rufen, so können wir die ganze Bedeutung der Tatsache nacherleben, daß in den angeführten Evangelienstellen jedes Mal das Wirken der beiden Wesenheiten in seinem Geistleib dargestellt wird: des Engels und des mit ihm verbundenen Buddha. Besonders die so intime Beziehung der zwei Wesenheiten als auch ihr gemeinsames Wirken an der Zeitenwende läßt uns den Schleier des Geheimnisses lüften, der jenen Engel umgibt, welcher durch Johannes den Täufer wirkt und welcher auch, wie wir sahen, als hierarchische Wesenheit in bezug auf Johannes den Täufer die Aufgabe übernommen hat, die früher der Erzengel Michael in bezug auf Elias erfüllte, und das bedeutet, daß er der *geistige Nachfolger Michaels ist, der dessen Mission in der Engelsphäre fortführt.*

Von diesem Engelwesen, das auf eine solch intime Weise einerseits mit dem Nirmanakaya des Buddha und andererseits mit dem Erzengel Michael verbunden ist, spricht Rudolf Steiner im Zusammenhang mit einem der wichtigsten geistigen Ereignisse unserer Zeit: dem Aufsteigen des Erzengels Michael in den Rang des führenden Zeitgeistes. Als Rudolf Steiner im Vortrag vom 18. Mai 1913 dieses Ereignis schildert, stellt er am Schluß die Frage: «Wenn eine Erhöhung des Michael stattgefunden hat, wenn er zum leitenden Geist der abendländischen Kultur geworden ist, wer tritt an seine Stelle? Der Platz muß ausgefüllt werden. Jede Seele muß sich sagen: Also muß auch ein Engel eine Erhöhung, ein Aufrücken erfahren haben, muß eintreten in die Reihe der Archangeloi. Wer ist das?»[42]

Im folgenden Vortrag beantwortet Rudolf Steiner die Frage und lüftet das Geheimnis dieses Engelwesens: «Wenn ein Mensch vom Bodhisattva zum Buddha wird, dann wird sozusagen sein Schutzengel frei. Solche Engelwesen sind es dann, die nach Erfüllung ihrer Mission aufsteigen in die Reiche der Erzengelwesen. So ergreifen wir an einem Punkte wirklich das Aufsteigen eines Erzengels zum Wesen der Archai und das Aufsteigen eines Engelwesens zum Erzengelwesen.»[43]

Dieses Aufsteigen der zwei durch das Prinzip geistiger Nachfolgeschaft miteinander verbundenen hierarchischen Wesenheiten bezieht sich auf die Zeit zwischen 1841 und 1879. Dabei ist zu beachten, daß der Platz der Hierarchie der Erzengel, der durch das Aufsteigen Michaels in den Rang eines Zeitgeistes «frei wurde», kein gewöhnlicher, sondern der Platz war, welcher seit Urzeiten dem *führenden Sonnen-Erzengel* gehörte.[43a] Deshalb mußte der Schutzengel des Gautama Buddha, nachdem er bereits im 6. vorchristlichen Jahrhundert von der Führung «seines» Menschenwesens frei geworden war und sich schon damals in den Rang eines Erzengels hätte erheben können, das Opfer bringen, noch fast zweieinhalbtausend Jahre in der Engelsphäre zu wirken, obwohl er seinen inneren Eigenschaften nach bereits eine Erzengelwesenheit war. Diese Opfertat ermöglichte es ihm dann auch, auf die beschriebene Weise an den Ereignissen von Palästina teilzunehmen, nun aber nicht als Schutzengel eines im physischen Leibe verkörperten Bodhisattva, sondern in höherem Sinne als ein «Mitarbeiter und Führer» eines im Geistleibe wirkenden Buddha. Er konnte in seiner Eigenschaft als Engel, nach der Erleuchtung Buddhas unter dem Bodhibaum weiterhin in der an die Erde grenzenden geistigen Sphäre wirkend, viel unmittelbarer an den Ereignissen der Zeitenwende teilnehmen, als ihm das im Range eines Erzengels möglich gewesen wäre.[44] Das ist ein weiterer Beweis für die Tatsache, daß die durch Johannes den Täufer wirkende Engelwesenheit der unmittelbare Nachfolger Michaels in der Engelsphäre war, denn sie hatte im Laufe von sechs Jahrhunderten eine Entwicklung mit dem Ziel durchgemacht, nach weiteren achtzehn Jahrhunderten zu Beginn der neuen Herrschaftsepoche Michaels dessen Platz in der Erzengelsphäre einzunehmen.

So wirkte durch Johannes den Täufer an Stelle des mit Elias verbundenen Erzengels Michael ein besonderes Engelwesen, das einstmals der Schutzengel des Gautama Buddha war. Dabei vollzog sich jedoch alles, wie schon gesagt, um eine hierarchische Stufe tiefer.[44a] Deshalb ist nun auch, diesen «Umschwung» innerhalb der inspirierenden Hierarchien in Betracht ziehend, die Frage zu stellen: Wer hatte in bezug auf Johannes den Täufer jenen Platz inne, den in bezug auf Elias der durch ihn wirkende Monden-Elohim einnahm?

Aus allem Bisherigen geht hervor, daß eine bestimmte hierarchische Wesenheit, die eine Stufe unter dem Elohim Jahve stand, das heißt, die zur Hierarchie der Archai oder Zeitgeister gehörte, diesen Platz innehatte. In anderen Worten: Es handelt sich hier um den führenden Zeitgeist der vierten nachatlantischen Kulturepoche, derjenigen Epoche, in welcher das wichtigste Ereignis der ganzen Erdenentwicklung stattfinden sollte – das Mysterium von Golgatha. Am 12. Juni 1910 charakterisiert Rudolf Steiner eingehend dieses hierarchische Wesen, das ursprünglich der führende Erzengel des altgriechischen Volkes war.[45]

Als dieser seine Aufgabe in der Leitung der altgriechischen Kultur auf besonders vollkommene Weise erfüllt hatte, konnte er sich am Beginn der vierten Kulturepoche zum Rang eines Arche erheben und der führende Zeitgeist der Epoche werden. Und das ermöglichte es ihm, an der Zeitenwende als ein neuer Zeitgeist an den Ereignissen von Palästina und der auf sie folgenden Verbreitung des Christentums intensiv teilzunehmen. Denn für die Ausbreitung unter den Menschen «bedurfte es nicht nur der Tatsache, daß dieses Ereignis [das Mysterium von Golgatha] stattfand, dazu bedurfte es gewisser lenkender und führender Wesenheiten aus der Reihe der Hierarchien heraus».[46]

Schon vor dem Beginn der Ereignisse von Palästina war durch das Wirken dieses Arche als neuer Zeitgeist der vierten nachatlantischen Epoche eine solche Vereinigung der griechischen, hebräischen und römischen Kulturimpulse im südlichen Europa, in Kleinasien und Nordafrika herbeigeführt worden, daß sich aus ihnen allmählich jene Hüllen bilden konnten, in denen sich dann das Christentum auf der Erde auszubreiten vermochte. Rudolf Steiner spricht in diesem Zusammenhang von Leib, Seele und Geist des frühen Christentums, die entsprechend mit dem römischen, hebräischen und griechischen Element verbunden waren.[47] Die Tatsache, daß sich das Christentum, welches zu eben dieser Zeit aus hebräischer Seelenhaftigkeit geboren wurde, mit den zwei anderen Elementen verbinden konnte, war ein direktes Ergebnis des vorangehenden Wirkens des «griechischen» Zeitgeistes. Dabei erfüllte er seine Aufgabe, die Menschheit auf das Kommen der Christus-Wesenheit vorzubereiten, so erfolgreich, daß er zur Zeit der Ereignisse von

Palästina die Möglichkeit erlangte, sich in seiner eigenen Entwicklung noch höher zu erheben, aus einem Zeitgeist ein Geist der Form zu werden. Doch da geschah etwas ganz Besonderes, das Rudolf Steiner auf die folgende Weise darstellt: «Und da trat nun das höchst Merkwürdige und Interessante ein, daß der Zeitgeist des Griechentums in einem bestimmten Zeitmomente, *der ungefähr zusammenfällt mit dem Auf-die-Erde-Kommen des Christus-Impulses* [das heißt mit dem Augenblick der Taufe im Jordan], für diese unsere jetzige Periode auf den ihm dazumal möglich gewordenen Aufstieg in die Region der Geister der Form verzichtete und der führende Zeitgeist wurde, der dann über die Zeiten hinaus wirkt. *Er wird der stellvertretende, führende Geist des exoterischen Christentums.*»[48]

Wenn so in dem Jahrhundert vor der Geburt des Christentums der «Zeitgeist des Griechentums» die drei Hüllen vorbereitete, in denen dieses durch die gegenseitige Durchdringung und Verschmelzung des griechischen, hebräischen und römischen Elementes geboren werden sollte, so konnte er nunmehr nach den Ereignissen in Palästina dank seines opfervollen Verzichts auf ein Aufsteigen in die «Region der Geister der Form» zum Führer und Inspirator der rechtmäßigen Entwicklung des Christus-Impulses in diesen Hüllen des Christentums werden. Und er blieb, da er darauf verzichtet hatte, in die Region der Geister der Form, die Sphäre der zweiten Hierarchie aufzusteigen, in der geistigen Sphäre der dritten Hierarchie, die unmittelbarer mit der irdischen Entwicklung der Menschheit zusammenhängt.

Damit ist aber dieser Prozeß noch nicht erschöpft. Denn während Rudolf Steiner beschreibt, wie dieser Zeitgeist seine neue Aufgabe erfüllte, die er im Augenblick der Jordantaufe auf sich genommen hatte, charakterisiert er ihn zweimal als «sich» vor den Christus-Impuls «hinstellend» oder vor ihm «einhergehend», das heißt, sozusagen als seinen «Vorläufer»: «Er wird der stellvertretende, führende Geist des exoterischen Christentums, so daß *sich also hinstellt vor den Christus-Impuls* der Arche, der führende Geist des Griechentums.» Und etwas später nennt Rudolf Steiner ihn in demselben Vortrag den «gemeinsamen Christus-Zeitgeist», der *einherging* vor dem Christus-Impulse.[49]

Wir haben ein dreifaches, gleichsam auf drei verschiedenen Ebenen des Welten-Seins vor sich gehendes «Einherschreiten» vor dem Christus. Auf der Erde geht Johannes der Täufer vor ihm einher: «Es kam ein Mensch, *von Gott war er gesandt,* sein Name war Johannes. Er kam, um Zeugnis abzulegen. Er sollte von dem Lichte zeugen, und so in allen Herzen den Glauben erwecken. Er war nicht selbst das Licht, er sollte ein Zeuge des Lichtes sein.»[50] Sodann wirkt durch Johannes die Engelwesenheit, über die gesprochen wird: «Siehe, meinen Engel sende ich vor dir her; er soll dir den Weg bereiten.»[51] Schließlich der «Zeitgeist des Griechentums», der «vor dem Christus-Impuls einhergeht». So können die Worte, mit denen Johannes seine Hauptaufgabe charakterisiert: «Ich bin nicht der Christus, sondern *vor* ihm hergesandt»[52], auch auf die zwei anderen, durch ihn wirkenden hierarchischen Wesenheiten bezogen werden, wenn auch in einem geistigeren Sinne. Dabei muß jedes der drei Wesen, um der eigenen Aufgabe an der Zeitenwende willen, ein bestimmtes Opfer bringen, denn nur so ist es möglich, sich dem Christus-Impuls zu nähern und ihm zu dienen. Das Opfer des Johannes findet seinen höchsten Ausdruck in den Worten: «Er muß wachsen, ich aber muß abnehmen.»[53] Der durch ihn wirkende Engel verzichtete, wie wir gesehen haben, schon im 6. vorchristlichen Jahrhundert darauf, zum Rang eines Erzengels aufzusteigen, und der Johannes inspirierende Zeitgeist verzichtet im Augenblick der Jordantaufe darauf, sich zu einem Geist der Form zu erheben.

Nun wollen wir auf der Grundlage des bisher Gesagten uns nochmals der Persönlichkeit von Johannes dem Täufer zuwenden, wie sie uns aus den Erzählungen der Evangelien entgegentritt. Wir können in seinen Worten und Taten zwei verschiedenartige Inspirationen deutlich unterscheiden. Einerseits wirkt ein Engelwesen in ihm. Wie wir gesehen haben, ist es dasselbe Engelwesen, das den Hirten auf dem Felde erschien, vor der Offenbarung des Nirmanakaya des Buddha. Seine Aufgabe war es, die Geburt des kosmischen Ich des Christus in dem Menschen Jesus zu verkündigen: «In Johannes lebt ein Angelos, der vorherzugehen und vorherzuverkündigen hat, was als wahre Ichheit im *umfassendsten* [das heißt: kosmischen] Sinne in Jesus von Nazareth leben sollte» (von der Taufe im Jordan an).[54] Deshalb sagt Johannes der Täufer, die Inspiration dieses Engelwesens in seiner Seele fühlend, über ihn: «Ich kannte ihn nicht, aber der, *der mich gesandt hat, mit Wasser zu taufen,* sprach zu mir: Auf wen du den Geist sich herniedersenken siehst, so daß er mit ihm verbunden bleibt, der ist es, der mit dem Heiligen Geiste tauft.»[55] Diese Worte weisen in der Imagination der Taube auf die Vereinigung des Jesus von Nazareth bei der Taufe im Jordan mit dem Welten-Ich des Christus[56] sowie darauf, daß gleichzeitig mit diesem auch das Geistselbst des Christus herabkam, aus dessen Kräften Er sodann mit dem Heiligen Geiste taufen konnte.[57]

Eine ganz andersartige Inspiration empfing Johannes der Täufer von dem Arche, der, als die Christus-Wesenheit in die Hüllen des Jesus von Nazareth einging, aus dem führenden Zeitgeist der vierten nachatlantischen Epoche zum «führenden Geist des exoterischen Christentums» wurde. Denn dieser führende Geist vermag, auf seinen Aufstieg in die Region der Geister der Form verzichtend, seit der Taufe im Jordan als Mittler zwischen der Menschenwelt und den Offenbarungen aus der höchsten makrokosmischen Sphäre des Vaters zu dienen. Ein solcher Mittler aber kann das Engelwesen nicht sein, das auch durch Johannes wirkt, denn in der mit der Erdenentwicklung der Menschheit unmittelbar verbundenen Sphäre der dritten Hierarchie vertreten die Angeloi den Impuls des Heiligen Geistes, die Archangeloi das Prinzip des Sohnes, und es sind die Archai, die das Vaterprinzip vertreten.[58] So ertönen bei der Taufe im Jordan durch den führenden Arche jener Zeit die mächtigen, wahrhaft kosmischen Worte: «Du bist mein geliebter Sohn, in dir bin ich geoffenbart.»[59]

Was nun Johannes selbst betrifft, so oblag es ihm, aus der Inspiration des führenden Arche seiner Zeit Höchstes zu vollbringen. Er sollte als Repräsentant der Erdenmenschheit der vierten nachatlantischen Kulturepoche aus den Kräften seines in der Verstandes- oder Gemütsseele wirkenden, individuellen Ich den Christus auf der Erde erkennen, ihm entgegengehen und, lange vor dem Apostel Petrus, die Worte sprechen, die den neuen Äon der Menschheitsentwicklung eröffneten. Als unmittelbare Inspiration der führenden Wesenheit aus der Hierarchie der Archai erklingen diese Worte in der Seele Johannes des Täufers und bewegen ihn zu dem welthistorischen Zeugnis: «Ich habe es geschaut, und so bezeuge ich, daß dieser der Sohn Gottes ist.»[60]

Dieses Bekenntnis des Johannes, dem die Erkenntnis des Mysteriums vom Herabkommen des Sonnenwesens des Christus in die Hüllen des Jesus von Nazareth zugrunde liegt, führt zu der Frage: Woher stammen diese geistigen Kräfte höchster Erkenntnis, die es Johannes ermöglichen, als erster von allen Menschen den Christus auf der Erde zu *erkennen* und ihn den Menschen zu weisen? Um diese Frage zu beantworten, müssen wir uns dem Vortrag vom 2. Mai 1910 zuwenden, in welchem Rudolf Steiner darstellt, daß zu derselben Zeit, da im Osten der Christus-Impuls sich an der Zeitenwende zu verbreiten begann, ihm im Westen eine bestimmte seelische Fähigkeit entgegenkam, welche eine Art *Erkenntnisorgan* für das Wahrnehmen der Christus-Wesenheit auf der Erde bildet. Diese neue Fähigkeit ist das *Gewissen*. «Das sind zwei

Dinge, die zusammengehören: wie im Osten der Christus erscheint, wie im Westen das Gewissen erwacht, um den Christus als Gewissen entgegenzunehmen. In diesem gleichzeitigen Entstehen der Tatsache des Christus-Ereignisses und des *Verständnisses* des Christus-Ereignisses sehen wir walten eine unendliche Weisheit, die in der Entwickelung [der Menschheit] vorhanden ist.»[61] Andererseits ist die Entwicklung des Gewissens als neues Erkenntnisorgan für die Christus-Wesenheit eng verbunden mit der *Entwicklung der Ich-Kräfte in dem individuellen Menschen.* Und wenn bei den ägyptisch-chaldäischen Völkern eine Art von «Verspätung» in der Ich-Entwicklung vorliegt und in Nordeuropa im Gegensatz dazu eine vorzeitige Entwicklung, so handelt es sich bei Johannes dem Täufer um ein mächtiges und harmonisch entwickeltes Ich, das in der Verstandes- oder Gemütsseele auftritt und das infolgedessen aus den *Kräften des Gewissens,* diesem neuen Erkenntnisorgan, die Christus-Wesenheit, welche historisch als Welten-Ich in der vierten Kulturepoche der Verstandes- oder Gemütsseele auf der Erde erschienen ist, ganz besonders gut zu erkennen vermag.[62] So ertönen als Stimme des *Welt-Gewissens* in der Seele, im Ich Johannes des Täufers die Worte, die durch die Inspiration des führenden Arche jener Zeit erklingen: «Dies ist mein vielgeliebter Sohn, heute habe ich ihn gezeugt», und sie wecken in ihm höchste ChristusErkenntnis. Als Repräsentant des Menschheitsgewissens steht Johannes der Täufer am Jordan vor dem Christus, und er wird damit zum Urbild des Menschen, «der den Christus aus den Kräften des Gewissens als einem Erkenntnisorgan» erkennt, zum ersten «Zeugen des Lichtes... das in die Welt gekommen ist»[63], vor allen Menschen Zeugnis ablegend: «Dieser war es, von dem ich gesagt habe: Nach mir wird kommen, der vor mir gewesen ist; denn er war eher als ich.»[64]

3.
Repräsentant des Menschheitsgewissens

> «Das Gewissen ... vertritt die Stelle Gottes auf Erden, und ist daher so vielen das Höchste und Letzte.»
>
> *Novalis*

Nun ist die Frage zu stellen, wodurch Johannes der Täufer der Repräsentant des Menschheitsgewissens an der Zeitenwende werden konnte, obwohl er inmitten des alttestamentarischen Volkes geboren wurde und aufwuchs, des Volkes, dessen Leben auf dem Gesetz gründete und dem deshalb der Gewissensimpuls im Grunde fremd war? Wie wir sahen, ist ein kraftvoll entwickeltes, individuelles Ich die Hauptvoraussetzung für das Gewissen.[65] Und eine solche außergewöhnlich hohe Entwicklungsstufe desselben vermochte Johannes – wenn auch in einer ganz besonderen Form – bereits in seiner Verkörperung als Elias zu erreichen. Das kommt auch im Alten Testament zum Ausdruck. Denn das, was Moses noch *von außen*, in Donner und Blitz, auf dem Berge Sinai als Offenbarung des «Ich-Bin» empfing und was dann die Form der zehn, das Verhalten des menschlichen Ich von außen regulierenden Gebote annahm[66], das ist bei Elias bis zu einem gewissen Grad zu einem *inneren Erleben* geworden. Imaginativ äußert sich das so, daß Elias selbst mit Naturgewalt wie Donner und Blitz auf der Erde zu wirken beginnt.[67] Dieses innere Erleben des «Ich-Bin» bildet in ihm die Grundlage für die Annahme des Gewissensimpulses.

Fragen wir jedoch nach dem tieferen Grund, warum gerade Johannes der Täufer so empfänglich dafür war, den Gewissensimpuls in sich aufzunehmen, dann müssen wir uns dem Beginn der Menschheitsentwicklung zuwenden und uns ins Bewußtsein rufen, daß er als Adam unmittelbar am Sündenfall beteiligt war. Dieser aber findet nach dem Alten Testament damit seinen Abschluß, daß Adam, nachdem er vom Baum der Erkenntnis von Bös und Gut gegessen hat, die höheren Bereiche der geistigen Welt verlassen muß, an deren Pforte die die Erdenentwicklung lenkenden höheren Mächte den Cherub mit dem feurigen Schwerte stellten.[68]

Wollten wir nun in irdischen Worten ausdrücken, wovon das Bild des Cherub mit dem feurigen Schwerte an der Paradiesespforte in imaginativer Sprache spricht, so müßten wir sagen: «Eure Seelenverfassung hat sich verändert [da ihr die Früchte vom Baum der Erkenntnis genossen habt]. Von nun an sind die Reiche des Himmels von euch ferngerückt.»

Diese Worte leben seit der Zeit in den Untergründen jeder Menschenseele, mit ganz besonderer, wir können auch sagen: «ursprünglicher», Kraft aber in der Adamseele selbst während aller ihrer Verkörperungen bis hin zu ihrem Erscheinen an der Zeitenwende als Johannes der Täufer. – Wir sehen nun, woher die Prädisposition Johannes des Täufers stammt, den Gewissensimpuls in sich aufzunehmen. Sie ist eine Folge der Wirkung, welche die Imagination des Cherub und seiner kosmischen Worte im Laufe vieler Verkörperungen auf ihn ausübte, und diese Worte gestalteten sich zu dem mächtigen Impuls in seiner Seele, der ihn schließlich dazu führte, am Jordan zu taufen, und der gleichzeitig die Grundlage für die Entwicklung des «Erkenntnisorgans für den Christus» bildete – des Gewissens.

Wir finden im Wirken dieser Individualität innerhalb des alttestamentarischen Volkes als Elias und noch früher als Pinehas jedoch noch einen anderen Impuls. Dieser äußerte sich in der Beziehung von Pinehas beziehungsweise Elias zu dem von Moses gegebenen Impuls. Ersterer (Pinehas) rettet, wie wir sahen, dank seiner vollkommenen Hingabe an den Jahve-Impuls, die Mission von Moses innerhalb des alttestamentarischen Volkes, und der zweite (Elias) führt sie auf eine höhere Stufe. Damit befindet sich die Individualität des Pinehas-Elias – während sie unter dem althebräischen Volk lebt und wirkt – ständig gleichsam im Schnittpunkt zweier Impulse: des von außen kommenden Moses-Impulses und des von innen, aus den Seelentiefen aufsteigenden Impulses des Cherub und seiner Worte an der Paradiesespforte. Von außen – das Gesetz, von innen – die moralische, imaginative Erinnerung. Das bedeutet, daß in der Seele der Pinehas-Individualität, schon während sie noch im physischen Leibe weilt, das Erlebnis wirksam ist, welches der Mensch jener Zeit (und so ist es bis zum Anfang des 20. Jahrhunderts geblieben), üblicherweise erst *nach dem Tode*, vor dem Eintritt in das Kamaloka, hat. Rudolf Steiner beschreibt dieses Erlebnis folgendermaßen: «Es tritt der Mensch vor seiner Kamaloka-Zeit vor zwei Gestalten hin... Moses ist die eine – der Mensch weiß ganz genau, daß er Moses gegenübertritt –, der ihm vorhält die Gesetzestafeln, im Mittelalter nannte man es ‹Moses mit dem scharfen Gesetz›, und der Mensch hat ganz genau in seiner Seele das Bewußtsein, inwiefern er bis in das Innerste seiner Seele abgewichen ist von dem Gesetz. Die andere Gestalt ist diejenige, die man nennt ‹den Cherub mit dem feurigen Schwert›, der da entscheidet über diese Abweichung.»[69]

Aus diesen Worten ersehen wir: Moses weist der Seele nach dem Tode das «scharfe Gesetz», der Cherub aber richtet über die Abweichungen von ihm. Letzteres bedeutet, daß der Cherub in diesem Zusammenhang als *Imagination des kosmischen Gewissens* erscheint, welches das Urteil des geistigen Kosmos über den Menschen und seine Taten spricht.[69a] Hier wiederholt sich für jeden Menschen im kleinen, was mit der ganzen Menschheit in der Morgendämmerung ihrer irdischen Entwicklung als «Vertreibung aus dem Paradies» geschah, deren unmittelbarer Zeuge die Adam-Individualität war. Die Tatsache, daß diese im Laufe ihrer folgenden Verkörperungen die Bild-Erinnerung des Cherub und seiner Worte in sich trug, führte schließlich, als das Ich des Adam dank seiner Verkörperungen im althebräischen Volk die notwendige Kraft gewonnen hatte, dazu, daß die in den Untergründen seiner Seele wirkende mächtige Imagination des Cherub als Repräsentant des kosmischen Gewissens sich in seinem Ich in den Impuls des *individuellen menschlichen Gewissens* verwandelte. Und das war zugleich urbildhaft die Verkörperung des erwachenden Ich der ganzen damaligen Menschheit. Diese Umwandlung des kosmischen Gewissens in das Menschheitsgewissen als ein Wahrnehmungsorgan für die Erkenntnis des sich nähernden Christus in der Seele Adams während seiner Verkörperung an der Zeitenwende als Johannes der Täufer ließ ihn die kosmischen Urworte des Cherub am Paradiesestor in neuer Form erleben und sie der ganzen Menschheit künden. Anstatt «eure Seelenverfassung ist verändert. Die Reiche der Himmel sind von euch gegangen», konnte er nun aus der Kraft seines individuellen Gewissens sprechen: «Ändert eure Seelenverfassung, die Reiche der Himmel sind nahe zu euch herbeigekommen.»[70] Das bedeutet: Der Impuls des Welten-Ich (der Reiche der Himmel) ist nahe herbeigekommen, und dementsprechend muß sich nun auch der seelische Zustand der Menschen ändern. Die Weltepoche des «Gesetzes» ist beendet. In den Menschenseelen muß nunmehr der Gewissensimpuls erwachen.

Diese umgekehrten Worte des Cherub leben seitdem und noch heute in jeder Menschenseele; jeder Mensch kennt sie als die Stimme seines Gewissens: «Ändere deine Seelenverfassung...» Die Tatsache aber, daß jeder Mensch diese Stimme innerlich hören und ihr folgen kann, zeugt davon, daß «die Reiche der Himmel» *in diesem Augenblick* nahe zu ihm herbeigekommen sind.

«Das Gesetz ist durch Moses gegeben. Die Gnade und die Wahrheit sind durch Jesus Christus entstanden» – diese Worte aus dem Prolog des Johannes-Evangeliums[71] bringen vielleicht das eigentliche Wesen der Verkündigung Johannes des Täufers am unmittelbarsten zum Ausdruck. Denn als Adam war er einst der erste Zeuge des Abstiegs der gesamten Menschheit von «den Reichen der Himmel» zur Erde, von oben nach unten auf dem Wege des richtenden Gesetzes, und als Täufer wurde er zum ersten Zeugen des neuerlichen Aufsteigens von der Erde wiederum zum «Reiche der Himmel», von unten nach oben, auf dem neuen Wege «der Gnade und der Wahrheit».

Was Paulus später in seinen Sendschreiben als Lehre vom alten und neuen Adam darlegte, das ist hier nicht Lehre, sondern historische Realität, die in den folgenden Worten Johannes des Täufers, welche sein Verhältnis zu der Christus-Wesenheit charakterisieren, zum Ausdruck kommen: «Ihr selbst könnt mir bezeugen, daß ich gesagt habe: Ich bin nicht der Christus, sondern vor ihm hergesandt. Wer die Braut hat, der ist der Bräutigam. Der Freund aber des Bräutigams, der dabeisteht und ihm zuhört, er ist voll großer Freude über die Stimme des Bräutigams. Diese meine Freude ist nun erfüllt. Er muß wachsen; ich aber muß abnehmen. Der von oben kommt, überragt alle andern. Der von der Erde ist, dessen Wesen ist irdisch, und seine Worte sind erdgebunden.[71a] Der aus der Himmelswelt Kommende überragt alle andern. Was er gesehen und gehört hat, davon legt er Zeugnis ab; aber niemand nimmt sein Zeugnis an. Wer aber sein Zeugnis annimmt [das heißt vor allem Johannes], der besiegelt damit, daß Gott die Wahrheit ist. Denn der von Gott Gesandte spricht Worte, die vom Geist durchdrungen sind. Er spendet das Geistige nicht in abgemessener Form. Der Vater liebt den Sohn und hat alles Sein in seine Hand gegeben. Wer sich dem Sohn vertraut, der hat das zeitlose Leben. Wer dem Sohne nicht vertraut, wird das wahre Leben nicht schauen. Der Zorn Gottes bleibt über ihm.»[72]

Das oben Gesagte läßt auch das Wirken Johannes des Täufers innerhalb des alttestamentarischen Volkes in einem neuen Licht erscheinen. Denn seine Aufgabe der Vorbereitung dieses Volkes auf das Kommen der Christus-Wesenheit forderte zum einen die Stärkung der individuellen Ich-Kräfte im einzelnen Menschen und zum anderen, auf der Grundlage dieses verstärkten Ich, das Erwecken des Gewissensimpulses, um das sich der Erde nähernde Welten-Ich des Christus erkennend wahrzunehmen.

Den ersten Teil seiner Aufgabe – die Stärkung des individuellen Ich – erfüllte Johannes mit Hilfe seiner Predigten, die der eigentlichen Taufe stets vorangingen. Dabei übertrug er durch seine Worte auf die ihm lauschenden Menschen einen Teil seiner «Elias-Kräfte», etwas von dem ihn umhüllenden, einer mächtigen übersinnlichen Aura gleichenden Elias-Geist, der, wie wir sahen, nicht vollständig in die irdischen Hüllen Johannes des Täufers eingehen konnte (siehe Seite 16f.). Rudolf Steiner beschreibt das folgendermaßen: «Der *Geist des Elias* zeigt selber, wie er nun vervielfältigt einziehen muß in die menschlichen Herzen, damit die Menschen nach und nach den Impuls des Christus im Laufe der Weltgeschichte aufnehmen können. Das war der Sinn der Johannes-Taufe, daß Elias bereit war, den Platz zu bereiten für den Christus. Das war enthalten in der Tat der Johannes-Taufe im Jordan. Ich will ihm Platz machen, ich will ihm den Weg bereiten in den Herzen der Menschen; ich will nicht mehr bloß über den Menschen schweben, sondern in die menschlichen Herzen einziehen, damit auch er [der Christus] einziehen kann.»[73] Etwas früher, in demselben Vortrag, äußerte Rudolf Steiner über den «Geist des Elias»: «Wenn wir diesen Zusammenhang [den Vorgang der Johannes-Taufe] betrachten, erscheint uns erst der Geist des Elias im rechten Lichte, der auch in Johannes dem Täufer wirkte. Dann erscheint uns die Sache so, daß wir in Elias haben den Geist des jüdischen Volkes, den Geist des alttestamentarischen Volkes. Was war das für ein Geist? Er war schon in einer gewissen Weise der *Geist des Ich…*»[74] Das war der erste Teil der Mission Johannes des Täufers.

Was nun den zweiten Teil betrifft, das Erwecken des Gewissens-Impulses im Ich der Menschen, die sich von ihm taufen ließen – so geschah das bei der Taufe selbst. Diese bestand darin, daß der «Täufling» vollständig untertauchte und so lange unter dem Wasser blieb, bis sich der ätherische Leib bis zu einem gewissen Grad vom physischen gelöst hatte. Dann konnte er während einer kurzen Zeit in der an die Erde grenzenden geistigen Welt Wahrnehmungen haben. Da aber sein Ich zuvor durch die Predigt Johannes des Täufers verstärkt worden war, vermochte er in den Augenblicken, wo das höhere Bewußtsein erwachte, die übersinnlichen Erlebnisse bewußt aufzunehmen. Was da in der Seele des Menschen aufleuchtete, der einen solchen Prozeß durchgemacht hatte, das war nichts anderes als das Aufgehen des Gewissensimpulses, des «inneren *Erkenntnis*organes», das den sich der Erde nähernden Christus wahrzunehmen vermochte: «Deshalb war die Johannes-Taufe eine Erkenntnissache. Ändert den Sinn, wendet den Blick nicht bloß nach rückwärts…, sondern blicket hin auf etwas anderes: Der Gott, der sich im menschlichen Ich offenbaren kann, ist nahe herbeigekommen; die Reiche des Göttlichen sind nahe herbeigekommen. Das predigte der Täufer nicht nur, das ließ er sie erkennen, indem er ihnen die Taufe im Jordan zuteil werden ließ. Und die, welche getauft wurden, wußten fortan aus ihrer eigenen hellsichtigen Beobachtung, wenn diese auch nur kurze Zeit dauerte, daß die Worte des Täufers eine weltgeschichtliche Tatsache ausdrückten.»[75] So erfüllte Johannes den zweiten Teil seiner Aufgabe, indem er das Erleben der erneuerten Worte des Cherub an der Paradiesespforte zum «Eigentum» aller Menschenseelen machte und ihnen das Geheimnis enthüllte, wie heute der Impuls des Weltgewissens zum Impuls des individuellen Gewissens wird, das «den Gott, der sich im menschlichen Ich offenbaren kann», wahrzunehmen vermag.[76]

Diese zweifache Aufgabe, die Johannes gegenüber dem althebräischen Volk hatte, mußte ihn aber unvermeidlich in Konflikt mit den Pharisäern und Sadduzäern, den Schriftgelehrten und Gesetzeshütern bringen. Dabei lassen sich besonders zwei Momente in der Geschichte dieses Konfliktes ausmachen, so wie er in den Evangelien dargestellt wird.

Da sagte Johannes zu den Pharisäern und Sadduzäern, die zu ihm kamen: «Ihr Söhne der Schlange, wer hat euch gezeigt, wie man dem drohenden Weltenbrand entrinnt? So strebt denn nach den rechten Früchten der Sinneswandlung. Glaubt nicht, ihr könnt euch sicher fühlen, wenn ihr sprecht: Wir haben Abraham zum Vater. Ich sage euch: Der göttliche Vater kann ebenso gut aus diesen toten Steinen Abrahamssöhne erwecken.»[77]

Diese Worte bringen mit voller Klarheit zum Ausdruck, was Johannes zu tun oblag: «Glaubt nicht, ihr könnt euch sicher fühlen, wenn ihr sprecht: Wir haben Abraham zum Vater» – das bedeutet: Glaubt nicht, daß ihr den Impuls des individuellen Ich in euch verstärken könnt, wenn ihr euch an das Gruppen-Ich wendet, das in der Generationenfolge im Sinne der Formel «Ich und Abraham sind eines» wirkt. Und weiter: «Söhne der Schlange» – das heißt «Söhne der Weisheit des Gesetzes»; «wer hat euch gezeigt, wie man dem Weltenbrand entrinnt» – das heißt der alten, richtenden Imagination des Cherub mit dem *Flammen*schwert. «So strebt denn nach den rechten Früchten der Sinneswandlung» – das bedeutet: «Die Reiche des Himmels sind nahe herbeigekommen», oder: lernet, nicht nach dem Gesetz, sondern nach dem Gewissen zu urteilen. Und, schließlich, die letzte Mahnung: «Schon ist die Axt den Bäumen an die Wurzel gelegt, und jeder Baum, der keine guten Früchte trägt, wird gefällt und im Feuer verbrannt»[78] – sie weist auf den Übergang von der Epoche des Gesetzes zu der des Gewissens. Der Baum des Gesetzes hat nicht mehr die Kraft, gute Früchte zu tragen, denn die Zeiten haben sich geändert.

So enthüllt Johannes vor den Pharisäern und Sadduzäern den Grundcharakter seiner Lebensaufgabe und errichtet damit zwischen ihnen und sich eine unüberwindliche Mauer. So wie diese lebt und handelt auch Johannes als Glied des althebräischen Volkes nach dem Gesetz Mosis[79], aber im Innern urteilt er über seine Handlungen und die Handlungen der anderen auf Grund *seines Gewissens*, der umgewandelten Stimme des Cherub in seiner Seele, die den Weg zur wahren Erkenntnis des Christus eröffnet. Deshalb sagt das Volk von Johannes: «Johannes hat kein Zeichen getan, aber alles, was Johannes über diesen gesagt hat, das ist wahr.»[80] Dieses «Urteilen nach dem Gewissen» entfremdet Johannes der seelischen Grundeinstellung sowie den Gewohnheiten des althebräischen Volkes und führt schließlich zum offenen Konflikt mit Herodes und später zum Märtyrertod.[81] Der Grund für dieses tragische Ende ist darin zu sehen, daß er im Volk des Alten Bundes der erste Prophet und Vertreter des Neuen Bundes ist und durch seinen Märtyrertod der erste Vorläufer des kosmisch irdi schen Schicksals des Christus.

Die Hauptaufgabe Johannes des Täufers als Repräsentant des Gewissens der Erdenmenschheit: dem Christus auf Erden zu begegnen und *ihn zu erkennen*, bestimmt auch alle seine nachtodlichen Schicksale, indem sie einen entscheidenden Einfluß auf sein Wirken in der geistigen Welt nach seinem Märtyrertod ausübt, der seinerseits eine unmittelbare Folge seines Dienstes für die Christus-Wesenheit ist. Denn nach den Hinweisen Rudolf Steiners «... ist das Gewissen ein Vorgefühl prophetischer Art, wie wir unsere Taten nach dem Tode erleben werden»[82]. Infolgedessen vermag Johannes auch nach dem Tod, entsprechend den in seiner Seele wirkenden, schon während seines Lebens im physischen Leibe entwickelten Gewissenskräften weiterhin – wenn auch in vollkommen anderer Form – sein irdisches Wirken in derselben Richtung zu entfalten. Er schafft, nun aus der geistigen Welt heraus, um den Christus Jesus eine solche geistige Atmosphäre, die es diesem ermöglicht, auf die beste Weise zu wirken: «Johannes der Täufer ist weggegangen [in die geistige Welt], aber was er als der Elias-Geist ist, das ist da, und in das hinein kann *am besten* der Christus Jesus wirken, da kann er am besten seine Worte hineingießen; in der *Atmosphäre,* die da geblieben ist, in der *Elias-Atmosphäre,* da kann er am besten seine Taten ausprägen.»[83] Das ist gleichsam das erste Stadium des nachtodlichen Dienstes von Johannes für die Christus-Wesenheit. Auf der zweiten Entwicklungsstufe wird die Entelechie des Johannes allmählich zur Gruppenseele der zwölf Apostel.[84] Und auf der dritten schließlich vereinigt sie sich mit Lazarus während dessen Einweihung durch den Christus Jesus in Bethanien.[85]

Diese drei Entwicklungsstufen sind Abbilder der drei vergangenen Zustände dieser Individualität, die, dank ihrer Verbindung mit dem Christus, in Keime für zukünftige Zustände verwandelt wurden. So wiederholt sich auf der ersten Stufe in einem gewissen Sinne, nur in einer vollkommen anderen Gestalt, ihr Dasein als Adam, der in der Urzeit die ersten Stadien der Erdenentwicklung der Menschheit wie eine geistige Atmosphäre begleitete. Es wirkt jedoch diese älteste Menschheitsseele, nun vom Christus-Impuls umgewandelt, mit neuer Jugendkraft. So wird zum Beispiel im Johannes-Evangelium auf ihre übersinnliche Beteiligung an der Speisung der 5000, das heißt an dem prophetischen Erleben der fünften Kulturepoche[86] im Bilde des «*Knaben*» hingewiesen, der dem Christus Jesus fünf Brote und zwei Fische darbringt, die den fünf höheren und zwei niederen Gliedern der Menschenwesenheit entsprechen[87], durch deren Vereinigung mit dem Christus-Impuls die geistigen Grundlagen für die fünfte nachatlantische Epoche in den Menschenseelen gelegt werden können. Denn es ist in dieser Epoche, daß die Individualität des Johannes mit der Erfüllung ihrer neuen *christlichen* Aufgabe unter den Menschen beginnen soll – Genaueres darüber wird weiter unten gesagt werden –, für welche die zwei Verkörperungen im 15. und 18. Jahrhundert, die mit der ganzen Fülle der Verjüngungskräfte des Christus-Impulses als dem wahren «Brot des Lebens»[88] durchdrungen waren, als Vorbereitung dienten.

Auf der zweiten Stufe wiederholt diese Individualität sodann, wenn auch wiederum in verwandelter Gestalt, ihr Elias-Dasein als Träger der Impulse der Volksseele des althebräischen Volkes – nun als Gruppenseele der zwölf Apostel. Und schließlich wiederholt sich, abermals auf einer vergeistigteren Stufe, in ihrer Vereinigung mit Lazarus-Johannes ihr Leben als Johannes der Täufer, des ersten Menschen auf der Erde, der «den Christus erkannte», und sie wurde durch diese Vereinigung erwürdigt, an dem Mysterium von Golgatha selbst übersinnlich teilzunehmen. Das sind die Folgen der weiteren Entwicklung des Gewissensimpulses für das nachtodliche Leben Johannes des Täufers, einer Entwicklung, die er schon auf der Erde begann.

4.
Nach der Zeiten-Wende

Bevor wir uns den nachchristlichen Inkarnationen der Individualität Johannes des Täufers zuwenden, ist noch eine wichtige Eigenart derselben zu betrachten. Sie war als Wiederverkörperung von Adam, der in der lemurischen Epoche die Pforte für das Eindringen der luziferischen Kräfte in die Menschheitsentwicklung gebildet hatte, von ihrer Schwesterindividualität getrennt worden, während diese, seit dem «Sündenfall» in den höheren Welten zurückgehalten, zum Hüter der unberührten, ursprünglichen Ätherkräfte der Menschheit wurde, der Kräfte, die in der Bibel im Bilde vom Baum des Lebens symbolisch dargestellt werden. Diese Schwesterseele Adams verkörperte sich dann erstmals als der Jesus des Lukas-Evangeliums.[89] Sie war als «Paradiesesseele», die eine Art «himmlischen Menschheitsurbildes» darstellte, von allem Anfang an das Ziel des geistigen Strebens des «irdischen Adam», insofern dieser danach trachtete, sich die Kräfte des Lebensbaumes zu erwerben, Zugang zu den vom Sündenfall unberührten kosmischen Ätherkräften zu erlangen. Das erklärt auch den seit Urzeiten bestehenden Zusammenhang dieser beiden Seelen, der während des Besuches von Maria bei Elisabeth in Erscheinung trat, als das Ich des «irdischen Adam» (Johannes der Täufer) durch die Nähe des «himmlischen Adam», der geistigen Kräfte seiner himmlischen Schwesterseele, erweckt wurde.[90] In der Folgezeit wuchsen dann beide Individualitäten gemeinsam heran, wie das in zahlreichen Bildern Raphaels* auf besonders geistvolle Weise zum Ausdruck kommt. Sie trafen sich auch später häufig in Nazareth und sprachen lange miteinander an der Pforte des

* Diese Hinwendung Johannes des Täufers zu dem Jesus des Lukas-Evangeliums (der nathanischen Seele) als zu seinem höchsten Urbild ist in der «Madonna del Passeggio», einem der letzten Madonnenbilder Raphaels, mit besonderer Eindringlichkeit dargestellt.

Essäer-Ordens, mit dem beide verbunden waren, ohne jedoch regelrechte Mitglieder desselben zu sein.[91]

Es blieb diese ihre Nähe aber, obwohl sie tief karmisch begründet war, trotzdem eine äußerliche, denn es konnte die Adam-Elias-Johannes der Täufer-Individualität erst durch die Christus-Wesenheit oder, genauer gesagt, durch die Verbindung mit dem vom Mysterium von Golgatha ausgehenden Impuls beginnen, sich allmählich wieder mit den verlorenen Kräften vom Baume des Lebens, den von der nathanischen Seele bewahrten ursprünglichen Ätherkräften, zu vereinigen.

Erst nachdem sie übersinnlich, infolge ihrer geistigen Vereinigung mit Lazarus-Johannes, auf dem Hügel von Golgatha gestanden hatte, konnte diese Individualität in der geistigen Welt nun den Weg einschlagen, ihrem Urbild, der «himmlischen Adam-Wesenheit», der nathanischen Seele, wiederum ähnlich zu werden. Das kam in den zwei folgenden Inkarnationen als der italienische Maler Raphael und als der deutsche Dichter Novalis unmittelbar zum Ausdruck. Und es gehört, mit den Worten Rudolf Steiners, «zu den Tatsachen, die so recht darauf aufmerksam machen können, wie sich die Metamorphose der Seele vollzieht gerade durch den großen Einschlag, der durch das Mysterium von Golgatha geschieht».[92]

So wie Elias und Johannes der Täufer verkörpert sich auch Raphael nicht vollkommen in seinem physischen Leib.[93] Ein Teil seiner geistigen Entelechie verbleibt *außerhalb* seiner physischen Hülle, so daß die Individualität Raphaels mit den Wesenheiten der geistigen Welt in dauernder Verbindung ist. Und damit wiederholt sich abermals und wiederum eine Stufe tiefer, was wir bereits im Zusammenhang mit Elias und Johannes dem Täufer beobachteten. Denn so wie der erste mit dem Erzengel Michael und der zweite mit dem Engel, welcher das Herbeikommen des «Herrn des Ich» vorbereitete, verbunden war, so war diese Individualität in ihrer Verkörperung als Raphael und auch, wie wir noch sehen werden, als Novalis ganz besonders mit der *nathanischen Seele* verbunden, zu der sie als dem Ideal des von dem Christus durchdrungenen Ur-Ätherleibes mit allen ihren Kräften seit ihrer geistigen Beteiligung an dem Mysterium von Golgatha hinstrebt. Das hat sie auf den Weg der inneren Reinigung und Verwandlung geführt, so daß sie als Raphael immer jünger und ihre seelischen Fähigkeiten zunehmend geistiger, der himmlischen Wesenheit der nathanischen Seele ähnlicher wurden.

Deshalb stellt Raphael auch als eine Art Leitmotiv seines künstlerischen Schaffens die Heilige Familie aus dem Lukas-Evangelium (und nur sehr selten diejenige aus dem Matthäus-Evangelium) so oft auf seinen Bildern dar. Es spricht einiges dafür, daß er die eindringlichsten unter ihnen (die Sixtinische Madonna sowie einige andere) unmittelbar aus geistiger Schau malte, in der ihm die lukanische Maria und die nathanische Seele, das höchste Ziel seines geistigen Strebens, erschienen.[94] Damit berühren wir ein Geheimnis, das mit einem alles umfassenden Gesetz des geistigen Seins zusammenhängt und das Rudolf Steiner in seinen Vorträgen als «Prinzip der spirituellen Ökonomie» charakterisiert. Es besagt, daß die Äther- und Astralleiber der weiter fortgeschrittenen Individualitäten sich nach dem physischen Tode ihrer Träger nicht auflösen – wie das üblicherweise geschieht –, sondern in den höheren Welten aufbewahrt und dort zum Wohle der weiteren Menschheitsentwicklung benutzt werden. Das geschieht so, daß durch bestimmte okkulte Vorgänge geistige Abdrücke von diesen Äther- und Astralleibern gemacht und sodann den entsprechenden Hüllen von Menschen, die sich zur Verkörperung anschicken, einverleibt werden. Dabei nehmen unter diesen in den höheren Welten aufbewahrten, besonders entwikkelten Äther- und Astralleibern der Äther- und der Astralleib, in denen einst der Christus auf der Erde wohnte, das heißt die übersinnlichen Hüllen der nathanischen Seele, einen besonderen Platz ein. Von ihnen genommene und dann vervielfältigte ätherische und astralische Abbilder wurden im Verlaufe des Mittelalters, ja bis zur Renaissance-Zeit (15. Jahrhundert) den entsprechenden Hüllen von karmisch dazu empfänglichen Erdenmenschen eingegliedert. So trugen, nach den Hinweisen Rudolf Steiners, in der Zeit vom 4./5. bis zum 11./12. nachchristlichen Jahrhundert die Ätherleiber vieler Menschen einen Abdruck des in den geistigen Welten bewahrten Ätherleibes der nathanischen Seele in sich. Das konnte für solche Menschen zweierlei Folgen haben. Erstens war es möglich, daß sie «in sich selber etwas erlebten, was eine Art Paulus-Offenbarung *im kleinen* war»[95], das heißt vergleichbar mit der geistigen Erleuchtung des Paulus vor Damaskus. Sie konnten «...in einer gewissen Beziehung hellseherische Offenbarungen über die Ereignisse von Palästina erhalten». Das Wichtigste aber, was sie so hellsichtig über die Ereignisse von Palästina, außer der Kreuzigung, schauten, war das Bild der «Madonna», «der Maria mit dem Jesuskinde»[96]. Derartige Erlebnisse bildeten auch die Quellen der frühchristlichen, mittelalterlichen Kunst, insbesondere der Malerei.

Weitaus die Mehrheit solcher «Verkörperungen» von Abdrücken des Ätherleibes der nathanischen Seele fand zwar vor allem in den genannten Jahrhunderten statt. Wenn wir jedoch das Einmalige der Individualität, die in Raphael lebte, sowie den unmittelbaren Eindruck, den seine Malerei auf uns macht, in Betracht ziehen, dann scheint es nicht unmöglich, daß Raphael, am Übergang zwischen dem 15. und 16. Jahrhundert lebend, ähnlich vielen namenlosen Künstlern des Mittelalters, erwürdigt wurde, einen solchen Abdruck des Ätherleibes der nathanischen Seele in seinen eigenen Ätherleib aufzunehmen.[97] Auch müssen wir den tieferen Grund für diese Tatsache vor allem in dem Streben dieser Individualität als dem wiederverkörperten Adam zu seinem Urbild, zu der seit Urbeginn mit ihr verbundenen «Schwesterseele», suchen.

Daß wir in Raphael den unmittelbaren Fortsetzer der inspirierten Kunst «der ersten Jahrhunderte des Christentums», die aus großen naiven Natur- und Geisterkenntnissen geboren wurde, vor uns haben, das heißt aus den Kräften des Ätherleibes der nathanischen Seele, die eben solche ursprünglichen, jungfräulichen Kräfte wahrer Natur- und Geisterkenntnis in sich trug, davon zeugen die Worte Rudolf Steiners: «... so strömt uns alles das, was wir um die Weihnachtszeit empfinden können, zusammen in dem Bilde der Marienmutter mit dem Kinde, das in älteren Zeiten, namentlich in den ersten Jahrhunderten des Christentums, Künstlern vielfach vorgeschwebt hat, und dessen letzte Nachklänge in der Entwicklung der Menschheit eben in der Raffaelischen Sixtinischen Madonna noch erhalten sind. Diese Raffaelische Sixtinische Madonna *ist noch aus den großen Natur- und Geisterkenntnissen einer alten Zeit heraus geboren.* Denn sie ist das Bild jener Imagination, die der Mensch eigentlich haben muß, der sich mit innerer Schauung in die Geheimnisse des Weihnachtswebens so hineinversetzt, daß ihm dieses Weihnachtsweben eben zum Bilde wird.»[98]

Was nun die «Paulus-Offenbarung im kleinen» betrifft, so gibt es in der Biographie Raphaels jedenfalls ein seelisches Erlebnis, das er selbst in einem von ihm verfaßten Gedicht mit dem Erlebnis von Paulus vor Damaskus vergleicht. Dieses Gedicht schrieb er auf eine der Skizzen zu dem Fresko «Verherrlichung des Altarsakraments». Das Erlebnis selbst beschrieb Raphael nicht genau, da es ein Geheimnis seines eigenen Seelenlebens bleiben mußte. Es spricht aber die Tatsache, daß es mit einem seiner bedeutendsten Kunstwerke in Zusammenhang steht, eine deutliche Sprache:

> «Wie Paulus einst, was er geschaut da oben,
> Verschwieg, so schweig' ich, denn es hat die Liebe,
> Damit mein Glück ein süß Geheimnis bliebe,
> Mit einem Schleier mir das Herz umwoben.»
>
> übers. v. H. Grimm[98a]

Daß die Gestalt des Apostels Paulus und sein geistiges Damaskus-Erlebnis die zentrale Frage im inneren Leben Raphaels war, ebenso wie das wichtigste Thema seines Spätwerks, wird auch durch den Hinweis Rudolf Steiners im Vortrag vom 5. Oktober 1917 bestätigt.[98b]

Jedoch nicht nur die geistigen Quellen der Werke, welche die «Madonna mit dem Kinde» darstellen, enthüllen sich uns, wenn wir um das Geheimnis wissen, daß der Abdruck des Ätherleibes der nathanischen Seele im Ätherleibe Raphaels wirkte, sondern auch die geistigen Quellen seiner letzten und vielleicht bedeutendsten Arbeit, «Die Verklärung Christi», werden uns erkennbar. Denn die in den drei synoptischen Evangelien beschriebene Szene der Verklärung hat eine besondere Beziehung zu der geistigen Individualität Raphaels, und das nicht nur, weil in dieser Szene Elias mit dem Christus erscheint, sondern vor allem deshalb, weil die von den drei Jüngern erlebte Offenbarung der Christus-Wesenheit aus der Sonnensphäre (dem Devachan) heraus eine Folge ihrer Vereinigung mit dem *Ätherleib* des Jesus von Nazareth war.[98c] Daher rührt auch die besondere Stellung, welche das diesem Thema gewidmete Werk im Schaffen Raphaels einnimmt. Es wurde nur in seinem oberen, die Verklärung selbst darstellenden Teil von dem Künstler vollendet. Und wie ein Symbol seines kurzen Erdenlebens steht das Bild Raphaels vor uns: auf dem Totenbette in seiner Werkstatt ruhend, zu Füßen sein letztes, vollendetes Werk, die «Verklärung», die, so wie er sie gestaltete, zugleich eine Darstellung *des Mysteriums der Auferstehung ist.*

Der geistige Einfluß, den der Ätherleib der nathanischen Seele auf Raphael ausübte, war jedoch nicht der einzige Einfluß aus höheren Quellen in seinem Leben. Nicht nur der sogenannte «untere Strom» hierarchischer Inspirationen, der, vom Erzengel Michael ausgehend, die Stufe einer Engelwesenheit durchlaufend, im Wirken der Kräfte des Ätherleibes der nathanischen Seele sich vollendet, tritt in Raphael in Erscheinung. Es dringen auch hierarchische Inspirationen des «oberen Stromes» in seine Seele ein. Bei Elias geschah das in der Form unmittelbarer Einwirkungen des Monden-Elohim Jahve, später, bei Johannes dem Täufer, in den Offenbarungen des führenden Zeitgeistes, des Arche, der auf sein weiteres

Aufsteigen opfervoll verzichtete und der, als sich der Christus auf der Erde verkörperte, zum führenden Geist des exoterischen Christentums wurde. Auch dieser Strom wirkt nun eine Stufe tiefer und erscheint in den Inspirationen, welche Raphael im besonderen von einer bestimmten Wesenheit aus der Hierarchie der *Erzengel* empfängt.[99]

Schon sein Name «Raphael» weist auf die Quelle dieser Inspirationen hin. Denn unmittelbar vor der Geburt des künftigen Künstlers empfing seine Mutter, mit der er später besonders innig verbunden sein sollte[100], aus den geistigen Welten den Hinweis, das Kind dem Erzengel *Raphael* dadurch zu weihen, daß ihm dieser Name verliehen würde. Diese geistige Beziehung des Künstlers Raphael zu seinem hierarchischen Beschützer äußerte sich auch darin, daß sowohl seine Geburt als auch sein Tod am Karfreitag erfolgte, derjenigen Zeit im Jahreslauf, die unter der besonderen Einwirkung des Erzengels Raphael steht.[101] Eine Grundlage für diese gegenseitige Beziehung könnte auch der Abdruck des Ätherleibes der nathanischen Seele bilden, den, wie früher bereits dargestellt, Raphael in seinem Ätherleib trug, das heißt, die von dem Christus umgewandelten Kräfte des «Baumes des Lebens»[101a], die Kräfte ewiger Jugend und *kosmischer Heilung,* eine Seelensubstanz, durch welche der Erzengel Raphael auf besonders günstige Weise wirken konnte.

In der Bibel wird dieser Erzengel nur einmal erwähnt, und zwar in einer im Text des kanonischen Alten Testamentes nicht enthaltenen Erzählung. Das ist die Geschichte des gerechten Alten Tobias, zu dessen Heilung von der Blindheit der Erzengel Raphael aus der geistigen Welt gesandt wird. Es tritt aber der Erzengel Raphael in dieser biblischen Erzählung nicht nur als Heiler des äußeren physischen Gesichtes auf, sondern auch als Erwecker des geistigen, wodurch Tobias, da er nun physisch geheilt und zugleich geistig sehend geworden ist, Raphael als seinen Retter zu erkennen vermag.[101b] Damit wirkt der Erzengel Raphael als ein *Mittler* zwischen dem äußeren und dem inneren Schauen, und im Falle des Künstlers Raphael ermöglicht er es diesem, in harmonischer, gleichzeitig aber auch exakter Weise rein seelisch-geistigen Erlebnissen Linien und Farben einzuprägen. Auf dieses Geheimnis von Raphaels Kunst hinweisend, das ihn von allen anderen Künstlern der Renaissance unterscheidet, sagte Rudolf Steiner: «Aber jede Höhe der Kunstentwicklung in der Menschheit stellt ein Geistiges im Sinnlichen dar oder, könnte man auch sagen, erhebt das Sinnliche in die Sphäre des Geistigen hinauf. Man schätzt Raphael, den Maler, deshalb so hoch, weil er, *wie kein anderer in diesem Maße,* imstande war, im Sinnlichen etwas herzustellen, was sich zu dem Geistigen hinauf erhebt.»[101c]

Das erklärt auch die besondere, heilende Wirkung der Kunst Raphaels, auf die Rudolf Steiner mehrfach und in verschiedenem Zusammenhang hinwies. Es mag hier genügen, auf die Folge von fünfzehn Bildern hinzuweisen, die Dr. Felix Peipers als Material für eine «therapeutische Meditation»[102] unter seiner Anleitung zusammenstellte. Diese intime Beziehung des Künstlers zu dem Heiler-Erzengel und durch ihn zur gesamten Merkur-Sphäre bestand auch noch nach seinem Tode: «Wir sehen ihn dann durchwandern die Merkursphäre, wo er mit den großen kosmischen Heilern zusammen all dasjenige für seine Geistigkeit ausgestaltet, was ihn befähigt hat, *in der Anlage schon so Gesundes, so unendlich Gesundes* in Farbe und Linie zu schaffen.»[103]

Betrachten wir den erstaunlichen Übergang von Johannes dem Täufer zu Raphael, so kann die Frage auftauchen: Wie war es möglich, daß die Individualität von Johannes, dieses letzten Propheten des Alten Testamentes, der noch mit allen Banden seiner Seele mit dem alttestamentlichen Volk, seiner jahrhundertealten Geschichte und seinem streng monotheistischen Geistesleben, das von dem es umgebenden «Heidentum», vor allem von der griechischen und römischen Welt so weit entfernt, ja ihr feindlich gesonnen war, in der Person von Raphael ein solch fein beobachtender Verehrer der antiken Kunst und Kultur in all ihren zahlreichen Erscheinungsformen werden konnte? «So sehen wir», sagte Rudolf Steiner, «die merkwürdige Erscheinung, daß durch Raphael das Griechentum im Christentum wiederersteht. So sehen wir in Raphael ein Christentum auftreten in einer Zeit, die eigentlich in einer gewissen Weise um ihn herum das Antichristliche darstellt.»[104]

Der zweite Teil dieser Aussage, daß Raphael durch seine ganze Persönlichkeit und sein Schaffen nun von dem Christentum kündet, läßt sich leicht verstehen. Denn mit der Taufe am Jordan endet die große alttestamentarische Mission von Johannes und beginnt die neue des Neuen Bundes. Durch die Begegnung mit dem Christus auf der Erde und durch seine *Erkenntnis* des Christus dank der Offenbarung des führenden Arche jener Zeit: «Dies ist mein vielgeliebter Sohn, heute habe ich ihn gezeugt»[104a], beginnt eine neue Epoche für Johannes, die ihn vor eine neue Aufgabe stellt. Von dieser neuen Aufgabe werden wir noch eingehender sprechen. Hier ist jedoch zu beachten, daß die Beteiligung an der Taufe Jesu, das heißt das unmittelbare Erleben der Verkörperung des führenden Sonnengeistes in dem Menschen Jesus von Nazareth, in einem bestimmten, geistigen Sinne für Johannes eine Art «geistiger Taufe» war, ein innerer endgültiger Übergang vom Alten zum Neuen Bunde. Wie bewußt Johannes diese «geistige Taufe» erlebte, davon sprechen seine eigenen Worte im Johannes-Evangelium, die wir auf Seite 32 anführten.

Das ist auch der – innere – Grund, warum Novalis später, gleichsam aus einer tieferen, unbestimmten Erinnerung heraus, bei der Beschreibung der Taufe diese nicht nur in der Ich-Form von Johannes aus darstellt, sondern auch von Jesus selbst aus (siehe Seite 93). Denn das, was sich in seiner ganzen Fülle damals mit Jesus von Nazareth vereinigte, das überleuchtete auch Johannes und verwandelte ihn aus einem alttestamentarischen Propheten in den *ersten Christen,* den ersten Menschen des neuen Entwicklungsäons.

Noch aber erhebt sich, im Zusammenhang mit dem ersten Teil der oben zitierten Worte Rudolf Steiners, die Frage: Wie konnte durch Raphael «das Griechentum im Christentum» wiedererstehen? Woher stammt bei ihm diese enge Verbindung und das tiefe Verständnis für das griechische Element*, seine Liebe für die römische Welt, so daß er der erste Archäologe seiner Zeit wird, der die Ausgrabungen und Restaurierungsarbeiten an den architektonischen Denkmälern des alten Rom organisiert und leitet?[105] Um diese Frage zu beantworten, ist an ein geistiges Gesetz zu erinnern, demzufolge alles, was ein Mensch in mehr geistig-äußerer Weise, beispielsweise als eine von oben kommende Inspiration, in der einen Inkarnation erlebt hat, in der nächsten Inkarnation, nachdem es in der Zeit zwischen Tod und neuer Geburt durch eine höhere Metamorphose hindurchgegangen ist und sich vollständig mit der Seele verbunden hat, als innere seelisch-geistige Eigenschaft auftritt, die nun der Seele, dem Ich des Menschen eigen ist.

So wurde die einst von ihm als Elias erlebte Jahve-Offenbarung in der folgenden Inkarnation als Johannes zur inneren, seelischen Kraft, zu einem geistigen, sein ganzes Ich erfüllenden Impuls.[106] Und die Inspirationen, die Johannes der Täufer während der Taufe am Jordan empfing und die von dem führenden Arche jener Zeit ausgingen, dessen Hauptaufgabe in dem Jahrhundert vor der Begründung des Christentums war, diesem die geistigen und kulturell-historischen Hüllen des Leibes, der Seele und des Geistes zu bereiten, hatten für Johannes' Seele nach dem Tode

---

* Siehe auch Fußnote auf der Seite 94.

eine intensive Zusammenarbeit mit dem genannten Arche zur Folge. Dadurch konnte die geistig-historische Mission dieser hierarchischen Wesenheit: das exoterische Christentum vorzubereiten und weiterzuentwickeln, für Johannes den Täufer bei seiner Wiederverkörperung als Raphael zu einem inneren Impuls seines eigenen Ich werden. Da aber diese Mission forderte, den römischen, jüdischen und griechischen Kulturimpuls harmonisch zu verbinden – denn sie sollten dem entstehenden Christentum als Hüllen dienen –, so war auch Raphael bis in die Tiefen seiner Seele von dieser Aufgabe erfüllt. Aus den Kräften seines Ich heraus strebte er nun danach, das Christentum (das für ihn bei der Taufe im Jordan aus dem Judentum entstanden war), das Griechentum und das Römertum zu harmonischer Wechselwirkung zu bringen. Und so wirkte er während seiner Verkörperung zwischen dem 15. und 16. Jahrhundert im Sinne des exoterischen und nicht des *esoterischen* Christentums.

5.
Herold eines spirituellen Christentums

> «Ich sag' es jedem, daß er lebt
> Und auferstanden ist,
> Daß er in unsrer Mitte schwebt,
> Und ewig bei uns ist.»
>
> *Novalis*

> «Es gibt keine Religion, die nicht Christentum wäre.» *Novalis*

Noch bedeutendere geistige Erlebnisse hatte Novalis, dem sich mit dem Tode seiner Braut Sophie von Kühn zu Ostern 1797 die «inneren spirituellen Fähigkeiten» erschlossen, und zwar vor allem die Möglichkeit, im «astralischen Licht» zu schauen und zu lesen.

«Durch Gnade höherer Mächte empfangene *Einweihung*» – so charakterisiert Rudolf Steiner das entscheidende Erlebnis von Novalis, das er später selbst in der dritten und vierten Hymne seines Gedichtzyklus «Hymnen an die Nacht» beschrieb. Vertiefen wir uns in die in diesen Hymnen poetisch dargestellten seelischen Prozesse, die Novalis damals durchmachte, dann finden wir in ihnen ein genaues Abbild bestimmter Einweihungsmomente, wie wir sie aus dem Buch «Wie erlangt man Erkenntnisse der höheren Welten?» kennen. So hat Novalis zunächst, während er sich der Schwelle der geistigen Welt nähert, ein Gefühl wachsender Einsamkeit («...einsam, wie noch kein Einsamer war...») und sodann heftiger Furcht («von unsäglicher Angst getrieben...»). Diese jähe Furcht wird jedoch sogleich durch Novalis' geistige Kraft besiegt, was seinen Geist von den Fesseln des physischen Leibes befreit: «...über der Gegend schwebte mein entbundener, neugeborener Geist», und die innere Sonne des höheren Ich in der Seele aufleuchten läßt.

Zwei Erlebnisse sind für das rechte Betreten und das bewußte Leben in der geistigen Welt besonders charakteristisch: Im Augenblick der Vereinigung mit ihr legt sich der Schleier des Vergessens über alles Irdische, und in den Seelentiefen erschließt sich der Quell des höheren Gedächtnisses als erste Folge des Wirkens des höheren Ich in der menschlichen Seele.[106a] Rudolf Steiner beschreibt diese beiden Erlebnisse als das Einnehmen zweier «Tränke» in der geistigen Welt: des Vergessenheitstrankes in bezug auf die physische und des Gedächtnistrunkes in bezug auf die geistige Welt. Dante stellt diese Stufe der inneren Entwicklung in der «Göttlichen Komödie» im Bilde der Flüsse des Vergessens und der Erinnerung – Lethe und Eunoe – dar, in die der Einzuweihende eintauchen muß. «Hinfloh die irdische Herrlichkeit und meine Trauer mit ihm», so beschreibt Novalis die *Wirkung* des ersten Trankes – und noch eingehender dann das Einnehmen des zweiten: «Weit und ermüdend ward mir die Wallfahrt zum heiligen Grabe, und das Kreuz war schwer. Wessen Mund einmal die kristallene Woge netzte, die *gemeinen Sinnen unsichtbar,* quillt in des Hügels dunkelm Schoß, an dessen Fuß die irdische Flut bricht, wer oben stand auf diesem Grenzgebirge der Welt, und hinübersah in das neue Land, in der Nacht Wohnsitz, wahrlich, der kehrt nicht in das Treiben der Welt zurück, in das Land, wo das Licht regiert und ewige Unruh haust.» Als nächstes beginnt die Seele, sich in dem «neuen Land», das sich ihr «auf dem Grenzgebirge der Welt» gezeigt hat, zu orientieren, dort ihren Platz zu finden. Rudolf Steiner nennt diesen Teil des Einweihungsprozesses «sich eine Hütte in der geistigen Welt bauen»[106b], und das führt zu dem Erlebnis: In dieser neuen Welt ist meine wahre Heimat. «Der Nacht Wohnsitz», das heißt: diejenige geistige Sphäre, in der jeder Mensch während des Schlafes unbewußt weilt und in der Novalis dank seiner Einweihung in vollem Bewußtsein erwachen konnte, sie wird allmählich seine neue Heimat. «Oben baut er sich Hütten, Hütten des Friedens…», schreibt Novalis in der 4. Hymne.[106c]

Was aber offenbarte sich Novalis in der geistigen Welt infolge seiner Einweihung? Das ist, ebenso wie seine Einweihung selbst, nur zu einem geringen Teil und sehr unvollständig in den «Hymnen an die Nacht» und den übrigen Dichtungen zum Ausdruck gebracht. Er bewahrte es weitgehend im Allerheiligsten seiner eigenen Seele. Wir müssen uns deshalb hier den Mitteilungen der Geisteswissenschaft zuwenden, wo wir eine Beschreibung dessen finden, was sich Novalis damals bei seinem Schauen in den höheren Welten ergab. Was sich ihm da erschloß, das war vor allem das kosmische Mysterium der nathanischen Seele, die mit dem übersinnlichen Ursprung der Menschheit verbunden ist, sowie das Mysterium des Todes und der Auferstehung, das mit dem Wirken der Christus-Wesenheit auf der Erde im Zusammenhang steht.[107] So offenbarte sich ihm in unmittelbarem Schauen, was heute das Zentrum der anthroposophischen Christologie bildet. Denn «…ihm war neben dem großen Rückblick in die Vergangenheit der Erden- und Weltenzeiten auch vor dieses geistige Auge gerückt die Christus-Wesenheit. Er durfte von sich sagen gegenüber dieser Christus-Wesenheit, daß er zu denjenigen gehörte, die mit ihrem geistigen Auge selbst gesehen haben, was sich enthüllt, wenn sich der ‹Stein hebt› und sichtbar wird diejenige Wesenheit, die für unser Erdendasein den Beweis geliefert hat, daß das Leben im Geistigen immerdar den Tod besiegt.»[108] Hier erlebte Novalis abermals, was er einst mit seinen geistigen Augen schaute, als er sich nach seiner Verkörperung als Johannes der Täufer aus der geistigen Welt heraus übersinnlich mit Lazarus verband und so geistig beim «Heben des Steines» anwesend sein konnte:

«Gehoben ist der Stein –
Die Menschheit ist erstanden –
Wir alle bleiben dein
Und fühlen keine Banden.»

«Mit seiner wie durch Gnade ihm verliehenen Einweihung ging ihm zu gleicher Zeit alles das auf, was er sich in früheren Inkarnationen errungen hatte… Und weil er den Rückblick hatte in jene Zeiten und mit dem geistigen Auge schauen konnte, durfte er sagen, daß ihm unvergleichlich im Leben ist das große Ereignis, da er in sich selbst entdeckt hatte, was der Christus ist. *Es ist solch ein Erlebnis wie eine Wiederholung des Ereignisses von Damaskus,* wo Paulus, der bis dahin die Anhänger des Christus Jesus verfolgt… und nicht ihrer Verkündigung gehorcht hatte, durch höheres Schauen den unmittelbaren Beweis erhielt, daß Er da ist und lebt, daß etwas geschehen ist durch das Ereignis von Golgatha, das einzig und allein dasteht in der ganzen Menschheitsentwickelung. So können die, welchen das Auge aufgetan ist [in diesem Falle Novalis], dieses Ereignis wiederholt sehen», und so erschließt sich Novalis in unmittelbarer innerer Erfahrung die grundlegende christologische Wahrheit: «Der Christus ist nicht bloß in dem Leibe dagewesen, in dem er gewohnt hat. Er ist mit der Erde verbunden geblieben: *die Sonnenkraft hat sich durch ihn mit der Erde verbunden.* ‹Einzig› nennt Novalis daher die Offenbarung, die er erhalten hat, und er nennt diejenigen Menschen allein im Grunde wirkliche Menschen, die mit ihrer ganzen Seele an diesem Ereignis teilnehmen wollen.»

Quelle dieser Offenbarung wird für Novalis das *Mysterium des Herzens,* das, wenn es bewußt erfaßt wird, zum Erleben des Christus, zum inneren «Ereignis von Damaskus» führt. Von diesem tief christlichen Mysterium sprechen die folgenden Verse:

«O! Sauge Geliebter,
Gewaltig mich an,
daß ich entschlummern
und lieben kann.
Ich fühle des Todes
verjüngende Flut,
zu Balsam und Äther
verwandelt mein Blut –
Ich lebe bei Tage
voll Glauben und Mut
und sterbe die Nächte
in heiliger Glut.»

«Zu Balsam und Äther verwandelt mein Blut» – diesen geistigen Prozeß der Verwandlung des Blutes im menschlichen Herzen in eine ätherische Substanz nannte Rudolf Steiner später das Mysterium der «Ätherisation des Blutes», und er beschrieb dieses eingehend im Vortrag vom 1. Oktober 1911. Es besteht darin, daß seit dem Mysterium von Golgatha parallel zu dem in jedem Menschen von unten nach oben, vom Herzen zum Haupte fließenden Strom des ätherisierten menschlichen Blutes ein anderer Strom, der Strom des ätherisierten Blutes des Christus strömt: «So aber ist seit dem Mysterium von Golgatha eine fortwährende Möglichkeit vorhanden, daß in diesen Strömungen von unten nach oben die Wirkung des ätherischen Blutes des Christus mitströmt», «...so daß...im Menschen ... die eigentliche [ätherisierte] menschliche Blutströmung und die Blutströmung des Christus Jesus zusammentrifft.»[109] Und wenn der Mensch durch die Beschäftigung mit der Anthroposophie oder, wie im Falle von Novalis, dank besonderer karmischer Führung, sich in seinem Herzen dieses ätherisierten Stromes des göttlichen Blutes bewußt werden kann, dann wird ihm das Erleben der gleichzeitig in seinem Inneren und in der gesamten Erdenaura wirkenden Christus-Wesenheit möglich:

«Unter tausend frohen Stunden,
So im Leben ich gefunden,
Blieb nur eine mir getreu;
Eine wo in tausend Schmerzen
Ich erfuhr in meinem Herzen,
*Wer für mich gestorben sei.»**

* Bei der Vorbereitung dieses Gedichtes für die Veröffentlichung änderte Novalis das «mich» in diesem Vers in «uns» um. Im ursprünglichen Manuskript steht «mich».

Nachdem Novalis in dieses Mysterium eingeweiht worden war, erschloß sich ihm auch das Wissen um das menschliche Herz als höheres Erkenntnisorgan. Was Rudolf Steiner später «Logik des Herzens» nannte (im Gegensatz zur «Logik des Kopfes»), mit deren Hilfe er seine geistigen Forschungen durchführen konnte,[110] dieses mystische Geheimnis des Ätherherzens erschloß sich Novalis gleichsam durch höhere geistige Eingebung. «Das Herz ist der Schlüssel der Welt und des Lebens», schreibt er während seiner letzten Krankheit und fügt hinzu, den Christus-Impuls als die einzige Quelle der Hilfe in seinen physischen Leiden empfindend: «So ist Christus, von diesem Gesichtspunkt aus, allerdings der Schlüssel der Welt.» Ein Schlüssel zur Welt und zu allen ihren Geheimnissen ist das Herz und der in ihm wirkende Christus; eine Begegnungsstätte des Mikrokosmos und des Makrokosmos, des Menschen mit Gott; allein fähig, die Rätselfragen des Lebens und des Todes zu lösen. Das ist mit Novalis die wahre «Verklärung des Herzens», welche die Grundlage aller echten Religiosität ist: «Alle unsere Neigungen scheinen nichts als angewandte Religion zu sein. *Das Herz scheint gleichsam das religiöse Organ.* Vielleicht ist das höhere Erzeugnis des produktiven Herzens – nichts anders, als der Himmel.»

Das ist jedoch noch nicht alles. Rudolf Steiner beschreibt in demselben Vortrag weiterhin, daß neben dem genannten mikrokosmischen Strom des ätherisierten Blutes, der im Menschen von unten nach oben, vom Herzen zum Kopf fließt, noch ein zweiter, makrokosmischer Strom im Menschen unmittelbar aus der geistigen Welt in der Richtung von oben nach unten, durch den Kopfbereich nach dem Herzen zu strömt. Rudolf Steiner charakterisiert den ersten Strom als den Träger der *intellektuellen* Fähigkeiten des Menschen und den zweiten als den Strom, der mit seinen *moralischen* Fähigkeiten verbunden ist.

Diese zwei Ströme wirken im Menschen auf ganz verschiedene Weise im Laufe der Nacht und des Tages. Am Tage herrscht der «intellektuelle» Strom mit seinem Wirken vor, wodurch es dem Menschen möglich wird, den Wahrnehmungen der äußeren Welt gegenüber volles Wachbewußtsein zu bewahren. In der Nacht dagegen, während des Schlafes, ist das Wirken des «moralischen» Stromes vorherrschend, dank dessen die moralischen Impulse, die der Mensch dann im wachbewußten Leben verwirklicht, aus dem Makrokosmos in ihn eindringen.

In der Zukunft, die jedoch schon in unserer Zeit beginnt, muß der Mensch die Kräfte in sich finden, den einen Strom durch den anderen zu *befruchten.* Dadurch «wird», nach den Worten Rudolf Steiners, in «der Menschheit bewirkt ... daß die zwei Pole..., der intellektuelle und der moralische Pol, immer mehr eins werden, zu einer Einheit verschmelzen». Das wird geschehen, wenn der Mensch einerseits mit Hilfe richtiger Meditation die Kräfte des Tagstromes in den Nachtstrom hineinträgt, das heißt die Kräfte des *Wachbewußtseins*, welche im «intellektuellen Strom» leben, in den «moralischen Strom». Und das bedeutet, daß ein solcher Mensch einmal mit vollem Bewußtsein in der «Nachtwelt», in der die Erde seit dem Mysterium von Golgatha umgebenden «moralischen Äther-Atmosphäre», erwachen wird. Der Mensch kann dann dieses bewußte Eindringen in die Nachtwelt als eine Art reales Durchgehen durch den Tod und die auf ihn folgende Auferstehung in dem «moralischen Feuer» erleben, das in der geistigen Welt von dem Christus-Wesen ausströmt. Und durch ein solches «Nacht»-Erlebnis, das Erlebnis des «stirb und werde», ist Novalis hindurchgegangen, worauf wir in seinen Worten

«Und sterbe die Nächte
In heiliger Glut»

den Hinweis finden.

Aber so wie im Leben das Ausatmen ohne das Einatmen nicht möglich ist oder der Nachtzustand ohne den Tagzustand, so setzt die Tatsache, daß die Kräfte des mikrokosmischen Stromes in den makrokosmischen getragen werden, und ihre Folgen mit Notwendigkeit voraus, daß die Kräfte des makrokosmischen Stromes in den mikrokosmischen getragen werden, das heißt, das wache oder «intellektuelle» Tagesbewußtsein mit den *moralischen Kräften* aus der «Nachtwelt» durchdrungen wird, so daß die Menschen «immer mehr werden durchdrungen werden auch bei Tag von der direkten Wirkung des Guten ... [aus] den geistigen Welten». Von diesem zweiten, jedoch in bezug auf seine Verwirklichungen *ersten* Prozeß spricht Novalis auch:

«Ich lebe bei Tage
Voll Glauben und Mut.»

Diese gegenseitige Befruchtung der zwei Ströme, die damit verbunden ist, daß Bewußtsein in das Nachtreich oder das makrokosmische Mensch-Sein getragen wird und Moralität in das Tagesreich oder mikrokosmische Menschsein, führt Novalis dahin, daß er dasjenige erlebt, was er als den zukünftigen Zustand der ganzen Menschheit vorausahnt: «Einst wird der Mensch beständig zugleich Schlafen und Wachen.»

Im Bilde der althebräischen Geheimlehre können wir auch sagen, daß bei dem beschriebenen Erlebnis zunächst die gegenseitige Berührung und später die volle Durchdringung der zwei Bäume, des Baumes des Lebens (Nachtstrom) und des Baumes der Erkenntnis (Tagstrom) geschieht, deren Verflechtung seit dem Sündenfall als höchstes Ideal der Erdenentwicklung vom Erzengel Michael in der geistigen Welt bewahrt wird.[110a] Denn der Erzengel Michael ist derjenige Geist in unserem Kosmos, der in besonderem Maße danach strebt, den Menschen zur Vereinigung des intellektuellen und des moralischen Prinzips, seines Hauptes und seines Herzens,[110b] in seiner Seele zu führen, als wichtigste Voraussetzung zum Wahrnehmen des ätherischen Christus.[110c]

Diese Äußerungen werfen auch ein helles Licht auf die Rolle, welche die Wesenheit von Novalis nun von der geistigen Welt aus in dem wichtigsten übersinnlichen Ereignis der Gegenwart, dem neuen Erscheinen des Christus im Ätherischen, spielt. Denn er ist, dank seinem Christus-Erleben, zum großen Vorboten für das erneuerte Ereignis von Damaskus geworden und zugleich zum geistigen Führer zu diesem Geschehen, das von unserer Zeit an im Laufe der nächsten 3000 Jahre in wachsendem Maße größeren Kreisen der Menschheit erlebbar werden wird. Und wenn Rudolf Steiner, dieses neue Erscheinen des Christus beschreibend, sagt: «Alle diejenigen, die ihn [den Christus, wie er im physischen Leibe erschienen ist] vorbereitet haben, sie werden in einer neuen Gestalt erkennbar werden denen, die durch das neue Christus-Ereignis hindurchgegangen sein werden. Wiederum erkennbar werden wird für die Menschen dasjenige, was gelebt hat auf der Erde als Moses, Abraham und die *Propheten*»,[111] so müssen wir hinzufügen: In erster Linie beziehen sich diese Worte auf den größten aller Propheten, auf den Propheten Elias (sowie auf seine Wiederverkörperung als Johannes der Täufer), der den Ich-Impuls als den Hauptimpuls der Jahve-Religion, zu der Abraham und ganz besonders Moses in alter Zeit den Grund gelegt hatten, auf eine höhere Stufe hob.[112]

Das letztere wird noch durch die folgende Tatsache erhärtet. In den Vorträgen vom 30. November und 2. Dezember 1911[113] spricht Rudolf Steiner eingehend von den drei Anrufen oder Offenbarungen, welche die Menschheit im Laufe der letzten drei Jahrtausende empfing: die Offenbarungen oder den Ruf aus der Sphäre des Vaters durch Moses, aus der Sphäre des Sohnes durch Johannes den Täufer[114] und schließlich, in unserer Zeit aus der Sphäre des Geistes durch die moderne

Geisteswissenschaft. Erinnern wir uns zudem, daß es Pinehas war, der in gewissem Sinne das Werk von Moses (und das heißt die erste Offenbarung) rettete, und Elias, der es fortsetzte, daß dann Johannes der Täufer der große Verkünder der zweiten Offenbarung* war, so ist es nicht schwer, die *übersinnliche* Mitwirkung dieser Individualität auch an der dritten Offenbarung, vor allem aber an deren eigentlichem Kern, der neuen Verkündigung des Christus im Ätherischen, zu erahnen. So müssen wir sagen: Neben dem Bodhisattva, der in 3000 Jahren der Maitreya-Buddha sein wird, wirkt heute auch die «Bodhisattvaähnliche» Individualität von Novalis[115] als geistiger *Vorbereiter* des neuen Erscheinens des Christus im Ätherischen und zugleich als einer der übersinnlichen Inspiratoren der modernen Geisteswissenschaft oder Anthroposophie.

Schon in den Beschreibungen von Novalis, die einen Widerhall seiner Begegnung mit dem Christus enthalten, können wir eine erstaunliche Übereinstimmung mit Rudolf Steiners Worten finden, in denen das in unserer Zeit beginnende Erscheinen des ätherischen Christus im Zusammenhang mit der Entwicklung der Kräfte des neuen, «natürlichen Hellsehens» geschildert wird: «Gar mancher wird erleben, wenn er gedrückten Herzens, leidbelastet, still in seinem Zimmer sitzt und nicht aus noch ein weiß, daß die Tür geöffnet wird: Der ätherische Christus wird erscheinen und wird Trostesworte zu ihm sprechen. Ein lebendiger Trostbringer wird der Christus für die Menschen sein! Denn der Christus wird dem Menschen an die Seite treten und sein Rater werden. Nicht als Bild allein ist das gemeint, sondern in Wirklichkeit werden die Menschen die Ratschläge, die sie brauchen, von dem lebenden Christus empfangen, der ihnen Berater und Freund sein wird, der zu den Menschenseelen sprechen wird so wie ein Mensch, der physisch neben uns geht.»[115a] Wie ähneln dem die poetischen Worte von Novalis:

«Unter tausend frohen Stunden,
So im Leben ich gefunden,
Blieb nur eine mir getreu;
Eine wo in tausend Schmerzen
Ich erfuhr in meinem Herzen,
Wer für mich gestorben sei.»

* weshalb Elias bei der Verklärung mit Moses zusammen erscheint.

Oder an anderer Stelle:

«Er starb, und dennoch alle Tage
Vernimmst du seine Lieb und ihn,
Und kannst getrost in jeder Lage
Ihn zärtlich in die Arme ziehn.

Mit ihm kommt neues Blut und Leben
In dein erstorbenes Gebein;[115b]
Und wenn du ihm dein Herz gegeben,
So ist auch seines ewig dein.»

Ebenso ist das Geheimnis des Christus als des «Herrn der Elemente», aus denen uns sein geistiges Antlitz entgegenkommt, Novalis bekannt. So schreibt er:

«Er ist der Stern, er ist die Sonn,
Er ist des ew'gen Lebens Bronn,
Aus Kraut und Stein und Meer und Licht
Schimmert sein kindlich Angesicht.»

Und in einem seiner Fragmente: «Wenn Gott Mensch werden konnte, kann er auch Stein, Pflanze, Tier *und Element* werden, und vielleicht gibt es auf diese Art eine fortwährende Erlösung in der Natur.» Im oben zitierten Vortrag über die ätherische Wiederkunft beschreibt Rudolf Steiner weiter, daß der Christus *im ätherischen Leib* mit einer solchen geistigen Realität unter den Menschen wirken wird, daß er «wirken kann in der physischen Welt wie sonst ein physischer Menschenleib wirkt». Und er fährt fort: «Er wird sich von einem physischen Leib nur dadurch unterscheiden, daß er sozusagen an zwei, drei, ja an hundert und an tausend Orten zu gleicher Zeit sein kann, was nur einer ätherischen, nicht aber einer physischen Gestalt möglich ist.» Auf diese besondere Weise, wie der Christus-Impuls künftig in der Menschheit wirken wird, weist auch Novalis hin: «Der vollendete Mensch muß gleichsam zugleich an mehreren Orten und in mehreren Menschen leben – ihm müssen beständig ein weiter Kreis und mannigfache Begebenheiten gegenwärtig sein.»

Je mehr wir uns in die zahlreichen, gleich Diamanten in Novalis' Werk verstreuten Hinweise auf die Christus-Wesenheit vertiefen, desto stärker empfinden wir: Diese Individualität wird als eine der ersten im 20. Jahrhundert im Umkreis des ätherischen Christus auftreten, hatte sie sich doch schon in ihrer vorangehenden Inkarnation auf so vollkommene Weise darauf vorbereitet, seiner ätherischen Gestalt in der an die Erde grenzenden geistigen Welt zu begegnen.[115c] Im Gefolge des ätherischen Christus schreitet sie seitdem durch die geistige Welt, ein Führer für viele Menschenseelen nach dem Tode in Seiner ätherischen Sphäre[115d], sich zugleich auf ihre eigene zukünftige Aufgabe vorbereitend: Gesandter und Herold des ätherischen Christus in ihrer neuen Inkarnation auf der Erde zu werden.

Was wir so betrachtet haben, läßt sich auch chronologisch verfolgen. Am 6. Januar 1909[116], am Fest der Johannes-Taufe, enthüllt Rudolf Steiner erstmals den Anthroposophen das Geheimnis vom karmischen Zusammenhang zwischen Elias, Johannes dem Täufer, Raphael und Novalis. Das geschieht in dem Jahre, in welches, nach seinen geisteswissenschaftlichen Forschungen, auch der Beginn fällt des Erscheinens des ätherischen Christus, von dem er dann erstmals am 12. Januar 1910[117] in Stockholm spricht, fünf Tage nach Epiphanias, dem Fest des Erscheinens der Christus-Wesenheit an der Zeitenwende im physischen Leibe. Der zweite Vortrag über dieses Thema wird am 23. Januar desselben Jahres in Straßburg bei der Einweihung des Novalis-Zweiges gehalten, in dem das Novalis-Thema und das Thema der Wiederkunft zu einer unauflöslichen Einheit verbunden werden. Der Vortrag gipfelt am Ende in einem dreifachen Anruf *an den Geist,* zunächst an den Geist des Novalis, sodann an den «Geist der Geisteswissenschaft selbst» und, schließlich, an den Geist der Meister der Weisheit und des Zusammenklanges der Empfindungen, den Geist, der in allen drei Fällen *ein und derselbe Geist* ist und der als ein innerer Impuls die weitere Arbeit in dem neugegründeten Zweig durchdringen soll.[118] – Den nächsten Vortrag mit dem Thema der Wiederkunft hält Rudolf Steiner dann am 25. Januar 1910 (dem Tag des Damaskus-Ereignisses von Paulus), und hier taucht als neues Element der Hinweis auf, daß in der «geistigen Gefolgschaft» des ätherischen Christus alle jene geistig geschaut werden können, die einst seine physische Verkörperung auf der Erde vorbereiteten: «Moses, Abraham und die *Propheten.*» Und zugleich erklingt in allen drei Vorträgen[119] (sowie in vielen folgenden zu diesem Thema) als sie alle durchdringendes Motiv in neuer, erneuerter Form der ursprüngliche *Ruf* Johannes des Täufers, des ersten Herolds des Christus Jesus auf der Erde, der Ruf, der vor zweitausend Jahren von dem Erscheinen des Christus im Ätherischen kündete: «Denn wir lassen auch heute den Ruf ertönen, wie ihn damals Johannes der Täufer als der Vorläufer des Christus und der Christus selbst haben ertönen lassen: ‹Ein neues Zeitalter ist herbeigekommen, wo die Menschenseelen einen Schritt hinaufmachen müssen in die Reiche der Himmel!›»[120] Oder in einem anderen Vortrag: «Wir können heute die Worte des Johannes-Evangeliums wiederholen [welche Johannes der Täufer spricht]: ‹Ändert euren Sinn, damit eure Fähigkeiten sich der geistigen Welt erschließen. Denn Menschen mit ätherischem Hellsehen werden den Christus im ätherischen Körper vor sich sehen!›»[121]

Ist nicht dieser Aufruf zum übersinnlichen Schauen des Christus, zum Erneuern des Ereignisses von Damaskus eine Verwirklichung dessen, was hundert Jahre früher Novalis in einer solch prophetisch-wunderbaren Weise erlebte und von dem er der Menschheit kündete? Wenn Rudolf Steiner mehrfach das Erlebnis des Paulus vor Damaskus eine prophetische Vorwegnahme des geistigen Ereignisses unserer Zeit nannte, ist das nicht in einem kaum geringeren Grade auch auf Novalis zu beziehen, der nicht in der vierten, noch von Resten alter Spiritualität erfüllten Kulturepoche lebte, sondern in der heutigen Kulturepoche, an der Schwelle des 19. Jahrhunderts, des materialistischsten der ganzen Menschheitsentwicklung? «‹Einzig› nennt Novalis daher die Offenbarung, die er erhalten hat, und er nennt diejenigen Menschen allein im Grunde wirkliche Menschen, die mit ihrer ganzen Seele an diesem Ereignis teilnehmen wollen» (siehe Seite 49). Und stellt uns nicht Rudolf Steiner mit seiner Verkündigung der Wiederkunft die Aufgabe, «mit unserer ganzen Seele an diesem Ereignis teilzunehmen», durch es «wirkliche Menschen» zu werden? Scheinen doch Rudolf Steiner und Novalis in dieser so wie in vielen anderen Fragen vollkommen eins zu sein: Rudolf Steiner, der von dem «Zusammenwachsen des Erlebens in und mit dem Christus und des Erlebens echten und wahren Menschentums» spricht und der darauf hinweist, daß «als Grundgefühl die Seele durchwehen und durchwellen muß: Christus gibt mir mein Menschenwesen»;[121a] und Novalis, der aus eigener geistiger Erfahrung dasselbe bezeugt:

«Mit ihm bin ich erst Mensch geworden;
Das Schicksal wird verklärt durch ihn...»[121b]

So wird für uns immer deutlicher, daß in die wichtigste Verkündigung der modernen Geisteswissenschaft die Inspirationen derjenigen Individualität unmittelbar einfließen, deren Mission Rudolf Steiner mehrfach «die vierfache Heroldschaft des Christus-Impulses» nannte[122]: Elias: «...ein gewaltiger Herold, ...ein Vorverkünder des Christus-Impulses.» Johannes der Täufer: «der Herold des Christus selbst.» Raphael: «ein Herold, der verkündet hat den geistigen Christus, der von Geisteswissenschaft wieder erfaßt wird.» Novalis: der Herold, der «...durchdrungen ist von einem anthroposophischen Christentum», dessen Verkündigung «wie eine Morgenröte einer neuen lebendigen Christus-Idee erscheint»; denn Novalis trägt in sich das, «...was für das Christentum Heroldschaft für die Zukunft ist».

6.
Die Inspirationsquellen von Novalis

Ehe wir die Bedeutung von Novalis' Leben und Werk für die geistige Entwicklung der Menschheit eingehender betrachten, ist es notwendig, von dem Gesichtspunkt aus, der von Anfang an eine besonders wichtige Rolle in unserer Darstellung gespielt hat, auf seinen Lebensweg und das geistige Fundament seiner Biographie zu schauen. Dieser Gesichtspunkt, der als eine Art Schlüssel zum Verständnis vieler Geheimnisse seiner karmischen Biographie dienen konnte, war der *«hierarchische»*, der uns die inspirativen Quellen im Leben und Wirken dieser Individualität während ihrer letzten und der vorangehenden Inkarnationen erkennen ließ. Als Ausgangspunkt möge uns nun auch hier das schon mehrfach erwähnte, ursprüngliche Streben der Adam-Individualität nach ihrem «himmlischen Urbild», der nathanischen Seele, dienen, ein Streben, das jedoch erst nach der Teilnahme dieser Individualität als Johannes der Täufer an den Ereignissen der Zeitenwende reale Formen für seine Verwirklichung erhielt. Diese «realen Formen» der Annäherung der Adam-Individualität an ihr himmlisches Urbild traten zunächst in mehr äußerlicher Weise dadurch in Erscheinung, daß das alte Karma, welches Johannes den Täufer mit Jesus von Nazareth, der sich zum ersten Mal auf der Erde verkörpernden nathanischen Seele, seit Urzeiten verband, durch ihre Kinderfreundschaft sowie die zahlreichen Begegnungen und Gespräche, die sie später miteinander führten, wieder auflebte.[122a] Das alles bildet sozusagen die erste Stufe ihrer «Annäherung» auf dem *physischen Plan.* Die folgende, geistigere Stufe dieses Prozesses stellt, wie wir sahen, das Eindringen des in den höheren Welten bewahrten Abbildes vom *Ätherleib* der nathanischen Seele in den Ätherleib Raphaels dar. Schließlich bildet die weitere, nun auch innerlichere Annäherung dieser Individualität als der Dichter Novalis an ihr Ideal, die in den geistigen Welten weilende nathanische Seele, die dritte Stufe in dieser Entwicklung. Diese neue, geistige Stufe besteht darin, daß Novalis schon bei der Vorbereitung seiner Verkörperung auf der Erde am Ende des 18. Jahrhunderts in seinen Astralleib, genauer gesagt in seine Verstandes- oder Gemütsseele, ein Abbild des in den höheren Welten bewahrten *Astralleibes* der nathanischen Seele aufnahm.[123] Schon vor der Geburt mit seiner Seele verbunden beginnt dieses durch die tiefe seelische Erschütterung, welche Novalis im Frühling 1797 im Zusammenhang mit dem vorzeitigen Tod seiner Braut Sophie von Kühn erlebte, wirksam zu werden, und dadurch setzt bereits zu Ostern desselben Jahres der von uns beschriebene Prozeß der Geburt des höheren Menschen ein: «... da kam aus blauen Fernen, von den Höhen meiner alten Seligkeit ein Dämmerungsschauer – und mit einem Male riß das Band der Geburt, des Lichtes Fessel. – Hin floh die irdische Herrlichkeit und meine Trauer mit ihr. Zusammen floß die Wehmut in *eine* neue unergründliche Welt – du Nachtbegeisterung, Schlummer des Himmels kamst über mich. Die Gegend hob sich sacht empor – über der Gegend schwebte mein entbundner, neugeborner Geist.» In Übereinstimmung mit diesen entscheidenden Erlebnissen von Novalis und seiner sich aus ihnen ergebenden vollkommen neuen Beziehung zum Christentum und seinem Begründer finden wir bei Rudolf Steiner die folgende Charakteristik der inneren Erlebnisse von Menschen, welche erwürdigt wurden, Träger eines Abbilds des Astralleibes der nathanischen Seele zu werden: «In ihren astralischen Leibern lebte ein Unmittelbares an Kraft, an Hingebung, eine unmittelbare Gewißheit der heiligen Wahrheiten [des Christentums]. Tiefe Inbrunst, ganz unmittelbare Überzeugung [von der Realität des Christentums] und unter Umständen auch die Fähigkeit, diese Überzeugung zu begründen, lag in solchen Menschen.»[124] «Daher konnten diese Leute *die großen christlichen Wahrheiten verkünden.* Denn sie hatten in ihren Astralleib, *aus dem ihr Wissen entsprungen ist,* einverwoben das, was Abbild war des Astralleibes des Jesus von Nazareth selber»[125], und das bedeutet mit anderen Worten, daß sie als Herolde und «Träger des Christentums» wirken konnten:

«Wenn alle untreu werden,
So bleib ich dir doch treu,
Daß Dankbarkeit auf Erden
Nicht ausgestorben sei ...»

Spricht nicht Rudolf Steiner auch davon, nur sehr viel genauer und ausführlicher, in den oben (auf Seite 49) zitierten Worten über die «Offenbarungen», welche Novalis von der Christus-Wesenheit und der nathanischen Seele[126] empfing und welcher er in so erhaben-poetischer Form durch sein Werk Ausdruck verlieh? Diese Offenbarungen, diese neue

Christus-Verkündigung durch Novalis ist in der Tat als eine unmittelbare Folge davon anzusehen, daß der Astralleib der nathanischen Wesenheit in seiner Seele wirkte. Von ihm stammt auch die wunderbare, man möchte sagen: fast unirdische Reinheit seiner Seele sowie die mit der Höherentwicklung des Astralleibes stets verbundene, von Rudolf Steiner mehrfach dargestellte Fähigkeit, im «Astrallichte» zu lesen.[127] Dieser geheimen Quelle entspringen zahlreiche Äußerungen von Novalis: «... in mir selbst höhern Einflüssen nachzuspüren und mir einen eignen Weg in die Urwelt zu bahnen» – das empfindet er als «das vorzüglichste Element ... [seiner] Existenz». Oder das bewußte Erleben, daß in seiner Seele die Kräfte einer höheren geistigen Offenbarung wirkten: «Ein [Mensch] hat mehr Offenbarungsfähigkeit als der andere.» Oder ein Ausspruch, der heute, in unserer Zeit rein materialistischer Versuche, «sich den Kosmos anzueignen», einen ganz besonderen Klang hat: «Wir träumen von Reisen durch das Weltall: ist denn das Weltall nicht in uns? Die Tiefen unseres Geistes kennen wir nicht. Nach innen geht der geheimnisvolle Weg. In uns, oder nirgends, ist die Ewigkeit mit ihren Welten, die Vergangenheit und Zukunft.»

Am charakteristischsten für diese neue Offenbarung ist aber wohl das Novalis ganz und gar durchdringende Gefühl der vollkommenen Erneuerung oder Verjüngung der Welt, des Menschen und der Menschheit[128],weshalb er, sie gleichsam vorausahnend, sich den Dichternamen «Novalis», der «neue Mensch», der «Zukunftsmensch» wählte. Diese seelische Grundstimmung des Dichters kommt in dem nachfolgenden Gedicht, in dem der Einfluß der Kräfte des Astralleibes der nathanischen Seele, welche die Gegenwart des Christus in der Erdenaura und gleichzeitig in der eigenen Seele erlebbar machen, mit besonderer Kraft zum Ausdruck. So endet das Gedicht auch mit dem das ganze Menschenwesen erfassenden «Weltverjüngungs-Fest»[128a]:

«Ich sag es jedem, daß er lebt
Und auferstanden ist,
Daß er in unsrer Mitte schwebt
Und ewig bei uns ist.

Ich sag es jedem, jeder sagt
Es seinen Freunden gleich,
Daß bald an allen Orten tagt
Das neue Himmelreich.

Jetzt scheint die Welt dem neuen Sinn
Erst wie ein Vaterland;
Ein neues Leben nimmt man hin
Entzückt aus seiner Hand.

Hinunter in das tiefe Meer
Versank des Todes Graun,
Und jeder kann nun leicht und hehr
In seine Zukunft schaun.

Der dunkle Weg, den er betrat,
Geht in den Himmel aus,
Und wer nur hört auf seinen Rat,
Kommt auch in Vaters Haus.

Nun weint auch keiner mehr allhie,
Wenn Eins die Augen schließt,
Vom Wiedersehn, spät oder früh,
Wird dieser Schmerz versüßt.

Es kann zu jeder guten Tat
Ein jeder frischer glühn,
Denn herrlich wird ihm diese Saat
In schönern Fluren blühn.

Er lebt, und wird nun bei uns sein,
Wenn alles uns verläßt!
Und so soll dieser Tag uns sein
Ein Weltverjüngungs-Fest.»

So wird auch der Charakter von Novalis' Beziehung zur «Nachtwelt» verständlich, denn die in seinem Astralleib wirkenden Kräfte der nathanischen Seele haben eine tiefe Verwandtschaft mit den Kräften, die im gewöhnlichen Leben nur *nachts, während des Schlafes* auf den Menschen wirken. Auf diese Beziehung wies Rudolf Steiner mit den folgenden Worten hin: «Diese [nathanische] Seele blieb damals [in lemurischer Zeit] zurück, diese Seele konnte nicht eingehen in den physischen Menschheitsprozeß [in die Inkarnationen] ... Sie waltete im Unsichtbaren und konnte nur wahrgenommen werden von denjenigen, die sich hinauferhoben zu jenen hellsichtigen Höhen, zu jenen hellsichtigen Kräften, die erwachen in dem Zustande, der sonst der Schlaf ist. *Denn dann ist der Mensch verwandt mit den Kräften, die lauter in der Schwesterseele walten* ... Diese Seele wurde nur sichtbar, konnte sich nur zeigen, wenn die Menschen schlafend hellsichtig werden konnten ... In den meisten Fällen war eben diese Seele nur erkennbar solchen hellsichtigen Zuständen, die den geistigen Blick hineinerweiterten ins Schlafbewußtsein.»[128b] So können wir sagen: Es ist das Vorhandensein des Abbildes vom Astralleib der nathanischen Seele in Novalis' Seele, das es ihm erlaubt, mit vollem Bewußtsein in die «Nachtwelt» einzutreten, um in ihr das «Damaskus-Ereignis» zu erleben.[128c]

Das seelische Leben von Novalis und die in ihm wirkenden Inspirationsquellen sind durch das oben Gesagte jedoch noch nicht erschöpfend beschrieben. Denn auch in ihm können wir das Wirken desjenigen geistigen Gesetzes beobachten, das wir schon einmal betrachteten (siehe Seite 45f.). Es besagt im Wesentlichen, daß sich die hierarchischen Einflüsse, die ein Mensch in dem einen Leben auf eine mehr geistig-äußerliche Weise erfährt, in der folgenden Inkarnation zu inneren Kräften seines individuellen Ich metamorphosieren. So erschienen zum Beispiel die in Johannes dem Täufer auf eine mehr geistig-äußerliche Weise (und das heißt: nicht durch sein Ich, sondern durch seine Hüllen) wirkenden Impulse des führenden Zeitgeistes der vierten nachatlantischen Epoche in Raphael als geistige Kräfte seines eigenen Ich, die es ihm ermöglichten, eine harmonische Synthese christlich-jüdischer, griechischer und römischer Elemente in seiner Kunst herbeizuführen. Und weiter erscheinen die auf eine geistig-äußerliche Art in diesem Leben wirkenden Inspirationen des Erzengels Raphael, des Heiler-Erzengels, in seiner folgenden Inkarnation als Novalis nun als geistige Kräfte, die seinem individuellen Ich in der Form besonderer, unmittelbarer Beziehung zur *geistigen Merkursphäre* und ihren Wesenheiten eignen. Aus diesem Grunde fand sich Novalis, als er durch das Erwachen der Kräfte des Astralleibes der nathanischen Seele in seiner Seele die geistige Welt betrat, dank seiner bereits bestehenden Beziehung zu den Merkurwesen nicht in dem luziferischen Bereich illusionären Schauens und mediumistischer Erlebnisse (eine Gefahr, der zu verfallen damals vielen «Romantikern» drohte), sondern er hatte, der geistigen Führung der Merkurgeister folgend, echte geistige Wahrnehmungen oder, was dasselbe ist, er gelangte zum Reich *objektiver oder «wirklicher Imaginationen»*.[129] Mit anderen Worten: dank seiner (für diese

Verkörperung) ursprünglichen Verbindung seines Ich mit den Merkurgeistern bestand für Novalis von Anfang an die Möglichkeit, sich richtig in der geistigen Welt zu orientieren und so das zu tun, was Rudolf Steiner das «Erwecken oder Hineinzaubern ... der inneren Nacht in den Tag ...» nennt.[130] Auf diesem entscheidenden Erlebnis gründet die andere Seite seiner besonderen Beziehung zur Nachtwelt als dem Symbol für das bewußte Betreten der geistigen Welt, das er so geistvoll-poetisch in den «Hymnen an die Nacht» zum Ausdruck brachte: «Abwärts wend' ich mich zu der heiligen, unaussprechlichen, geheimnisvollen Nacht» – schreibt Novalis in der ersten Hymne. Und weiter: «Himmlischer als jene blitzenden Sterne dünken uns die unendlichen Augen, die die Nacht *in uns geöffnet.»* «Aber zeitlos und raumlos ist der Nacht Herrschaft», fügt er in der zweiten Hymne hinzu.

So können wir im ganzen sagen: Wenn, nach den Worten Rudolf Steiners, ein solches «lebendig erkennendes Erfassen der *Mondensphäre* [das heißt der ‹Nachtwelt›, wie Novalis sagt] der Ausgangspunkt des Initiationsweges» ist, so kann doch nur dann, wenn der Mensch sich der «Merkurwirkungen» bewußt wird, «die visionäre Welt in eine wahre Wahrnehmungswelt des [objektiven] Geistigen hineinfließen». Es «tritt einem eben in dieser Mondenwelt während des Tages die Welt der Imaginationen als Wirklichkeit entgegen». Und dieser ganze Prozeß ist, nach Rudolf Steiner, mit der Geburt des höheren oder «zweiten Menschen» verbunden, in dem «die Kraft der Mondensphäre lebt». Im Falle von Novalis wird es diesem «zweiten», in ihm erwachenden Menschen, dank seiner Verbindung mit den Merkurwesen, möglich, auf *rechte* Weise in die Mondensphäre einzutreten und im Dämmer der «im Tag erweckten Nacht» das Aufgehen der Geistessonne zu schauen: «Man schaut die Sonne ein zweites Mal, geistig. Sie bleibt noch nicht, ist undeutlich, aber man weiß: man schaut sie geistig. Man schaut in das Innere der Sonne hinein.»[131] Was sich dann so erschließt, das ist das Erleben der nächtlichen Sonne als lebendiges Wesen, als das leuchtende Antlitz des Sonnengottes. Novalis prägte dieses Erlebnis in die poetischen Worte:

> «Nur Eine Nacht der Wonne –
> Ein ewiges Gedicht –
> Und unser aller Sonne
> Ist Gottes Angesicht.»

An anderer Stelle schreibt er, ermüdet von langem, geistigem Wachen: «... und ein irdischer erquickender Schlaf hat seine Augen für *eine andere Sonne* wieder geschlossen.» Aber das ist noch nicht alles. Denn das bewußte Betreten der Mondensphäre führt den Menschen nicht nur zu dem beschriebenen Erlebnis, sondern auch – und das ist besonders wichtig – zum Wahrnehmen seines eigenen *höheren Ich*, das den Zugang zum bewußten Erleben des *Geistselbst* eröffnet. Die Begegnung mit ihm vollzieht sich ebenso in der Mondensphäre. Im gegenwärtigen Entwicklungsäon, dem Erdenäon, verfügt der Mensch jedoch über das Geistselbst noch nicht als über sein Eigentum so wie auf der Erde über das Ich. In unserer Zeit ruht das Geistselbst noch im Schoße der unmittelbar über dem Menschen stehenden Hierarchie der Engel, deren Wirkungsbereich die Mondensphäre ist (aus diesem Grund werden die Engel in der Geisteswissenschaft auch «Geister des Zwielichts» genannt), so daß ein karmisch besonders dazu veranlagter Mensch beim bewußten Betreten der Mondensphäre durch sie vom Geistselbst überschattet werden kann.

Es ist jedoch dieses «Überschattetwerden durch das Geistselbst» in der Mondensphäre nicht etwas Abstraktes, denn es vollzieht sich in der Form einer Begegnung mit dem führenden Engelwesen, sozusagen dem «Hüter» seines Geistselbst. Deshalb sind die Begegnung mit dem Geistselbst und die Begegnung mit dem eigenen Engel im Grunde genommen auf einer bestimmten Stufe der inneren Entwicklung ein und dasselbe. Darauf weist Rudolf Steiner mit den folgenden Worten hin: «So daß wir einfach sagen können, statt daß wir den komplizierten Ausdruck gebrauchen ‹wir stehen in Beziehung zur Hierarchie der Angeloi›: ‹Wir stehen in Beziehung zu dem, was da kommen soll in der Zukunft, zu unserem Geistselbst›.»[132] Und er fährt fort: «Unser Ich muß jenem Höheren, jenem Geistselbst begegnen, das wir erst entwickeln werden und das in einer gewissen Beziehung gleichartig ist mit Wesenheiten aus der Hierarchie der Angeloi»; mit anderen Worten: «Wir müssen von Zeit zu Zeit begegnen einem Wesen aus der Hierarchie der Angeloi.» In dem Vortrag über die drei Begegnungen der Menschenseele mit den kosmischen Prinzipien des Geistes, des Sohnes und des Vaters, aus dem diese Worte stammen, wird dann weiter davon gesprochen, daß die Begegnung mit dem Engelwesen, das der Träger unseres Geistselbst ist, jede *Nacht* beim Einschlafen stattfindet.

Um die Möglichkeit einer solchen Begegnung mit dem eigenen Engel oder höheren Ich, das sich in der geistigen Welt befindet, wußte man seit dem späten Altertum. Plutarch beschreibt sie zum Beispiel als das Erleben des den Menschen führenden, «über seinem Haupte schwebenden» Dämons oder Genius. «Dieser Genius», so erklärt Rudolf Steiner diese Aussage von Plutarch, «ist nichts anderes als der werdende Geist selbst, getragen allerdings von einem Wesen aus der Hierarchie der Angeloi.» Ein klassisches Beispiel für das Wirken eines solchen Wesens ist das Sokrates inspirierende «Dämonion», das Plato in seinen Dialogen beschreibt.

Für gewöhnlich geschieht diese Begegnung, die «in jeder Mitternachtsstunde» vor sich geht, unbewußt, während Novalis ihrer nach seinem Erwachen in der Mondensphäre allmählich immer bewußter wird – und das nicht nur in dem Sinne, daß «das Gefühl, das wir im wachen Zustand bekommen können von unserem Zusammenhang mit der geistigen Welt, eine Nachwirkung dieser Begegnung mit dem Genius ist», sondern auch als unmittelbare Begegnung mit ihm, sozusagen «von Angesicht zu Angesicht». Zu dieser Begegnung arbeitet sich Novalis langsam hin. Wenn Rudolf Steiner in dem genannten Vortrag eingehend von der Notwendigkeit spricht, die «Heiligkeit des Schlafes» zu empfinden, dann steht doch wohl dasselbe geistige Erlebnis dahinter, von dem Novalis sagt: «Ewig ist die Dauer des Schlafes. *Heiliger Schlaf* – beglücke zu selten nicht der Nacht Geweihte in diesem irdischen Tagewerk.» So spricht Rudolf Steiner auch davon, «daß der Schlaf [oder die ‹Nacht›, mit Novalis' Worten] uns mit der geistigen Welt vereinigt, der Schlaf uns hinüberschickt in die geistige Welt», und treten uns nicht gerade diese Gefühle und Erlebnisse, nicht in geisteswissenschaftliche Begriffe gefaßt, sondern in poetische Sprache, überall im Werk von Novalis entgegen? Zum Beispiel, wenn er schreibt: «Die Nacht ward der Offenbarung mächtiger Schoß», oder:

«Aber getreu der Nacht
Bleibt mein geheimes Herz
Und ihrer Töchter
Der schaffenden Liebe.»[133]

Wenn schließlich Rudolf Steiner davon spricht, daß allmählich infolge der nächtlichen Begegnung mit dem «Genius» es ein alles durchdringendes Empfinden wird, daß die «wirkliche Welt die des Geistes ist»[134], ist das nicht dasselbe, was in den Worten von Novalis zum Ausdruck kommt: «Die Außenwelt ist die Schattenwelt, sie wirft ihren Schatten in das Lichtreich.»[135] Dieses «Lichtreich» ist für ihn das göttliche «Nachtreich», «der Offenbarungen mächtiger Schoß», in dem sich die Quellen seiner geistigen Inspirationen befinden, die sein Leben und Schaffen speisen.

7.
Vorbote der sechsten Kulturepoche

> «Der echte Märchendichter ist ein Seher der Zukunft.»
>
> *Novalis*

Nun wollen wir unter den poetischen Werken und den verschiedenen Äußerungen von Novalis die Spuren der oben beschriebenen geistigen Entwicklung aufsuchen. Wie wir sahen, führte ihn sein Erwachen in der Mondensphäre, seine bewußte Beziehung zu den geistigen Mächten der Nacht, allmählich zur Begegnung mit seinem *höheren Ich,* das einen bewußten Zugang zu den Kräften des Geistselbst schafft. Das beschreibt er auf die folgende Weise: «Dieses Ich höherer Art verhält sich zum Menschen wie der Mensch zur Natur oder der Weise zum Kinde. Der Mensch sehnt sich, ihm gleich zu werden, wie er das Nicht-Ich sich gleich zu machen sucht. Dartun läßt sich dieses Faktum nicht. Jeder muß es selbst erfahren. Es ist ein Faktum höherer Art, das nur der höhere Mensch antreffen wird.»[135a]

Auch Rudolf Steiner weist auf eine ganz besondere Weise auf das Geistselbst-Erlebnis von Novalis hin. Er schreibt in den «Rätseln der Philosophie» in dem Novalis gewidmeten Abschnitt: «Das Zeitalter sucht in seinen Repräsentanten die höhere Geistnatur hinter der äußeren Sinnenwelt, jene Geistnatur, in welcher die selbstbewußte Seele wurzelt, die nicht in der äußeren Sinnenwirklichkeit wurzeln kann. Novalis erfühlt, erlebt sich in der höheren Geistnatur. Was er ausspricht, fühlt er durch die ihm ursprüngliche Genialität wie die Offenbarungen dieser *Geistnatur selbst.*»[135b] In diesen letzten Worten muß man nur an Stelle von «... natur» «... selbst» setzen, und der in ihnen verborgene Sinn wird deutlich.

Wie kann man aber den inneren Prozeß beschreiben, mit Hilfe dessen man sich dem «Ich höherer Art», das die Sphäre des Geistselbst zugänglich macht, zu nähern vermag? Hier steht Novalis vor einem der größten Probleme der geistigen Forschung. Wie ist das im Geist Erlebte in irdischen, menschlichen Worten auszudrücken? Wo sind überhaupt solche menschlichen Worte zu finden, mit denen das lebendige Wehen des Geistes wiedergegeben werden, das Unaussprechbare ausgesprochen werden kann, denn in der geistigen Welt ist alles ganz anders als in der physischen? Auch Rudolf Steiner mußte mit diesem schwierigen Problem viele Jahre ringen. Einmal wurde er in späteren Jahren gefragt: «Als Sie die ‹Philosophie der Freiheit› schrieben, waren Ihnen da die Hierarchien, die Sie in Ihrer Geheimwissenschaft und an anderen Orten schildern, schon bewußt?» Worauf Rudolf Steiner antwortete: «Bewußt waren sie, aber die Sprache, die ich damals sprach, ergab noch keine Formulierungsmöglichkeit. Die kam später.»[136] Und in seinem letzten Vorwort zur «Geheimwissenschaft im Umriß» schrieb er im Januar 1925: «So hatte ich die Ergebnisse meines Schauens vor mir. Sie waren zunächst ‹Anschauungen›, die ohne Namen lebten. Sollte ich sie mitteilen, so bedurfte es der Wortbezeichnungen. Ich suchte *dann später* nach solchen in älteren Darstellungen des Geistigen, um das noch Wortlose in Worten ausdrücken zu können. Ich gebrauchte diese Wortbezeichnungen frei, so daß wohl kaum eine derselben in meinem Gebrauche zusammenfällt mit dem, was sie dort war, wo ich sie fand.»

Ähnlich wie Rudolf Steiner geht auch Novalis vor. Auch er nimmt bestimmte Begriffe des ihn umgebenden zeitgenössischen geistigen Lebens einer älteren Zeit auf, Begriffe, die jedoch, so wie er sie gebraucht, eine ganz neue geisteswissenschaftliche Bedeutung erhalten. So bedeutet zum Beispiel das Wort «Philosophieren» für Novalis nicht Nachdenken über abstrakte Seinskategorien, sondern höchst konzentriertes «Denken über das Denken», das in eine den ganzen Menschen erfassende intensive Meditation übergeht, in die Gewißheit von der «absoluten Unabhängigkeit und unendlichen Tendenz der Meditation». Und so ist auch der Prozeß des Philosophierens zu verstehen, wenn Novalis auf ihn als einen Weg zum höheren Selbst weist: «*Philosophieren* ist eine Selbstbesprechung obiger Art, eine eigentliche Selbstoffenbarung. Erregung des wirklichen Ich durch das idealistische Ich. Philosophieren ist der Grund aller anderen Offenbarungen. Der Entschluß zu philosophieren ist eine Aufforderung an das wirkliche Ich, daß es sich besinnen, erwachen und Geist sein solle.»

Einen anderen inneren Prozeß stellt das «Romantisieren» dar, diese besondere Art seelischer Tätigkeit, die – in Novalis' Sprachgebrauch – auch auf einen Weg in die geistige Welt weist. Diese zwei Wege, die im Grunde genommen zwei Seiten ein und desselben Ganzen bilden, gleichen den zwei Wegen in die geistige Welt, von denen Rudolf Steiner in der «Geheimwissenschaft im Umriß» spricht, dem einen, der über die Arbeit am Denken im Sinne der «Philosophie der Freiheit» geht (nach Novalis ist das der Weg des «Philosophierens»), und dem zweiten, der unmittelbar in die Welt der Imaginationen führt; dieser ist im vorletzten Kapitel der «Geheimwissenschaft im Umriß» und in «Wie erlangt man Erkenntnisse der höheren Welten?» beschrieben (nach Novalis ist das der Weg des «Romantisierens»): «Die Welt muß *romantisiert* werden. So findet man den ursprünglichen Sinn wieder. Romantisieren ist nichts als eine qualitative Potenzierung. Das niedere Selbst wird mit einem besseren Selbst in dieser Operation identifiziert. So wie wir selbst eine solche qualitative Potenzreihe sind. Diese Operation ist noch ganz unbekannt ...» Und in beiden Fällen ist das Ziel das bewußte Erleben des «wirklichen» oder «besseren» Ich, das den Zugang zu den Kräften des Geistselbst eröffnet.

Wenn wir uns nun daran erinnern, daß Rudolf Steiner in seinem Buch «Wie erlangt man Erkenntnisse der höheren Welten?» dieses Erwachen des höheren Selbst auch mit dem Bild der Mutter vergleicht, die das Kind trägt und gebiert, dann können wir die folgenden Worte von Novalis in einem vollkommen neuen Lichte sehen: «Das große Geheimnis ist allen offenbar und bleibt ewig unergründlich. Aus Schmerzen wird die neue Welt geboren, und in Tränen wird die Asche zum Trank des ewigen Lebens aufgelöst. In jedem wohnt die himmlische Mutter, um jedes Kind ewig zu gebären. Fühlt ihr die süße Geburt im Klopfen eurer Brust?» Rudolf Steiner aber sagt über diesen Prozeß: «Nicht etwa bloß im bildlichen, sondern in ganz wirklichem Sinne hat man es mit einer Geburt in der geistigen Welt zu tun. Und das geborene Wesen, das höhere Selbst, muß mit allen notwendigen Organen und Anlagen zur Welt kommen, wenn es lebensfähig sein soll. Wie die Natur vorsorgen muß, daß ein Kind mit wohlgebildeten Ohren und Augen zur Welt komme, so müssen die Gesetze der Eigenentwicklung eines Menschen Sorge tragen, daß sein höheres Selbst mit den notwendigen Fähigkeiten ins Dasein trete. Und diese Gesetze, welche die Ausbildung der höheren Organe des Geistes selbst besorgen, sind keine anderen als die gesunden Vernunft- und Moralgesetze der physischen Welt.* Wie im Mutterschoße das Kind reift, so im physischen Selbst der geistige Mensch.»[137]

* Eine solche Verbindung der «Vernunft- und Moralgesetze» schon innerhalb der physischen Welt nennt Novalis in seiner poetischen Sprache «sittliche Grazie».

Und nochmals Novalis: «Das schöne Geheimnis der Jungfrau, das sie eben so unaussprechlich anziehend macht, ist das Vorgefühl der Mutterschaft, die Ahndung einer künftigen Welt, die in ihr schlummert und sich aus ihr entwickeln soll. Sie ist das treffendste Ebenbild der Zukunft.» So zeigt sich Novalis in der Gestalt der jungfräulichen Mutter das ideale Urbild der Menschenseele, die das höhere Selbst in sich gebiert.[137a] Diese Zeilen mit den entsprechenden Stellen aus «Wie erlangt man Erkenntnisse der höheren Welten?» und der «Geheimwissenschaft im Umriß» vergleichend kann man mit Rudolf Steiners Worten sagen: «Wir würden zwar [bei Novalis] nicht einen Geist finden, der sich in Worten und in Lehren ausdrückt, wie wir sie heute in der Geisteswissenschaft geben können, aber einen Geist, der mit seinen Worten genau dieselbe Sache ausdrückt.»[138] Das läßt uns auch viele von Novalis' verborgeneren Gedanken und Gefühlen in seinen «Geistlichen Liedern» und seinen «Marienliedern» verstehen, welche nichts anderes sind als poetische Beschreibungen bestimmter Einweihungserlebnisse.

Verfolgen wir diesen Geburtsvorgang des höheren Selbst im Menschen weiter – sowie die «Organe und Anlagen», über die es verfügen muß –, so können wir, uns der anthroposophischen Terminologie bedienend, sagen: Ähnlich wie das gewöhnliche Ich sich selbst und die Welt mit Hilfe des logischen Denkens erkennt, so erkennt das höhere Selbst die es umgebende geistige Wirklichkeit mit Hilfe der übersinnlichen Organe der Imagination, Inspiration und Intuition. Und ist es nicht erstaunlich, wenn wir bei Novalis die folgenden Worte finden: die «produktive *Imagination* … ist der Anfang einer wahrhaften Selbstdurchdringung des Geistes, die nie endigt».[139] Oder wenn er sagt: «ohne *Inspiration* keine Geistererscheinung. Inspiration ist Erscheinung und Gegenerscheinung, Zueignung und Mitteilung zugleich.»* Oder wenn er an anderer Stelle von der «…Erregung des heiligen *Intuitions*sinnes» schreibt, so daß wir mit Rudolf Steiners Worten sagen können: «das gesamte Schaffen von Novalis spricht uns ‹im umfassendsten Sinne gerade [von der] Erkenntnis dieser geisteswissenschaftlichen Wahrheiten›».[140]

Jedoch Novalis' Erfahrungen in der geistigen Welt beschränken sich nicht auf das Erleben seines höheren Selbst. Er macht, nachdem er dieses Erlebnis gehabt hat, noch einen weiteren Schritt und vermag so das mit sei-

---

* Siehe Anfang dieses Fragments auf Seite 75 sowie über die «neue Welt-Inspiration» auf Seite 72 und 78.

nem höheren Selbst verbundene, ihn inspirierende Engelwesen zu erkennen. Denn dasjenige, was für den Menschen sein höheres Ich ist, das ist für den Engel das voll entwickelte Geistselbst. Daher zeugt die Beziehung von Novalis zu dem ihn führenden Engelwesen davon, daß er schon die Sphäre des Geistselbst mit seinem höheren Ich betreten hat. Dabei tritt das neue, übersinnliche Erlebnis zunächst in der Form eines inneren Austauschs oder «Gespräches» mit einem höheren Geistwesen in Erscheinung: «Es dünckt dem Menschen, als sey er in einem Gespräch begriffen, und irgend ein unbekanntes geistiges Wesen veranlasse ihn auf eine wunderbare Weise zur Entwickelung der evidentesten Gedanken. Dieses Wesen muß ein Höheres Wesen seyn, weil es sich mit ihm auf eine Art in Beziehung setzt, die keinem an Erscheinungen gebundenen Wesen eigen ist – Es muß ein homogenes Wesen seyn, weil es ihn wie ein geistiges Wesen behandelt und ihn nur zur seltensten Selbsttätigkeit auffordert.»

Mehrfach und auf verschiedene Weise wendet sich der Dichter an diese Quelle seiner geistigen Inspirationen:

«Ein *Engel* zieht dich wieder
Gerettet an den Strand,
Und schauest voll Freuden nieder
In das gelobte Land.»

Und in einem anderen Gedicht:

«O! dann neigt sich Gott herüber,
Scinc Licbc kommt uns nah,
Sehnen wir uns dann hinüber,
Steht sein *Engel* vor uns da,
Bringt den Kelch des frischen Lebens,
Lispelt Mut und Trost uns *zu* ...»

Oder, den ihn inspirierenden Engel «Genius» nennend:

«Es kann kein Rausch sein – oder ich wäre nicht
Für diesen Stern geboren – nur so von ungefähr
In dieser tollen Welt zu nah an
Seinen magnetischen Kreis gekommen.

Ein Rausch wär wirklich *sittlicher Grazie*
Vollendetes Bewußtsein? – Glauben an Menschheit wär
Nur Spielwerk einer frohen Stunde –?
Wäre dies Rausch, was ist dann das Leben? ...

Was führt den Weisen durch des Lebens Tal,
Als Fackel zu dem höheren Sein hinauf –
Soll er nur hier geduldig bauen,
Nieder sich legen und ewig tot sein.

Du bist nicht Rausch – *du Stimme des Genius,*
Du Anschaun dessen, was uns unsterblich macht,
Und du Bewußtsein jenes Wertes,
Der nur erst einzeln allhier erkannt wird.[140a]

Es drängt sich der Vergleich der angeführten Gedichtzeilen auf dem Hintergrund der Stimmung der «Hymnen an die Nacht» mit den mantrischen Worten Rudolf Steiners auf: «Ich schlafe ein. Bis zum Aufwachen wird meine Seele in der geistigen Welt sein. Da wird sie der führenden Wesensmacht meines Erdenlebens begegnen, die in der geistigen Welt vorhanden ist, die mein Haupt umschwebt, da wird sie dem *Genius* begegnen. Und wenn ich aufwachen werde, werde ich die Begegnung mit dem Genius gehabt haben. *Die Flügel meines Genius werden herumgeschlagen haben an meine Seele.*»[141]

Der «Genius», der Inspirator von Novalis, ist eine Wesenheit, die zur Hierarchie der Angeloi gehört. Über ihn spricht Novalis in seinen Fragmenten wieder und wieder: «Jede Wirkung ist von einem höhern Genius begleitet.» – «Berührung eines höhern Wesens.» Und: «Eine wahre Methode, synthetisch fortzuschreiten, ist die Hauptsache – vorwärts und rückwärts.* Methode des divinatorischen Genies.»[142] Und aus der Inspiration dieses Engels sowie aus dessen innerer Führung erwächst Novalis die Überzeugung: «Die Christenheit muß wieder lebendig und wirksam werden», sie aber dahin zu führen, vermag allein «die neue Welt-Inspiration». Diese real in seiner Seele vorausnehmend strebt Novalis zu dem hohen

---

* Diesen geistigen Prozeß charakterisiert Novalis an anderer Stelle auch so: «Nur der rückwärts gekehrte Blick bringt vorwärts, da der vorwärts gekehrte Blick rückwärts führt.» Hier wird angesprochen, was Rudolf Steiner später die «völlige Klarheit über die Vorstellung der Zeit» nannte; über sie schreibt er in seiner kurzen Autobiographie (GA 262): «Es war die Erkenntnis, daß es eine mit der *vorwärts*-gehenden interferierende *rückwärts*-gehende Evolution gibt – die okkult-astrale: Diese Erkenntnis ist die Bedingung für das geistige Schauen.» Hier haben wir aber auch den entscheidenden Unterschied zwischen Novalis und Rudolf Steiner. Was dieser infolge seiner persönlichen geistigen Entwicklung, sozusagen durch seine eigenen Kräfte erreichte, das wurde Novalis als eine Art höhere Eingebung geschenkt.

Ideal der allumfassenden überkonfessionellen Vereinigung aller geistigen Strömungen der Menschheit zu einem einheitlichen Ganzen, einem geistigen Organismus, den Goethe einst «das große unsterbliche Individuum» und Novalis «eine universelle Individualität» nannte. Denn nach der tiefen Überzeugung von Novalis gibt es in der Welt «... keine Religion, die nicht Christentum wäre»:

«Wie die Menschen die Söhne der Götter sind, so wird aus dem, was die Menschen in der physischen Welt durch die Erhebung zum Ereignisse von Golgatha erleben, der Leib gebildet der neuen Zukunftsgötter, deren Führer der Christus ist.»[143]

Aus dieser umfassenden Idee als der hohen Inspiration seines Engels (und nicht aus den hilflosen und oftmals politisch gefärbten ökumenischen Bewegungen unserer Zeit) entsprangen die Worte: «Mir ist er [der einigende Impuls] nichts als der feierliche Ruf zu einer neuen Urversammlung, der *gewaltige Flügelschlag eines vorüberziehenden englischen Herolds.»*[144] Mit diesen Worten weist der achtundzwanzigjährige Novalis in dem Augenblick, da die Verstandes- oder Gemütsseele in ihm erwacht, unmittelbar auf seinen hierarchischen Inspirator, dem bewußt in der geistigen Welt zu begegnen er ein Jahr vor seinem frühzeitigen Tod erwürdigt wurde. «Das Sterbliche dröhnt in seinen Grundvesten, aber das Unsterbliche fängt heller zu leuchten an und erkennt sich selbst.»[145]

«Wenn wir auf sein Antlitz schauen, wie es als Bild überliefert ist, so staunen wir, wie kindlich diese Züge sind und doch wie weise. *Es ist, als ob ein Engel durch sie schaute»,* sagte einmal Albert Steffen über Novalis.[145a]

Durch die Geburt des höheren Ich in seiner Seele konnte Novalis die bewußte Verbindung mit seinem Engel erleben. Dadurch kam er auch in Berührung mit dem Wesen des Geistselbst, welches der Mittler für das Wirken des aus der Sphäre des kosmischen Christus kommenden neuen Heiligen Geistes[146], des Pfingstgeistes im Menschen, ist. So wurde Novalis zum ersten Propheten und Apostel der zukünftigen Epoche des Geistes, der *sechsten Kulturepoche,* die in der Apokalypse im Bilde der Gemeinde zu Philadelphia, der die ganze Menschheit umfassenden brüderlichen Gemeinde der Liebe, dargestellt ist. Deshalb können die Worte, die dem Verfasser der Apokalypse im Geiste über die Gemeinde zu Philadelphia gesagt wurden, auch auf Novalis als ihrem wahren Boten angewendet werden: «Ich durchschaue dein Tun. Siehe, ich habe bewirkt, daß vor dir die Türe offen ist [die Türe zur geistigen Welt] und daß niemand sie verschließen kann. Deine Kraft ist noch gering [in seinem kurzen Erdenleben vermochte Novalis nur Weniges zu vollbringen], aber du hast mein Wort in deiner Seele bewahrt und hast meinen Namen nicht verleugnet ... Wer überwindet, den will ich zu einer Säule im Tempel meines göttlichen Vaters machen. [Zwei der Säulen im geistigen Tempel des Alten Bundes waren die Individualität des Elias und die des Moses. Wenn die Individualität des Elias ihre zukünftige christliche Mission erfüllt haben wird, wird sie einst eine neue Säule in dem Geistestempel des Neuen Bundes sein.] Er soll diesen Tempel nicht mehr verlassen. Und ich will den Namen meines göttlichen Vaters in sein Wesen einschreiben und den Namen der Gottesstadt, des Neuen Jerusalem, das sich von meinem göttlichen Vater her aus dem Himmel herniedersenkt, und meinen eigenen Namen, den neuen.»[146a]

Über Novalis' Beziehung zu dem Bild des Neuen Jerusalem *wie* auch über das wichtigste Motiv seines gesamten Schaffens, das Motiv der Rückkehr in das geistige Reich des Vaters durch die Vereinigung mit dem göttlichen Sohn, werden wir im weiteren sprechen. Hier ist für uns wichtig, das Vorgefühl des allumfassenden Geist-Erlebens zu betrachten, das Novalis in seiner Seele trug und das erst in der sechsten Kulturepoche ein allgemeines Menschheitsgut sein wird.

Wir wollen hier einige seiner Äußerungen anführen, aus denen wahrhaftig dieses künftige Weltalter des Heiligen Geistes spricht:

«Der Heilige Geist ist mehr als die Bibel. Er soll unser Lehrer des Christentums sein – nicht toter, irdischer, zweideutiger Buchstabe.»

«Die Welt ist ein Universaltropus des *Geistes,* ein symbolisches Bild desselben.»

«Alles, was wir erfahren, ist eine Mitteilung. So ist die Welt in der Tat eine Mitteilung – Offenbarung des *Geistes.»*

«Die Welt ist Makroanthropos. Es ist ein Weltgeist, wie es eine Weltenseele gibt. Die Seele soll *Geist* – der Körperwelt werden. Die Welt ist noch nicht fertig – so wenig wie der Weltgeist – Aus Einem Gott soll ein Allgott werden. Aus Einer Welt – ein Weltall ... Bildung des *Geistes* ist Mitbildung des *Weltgeistes* – und also Religion.»

«Manchen fehlt es an Gegenwart des *Geistes* – dafür haben sie destomehr Zukunft des *Geistes.»*

«Was ist der Mensch? Ein vollkommener Trope des *Geistes.»*[146b]

«Die *Geisterwelt* ist uns in der Tat schon aufgeschlossen, sie ist immer offenbar. Würden wir plötzlich so elastisch, als es nötig wäre, so sähen wir uns mitten unter ihr.»

«Der Mensch vermag in jedem Augenblicke ein *übersinnliches Wesen* zu sein. Ohne dies wäre er nicht Weltbürger, er wäre ein Tier.»

«Der Entschluß zu philosophieren [siehe darüber Seite 68] ist eine Aufforderung an das wirkliche Ich, daß es sich besinnen, erwachen und *Geist* sein solle.»

«Ehemals war alles Geistererscheinung.»

«Wir sind auf einer Mission. Zur Bildung der Erde sind wir berufen. Wenn uns ein *Geist* erschiene, so würden wir uns sogleich unsrer eigenen *Geistigkeit* bemächtigen – wir würden inspiriert sein durch uns und den *Geist* zugleich[146c] – ohne Inspiration keine *Geistererschei*nung.»

«Die Menschheit ist das gemeinschaftliche Organ der *Götter*.»

Rudolf Steiner hebt besonders drei Charakteristika hervor, wenn er die sechste Kulturepoche schildert:

1. Jeder fremde Schmerz und jedes fremde Leiden wird als eigenes empfunden, und Glück zu empfinden, wenn der andere unglücklich ist, wird unmöglich sein. Anders gesagt: auf dem Prinzip der Liebe gegründete, allgemeine, allmenschliche Brüderlichkeit oder das wahre Philadelphia.
2. Absolute religiöse Freiheit, die darauf beruht, daß das ganze Leben auf der Erde zu dieser Zeit Ausdruck des Übersinnlichen, Ausdruck des Geistes sein wird, so daß schon die Begegnung zweier Menschen eine religiöse Handlung, ein Sakrament darstellen wird.
3. Eine Pneumatologie oder Geisteswissenschaft, ähnlich der modernen Anthroposophie.

Alle drei Charakteristika finden wir in hohem Grade bei Novalis entwickelt. Zudem bilden gerade sie im Grunde genommen die drei Säulen, auf denen sein ganzes Leben ruhte und zu denen sein geistiges Schaffen strebte. Ob er von der Liebe als dem höchsten Prinzip des Weltenbaus kündet oder ob er davon spricht, daß das ganze Leben ein ununterbrochener Gottesdienst sein sollte, oder, schließlich, von der zukünftigen Epoche der «Welt-Inspiration», der für alle offen und zugänglich sich erweisenden geistigen Welt – in all diesen Äußerungen tritt er nicht nur als Prophet, sondern als lebendiger Repräsentant der «neuen moralischen Epoche» des sich nähernden «goldenen Zeitalters» auf![147]

Hier kann jedoch die Frage entstehen: Was sind die Quellen der Inspirationen, die ihn zum Vorboten der sechsten Kulturepoche machen und die bewirken, daß die drei oben angeführten, für sie besonders charakteristischen Züge zur geistig-seelischen Grundlage seines Schaffens und seiner inneren Stimmung werden?

Die Antwort auf diese Frage finden wir im Vortrag Rudolf Steiners vom 9. Oktober 1918 mit dem Titel «Was tut der Engel in unserem Astralleib?». In ihm weist Rudolf Steiner auf drei Eigenarten der sechsten Kulturepoche als auf diejenigen seelischen Eigenschaften hin, welche die Wesen aus der Hierarchie der Angeloi (die Schutzengel) unter der Leitung der Geister der Form in der Gestalt von Bildern (Imaginationen) in die Astralleiber der Menschen als seelisch-geistige Grundlage der zukünftigen spirituellen Epoche einzupflanzen versuchen. So «arbeitet der Engel aus der Gemeinschaft der Engel heraus im Astralleib *jedes* Menschen heute in der fünften Kulturepoche an der Zukunft der Menschheit».[147a]

Ein solcher Engel arbeitet auch in Novalis' Seele. Nur handelt es sich im Falle von Novalis als der Verkörperung des Ur-Erden-Menschen, im Unterschied zu den anderen Menschen, um den ältesten und gleichzeitig einen der mächtigsten Schutzengel, der mit der Entwicklung der ganzen Erdenmenschheit verbunden ist. Im dritten Kapitel des Buches «Die geistige Führung des Menschen und der Menschheit» (GA 15) beschreibt Rudolf Steiner eingehend, wie die während der dritten, ägyptisch-chaldäischen Epoche die Menschheit führenden Engelwesen schon damals mit der sich allmählich der Erde nähernden kosmischen Christus-Wesenheit in Berührung kommen konnten. Diese Engelwesen, die den Christus-Impuls im Laufe der dritten Kulturepoche in sich aufgenommen hatten, waren dann die hauptsächlichen Inspiratoren der Menschen, welche dank dieser Tatsache die wichtigsten Wegbereiter der Ereignisse von Palästina auf der Erde werden konnten.

Einer dieser Engel war auch der Schutzengel derjenigen Individualität, welche später in der Neuzeit unter dem Namen Novalis lebte. Dieser Engel nahm damals als einer der ersten und mit besonderer Intensität den Christus-Impuls in sich auf, was es ihm möglich machte, die von ihm geführte Menschenseele zu Verkörperungen zu führen, in denen sie als Pinehas, Elias und später als Johannes der Täufer auf besonders bedeutsame Weise der Vorbereitung für das Herabkommen der Christus-Wesenheit zu dienen vermochte.

In der Folgezeit – während der vierten, griechisch-lateinischen Kulturepoche – enthielten sich diese Engelwesen bis zu einem gewissen Grade der unmittelbaren Führung der Menschen und überließen sie sich selbst, um sodann von der fünften nachatlantischen Epoche an (die, geistig gesehen, eine Wiederholung der dritten – ägyptisch-chaldäisch-babylonischen

– auf einer neuen Stufe ist) diese Führung wiederum aufzunehmen, nun aber ganz im Geiste und mit den Zielen der sie führenden Christus-Wesenheit. Von diesem Verschwinden der alten Götter (Engelwesen) vor dem Kommen des Christentums und ihrem abermaligen Erscheinen in neuer, von den Kräften des Christus-Impulses verwandelter Form spricht Novalis in dem 5. Hymnus an die Nacht: «Die Nacht war der Offenbarungen mächtiger Schoß – in ihm kehrten die Götter zurück – schlummerten ein, um in neuen herrlichen Gestalten auszugehn über die veränderte Welt.» Und Rudolf Steiner konkretisierte diesen Gedanken auf der Grundlage seiner eigenen geistigen Forschungen noch weiter, indem er darauf hinwies, daß die alten Götter (Engel) «jetzt wieder herrschend werden, aber sich jetzt der Führung des Christus unterstellen wollen. Immer mehr und mehr werden die Menschen fühlen [und zu diesen Menschen gehört in erster Linie Novalis], wie sie das, was vorchristlich ist, in einem höheren Glanze und Stil, auf einer höheren Stufe wiedererstehen lassen können.»[148] Denn darin kommt gerade das Ergebnis der geistigen Weiterentwicklung im Reiche der Engelwesenheiten[148a] zum Ausdruck, daß «nun die Engel in unserer fünften Kulturepoche es sind, die den Christus heruntertragen in unsere geistige Entwickelung».[148b]

So gehört zweifellos der Engel, der Novalis inspirierte, zur Zahl derer, die in unserer Epoche, welche unter der Führung Michaels als des neuen Zeitgeistes steht, die Menschen zu einem bewußten Erleben des ätherischen Christus führen wollen. Diese Engel sind es auch, welche die moderne Geisteswissenschaft (Anthroposophie) inspirieren, und ihre Inspirationen wurden bereits lange vor deren Begründung (vom 13. Jahrhundert an) in den esoterischen Schulen der Rosenkreuzer vorbereitet. (Im Jahre 1911 gebrauchte Rudolf Steiner, als er davon sprach, noch den Terminus «Theosophie»): «Und wenn man heute Theosophie treibt, so bedeutet das nichts anderes, als die Anerkennung der Tatsache, daß die übermenschlichen Wesenheiten, welche die Menschheit geleitet haben, jetzt ihre Führerschaft so fortsetzen, daß sie sich selber unter der Führung des Christus befinden.» Da wir es aber bei Novalis mit einer Individualität zu tun haben, welche von einem Engel geführt wird, der in der oben beschriebenen Entwicklung besonders weit fortgeschritten ist, so müssen wir, da die Dinge so liegen, natürlicherweise annehmen, daß bei Novalis «sich überall die großartigsten Inspirationen über geisteswissenschaftliche Dinge finden …, daß er etwas gibt, was wie Samenkörner sich hineinlebt in die Menschheit und in Zukunft aufgehen kann …, daß wir fühlen, wie da lebendige Theosophie herausströmt, aber überall *unter christlichen Inspirationen*».[148c] In diesen Äußerungen Rudolf Steiners weisen ganz besonders seine letzten Worte – «unter christlichen Inspirationen» – auf das Wirken der geistigen Kräfte der genannten Engel und vor allem von Novalis' eigenem Schutzengel in seiner Seele. Es ist unter dessen Führung, daß Novalis wahrhaft geistes-wissenschaftliches Verständnis des Christus erlangt als einer kosmischen Wesenheit, die seit dem Mysterium von Golgatha als neuer Geist der Erde wirkt.[148d] Denn «es bedarf wahrhaftig, um den Christus wirklich kennenzulernen, derjenigen inspirierenden Kräfte, die jetzt [in der fünften nachatlantischen Epoche] auftreten durch die von dem Christus selber geführten alten ägyptischen und chaldäischen übermenschlichen Wesenheiten [Angeloi]. Es bedarf einer solchen *neuen Inspiration …*»[148e]

Diese «neue Inspiration», welche heute von der nächsten, der Engelsphäre ausgeht, ist in der Sicht von Novalis, wenn er von der «neuen Welt-Inspiration» spricht, allein in der Lage, das Christentum in der Gegenwart vor dem vollkommenen Verfall zu retten. Auch vermag der Schutzengel von Novalis kraft der herausragenden Stellung, welche er unter den Engelwesen einnimmt, bei ihm eine besondere Art der Erleuchtung hervorzurufen, die eine Wiederholung des Ereignisses von Damaskus ist. Und so vermochte Novalis das, was die Menschheit infolge der Einwirkung der genannten Engelwesen im allgemeinen erst vom 20. Jahrhundert an erleben wird, wie Paulus «in dieser Beziehung die Zukunft prophetisch voraussehend»[148f], bereits am Ende des 18. Jahrhunderts zu erleben.

So sehen wir, daß Novalis schon während seiner letzten Inkarnation verwirklichen konnte, was in der fünften Kulturepoche aus der geistigen Welt als die wichtigste Forderung an die Gegenwartsmenschheit ertönt: «Die Menschen müssen rein durch ihre Bewußtseinsseele, durch ihr bewußtes Denken dazu kommen, *daß sie schauen,* wie es die Engel machen, um die Zukunft der Menschheit vorzubereiten.»[148g] Und das bedeutet: jeder Mensch muß «zu der *Anschauung* desjenigen kommen, was der Engel in seinem astralischen Leibe entfaltet». Und ein solches Schauen erreicht auch Novalis. Es ist ihm das dadurch möglich, daß sich die Engelkräfte in seiner Seele mit den Kräften des in ihr ruhenden Abbilds des astralischen Leibes der nathanischen Seele vereinigen. Durch dieses Abbild fühlt Novalis das Wirken des Engels in seinem eigenen Astralleib, und das wiederum erfüllt seine Seele mit den drei grundlegenden moralischen Idealen der sechsten Kulturepoche. Was für die meisten Menschen noch in tiefster Unbewußtheit vor sich geht, das wird für ihn unmittelbare geistige Realität: «Geisteswissenschaft für den Geist, Religionsfreiheit für die

Seele, Brüderlichkeit für die Leiber, das tönt wie eine Weltenmusik durch die Arbeit der Engel in den menschlichen astralischen Leibern.»[149]

In diese «Weltenmusik» war Novalis' Seele während seines kurzen Erdenlebens unaufhörlich versenkt, von ihr waren alle seine geistigen Bestrebungen durchdrungen, in ihr lagen die inneren Quellen seines «magischen Idealismus».

Das bewußte Wahrnehmen des geistigen Wirkens der Engelwesenheit in seinem Astralleib hat für Novalis jedoch eine weitere wichtige Folge. Im Vortrag vom 9. November 1914 sprach Rudolf Steiner, auf den besonderen Charakter der Vorbereitung der sechsten Kulturepoche in Osteuropa hinweisend, davon, daß eines der Ergebnisse der Verkörperung in einem slawischen Volk (als Beispiel wählte er das russische Volk) die natürliche Neigung ist, sich nach dem Tode besonders innig mit seinem Engel zu verbinden. Was so beim russischen Menschen gleichsam aus einer natürlichen Veranlagung heraus geschieht, die durch seinen Geburtsort begründet ist und die seine hauptsächliche Bestimmung zum Ausdruck bringt: einst Träger des Impulses der sechsten Kulturepoche zu werden – das ist bei Novalis *bewußt erreichter und innerlich erlebter Seelenzustand.* Und diese von Rudolf Steiner geschilderte Fähigkeit, sich «im Bewußtsein mit ... [seinem] Angelos zu identifizieren», «mit dem Angelos zusammenzuwachsen», um sodann «mit seinem Geistesauge zu schauen in die geistige Welt»[150] – die dem russischen Menschen nach dem Tode auf natürliche Weise eigen ist, über sie verfügt Novalis *bis zu einem gewissen Grade* schon während des Lebens im physischen Leibe, so wie die ganze Menschheit in der sechsten Kulturepoche während des Erdenlebens über diese Fähigkeit verfügen wird, wenn sie die ihr von den höheren Mächten vorbestimmte Entwicklungsstufe wirklich erreicht. Was Novalis selbst «magischen Idealismus» nennt, ist demnach nichts anderes als die Fähigkeit, sozusagen «mit den Augen des Angelos» nicht nur in die geistige, sondern auch auf die sinnliche Welt zu schauen:

«Es [das Werk von Novalis] wirkt deshalb so tief, weil alles dasjenige, was man in unmittelbarer sinnlicher Wirklichkeit vor sich hat, weil alles dasjenige, was Augen sehen können und was Augen auf der Erde als schön empfinden können, in Novalis' Dichtung durch dasjenige, was in seiner Seele lebt, als *magischer Idealismus,* in einem fast himmlischen dichterischen Glanze erscheint. Das unbedeutendste Materielle weiß er in seinem geistigen Lichtglanz wiedererstehen zu lassen durch seinen dichterisch-magischen Idealismus»[151] oder, derselbe Gedanke in Novalis' eigenen Worten: das ist «die Kunst, alles *in Sophien zu* verwandeln – oder umgekehrt».

So können wir angesichts der Tatsachen, die von Novalis' Beziehung zu dem ihn führenden Engelwesen zeugen, und angesichts seiner oben beschriebenen Beziehung zum Geistselbst-Prinzip sagen: *In der Person von Novalis haben wir es mit einem wahren Vertreter der sechsten Kulturepoche zu tun.* Was sich im slawischen Osten erst langsam vorbereitet und dazu bis jetzt *nicht* als ein *individueller,* sondern zunächst als ein *volksmäßiger* Zug, der sich als die natürliche Fähigkeit äußert, in wachsendem Maße bewußt mit seinem Engel zu arbeiten, wodurch sich diejenige Seele, welche ihre Inkarnation in einem solchen Volk durchmacht, allmählich auf die zukünftige Aufnahme der Geistselbstsubstanz als höhere Offenbarung vorbereiten kann – das trat am Ende des ersten Fünftels der fünften nachatlantischen Kulturepoche in der Gestalt von Novalis, eines Menschen, der auf der Höhe der Kulturentwicklung seiner Zeit stand, vor die ganze Menschheit hin.

Aus diesem Grunde wird Novalis' Werk sowie seine so kurze irdische Biographie, von der Rudolf Steiner sagte, daß «sie selbst ein Kunstwerk»[152] sei, im Laufe der Zeit eine immer größere Bedeutung für das Verständnis der geistig-historischen Menschheitsentwicklung und besonders des eigentlichen Wesens der sechsten Kulturepoche erlangen. Denn in seinem Leben und in seiner Persönlichkeit haben wir einen wunderbaren, man möchte sagen: «magischen Spiegel». In ihm kann jeder Mensch erkennen, wie nahe oder ferne er dem Ideal steht, dem unaufhörlich zu dienen Novalis' Leben und Werk gewidmet war, dem Ideal, das der ganzen Menschheit als *die nächste Stufe der geistigen Vollendung* gegeben ist.[152a]

Aus einem solchen Verständnis der seelisch-geistigen Eigentümlichkeiten von Novalis' innerer Welt folgt, daß die Stufen in der Entwicklung seines Geistes, die er in seinem letzten Erdenleben erreichte, nach dem Tode die ihm entsprechenden Fähigkeiten in besonderem Maße zu verstärken vermochten. Und wenn uns Rudolf Steiner mitteilt, daß vom letzten Drittel des 19. Jahrhunderts an der Erzengel Michael in der an die Erde grenzenden geistigen Sphäre einen Kampf darum führt, daß die ätherische Gestalt des Christus in der *rechten* Weise in der Substanz des Weltenäthers abgebildet werden kann und daß er für diesen Kampf ganz besonders solche Menschenseelen während ihres nachtodlichen Lebens wählt, die ihre vorausgegangene Verkörperung im russischen oder einem anderen slawischen Volke durchgemacht haben und sich infolgedessen nach dem Tode besonders intensiv in ihrem Bewußtsein mit ihrem Engel identifizieren können, so müssen wir sagen: Zu dieser «himmlischen Heerschar», die mit der Michael-Sphäre eng verbunden ist, gehört auch

Novalis. Denn dadurch, daß er über die genannten Fähigkeiten nicht infolge nationaler, sondern *allgemein menschlicher* Veranlagung verfügt, vermag er wohl an der *Vorbereitung* des neuen Erscheinens Christi im Ätherischen, welche aus der Michael-Sphäre heraus geschieht, besonders bewußt und intensiv teilzunehmen, und damit in dieser Tätigkeit eine *führende Stellung* einzunehmen. Novalis, «der bereits am Ende des 18. Jahrhunderts das Damaskus-Erlebnis» hatte, ist infolge seiner bewußten Begegnung mit dem Geistselbst[153] in der an die Erde grenzenden übersinnlichen Welt im Laufe des 19. und im 20. Jahrhundert zur führenden Individualität in der Schar Michaels in seinem Ringen für die Wiederkunft des Christus geworden: «Dieses Ereignis der Erscheinung des Christus ... kann nur herbeigeführt werden, wenn sich die Herrschaft des Michael immer mehr und mehr ausbreitet. Noch ist das ein Prozeß in der geistigen Welt. Gleichsam kämpft auf dem Plane, der angrenzt an unsere Welt, Michael für das Herannahen des Christus ... So daß wir geradezu in der geistigen Welt auf eine Art von Eroberungszug des Michael für das Herannahen des Christus blicken können ... Damit er nicht erscheint in falscher Gestalt, in subjektiver Menschheitsimagination, damit er erscheint im richtigen Bilde, muß Michael den Kampf kämpfen, den ich angedeutet habe.»[154] Und wenn Rudolf Steiner sagt, daß diejenigen Seelen, welche «in sich veranlagt sind», nach dem Tode «sich zu identifizieren mit ihrem Angelos» und dadurch «ganz besonders geeignet, die Kräfte herbeizuführen, um in Reinheit das Bild zu geben, durch das der Christus erscheinen soll», so gehört zu den Individualitäten, welche *besonders starke Kräfte* zum Erreichen dieses Zieles beitragen, an erster Stelle Novalis. Mehr noch: wir haben in ihm einen großen Lehrer und Führer der slawischen und insbesondere der russischen Seelen in der geistigen Welt für die Erfüllung ihrer Aufgaben zu sehen. So können wir sagen: Die Individualität von Novalis wird in der Zukunft eine außergewöhnliche Bedeutung für die geistige Entwicklung des slawischen Ostens haben. Novalis wird auf ganz neue Art als Vorbote und Prophet jener Mission erkannt werden, die Osteuropa nach dem Willen der Weltenführung wird zu erfüllen haben.

«Nimmt man Novalis in seine Seele auf, so bildet man ein Organ für die Zukunft aus ...», sagte Albert Steffen über ihn.[154a] Und wahrhaftig, Leben und Werk dieses Dichter-Boten erweisen sich für alle Menschen als ein Organ zum Wahrnehmen der Impulse der sechsten Kulturepoche.

Aus den oben angeführten Worten Rudolf Steiners folgt, daß eine unerläßliche Voraussetzung für das Erscheinen des Christus im Ätherischen die «immer weitere Ausbreitung der Herrschaft Michaels» ist. Der Prozeß der

Wiederkunft selbst wird im Laufe der nächsten 3000 Jahre vor sich gehen, das heißt bis zum Beginn des letzten Drittels der sechsten Kulturepoche.[155]

Seine geistigen Grundlagen müssen jedoch während der gegenwärtigen Herrschaftsepoche Michaels gelegt werden, welche noch etwa drei Jahrhunderte dauern wird. Somit ist Novalis auch in dieser Beziehung einer der wichtigsten Vorbereiter der Menschheit für die sechste Kulturepoche. Er, der seit der Zeit, da die Ich-Menschheit entstand, mit der Michael-Sphäre verbunden ist[156], wird diese seine Aufgabe noch im Laufe der fünften nachatlantischen Epoche aufnehmen, genauer gesagt, während der nächsten 200–250 Jahre, die unter der Führung des Sonnen-Zeitgeistes stehen.

Wenn wir als *zeitlichen Mittelpunkt** der gesamten Erdenentwicklung die Mitte der atlantischen Zeit nehmen, dann ist die heutige fünfte nachatlantische Kulturepoche eine Spiegelung der dritten Epoche im alten Lemurien, das aber bedeutet eine Spiegelung der letzten, noch dem Paradieszustand der Menschheit entsprechenden Zeiten *vor* dem Sündenfall, unmittelbar vor dem Eindringen der luziferischen Kräfte in die Menschheitsentwicklung.[157] Das alles läßt sich chronologisch noch genauer darstellen. So fällt der *Beginn* des Prozesses, den wir «Sündenfall» nennen und der sich eine recht lange Zeit, bis zur Vertreibung aus dem Paradies, hinzog, in den Moment der lemurischen Entwicklung, dessen Wiederholung in unserer fünften nachatlantischen Epoche das Ende der dunklen Zeit des Kali Yuga im Jahre 1899 ist. Damit beginnt im Jahre 1900, von dem an die Menschheit allmählich wiederum in einer «hellen Zeit» lebt, die geistige Widerspiegelung des ältesten Paradieszustandes *vor* dem Sündenfall, mit anderen Worten: Von unserer Zeit an, und in immer stärkerem Maße in Richtung auf die Zukunft, eröffnet sich für die Menschheit wiederum, nun jedoch in ganz anderer Form und auf sehr viel höherer Ebene, die Möglichkeit, zu dem ursprünglichen Paradieszustand als Folge des bewußten Schauens und der Vereinigung mit den höheren geistigen Welten zurückzukehren. Das Aufsteigen zu diesem ursprünglichen Paradieszustand wird verschiedene Etappen durchlaufen** und ganz besonders mit dem Eintritt jenes neuen «*moralischen Zeitalters*» verbunden sein, dessen Impulse bis zur Mitte der sechsten Kulturepoche allmählich die ganze Menschheit er-

---

* Der geistige Mittelpunkt der Erdenentwicklung ist das Mysterium von Golgatha, welches sich am Ende des ersten Drittels der vierten Kulturepoche – der griechisch-lateinischen – der nachatlantischen Zeit vollzog.

** Über die erste Annäherung zu diesem Zustand, die schon in unserer Zeit erfolgen wird, soll weiter unten gesprochen werden, siehe Seite 195f.

fassen werden und das seine Kulmination im Laufe der letzten, siebenten Epoche erfahren wird.[158]

Dieses «Zeitalter der Moralität», das etwa 3000 Jahre nach unserer Zeit beginnen wird – auf das sich vorzubereiten jedoch schon heute begonnen werden muß –, fällt auch mit dem Entwicklungsmoment zusammen, wo der in der Menschheit wirkende neue Bodhisattva die Buddha-Stufe erreichen und als «ein Bringer des Guten durch das Wort, durch den Logos»[159], als Maitreya-Buddha mit einer neuen Verkündigung des Christus und des Mysteriums von Golgatha hervortreten wird. Diese neue Verkündigung des Maitreya-Buddha wird sich dann nicht nur als eine höhere Erkenntnis oder eine neue spirituelle Lehre ausbreiten, sondern sie wird als «magische moralische Kraft» in der Menschheit wirken, und sie wird in der Lage sein, «... die Herzen und die Seelen von der urewigen bedeutungsvollen Bruderschaft von Intellektualität und von Moralität tief innerlich zu überzeugen».[160] Denn der Maitreya-Buddha «... wird die Aufgabe haben, gerade das Mysterium von Golgatha den Menschen zu erklären, und er wird die tiefsten und bedeutungsvollsten Ideen und Worte dadurch finden können, daß seine Worte ... unmittelbar *magisch* in die menschliche Seele hineinprägen werden die Natur des Mysteriums von Golgatha. *So nähern wir uns auch in dieser Beziehung dem, was wir nennen können das zukünftige moralische Zeitalter der Menschen. Wir könnten es geradezu in gewisser Beziehung als das herannahende goldene Zeitalter bezeichnen.*» Und dieses moralische oder goldene Zeitalter, das vorzubereiten sich Novalis berufen fühlt[161], ahnt er bereits in seiner Seele voraus: «... der ewige Friede ist schon da – Gott ist unter uns – hier ist Amerika oder nirgends – das *goldene Zeitalter* ist hier – wir sind Zauberer [Magier] – wir sind moralisch ...» Oder an anderer Stelle: «Apotheose der Zukunft – dieser eigentlichen bessern Welt, dies ist der Kern der Geheiße des Christentums.» Und ein weiterer Ausspruch: «Wir sind auf einer Mission: zur Bildung der Erde sind wir berufen.» Im Sinne von Novalis bedeutet das, daß wir zum Entstehen des neuen moralischen Universums beitragen müssen. Und vor dieser, den Geist tief ergreifenden Perspektive «müssen wir *Magier* zu werden suchen, um recht *moralisch* sein zu können. Je moralischer, desto harmonischer mit Gott – desto göttlicher – desto verbündeter mit Gott.» – Das ist eine Vorahnung jenes zukünftigen Zeitalters, da «die Lehre zugleich eine magische moralische Kraft haben», da «in die Herzen der Menschen – magische Moralität einfließen wird».[161a] Wir können dieses zukünftige Zeitalter die Zeit des Beginns der wahren «weißen Magie» nennen; als ein Weg zu ihm und zugleich eine erste Vorwegnahme aber erweist sich der «magische Idealismus» von Novalis.[161b] Das wird ein Zeitalter sein, in dem das natürliche, das von ihm ausgehende intellektuelle und das moralische Prinzip nicht mehr voneinander getrennt sein werden, so wie sie im kindlich-paradiesischen Menschheitszustand nicht voneinander getrennt waren. Als ein Beispiel der realen Vorahnung einer solchen Verbindung des Natürlichen und des Moralischen kann ein Auszug aus einem Brief von Novalis an Friedrich Schlegel dienen, in dem er schreibt, daß er «auf die Idee einer moralischen Astronomie gekommen» sei und die «Entdeckung der Religion des sichtbaren Weltalls gemacht» habe (Teplitz, 20. Juli 1798). Was das bedeutet, darüber schreibt er selbst eingehend an einem anderen Ort: «Der Tag ist also das Bewußtsein des Wandelsterns, und während die Sonne, wie ein Gott, in ewiger Selbsttätigkeit die Mitte beseelt, tut ein Planet nach dem andern auf längere oder kürzere Zeit das eine Auge zu und erquickt im kühlen Schlaf sich zu neuem Leben und Anschauen. Also auch hier Religion – *denn ist das Leben der Planeten etwas anderes als Sonnendienst?* Auch hier kommst du uns also entgegen, uralte kindliche Religion der Parsen, und wir finden in dir die *Religion des Weltalls.»* So das Weltall zu erleben, in welchem die Planetengeister unaufhörlich dem zentralen Sonnengeist einen Gottesdienst kultisch darbringen, das ist «magischer Idealismus», das Anschauen der Welt «mit den Augen der Engel», den Augen der göttlichen Wesenheiten, wo sich der moralisch-geistige Bau des Weltalls als gesetzmäßige Graderhöhung der hierarchischen Wesenheiten offenbart: «... das Moralgesetz erscheint hier als das einzig wahre, große Graderhöhungsgesetz des Universums.» – Das letzte Glied dieses erhabenen, hierarchischen Ganzen aber soll der Mensch einst werden. Das ist seine höchste Bestimmung, wie vorausahnend Novalis schreibt: «Gott will Götter» Und in einem anderen Fragment: «Jeder Mensch, der jetzt von Gott und durch Gott lebt, soll selbst Gott werden.» Beide Aussagen sind ihrem Wesen nach Metamorphosen der Worte des Christus: «Ich habe gesprochen: Ihr seid Götter» (Joh. 10,34). Nur entlehnt Novalis seine Worte nicht aus dem Neuen Testament, sondern sie stammen aus seiner eigenen geistigen Erfahrung. Und schließlich die Kulmination von allem: das Prinzip der vollkommenen Erneuerung: «Siehe, ich mache alles neu!» (Apg. 21,5); und bei Novalis: «Das Kind und sein Johannes ...» [«Wo Kinder sind, da ist ein goldnes Zeitalter.»] «... der Messias der Natur. *Neues* Testament – und *neue* Natur – als *Neues Jerusalem.»* Diese Worte von Novalis enthalten eine unmittelbare Ahnung von dem künftigen Jupiterzustand.[162] Und diese entfernte Weltenzukunft wird mit ihren ersten morgendlichen Strahlen in die sechste Kulturepoche leuchten, welche Rudolf Steiner «das Zeitalter der Liebe» nennt, wo «in einem noch ganz anderen Sinne wird sich verwirklichen das, was auch christliche Liebe genannt werden kann», wo «diese tiefste Lehre von der Mission der Erdenliebe, wie sie verknüpft ist mit dem Mysterium von Golgatha», erkannt werden wird.[163] In dieser sechsten Epoche wird im Menschen «die Liebe für ein jegliches Dasein ... des physischen Planes oder der höheren Pläne» erwachen. Das Symbol aber für diese Liebe ist für Novalis die Gestalt des Kindes. Schon im Evangelium wird davon gesprochen, daß nur die Kinder in das Himmelreich kommen (Matth. 18,3), und im Sinne dieser Worte weist Novalis darauf hin, daß in der sechsten Kulturepoche die Menschen bis zu einem gewissen Grad über jene Kräfte bewußt verfügen werden, die als kosmische Kräfte während der frühen Kindheit in jedem Kinde wirken und die dann, in das volle Licht des Bewußtseins tretend, als Liebeskräfte zu aller Existenz in Erscheinung treten werden: «Ein Kind ist eine sichtbar gewordene Liebe. Wir selbst sind ein sichtbar gewordener Keim der Liebe zwischen Natur und Geist oder Kunst.» «*Liebe ist der Grund der Möglichkeit der Magie. Die Liebe wirkt magisch.*» Wir können auch sagen, daß Novalis durch diese letzten Worte mit seinem geistigen Auge gleichsam durch das Prisma der sechsten Kulturepoche, dessen Morgendämmerung, wie wir sahen, mit dem Beginn der Entwicklung der «magischen Moralität» im Menschen zusammenhängt, auf den zukünftigen Jupiterzustand, auf das Neue Jerusalem schaut. So erblickt Novalis im Geiste auf prophetische Weise das, was Rudolf Steiner folgendermaßen charakterisiert: «Wir sehen sich herausheben *aus der Kraft der weißen Magie* die vorbereitenden Gestalten, die hinüberleben sollen als die Gestalten der nächsten Erdenverkörperung, des Jupiters: *Das Neue Jerusalem sehen wir aus der weißen Magie sich erheben.*»*[163a]

Dann wird alle Natur moralisch sein und die Liebe so aus jedem Naturvorgang herausleuchten wie heute die Weisheit.**[164] Dieser erhabene Zustand wird jedoch nicht sogleich eintreten, sondern es muß ihm ein Übergangszustand der Vergeistigung alles Seienden eine Zeitlang vorausgehen oder, geisteswissenschaftlich ausgedrückt, ein Pralaya: «Einst soll keine Na-

---

* Vgl. mit Novalis' Worten auf Seite 83: «Wir müssen Magier zu werden suchen, um recht moralisch sein zu können ...»

** Das Motiv der Liebe als magische Kraft und gleichzeitig als geistige Begründung des Neuen Jerusalem ist mit ganz besonderer Kraft und poetischer Unmittelbarkeit auch in den Gedichtzeilen enthalten, die auf Seite 115 angeführt sind.

tur mehr sein – in eine Geisterwelt soll sie allmählich übergehn.» Auf dem Jupiter vollzieht sich diese Umwandlung der Naturordnung existentiell, die geistige Grundlage dafür muß jedoch während der sechsten Kulturepoche durch die Entwicklung eines neuen *Geistbewußtseins* gelegt werden, in dem die Keime der zukünftigen Erde enthalten sind.[164a] Und als einen Vertreter eines solchen Geistbewußtseins empfindet sich Novalis.

Ein «vollendetes» oder «höheres Bewußtsein» nennt er es. Und aus ihm kommen die Worte: «Das System der Moral muß System der Natur werden.» Vergleichen wir sie mit Rudolf Steiners Äußerungen: «Daß die moralische Weltenordnung in der Gegenwart die Keimkraft künftiger Naturordnung ist, das ist der realste Gedanke, den es geben kann.» Diesen «realsten Gedanken» erreicht Novalis, denn für ihn wie für Rudolf Steiner ist «das Moralische ... nicht bloß etwas Ausgedachtes, das Moralische ist, ... wenn es wirklichkeitsgetränkt ist, als Keim vorhanden für spätere äußere Realitäten».[164b]

Aus dem unmittelbaren inneren Erleben dieser hohen Wahrheit schreibt Novalis weiter: «Der Geisterwelt gehört das erste Kapitel in der Physik. Die Natur kann nicht stillstehend, sie kann nur fortgehend – zur Moralität – erklärt werden.» – «Gott hat gar nichts mit der Natur zu schaffen – Er ist das Ziel der Natur – dasjenige, mit dem sie einst harmonieren soll. *Die Natur soll moralisch* werden und so erscheint ... die Moralität in einem ganz andern Lichte.» Diese Stufe kann nur durch den Menschen und seine geistige Tätigkeit erreicht werden, nur durch ihn kann sie beginnen, «mit Gott zu harmonieren», mit dem Gott, über den Novalis schreibt: «Theosophie – Gott ist Liebe. Die Liebe ist das höchste Reale – der Urgrund.» Daß aber dieses verwirklicht werden könne, dafür muß der Mensch «der Messias der Natur» werden. Und dazu muß er über diejenigen geistigen Kräfte bewußt verfügen, welche in der Zeit der frühen Kindheit unbewußt in ihm wirken. Denn nur mit ihrer Hilfe wird er sich verwandeln und die Naturwelt befreien können.* «Die Menschheit ist der höhere Sinn unseres Planeten, der Nerv, der dieses Glied mit der oberen Welt verknüpft, das Auge, was er gen Himmel hebt» – in der Hoffnung auf seine Vergeistigung im Jupiter-Äon. *«Das neue Jerusalem»* – als eine Art Vorbereitung soll es schon in der sechsten Kulturepoche seine Verwirklichung erlangen. In

* Über diese kommende Erlösung der Natur durch die Menschen, die in ihrer Entwicklung die Stufe der «Kinder Gottes» erreicht haben, spricht der Apostel Paulus in seinem Brief an die Römer (8,19–22).

der Epoche von Philadelphia soll es *innere Realität* im Menschen werden, als «Gegenwart... [von Gottes]Liebe in unserem tiefsten Selbst». Denn als unverrückbar erscheint Novalis die Wahrheit, von der Rudolf Steiner sagt: «Die höchste Kraft und Moralität gehört dazu, um den Christus-Impuls aufzunehmen, so daß er Kraft und Leben wird in uns.»[165]

Wenn dies einmal im Menschen Wirklichkeit zu werden vermag, dann wird nach Novalis «die Christenheit wieder lebendig und wirksam werden», und aus dem Menschenherzen, «seinem heiligen Organ», können seine Impulse das ganze soziale Leben der Menschen durchdringen. Dann wird «das neue Jerusalem die Hauptstadt der Welt sein», ein Symbol der Bruderschaft aller «nach dem Überirdischen durstigen Seelen». Dieser Vision der sozialen Zukunft der sechsten Kulturepoche will Novalis mit seinem ganzen Leben dienen, mit seinem ganzen Wesen, ja «treu bis in den Tod». Und zu einem *solchen* Dienst und einer solchen Treue gegenüber den hohen Idealen möchte er alle führen, die fähig sind, die geistige Realität, die hinter diesen Idealen steht, zu verstehen. In unserer Zeit sind die Anthroposophen berufen, sie zu verstehen und die ersten Schritte zu ihrer Verwirklichung zu machen, denn die moderne Geisteswissenschaft ist nichts anderes als die bewußte Vorbereitung der Menschheit auf die sechste Kulturepoche, die Geistselbstepoche.[165a] Deshalb können wir sagen: An uns, die Anthroposophen des 20. und 21. Jahrhunderts (von denen er selbst vielen in der geistigen Welt Gefährte und Führer war), ist Novalis' Anruf ganz besonders gerichtet, der Anruf, ihm auch weiterhin Weggefährten in der Verkündigung «des göttlichen Evangeliums», dessen Mysterien uns heute in der Anthroposophie erschlossen wurden, «mit Wort und Tat zu sein», auf daß die neue spirituelle Epoche, «die heilige Zeit des ewigen Friedens», einst auf der Erde anbrechen könne: «Wann und wann eher? darnach ist nicht zu fragen. Nur Geduld, sie wird kommen, sie muß kommen, die heilige Zeit des ewigen Friedens, wo das neue Jerusalem die Hauptstadt der Welt sein wird, und bis dahin seid heiter und mutig in den Gefahren der Zeit. Genossen meines Glaubens, verkündigt mit Wort und Tat das göttliche Evangelium, und bleibt dem wahrhaften, unendlichen Glauben treu bis in den Tod.»

8.
Die karmische Novalis-Biographie nach seinen eigenen Zeugnissen

«Hier Zukunft in der Vergangenheit»
Novalis

«Ihm hatte das Leben losgebunden von der Seele die in ihr schlummernden Weistümer früherer Inkarnationen.»
Rudolf Steiner, 26. Oktober 1908

Nachdem wir im vorhergehenden Kapitel Novalis' inneren geistigen Entwicklungsweg betrachtet haben, wollen wir in diesem Kapitel versuchen, in seinen eigenen Äußerungen Hinweise auf die in der vorliegenden Arbeit beschriebenen vergangenen Erdenleben zu finden.

Für Novalis selbst waren seine vergangenen Verkörperungen keine voll bewußte Realität, da es in der Epoche des Kali Yuga außerordentlich schwierig war, die eigenen vergangenen Erdenleben hellsichtig real zu schauen.[166] Trotzdem trat der Wiederverkörperungsgedanke in seiner neuen christlichen Form mit aller Klarheit als Frucht eigener geistiger Erfahrung vor ihn hin. Er schreibt darüber: «Als irdische Wesen streben wir nach geistiger Ausbildung – nach Geist überhaupt. Als außerirdische, geistige Wesen nach irdischer Ausbildung – nach Körper überhaupt ... Jeder Mensch kann seinen Jüngsten Tag durch Sittlichkeit herbeirufen. Unter uns währt das tausendjährige Reich beständig. Die Besten unter uns, die schon bei ihren Lebzeiten zu der Geisterwelt gelangten, sterben nur scheinbar ... Wer hier nicht zur Vollendung gelangt, gelangt vielleicht drüben, oder muß eine abermalige irdische Laufbahn beginnen. – Sollte es nicht auch drüben einen Tod geben, dessen Resultat irdische Geburt wäre?»

Oder: «Die Synthese von Seele und Leib heißt Person – die Person verhält sich zum Geist wieder wie der Körper zur Seele. Sie zerfällt auch einst und geht in veredelter Gestalt wieder hervor.» Und an anderer Stelle: «Wenn ein Geist stirbt, wird er Mensch. Wenn ein Mensch stirbt, wird er Geist.» – «Freier Tod des Geistes, freier Tod des Menschen.» Hinter diesen lapidaren Worten steht Novalis' tiefe Einsicht in das Geheimnis von Geburt und Tod, in das Geheimnis von Maria-Sophia und Christus Jesus, über das er so geisterfüllte Verse schrieb. Der von ihm selbst gewählte Wahlspruch seines Lebens: «Christus und Sophia», kann letzten Endes nur verstanden werden, wenn man in das Mysterium des Todes und das Mysterium der Geburt eindringt und wenn man versteht, was sie vereinigt: das Gesetz der wiederholten Erdenleben.*

Mit besonders tiefem Verständnis, man kann sogar sagen: auf persönliche Weise, beschreibt Novalis dieses umfassende kosmische Gesetz in einem seiner letzten Gedichte: «Das Lied der Toten», wo er den Hinweis auf die Vereinigung der Menschenseele mit dem Strom des Weltenäthers nach dem Tode mit den folgenden Versen abschließt:

«Und in dieser Flut ergießen
Wir uns auf geheime Weise
In den Ozean des Lebens
Tief in Gott hinein.
Und aus seinem Herzen fließen
Wir zurück zu unserm Kreise
Und der Geist des höchsten Strebens
Taucht in unsre Wirbel ein.»

Hier entsteht in rein poetischer Form das Bild, wie die Seele nach dem Tode bis zu den höchsten Regionen der geistigen Welt («Herz Gottes») aufsteigt, um dann abermals in den Wirbel des Erdenseins zurückzukehren, nun jedoch mit einer ihr vorbestimmten neuen Aufgabe, «dem Geist des höchsten Strebens».

Dieses Gesetz der Wiederverkörperung, das mit besonderer Macht in Novalis' Seele wirkte, bildete die Zauberkraft, die es ermöglichte, Ereignisse der fernsten Vergangenheit in die Gegenwart zu übertragen und Erinnerungen an die verschiedensten geistigen und historischen Geschehnisse zu wecken. Und obwohl, wie schon gesagt, Novalis der unmittelbare Blick in seine vergangenen Verkörperungen noch nicht zugänglich war, so standen doch nichtsdestoweniger diese Verkörperungen mit ihren mächtigen und zuweilen wahrhaft kosmischen Erlebnissen während seines ganzen Erdenlebens gleichsam unsichtbar neben ihm, ihn von jenseits der Schwelle seines irdischen Bewußtseins inspirierend. In diesem Sinne war Novalis' kurzes Leben ein unaufhörliches bewußt-unbewußtes *Erinnern*

* Genaueres über diesen «Wahlspruch» wird im 12. Kapitel gesagt werden.

an seine reiche kosmisch-irdische Vergangenheit. Darauf weist Rudolf Steiner mit den Worten: «Dieser junge Mann, der mit neunundzwanzig Jahren den physischen Plan verlassen hat und der dem deutschen Geiste mehr gegeben hat als hundert und tausend andere, *er hat ein Leben gelebt, das eigentlich die Erinnerung war an ein vorhergehendes.* Durch ein ganz bestimmtes Ereignis wurden die spirituellen Erlebnisse früherer Inkarnationen herausgetrieben, stellten sich vor die Seele hin und flossen in zarten, rhythmisch wogenden Gedichten aus dieser Seele heraus.»[167]

Die Erinnerung an seine vorhergehende Verkörperung als Raphael tritt vielleicht am deutlichsten in den Worten von Novalis hervor, die er unter dem unmittelbaren Eindruck der «Sixtinischen Madonna» in Dresden schrieb: «Die Liebe ist der Endzweck der Weltgeschichte – das Unum des Universums.» (Wir werden im weiteren noch sehen, inwiefern darin, daß Novalis das kosmische Wirken des *Liebe-Prinzips* erfaßt, sich die Erinnerung an sein Leben als Raphael äußert.) Und in voller Übereinstimmung mit diesen Worten, nur mehr intim-seelisch ausgedrückt, steht auch seine folgende Äußerung: «War Raphael Seelenmaler? Was heißt das?»

Dieser Ausruf des Erstaunens, der sich Novalis einst entrang, zeugt er nicht von seiner Erinnerung daran, welcher Grad von *Liebe* zu jedem Menschen und allem Sein notwendig ist, um in die Seele eines anderen Wesens einzudringen, um ihr tiefstes Streben im künstlerischen Schaffen darzustellen?

Dieses geheimnisvolle Sein Raphaels und besonders die mächtigen kosmischen Erlebnisse nach seinem frühen Tod bilden den geistigen Hintergrund, auf dem Novalis' äußeres Leben ablief. Zahlreich sind die Kanäle und Wege, durch welche die Erinnerungen an das, was er als Resultat seines vorangegangenen Erdenlebens zwischen dem 16. und 18. Jahrhundert in den geistigen Welten erlebte, in seine Seele drang, denn gerade in diesen Jahrhunderten wirkte die übersinnliche Michael-Schule in der hohen Sonnensphäre.[168] Und so will er, infolge der seelischen Erschütterung durch Sophie von Kühns Tod geistig erwacht, abermals «das Leben Raphaels» in der geistigen Welt führen, sucht er wiederum Zugang zu jenem Höchsten, das er zwischen den beiden Verkörperungen erlebte: «Schon will er übergehen ins Übersinnliche, *schon will er das Leben des Raphael wieder führen,* nicht eigentlich die Erde berühren, sondern ausleben möchte er in der Dichtung seinen magischen Idealismus, indem er nicht berührt sein wollte vom Erdenleben.»[169]

Gehen wir nun vom Leben Raphaels zum Leben Johannes des Täufers weiter, so finden wir zwischen diesen zwei Erdenleben in der Zeit, da diese Individualität in der geistigen Welt weilt, allerbedeutsamste Erlebnisse, die sie dank ihrer geistigen Verbindung mit Lazarus-Johannes durchmacht.

Die Erinnerungen an diese Erlebnisse bilden dann den geistigen Grund des Raphael-Lebens: «Diese irdische Persönlichkeit Raphaels, sie war ja auch ganz hingenommen und ganz nur da durch dasjenige, ... was Lazarus-Johannes dieser Seele gegeben hat, damit es ausfließe in Farbe und Linie für die Menschheit.»[170] Auch bei Novalis leuchtet blitzartig die Erinnerung an seine Beziehung mit Johannes dem Evangelisten zur Zeitenwende und an das geistig miterlebte Mittelpunktsereignis der Erdenentwicklung in ihm auf:

«Gehoben ist der Stein –
Die Menschheit ist erstanden –
Wir alle bleiben dein
Und fühlen keine Banden.»

Aus diesen vier Versen der fünften Hymne an die Nacht läßt sich mit aller Deutlichkeit ein Abglanz von Novalis' Erinnerungen an seine übersinnliche Anwesenheit bei dem Mysterium der Auferstehung wahrnehmen. Auch taucht dieses Motiv noch deutlicher etwas früher im Prosateil derselben Hymne auf, in dem gleichsam in der Rückschau aus der geistigen Welt heraus die wichtigsten Augenblicke der Ereignisse von Palästina beschrieben werden, auf welche die Entelechie Johannes des Täufers schaut und an denen sie geistig teilnimmt. Wahrhaftig, wir können, versenken wir uns in diese Verse, den Eindruck gewinnen, als ob hier Novalis seine Bilder auf eine unmittelbare Weise bezöge, nicht aus der biblischen Überlieferung, sondern aus dem Astrallicht selbst. Das wird besonders spürbar, wo sich die Reihenfolge der von Novalis dargestellten Ereignisse plötzlich umkehrt und er nach der Beschreibung der Auferstehung die inneren Erlebnisse der Apostel bei ihren Erinnerungen an die Wanderungen und Gespräche mit dem Christus Jesus *vor* dem Mysterium von Golgatha mit seinem geistigen Blick erfaßt. Diese wenigen Verse vermitteln einen ähnlichen Eindruck, wie der ist, der beim Lesen der Mitteilungen Rudolf Steiners aus dem Fünften Evangelium im Vortrag vom 2. Oktober 1913 entsteht, wo die inneren Erlebnisse der Apostel nach dem Pfingstereignis eingehend beschrieben werden, als diese in geistiger Rückschau ihr gemeinsames Leben mit dem Christus Jesus auf der Erde betrachteten. Etwas von dieser Schau leuchtet auch aus Novalis' Worten auf. Das ist seine

Erinnerung an die Zeit, da er nach seiner Verkörperung als Johannes der Täufer die Gemeinschaft der Apostel als ihre neue Gruppenseele überschattete. Erinnern wir uns hier daran, daß alle hauptsächlichen geistigen Strömungen der Menschheit in der Gemeinschaft der zwölf Apostel vertreten waren, dann wird deutlich, warum gerade die Idee des Ur-Konzils als eine der wichtigsten innerhalb seines Werkes vor dem inneren Blick Raphaels stand. Diese Idee fand dann ihre künstlerisch vollkommene Verkörperung in den zwei Fresken «Schule von Athen» und «Verherrlichung des Altarsakramentes». So weist auch Novalis auf die in seiner Seele lebenden Erinnerungen an den geistigen Zusammenhang mit der Gemeinschaft der Apostel, «seiner Jünger»:

«Wo ich ihn nur habe,
Ist mein Vaterland;
Und es fällt mir jede Gabe
Wie ein Erbteil in die Hand:
Längst vermißte Brüder
Find ich nun in seinen Jüngern wieder.»

Mit all dem ist aber auch Novalis' bewußt-unbewußte Erinnerung an seine übersinnliche Teilnahme an der Auferweckung des Lazarus verbunden. Davon zeugen die folgenden Strophen:

«Meine Welt war mir zerbrochen,
Wie von einem Wurm gestochen
Welkte Herz und Blüte mir;
Meines Lebens ganze Habe,
Jeder Wunsch lag mir im Grabe,
Und zur Qual war ich noch hier.

Da ich so im stillen krankte,
Ewig weint und wegverlangte,
Und nur blieb vor Angst und Wahn:
Ward mir plötzlich wie von oben
Weg des Grabes Stein gehoben,
Und mein Innres aufgetan.»

Diese Beziehung von Novalis mit dem Evangelisten Johannes blieb auch seinen Zeitgenossen und Freunden nicht ganz verborgen. Einige bemerkten sogar in seinem äußeren Antlitz eine gewisse Ähnlichkeit mit dem «Lieblingsjünger» des Christus Jesus. So schrieb zum Beispiel Ludwig Tieck: «Der Umriß und der Ausdruck seines Gesichtes kam sehr dem

Evangelisten Johannes nahe, wie wir ihn auf der herrlichen großen Tafel von Albrecht Dürer sehen, die Nürnberg und München aufbewahren.»[170a] Aber nicht nur in der äußeren Ähnlichkeit zeigt sich diese Verwandtschaft. Novalis' ganze Seelenart, seine Beziehung zur kosmischen Sphäre des Christus weist deutlich auf dieses Grundmotiv des johanneischen Christentums: «Theosophie. Gott *ist die Liebe.* Die Liebe ist das höchste *Reale* – der Urgrund.» Und doch sind diese Worte von Novalis keine Wiederholung der entsprechenden Äußerungen des Evangelisten Johannes (1. Brief 4,8 und 16), sondern das Resultat dessen, daß er das eigentliche Wesen des johanneischen Christentums innerlich erlebt hatte, und sie zeugen von seiner geistigen Zugehörigkeit zu denen, die das zentrale Mysterium des Christus und der Sophia aus eigener Erfahrung kennen und «wallen mit dir [Christus] und der himmlischen Jungfrau im Reich der Liebe».

Und noch tiefer dringt Novalis' bewußt-unbewußte Erinnerung in die Ereignisse der Zeitenwende, zu dem Leben Johannes des Täufers, zu seinem Märtyrertod. Klingt nicht eine Erinnerung an ihn auf in den Zeilen: «Märtyrer sind geistliche Helden. Jeder Mensch hat wohl seine Märtyrerjahre. Christus war der große Märtyrer unseres Geschlechts. Durch ihn ist das Märtyrertum unendlich tiefsinnig und heilig geworden. O! daß ich Märtyrersinn hätte.» Erklingt nicht in diesen Worten das Empfinden des ersten Märtyrers der christlichen Ära? Von allem, was Novalis geschrieben hat, sprechen jedoch besonders die folgenden Verse mit voller geistiger Realität von seiner Verbindung mit dem Sein und der eigentlichen Mission Johannes des Täufers (über den Grund, warum sie in der Ich-Form geschrieben wurden, sprachen wir auf Seite 45):

«Wenn sich (Beschreibung sinnlicher Glut und innigen Verlangens)
dann steht der Himmel vor mir offen
Und Gottes Geist senkt sich auf mich.
Die Taufe
Die Vision. (Alle Arten von Religions-Verwandlungen –)
...
Die Offenbarung Gottes in der Menschengestalt.»

Das ist eine unmittelbare Erinnerung von Novalis an die Taufe im Jordan, an das Mysterium vom Menschwerden Gottes. Im Leben Johannes des Täufers geht die Predigt diesem zentralen Ereignis voraus. Darauf weist Novalis hin mit den Worten: «Moralisiert der echte Geist Gottes. Der Moralist ist der *Johannes.*» Für Johannes selbst ist das eine Zeit der inneren Prüfung und Vorbereitung auf seine eigentliche Aufgabe: aus dem letzten Propheten Jehovas zum ersten Zeugen des Christus zu werden, der sich in den Hüllen des Jesus auf der Erde verkörpert hatte:

«Denn dein Beispiel, deine Lehren
zeigten uns Religion
Einfach und Jehovas würdig,
Hehr und heilig, Gottessohn.»

Das oben Gesagte kann auch ein Licht auf die rätselhafte Gestalt des Sängers aus Hellas werfen, von dem in der fünften Hymne an die Nacht gesprochen wird. Ein Verständnis dieser Gestalt ermöglicht die Erkenntnis, daß durch Johannes den Täufer und später, einem Echo gleich, durch Raphael bis hin zu Novalis die Kräfte des mächtigen Arche wirkten, welcher der führende Geist des exoterischen Christentums war. Gemäß der fünften Hymne wandert dieser geheimnisvolle Sänger von Griechenland nach Palästina, um dort die lichte Kunde von der Geburt des Todbesiegers zu empfangen. Aus Palästina zog der Jüngling dann weiter nach Indostan, wo «tausend Herzen sich zu ihm neigten, und die fröhliche Botschaft tausendzweigig emporwuchs».[170b]

In dieser Gestalt des Sänger-Jünglings handelt es sich um das von Novalis im Astrallicht gelesene Schicksal des exoterischen Christentums. Sein Inspirator war in der Vergangenheit der führende Erzengel Griechenlands gewesen. An der Zeitenwende überschattete er Johannes den Täufer, die universal-historischen «Erkenntnisse» des Christus auf der Erde in ihm weckend (siehe Seite 27). Am Schluß folgt ein Hinweis auf das weitere Wirken dieses Arche, welcher die Ausbreitung des exoterischen Christentums auf der Erde veranlaßte, bis hin zu den entferntesten Gebieten (Indostan). Und alle drei Stufen dieser Entwicklung: Griechenland – Palästina – Indostan finden in Novalis' Seele ihr Abbild. So ist der geheimnisvolle Sänger bis zu einem gewissen Grad Novalis selbst, welcher aus den Inspirationen des Führer-Geistes des exoterischen Christentums heraus wirkt.*

---

* Zudem mögen sich auch in der Gestalt des Sängers in der fünften Hymne Novalis' Erinnerungen an eine seiner sog. «Zwischen»-Verkörperungen niedergeschlagen haben, die zwischen den Erdenleben des Elias-Nabot und Johannes des Täufers stattfand. Diese «Zwischen»-Verkörperung verbrachte Novalis in Griechenland und Italien, wo er in die pythagoräischen Mysterien eingeweiht wurde. Daher rührte auch seine tiefe Liebe zur Mathematik, die er ganz mystisch als etwas wesentlich Lebendiges erlebte. Rudolf Steiner erwähnte diese Inkarnation von Novalis nur ein einziges Mal in einem frühen Vortrag, am 26.4.1905 in Köln, der der esoterischen Betrachtung des Romans «Heinrich von Ofterdingen» von Novalis gewidmet war. Die Vortragsnotizen sind bis jetzt nicht in der Gesamtausgabe erschienen. Siehe deren Wortlaut am Ende dieses Buches.

Eine ähnliche «Erinnerung» taucht auch in Novalis' Brief an Friedrich Schlegel vom 20. Januar 1799 auf, wo die Motive des Christentums und des Griechentums, gleich zwei Flügeln einer erhabenen hierarchischen Wesenheit, sich zu einem einheitlichen Ganzen vereinigen, welches das gesamte «Universum» in Zeit und Raum umfaßt[170c]: «*Apotheose* der *Zukunft* – dieser eigentlichen besseren Welt, dies der Kern der Geheiße des Christentums – und hiermit schließt es sich an die Religion der Antiquare – die Göttlichkeit der Antike – die Herstellung des Altertums, als der zweite Hauptflügel an – Beyde halten das Universum, als den Körper des Engels, in ewigem Schweben – in ewigem *Genuß* von Raum und Zeit.»

Aber Novalis' geistige Erinnerung reicht noch weiter in die Vergangenheit zurück: die Kindheit Johannes des Täufers; die Begegnungen der zwei Familien, der zwei Frauen: Maria aus dem Lukas-Evangelium und Elisabeth. Hier werden Novalis' Erinnerungen besonders konkret. Werden sie als poetische Metaphern angesehen, wirken sie fast dreist, doch sie erscheinen in einem ganz anderen Lichte, wird man sich der hinter ihnen stehenden, sozusagen historischen Realität bewußt. So schreibt Novalis in seinen «Geistlichen Liedern» von seiner Beziehung zu Maria aus dem Lukas-Evangelium und zu ihrem Kinde:

«Unzähligmal standst du bei mir,
Mit Kindeslust sah ich nach dir,
Dein Kindlein gab mir seine Hände,
Daß es dereinst mich wiederfände;
Du lächeltest voll Zärtlichkeit
Und küßtest mich, o himmelsüße Zeit.»

Um uns dieser Schilderung innerlich zu nähern, müssen wir uns in die Welt der Raphaelischen Madonnen versetzen und dabei einige der immer wieder auftauchenden Motive beachten. So wird in dem «Canigiani» genannten Bild eine der vielen Begegnungen der zwei Familien – Maria, Joseph und Jesus auf der einen Seite und Elisabeth mit Johannes dem Täufer auf der anderen Seite – dargestellt. Dabei erinnern die Gesten beider Kinder sehr an die Worte «Dein Kindlein gab mir seine Hände» (ein ähnliches Motiv läßt sich auch im Bild der «Madonna del Passeggio» beobachten). Weiter stellen zehn der sechzehn Bilder, auf denen beide Knaben, Jesus und Johannes, mit Maria dargestellt sind, Maria so dar, daß sie nicht auf Jesus, sondern auf Johannes den Täufer schaut; und auf sieben von ihnen umfängt sie letzteren mit einem Arm (nur auf dem Bild der «Madonna mit dem Diadem» schaut Maria, den Johannesknaben umarmend, mit ihm zusammen auf den schlafenden Jesus).

So sehen wir, daß schon bei Raphael Marias Beziehung zu Johannes und Johannes' Beziehung zu Maria und Jesus ein Hauptmotiv seiner künstlerischen Darstellung war. (In fünfzehn von sechzehn Bildern zu diesem Thema schaut Johannes auf Jesus und nur auf einem zeigt er auch auf ihn.) Novalis, der im Astrallicht zu lesen vermag, dringt dann noch tiefer als Raphael in seine eigene Vergangenheit und verdichtet sie zu solch konkreten Bildern wie in den Gedichten: «Unter tausend frohen Stunden», «Wer einmal, Mutter, dich erblickt», «Ich sehe dich in tausend Bildern».

Diese Erinnerungen über seine Inkarnation als Johannes der Täufer kulminieren in den folgenden Zeilen:

«Wen ich sah, und wen an seiner
Hand erblickte, frage keiner,
Ewig werd' ich dies nur sehn;
Und von allen Lebensstunden
Wird nur die wie meine Wunden
Ewig heiter, offen stehn.»

In diesem Zusammenhang sagte Rudolf Steiner einmal zu L. Kleeberg, daß in ihnen sich ein Niederschlag der geistigen Schau von Novalis findet, in welcher der nathanische Jesusknabe als der zukünftige Erden-Träger des Christus ihn, als Johannesknaben, an der Hand hält.[170d]

Novalis' Fähigkeit, die Zukunft vorzuempfinden, sowie seine Gestalt als *Prophet* des neuen «goldenen Zeitalters» sprechen mit aller Deutlichkeit vom Wirken der mächtigen spirituellen Kräfte des Propheten aller Propheten – Elias' – in den Tiefen seiner Seele. Friedrich Schlegel schreibt 1792 über seine erste Begegnung mit Novalis, der zu der Zeit noch Student in Leipzig war, an seinen Bruder (Novalis war damals gerade zwanzig Jahre alt und befand sich damit am Anfang der Entwicklung seiner Ich-Kräfte): «Ein noch sehr junger Mensch – von schlanker guter Bildung, sehr feinem Gesicht mit schwarzen Augen, von herrlichem Ausdruck, wenn er mit *Feuer* von etwas Schönem redet – unbeschreiblich viel *Feuer* … mit wildem *Feuer* trug er mir einen der ersten Abende seine Meinung vor – es sei gar nichts Böses in der Welt – und alles nahe sich wieder dem goldenen Zeitalter.» Das ist der Eindruck, den der junge Novalis auf seinen zukünftigen nächsten Freund Friedrich Schlegel machte. Und wie stimmt auf erstaunliche Weise diese Charakteristik von Novalis' «feurigem Geiste» mit dessen eigener Aussage in dem Brief an Schiller überein, in welchem er ihm Treue schwört und ihm schreibt, daß er bereit sei, ihn gegen den Angriff seiner Feinde mit dem «*Feuereifer* eines *Elias*» *zu* schützen.[171]

«Über unser Ich – als der *Flamme* des Körpers in der Seele» schreibt Novalis in einem seiner Fragmente. Dieses Leitmotiv der «inneren Flamme oder des Feuers», das der Offenbarung des individuellen Menschen-Ich dient, sprachen wir bereits eingehend im Zusammenhang mit der Darstellung des Lebens und der Mission des Propheten Elias.[172] Was jedoch Novalis betrifft, so ist dieses innere Feuer etwas vollständig anderes als die Feuernatur des biblischen Propheten. Denn nun – nach dem Mysterium von Golgatha – nimmt dieses «Feuer des Elias», dieses innere Feuer des individuellen Ich eine vollständig andere Bedeutung an, es wird gleichsam ein «neues Erkenntnisorgan», das zu seinem Urbild, seiner Quelle, dem «spirituellen Feuer der Auferstehung», hinführt, in dessen Licht der apokalyptische Christus erscheint.

Auf diesen bedeutsamen Charakterzug, der den Christen der Zukunft eignen wird, zu denen wir in erster Linie Novalis zählen müssen, weist auch Rudolf Steiner hin: «Nicht bloß den Christus werden sie verstehen [die Christen der Zukunft], der durch den Tod gegangen ist, sondern sie werden verstehen den triumphierenden, *in das spirituelle Feuer auferstehenden Christus der Apokalypse,* der vorherverkündet worden ist. Und das Osterfest kann uns immer ein Symbolum sein für den Auferstandenen, ein Band, das geschlungen wird von dem Christus am Kreuze zu dem triumphierenden Christus, dem auferstandenen und erhobenen Christus, zu dem, der alle Menschen mit sich erhebt zur Rechten des Vaters.»[172a]

Und ein solches Erleben des «apokalyptischen Christus», der «im spirituellen Feuer» auferstanden ist und die Menschheit zur makrokosmischen Vatersphäre führt, erlangte auch Novalis, und er brachte diese Erkenntnis in der sechsten Hymne an die Nacht mit den Versen zum Ausdruck:

«Hinunter zu der süßen Braut,
zu Jesus, dem Geliebten –
Getrost, die Abenddämmerung graut
Den Liebenden, Betrübten.
Ein Traum bricht unsre Bande los
Und senkt uns in des Vaters Schoß.»

Noch deutlicher erklingt dieses Thema in den «Geistlichen Liedern»:

«Da kam ein Heiland, ein Befreier,
Ein Menschensohn, voll Lieb und Macht,
Und hat ein allbelebend Feuer
In unserm Innern angefacht.
Nun sah'n wir erst den Himmel offen,
Als unser altes Vaterland,
Wir konnten glauben nun und hoffen,
Und fühlen uns mit Gott verwandt.»

Das in der letzten Strophe auftretende Motiv des «allbelebenden Feuers» erscheint auch in anderen Werken von Novalis immer wieder aufs neue.

So zum Beispiel in der fünften Hymne an die Nacht, wo die Flamme «als das höchste der Welt» ganz im Geiste der alten Zarathustra-Religion beschrieben wird. «Alle Geschlechter verehrten kindlich die zarte, tausendfältige Flamme, als das höchste der Welt.» In den «geistlichen Liedern» wird dann das Motiv des Feuers in wachsendem Maße mit der Gestalt des auferstandenen Christus verbunden:

«Geh zu dem Wunderstamme,
Gib stiller Sehnsucht Raum,
Aus ihm geht eine Flamme
Und zehrt den schweren Traum.»

Und an anderer Stelle:

«In kühlen Strömen send ihn her,
In Feuerflammen lodre er,
In Luft und Öl, in Klang und Tau
Durchdring er unserer Erde Bau.»

In den letzten Worten können wir empfinden, wie das Christus-Erleben, das sich im «spirituellen Feuer» offenbart, Novalis zur Erkenntnis Seiner hohen kosmischen Wesenheit führt. Als der neue Geist der Erde, welcher ihren Bau durchdringt, steht der Christus vor ihm. Das ist jedoch noch nicht alles. Denn gleichzeitig mit der Erkenntnis der gegenwärtigen Rolle des Christus in der Erdenentwicklung erschließt sich Novalis auch das Geheimnis Seiner hohen Sonnennatur: Als zentraler Sonnengeist «starb Er kosmisch von der Sonne zur Erde herab»[172b], um darauf in der «geistigen Flamme», in ihrer Aura aufzuerstehen. Diese neue Erkenntnis, die Novalis in seiner Seele trägt, ist die geistige Frucht der Tatsache, daß Elias in alter Zeit nicht nur so wie Moses dem alttestamentarischen Volk den Jahve-Impuls zu verkünden, sondern auch durch dessen Mondentor in die Sonnensphäre des Christus zu schauen vermochte. Deshalb sagte Rudolf Steiner von ihm: «den durchchristeten Jehova verkündete Elias».[172c] Einen Abglanz dieser Erlebnisse finden wir in den Versen:

«Endlich kommt zur Erde nieder
Aller Himmel selges Kind,
Schaffend im Gesang weht wieder
Um die Erde Lebenswind,
Weht zu neuen ewig lichten Flammen
Längst verstiebte Funken hier zusammen.»

Ganz besonders entschieden aber spricht Novalis von diesem grundlegenden Geheimnis des kosmischen Christentums, daß der Christus nach dem Mysterium von Golgatha *nicht* mehr in der Sonne weilt, sondern in der spirituellen Umgebung der Erde wirkt, mittels der imaginativ-poetischen Bilder seiner Märchen: «Die Sonne stand feuerrot vor Zorn am Himmel, die gewaltige Flamme sog an ihrem geraubten Lichte, und so heftig sie es auch an sich zu halten schien, so ward sie doch immer bleicher und fleckiger.[173] Die Flamme ward weißer und mächtiger, je fahler die Sonne ward. Sie sog das Licht immer stärker in sich, und bald war die Glorie um das Gestirn des Tages verzehrt und nur als eine matte, glänzende Scheibe stand es noch da ... Endlich war nichts von der Sonne mehr übrig als eine schwarze ausgebrannte Schlacke, die herunter ins Meer fiel. Die Flamme war über allem Ausdruck glänzend geworden ... Sie hob sich langsam in die Höhe und zog nach Norden.» Dieses kosmische Ereignis zeigt nach Novalis den Beginn eines neuen Entwicklungsäon an: «Sie [die Flamme] ist angekommen. Die Nacht ist vorbei und das Eis schmilzt.» Und an einer anderen Stelle des Märchens: «Die Wärme naht, die Ewigkeit beginnt ...»

Auch die besondere Beziehung von Elias zur Michael-Sphäre findet in neuer, metamorphosierter Form in Novalis' Märchen ihren Ausdruck. Nachdem er aus der geistigen Welt heraus im Laufe der Jahrhunderte das allmähliche Zur-Erde-Kommen der kosmischen Intelligenz geschaut hatte, weist er mit dem folgenden imaginativen Bild auf diesen Prozeß hin: «Der alte Held hatte bisher auch sein unsichtbares Geschäft emsig betrieben, als auf einmal der König voll Freuden ausrief: ‹Es wird alles gut. Eisen, wirf du dein Schwert in die Welt, daß sie erfahren, wo der Friede ruht.› Der Held riß das Schwert von der Hüfte, stellte es mit der Spitze gen Himmel, dann ergriff er es und warf es aus dem geöffneten Fenster über die Stadt und das Eismeer. Wie ein Komet flog es durch die Luft und schien an dem Berggürtel mit hellem Klange zu zersplittern, denn es fiel in lauter *Funken* herunter.» Jedoch das, was sich zu jener Zeit wie Myriaden Funken in die Häupter der Menschen auf der Erde senkte, das muß sich heute in der gegenwärtigen Michael-Epoche durch das Erwachen des neuen Geistbewußtseins in den Menschenseelen mit der spirituellen Flamme des Auferstandenen verbinden, worauf Novalis prophetisch hinweist:

«Weht zu neuen ewig lichten Flammen
Längst verstiebte *Funken* hier zusammen.»

Nicht in poetisch-märchenhaften Bildern, sondern nun als konkretes geistiges Erlebnis, aus dem die Hauptaufgabe des Menschen in der Welt hervorgeht, beschreibt Novalis diese «spirituelle Flamme der Auferstehung» in einem seiner Fragmente. Durch das Schauen dieser Flamme aber wird das Menschenleben zum unaufhörlichen Gottesdienst: «Das gewöhnliche Leben ist ein Priesterdienst, fast wie der vestalische. Wir sind mit nichts als mit der Erhaltung einer heiligen und geheimnisvollen Flamme beschäftigt ... Es hängt von uns ab, wie wir sie pflegen und warten. Sollte die Art ihrer Pflege vielleicht der Maßstab unserer Treue, Liebe und Sorgfalt für das Höchste, der Charakter unseres Wesens sein?» In diesen Worten ist ein bedeutsamer Hinweis auf das zentrale Mysterium von Novalis' innerem Leben enthalten, das durch die folgenden Worte Rudolf Steiners verständlich wird: «Wahrlich, wie dem Moses und denen, die sich zu ihm bekannt haben [das heißt an erster Stelle Pinehas], im sinnlichen Feuer des Dornbusches und des Blitzes auf Sinai der Christus vorherverkündend erschienen ist, so wird der Christus uns erscheinen in einem *vergeistigten Feuer der Zukunft.* ‹Er ist bei uns alle Tage, bis an der Welt Ende›, und er wird erscheinen im *spirituellen Feuer* denen, die den Blick sich haben erleuchten lassen durch das Ereignis von Golgatha. Die Menschen werden ihn schauen *in dem geistigen Feuer.* Erst haben sie ihn in anderer Gestalt geschaut; dann erst werden sie schauen die wahre Gestalt des Christus *in einem spirituellen Feuer.*»[174] Das ist das «größte Ereignis des Lebens» von Novalis, seine «einmalige große Einschau in die Christus-Wesenheit»[175], über die wir bereits sprachen (siehe Seite 48f.) und die noch von einem weiteren Standpunkt aus zu charakterisieren ist. Denn was Novalis hier erlebte, das war nichts anderes als die übersinnliche Taufe mit Geist und Feuer.

Wenn Johannes die Menschen, die zu ihm kamen, mit Wasser taufte und seine Taufe der letzte Abglanz der ältesten atlantischen Mysterien war, das letzte Echo der Mysterien des großen Sonnen-Orakels,[176] das es seinen Adepten ermöglichte, den auf der Sonne wirkenden und später den sich der Erde nähernden Christus zu schauen, so haben wir in den inneren Erlebnissen von Novalis die Verwirklichung der neuen Taufe zu sehen, der Taufe, welche der Christus Jesus selbst zum erstenmal in Bethanien an Lazarus vollzog und welche dessen Erwachen aus tödlichem Schlaf bewirkte.[177] In jener Zeit, vor dem Mysterium von Golgatha, mußte der Christus diese Taufe durch seine unmittelbare *geistig-physische* Gegenwart vollziehen. Nach dem Mysterium von Golgatha kann die Taufe mit Geist und mit Feuer jedoch auf rein seelisch-geistige Weise geschehen. Das erlebte einst der Apostel Paulus. Und solches geschah auch mit Novalis.

Die Taufe mit dem Geist: auf sie wiesen wir bereits bei der Beschreibung von Novalis' Begegnung mit dem Geist des Ich (dem Geistselbst)[177a] und dem mit ihm verbundenen Engelwesen als dem Repräsentanten des Heiligen Geistes in der an die Erde grenzenden übersinnlichen Sphäre hin. Hier ist noch hinzuzufügen, daß der Christus heute durch sein *Geistselbst* durch die gesamte Engelhierarchie in der Erdenumgebung wirkt.[177b] So ist die bewußte Begegnung mit dem eigenen Engelwesen zugleich eine Art von Berührung mit den Kräften des kosmischen Geistselbst des Christus oder, was dasselbe ist, eine übersinnliche Taufe mit dem von ihm ausgehenden neuen Heiligen Geist (Joh. 20,22).

Die Taufe mit dem Feuer: das Eindringen in das Geheimnis des göttlichen Auferstehungsfeuers, in dessen Licht und dessen Wärme sich der siegende und seinen Sieg über den Tod feiernde Christus offenbart: «In demselben Feuer, das Paulus auf dem Wege nach Damaskus gesehen hat, haben wir zu sehen das wunderbare, vergeistigte Feuer ... In diesem Feuer wird geboren werden alles Große und Edle der Vorzeit in der Zukunft.»[178] Diese Zeilen erinnern an andere Worte Rudolf Steiners, mit denen er Novalis' übersinnliches Erleben der Christus-Wesenheit als Wiederholung des Paulinischen Ereignisses von Damaskus beschreibt (siehe Seite 49). So verbinden sich die geistigen Erlebnisse, die auf den ersten Blick keinen Zusammenhang zu haben und sogar weit voneinander entfernt zu sein scheinen, zu einem einheitlichen Ganzen und sammeln sich gleichsam in einem einheitlichen Brennpunkt in Novalis' Herzen, das von dem einzigen Streben zur höchsten Erkenntnis erfüllt ist.

Im Zusammenhang mit dem oben Gesagten gewinnt auch die Tatsache eine besondere Bedeutung, daß das «Ereignis von Damaskus» in Novalis' Leben auf eine merkwürdige Weise mit der in seiner Seele wirkenden Erinnerung an sein Elias-Leben karmisch verbunden ist. Diese Tatsache ist darin begründet, daß Elias schon im 9. Jahrhundert auf die Individualitäten der letzten alttestamentarischen Propheten aus der geistigen Welt heraus so einzuwirken vermochte, daß in ihnen höhere geistige Kräfte und ein klares Bewußtsein ihrer Mission erwachten. Dabei war die *erste* Einwirkung dieser Art so bedeutend, daß Rudolf Steiner sie mit dem Erlebnis des Paulus von Damaskus verglich. Es handelt sich hier um die Berufung und Weihe seines Nachfolgers und Schülers Elisäus durch Elias zum Propheten. Die Aufnahme von Elisäus in die von Elias begründete Prophetenströmung fand in zwei Etappen statt, deren erste auch geographisch im Gebiet von Damaskus vor sich ging. Zunächst beruft Elias – Naboth – kurz vor seinem Tod seinen Jünger zu dem neuen Dienst, «seinen Mantel auf ihn werfend», das heißt, wie wir sahen, ihn mit seiner geistigen Kraft überschattend,[179] und dann – nach seinem Tode – vollendet er aus der geistigen Welt heraus diese Berufung durch eine echte Einweihung, deren Ergebnis die Übergabe der Fülle der geistigen Elias-Kräfte (seines «Mantels») an Elisäus ist.[180] Dabei ist das Wichtigste dieses Berufungs- und Einweihungsprozesses so, daß Rudolf Steiner bei seiner Beschreibung die Beteiligung des Elias an ihm mit der übersinnlichen Einwirkung des Christus nach seiner Auferstehung von den Toten auf den Apostel Paulus und andere seiner Apostel und Jünger vergleicht: «In Damaskus sollte er ihn aufsuchen. In Damaskus sollte über Elisäus diese Erleuchtung kommen. In derselben Weise sollte über Elisäus die Erleuchtung kommen, wie es uns später für den Apostel Paulus selbst angedeutet wird. Und nachdem Elias sich seinen Nachfolger hat erkiesen können, traf ihn auch bald die Rache der Jesabel.» So geschah die erste Berufung Elisäus' noch *vor* dem Tod des Elias, vor der «Rache Jesabels», dann wurde sie, indem sie sich nach dem Tod fortsetzte, zu einer echten Einweihung. «Und wie die Individualitäten der Menschen, wenn sie durch die Pforte des Todes gegangen sind, mit einer ganz besonderen Kraft aus der geistigen Welt heraus wirken, so wirkte jetzt Naboth-Elias nach seinem Tode mit einer ganz besonderen Kraft auf den Elisäus herab, wie etwa der Christus Jesus selbst nach seinem Tode, nach der Auferstehung auf seine Jünger gewirkt hat. Elias-Naboth wirkte mächtig auf den Elisa.»[180a]

Der in diesen Worten enthaltene Vergleich ist folgendermaßen zu verstehen. Wie wir bereits eingehend betrachteten, war ein Teil der geistigen Wesenheit von Elias von Anfang an nicht vollständig in seinem physischen Leib verkörpert. Später wurde dann, in dem Maße, in dem er seine Aufgabe erfüllte, dieser nicht verkörperte Teil seiner Wesenheit mächtiger und mächtiger, bis er schließlich das ganze althebräische Volk umfaßte, um nun als eine Art Mittler zwischen diesem Volk und der es führenden zentralen Kraft, dem Monden-Elohim Jahve, zu dienen.[181] Da aber, nach den Hinweisen Rudolf Steiners, in Jahve die Widerspiegelung des Christus-Impulses innerhalb der Mondensphäre in Erscheinung trat, haben wir in der Berufung des Elisäus in Damaskus auch eine solche von Jahve ausgehende, den Christus-Impuls *widerspiegelnde* Einwirkung auf ihn. Dieser widergespiegelte Impuls erreicht dann den Elisäus *durch* den nicht im physischen Leibe Naboths verkörperten *Teil* des geistigen Elias-Wesens und später – nach Elias' Tod – durch seine *ganze* geistige Wesenheit. In anderen Worten: bei der Einweihung des Elisäus[182] wirkt die Mondenspiegelung des Christus-Impulses (Jahve) aus der geistigen Welt heraus durch das geistige Sein einer bestimmten menschlichen Wesenheit, in unserem Falle des Propheten Elias. Dieser ist jedoch als die Wiederverkörperung des ersten Menschen, Adam, seinerseits das *«irdische Abbild»* der himmlischen Wesenheit der nathanischen Seele. So haben wir *vor* dem Mysterium von Golgatha in Zusammenhang mit dem «Ereignis von Damaskus», wie es der Prophet Elisäus und später auch andere Propheten erlebten (zum Beispiel Hesekiel und Daniel), eine zweifache Widerspiegelung: das widergespiegelte Wirken des Christus-Impulses in der Jahve-Sphäre und das widergespiegelte Wirken der nathanischen Seele mittels ihrer «Bruder-Wesenheit», des wiederverkörperten Adam (Elias). Bei dem Erlebnis des Apostels Paulus sowie anderer Jünger des Christus Jesus nach Seiner Auferstehung von den Toten (1. Kor. 15,3–8) handelt es sich dagegen nicht um ein widergespiegeltes, sondern um ein *unmittelbares* Wirken des Christus selbst und der mit ihm verbundenen nathanischen Seele auf sie. Das stellt Rudolf Steiner am Beispiel des Paulus so dar: «Als Paulus seine Erscheinung vor Damaskus hat, da ist dasjenige, was ihm erscheint, der Christus. Der Lichtschein, in den sich der Christus kleidet, ist der Krishna [die nathanische Seele] ... Weil der Christus den Krishna zu seiner eigenen Seelenhülle genommen hat, durch den er dann fortwirkt ...»[183]

Dieses geistige, die Äthererscheinung des Christus umgebende Licht ist nichts anderes als das *astralische Licht,* das von dem durch das Mysterium von Golgatha durchstrahlten Astralleib der nathanischen Seele ausgeht, von ihrer *«Seelenhülle»*, von der Novalis einen Abdruck in seiner Seele trägt (siehe Seite 59f.): «Und die Sterne, die das Licht des Tages wie verstohlen herniedersenden während der Nacht, erschienen ihm nur wie ein schwaches Leuchten, während ihm die Wahrheit gerade des

Spirituellen aufging in dem Bewußtsein, das dem Seher aufleuchtet *in dem blendenden, hellen astralischen Licht,* wenn er in die Nacht hinein sich im Geiste zu versetzen in der Lage ist.»[184] Und in diesem «blendenden, hellen astralischen Licht» offenbarte sich auch Novalis, ähnlich Paulus, den auf dem Weg nach Damaskus «plötzlich ein Licht aus dem Himmel umstrahlte» (Apg. 9,3), «in der Nacht *des Seelischen* das Rätsel des Todes, *das Rätsel des Christus*».

Eine noch ältere Erinnerung, die jedoch als reale geistige Kraft in Novalis' Seelengründen wirkte, war seine Verbindung mit dem Dasein des Pinehas, des großen, jedoch für die äußere Geschichte im Schatten bleibenden jüngeren Zeitgenossen Mosis. Weiter oben (auf Seite 15f.) sprachen wir bereits eingehend davon, wie Pinehas von Jahve dafür, daß er das israelische Volk vor der physischen Vernichtung rettete, sowie für seine unerschütterliche Treue gegenüber der geistigen Verbindung mit den höheren Mächten «die Verheißung ewigen Priestertums» erhielt. Und dieser Impuls, der dann durch alle folgenden Verkörperungen dieser Individualität wirkte, tritt bei Novalis als das Streben auf, das ganze Erdenleben in einen unaufhörlichen innerlichen Gottesdienst zu verwandeln, in dem der Mensch, der sein Niederes dem Höheren zum Opfer zu bringen vermag, ein Priester im unsichtbaren Tempel des Heiligen Geistes werden kann, dem einzigen Tempel der zukünftigen «goldenen Epoche».

Davon zeugen die zwei folgenden Aussagen: «Unser ganzes Leben ist Gottesdienst.» Und: «Das gewöhnliche Leben ist ein Priesterdienst – fast wie der vestalische.»

Mit den Worten, welche Gott über Pinehas sprach: «Siehe, ich gebe ihm meinen Bund des Friedens. Und er soll haben und sein Same nach ihm den Bund eines ewigen Priestertums»[185], ist jedoch noch etwas anderes verbunden. Denn dieser «Bund des Friedens und des ewigen Priestertums» weist uns auch auf die Beziehung von Pinehas mit der Manu-Melchisedek-Strömung hin, der Strömung, welche ihre Quellen in der Mutterloge der Menschheitsführung hat. Melchisedek ist «der König von Salem, das heißt *König des Friedens*» – sagt der Apostel Paulus von ihm.[186] Er ist nach dem 110. Psalm Davids ein «Priester ewiglich» und in diesem Sinne gehört Pinehas zu seiner Strömung.

Von dieser Zugehörigkeit zur Manu-Melchisedek-Strömung spricht Novalis auch selbst. So zum Beispiel schreibt er am Ende der Schrift «Die Christenheit oder Europa» von ihren Zielen: «Nur Geduld, sie wird, sie muß kommen, *die heilige Zeit des ewigen Friedens, wo* das neue Jerusalem die Hauptstadt der Welt sein wird.» Im ersten Buch Mose wird von der Begegnung Abrahams mit Melchisedek berichtet: «Aber Melchisedek, der König von Salem, trug *Brot und Wein* hervor. Und er war ein Priester Gottes, des Höchsten.» Die Symbole Brot und Wein weisen auf das Wesen dieser geistigen Strömung, die aus frühesten Zeiten herkommt und ihre Fortsetzung und Kulmination im Abendmahlsgeschehen findet. Das Brot als der Hinweis auf den Weg des irdischen Adam und der Wein als der Hinweis auf den himmlischen Weg seiner «Schwesterseele». Beide Wege haben ihren Beginn in der Mutterloge und beide sollen durch das Wirken der Christus-Wesenheit auf der Erde ihre Vereinigung finden. Was aber in der Zeit Melchisedeks und bis hin zum Abendmahl durch äußere Symbole dargestellt werden mußte, das kann nach dem Mysterium von Golgatha und besonders von der in unserer Zeit beginnenden Wiederkunft des Christus im Ätherischen an durch die unmittelbare Verbindung mit dem Christus in der inneren Opferhandlung der Liebe auf rein geistige Weise als mystische Weihehandlung (Kommunion) im Allerheiligsten der Seele erlebt werden. Novalis weist auf dieses innere Geschehen hin:

«Sie erkennten der *Liebe*
Unendliche Fülle,
Und priesen die Nahrung
von Leib und Blut.»

Denn so wie mit dem historischen Mysterium von Golgatha die Kommunion zusammenhängt, die ihre Grundlage in den physischen Symbolen von Brot und Wein hat, so wird sich nach dem geistigen Mysterium von Golgatha, das sich heute in den höheren Welten vollzieht, und als Folge seiner wichtigsten «Frucht»: dem neuen Erscheinen des Christus im Ätherischen[187], der Menschheit mehr und mehr die Möglichkeit einer rein geistigen, *ätherischen Kommunion* eröffnen.

Eine solche rein geistige Kommunion erlebt Novalis, gleichsam die Zukunft prophetisch am Ende des 18. Jahrhunderts vorausnehmend. Und dadurch vermag er dasjenige zu erkennen, was seinem inneren Erleben im Makrokosmos entspricht: «Und ein wunderbarer Ausblick eröffnet sich dem Novalis in die Zukunft: Er sieht die Erde umgestaltet, er sieht die heutige Erde, die noch die Reste alter Zeiten in sich enthält, umgestaltet zum Leibe Christi; er sieht alles, was an Flüssigkeiten in der Erde fließt, durchdrungen von dem Blute des Christus, und er sieht alles, was an Felsen in der Erde ist, als das Fleisch des Christus.»[188] Ein Abglanz dieser Erkenntnis findet sich dann in den von uns bereits zitierten Versen:

«In Luft und Öl, in Klang und Tau
Durchdring er unsrer Erde Bau.»

So vollzieht sich dieser wunderbare historisch-mystische Prozeß: Melchisedek übergibt Abraham Brot und Wein. Der Christus verwandelt sie während des Abendmahls in seinen Leib und sein Blut, die nach seiner Auferstehung Geist werden. Diesen geistigen Leib und dieses Blut kann sich jeder Mensch nach dem Mysterium von Golgatha in einem innerlich geistigen Erkenntnisakt einverleiben, und eine solche Kommunion führt dann zum Empfangen des Christus als neuen Geist der Erde. Von außen nach innen und von innen wiederum nach außen – so ist der Weg der führenden Christus-Kraft während der allmählichen Umwandlung der Erde: «Und auch jenen gewaltigen Zusammenhang erkennt Novalis, daß dasjenige, was wir den Christus nennen, seit dem Ereignis von Golgatha der planetarische Geist der Erde ist, der Erdengeist, der immer mehr und mehr den Erdenleib umgestalten wird.» Diese Erkenntnis steht vor Novalis, wenn er schreibt: «Glaube an die Allfähigkeit alles Irdischen, Wein und Brot des ewigen Lebens zu sein.» Mit anderen Worten: Wenn das Menschenleben als ganzes zur Opferweihehandlung der Liebe verwandelt sein wird, dann wird alles Irdische «Brot und Wein des ewigen Lebens», Leib und Blut des neuen Geistes der Erde sein und der Mensch die Würde nie endender, «ewiger Priesterschaft» erlangt haben. In der Gestalt von Novalis sehen wir, wie das Streben nach diesem hohen Ideal sein ganzes kurzes Erdenleben erfüllte, das so in seinen karmischen Grundlagen eine Metamorphose, zugleich aber auch eine Fortsetzung und Weiterentwicklung jener hohen Mission war, die einstmals Gott Pinehas übertrug.

Zum Abschluß müssen wir nun noch die älteste und umfassendste Erinnerung berühren, die unbewußt in Novalis' Seele lebte – seine tiefste Inspiration: «Der erste Mensch ist der erste Geisterseher. Ihm erscheint alles als Geist. Was sind Kinder anders als erste Menschen? Der frische Blick des Kindes ist überschwenglicher als die Ahnung des entschiedensten Sehers.»

Der in diesen Worten enthaltene Hinweis auf den ersten Menschen Adam als auf ein Wesen, das noch mit dem die Erde umgebenden Ätherkosmos verbunden ist und das noch über die Ursprungskräfte «kosmischer Jugend» verfügt, jene Kräfte, welche heute nur noch im kleinen Kinde etwa bis zum dritten Lebensjahr wirksam sind[189] – dieser Hinweis enthüllt uns wohl den Grundzug von Novalis' Seelenstimmung. Denn von hier stammt sein unaufhörliches Streben zu diesem Quell des kosmischen Lebens und der kosmischen Jugend; von hier auch sein Wissen um «Christus … als dem neuen Adam», der wiederum, aber nun in anderer, der heutigen Bewußtseinslage der Menschen entsprechender Form, ihnen die einst fast vollständig verlorengegangenen kosmischen Kräfte zu schenken vermag. Diese entscheidende Erkenntnis, die mit den eigentlichen Grundlagen von Novalis' ganzem Wesen zusammenhängt, vereinigt gleich einem erhabenen Gewölbe, das die ganze Menschheitsentwicklung umfaßt, Anfang und Ende, Alpha und Omega ihrer irdischen Geschichte zu einem einheitlichen Ganzen: «Die Bibel fängt herrlich mit dem Paradiese, dem *Symbol der Jugend,* an und schließt mit dem ewigen Reich, mit der heiligen Stadt.» «Das Paradies» und die «heilige Stadt» – sie sind für Novalis «Symbole der Jugend» und der vollständigen Erneuerung: «Und der Thronende sprach: Siehe, ich mache alles neu!»[190] Die ganze irdische Geschichte der Menschheit umfassen wie in einem großen Bogen diese Worte von Novalis: Den Beginn: den Paradies-Zustand in der Epoche des alten Lemurien. Der Mensch, der vom Baum der Erkenntnis, von Bös und Gut, noch nicht gegessen hat und der mit seinem ganzen Wesen noch im kosmischen Schoß der Hierarchien ruht, weilt noch in der Welt als derselbe, als der er von den Göttern auf dem alten Monde geschaffen und als der er durch sie von dort auf die Erde versetzt wurde; denn die lemurische Epoche ist eine Wiederholung des alten Mondes innerhalb der Erdenverkörperung.[191] Und ihr Ende: den Jupiterzustand als ein neuer geistiger Entwicklungsäon, in dem sich die Menschheit auf die Engelstufe erheben wird und wo alle Menschen wiederum kosmische Wesen sein werden. Beginn und Ende, Alpha und Omega: Mond und Jupiter. Und das, was sie verbindet als der zentrale Erden-Impuls: «Christus ist der neue Adam». Die Geschichte der Menschheit, im Sinne von Novalis, ist die Geschichte ihrer Beziehung zu dem Prinzip der «Welten-Jugend», und das bedeutet zum Impuls des kosmischen Christus.

Bei der Gefangennahme des Christus Jesus nachts im Garten von Gethsemane beim Lichte des Mondes und der Fackeln[192] ereignet sich etwas, auf das nur im Markus-Evangelium hingewiesen wird. Da heißt es: «Und es war ein Jüngling da, der folgte ihm. Er war nur mit einem weißen Leinentuch auf der bloßen Haut bekleidet. Nach ihm griffen die Jünglinge, aber er ließ die Leinwand fahren und floh nackt davon.»[193] Diese Worte erklärt Rudolf Steiner folgendermaßen: «Wer ist der Jüngling? Wer entweicht da? Wer ist es, der da neben dem Christus Jesus erscheint, unbekleidet fast, und dann unbekleidet entschlüpft? Das ist der *junge kosmische Impuls,* das ist der Christus, der entschlüpft, der jetzt nur noch einen losen Zusammenhang mit dem Menschensohn hat ... Er bewahrt nichts, der neue Impuls, von dem, was die alten Zeiten um den Menschen haben *schlingen* können. [Gemeint sind hier die unrechtmäßigen *Mondenkräfte,* welche den Menschen wie eine Schlange umschlingen.] Er ist der ganz nackte, neue kosmische Impuls der Erdenevolution. Er bleibt bei dem Jesus von Nazareth. Und wir finden ihn wieder.»[194] Diese Evangelien-Worte und der Kommentar Rudolf Steiners sind ein Hinweis auf die von dem Christus auf die Erde getragenen Ursprungskräfte «kosmischer Jugend», Kräfte, über welche der Mensch einst während des sogenannten «Paradies-Zustandes» bis zum Sündenfall verfügte und denen gegenüber sich die Menschenwesen, die von dämonischen Mondenmächten beherrscht wurden, im Garten von Gethsemane als machtlos erwiesen. So besiegt der Christus in dieser Evangelien-Szene die zurückgebliebenen Mächte des alten *Mondes* für die ganze Menschheit. Erst danach kann das Mysterium von Golgatha vollzogen werden – das Mittelpunktsgeschehen der Erdenentwicklung. – Und dann erscheint der *Jüngling* abermals am dritten Tage. Im Markus-Evangelium lesen wir weiter: «Und sie gingen hinein in das Grab und sahen einen Jüngling zur rechten Hand sitzen, er hatte ein langes weißes Kleid an und sie entsetzten sich.»[195] – «Das ist derselbe Jüngling», sagt Rudolf Steiner in dem Zusammenhang, das heißt «der junge kosmische Impuls». Er steht geistig so vor den Frauen, wie jeder Mensch im neuen *Jupiter-Äon* aussehen wird.[196]

Vom Standpunkt der Rosenkreuzerweisheit ist dieser Prozeß etwa folgendermaßen zu beschreiben: Der ursprüngliche Paradies-Zustand der Menschheit war noch mit den Kräften des alten Mondes verbunden, mit dem Erleben der Zugehörigkeit zum hohen göttlichen Kosmos: «Ex deo nascimur». Nachdem die Menschheit den ursprünglichen Zustand verloren und sich infolge des Sündenfalles von den Quellen der «ewigen Jugend» entfernt hatte, wurden diese Kräfte abermals durch das wichtigste irdische Ereignis, das Mysterium von Golgatha, in die Erdenentwicklung getragen: «In Christo morimur». Und schließlich kann jeder einzelne Mensch, der sich in Freiheit mit dem Christus-Impuls verbindet, das heißt: der allmählich durch den von Ihm ausgehenden neuen Heiligen Geist die Kräfte «kosmischer Jugend» erlangt, wiederum, auf einer neuen Ebene, die ursprüngliche Stufe erreichen, den Jupiter-Äon betreten und ein kosmisches, aus Liebe und Freiheit handelndes Wesen werden: «Per spiritum sanctum reviviscimus».[196a] Was wir hier aus den Quellen der modernen Geisteswissenschaft und der erneuerten Rosenkreuzerweisheit anführten, das lebte auch in künstlerisch-poetischer Form ahnungsvoll in Novalis' Seele. So sollte nach dem Willen seines Verfassers das unvollendete Werk «Die Lehrlinge zu Sais», dessen Gehalt auf die Mysterienweisheit der dritten Kulturepoche zurückgeht, dem Abbild der Zeit des alten Mondes innerhalb der nachatlantischen Zeit[197], mit dem Thema des «Neuen Testamentes», der Beschreibung des zentralen irdischen Ereignisses und dem Entstehen einer «neuen Natur – eines neuen Jerusalem» enden. Mit diesen letzten Worten aber weist Novalis prophetisch auf den zukünftigen Jupiter-Zustand hin, den er in der Form der sechsten Kulturepoche, der ersten Vorwegnahme des künftigen kosmischen Äons innerhalb der Grenzen der «Erde», erlebt. In sehr verschiedenartigen Formen und Gestalten taucht dieses Motiv in Novalis' Werk auf. Wir wollen hier noch drei seiner poetisch-geistigen Äußerungen aus den «Hymnen an die Nacht» anführen; im fünften Hymnus schreibt er: «Die Nacht war der Offenbarungen mächtiger Schoß – in ihn kehrten die Götter zurück – schlummerten ein, um in neuen herrlichern Gestalten auszugehn über die veränderte Welt.» Die «Nacht» ist nach Novalis' Auffassung die allumfassende Sphäre kosmischer Geistigkeit und die «veränderte Welt» die «neue Welt», die sich den Menschen von unserer Zeit an allmählich infolge des Erwachens der neuen, von der modernen Geisteswissenschaft verkündeten, übersinnlichen Fähigkeiten eröffnen wird, der Fähigkeiten, welche Novalis auf eine prophetische Weise *bereits* in sich erlebt:

«Es bricht *die neue Welt* herein
und verdunkelt den hellsten Sonnenschein.»

Hier setzt Novalis' poetische Schau durch ihre außerordentliche, okkulte Genauigkeit in Erstaunen. Seine oben angeführte Beschreibung des Verschwindens und Wiedererscheinens der alten Götter – was in der germanisch-nordischen Mythologie «Ragnarök» oder Götterdämmerung genannt wurde – entspricht, geistig gesehen, auf das genaueste den Angaben der anthroposophischen Forschung: «Wenn nun eine Menschheit gerade auf dem Boden die neue Zeit mit neuen menschlichen Fähigkeiten erlebt, wo die germanisch-nordische Mythologie erblühte [und zu diesem Teil der Menschheit gehört auch Novalis], da soll sie verstehen, daß dasjenige, was altes Hellsehen war [‹Der erste Mensch ist der erste Geisterseher›, sagt Novalis], eine *andere Gestalt* erfahren muß [Novalis: ‹in neuen herrlichern Gestalten auszugehn›], nachdem der Mensch durchgegangen ist durch die Entwickelung des physischen Planes. Da hat eine Weile geschwiegen das, was aus dem alten Hellsehen heraus gesprochen hat; da hat eine Weile ... sich dem menschlichen Blicke entzogen die Welt des Odin und Thor, des Baldur und Hödur, des Freyr und der Freya. Aber hervorkommen wird sie wieder in einer Zeit, wo andere Kräfte mittlerweile an der menschlichen Seele gearbeitet haben. Wenn diese menschliche Seele mit dem neuen Hellsehen, das mit ätherischem Hellsehen beginnt, hineinschauen wird in die *neue Welt* [Novalis: ‹die veränderte Welt›], dann ... werden Odin und Thor wieder dastehen vor dem Blicke der Menschheit, jetzt aber so, daß die menschliche Seele eine neue Entwickelung durchgemacht haben wird.»[198] Die angeführten Worte hängen unmittelbar mit dem Charakter der geistigen Menschheitsführung in unserer fünften und der nächsten nachatlantischen Epoche zusammen. Denn die Engelwesenheiten, die, nach Rudolf Steiner, die Menschheit während der dritten, ägyptisch-chaldäisch-babylonischen Epoche führten, beginnen heute, nachdem sie in der griechisch-lateinischen Epoche von dieser Führung zurückgetreten waren, wiederum die Menschheit zu leiten, nun aber unter der Führung der Christus-Wesenheit selbst. Dasselbe wird auch in der sechsten Kulturepoche geschehen, wenn sich die Erzengel, welche während der altpersischen Epoche die Menschen leiteten, bei der Führung der Menschheit zu den Engeln gesellen werden. Sodann werden sich ihnen die Archai anschließen, welche einst in der altindischen Epoche die Menschen leiteten[199], so daß «immer mehr und mehr die Menschen fühlen werden, wie sie das, was vorchristlich ist, in einem höheren Glanze und Stil, auf einer höheren Stufe wiedererstehen lassen können».[200]

Noch deutlicher tritt dieses Motiv in der vierten Hymne an die Nacht hervor, die mit den Worten endet:

«Wahrlich ich war, eh du warst.
Mit meinem Geschlecht
Schickte die Mutter* mich,
Zu bewohnen deine Welt
Und zu heiligen sie
Mit Liebe.
Zu geben
Menschlichen Sinn
Deinen Schöpfungen.
Noch reiften sie nicht,

* Die Mutter – die «Nacht» als Bild der geistigen Welt, aus der der Mensch hervorgeht. – Die Worte in Klammern sind der Prosafassung der Hymnen entnommen.

Diese göttlichen Gedanken.
Noch sind der Spuren
Unsrer Gegenwart (Offenbarung)
Wenig.
Einst zeigt deine Uhr
Das Ende der Zeit,
Wenn du wirst
Wie unser Einer
Und voll Sehnsucht (und Inbrunst)
Auslöschest und stirbst.
In mir fühl ich
Der Geschäftigkeit Ende,
Himmlische Freiheit,
Selige Rückkehr,
In wilden Schmerzen
Erkenn ich deine Entfernung
Von unsrer Heimat,
Deinen Widerstand
Gegen den alten,
Herrlichen Himmel.
Umsonst ist deine Wut,
Dein Toben.
Unverbrennlich
Steht das Kreuz,
Eine Siegesfahne
Unsres Geschlechts.»

Der erste Vers des zitierten Teiles ist eine Art Metamorphose der Evangelien-Worte: «Ehe denn der Vater Abraham war, war das Ich-Bin»[201], das heißt ein Hinweis auf den ursprünglichen Paradies-Zustand der Menschheit. In den Versen 15–16 wird sodann auf den Endzustand hingewiesen, auf die «heilige Stadt», das «neue Jerusalem», da «Zeit nicht mehr sein wird».[202] Weiter wird in den Versen 21–24 die höchste Frucht der Vereinigung von Anfang und Ende der Menschheitsentwicklung beschrieben, wenn der historische Prozeß durch die «selige Rückkehr» zu den Urquellen zum Abschluß gekommen sein wird, nun aber auf einer neuen Ebene mit der auf der Erde errungenen individuellen Freiheit, die sich in dem neuen Entwicklungsäon in «himmlische Freiheit» gewandelt haben wird, das heißt in eine Freiheit, die sich der Möglichkeit höheren kosmischen Schaffens öffnet. Schließlich wird in den letzten vier Versen (33–36) von derjenigen Kraft gesprochen, mit deren Hilfe die Vereinigung von Anfang und Ende, Alpha und Omega, durch diejenigen Menschen wird bewirkt werden können, die dann nicht in physischer, sondern in *geistiger* Beziehung ein *neues Geschlecht* bilden werden (36), eine neue von den Impulsen des spirituellen kosmischen Christentums erfüllte Rasse, eines Christentums, das unmittelbar unter der Leitung des Erzengels Michael stehen wird.[203] Später wird Rudolf Steiner in eben demselben Sinne von der «Rasse der Michaeliten» sprechen, den Menschen, die in voller Freiheit den zeitgemäßen Impuls des Michael-Christus in sich aufnehmen – mit dem gerade die Novalis-Individualität so intim verbunden war –, die ihn in Seele und Geist, in ihr ganzes menschliches Wesen so intensiv aufnehmen, daß dieser Impuls in ihren folgenden Inkarnationen auf verwandelnde Weise bis zum physischen Leib hin wirken kann.[204]

Noch ein weiteres Beispiel: Im letzten, sechsten Hymnus an die Nacht gebraucht Novalis *viermal* das Wort «Vorzeit»: das erste Mal zur Charakterisierung der seelischen Stimmung desjenigen, der sich noch an den Urzustand der Menschheit erinnern kann:

> «O! einsam steht und tiefbetrübt,
> wer heiß und fromm die Vorzeit liebt.»

Dann beginnen die folgenden Strophen (4,5,6) jedes Mal mit diesem selben Worte und charakterisieren jeweils drei große Abschnitte der Menschheitsentwicklung. Die erste Strophe beschreibt den ältesten Menschheitszustand noch vor der großen atlantischen Katastrophe. In der nächsten Strophe wird von der folgenden nachatlantischen Zeit gesprochen, von den «uralten Stämmen», zu denen auch das alttestamentliche Volk mit seiner Geschichte zählt; und die dritte dieser Strophen spricht von den Ereignissen der Zeitenwende.

Dann tritt abermals das Motiv der verlorenen geistigen Heimat vor uns hin:

> «Wir müssen nach der Heimat gehn,
> Um diese heilge Zeit zu sehn»

– sowie das Motiv der Sehnsucht nach «Rückkehr»... Der Hymnus endet sodann mit einer erhabenen Beschreibung des abermaligen Eingehens in des «Vaters Schoß»: «Und senkt uns in des Vaters Schoß», dadurch, daß die Menschenseele sich mit den gemeinsam wirkenden Kräften des Christus-Impulses und des Sophien-Impulses als den Repräsentanten des Welten-Geistes und der Welten-Seele in unserem Kosmos vereinigt.[204a]

Das alles hat eine ganz unmittelbare Beziehung zu dem kultischen Akt der Grundsteinlegung des ersten Goetheanum am 20. September 1913. Rudolf Steiner sprach damals in seiner Ansprache vom «Sehnsuchtsruf» oder «Schrei» der Menschheit nach dem Geiste, von der neuen geistigen Offenbarung und von der Antwort auf diesen «Sehnsuchtsschrei» in dem Herabkommen der modernen Geisteswissenschaft oder Anthroposophie auf die Erde. Dieser «Sehnsuchtsschrei nach dem Geiste»[205] und die Antwort auf ihn in der Form der Anthroposophie ist eine unmittelbare Fortsetzung und zugleich eine Art geistiges Abbild derjenigen Ereignisse, welche wir als Vorstufen des Mysteriums von Golgatha in den übersinnlichen Welten kennen. Im Zusammenhang mit ihnen spricht Rudolf Steiner ebenso vom «Jammerschrei der Menschheit», der sich an die geistige Welt richtet, und von der Antwort auf ihn durch die drei kosmischen Opfertaten der nathanischen Seele.[206] So haben wir hier den Hilferuf der Nachkommen des *irdischen Adam* von unten her und von oben die Antwort seiner in den höheren Welten verbliebenen «Schwesterseele».

In dieser Ansprache zur Grundsteinlegung des ersten Goetheanum ist vielleicht das Wichtigste, daß Rudolf Steiner hier mit seinen Mitteilungen aus dem Fünften Evangelium, dem unvergänglichen Evangelium, beginnt, das in der Akasha-Chronik bewahrt wird. «Als erstes» aus seinem Inhalt aber erfolgt die Lesung des makrokosmischen Vaterunsers, in dem die ganze Tragik der Situation der Erdenmenschheit nach dem Sündenfall zum Ausdruck kommt. Dem ersten Lesen dieses «uralten makrokosmischen Gebetes»[207] geht jedoch ein ganz besonders wichtiger Hinweis voraus. Es weist da Rudolf Steiner auf den Zusammenhang der vier kanonischen Evangelien mit der *Erde* und des Fünften Evangeliums mit dem *Monde* und dem *Jupiter,* dem Alpha und dem Omega der ganzen Erdenentwicklung.

Wie wir sahen, ist das auch das hauptsächliche Leitmotiv von Novalis' Leben: die Vereinigung von Anfang und Ende des Erdenäons durch den Christus-Impuls. Wenn wir uns nun bewußt machen, daß die Stimmung des makrokosmischen Vaterunsers während vieler, vieler Jahrtausende die grundlegende seelische Stimmung der Individualität des ersten Menschen, Adam, gewesen sein muß, so erscheint es uns wohl nicht als ungewöhnlich, wenn in Novalis' Werk viele jener Fakten in poetisch verhüllter Form enthalten sind, von denen Rudolf Steiner aus den Quellen der neuen anthroposophischen Offenbarung heraus in seiner Ansprache vom 20. September 1913 spricht. So finden wir schon bei Novalis eine Vorahnung des hohen übersinnlichen Evangeliums, ja bis zu einem gewissen Grad eine bewußte Suche nach einem Zugang zu ihm: «In den Evangelien» – schreibt er – «liegen die Grundzüge künftiger und höherer Evangelien.» Oder: In diesem Vorahnen lebt Novalis. Er fühlt die ganze Notwendigkeit der neuen christlichen Offenbarung, den neuen Bund des Geistes. Und in einem anderen Fragment bemerkt er: «Erbauungsbücher – Predigten – Gebete – neue Evangelien.» Oder fragend: «Läßt sich nicht die Verfertigung mehrerer Evangelien denken? Muß man durchaus historisch sein? Oder ist die Geschichte nur Vehikel? Nicht auch ein Evangelium der Zukunft?» Und am Ende der Schrift «Die Christenheit oder Europa» finden wir die Worte, die wie ein Vermächtnis für alle christlichen Völker Europas klingen: «... verkündigt mit Wort und Tat das göttliche Evangelium ...»

Gleichsam eine einzige große Frage an die geistige Welt durchdringt alle diese Äußerungen von Novalis, die Frage, auf die nur die moderne Geisteswissenschaft Antwort geben kann; es ist das «jene Antwort, die gegeben werden kann da, wo Geisteswissenschaft walten kann mit ihrem Evangelium der Kunde von dem Geiste», mit dem «makrokosmischen ... Evangelium».[208] Und dann – das dürfen wir in Wahrheit feststellen – durchdringt sich Novalis, indem er mit seiner genialen poetischen Intuition in den Wirkensbereich «künftiger und höherer Evangelien» eindringt, ganz und gar in seiner Seele mit jener tragischen «Monden»-Stimmung, die uns erfüllt, wenn wir mit dem bekannt werden, was sich «als erstes des Fünften Evangeliums» offenbart. Wir wollen diese seine poetischen Äußerungen hören und gleichzeitig uns an die Worte und die ganze Stimmung des «uralt ewigen Gebetes» erinnern: «Zu Ende neigte die alte Welt sich. Des jungen Geschlechts Lustgarten verwelkte – hinauf in den freieren, wüsten Raum strebten die unkindlichen, wachsenden Menschen. Die Götter verschwanden mit ihrem Gefolge. – Einsam und leblos stand die Natur. Mit eiserner Kette band sie die dürre Zahl und das strenge Maß. Wie in Staub und Lüfte zerfiel in dunkle Worte die unermeßliche Blüte des Lebens.» Und noch deutlicher heißt es an anderer Stelle:

«Fern steht nun diese selge Welt,
Gram hat sich längst zu mir gesellt,
Betrübt bin ich umhergegangen,
Hab ich mich denn so schwer vergangen?»

Aber Novalis lebt in der Zeit nach dem Mysterium von Golgatha. So taucht diese «Monden»-Stimmung nur wie eine Erinnerung in ihm auf, zur gleichen Zeit, da die Erkenntnis des wichtigsten Erdenereignisses in seiner Seele aufleuchtet:

«Unverbrennlich
Steht das Kreuz,
Eine Siegesfahne,
Unsres Geschlechts.»

Es ist diese Überzeugung, die Novalis den Weg weiter von der Erde zu dem künftigen Jupiter-Zustand, dem neuen Jerusalem, eröffnet. Denn er weiß sicher: «Auf dem Hügel von Golgatha wurde der Grund gelegt für den künftigen Äon der Liebe»:

«Wie er von *Liebe* nur beweget
Sich ganz uns hingegeben hat,
Und in die Erde sich geleget
Zum Grundstein unsrer Gottesstadt?»

In diesem zukünftigen Weltall – sein erster Vorläufer wird das «goldene Zeitalter» sein, das etwa mit der zweiten Hälfte der sechsten Kulturepoche (siehe Seite 84f.) beginnen wird – wird der Mensch dann nicht mehr von seiner wahren Heimat, der geistigen Welt, getrennt sein. Dann werden auch die Worte Christi erfüllt werden: «Wenn ihr nicht innerlich umkehrt und das Wesen des Kindes in euch belebt, werdet ihr den Zugang zum Reich der Himmel nicht finden.» Und weiter: «Je mehr ein Mensch in Demut das Wesen des Kindes in sich belebt, um so größer ist er im Reiche der Himmel. Wer sich im Vertrauen auf mich in das Wesen eines solchen Kindes* vertieft, der findet in dem Kinde mich.» Diese Evangelien-Worte können wir auf der Grundlage anderer Worte des Christus Jesus verstehen: «Unter allen, die von irdischen Müttern geboren sind, ist keiner, der größer wäre als Johannes der Täufer. Und doch ist das kleinste Wesen [das Kind] im Reiche der Himmel größer als er.»[209]

«Wenn ihr nicht innerlich umkehrt ...» – die Ahnung von der Notwendigkeit dieses Prozesses taucht zunächst als eine Vorherverkündigung, eine Prophetie, als das Singen «des Liedes der Zurückkehr» in Novalis' Seele auf, später aber als unmittelbare innere Realität:

«In mir fühl ich
Der Geschäftigkeit Ende,
Himmlische Freiheit,
Selige Rückkehr.»

---

* Bei Luther steht hier: «dieser Geringsten einer».

Schon seit der Zeit des Urchristentums wurden die Engel stets mit Kinderköpfen dargestellt. Denn im Kinde lebt noch etwas von dem, was im Engel-Sein in aller Fülle vorhanden ist. Deshalb ist jedes Kind ein unbewußter Träger von einem Teil des Engel-, des Jupiter-Seins.

Das stellt Rudolf Steiner so dar: «Durch das Kind spricht die geistige Welt ... Das Kind spricht nicht, sondern der Engel aus dem Kinde ... sein Ich [ist] nicht bloß das vierte Glied ..., sondern zugleich das unterste Glied eines Engels. Wir könnten geradezu die Glieder des Engels für diese Zeit [von der Geburt bis in die Mitte des vierten Jahres] anführen, das Kindes-Ich als das unterste Glied des Engels aufzählen.»[210]

Einen Hinweis auf dieses besondere Geheimnis der Menschheitsentwicklung finden wir auch in den Worten des Christus Jesus: «Hütet euch vor der Verachtung dieser zart aufkeimenden Kräfte im Menschen [dessen, was später die Grundlage für den Jupiter bilden soll]. Ich sage euch, daß die Engel, die alles Kindeswesen führen [und das bedeutet: das ‹kindliche Prinzip› in jedem Menschen], in den Himmeln unablässig das Angesicht meines Vaters schauen, der in den Himmeln ist.»[211]

Dieses *bewußte* Kindwerden als ein Einweihungsweg, der zu rein geistigem Dasein führt, als Prozeß der «zweiten Geburt» oder, was dasselbe ist, als Geburt des «höheren Menschen» in der Seele, erscheint in klassischer Form im Gespräch des Christus Jesus mit Nikodemus. «Wer nicht aus Weltenhöhen neugeboren wird, kann nicht das Reich Gottes schauen», sagt ihm der Christus. Darauf entgegnet Nikodemus: «Wie kann ein Mensch geboren werden, wenn er schon alt ist? Kann er noch einmal zurückkehren in den mütterlichen Schoß, um neugeboren zu werden?» Das sind die Worte der Menschheit, die sich endgültig in die Folgen des Sündenfalles verstrickt hat. Christus aber antwortet Nikodemus: «Wer nicht die Neugeburt erfährt aus des Wassers Bildekraft und aus dem webenden Hauch des *Geistes,* kann keinen Zugang finden zum Reiche Gottes.* Was aus dem Erdenelement geboren wird, ist selbst nur irdische Natur; was aber aus dem Atem des Geistes geboren wird, ist selber wehender Geist.»[212] Und wiederum, die Taufe mit *Wasser, so* wie die Geburt aus dem Erdenelement, ist eine Mondentaufe; die Taufe aber durch den Geist des Ich (das Geistselbst), das ist eine Geistgeburt, die Vorahnung des künftigen Jupiter-Äon. Im kleinen Kinde verbindet sich

---

* Diese Worte entsprechen geistig gesehen der Aussage, daß nur der Mensch, der das Kindeswesen in sich belebt hat, in das Himmelreich eingehen kann.

unbewußt das eine mit dem anderen. In den drei ersten Jahren der Kindheit haben wir einerseits besonders stark wirkende Vererbungskräfte, die mit dem Einfluß des Mondes zusammenhängen, andererseits die Kräfte des Engels (des Geistselbst), der seine zukünftigen Ich-Kräfte noch in seinem Schoße birgt.

Das oben zitierte Gespräch des Christus mit Nikodemus hat eine entscheidende Bedeutung für das Verständnis der von uns hier betrachteten Themen. Ist doch das, was Nikodemus vor dem Mysterium von Golgatha noch nicht verstehen konnte, für Novalis ein zentrales Streben:

«Darf nur ein Kind dein Antlitz schauen*
Und deinem Beistand fest vertraun,
So löse doch des Alters Binde,
Und mache mich zu deinem Kinde:
Die Kindeslieb und Kindestreu
Wohnt mir von jener goldnen Zeit noch bei.»

Und in einem anderen Gedicht heißt es:

«Für alle seine tausend Gaben
Bleib ich sein demutvolles Kind,
Gewiß, ihn unter uns zu haben,
wenn zwei auch nur versammelt sind.»**

Mit diesen Worten weist Novalis in poetischer Form auf dasselbe Ideal der modernen Einweihung, von dem Rudolf Steiner schreibt: «Denn was erscheint als das höchste Ideal für den Menschen …? Doch wohl dieses: sich immer mehr und mehr dem zu nähern, was man ein bewußtes Verhältnis zu den Kräften nennen kann, die in den ersten Kindheitsjahren unbewußt am Menschen wirken.»

Und das ist auch das Ziel der ganzen Menschheitsentwicklung: «Der Sinn der Entwickelung durch die aufeinanderfolgenden Erdenleben hindurch ist also, den ganzen Menschen, somit auch den bewußten Teil, allmählich zum Ausdruck *der Kräfte zu* machen, die in den ersten Lebensjahren unter der Einwirkung der geistigen Welt an ihm –

---

* Vgl. diesen Vers mit den Worten: «Ich sage euch, daß die Engel, die alles Kindeswesen führen, in den Himmeln unablässig das Angesicht meines Vaters schauen, der in den Himmeln ist (Matth. 18,10).

** Mit den angeführten Versen vergleiche auch Novalis' Worte von der «zweiten, höhern Kindheit», die eine Art «wiedergefundenes Paradies» sei (im 2. Teil des «Heinrich von Ofterdingen».

ihm unbewußt – walten»[213] (das heißt vor allem der Kräfte des den Menschen führenden Engels, des Repräsentanten des Geistselbst-Prinzips). So wie Rudolf Steiner weiß auch Novalis, daß aus diesen Kräften, genauer gesagt: aus der kosmischen Sphäre, zu denen sie gehören, alle menschlichen Ideale, alle Impulse wahren künstlerischen Schaffens, alle natürlichen Fähigkeiten zu heilen erfließen[214] und, schließlich, «die besten Kräfte, durch welche man zur Erkenntnis der geistigen Welt gelangt, das heißt zu einem *wahren Hellsehertum*». Das ist jedoch noch nicht alles. Wenn der Mensch es vermag, diese besten Kräfte in «wahres Hellsehertum» bewußt zu verwandeln, dann erschließt sich ihm Höchstes: «Denn eine wirkliche seherische Selbsterkenntnis führt *für den gegenwärtigen Menschen* dahin, einzusehen, daß *in* der Menschenseele Kräfte gefunden werden können, welche von diesem Christus ausgehen. In den ersten drei Kindheitsjahren wirken diese Kräfte, ohne daß der Mensch etwas dazu tut. Im späteren Leben *können* sie wirken, wenn der Mensch durch innere Versenkung den Christus in sich sucht.»[215] Ein solcher Mensch war auch Novalis. In seinem «Suchen nach dem Christus» ergab sich ihm «durch innere Versenkung», daß der Christus in den Tiefen der Menschenseele nur in denjenigen Kräften gefunden werden kann, die sich als vom Sündenfall unberührte Kräfte, als Kräfte ursprünglicher Kindheit im Menschen erhalten haben: «Man sollte aber auf das im Menschen kindlich Gebliebene schauen, denn auf dem Umwege über dieses kindlich Gebliebene sollen durch die Christus-Fähigkeit erst wieder die anderen Fähigkeiten erwärmt werden. Das Kindliche sollen wir gescheit machen, damit von da aus die anderen Fähigkeiten wieder gescheit werden. Jeder trägt in dieser Beziehung die kindliche Natur in sich, und diese wird, wenn sie rege ist, auch eine Empfänglichkeit haben für die Verbindung mit dem Christus-Prinzip.»[216] Und eine weitere Äußerung Rudolf Steiners, die so klingt, als ob die Entelechie von Novalis aus der geistigen Welt heraus durch ihn spräche: «Die Notwendigkeit zu betonen, daß das kindliche Zeitalter seinen sonnigen Glanz über das ganze Leben ausbreitet, das ist Verchristen eines Menschen.»[217] In ihrer aphoristischen Form sind diese Worte wie ein bis dahin unbekanntes, zufällig verlorengegangenes neues Fragment von Novalis, das enthält, was er *heute* durch Rudolf Steiner den Menschen auf der Erde sagen will. Alles bisher Gesagte kann man auch von einer anderen Seite beleuchten. Im Vortrag vom 11. September 1910 äußert Rudolf Steiner, daß zwar in der vierten nachatlantischen Epoche im allgemeinen vor allem die Verstandes- oder Gemütsseele entwickelt war, daß jedoch einzelne Menschen schon damals auf der Erde lebten, die bis zu einem gewissen Grad erste Elemente der *Bewußtseinsseele* in sich entwickeln konnten, die fähig ist, sich nach oben zu öffnen und die *Inspiration* des Geistselbst (des Engels) zu empfangen. In der althebräischen esoterischen Tradition nannte man solche Menschen «Menschensöhne», und zu ihnen gehörte an der Zeitenwende in erster Linie Johannes der Täufer[218], den ein Engelwesen führte und durch den es wirkte.

Im Gegensatz zum «Menschensohn» erscheint dasjenige Wesen, das gemäß der althebräischen Esoterik «Gottessohn» genannt wurde. Dieses Wesen verfügt über die ganze Fülle der Kräfte des Geistselbst, Lebensgeistes und Geistesmenschen und ist ständig in voller bewußter Verbindung mit den höheren Hierarchien: «Im Esoterischen nennt man den ersten Menschen den göttlichen Menschen, weil er in Beziehung steht zu den höheren Hierarchien, oder den Gottessohn; den anderen nennt man den Menschensohn.»[219] – «So stehen sich gegenüber der «Menschensohn», der von unten nach oben wächst, und der Gottessohn, der «Sohn des lebendigen Gottes», der von oben nach unten wächst.»[220] Im Vortrag vom 25. Februar 1911 beschreibt Rudolf Steiner eingehend, wie im Laufe der ersten dreieinhalb Jahre des Erdenlebens jedes Menschen die Kräfte der höheren Hierarchien unaufhörlich wirken, die Kräfte des «Gottessohnes», und wie diese sich später allmählich in das Wirken der Kräfte der Bewußtseinsseele, das heißt des «Menschensohnes», verwandeln. Und weiter weist Rudolf Steiner in demselben Vortrag darauf hin, daß das Ziel der Erdenentwicklung das Erwachen des «Gottessohnes» im «Menschensohn» ist, oder – was dasselbe ist – das bewußte Entwickeln der geistigen Kräfte der frühen Kindheit im späteren Alter.

Mit diesem Ziel der Erdenentwicklung, mit dem Streben, den «Gottessohn» im «Menschensohn» zu erwecken, ist die Novalis-Individualität seit ihrer Erdenverkörperung als Johannes der Täufer auf intime Weise verbunden. Damals, an der Zeitenwende, konnte Johannes, als er sich dank der Inspiration des Engelwesens schon auf der Stufe des «Menschensohnes» befand, erstmals in der ganzen Erdengeschichte bei der Taufe im Jordan das historische Herabsteigen des Gottessohnes (des Christus) in den Menschensohn, in Jesus von Nazareth, schauen und an ihm teilnehmen. Deshalb sagt auch Rudolf Steiner in diesem Zusammenhang: «Zu solchen Dingen gehört es, daß wir uns in der richtigen Weise zu stellen vermögen zu dem, was durch die Johannestaufe sich ergießt, zu den gesunden, befruchtenden Kräften des Kindheitsalters.»[221] Dieses grundlegende Erlebnis bewahrt die Entelechie des Johannes auch noch nach seinem Tode, und es tritt später in umgewandelter Form abermals im Schaffen Raphaels hervor, ganz besonders in seinen «Madonnen», von denen Rudolf Steiner sagt: «Wer die Kinder auf den Madonnenbildern von Raphael anschaut, der sieht, daß aus seinen Kinderaugen herausschaut das Göttliche, das Verborgene, das Übermenschliche, *das mit dem Kinde in den ersten Zeiten nach der Geburt noch verbunden ist.* Das kann man auf allen Kinderbildern Raphaels beobachten ...»[222]

In noch höherer Form erscheint dieser Impuls, der aus dem Miterleben der Taufe im Jordan stammt, in der Novalis-Verkörperung. Denn wenn ein Mensch heute, wenn auch nur bis zu einem gewissen Grade, im bewußten Alter in sich die Kräfte der frühen Kindheit zu erwecken oder, was dasselbe ist, die innere Taufe mit dem Geiste und dem Feuer zu verwirklichen vermag, so wird er das *Damaskus-Erlebnis persönlich* erfahren, die Verwirklichung der Worte: «Nicht ich, der Christus in mir», real erleben, und das ist die Erfahrung, von der wir sagen können, daß sie eine zentrale Stelle einnimmt in Novalis' geistigem Leben (siehe Seite 49). «Und wenn wir eine solche Menschenwesenheit in uns selber auszubilden versuchen, die wie die Kindheitsseele ist, aber voll durchdrungen von allem Inhalt der spirituellen Welt, dann haben wir eine Vorstellung jener Ichheit, jener Christusheit, von der Paulus spricht, als er die Forderung an die Menschen stellt: Nicht ich, sondern der Christus in mir – die mit der vollen Ichheit erfüllte kindliche Seele. Dadurch wird der Mensch so, daß er seinen Menschensohn durchdringen kann mit seinem Gottessohn und imstande sein wird, *sein Erdenideal zu erfüllen, zu überwinden alle äußere Wesenheit und den Zusammenhang wieder zu finden* mit der spirituellen Welt.»[223]

Die letzten, hervorgehobenen Worte des Zitates zeugen davon, daß das Damaskus-Erlebnis von Novalis auch der Beginn der Verwirklichung jener Aufgabe ist, die vom Uranfang her als wiederverkörperter erster Mensch, Adam, mit seinem Schicksal verbunden ist.

Diese Aufgabe ist zugleich, wie wir sahen, das Ideal und Ziel der ganzen Erdenentwicklung: abermals eine bewußte Beziehung zu den spirituellen Welten, dem ursprünglichen «Paradieszustand» herzustellen, der der Menschheit infolge des «Sündenfalles» vollständig verlorengegangen war:

«So wird der heilge Kampf gekämpft,
So wird der Hölle Grimm gedämpft,
Und ewig blühend geht allhier
Das alte Paradies herfür.

Die Erde regt sich, grünt und lebt,
Des Geistes voll ein jedes strebt
Den Heiland lieblich zu empfahn
Und beut die vollen Brüst ihm an.

Der Winter weicht, ein neues Jahr
Steht an der Krippe Hochaltar.
Es ist das erste Jahr der Welt,
Die sich dies Kind erst selbst bestellt.»

Aus allen bisher betrachteten Tatsachen geht mit aller Deutlichkeit hervor, daß Novalis wie kein anderer in der Neuzeit ein wahrer Vorläufer der modernen Geisteswissenschaft war. Deshalb finden wir auch überall in seinem Werk verstreut Keime vieler Ideen und Erkenntnisse, denen wir später nur in der Anthroposophie begegnen: «Da sehen wir, wie in diesem Novalis wirklich schon alles das in einer eigenartigen Gestalt lebt, was uns jetzt durch die Geisteswissenschaft gegeben wird.»[224] Und das ist so, weil Novalis im Laufe seines kurzen Erdenlebens in erheblichem Maße die geistigen Kräfte der *frühen Kindheit* in sich zu beleben, den «Gottessohn» im «Menschensohn» zu erwecken vermochte. Daher auch nahm das Thema der Entwicklung, des Erlebens der geistigen Kindheitskräfte einen solch besonderen Platz in seinem Werk ein.[225] Darüber hinaus können wir sagen, daß diese geistigen Kräfte so intensiv und real in ihm wirkten, daß wir ihn uns, ausgehend von seiner Gestalt als Mensch und seinem Werk, nicht anders denn als Jüngling, als «ewigen Jüngling» vorstellen können, der jedoch eine jahrtausendealte Weltenweisheit in sich trägt. Die älteste Seele der Menschheit weist ihr in Novalis den Weg zur vollen geistigen Erneuerung, zu den Quellen der ursprünglichen kosmischen Jugend.

«Sein Äußeres erinnerte dem ersten Eindruck nach an jene frommen Christen, die sich auf eine schlichte Weise darstellen ... Ihm war diese geheime Stätte [die geistige Welt] die ursprüngliche klare Heimat; von dieser aus blickte er in die sinnliche Welt und ihre Verhältnisse hinein ... So aus einer tiefen Vergangenheit des Geistes, aus einer ursprünglichen, welche sich in der thätigen Gegenwart nur unklar zu äußern vermag, heraus, schien Novalis zu sprechen wie zu schreiben ... Wie wundersame, vielversprechende Orakel-Sprüche klangen ... die dichterisch religiösen Gedanken von Novalis und sie [die Menschen] fanden in seinen Äußerungen eine Stärkung, fast wie der fromme Christ in der Bibel. In der Tat war Novalis im tiefsten Sinne Christ und religiös», schrieb später Henrik Steffens über ihn, nachdem er ihm im Jahre 1799 begegnet war.[226] Und Novalis äußert aus bewußt-unbewußter Ahnung seines tieferen Wesens:

«Schon lodert mächtig jene geheime Glut –
Mein altes Wesen – tief in dem irdischen Gebilde ...»[226a]

So sehen wir, wie sich das *Damaskus-Motiv,* das Erleben der Mysterien-Formel: «Nicht ich, der Christus in mir», durch alle Stationen der karmischen Biographie von Novalis hindurchzieht. Schon in seiner Verkörperung als Elias tritt – wenn auch in abbildhafter und gleichsam vorbereitender Form – dieses Grundmotiv in seinem Schicksal hervor (siehe Seite 101 ff.). In seiner Verkörperung als Johannes der Täufer zeigt es sich dann abermals, deutlicher, da ein bestimmtes Engelwesen durch Johannes wirkte.[227] Nach der Zeitenwende erscheint dieses Motiv, nun nicht in « abbildhafter» Form, sondern *unmittelbar* bei Raphael, der im Entwurf zu einem seiner Gedichte selbst das Damaskus-Ereignis in seinem Leben erwähnt.[228] Dieses grundlegende Erlebnis ermöglicht es ihm später, den göttlichen Knaben in der Sixtinischen Madonna so darzustellen, daß mit ihm nicht nur die Gestalt des Jesus aus dem Lukas-Evangelium (das heißt die nathanische Seele) vor uns steht, wie auf den anderen Bildern Raphaels, sondern der Christus-Impuls durch die kindlichen Züge seines Antlitzes uns entgegenleuchtet.[229] Deshalb sagt auch Rudolf Steiner über die «Sixtinische Madonna»: «Etwas [von dem, was in den ersten Jahren der Kindheit im Menschen wirkt] kann man auf allen Kinderbildern Raphaels beobachten, mit Ausnahme eines einzigen. Ein Kindesbild wird man nicht so deuten können, und das ist das Jesuskind der Sixtinischen Madonna. Wer diesem Kinde ins Auge schaut, der weiß, daß mehr, als was in einem Menschen sein kann, schon aus dem Auge dieses Kindes herausschaut. Diesen Unterschied hat Raphael gemacht, daß in diesem einzigen Kinde der Sixtinischen Madonna etwas lebt, *was ein rein Geistiges, ein Christushaftes schon im voraus erlebt.*»[230]

Und schließlich erreicht bei Novalis die ganze Entwicklung, die auf jeder Stufe mit einem neuen Aspekt des Damaskus-Erlebnisses verbunden ist, ihre Kulmination und wird zu einer Art Grundstein seiner *künftigen Mission,* von der im folgenden Kapitel eingehender gesprochen werden soll. So sehen wir, betrachten wir dieses Thema von einer neuen Seite aus, wie sich alle einzelnen Fäden zu einem einheitlichen Ganzen zusammenfügen, wohin wir uns auch in Novalis' Werk wenden. Und so verschiedenartig uns auch zunächst die verschiedenen Elemente seines Werkes erscheinen mögen, sie führen doch bei tieferer Betrachtung zu einem einzigen Zentrum hin und haben einen zentralen Ausgangspunkt: die unmittelbare, übersinnliche Begegnung mit dem Christus.

«Die am Menschen wirksamen Kräfte im Kindheitsalter erkennen, heißt den Christus im Menschen erkennen»[231]– diese Äußerung Rudolf Steiners finden wir im *ersten Kapitel* seiner Schrift «Die geistige Führung des Menschen und der Menschheit», die als ein Kommentar zu Novalis' Leben dienen kann. Denn in diesem ersten Kapitel sind alle Motive seiner seelisch-geistigen Entwicklung zu einem einheitlichen Ganzen zusammengefaßt: seine Beziehung zum höheren Ich, seine Begegnung mit dem «Genius» (Geistselbst), dem ihn führenden Engelwesen; sein inneres Erleben des Christus und die Beschreibung des Seelenbereiches, wo allein Er zu finden ist: im Reich der von luziferischer Einwirkung unberührten, ursprünglichen, göttlichen Kindheitskräfte, und das bedeutet, dort, wo in jedem Menschen etwas von der Wesenheit der nathanischen Seele noch immer vorhanden ist. «Es ist der Menschheit bestes Teil, was wir in diesen drei Jahren [den ersten drei Jahren des Lebens] um uns haben.»[232] «Der *Menschheit* bestes Teil» – das ist die nathanische Seele:

«Die Kindeslieb und Kindestreu
Wohnt mir von jener goldnen Zeit noch bei.»

Alle diese Themen sind uns aus der vorangehenden Darstellung bekannt; sie zeugen von der realen Gegenwart und dem realen Wirken dessen in der Welt, was «die geistige Führung des Menschen und der Menschheit» genannt werden kann, jener «geistigen Führung», mit der die Novalis-Individualität in ihrer letzten Verkörperung und all ihren vorhergehenden Inkarnationen so tief verbunden war.

9.

Die zukünftige Mission von Novalis in der Menschheit

«Was bildet den Menschen, als seine *Lebensgeschichte?* Und so bildet den großartigen Menschen nichts, als die *Weltgeschichte.* Manche Menschen leben besser mit der vergangenen Zeit und der zukünftigen, als mit der gegenwärtigen.»

Novalis

«Wir stehn in Verhältnissen mit allen Teilen des Universums – sowie mit Zukunft und Vorzeit.»

Novalis

Die Betrachtung der verschiedenen Verkörperungen der Novalis-Individualität, wie sie in der vorliegenden Arbeit auf Grund der Angaben der modernen Geisteswissenschaft durchgeführt wurde, wirft eine wichtige Frage auf. Wenn mit den Verkörperungen dieser Individualität als Pinehas, Elias und schließlich als Johannes der Täufer einerseits eine Art spirituelle Frucht ihrer ganzen «vorchristlichen» Entwicklung vor uns hintritt, die an der Zeitenwende ihren Höhepunkt erreicht, so beginnt andererseits von dieser Inkarnation an und noch mehr mit den zwei folgenden Inkarnationen im 15. und 18. Jahrhundert immer deutlicher eine Art *Vorbereitung* dieser Individualität zu vollkommen neuen Aufgaben innerhalb der Menschheit. Darum müssen wir sagen, wenn wir uns Raphaels und Novalis' Erdenleben unmittelbar zuwenden: Trotz all des Bedeutenden, das diese zwei Persönlichkeiten für die allgemeine Kulturentwicklung ihrer Epoche auf dem Gebiet der bildenden Kunst und der Dichtkunst vollbrachten, so hatten doch diese zwei Verkörperungen *im esoterischen Sinne* auf die geistige Fortentwicklung der Menschheit einen weit geringeren Einfluß als in der Vergangenheit, sagen wir, die Persönlichkeiten des Propheten Elias und Johannes des Täufers. Das ist unter anderem auch darin begründet, daß die irdische Tätigkeit und das Werk sowohl Raphaels als auch Novalis' ganz und gar zur *exoterischen* Menschheitskultur gehören; und so können wir, wenn wir die ganze Bedeutung der hinter diesen zwei Persönlichkeiten stehenden geistigen Individualität in Betracht ziehen, diese Inkarnationen nur als Vorbereitung zu einer bestimmten zukünftigen geistigen Mission ansehen. Das Ziel des vorliegenden Kapitels soll nun der Versuch sein, den Schleier des Geheimnisses dieser künftigen Mission von Novalis' Individualität zu lüften.

Um jedoch diese geistige Aufgabe besser zu verstehen, müssen wir uns zunächst nochmals Novalis' vorchristlichen Verkörperungen zuwenden und dabei einen Aspekt auswählen, der in der vorangegangenen Betrachtung noch nicht behandelt wurde.

Wie bekannt, war es – vom Standpunkt der Geisteswissenschaft aus – die Hauptaufgabe des althebräischen Volkes, mit Hilfe des Vererbungsstromes die physische Hülle für die Verkörperung der kosmischen Christus-Wesenheit auf der Erde vorzubereiten. Die Vererbungskräfte wirken aber in erster Linie im menschlichen physischen und ätherischen Leib und kommen auf eine mehr äußere Weise in den Eigentümlichkeiten der physischen Leibesgestalt sowie der Konfiguration der ätherischen Kräfte des Blutes zum Ausdruck. In der Vorbereitung dieser zwei Leiber und durch sie, mehr indirekt, auch bestimmter Eigenschaften des Astralleibes, bestand der esoterische Sinn der ganzen alttestamentarischen Geschichte vom Stammvater des althebräischen Volkes, Abraham, bis zu Jesus von Nazareth. Im Alten Testament wird auf diese wichtige okkulte Tatsache durch die Erzählung hingewiesen, wie drei Männer (Angeloi) Abraham im Hain Mamre erscheinen (1. Mose, 18), die ihm die Mysterien des physischen, ätherischen und astralischen Leibes offenbaren, unmittelbar nachdem Melchisedek ihn in die Mysterien des Jahve oder des göttlichen «Ich-Bin» eingeweiht[232a] und er daraufhin den Namen Abraham anstatt des früheren Abram erhalten hat (1. Mose, 17).[233]

Aus diesem Grunde sind in den künstlerischen Darstellungen der Begegnung Abrahams mit den drei göttlichen Boten, wie zum Beispiel auf der «Dreifaltigkeit» des russischen Ikonenmalers Rubljow, die Engelgestalten so angeordnet, daß hinter der einen sich ein Berg erhebt als ein Hinweis auf die Mysterien des physischen Leibes, hinter der zweiten ein Baum als Hinweis auf die Mysterien des Ätherleibes und hinter der dritten ein Tempelbau als Hinweis auf die Mysterien des Astralleibes.[234]

In diesen Entwicklungsstrom tritt nun auch die von uns betrachtete Individualität als jüngerer Zeitgenosse und entfernter Verwandter von

Moses – Pinehas – ein. Das geschieht in dem höchst dramatischen Augenblick der alttestamentarischen Geschichte, als dem alttestamentarischen Volk die Gefahr drohte, infolge der unrechtmäßigen Vermischung mit andersstämmigen Völkern die geistigen Anlagen im Erbstrom desjenigen *physischen Leibes zu* verlieren, in dem sich einst der Christus verkörpern sollte. Das aber hätte für das althebräische Volk bedeutet, daß es seine Hauptaufgabe in der Menschheitsentwicklung nicht hätte erfüllen können, was zu dieser Zeit das allmähliche physische Aussterben zur Folge gehabt hätte.

Diese kritische Situation wird im Alten Testament im 25. Kapitel des 4. Buches Mose beschrieben, wo vom Zorn des Jahve-Elohim auf das althebräische Volk gesprochen wird (25,3) und von seiner Absicht, alle «Kinder Israel» in seinem Zorn zu «vertilgen» (11). Nur das Auftreten des Pinehas, der ein höchstes Beispiel rückhaltloser Ergebenheit in den Willen Jahves zeigte, und das heißt die Bereitschaft, allein den Zielen der Menschheitsführung zu dienen, rettete das althebräische Volk zu diesem Zeitpunkt vor der völligen physischen Vernichtung. «Und der Herr redete mit Mose und sprach: Pinehas, der Sohn Eleasars, des Sohnes Aarons, des Priesters, hat meinen Grimm von den Kindern Israel gewendet durch seinen Eifer um mich, *daß ich nicht in meinem Eifer die Kinder Israel vertilgte*» (4. Mose 25,10–11).

Davon, daß es sich hier vor allem um das Verderben und den Untergang der geistigen Kräfte des *physischen Leibes* handelt, zeugt der Hinweis auf die 24000 «Kinder Israel», welche in jenen Tagen von der Plage starben: «Und es wurden getötet in der Plage 24000» (ebd. 9). Dieser Zahl liegt eine zweifache Gesetzmäßigkeit zugrunde, die mit dem inneren Bau des physischen Leibes zusammenhängt, von dessen zwölf Teilen jedes einzelne von den Kräften des Bösen und des Todes gewaltsam in zwei Richtungen gedrängt werden kann (mit geisteswissenschaftlichen Begriffen würden wir heute sagen: in die ahrimanische oder luziferische Richtung). Die Gefahr des Untergangs der geistigen Kräfte des physischen Leibes konnte in jener Zeit von dem althebräischen Volk nur durch die Entfernung der zweimal zwölf Quellen des «Verderbens» mit Hilfe bestimmter magisch-okkulter Handlungen abgewendet werden, was Pinehas unter der unmittelbaren Führung des Jahve-Elohim vollbrachte. So wurden alle jene spirituellen Kräfte im Erbstrom des althebräischen Volkes durch Pinehas gerettet, aus denen späterhin der physische Leib für die Verkörperung des Christus Jesus auf der Erde gebildet werden sollte.[235]

Die folgende Verkörperung der Pinehas-Individualität im alttestamentarischen Volk geschah in einer nicht weniger dramatischen Epoche seiner Geschichte. Jetzt drohte die hauptsächliche Gefahr nicht so sehr dem physischen, sondern dem *ätherischen* Leib des althebräischen Volkes. Deshalb ist in der Geschichte der gegenseitigen Beziehungen und geistigen Kämpfe von Naboth-Elias einerseits sowie Ahab und seiner Frau Jesebel andererseits das Zentrum des Geschehens ein *Weinberg,* den Naboth-Elias besitzt, das heißt, das imaginative Bild derjenigen höheren ätherischen Kräfte, welche seit Abrahams Zeiten im Erbstrom des althebräischen Volkes wirken und aus denen einst der *Ätherleib* hervorgehen soll, in dem sich der zur Erde herabsteigende Christus verkörpern kann.

Das Kapitel, das dieser schweren geistigen Aufgabe des Propheten Elias gewidmet ist: die ätherischen Kräfte des althebräischen Volkes in Reinheit zu bewahren und sie nicht Ahab und seiner dämonischen Inspiratorin Jesebel zu überlassen, die sie im Kampf gegen den zukünftigen neuen Entwicklungsäon benutzen wollen, beginnt mit den Worten: «Nach diesen Geschichten begab sich's, daß Naboth, ein Jesreeliter, einen Weinberg hatte zu Jesreel ...» In diesem Kampf tritt Naboth-Elias wie ein wahrer Schutz-Geist des althebräischen Volkes, genauer der vergeistigten und reinsten Ätherkräfte («des Weinbergs») dieses Volkes auf.[236] Deshalb erwidert er auf die Forderung Ahabs, ihm freiwillig den Weinberg zu überlassen oder zu verkaufen: «Das lasse der Herr fern von mir sein, daß ich dir *meiner Väter Erbe* sollte geben! (1. Kön. 21,3)[237], das heißt den Strom der ätherischen Kräfte, der vom Vater Abraham an durch die Generationen des althebräischen Volkes fließt.

Auch in der Geschichte von Naboth-Elias, ähnlich wie bei Pinehas, finden wir bestimmte Zahlenverhältnisse, welche auf die Geheimnisse nun nicht des physischen, sondern des ätherischen Leibes hinweisen und die nicht in der Gesetzmäßigkeit der Zwölf, sondern der Sieben, nicht im räumlichen, sondern im zeitlichen Organismus zum Ausdruck kommen. Der physische Leib ist der Träger der Todeskräfte. Deshalb wird in der Erzählung von Pinehas von 2 mal 12000 *Toten* gesprochen. Der Ätherleib dagegen ist der Träger des Lebens. Und so ist in bezug auf ihn nicht von «Toten», sondern von «übriggelassenen» Israelitern die Rede, derer die Bibel 7000 zählt. Es spricht der Jahve-Elohim zu Elias: «Und ich will lassen übrigbleiben siebentausend in Israel: alle Knie, die sich nicht gebeugt haben vor Baal, und allen Mund, der ihn nicht geküßt hat» (1. Kön. 19,18).

Im ganzen haben wir den folgenden Ablauf der Ereignisse: Im 18. Kapitel des 1. Buches der Könige wird von Elias' großem geistigem Sieg über die Priester des luziferischen Baal-Kultes gesprochen, der zur Folge hat, daß die ätherischen Kräfte des altisraelischen Volkes rein und unberührt für die weitere Entwicklung bewahrt werden können. Darauf weist im 19. Kapitel das Bild der 7000 Israeliter, die sich nicht vor dem Baal verneigten. Und schließlich tritt im 21. Kapitel der Kampf um die höheren Ätherkräfte des althebräischen Volkes in seine letzte, endgültige Phase, denn nun wollen Ahab und die dämonische Jesebel den «Weinberg», den Ätherleib des Volkes selbst unmittelbar beherrschen. Diese Phase des Kampfes wird jedoch durch den vollen Sieg von Elias-Naboth beendet, wenn das ihm auch das physische Leben kostet.

Damit rettet diese Individualität die Mission des althebräischen Volkes in der Menschheitsentwicklung zum zweiten Mal, so daß nun nicht nur seine physischen, sondern auch seine ätherischen Kräfte in der Zukunft die Grundlage für das Entstehen jenes physischen *und ätherischen Leibes* bilden können, in welche die Christus-Wesenheit an der Zeitenwende hinabsteigen soll.

Die Kräfte des nächsten Wesensgliedes des Menschen, seines Astralleibes, unterliegen nicht eigentlich den Gesetzen der irdischen Vererbung. Deshalb kann die Elias-Individualität an ihrer Vorbereitung nur aus der geistigen Welt heraus teilnehmen. Auf diese Teilnahme weist in einer mehr imaginativen Form die Szene der Himmelfahrt von Elias *«im Wetter»* (2. Kön. 1 und 11). «Im Wetter», das bedeutet hier: in den geistigen Kräften desjenigen astralischen Leibes, in dem sich später die Christus-Wesenheit innerhalb des althebräischen Volkes verkörpern soll. Dieser kosmische Astralleib hüllte von allem Anfang an gleich einer mächtigen aurischen Wolke das alttestamentarische Volk[238] ein, und Elias, als Repräsentant seines Gruppen-Ich (siehe Seite 17), war ganz unmittelbar mit ihm verbunden, sowohl während seines Lebens im physischen Leib als auch nach seinem Tod in der geistigen Welt. Diese mächtige astralische Aura, in deren Umgebung Elisäus, der Schüler und Nachfolger des Elias, seinen Lehrer im imaginativen Bilde in der Szene der geistigen Himmelfahrt schaute und die so eindrucksvoll anschaulich auf vielen russischen Ikonen dargestellt ist (siehe Abbildung 2), sie drang allmählich im Laufe der Zeit zwischen dem Erdenleben des Elias und Johannes des Täufers in den «unten» durch die Generationen der Menschen strömenden ätherisch-physischen Erbstrom ein, so daß wir nun zur Zeitenwende tatsächlich von ihrer Verkörperung inmitten des althebräischen Volkes sprechen können.[238a]

Deshalb hatte auch der abermals zur Erde kommende Elias als Johannes der Täufer vornehmlich die Aufgabe, in den einzelnen Gliedern des althebräischen Volkes die in der Tiefe ihrer Seelen ruhende spirituelle Kraft dieser mächtigen astralen Aura zu wecken. Und dieses Ziel suchte er durch seine Predigten zu erreichen, indem er sich bemühte, die astralischen Weisheitskräfte in ihren Seelen wachzurufen, so daß sich ihren Augen der wahre Sinn der prophetischen Schriften, die vom Kommen des Messias sprachen, erschließen konnte. Denn aus den Kräften dieses kosmischen Astralleibes vermochten – da sie von ihm aus der geistigen Welt heraus überschattet wurden – die alttestamentarischen Propheten des Messias künftige Verkörperung vorauszuschauen und zu verkünden.

Diese Predigten und die durch sie hervorgerufene Belebung der kosmischen Kräfte in den Astralleibern der Menschen bildeten in einem gewissen Sinne den Höhepunkt und zugleich die Vollendung der ganzen alten vorchristlichen Mission Johannes des Täufers. Dagegen gehörte das, was im 3. Kapitel als das Wecken des Gewissensimpulses im althebräischen Volk beschrieben wurde, des neuen Erkenntnisorgans für den zur Erde herabkommenden Christus, den Träger des Impulses des *Welten-Ich,* bereits zum Beginn der neuen «zukünftigen» Mission Johannes des Täufers.

Ein Hinweis auf diese künftige Aufgabe ist im Prolog zum Johannes-Evangelium enthalten, wo die Individualität Johannes des Täufers unmittelbar in Zusammenhang gebracht wird mit dem Mysterium der Verkörperung des Logos. Dieser Zusammenhang läßt sich jedoch nur auf der Grundlage alles bereits von der Tätigkeit der Individualität von Pinehas-Elias-Johannes unter dem althebräischen Volk Gesagten verstehen. Denn wenn vom Aspekt der kosmischen Geschichte aus Rudolf Steiner einerseits die im Prolog des Johannes-Evangeliums enthaltenen Stufen der «Verkörperung» des Logos als den Evolutionsstufen des alten Saturn, der alten Sonne und des alten Mondes[239] entsprechend darstellt, so entspricht andererseits vom mikrokosmischen oder «irdischen» Aspekt aus die allmähliche Bildung der drei Hüllen für die Verkörperung der Christus-Wesenheit auf der Erde diesen Stufen. Und so haben wir in der allmählichen Bildung – über viele Generationsreihen – des zukünftigen physischen Leibes des Christus Jesus die erste «mikrokosmische» Tat des Logos auf der Erde, in der allmählichen Bildung des Ätherleibes seine zweite Tat und schließlich in der Verkörperung des Astralleibes[240] die dritte Tat. Und bei all diesen drei «Taten» wirkt die Individualität von Pinehas-Elias-Johannes unmittelbar als der irdische «Vorbereiter» der Verkörperung des Logos mit, sich jedes Mal im althebräischen Volk in dem Augenblick verkörpernd, wo dem vorbereitenden Wirken des Logos in der Menschheit die größte Gefahr droht.[241]

Alles bisher Gesagte erlangt seine höchste Kulmination in der Taufe im Jordan, während der Johannes aus den Kräften des Gewissens, des neuen Erkenntnisorgans, als erster der Menschen, den sich auf der Erde verkörpernden Christus erkennen und ihn der Menschheit als den Repräsentanten des Welten-Ich verkünden kann.[242] Das aber gehört schon, wie wir sahen, zum Beginn seiner neuen Mission unter den Menschen, und es ist zugleich der *hauptsächliche geistige Impuls seiner damaligen Inkarnation.* Deshalb sagt Rudolf Steiner über ihn: «Und dann sehen wir, wie diese Individualität [Johannes der Täufer] ein Werkzeug sein soll, um vorzubereiten das *Verständnis* für den Christus-Impuls.»[243] Und in einem anderen Vortrag, die Mission des Gewissens an der Zeitenwende charakterisierend: «In diesem gleichzeitigen Entstehen der Tatsache des Christus-Ereignisses und des *Verständnisses* des Christus-Ereignisses [durch den Gewissensimpuls] ... sehen wir walten eine unendliche Weisheit, die in der Entwickelung vorhanden ist.»[244] Diesen Gewissensimpuls weckt Johannes auch in vielen, die später Jünger des Christus Jesus wurden (so zum Beispiel in Andreas und Johannes Zebedäus). Deshalb blieb Johannes der Täufer auch nach seinem Tod mit dem Jüngerkreis verbunden. Ist doch diese nachtodliche Beziehung die karmische Folge davon, daß der Gewissensimpuls in ihnen in der beschriebenen Weise erwacht war.[245]

Wenden wir uns nun von dieser zentralen Inkarnation Johannes des Täufers an der Zeitenwende der folgenden als Raphael zu, so können wir dessen rätselhafte Gestalt nur verstehen, wenn wir beachten, daß der Impuls, der ihn mit derselben Macht erfüllte wie der Gewissensimpuls Johannes den Täufer, der Impuls der *Liebe* und des *Mitleids* (des Mitgefühls) zu allem in der Welt Lebenden war. Dieser Impuls verwandelte sich später, dank der Inspiration seines früh verstorbenen Künstler-Vaters Giovanni Santi aus der geistigen Welt heraus, in ihm auf der Erde in das Streben zur höchsten *Schönheit,* das er dann in seinen Kunstwerken verkörperte.[246] Als deren Hauptthema erwies sich die immer wieder aufs neue von ihm dargestellte Maria aus dem Lukas-Evangelium und die nathanische Seele, zu deren vom Sündenfall nicht berührten reinsten ätherischen Kräften (die in ihrer ursprünglichen Reinheit dem Lebensgeistprinzip verwandt sind) seine Seele stets hingewendet war. Man kann sagen: Das Bestreben, in seinen Werken die ursprünglichen Ätherkräfte des Lebensbaumes abermals auferstehen zu lassen, erfüllte das gesamte Schaffen Raphaels; seine Seele war während seines kurzen Erdenlebens dem inneren Anschauen der Maria aus dem Lukas-Evangelium und der nathanischen Seele hingegeben, deren Imagination immer wieder und wieder vor seinen inneren Blick trat.[246a]

Raphael strebte nach der vollen Reinigung und Vergeistigung der Verstandes- oder Gemütsseele, die aus den Kräften des menschlichen Ätherleibes hervorgeht und die sich zu ihrem Urbild, dem Lebensgeist, hinentwickelt.[247] Daher ist sein Hang zur Antike zu erklären, der vierten nachatlantischen Zeit, als die Verstandes- oder Gemütsseele ausgebildet wurde. So war, geistig gesehen, Raphael mit seinem hohen Schönheitsideal mehr als jeder andere seiner Zeitgenossen ein wahrer Vertreter der *Renaissance.* Das kommt auch darin zum Ausdruck, daß Raphael in seinem Leben faktisch nicht über die Grenzen der Verstandes- oder Gemütsseele hinausgehen konnte, stirbt er doch im 37. Jahr, weniger als zwei Jahre nach Vollendung seines fünften Jahrsiebts.[248]

Bereits eine mehr äußerliche Betrachtung der Darstellungen der Madonna mit dem Kinde in Raphaels Bildern läßt empfinden, welche Kraft der Liebe seine Seele erfüllen und wie rein sein Herz sein mußte, um *solche* Bilder zu schaffen. Nach den starken und tief tragischen Erschütterungen seiner frühen Kindheit, auf deren okkulte Grundlagen bereits hingewiesen wurde,[249] hatte sein ganzes weiteres Leben bis zu seinem frühzeitigen Tod einen ausgesprochen harmonischen und heiteren Charakter. Dazu äußert auch Wilhelm Kelber in seinem Buch über Raphael: «Raphaels Leben von seinem elften Jahre ab ist wohl das glücklichste Menschenleben, von dem wir wissen. Es ist uns kein Ereignis aus seinen weiteren Lebensjahren bekannt, das ein Unglück, ein Mißlingen, eine Enttäuschung, ein widriges Schicksal bedeuten könnte. Die Wellen der Zeit haben ihn entzückt auf ihren Rücken genommen und ihn von Ziel zu Ziel getragen. Wüßten wir nichts von den Familienereignissen in seiner Kindheit – wir müßten uns etwas Ähnliches ersinnen, das einen so begünstigten Wandel auf Erden erklärte.[250]

Um dieses erstaunliche, für diese stürmische und ereignisreiche Zeit ungewöhnliche Phänomen zu verstehen, muß man sich an eine Äußerung Rudolf Steiners erinnern, der einmal sagte, daß nur das Leben eines Menschen, der die Kräfte der Liebe im Überfluß in seiner Seele trage, unter bestimmten Bedingungen einen solch heiteren und harmonischen Charakter haben könne. Denn die Kräfte der Liebe vermögen, wenn sie in einem reinen Herzen wurzeln, auch von außen nur Kräfte der Liebe anzuziehen. Tatsächlich, kaum einer der Künstler, Dichter, kirchlichen oder staatlichen Würdenträger jener Zeit wurde von seiner Umgebung so geliebt wie Raphael. Und doch war diese allgemeine Liebe in einem tieferen Sinne nur der äußere Abglanz, eine Art Echo jener Liebe, die er selbst in seiner Seele trug und so reichlich seiner Umgebung schenkte.

Der jüngere Zeitgenosse Raphaels und Biograph vieler bekannter Künstler jener Zeit, Vasari, beschrieb diesen seinen seelischen Grundzug auf die folgende Weise: «Unter seinen besonderen Gaben finde ich eine von solcher Bedeutung, daß ich im stillen staune, wie der Himmel ihm die Kraft gab, als Künstler unter Künstlern eine unserm Naturell so entgegengesetzte Wirkung hervorzubringen, die nämlich, daß die Künstler, wenn sie mit Raphael zusammenarbeiteten, ohne weiteres gleichen Sinnes und so einträchtig waren, daß jede böse Laune in seinem Anblicke davonflog und jeder gemeine und niedrige Gedanke ihnen aus der Seele fiel; eine Eintracht, die niemals sonst geherrscht hat. Die Ursache war, daß sie unter dem Banne seiner Freundlichkeit und seines Könnens standen, und mehr noch, unter der Herrschaft des Genius seiner guten Natur. Diese war so erfüllt von edler *Liebenswürdigkeit*, so überfließend von hilfreicher *Liebe,* daß man sogar die Tiere ihm Ehrfurcht bezeugen sah, geschweige denn die Menschen. Man erzählt, daß, wenn ein Maler, mit dem er bekannt war oder auch den er gar nicht kannte, ihn um eine Zeichnung anging, deren er bedurfte, Raphael seine Arbeit stehen ließ, um ihm behilflich zu sein. Und immer waren Unzählige bei ihm in Arbeit, die er mit einer *Liebe* unterstützte und unterwies, wie nicht Künstlern, sondern eigenen Söhnen gegenüber zukam.» Und weiter unterstreicht Vasari, im Vergleich zu den Lebensbeschreibungen anderer bekannter Künstler, als er Raphaels Leben darstellt, daß es bei ihm «darauf ankomme, als Künstler *und Mensch* sich auf gleicher Höhe zu halten».[251] Etwas von dieser Charakteristik Raphaels können wir auch in seinem bekannten Selbstbildnis wahrnehmen, das um 1506 entstand, obwohl es durch mehrfache Restaurierungen im 18. und 19. Jahrhundert ziemlich verdorben wurde (siehe Abbildung 4).

Alles bisher Gesagte über Mitgefühl und Liebe als seelische Grundimpulse Raphaels hat auch eine unmittelbare Beziehung zu einem tiefen Geheimnis seines spirituellen Seins, auf das Rudolf Steiner in seiner «letzten Ansprache» als auf eine Folge seiner Teilnahme an der Einweihung und den weiteren irdischen Schicksalen von Lazarus-Johannes, des zukünftigen Autors der Apokalypse und des vierten Evangeliums, hinweist – eine Folgeerscheinung, die auch in den Seelentiefen von Raphaels Leben wirksam war. «Diese irdische Persönlichkeit Raphaels, sie war ja auch ganz hingenommen und ganz nur da durch dasjenige ... was Lazarus-Johannes dieser Seele gegeben hatte, damit es ausfließe in Farbe und Linie für die Menschheit.»[252]

Was konnte Lazarus-Johannes, «der Jünger, den Jesus liebhatte» (Joh. 13, 23), der Entelechie Raphaels geben? Nur das, wofür Jesus ihn selbst besonders liebhatte, und das war die Fähigkeit, die Rudolf Steiner im letzten Kapitel der «Geheimwissenschaft im Umriß» eingehend beschreibt: in seinem wahren, vom Christus-Impuls erfüllten Ich Weisheit in Liebe zu verwandeln. Denn darin bestand gerade das eigentliche Mysterium der Einweihung des Lazarus, bei der durch die Berührung mit der Christus-Sphäre allmählich alle in den vorangegangenen Verkörperungen gesammelte alte Weisheit der Menschheit dem Tode verfiel, um abermals durch den Christus-Impuls aus seinem Ich als höchste Liebesfähigkeit aufzuerstehen. Von dieser Zeit an ist das Motiv der geistigen Liebe das Grundmotiv in dem weiteren Leben von Johannes dem Evangelisten. «Gott ist Liebe» (1. Send. Joh. 4, 8) – diese Worte sind für ihn höchstes spirituelles Erleben, aus dem dann auch seine letzten irdischen Worte entspringen, die er zu seinen Nachfolgern und Schülern vor dem Tode als eine Art Vermächtnis für die ganze Menschheit spricht: «Kindlein, liebet euch untereinander.»[253]

So konnte Raphael besonders unter dem Einfluß dieser übersinnlichen Beziehung, nach Rudolf Steiners Worten in der «letzten Ansprache», derjenige werden, «der auf Erden eine solche *Liebe* zur Kunst entfaltet hatte, der ganz *in der Liebe zu* der Farbe und zu der Linie aufgegangen ist».

Beide Grundzüge der Seelenverfassung Johannes des Täufers und Raphaels, die wir bei dem einen als Gewissensimpuls und bei dem andern als eine ungewöhnliche Fähigkeit zu Liebe und Mitgefühl mit allem Lebendigen erkannten, finden auch, einem Echo gleich, im Schaffen von Novalis ihren Abglanz. So stehen im zweiten Teil seines unvollendeten Romans «Heinrich von Ofterdingen» erstaunliche Worte, die der Bedeutung des Gewissens im menschlichen Leben gewidmet sind, ein begeisterter Hymnus, der die hohe Bestimmung dieser göttlichen Kraft im Innern des Menschen aufzeigt. «Weckende Stimmen der höhern Natur» im Menschen, so bezeichnet sie Novalis durch Sylvesters Mund, eine der Romangestalten: «Macht mir doch die Natur des Gewissens begreiflich», bittet ihn Heinrich.

«Wenn ich das könnte», antwortet ihm Sylvester, «so wär ich Gott, denn indem man das Gewissen begreift, entsteht es.» Da versucht Heinrich selbst zu bestimmen, was die Stimme des Gewissens im Menschen ist: «Selbst das Gewissen», versetzt er, «diese Sinn und Welten erzeugende Macht, dieser Keim aller Persönlichkeit, erscheint mir wie der Geist des Weltgedichts ...» Sylvester: «Das Gewissen erscheint in jeder ernsten Vollendung, in jeder gebildeten Wahrheit. Jede durch Nachdenken zu einem Weltbild ausgearbeitete Neigung und Fertigkeit wird zu einer Erscheinung, zu einer Verwandlung des Gewissens. Alle Bildung führt zu dem, was man nicht anders wie Freiheit nennen kann, ohnerachtet damit nicht ein leerer Begriff, sondern der schaffende Grund alles Daseins bezeichnet werden soll. Diese Freiheit ist Meisterschaft. Und gerade diese allumfassende Freiheit, Meisterschaft oder Herrschaft ist das Wesen, der Trieb des Gewissens. In ihm offenbart sich die heilige Eigentümlichkeit, das unmittelbare Schaffen der Persönlichkeit, und jede Handlung des Meisters ist zugleich Kundwerdung der hohen, einfachen, unverwickelten Welt – Gottes Wort.» Und dann fährt Sylvester fort, auf die Fragen Heinrichs eingehend: «Allerdings ist das Gewissen der eingeborne Mittler jedes Menschen. Es vertritt die Stelle Gottes auf Erden und ist daher so vielen das Höchste und Letzte. Aber wie entfernt war die bisherige Wissenschaft, die man Tugend- oder Sittenlehre nannte, von der reinen Gestalt dieses erhabenen, weitumfassenden persönlichen Gedankens. *Das Gewissen ist des Menschen eigenstes Wesen in voller Verklärung, der himmlische Urmensch.*»

In diesen letzten, von uns hervorgehobenen Worten, tritt, können wir sagen, das verborgenste Seelenmotiv von Johannes des Täufers Leben in Erscheinung. Seine Quellen müssen wir in Marias Besuch bei seiner Mutter Elisabeth sehen, wie er im ersten Kapitel des Lukas-Evangeliums beschrieben wird, als bei der Annäherung Marias, die den nathanischen Jesus, die Schwesterseele Adams, des «himmlischen Ur-menschen», in sich trug – «das Kind in ihrem Schoße hüpfte» (41). In dieser Szene handelt es sich um den Beginn der «Ich»-Entwicklung Johannes des Täufers; und diese wird noch im Schoße seiner Mutter *durch den Gewissensimpuls* hervorgerufen, der in diesem Augenblick erstmals in ihm durch den «himmlischen Urmenschen» (den nathanischen Jesusknaben) geweckt wird, der sein (des Johannes') «eigenstes Wesen in voller Verklärung» darstellt.[254] Und dieses erste Erwachen des Gewissensimpulses, des neuen Erkenntnisorgans, in dem Knaben Johannes erweist sich als so mächtig, daß er sich auch seiner Mutter mitteilt, wodurch sie in der Lage ist, das Geheimnis ihrer Verwandten zu erkennen und zu verkünden. «Und Elisabeth ward des Heiligen Geistes voll und rief laut und sprach: ‹Gebenedeit bist du unter allen Weibern, gebenedeit ist die Frucht deines Leibes! Und woher kommt mir das, daß die Mutter meines Herrn zu mir kommt ...?›» (41–43).[255]

Nun wollen wir uns wieder dem Gespräch Heinrichs und Sylvesters im zweiten Teil von Novalis' Roman zuwenden. Nach einigen weiteren Ausführungen des letzteren kehrt Heinrich wieder zu dem Thema des Gewissens zurück und sagt: «Alles, was die Erfahrung und die irdische Wirksamkeit begreift, macht den Bezirk des Gewissens aus, welches diese Welt mit höhern Welten verbindet.»

In diesen Worten Heinrichs kommt Novalis' Erkenntnis von der eigentlichen Mission des Gewissens in der Menschheitsentwicklung als des höchsten Erkenntnisorgans, das ein Bindeglied oder die wahre «religio» zwischen der himmlischen und der irdischen Welt ist, zum Ausdruck. Deshalb geht auch in der weiteren Rede Heinrichs das Thema des Gewissens unmittelbar in das Thema der Religion über und das Thema der Religion in das der Liebe, in das innere Empfinden der «vergötternden Gegenwart des allerpersönlichsten Wesens oder ... *seiner Liebe* in unserm tiefsten Selbst». Hier verwandelt sich die untergründig in Novalis wirkende Erinnerung an sein Dasein als Johannes der Täufer in die Erinnerung an sein Dasein als Raphael. Und nicht ohne Grund schrieb Novalis seine tiefsten Äußerungen über die kosmische Bedeutung des Prinzips der Liebe (siehe Seite 90) unter dem Eindruck der «Sixtinischen Madonna» Raphaels nieder, als er sie zum ersten Mal in Dresden gesehen hatte. Ebenso zeugt eines seiner eindringlichsten Gedichte in dem Zyklus «Geistliche Lieder» von seiner inneren Verbindung mit dem Raphael-Dasein. Denn das übersinnliche Bild von Maria und ihrem göttlichen Kinde, das er in seiner Seele trug, ist zugleich ein Aufleuchten derjenigen geistigen Erlebnisse, die einstmals Raphael dazu führten, seine Madonnen und insbesondere die vollkommenste unter ihnen, die «Sixtinische», zu malen:

«Ich sehe dich in tausend Bildern,
Maria, lieblich ausgedrückt,
Doch keins von allen kann dich schildern,
Wie meine Seele dich erblickt ...»

Und im folgenden Gedicht:

«Oft, wenn ich träumte, sah ich dich
So schön, so herzensinniglich,
Der kleine Gott auf deinen Armen
Wollt des Gespielen sich erbarmen;
Du aber hobst den hehren Blick
Und gingst in tiefe Wolkenpracht zurück.»

Diese Verse erinnern an die Antwort, die Raphael einst dem bekannten Bramante auf dessen Frage gab, wie er, Raphael, eine solch unnachahmliche Vollkommenheit in der Darstellung der Madonna mit dem Kinde erreichen konnte. Da sprach Raphael in einer Art «Bekenntnis» von einem nächtlichen Traumerlebnis[256], in dem sich auf seine mehrfachen Bitten und Gebete hin das an der Wand des Ateliers hängende, noch unvollendete Bild plötzlich in eine erhabene Vision Marias mit dem göttlichen Kinde in ihren Armen verwandelte.[257] So erheben sich, gleich kraftvollen geistigen Wogen, aus Novalis' Seelentiefen seine bewußt-unbewußten Erinnerungen an die zwei vorangegangenen Leben mit ihren mächtigen Impulsen des Gewissens und der Liebe.

Jedoch alles im Leben ist in ständiger Entwicklung, und auch im Leben von Novalis kommt nun etwas vollkommen Neues zu den zwei genannten Impulsen hinzu. Wir können, so wie das Gewissen ein Grundzug der Seelenverfassung von Johannes dem Täufer war und Liebe und Mitgefühl mit allem Lebenden ein seelischer Grundzug von Raphael, auch bei Novalis einen für ihn charakteristischen Zug feststellen, der zugleich eine Art Schlüssel zum Verständnis seiner ganzen Persönlichkeit und ihrer Seelenverfassung ist. Dieser Zug oder diese Besonderheit, die Novalis gleichsam von Anfang an eigen war und die sein ganzes seelisches Leben formte, kann man durch die Worte beschreiben: «Ehrfurcht und Verwunderung vor den Tatsachen der Welt».[258]

Wenn wir ganz *unbefangen* das einzige verbürgte von Franz Gareis gemalte Porträt von Novalis anschauen (wie es vor der letzten Restaurierung war) und ebenso seine Büste von Friedrich von Schaper, dann können wir uns von der Richtigkeit dieser Aussage in voller Objektivität selbst überzeugen.[258a] In diesem Grundzug seiner Seelenverfassung wurzelt aber auch der besondere Eindruck heiterer und weiser Kindlichkeit, den er fast ausnahmlos auf alle Menschen seiner Umgebung machte. Nur war das keine gewöhnliche «Kindlichkeit», sondern die Äußerung der in seiner Seele wirkenden höheren Kräfte der *Ehrfurcht und Verwunderung,* die seinem Antlitz diesen unwiederholbar einmaligen Ausdruck sowohl der «Kindlichkeit» als auch tiefster, ursprünglicher Weisheit verliehen, welche sich in unauflöslicher Einheit zu einem allumfassenden Gefühl des Staunens vor den Wundern und Geheimnissen der Welt verbanden, zu einem Gefühl, das gleich Strahlen einer unsichtbaren Sonne aus seinem Antlitz leuchtete.

Auf diesen seelischen Grundzug wies einmal Albert Steffen mit den folgenden Worten hin: «Novalis staunt, bevor er denkt, und deshalb sind seine Gedanken über alles, was er auf der Erde sieht, mit dem Ursprung derselben verbunden.»[259] Die überzeugendste Bestätigung dieser Charakteristik von Novalis ist wohl die Welt seiner Fragmente, die gleich dem diamantenen Gischt eines raschen Bergbachs in vielgestaltigen Schattierungen vor allem Verwunderung und Ehrfurcht gegenüber den uns überall umgebenden Weltgeheimnissen zum Ausdruck bringen. Und ist nicht sein Prosafragment «Die Lehrlinge zu Sais» ein begeisterter poetischer Hymnus, dem das Gefühl von Staunen und unendlicher Ehrfurcht vor den zahllosen Geheimnissen der Reiche der Natur zugrunde liegt, und sein unvollendeter Roman «Heinrich von Ofterdingen» ein Zeuge für die Verwunderung und Ehrfurcht vor den Geheimnissen des Menschenlebens und des poetischen Schaffens? Sind, schließlich, die Gedichtzyklen «Hymnen an die Nacht» und «Geistliche Lieder» nicht ihrer ganzen inneren Verfassung nach der reinste Ausdruck von Staunen und Ehrfurcht gegenüber den tiefen Geheimnissen der geistigen Welt, die in den Mysterien des Christentums ihren erhabenen Mittelpunkt haben? So können wir sagen: Wahrhaftig, Novalis' Werk ist seinem ganzen Wesen nach nichts anderes als der Ausdruck jener «Grundstimmung», die Rudolf Steiner als Grundlage und Ausgangspunkt jedes wahren geistigen Weges charakterisiert und den er auch «den *Pfad der Verehrung,* der Devotion gegenüber der Wahrheit und Erkenntnis»[260] nennt. Diese Stimmung, die in unserer Zeit die Pforte zum Geistestempel der modernen Mysterien bildet und die deshalb *als erstes* in dem Buch «Wie erlangt man Erkenntnisse der höheren Welten?» beschrieben wird, bildet den tiefsten Grund von Novalis' seelischem Leben.

Damit liegt in Novalis' Seelenverfassung eine Art Gegensatz zu dem vor, was uns in Johannes dem Täufer entgegentritt. Denn wenn der Hauptimpuls des letzteren – das Gewissen – auf das nachtodliche Sein weist (siehe Seite 35), so deutet der seelische Grundzug von Novalis, im Gegensatz dazu, insbesondere *auf das Dasein vor der Geburt.*[261] Dieses vorgeburtliche Dasein von Novalis charakterisiert Rudolf Steiner eingehend in seiner «letzten Ansprache» als übersinnliches Leben Raphaels in den Planetensphären, und am Ende der Beschreibung dieses Lebens heißt es: «Schon will er [Novalis] übergehen ins Übersinnliche, schon will er das Leben des Raphael wieder [in der geistigen Welt] führen, nicht eigentlich die Erde berühren ...»[262] Der Gehalt dieser Worte kann durch weitere Äußerungen Rudolf Steiners über die Kräfte, welche Novalis in seinem Werke unmittelbar aus seiner geistigen Vergangenheit schöpfte, noch vertieft werden. So heißt es im Vortrag vom 22. Dezember 1908: «Wir dürfen ... Novalis nicht eigentlich einen Menschen nennen, der ein [gewöhnliches] Leben hatte, sondern etwas wie eine Erinnerung an ein früheres Leben.»[263]

Die seelischen Eigenschaften der Verwunderung und Ehrfurcht sind jedoch nicht nur Folgen des geistigen Lebens der menschlichen Seele vor der Geburt sowie der vorangegangenen Inkarnationen, sondern auch, besonders in der Gegenwart, wirkende Kräfte. Stellt doch Rudolf Steiner dar, daß gerade sie den Menschen unserer Zeit in seiner inneren Entwicklung hinter die Grenzen der Erdenwelt in das Reich des Übersinnlichen führen oder, mit Novalis' Worten, in die allumfassende geistige Sphäre der *Nacht.*

Nur muß sich auf diesem Wege noch eine dritte Eigenschaft hinzugesellen, welche in unserer fünften nachatlantischen Epoche eine zentrale Stellung im Seelenleben der Menschen einnehmen sollte. Das ist die Eigenschaft oder Fähigkeit des *Glaubens:* «Eigentlich», sagt Rudolf Steiner in diesem Zusammenhang, «ist es immer diese Verwunderung und dieses Erstaunen, welche uns hinlenken zu dem Übersinnlichen [in das «Reich der Nacht», nach Novalis], und es ist zugleich auch dasjenige, was man gewöhnlich als Glaube bezeichnet. Glaube, Verwunderung und Erstaunen sind die drei Seelenkräfte, welche uns über die gewöhnliche Welt hinausführen.»[264]

In unserer Zeit der stürmischen wissenschaftlich-technischen Entwicklung und des daraus erwachsenden Intellektualismus spielt, so scheint es, der *Glaube* eine immer geringere Rolle im Leben der Menschen, und nichtsdestoweniger bilden gemäß der modernen Geisteswissenschaft gerade die Glaubenskräfte die Hauptquelle der spirituellen Kräfte, welche die fünfte nachatlantische Epoche geistig nähren, so wie die Kräfte der Liebe die sechste Epoche nähren werden und die Hoffnungskräfte die siebente Kulturepoche. «Also es ist im wesentlichen jetzt die Glaubenskraft des astralischen Leibes, die in die Seele hereinscheint und unserer Zeit das Charakteristikum gibt ... daß die Glaubenskraft die wesentliche Kraft unserer Zeit ist», sagt Rudolf Steiner von ihr.[265] In diesem okkulten Sinne widerspricht der Glaube dem wahren Wissen nicht. «Ich glaube das, was ich weiß, eben erst recht. – *Das Wissen ist nur die Grundlage des Glaubens.* Wir sollen wissen, damit wir uns immer mehr zu den Kräften erheben können, die die Glaubenskräfte der menschlichen Seele sind.» Das ist dasselbe, was Novalis meinte, als er sagte: «Wissenschaft ist nur eine Hälfte. Glauben ist die andre.» Und in einem weiteren Fragment: «Vermischter Willen und Wissenstrieb – ist Glaube.» Rudolf Steiner aber fährt in demselben Vortrag fort: «Wir müssen in unserer Seele haben, was hinblicken kann auf eine übersinnliche Welt, was Hinlenkung aller unserer Gedanken und Vorstellungen ist auf eine übersinnliche Welt. Wenn wir diese Kräfte nicht haben, die also das Wort ‹Glaube› ausdrückt, so verödet etwas an uns, wir werden dürr, trocken sein wie das Laub im Herbst.»[266] So ist der Glaube nach geisteswissenschaftlicher Definition diejenige Grundkraft des menschlichen Astralleibes, die allein in der Lage ist, unsere Gedanken und Vorstellungen auf die übersinnliche Welt hinzulenken. Das ist ihre eigentliche Aufgabe in unserer fünften nachatlantischen Epoche. Und so versteht sie auch Novalis: «*Wunderkraft des Glaubens* – aller Glauben ist wunderbar und wundertätig. Gott ist in dem Augenblicke, als ich ihn glaube ... Glauben ist *hienieden wahrgenommene* Wirksamkeit und Sensation in einer andern Welt – ein vernommener transmundaner Actus. Der echte Glaube bezieht sich nur auf Dinge einer andern Welt. Glauben ist Empfindung des Erwachens und Wirkens und Sinnens in einer andern Welt.» Und in einem weiteren Fragment heißt es noch entschiedener: «Der Mensch vermag in jedem Augenblicke ein übersinnliches Wesen zu sein. Ohne dies wär er nicht Weltbürger – er wäre ein Tier. Freilich ist die Besonnenheit in diesem Zustande, die Sich-Selbst-Findung – sehr schwer, da er so unaufhörlich, so notwendig mit dem Wechsel unserer übrigen Zustände verbunden ist. Je mehr wir uns aber dieses Zustandes bewußt zu sein vermögen, desto lebendiger, mächtiger, genügender ist die Überzeugung, die daraus entsteht – der Glaube an echte Offenbarungen des Geistes.»

Mit anderen Worten: Nur der Mensch, der sich selbst als geistiges, übersinnliches Wesen erlebt, kann «den Glauben an echte Offenbarungen des Geistes» haben.

In den letzten Worten von Novalis haben wir eine prophetische Vorahnung der Metamorphose, die in der Zukunft, welche aber in unserem 20. Jahrhundert begonnen hat, allmählich mit den Glaubenskräften in der menschlichen Seele vor sich gehen muß. Und diese höhere Metamorphose der Glaubenskräfte in der Erdenentwicklung ist mit dem Erscheinen des Christus im Ätherleibe unmittelbar verbunden. «Wir haben aber auch darauf hingewiesen», sagt Rudolf Steiner, «daß die Fähigkeiten der Menschen erhöht werden und daß von unserem Zeitalter angefangen eine genügend große Anzahl von Menschen heranwachsen wird, um den Christus zu schauen, so daß, was bisher als Glaube in berechtigter Weise in der Welt existiert hat, abgelöst werden wird von dem, was man das Schauen des Christus nennen kann.»[267] Von diesem zukünftigen Übergang der Glaubenskräfte in die Kräfte höheren Schauens weiß auch Novalis. Und er weiß davon nicht aus einem unbestimmten mystischen Gefühl heraus, sondern unmittelbar durch sein persönliches Christus-Erlebnis, sein Damaskus-Ereignis. Als höchste Offenbarung des «Himmels auf der Erde» erlebt er die Christus-Wesenheit im übersinnlichen, aus feurigem Glauben geborenen Schauen. Und zur Erfahrung solchen «schauenden Glaubens» ruft er die Menschen auf:

«Für alle seine tausend Gaben
Bleib ich sein demutvolles Kind,
Gewiß, ihn unter uns zu haben,
Wenn zwei auch nur versammelt sind.
O! geht hinaus auf allen Wegen,
Und holt die Irrenden herein,
Streckt jedem eure Hand entgegen,
Und ladet froh sie zu uns ein.
Der Himmel ist bei uns auf Erden,
Im Glauben schauen wir ihn an;
Die Eines Glaubens mit uns werden,
Auch denen ist er aufgetan.»[268]

So sehen wir, wie in der Zukunft, die schon in unserer Zeit begonnen hat, die alte Form des Glaubens, die nur auf einem mehr oder weniger unbestimmten Gefühl gegründet ist, dem höheren Schauen weicht, das jedoch nichts anderes sein wird als eine weitere und höhere Metamorphose eben der Glaubenskräfte im Astralleib. Wenn Rudolf Steiner diese Glaubenskräfte spirituelle Grundkräfte des Astralleibes nennt und damit der *ganzen* fünften nachatlantischen Epoche, von der das erste Drittel noch nicht ganz vergangen ist, dann können auch die Glaubenskräfte nicht vollkommen aus der Menschheitsentwicklung verschwinden, im Gegenteil, sie werden weiterhin mit wachsender Kraft in ihr wirken, dabei jedoch einen Prozeß von immer höherer Metamorphose durchmachen.

Von der Bedeutung der Glaubenskräfte für den menschlichen Astralleib sowie die gegenwärtige Kulturepoche sagt Rudolf Steiner: «Das ist das, was wir nennen können jene menschliche Hülle, in welcher die Glaubenskräfte lebendig sind, was wir nennen können die Glaubensseele oder meinetwillen den Glaubensleib. Und das ist dasselbe, was wir bisher mehr abstrakt den astralischen Leib genannt haben. *Die Glaubenskräfte sind die wichtigsten Kräfte des astralischen Leibes,* und ebenso wie richtig ist der Ausdruck ‹Astralleib›, ebenso richtig ist der Ausdruck ‹Glaubensleib›.» Und im folgenden Vortrag: «Die Hülle, die wir gestern bezeichnet haben als die Glaubenshülle, die macht eine Spiegelung oder einen Reflex auf die menschlichen Seelen [Astralleiber] jetzt in unserem *fünften* Zeitraum.»[269]

Die Metamorphose, welche die Glaubenskräfte heute im menschlichen Astralleib durchmachen, können wir jedoch nur wirklich verstehen, wenn wir einen weiteren Prozeß beachten, der heute in diesem vor sich geht. Dieser zweite Prozeß hängt mit der ganz besonderen Entwicklung der Kräfte der Intellektualität in unserer modernen Welt zusammen. Deshalb müssen wir in bezug auf den Astralleib des modernen Menschen sagen: Seine Grundlage bilden die in ihm wirkenden Glaubenskräfte, in deren Bereich aber infolge der gesamten Kulturentwicklung im Laufe der letzten Jahrhunderte stärkste Kräfte der Intellektualität hineinkamen. Zwei Wege können aus dieser Situation herausführen. Der eine besteht darinnen, daß die Kräfte der Intellektualität, wenn sie einen endgültig materialistischen Charakter annehmen, zum Absterben der Glaubenskräfte im Astralleib führen, wodurch dieser allmählich «dürr [und] trocken ... wie das Laub im Herbst» wird und das menschliche Leben auf der Erde sich mehr und mehr mit unüberwindlicher «Furcht, Sorge und Ängstlichkeit» erfüllen wird sowie mit dem, was Rudolf Steiner «Nervosität» nennt, die allmählich zur Erkrankung des ganzen Seelenleibes führt.[270] Der zweite Weg dagegen, der aus dieser Situation herausführt, besteht in einer solchen *Verstärkung* der Glaubenskräfte in der Seele, daß diese in ihrem Streben zum Übersinnlichen sozusagen auch das intellektuelle Prinzip, das heißt das Denken, das ebenso im Astralleib verläuft, ergreifen und mit sich führen können. Letzteres kann jedoch nur dann geschehen, wenn die Glaubenskräfte im Astralleib tatsächlich von einem *moralischen Willen* durchdrungen sind, der auf eine neue, der heutigen Entwicklungsstufe entsprechende Erkenntnis der übersinnlichen Welten gerichtet ist. Von der Notwendigkeit dieses Prozesses sagt Rudolf Steiner: «Der Fortschritt liegt dann nur darin, daß die Menschen eine erhöhte Intellektualität nicht nur für sich entwickeln, sondern dieselbe auch hinauftragen in die astrale Welt.» Das aber ist heute nur mit Hilfe der metamorphosierten Glaubenskräfte möglich. *Allein der Glaube, der von einem zu höherer Erkenntnis strebenden Willen durchdrungen ist, vermag die gegenwärtige Intellektualität in die neue Fähigkeit bewußten Hellsehens zu verwandeln.* Und dann kann «durch ein solches intellektuelles Hellsichtigwerden ... den in solchem Sinne vorgeschrittenen Menschen der ätherisch sichtbare Christus immer mehr und deutlicher im Verlaufe der nächsten Jahrtausende entgegentreten».[271]

Auf eine ähnliche Umwandlung der Kräfte der Intellektualität mit Hilfe der von Opferwillen durchdrungenen *Glaubenskräfte* in die Fähigkeit geistigen Schauens, die zum Erleben des Christus führt, weist auch Novalis, wenn er sagt: «Im Willen ist der Grund der Schöpfung. Glauben ist Wirkung des Willens auf die Intelligenz ...» Dabei wirkt der Glaube in diesem Prozeß nicht als Träger unklaren, erkenntnisfremden Fühlens, sondern *als Mittler,* mit Hilfe dessen ein schöpferischer, moralischer Wille die Intelligenz des menschlichen Kopfes in der Meditation, die zugleich ein «selbstloses Gebet» ist, durchdringt und sie und mit ihr das menschliche *Selbstbewußtsein* in die geistige Welt trägt, welche den Menschen mit Hilfe der spiritualisierten Intelligenz zum bewußt in ihr Schauenden macht. Rudolf Steiner nannte diesen Glauben in einem etwas anderen Zusammenhang einmal zunächst eine «besondere Weisheitskraft» und dann «eine besondere Pneumasophia-Kraft».[271a] Und das ist die wahre Vorstellung vom Glauben der Zukunft, vom metamorphosierten Glauben, der ein neues geistiges Organ für das bewußte Wahrnehmen übersinnlicher Tatsachen zu werden vermag, vor allem aber für den sich in der geistigen Welt realisierenden und mit Hilfe der spiritualisierten Intellektualität bewußt werdenden moralischen Willen, der dann als *freier* Wille vom Menschen erlebt wird: «Glauben – Wahrnehmung des *realisierten Willens*».

Die zwei oben angeführten Aussagen von Novalis sind Zeugnisse seiner bewundernswerten Vorausschau auf den zukünftigen Charakter des Glaubens als eines «schauenden Glaubens» in der neuen, hellen Epoche. Mit ihnen führt Novalis wahrhaftig an die tiefsten, bewegenden Kräfte der ganzen fünften nachatlantischen Epoche sowie an den Grundcharakter des menschlichen Astralleibes, der Quelle und dem Träger der Glaubenskräfte im Menschen.

Wenn wir uns in diesem Zusammenhang zudem in Erinnerung rufen, daß in Novalis' Astralleib die Kräfte des Abbilds des Astralleibes Jesu von Nazareth (der nathanischen Seele) wirkten, dann wird uns verständlich, warum gerade Novalis in seinem kurzen Erdenleben nicht nur der Verkünder des zukünftigen «schauenden Glaubens», sondern auch sein erster Vertreter sein konnte:

> «Der Himmel ist bei uns auf Erden,
> Im Glauben schauen wir ihn an ...»

Und nur wenn man weiß, *was* das Wort «Glaube» in Novalis' Mund bedeutet, kann man wirklich die Worte in seinem Brief an den Kreisamtmann Just verstehen, die er während seiner letzten Krankheit im November 1800 schrieb und die wie ein geistiges Vermächtnis klingen: «Religion ist der große Orient in uns, der selten getrübt wird. Ohne sie wäre ich unglücklich. So vereinigt sich Alles in Einen großen, friedlichen Gedanken, in Einen *stillen, ewigen Glauben.*»

Das Geheimnis der künftigen Metamorphose der Glaubenskräfte im Menschen war jedoch nicht das einzige Geheimnis der Zukunft, das sich Novalis' geistigem Auge zugleich mit dem bereits beschriebenen Blick auf das vergangene Werden von Erde und Menschheit erschloß.

Noch viele andere Geheimnisse der Zukunft im Zusammenhang mit der weiteren Entwicklung des Christus-Impulses ergaben sich seinem inneren Blick – ganz besonders eines, das mit seiner eigenen zukünftigen Aufgabe eng verbunden ist. Dabei kann uns ein klares Wissen um diese künftige Mission von Novalis helfen, uns dem Verständnis seiner Individualität in ihrer Besonderheit noch mehr zu nähern. Wenn wir uns daran erinnern, daß wir die Seelenverfassung Johannes des Täufers nur mit dem Wort «Gewissen» bezeichnen konnten; den Grundzug von Raphaels Seelenverfassung mit Liebe und Mitgefühl gegenüber allem Lebendigen; und daß wir schließlich als den eigentlichen, charakteristischen Zug von Novalis' Seelenverfassung *Glauben, Ehrfurcht und Verwunderung* vor den sich seinem inneren Blick erschließenden Geheimnissen des Weltendaseins erkannten, so tritt aus dieser Aufeinanderfolge seelischer Zustände mit aller Deutlichkeit jene hohe Aufgabe hervor, jene besondere Mission, welche einst vor Novalis in seinem Dienst für die Christus-Wesenheit stehen wird, wobei seine drei Verkörperungen an der Zeitenwende und danach als Vorbereitung erscheinen. Werden doch, gemäß den Angaben der modernen Geisteswissenschaft, diese drei Gruppen von Seeleneigenschaften: Gewissen – Liebe und Mitgefühl – Verwunderung, Ehrfurcht und Glauben, in der Zukunft, die jedoch schon heute begonnen hat, jene seelisch-geistigen Substanzen sein, aus denen die kosmische Christus-Wesenheit sich allmählich ihre Hüllen innerhalb der Menschheit bilden wird: den physischen Leib aus den Gewissenstaten der Menschen (Johannes der Täufer nimmt diese Stufe dadurch voraus, daß er durch die Taufe das Tor für die Vereinigung Gottes mit einem menschlichen *physischen Leib* öffnet)[272], den Ätherleib aus allen Erscheinungen der Liebe und des Mitgefühls und den astralischen Leib aus allen Gefühlen des Glaubens, der Verwunderung und der Ehrfurcht vor den Geheimnissen des Daseins. Davon, daß diese Aufgabe vorzubereiten und später die Menschheit zu diesem hohen Ziel zu führen in aller Konkretheit in einem bestimmten Augenblick seines Lebens tatsächlich vor Novalis' innerem Blick stand, zeugen Worte Rudolf Steiners, mit denen er die inneren Offenbarungen des Dichter-Hellsehers beschreibt: «Und auch jenen gewaltigen Zusammenhang erkennt Novalis, daß dasjenige, was wir den Christus nennen, seit dem Ereignis von Golgatha der planetarische Geist der Erde ist, der Erdengeist, der immer mehr und mehr den Erdenleib umgestalten wird. Er sieht allmählich übergehen den Leib der Erde in den Leib des Christus. Und in einem wundersamen Zusammenwirken stellt sich ihm dar das Eins-Gewordensein alles dessen, was Erde und Christus ist: die Erde in der Zukunft als ein *großer Organismus,* in dem der Mensch eingebettet sein wird und dessen Seele der Christus ist.»[273] Etwas später dann noch deutlicher: «Und wenn alte Zeiten zurückgeschaut haben zu den uraltheiligen Göttern, vereinigt sein wollten im Tode mit ihnen, so erkennt Novalis den Gott, *der da einstmals tragen wird zu seinem Leib alles das, was unser Bestes ist, und was wir hinopfern können* [als Taten des Gewissens, der Liebe, der Verwunderung und des Glaubens] *zu dem Leibe des Christus.* Er erkennt in dem Christus dasjenige, *dem sich die Menschheit hinopfert, damit es einen Leib habe.*»

Und diese hohe Schau nennt Rudolf Steiner «das größte Ereignis seines Lebens», «die einmalige große Einschau in die Christus-Wesenheit». – So vereinigt sich für Novalis zu einer unauflöslichen Einheit die Urvergangenheit mit der entferntesten Zukunft der Menschheit und der Erde.

Als Individualität, welche das Ich des ersten Menschen, *Adam,* in sich trägt, umfaßt sein persönliches, kosmisch-irdisches Schicksal die tiefsten Urquellen der Erdenmenschheit, als diese noch in kindlichparadiesischem Zustand, unauflöslich mit der Welt der Götter verbunden war: «So konnte Novalis hineinschauen in die Zeiten, in denen die Götter unter den Menschen waren, als alles geistig sich abspielte, als noch nicht die Geister und Seelen [der Menschen] heruntergestiegen waren in irdische Leiber.»[274] Weiterhin vermochte Novalis' Seelenblick seine eigene Beziehung zu der Zeitenwende zu umfassen, da er als erster der Menschen den Christus auf der Erde erkannte[275] und daraufhin den geistigen Weg betrat, der sich zu einem einheitlichen Ganzen mit den erhabenen Perspektiven der zukünftigen Entwicklung von Erde und Menschheit verband, soweit der Christus-Impuls in ihr wirken wird, und der uns auch die künftige Mission von Novalis enthüllt: «Dieser Christus-Impuls findet nun aber auf der Erde nichts, womit er sich bekleiden könnte. Er muß daher erst durch die weitere Entwickelung der Erde eine Hülle bekommen, und wenn die Erde an ihrem Ende angekommen sein wird, dann wird der vollentwickelte Christus der Endmensch sein, wie *Adam* der Anfangmensch war, um den sich die Menschheit in ihrer Vielheit gruppiert hat.»[276] Novalis weist mit den folgenden Worten auf diese große Menschheitszukunft: «Noch sind alles nur Andeutungen, unzusammenhängend und roh, aber sie verraten dem historischen Auge eine universelle Individualität, eine neue Geschichte, eine neue Menschheit, die süßeste Umarmung einer jungen überraschten Kirche und eines liebenden Gottes, und das innige Empfängnis eines neuen Messias in ihren tausend Gliedern zugleich.» Da Novalis noch nicht über ausgearbeitete geisteswissenschaftliche Begriffe für diese hohe Wahrheit verfügt, nennt er den zukünftigen Zustand der «Gottmenschheit» einmal «eine universelle Individualität», ein anderes Mal «eine neue Menschheit», oder er verwendet das Bild einer künftigen mystischen Kirche. Was er tatsächlich sagen wollte, kann man wohl nicht besser formulieren als Rudolf Steiner mit den Worten, die er ganz im Geiste der oben angeführten Beschreibung von Novalis' inneren Erlebnissen aussprach: «Wie eine ganz große organische Gliederung sehen wir perspektivisch vor uns die Menschheit. Indem die Menschen verstehen werden, ihre Handlungen diesem großen Organismus einzugliedern, ihre Impulse durch ihre eigenen Taten wie Hüllen darum zu formieren, so werden die Menschen durch die Erdenentwickelung die Grundlage bilden für eine große Gemeinschaft, die durch und durch von dem Christus-Impulse durchzogen, durchchristet sein kann.» In diesen Worten haben wir eine umfassende Beschreibung von Novalis' zukünftiger Mission, zu deren Vorbereitung die drei Inkarnationen dienten, in denen er der Menschheit nacheinander das Urbild des Weges zeigte, auf dem diese in der Zukunft die Hüllen für die Christus-Wesenheit bilden kann: indem er in seiner Inkarnation als Johannes der Täufer ihr das Geheimnis des Entstehens der physischen Hülle[276a], in seiner Inkarnation als Raphael das Geheimnis des Entstehens der ätherischen Hülle und in seiner Inkarnation als Novalis das der astralischen Hülle zeigte und damit die geistige Grundlage seiner künftigen Erdenaufgabe legte. Das ist jedoch noch nicht alles. Denn, nachdem er selbst die drei genannten Stufen: die physische, ätherische und astralische, durchlaufen hatte, bereitete er sich zugleich darauf vor, in der Zukunft, von seiner nächsten Inkarnation an, eine noch höhere Stufe in dieser Entwicklung zu erreichen, die Ich-Stufe, um sodann, von dem Christus-Impuls bis in sein Ich ganz durchdrungen, als Meister vor die Menschheit zu treten und sie zur Verwirklichung des Zieles zu führen: aus den Kräften des Gewissens, der Liebe, des Staunens und des «schauenden Glaubens» an der Bildung «einer großen Gemeinschaft» zu arbeiten, «die durch und durch von dem Christus-Impuls durchzogen, durchchristet sein kann».

Mit dieser zukünftigen Mission von Novalis, deren Verwirklichung alle seine folgenden Inkarnationen gewidmet sein werden, haben wir auch eine Art Gegenpol zu dem, was in der Urvergangenheit, in lemurischer Zeit, *durch* die Adam-Individualität in die Menschheitsentwicklung gekommen ist. So wie in jener weit zurückliegenden Zeit es Adam war, der das «Instrument» in den Händen der Weltenführung bildete, durch das die paradiesisch-unschuldige Menschheit den Weg zur Erdenmenschheit antreten sollte, so muß diese Individualität in der Zukunft eine führende Stellung in dem Prozeß der allmählichen Rückkehr der Menschheit zu ihrem ursprünglichen kosmischen Zustand einnehmen, dem Prozeß ihres neuerlichen Aufsteigens in die geistigen Sphären, aus der sie einst herabstieg, um Freiheit und individuelles Ich-Bewußtsein auf der Erde zu erlangen. Darin kommt jenes umfassende Weltgesetz zum Ausdruck, demzufolge jede menschliche Individualität, die einmal eine bedeutende Tat innerhalb der geistigen Menschheitsentwicklung vollbracht hat, im Laufe der Zeit diese Tat wiederholen muß, nun aber als eine Art Polarität in bezug auf die erste Tat, so daß die Folgen der ersten Tat dank der zweiten zum Heile der weiteren Erdenentwicklung in ihr Gegenteil verwandelt werden können.[277]

Diese Polarität im kosmisch-irdischen Wirken der Adam-Individualität bilden, einerseits, der Prozeß des allmählichen Herabsteigens der Menschheit aus der geistigen in die irdische Sphäre infolge des sogenannten «Sündenfalls» und, andererseits, ihr zukünftiges, abermaliges, nun aber voll bewußtes Aufsteigen zurück in die Sphäre des Geistes, dadurch, daß sie «das große unsterbliche Individuum» allmählich in sich schafft.[277a] Denn das, was uns diese Individualität in den drei oben beschriebenen Inkarnationen als Impulse des Gewissens, des Mitgefühls, des Erstaunens und des «schauenden Glaubens» zeigt, ist nichts anderes als der Beginn der Verwirklichung des *wahren Sinnes der ganzen Erdenentwicklung,* der Anfang des Ausgleichs des Menschheits-Weltenkarma, den in der Zukunft zu ermöglichen die Hauptaufgabe der Novalis-Individualität ist. «Dazu ist die Erdenentwickelung da. *Das ist der Sinn der Erdenentwickelung,* daß auf dem Boden der Erdenentwickelung eingepflanzt wird in die Gesamtentwickelung das, was ohne die Erdenentwickelung nicht da sein würde: Erstaunen, Verwunderung, Mitgefühl und Gewissen»[278] – damit am Ende der Entwicklung ein solcher Zustand erreicht werde, der im höchsten Sinne ein Gegenpol zum Paradies-Zustand der Menschheit sein kann. Das wird nur dadurch möglich sein, daß die Erde durch die Menschen im Sinne ihres neuen Planetengeistes – des Christus – durch die Bildung seiner Hüllen umgewandelt wird: «Aber indem die Erde an ihrem Ziele angelangt sein wird, wird sie, wie die menschliche Wesenheit, eine voll ausgebildete Wesenheit sein, die dem Christus-Impuls entspricht ... So wird er [der Christus] am Ziele der Erdenentwickelung in dreifacher Weise umhüllt sein von dem, was in den Menschen gelebt hat und was, wenn sie über ihr Ich hinausgekommen sind, die Hülle des Christus geworden sein wird.»

So wird mit der Vollendung der Erdenentwicklung jener Ursprungszustand des unmittelbaren Zusammenhanges mit der göttlich-geistigen Welt wieder hergestellt sein, der in den zwei ersten Kapiteln der biblischen Schöpfungsgeschichte beschrieben ist. Auf diesen Zukunftszustand der Erde weist auch der Evangelist Johannes im vorletzten Kapitel der Apokalypse: «Und ich hörte vom Throne her eine mächtige Stimme sprechen: Siehe, die Tempelhütte Gottes unter den Menschen. Er wird in ihrer Mitte wohnen, und sie werden sein Volk sein. Die Gottheit selbst wird bei ihnen sein und alle Tränen aus ihren Augen wischen. Es wird keinen Tod mehr geben und kein Leid und keinen Klageruf und keine schwere Last; denn die alte Welt ist vergangen» (21,3–4). Diese Worte bilden in dem wunderbaren kompositionellen Aufbau der Bibel einen Gegenpol zu den Worten, welche der Jahve-Elohim bei der Austreibung aus dem Paradies zu Adam sprach.[279] So heißt es in der Apokalypse weiter: «Und er sprach zu mir: Es ist geschehen. *Ich bin das Alpha und das Omega, der Urbeginn und auch das Weltenziel*» (21,6), das heißt Beginn und Ende der Ich-Entwicklung, die damit begann, daß Adam (und mit ihm der ganzen Menschheit) das Ich-Prinzip verliehen wurde (1. Mose 2,7), und die einst mit dem höchsten Punkt der Entwickelung dieses Ich vollendet sein wird: mit seiner Bereitschaft, sich mit dem nächsten, dem Geistselbst-Prinzip, ganz zu vereinigen, um im Einssein mit ihm zu einem neuen kosmischen Äon überzugehen. Aber dieses wird, wie wir gesehen haben, nur geschehen, wenn auf die beschriebene Weise Hüllen in der Menschheit gebildet werden, in die der Christus sich kleiden kann, um die Menschheit sodann zum Jupiter-Dasein zu führen: «Dasjenige, was an unserer Erde physisch ist, fällt am Ende der Erdenperiode ab, und die Gesamtheit aller Menschen, die der Menschenseelen, geht hinüber in den Jupiter, in den nächsten planetarischen Zustand der Erde. Von den Stadien der Entwickelung, die sie erreicht haben wird, geht sie über zu dem nächsten Stadium der Erdenentwickelung, dem Jupiter-Dasein. Und wie beim einzelnen Menschen das menschliche Ich der Mittelpunkt ist seiner weiteren Entwicklung, so ist nachher für die ganze Menschheit das Christus-Ich, das in ihre astralischen und Ätherleiber gesenkte Ich, dasjenige, was weitergeht, um in der folgenden planetarischen Entwickelung das Jupiter-Dasein zu beseelen.»[280]

Das läßt sich auch von einem mehr innerlichen Standpunkt aus charakterisieren: Die vier Gruppenseelen der Urmenschheit, die im Okkultismus «Stier», «Löwe», «Adler», «Mensch» genannt werden und die auf dem alten Mond ihre Entwicklung leiteten, sind auch zum Erdenäon übergegangen. Hier wirkten sie weiterhin auf die sich entwickelnde Menschheit aus der Sonnensphäre heraus ungefähr bis zum Ende des ersten Drittels der atlantischen Zeit ein.[281] Dabei wirkten die Kräfte des «Stier»-Geistes mehr auf die Entwicklung des menschlichen physischen Leibes, die des «Löwen»-Geistes auf den Ätherleib, des «Adler»-Geistes auf den Astralleib und die des «Menschen»-Geistes auf die Entwicklung des neugeborenen Ich.

In der Folgezeit traten, von der Mitte der atlantischen Epoche an, diese vier Arten geistiger Wesenheiten allmählich von der unmittelbaren Menschheitsführung zurück, was eine unabdingbare Voraussetzung für die allmähliche Entwicklung der inneren Freiheit im Menschen war, die mit der vollen Unabhängigkeit von den ihn früher führenden geistigen Wesenheiten verbunden ist. Jedoch in der Weltentwicklung verschwindet nichts spurlos. Deshalb muß auch das, was der Menschheit zu Beginn der Erdenentwicklung ohne ihre eigene Beteiligung geschenkt wurde, am Ende ihrer Entwicklung neuerdings, in voller Freiheit, ausgehend von dem bereits erworbenen, höheren Geistbewußtsein, von den Menschen wieder errungen werden, als Grundlage für den Übergang zum künftigen Jupiter-Zustand.

In diesem Sinne ist die bewußte Beteiligung der Menschen am Entstehen des «großen unsterblichen Individuum» nichts anderes als das abermalige Schaffen – nun aber aus den eigenen inneren Kräften – jener spirituellen Menschheitsstruktur, in der die in ihr zu Beginn der Erdenentwicklung wirkenden Sonnenkräfte des «Stier»-Geistes wiederum, in vom Christus-Impuls umgewandelter Form, in der physischen Hülle des «unsterblichen Individuum» zu wirken beginnen, die Kräfte des «Löwen»-Geistes in der ätherischen und des «Adler»-Geistes in der astralischen Hülle. Was aber die vierte Kategorie von Geistern betrifft, die am Beginn der Erdenentwicklung von der Sonne aus als «Menschen»-Urbilder, als «Geistes-Menschen»[282], wirkten, so treten auch sie in neuer, vom Christus-Impuls verwandelter Form als das «höhere Ich» der ganzen Menschheit auf[283], um sich mit den von den Menschen gebildeten drei Hüllen zu verbinden und damit die volle

Verkörperung des «großen menschlichen Erdenvorbilds» zu bilden[284], das von dem Christus von der Sonne auf die Erde gebracht wurde.*

So wird sich einmal die ganze Erdenentwicklung zu einem einheitlichen Ganzen zusammenschließen, insofern ihr Beginn karmisch ihr Ende vorherbestimmte. Und mit dem Erfüllen dieser hohen Mission der Erde – einst eine volle Äußerung ihres neuen planetarischen Geistes zu sein – ist auf eine besonders tiefe Weise jene älteste Menschheitsindividualität verbunden, die sich von ihrer Verkörperung an der Zeitenwende an und weiter in ihren Inkarnationen im 16. und 18. Jahrhundert unmittelbar darauf vorbereitete, an dieser Mission teilzunehmen.

---

*Alles oben Gesagte ist zugleich der Beginn der abermaligen Vereinigung der Erde mit der Sonne.

10.

Novalis und die Geburt der neuen Mysterien im 20. Jahrhundert

«Die Zeit ist da, und nicht verborgen
Soll das Mysterium mehr sein.»

Novalis

Alles bisher über die Novalis-Individualität Gesagte führt uns unmittelbar zu der Frage nach ihrer Beteiligung an der Begründung der neuen michaelischen Mysterien auf der Erde im 20. Jahrhundert. Als geistige Vorgeschichte dieser michaelischen Mysterien kennen wir *drei Stufen* der übersinnlichen Vorbereitung der Anthroposophie in den höheren Welten.[285] So bezeugt Rudolf Steiner, daß im ersten Drittel des 15. Jahrhunderts ein bedeutendes geistiges Ereignis in den geistigen Welten stattfand, das sich in der Sphäre der ersten und zweiten Hierarchie abspielte, demzufolge die kosmische Intelligenz innerhalb des menschlichen Organismus aus dem Bereich des Herzens in die Nerven-Sinnes-Organisation, das heißt den Kopfbereich, überging.[286]

Dieses wichtige kosmische Geschehen wurde damals von Michael und den mit ihm verbundenen Menschenseelen, zu denen auch die Individualität des zukünftigen Raphael gehörte, aus der Sonnensphäre heraus beobachtet. Das Miterleben dieses kosmischen Ereignisses ließ sie dann den Entschluß fassen, sich im letzten Drittel des 15. Jahrhundert (im Jahre 1483) auf der Erde zu verkörpern. Es war ihre Absicht, mit allen Kräften dazu beizutragen, daß die innere Verwandlung des Menschenwesens, welche die hierarchischen Wesenheiten herbeigeführt hatten, in der *rechten* Weise in der Entwicklung der Erdenmenschheit zum Ausdruck kommen könne – mit anderen Worten: dazu beizutragen, daß es den Gegenmächten nicht gelingen möge, dieses übersinnliche Ereignis und die neue kosmisch-irdische Situation zu nützen, um das Wirken der Kopf- und der Herzkräfte in den Menschen vollständig zu trennen. In Anbetracht der damaligen Entwicklungsstufe der Menschheit und der auf der Erde bestehenden historischen Bedingungen wählte die Raphael-Individualität die bildende Kunst als das geeignetste Mittel zum Erreichen dieses Zieles.

So konnte Raphael schon am Ende des 15. Jahrhunderts die Kunde von diesem kosmischen Ereignis und der mit ihm verbundenen Möglichkeit eines ganz neuen Gleichgewichts zwischen dem Kopf und dem Herzen auf die Erde bringen, eines Gleichgewichts, das er als konkrete Persönlichkeit durch sein eigenes Leben und ganz besonders durch sein Werk der Menschheit zeigte. Und so haben wir sowohl in seinem Leben als auch in seinem Werk eine Quelle der heilenden, der harmonisierenden Kräfte, die auch dem modernen Menschen eine Hilfe sein können, um die richtige Beziehung zwischen der seitdem im Kopfe wirkenden Intelligenz und den spirituellen Kräften des Herzens herzustellen.

Es ist heute wohl recht schwierig, sich auch nur entfernt vorzustellen, welche Anspannung aller geistigen und physischen Kräfte die Erfüllung dieser schweren Aufgabe von Raphael forderte, besonders wenn wir die Zahl und Qualität seiner Kunstwerke, die er in so kurzer Lebenszeit schuf, in Betracht ziehen. Die bewußt-unbewußten Erinnerungen des in der geistigen Welt vor der Geburt Durchlebten wurden jedoch zeitweilig so mächtig in Raphael, daß allein die Kräfte, die seine Seele durch die übersinnliche Verbindung mit Lazarus-Johannes an der Zeitenwende empfangen hatte, seine Entelechie bis 1520 im physischen Leib zu halten vermochten.[287] Zudem betrafen diese übersinnlichen Erinnerungen nicht nur das erste Stadium der kosmischen Bildung der Anthroposophie, sondern auch seine Beteiligung an der Grundlegung der zweiten Phase, die Rudolf Steiner als übersinnliche Michael-Schule in der Sonnensphäre beschreibt. Diese Schule entstand schon am Ende des 14. Jahrhunderts[288] und wirkte, nachdem sie einen neuen kosmischen Impuls dadurch erhalten hatte, daß ihre Teilnehmer im ersten Drittel des 15. Jahrhunderts das oben beschriebene Ereignis im Bereich der höheren Hierarchien miterlebt hatten, «bis ins 18. Jahrhundert herein».[289]

Erst nach der Vollendung der *ganzen* Epoche ihres übersinnlichen Wirkens faßt die Raphael-Individualität wiederum den Entschluß, sich auf der Erde zu verkörpern, um nun als Novalis (1772 geboren) der Menschheit die Kunde von der in der geistigen Welt unter der unmittelbaren Führung Michaels vollzogenen Begründung des neuen kosmischen Christentums zu bringen, des Christentums, dem allein die Zukunft der Entwicklung der Menschheit gehört, wenn diese ihre Aufgabe auf der Erde wirklich erfüllen soll.

Über diese Botschaft von Novalis, die sich so vielgestaltig in seinem Werk spiegelt, sagte Rudolf Steiner: «Wenn wir seine Schriften durchsehen, so finden wir, daß er die *Zukunft des Christentums aus dessen okkulten Wahrheiten heraus schildert.*»[289a] Jedoch die Verbindung mit der irdischen Welt ist bei Novalis so wie bei Raphael nur eine lockere zarte, weshalb er 1797, nach dem Tod seiner ersten Braut, Sophie von Kühn, den Entschluß faßt, ihr nachzusterben, wieder in die geistige Welt zurückzukehren: «Schon will er übergehen ins Übersinnliche, schon will er das Leben des Raphael wieder führen, nicht eigentlich die Erde berühren ...»[290] Denn im Innern seiner Seele wendet er sich, ebenso wie Raphael, ganz zur geistigen Welt hin, jetzt besonders zu der nächsten geistigen Sphäre, wo in dieser Zeit, am Ende des 18. und dem Beginn des 19. Jahrhunderts der übersinnliche imaginative Kultus stattfindet, an dem teilzunehmen Novalis sich bewußt-unbewußt berufen fühlt.[291]

Im Jahre 1801 überschreitet Novalis, dem einmal gefaßten Entschluß folgend, die Schwelle des Todes, um in der geistigen Umgebung der Erde an dem übersinnlichen Kultus teilzunehmen, der dritten und letzten Phase der himmlischen Vorbereitung der Anthroposophie. So wurde die von uns betrachtete Individualität zweimal – als Raphael und als Novalis – «heruntergesandt als Bote von der Michael-Strömung hin zu den Menschen auf Erden», um ihnen die Kunde zunächst der ersten und dann der zweiten Stufe der himmlischen Vorbereitung der Anthroposophie im Schoße der Weltenströmung Michaels zu bringen, in beiden Verkörperungen dadurch «in künstlerischer und dichterischer Weise die Michael-Strömung vorbereitend».[292]

Und obwohl Novalis im Einklang mit dem Gang der Weltenführung am Ende des 19. Jahrhunderts nicht auf die Erde herabkam, um während des ersten Viertels des 20. Jahrhunderts unmittelbar an der allmählichen Inkarnation der Anthroposophie in der Erdenwelt und ihrer Kulmination: der Begründung der neuen michaelischen Mysterien zu Weihnachten 1923, teilzunehmen, so war doch gerade ihm die Aufgabe gestellt, in der geistigen Welt vielen Menschenseelen, die sich am Ende des 19. und im 20. Jahrhundert verkörpern wollten, um *auf der Erde* an der Strömung der neuen Mysterien teilzuhaben, ein Führer und Helfer zu sein. Mehr noch, wir können seinen unsichtbaren Einfluß, seine Hilfe und Teilnahme in fast allen wichtigen Etappen der Erdenverkörperung der Anthroposophie verfolgen, ganz besonders von Herbst 1908 an, dem Jahr vor dem Beginn des Wirkens des ätherischen Christus (1909).

Von dieser übersinnlichen Beteiligung Novalis' an der irdischen Entwicklung der Anthroposophie wird im nächsten Kapitel eingehender gesprochen werden. Hier ist die Richtung genauer zu betrachten, in der sich sein *irdisches* Wirken von seiner nächsten Verkörperung an entfalten wird. Diese künftige Erdenmission im Strom der neuen Mysterien können wir auf der Grundlage der vorangegangenen Betrachtung auf die folgende Weise charakterisieren.

Oben (Seite 38 und 59) wurde darauf hingewiesen, daß der Grundimpuls aller Verkörperungen der Novalis-Individualität, von der Zeitenwende an, sein stetes Streben zu seinem himmlischen Urbild, der nathanischen Seele, war, das ihn in seiner Inkarnation im 18. Jahrhundert zu dem Damaskus-Erlebnis führte, der prophetischen Vorwegnahme der ätherischen Erscheinung Christi, die mit dem 20. Jahrhundert beginnt.[292a] Dieses unwandelbare Streben zur nathanischen Seele hat auch die besondere Konfiguration seines Karma hervorgerufen, die darin zum Ausdruck kommt, daß er nach dem Gesetz der spirituellen Ökonomie in seiner Inkarnation als Raphael das Abbild des Ätherleibes der nathanischen Seele in sich aufnimmt[293] und in seiner letzten Verkörperung als Novalis das Abbild ihres Astralleibes, wodurch er sich darauf vorbereitet, in seiner folgenden Inkarnation den Weg zu einer höheren Stufe zu betreten, zur Aufnahme eines der Abbilder des Christus-Ich selbst, welche von der nathanischen Seele in den geistigen Welten gehütet werden, um sodann offen mit seiner neuen Mission vor die Menschheit zu treten.[294] Von der Möglichkeit, ein solches Abbild oder eine solche Kopie des Christus-Ich im Ich des Jesus von Nazareth (der nathanischen Seele), die in der geistigen Welt «vervielfältigt» wurde, in sich aufzunehmen, spricht Rudolf Steiner im Vortrag vom 31. Mai 1909: «Es warten im Hinblick auf die künftige Menschheitsentwickelung in der geistigen Welt auf uns die Kopien des Ich des Jesus von Nazareth. Solche Menschen, die sich hinaufringen können *zu den Höhen der spirituellen Weisheit und Liebe,* sie sind Kandidaten für die Kopien des Ich des Jesus von Nazareth, sie sind dann die Christus-Träger, die wahren Christophoren.[295] *Sie sollen auf dieser Erde die Vorbereiter sein für sein Wiedererscheinen.*»[296]

Mit dieser Aufgabe, auf «der Erde der Vorbereiter für sein Wiedererscheinen» zu werden, war von allem Anfang an die Novalis-Individualität verbunden. Und der Hinweis auf die Notwendigkeit, «zu den Höhen der spirituellen Weisheit und Liebe» aufzusteigen, ist nichts anderes als die Vorbereitung auf den Übergang von der fünften zur sechsten Kulturepoche, worauf Rudolf Steiner mit aller Klarheit selbst in einem Vortrag hinwies, den er zwei Wochen früher hielt: «Der Anthroposoph macht sich zu einem lebendigen Empfänger dessen, was in der Jahve-Christus-Offenbarung dem Moses[297], dem Paulus gegeben wird. So heißt es im fünften Brief der Apokalypse, wie die Menschen der fünften Kulturepoche diejenigen seien, die wirklich in sich aufnehmen, was dann für die Kulturperiode der Gemeinde von Philadelphia etwas Selbstverständliches sein wird. Die Weisheit der fünften Kulturperiode wird als Liebesblume aufgehen in der sechsten. – Die Menschheit ist heute dazu berufen, etwas Neues, Göttliches in sich aufzunehmen und dadurch den Aufstieg in die geistige Welt wieder vorzunehmen.»[298] So sehen wir auch von diesem Standpunkt aus, wie wunderbar harmonisch sich Novalis' wichtigstes geistiges Streben sowie auch seine zukünftige Mission als Repräsentant der sechsten Kulturepoche (siehe Kapitel 7) in den Hauptstrom der geistigen Menschheitsentwicklung und in ihm ganz besonders in den mit ihm verbundenen Impuls der neuen Mysterien einfügt.

Diese neuen Mysterien ihrerseits sind eine Fortsetzung und Weiterentwicklung derjenigen Strömung «wahrer, moderner Esoterik», die geisthistorisch bis zur Mitte des 13. Jahrhunderts zurückgeht[299] und deren Quelle die führende Meisterindividualität der christlichen Esoterik, Christian Rosenkreutz, ist, der erwürdigt wurde, als *erster Mensch* auf der Erde ein Abbild des Ich des Jesus von Nazareth in seinem Ich zu empfangen.[300] Und wir haben im 20. Jahrhundert in Rudolf Steiner den Begründer der modernen christlich-rosenkreuzerischen Mysterien, der das Werk von Christian Rosenkreutz in unserer Zeit fortführt[301] und dank dessen Erdenwirken die Möglichkeit, Empfänger eines Ich-Abbildes des Jesus von Nazareth zu werden, von unserer Zeit an mehr und mehr ein Gut nicht nur der höchsten Eingeweihten, sondern aller Menschen werden wird, welche aus freiem Willen eine neue spirituelle Beziehung zum Christentum erlangen wollen, wie das heute durch die Aufnahme der modernen Geisteswissenschaft oder Anthroposophie möglich ist.

Auf diese Weltmission der neuen christlich-rosenkreuzerischen Mysterien, diese Hauptaufgabe «der geisteswissenschaftlichen Weltenströmung», weist Rudolf Steiner selbst mit den Worten hin: «Das gehört zu der inneren Mission der spirituellen Weltenströmung, die Menschen dazu vorzubereiten, ihr Seelisches so reif zu machen, daß nun auch eine immer größere und größere Anzahl von Menschen ein Abbild der Ich-Wesenheit des Christus Jesus in sich aufnehmen kann ... Und hier sehen Sie, aus welchen Tiefen heraus die geisteswissenschaftliche Weltenströmung wirkt. Sie ist nicht eine Theorie, nicht eine Summe von Begriffen, die bloß gegeben werden, um den Menschen aufzuklären, sie ist Realität, und Realitäten sollen der Seele gegeben werden durch die Geisteswissenschaft. Derjenige, der das Christentum spirituell verstehen und in sich erleben wird, der wird dazu beitragen, daß entweder in der jetzigen oder in einer späteren Inkarnation in sein Ich einverwoben wird ein Abbild des Ich der Christus-Jesus-Individualität.»[302] Aus diesen Worten folgt, daß die von Christian Rosenkreutz im 13. Jahrhundert begründete spirituelle Strömung «der modernen Esoterik», welche vom 20. Jahrhundert an allen Menschen guten Willens dank der geisteswissenschaftlichen Tätigkeit Rudolf Steiners zugänglich ist, in der Zukunft auch von der Novalis-Individualität fortgeführt werden wird, die auf eine solch intime und tiefe Weise in der geistigen Welt mit diesen beiden Meister-Individualitäten verbunden ist. Denn zu der nathanischen Seele als seinem Urbild strebend strebt Novalis zugleich auch zu dem hohen Ideal der neuen Mysterien: einmal ein wirklicher «Christus-Empfänger» auf der Erde zu werden, und das bedeutet: sich mit ihm bis in den Kern seines Wesens, bis zu seinem Ich zu durchdringen und so zu einem lebendigen Erbauer der neuen Ich-Mysterien zu werden.[303]

So werden sich in der künftigen Mission von Novalis zwei karmisch bedingte Impulse seiner inneren Entwicklung verbinden. Sein «mikrokosmisches» Streben, ein Abbild des Ich des Jesus von Nazareth in sein Ich aufzunehmen, und sein «makrokosmisches» Streben, zur Verwirklichung der wichtigsten Aufgabe der Erde beizutragen: der Bildung der drei Hüllen in der Menschheit, in denen sich einst die Christus-Wesenheit wird verkörpern können – dem makrokosmischen Gegenbild der Taufe im Jordan. Diese ganze Entwicklung wird sich aber auf dem Hintergrund der Tatsache vollziehen, daß sich die höheren Hierarchien, die, einander ablösend, von den Geistern der Form bis zu den Angeloi, auf ihn wirkten, wie wir das durch seine verschiedenen Inkarnationen verfolgen konnten, allmählich von ihm zurückziehen werden. Denn nicht aus hierarchischer Inspiration heraus, sondern nur aus dem individuellen Impuls seines eigenen Ich soll diese Individualität in der Zukunft handeln.[304]

Eigentümlich erscheint in diesem Zusammenhang, daß Novalis keinerlei Beziehung zur historischen Rosenkreuzer-Strömung hatte. Im Unterschied zu Goethe[305], zum Beispiel, war Novalis in seiner Verkörperung im 18. Jahrhundert niemals unmittelbar mit irgendeiner okkulten Vereinigung oder esoterischen Gesellschaft, den Trägern des traditionellen Okkultismus, verbunden. Seine Verbindung mit der Rosenkreuzer-Strömung ruhte von Anfang an auf einem sehr viel tieferen Grunde. Da sie auf die Ereignisse an der Zeitenwende und ganz besonders auf das übersinnliche Miterleben des Mysteriums von Golgatha dank des spirituellen Zusammenhanges mit Johannes-Lazarus zurückging, blieb diese Beziehung auf eine ganz besondere Weise auch während der folgenden Inkarnationen dieser Individualität erhalten. Um nun dieselbe in all ihrer Bedeutung wirklich zu verstehen, ist nochmals daran zu erinnern, daß wir einerseits in Novalis den wichtigsten Vorbereiter, Vorverkündiger der sechsten Kulturepoche und der zukünftigen Form des spirituellen Christentums haben, und andererseits folgt aus mehrfachen Mitteilungen Rudolf Steiners, daß das *rosenkreuzerische oder johanneische* Christentum[306] in der Zukunft die geistige Grundlage der nächsten Kulturepoche bilden wird[307], während der die endgültige Enthüllung und Verwirklichung der Rosenkreuzer-Mysterien, der Mysterien von Christian Rosenkreutz selbst, der Mysterien des johanneischen Christentums erfolgen wird.

Nur auf der Grundlage dieser Mysterien wird in der Zukunft – und die moderne Anthroposophie ist eine Vorbereitung dazu – die wahre esoterische Synthese der spiritualisierten Religion, Kunst und Wissenschaft verwirklicht werden können, und es wird diese Verwirklichung die wichtigste Mysterientat von Christian Rosenkreutz sein.[308] Die Novalis-Individualität aber wird in ihren zukünftigen Inkarnationen einen entscheidenden Beitrag zur Erfüllung dieser Aufgabe leisten.

Zu dieser «künftigen Zusammenarbeit» mit Christian Rosenkreutz auch auf der Erde hat sich die Novalis-Individualität allmählich im Laufe ihrer drei Inkarnationen von der Zeitenwende an vorbereitet. So entwickelte sie als Johannes der Täufer vor allem den *religiösen* Impuls in sich, weshalb Rudolf Steiner, als er im Vortrag vom 30. Januar 1913 auf ihn hinwies, von seiner Anschauung als einer «einseitig moralisch-religiösen» sprach, davon, daß «seine Seele ganz diesen moralisch-religiösen Eindrücken hingegeben war».[309] Zu diesen religiösen Erlebnissen, die, wenn auch in verwandelter Gestalt, in seine nächste Inkarnation als Raphael übergingen, gesellten sich nun nicht weniger bedeutende Erlebnisse im Bereich der Kunst. Bei Novalis, schließlich, treten zu seiner tiefen Religiosität[310] und rückhaltlosen Hingabe an die Kunst auch die Impulse *zu spiritualisierter Wissenschaft.*

Wir wollen hier auszugsweise zwei seiner Äußerungen anführen. Die eine betrifft die künftige spiritualisierte Wissenschaft der Astronomie: «Metaphysik und Astronomie sind Eine Wissenschaft. Die Sonne ist in der Astronomie, was Gott in der Metaphysik ist. Freiheit und Unsterblichkeit sind wie Licht und Wärme. Gott, Freiheit und Unsterblichkeit werden einst Basen der geistigen *Physik* ebenso werden – wie Sonne, Licht und Wärme die Basen der irdischen Physik.»

Die zweite Äußerung nimmt die spirituelle Medizin der Zukunft vorweg: «Jede Krankheit ist ein musikalisches Problem – die Heilung eine *musikalische Auflösung.* Je kürzer und dennoch vollständiger die Auflösung – desto größer das musikalische Talent des Arztes.» Mit anderen Worten: Jede Krankheit ist eine Dissonanz, die zwischen den Rhythmen des menschlichen Organismus und den Rhythmen des Kosmos entsteht;[311] und jede Heilung ist in Wirklichkeit eine Überwindung, eine Umwandlung dieser Dissonanz in eine Konsonanz, die Herstellung der Übereinstimmung und harmonischen Wechselbeziehung der Funktionen des menschlichen Organismus mit der großen Welt oder dem Makrokosmos. Denn für Novalis ist «die Welt der *Makroanthropos*».

So erlangte Novalis in seiner letzten Inkarnation nicht aus irgendeiner äußeren Überlieferung oder historischen Rosenkreuzer-Tradition heraus, sondern allein durch die karmische Führung seines Schicksals ein Verständnis für die Aufgaben der künftigen Menschheitsentwicklung sowie für die Notwendigkeit, Religion, Kunst und Wissenschaft im Geiste des wahren Rosenkreuzer-Impulses zu einer spirituellen Synthese zu bringen, wenn diese erfüllt werden sollen. Davon zeugt mit voller Klarheit das Fragment: «Der gebildete Mensch lebt durchaus für die Zukunft. Sein Leben ist Kampf; seine Erhaltung und sein Zweck *Wissenschaft* und *Kunst.* – Je mehr man lernt, nicht mehr in Augenblikken, sondern in Jahren usw. zu leben, desto edler wird man. Die hastige Unruh', das kleinliche Treiben des Geistes geht in große, ruhige, einfache und vielumfassende Tätigkeit über, und die herrliche Geduld findet sich ein. Immer triumphierender wird *Religion* und Sittlichkeit, diese Grundfesten unsers Daseins.»

Oder ein anderes Fragment: «Alle historische Wissenschaft strebt mathematisch zu werden. Die mathematische Kraft ist die ordnende Kraft. Jede mathematische *Wissenschaft* strebt wieder philosophisch zu werden – animiert oder rationalisiert zu werden – dann *poetisch* – endlich moralisch – zuletzt *religiös.*»[312]

So ist Novalis, obwohl er bisher noch keinen unmittelbaren Zusammenhang mit der Rosenkreuzer-Strömung *auf der Erde* hatte, trotzdem aufs tiefste mit ihr und ihrem großen Begründer während der Epochen verbunden, da er *zwischen* den Erdenverkörperungen in der geistigen Welt weilt. Dabei erfüllt die Novalis-Individualität während ihres Sphären-Daseins jedes Mal eine ganz besondere Aufgabe, indem sie in den höheren Welten als *Mittler* und Bindeglied zwischen den verschiedenen esoterischen Strömungen wirkt, die sich heute auf dem Boden der Anthroposophie vereinigen sollen.[313] So kann Novalis, der eine Individualität ist, die in der geistigen Welt mit der Strömung des Maitreya-Bodhisattva verbunden ist, welche an Jeshu ben Pandira anschließt (siehe Seite 54 und Anmerkung 20), zugleich aber auch mit der Rosenkreuzer-Strömung, an deren Ausgangspunkt Christian Rosenkreutz steht, ihre geistige Vereinigung im 20. Jahrhundert in der modernen Geisteswissenschaft mit ganz besonderer Intensität fördern. Und es ist ihre geistige Vereinigung, durch die der Grund gelegt werden soll zur Erschließung der neuen spirituellen Quellen des Christentums, die mit den modernen Mysterien des ätherischen Christus zusammenhängen, mit denen, wie wir sahen, die Novalis-Individualität so intim verbunden ist: «Wir leben [in unserer Zeit] eben so, daß die religiösen Sehnsuchten nach dem Christus hintendieren, aber es müssen die wahren Quellen des Christentums wieder gefunden werden. Und nach diesem Ziel hin *sehen wir* zusammenfließen die geistige Strömung, die ausgeht von Jeshu ben Pandira, und jene, die im Beginn des dreizehnten Jahrhunderts an Christian Rosenkreutz anknüpft ... So wirken zusammen die Strömung des [künftigen] Maitreya-Buddha mit der abendländischen Strömung, die anknüpft an Christian Rosenkreutz».[314] Und schon die Tatsache, daß diese zwei Strömungen heute gemeinsam für das Werden und die Entwicklung der anthroposophischen Bewegung auf der Erde wirken können, ist ein Ergebnis der Mittlertätigkeit der Novalis-Entelechie aus den geistigen Welten heraus.

Zum Abschluß ist noch ein weiteres wichtiges Gebiet der Vermittlertätigkeit der Entelechie von Novalis zu erwähnen. Es ist das seine Hilfe bei der endgültigen und vollständigen Vereinigung der *übersinnlichen Michael-Strömung und der Rosenkreuzer-Strömung.* Im Mittelalter und auch noch zu Beginn der Neuzeit entwickelten sich diese zwei Strömungen streng parallel zueinander: die Michael-Strömung in den geistigen Welten und die Rosenkreuzer-Strömung als die grundlegende

Strömung des esoterischen Christentums auf der Erde, wobei die Verbindung zwischen diesen beiden Strömungen in dem genannten Zeitraum so vollzogen wurde, daß gewisse Persönlichkeiten – «die echten Rosenkreuzer» – ihr seelisches Leben in dem Bestreben, es dem Michael-Dienst zu weihen, so gestalteten, daß es in bestimmten Augenblicken der meditativen Versenkung irgendwelchen äußeren, «irdischen» Einflüssen nicht zugänglich war. Dadurch konnte Michael durch die Seelen dieser Menschen wirken, ohne Gefahr zu laufen, mit dem irdischen Geschehen in Berührung zu kommen. In dieser Zeit, vom 14. bis zum 19. Jahrhundert, war diese Lage der Dinge eine unabdingbare Voraussetzung für die Rosenkreuzer für «ihr Arbeiten mit Michael».[315] Nur nachdem sie ihre Seele durch strenge meditative Arbeit und wahre moralische Läuterung vorbereitet und in bestimmten Augenblicken des Lebens jeder Beziehung zur Erdenwelt entsagt hatten, konnten die echten Rosenkreuzer Michael bei der Vorbereitung seiner künftigen Mission unter den Menschen helfen, mit deren Verwirklichung er vom letzten Drittel des 19. Jahrhunderts an beginnen sollte: «Das wahre Rosenkreuzertum liegt durchaus in der Linie der Wirksamkeit der Michael-Mission. Es half Michael auf der Erde vorzubereiten, was er als seine Geistarbeit für ein späteres Zeitalter vorbereiten wollte. Dadurch bildete für Michael das echte Rosenkreuzerwollen den auf der Erde befindlichen Weg zu seiner kommenden Erden-Mission.» An diesem strengen Gesetz der mittelalterlichen Rosenkreuzer, das die vollkommene Trennung von spirituellem Wirken und äußerem irdischen Tun forderte, hielt auch Rudolf Steiner bis zur Weihnachtstagung 1923 (beziehungsweise bis 1914, solange die von ihm geleitete esoterische Schule bestand) fest, nur mit dem wesentlichen Unterschied, daß die mittelalterlichen Rosenkreuzer das Höchste in ihrem seelischen Leben, die Begegnung mit Michael in der geistigen Welt, nur in einem herabgedämpften, traumhaften Bewußtseinszustand erleben konnten, während diese Begegnung von Beginn der heutigen Michael-Epoche an in voller Bewußtheit erlebt werden kann.[316] Erst auf der Weihnachtstagung vereinigte Rudolf Steiner die zwei genannten Strömungen: die himmlische Michael-Strömung und die irdische Strömung des esoterischen Christentums (des Rosenkreuzertums), indem er die anthroposophische Bewegung und die Anthroposophische Gesellschaft dadurch zu einem Ganzen zusammenschloß, daß er den Vorsitz, das heißt die Leitung nicht nur ihrer spirituellen, sondern auch ihrer irdischen Angelegenheiten auf sich nahm.[317] Was so früher nur auf die geschilderte rein ideale Weise miteinander verbunden war, das wurde nun unter veränderten historischen Bedingungen durch die freie Tat eines Menschengeistes zu einer neuen, höheren und ganz realen Einheit auf der Erde selbst verbunden.

Während der Weihnachtstagung wurde das auf konkret-spirituelle Weise dadurch verwirklicht, daß die aus der kosmischen MichaelSphäre empfangene geistige Substanz der Grundstein-Meditation[318] in einer kultischen, einer in der der Erde nächsten geistigen Welt vollzogenen Weihehandlung durch die übersinnliche Gegenwart und Teilnahme von Christian Rosenkreutz und seiner nächsten Schüler an ihr mit dem Wesen der Rosenkreuzer-Strömung verbunden wurde.[319] Den spirituell mantrischen Ausdruck dieser neuen geistigen Verbindung bildete die Eingliederung der drei Rosenkreuzer-Sprüche als Quintessenz der «modernen Esoterik» in die geistige Substanz der Grundstein-Meditation.

Dieses übersinnliche Geschehen auf der Weihnachtstagung ereignete sich zunächst *jenseits* der Schwelle des gewöhnlichen Bewußtseins der anwesenden Mitglieder der Anthroposophischen Gesellschaft. Jedoch schon bald nach seiner Beendigung wurde es mit aller Kraft und Entschiedenheit auch vor ihr Tagesbewußtsein gestellt. Das geschah auf die folgende Weise.

Bereits in dem Vortrag, der am Jahrestag des Goetheanum-Brandes, am 31. Dezember 1923, gehalten wird, taucht das Motiv der Rosenkreuzer-Esoterik mit ganz besonderer Intensität auf[320] und entwickelt sich dann in dem Vortragszyklus weiter, der das Thema der Abendvorträge der Weihnachtstagung unmittelbar fortsetzt: «Mysterienstätten des Mittelalters. Rosenkreuzertum und modernes Einweihungsprinzip». In diesem Zyklus wird von dem Vortrag vom 11. Januar an das Thema der Rosenkreuzer-Esoterik mehr und mehr mit dem Thema der kosmischen Strömung Michaels und mit der Beschreibung der neuen geistigen Bedingungen in der Menschheitsentwicklung verbunden, welche infolge seiner Herrschaft eintraten, die mit dem letzten Drittel des 19. Jahrhunderts begann. Beide Themen erreichen dann ihre Kulmination und vollständige Verschmelzung im Abschlußvortrag dieses Zyklus, der am 13. Januar 1924 gehalten wurde.

Dieser Tag, der 13. Januar 1924, hat überhaupt eine besondere Bedeutung für die weitere Entwicklung der anthroposophischen Bewegung und der Anthroposophischen Gesellschaft. Denn an diesem Tag wurde von zwei wichtigen Seiten abermals auf die esoterische Bedeutung der Weihnachtstagung hingewiesen. Einmal geschah das durch den Hinweis im Abendvortrag auf die von uns schon beschriebene «mystische Tatsache» der Vereinigung der zwei hauptsächlichen spirituellen Strömungen des Christentums, der irdischen und der kosmischen, und andererseits durch die erstmalige Veröffentlichung des vollen Textes der Grundstein-Meditation als einem mantrischen Zeugnis für diese Vereinigung in der ersten Ausgabe der Beilage für Mitglieder zu der Wochenschrift «Das Goetheanum».

Entsprechend okkult-kosmischer Gesetzmäßigkeit im Zusammenhang mit den Zahlen 7 und 12 wurden diese Worte, 19 Tage nach der Grundsteinlegung der Anthroposophischen Gesellschaft, die am 25. Dezember 1923 geschah und bei der die Worte der Grundstein-Meditation erstmals erklangen[321], dem Kulturleben der Menschheit als ein lebendiges Zeugnis der Tatsache eingefügt, daß die neuen *rosenkreuzerisch-michaelischen* Mysterien auf der Weihnachtstagung begründet worden waren, die Mysterien, welche erstmals in der Geschichte der Menschheit das Exoterische mit dem Esoterischen, die «volle Öffentlichkeit [der Gesellschaft] mit der tiefsten, ernstesten, innerlichsten Esoterik verbinden» sollten.[322]

Aus allem, was in diesem Kapitel gesagt wurde, ist es nicht schwer, nachzuempfinden, daß die Novalis-Individualität mit ganz besonderer Kraft in den geistigen Welten mit dieser Hauptaufgabe der neuen rosenkreuzerisch-michaelischen Mysterien verbunden ist, welche die heutige Fortsetzung der «modernen Esoterik» sind, die von Christian Rosenkreutz im 13. Jahrhundert begründet wurde und welche seit der Weihnachtstagung unter der direkten Führung des Michael-Geistes stehen.[323] So konnte die Novalis-Individualität, tief mit der kosmischen Sphäre dieses führenden Sonnen-Erzengels in ihrer Verkörperung als Elias verbunden, ihm schon damals als ein besonders wichtiges menschliches Instrument zur Vorbereitung der Verkörperung des Sonnen-Logos auf der Erde dienen. Weiter wurde diese Individualität auch in der nachchristlichen Zeit durch ihre Verbindung mit der Michael-Sphäre zu einem geistigen Boten Michaels, zum übersinnlichen Helfer und Führer zahlreicher wahrer Rosenkreuzer in deren innigstem Streben, dem Michael-Geist in den höheren Welten zu begegnen, um so dann am Ende des ersten Viertels des 20. Jahrhunderts einer der wichtigsten übersinnlichen Teilnehmer der Grundsteinlegung der neuen Mysterien auf der Weihnachtstagung zu werden, der Mysterien, die aus dem Zusammenfluß dieser zwei okkulten Strömungen entstanden und die als Grundlage für das Hineintragen des esoterischen Prinzips in alle

Bereiche des menschlichen Lebens und der menschlichen Praxis dienen sollten. Denn was war seinem innersten Wesen nach das letzte Erdenleben von Novalis anderes als ein unaufhörliches Streben, mit Hilfe seines «magischen Idealismus» das geistige Prinzip – und das bedeutet die wahre Esoterik – allem irdischen Dasein bis zu den unbedeutendsten Einzelheiten einzuprägen? Er vollbrachte das auf Grund seines hellsichtigen Einblicks in die übersinnliche Sphäre des Michael-Christus: «Das unbedeutendste Materielle weiß er in seinem geistigen Lichtglanz wiedererstehen zu lassen durch seinen dichterisch-magischen Idealismus.»[324]

Auf diese so wichtige Eigenart von Novalis' Seelenverfassung weist auch sein Freund und erster Herausgeber, Ludwig Tieck, hin: «Ihm war es zur natürlichen Ansicht geworden, das Gewöhnlichste, Nächste als ein Wunder, und das Fremde, Übernatürliche als etwas Gewöhnliches zu betrachten, so umgab ihn das alltägliche Leben selbst wie ein wundervolles Märchen, und jene Region, die die meisten Menschen nur als ein Fernes, Unbegreifliches ahnden oder bezweifeln wollen [die geistige Welt], war ihm wie eine liebe Heimath.»[325] So war Novalis wie kein anderer in seiner letzten Verkörperung ein Prophet und Vorläufer der neuen rosenkreuzerisch-michaelischen Mysterien. In den Worten Rudolf Steiners: Er war «... eine Wesenheit, die hervorging aus Elias-Johannes, in zwei verschiedenen Formen sich der Menschheit darstellend [als Raphael und als Novalis], *vorbereitend* dadurch in künstlerischer, in dichterischer Weise *die Michael Stimmung, heruntergesandt als Bote von der Michael-Strömung hin zu den Menschen auf Erden*».[326] Und, sich an die Anthroposophen der auf der Weihnachtstagung begründeten Allgemeinen Anthroposophischen Gesellschaft wendend, noch entschiedener: «Und so sehen wir gerade in Novalis einen *glänzenden Vorboten* jener Michael-Strömung ... die Euch alle führen soll jetzt, indem Ihr lebt, und dann, indem Ihr durch die Pforte des Todes gegangen sein werdet.»[327]

So wird die Novalis-Individualität, die einer der maßgebenden Diener Michaels in der geistigen Welt ist und die auch übersinnlich an der Weihnachtstagung und der folgenden Entwicklung der neuen Mysterien mit teilgenommen hat, in ihren kommenden Verkörperungen, ausgehend von ihrer inneren Verbindung mit der Michael-Christus-Sphäre sowie ihrer geistig- karmischen Veranlagung, eine führende Individualität bei der Verwirklichung jener Aufgabe *auf der Erde selbst* sein, welche die wichtigste Frucht des Zusammenflusses des rosenkreuzerischen

Einweihungsprinzips[328] auf der Weihnachtstagung mit dem zentralen michaelischen Impuls unserer Epoche ist. Über diese zentrale Aufgabe, die dem innersten Wesen der Weihnachtstagung entstammt, sagte Rudolf Steiner am Schluß des Vortrages vom 13. August 1924: «Es muß wiederum die Welt dazu kommen können, das Einweihungsprinzip als solches unter die Zivilisationsprinzipien aufnehmen zu können. Denn nur dadurch kommt eben das zustande, daß der Mensch hier auf Erden in seiner Seele etwas ansammelt, mit dem er hintreten kann vor Michael, so daß der zustimmende Blick ihn trifft: Das ist weltgerecht. – Dann wird dadurch der Wille befestigt, der Mensch eingegliedert in den geistigen Fortgang der Welt. Dann wird dadurch der Mensch ein Mitarbeiter desjenigen, was durch Michael, jetzt beginnend in der Michael-Epoche, in die Menschheits- und Erdenentwickelung eingefügt werden soll.» Wenn wir im Anschluß an diese Worte noch einmal auf das hinschauen, was Novalis im Laufe seines letzten Erdenlebens vollbracht und geschrieben hat, so müssen wir sagen: Novalis strebte in der Form, wie das in jener Zeit überhaupt möglich war, mit allen Kräften seiner Seele danach, den Boden für das «Aufnehmen des Einweihungsprinzips als solches unter die Zivilisationsprinzipien» zu bereiten. Und er tat das nicht aus irgendwelchen theoretischen Kenntnissen oder historischen Traditionen heraus, sondern weil die Beteiligung an der Lösung dieser grundlegenden Aufgabe unserer Zeit unmittelbar mit der Verwirklichung seiner künftigen Mission unter den Menschen verbunden ist.

11.

Novalis als einer der übersinnlichen Inspiratoren der modernen Wissenschaft vom Geiste

«Könnten doch die Menschen wissen
Unsre künftigen Genossen
Daß bei allen ihren Freuden
Wir geschäftig sind ...»

Novalis (Das Lied der Toten)

In den auf der Weihnachtstagung der Allgemeinen Anthroposophischen Gesellschaft beschlossenen Statuten wurde zum § 2 von Rudolf Steiner die folgende Fußnote hinzugefügt: «Die Anthroposophische Gesellschaft knüpft an die im Jahre 1912 gegründete Anthroposophische Gesellschaft an, möchte aber für die damals festgestellten Ziele einen selbständigen, *dem wahren Geiste der Gegenwart* entsprechenden Ausgangspunkt schaffen.»[329] Diese Fußnote weist uns auf zweierlei hin: zum ersten, daß der Anthroposophischen Gesellschaft bei beiden Gründungen, der von 1912 und von 1923, dieselben spirituellen Ziele gesetzt waren; und, zweitens, daß nun, 1923, ein neuer, «selbständiger» Ausgangspunkt zum Erreichen dieser Ziele geschaffen werden mußte, ein «dem wahren Geiste der Gegenwart», das heißt, im okkulten Sinne, dem führenden Geist unserer Zeit, Michael, «entsprechender».

Wenn also die Neubegründung der Anthroposophischen Gesellschaft auf der Weihnachtstagung unmittelbar aus dem Geiste Michaels heraus vollzogen wurde[330], so geschah das bei ihrer ersten Begründung im Jahre 1912 nicht unmittelbar, sondern mittels einer besonders eng mit ihm in der geistigen Welt verbundenen Individualität. Diese Situation entspricht geisthistorisch vollkommen der mehr exoterischen Begründung der Gesellschaft im Jahre 1912 und ihrer mehr esoterischen Neubegründung 1923.[331]

Wie bekannt, geschah ihre erste Begründung nach der endgültigen Trennung von der Theosophischen Gesellschaft während der heiligen Nächte am 28. Dezember 1912 in Köln.[331a] Im Zusammenhang damit, um der gerade erst gegründeten Gesellschaft von Anfang an ihre Richtung zu zeigen und um den Mitgliedern mit aller Entschiedenheit ihre spirituellen Aufgaben ins Bewußtsein zu heben, wählte Rudolf Steiner als Thema des Vortragszyklus, der gleichzeitig mit ihrer Begründung gehalten wurde: «Die Bhagavad Gita und die Paulus-Briefe». Den ersten Vortrag dieses Zyklus begann er mit den Worten: «Gewissermaßen stehen wir heute am Ausgangspunkt der Begründung der Anthroposophischen Gesellschaft ...», und zum Abschluß sprach Rudolf Steiner, sich abermals im letzten Vortrag diesem Eingangsmotiv zuwendend, plötzlich, nachdem er wiederum auf die Anthroposophische Gesellschaft verwiesen hatte, *zweimal* von der anthroposophischen Bewegung: «Aus diesem Grunde ist auch an den Ausgangspunkt dieser anthroposophischen Bewegung gerade dieser Vortragszyklus gesetzt worden ...»[332]

Was aber war der Grundimpuls dieses Vortragszyklus? In ihm sollte die Beziehung der Weisheit des Ostens, als der reifsten Frucht der *vergangenen* Entwicklung der Menschheit, zu der aufgehenden Weisheit des Christentums, welche die Keime ihrer *künftigen* Entwicklung in sich trägt, gezeigt werden.

Den Höhepunkt aber des gesamten Zyklus bildete der Abschlußvortrag, der am 1. Januar 1913 gehalten wurde und der gleichzeitig den Beginn des neuen Jahres und den Beginn des selbständigen Wirkens der gerade erst begründeten Anthroposophischen Gesellschaft bedeutete. In diesem Vortrag stellt Rudolf Steiner nochmals mit ganz besonderer Bestimmtheit den Prozeß der Teilung im alten Lemurien, unmittelbar vor dem Sündenfall, vor seine Zuhörer hin, der Teilung der Seelengestalt des Ur-Menschen in zwei Teile, von denen der eine – der irdische Adam – sodann von der «Weltenregierung» in die Erdenevolution hinabgesandt wurde, der zweite aber, seine «Schwester-» oder «Bruder-Seele», in gewissem Sinne von diesem Absteigen in den höheren Welten zurückgehalten wurde: «Dann stelle man sich dazu vor, daß neben jenem Menschenseelentum, das sich in dem Adamsleib inkarnierte, zurückbleibt ein Menschentum, eine Menschenwesenheit, die sich damals nicht verkörpert, die nicht in einen physischen Leib eindringt, sondern die seelenhaft bleibt. Sie brauchen sich ja nur vorzustellen, daß man es, bevor innerhalb der Menschheitsentwickelung ein physischer Mensch entstand, zu tun hat mit einer Seele, *die sich dann in zwei teilte.* Der eine Teil, der eine Nachkomme der gemeinsamen Seele, verkörpert sich *in Adam,* und dadurch geht diese Seele in die Inkarnation hinein, unterliegt dem Luzifer und so weiter. Für die andere Seele, gleichsam für die Schwesterseele, wird von der weisen Weltenregierung vorausgesehen, daß es nicht gut ist, wenn sie sich auch verkörpert. Sie wird zurückbehalten in der seelischen Welt; sie lebt also nicht in den Menschheits-Inkarnationen, sondern wird zurückbehalten.»[333] Diese in den geistigen Welten zurückgebliebene «Schwesterseele Adams» ist seitdem in ihnen der Hüter der «vormenschlichen Weisheitskräfte» und der «vormenschlichen, göttlichen Liebekräfte», die sie sodann an der Zeitenwende bei ihrer Verkörperung auf der Erde in die Hüllen des Jesus aus dem Lukas-Evangelium hineinträgt.

Weiter spricht Rudolf Steiner in diesem Vortrag zunächst eingehend von dem Wirken zweier Meister-Individualitäten bei den Ereignissen von Palästina, von Zarathustra und Buddha, um, nach einer Wiederholung der den Anthroposophen bereits bekannten Tatsachen, zu neuen Ergebnissen seiner Geistesforschung zu führen: zu dem Geheimnis der Krishna-Gestalt, dessen Kenntnis das okkulte Verständnis des Erlebnisses von Paulus vor Damaskus erschließt.

So wurde am Ende dieses mächtigen Zyklus erstmals den Anthroposophen das Geheimnis der Beziehung Krishnas zu der in den geistigen Welten verbliebenen nathanischen Seele enthüllt, und es wurde zum ersten Mal auf ihre unmittelbare Beteiligung an dem Ereignis von Damaskus hingewiesen. Dieses Mysterium des «Lichtscheines», welcher die Gestalt des Auferstandenen umgab, als er sich Saulus auf dem Weg nach Damaskus zeigte[334], weist uns nicht nur auf die hauptsächliche Inspirationsquelle im geistigen Wirken des Apostels Paulus, seine Schau in das Geheimnis der gegenseitigen Beziehung des irdischen und des übersinnlichen Adam einschließend, sondern sie wird für uns auch zu einem wichtigen Schlüssel zum Verständnis der ätherischen Wiederkunft Christi in unserer Zeit: «Denn die Menschen werden nicht dieselben geblieben sein; sie werden reifer geworden sein und den Christus finden, *wie ihn Paulus durch das Ereignis von Damaskus, in dieser Beziehung die Zukunft prophetisch voraussehend, in der geistigen Welt gefunden hat»*, eine Zukunft, die in unserer Zeit schon Gegenwart geworden ist, wo vor einer immer größer werdenden Zahl von Menschen sich die Möglichkeit allmählich auftut zu «einem Schauen des Christus, wie ihn Paulus gesehen hat».[335]

Obwohl wir in dem Zyklus «Die Bhagavad Gita und die Paulus-Briefe» nirgends einen direkten Hinweis auf das neue Erscheinen des Christus im Ätherischen finden, so hat doch dieser Zyklus in Wahrheit eine Schlüsselfunktion für das Verständnis dieses wichtigsten geistigen Ereignisses unserer Zeit.

Im Ganzen gesehen finden wir in diesem Zyklus abermals wie in einem Brennpunkt des ganzen kosmisch-irdischen Wirkens der nathanischen Seele zusammengefaßt alle Hauptmotive wieder, welchen wir in den vorangehenden Kapiteln bei der Betrachtung der verschiedenen Aspekte der karmischen Biographie von Novalis begegneten. Wenn wir uns meditativ mit diesem Zyklus beschäftigen, der in gewissem Sinn eine Quintessenz der anthroposophischen Christologie enthält und zugleich eine Art «Wegzehrung und Segen» für die neugegründete Anthroposophische Gesellschaft darstellt, dann können wir deutlich empfinden, wie dieser ewig junge «Herold des Christentums», der unsichtbar Rudolf Steiner in den höheren Welten bei seinen geisteswissenschaftlichen Forschungen beisteht und hilft, an allem, was vorgeht, übersinnlich teilnimmt. Dann erscheint uns auch, in Anbetracht der geistigen Atmosphäre des Zyklus nicht mehr verwunderlich, daß an seinem Beginn, bereits am Tag nach dem Einleitungsvortrag (und zugleich am Tag nach der Begründung der selbständigen Anthroposophischen Gesellschaft), im Raum des Kölner Zweiges, am Morgen des 29. Dezember 1912, eine Matinee durch Rudolf Steiner veranstaltet wurde, welche dem Leben und Werk von Novalis gewidmet war, dem Geiste, der von nun an der unsichtbare Hüter, eine Art «Schutzgeist», der gerade erst begründeten Anthroposophischen Gesellschaft sein sollte.

Die Ansprache Rudolf Steiners bei dieser Matinee ist leider nur in einer recht kurzen Aufzeichnung auf uns gekommen, und trotzdem fällt auch bei einem mehr äußerlichen Vergleich mit anderen Vorträgen zu diesem Thema der besonders intime und herzliche Ton auf sowie die einmalige Direktheit, mit der Rudolf Steiner sich an die Entelechie von Novalis in der geistigen Welt wendet.

Schon die ersten Worte dieser Ansprache erstaunen durch ihre ungewöhnliche Art: «Wenn wir in solcher Art die Herzensklänge hören *unseres lieben Novalis,* durch die er so innig zu künden wußte von der Sendung des Christus, fühlen wir etwas *von Rechtfertigung für unsere Geistesströmung…»*[336] Solche Worte von der «Rechtfertigung» der anthroposophischen «Geistesströmung» durch Novalis' Erdenleben, die im Augenblick der Begründung der Anthroposophischen Gesellschaft gesprochen wurden, haben wahrhaftig eine tief spirituelle Bedeutung. Und die Intimität und Unmittelbarkeit der Anrede von Novalis, fast wie von einem real im Saale anwesenden Menschen, ruft das Gefühl hervor: Diese und die folgenden Worte spricht der moderne christliche Eingeweihte unmittelbar aus seinem eigenen, gemeinsamen Dasein mit Novalis' Entelechie in der geistigen Welt. Wie ein irdisches Echo des geistigen Gespräches, das in diesem Augenblick zwei Geister in der überirdischen Sphäre miteinander führen, klingen die folgenden Worte Rudolf Steiners: «Es ist etwas Wunderbares, sich zu versenken in Herz und Seele eines solchen Menschen, wie Novalis einer war.» Und weiter, noch bestimmter: «Und wenn wir dann so auf uns wirken lassen, wie er in dieser seiner Inkarnation in sein jugendliches Herz hereinströmen ließ die Geisteswelten, und wie ihm *durchleuchtet wurden diese Geisteswelten von dem Christus-Impuls,* dann empfinden *wir* dies wie eine Aufforderung an unsere eigenen Seelen, unsere eigenen Herzen, *mit ihm zu streben* nach demjenigen, was ihm wie ein hehres Licht vorglänzte unablässig, dem er entgegenlebte sein kurzes diesmaliges Dasein.»[337] Sich sodann an die Mitglieder der gerade eben gegründeten Anthroposophischen Gesellschaft wendend, erklingen, wie eine geistige Wegzehrung, die Worte: «Und wir fühlen, wie er [Novalis] war einer der Propheten der neueren Zeit in dieser Inkarnation für dasjenige, *was wir suchen wollen in den Geisteswelten,* fühlen auch, wie *wir* zu diesem Suchen am besten begeistert werden können durch jene Begeisterung, die im Herzen, in der Seele eines Novalis lebte und die da ihm ward aus dem innigen Durchdrungensein mit dem Christus-Impuls. Und wir dürfen gerade im jetzigen Augenblick unseres Strebens, da *wir* auf der einen Seite *die Anthroposophische Gesellschaft begründen,* die alle menschlichen Rätsel in sich schließen soll, in dem gegenwärtigen Augenblick, in dem wir auf der anderen Seite auch betrachten wollen im Zusammenhang mit dem Christus-Impuls das Licht, das aus dem Orient herüber so glanzvoll strahlt [gemeint ist der Inhalt des Vortragszyklus], *wir dürfen uns in diesem Augenblick verbinden mit dem, was als ein Ausdruck des Christus-Impulses in dieser Seele des Novalis lebte* ... Und sehnsüchtig und Rätsel empfindend *wenden wir uns* der wiederverkörperten Seele des Elias, des Täufers Johannes, des Raphael in Novalis *zu und fühlen mit dieser Seele,* wie all ihr geistiges Vibrieren durchzieht und durchglüht die Sehnsucht nach einem neuen Geistesleben der Menschen, *und fühlen dann den Mut und fühlen, daß uns etwas von der Kraft kommt, entgegenzuleben diesem neuen Geistesleben der Menschheit ... so steht er [Novalis] vor uns, und so dürfen wir ihn selber verehren,* so kann er unter vielen einer der *Vermittler* sein, die uns den Weg lehren, wie wir zu den Geistesoffenbarungen, die wir erstreben in unserer geistigen Weltanschauungsströmung, hinzufinden können das rechte Herz, die rechte Liebe, den rechten Enthusiasmus, die rechte Hingebung ...» Und am Schluß des Vortrags: «Aber gerade er [Novalis] kann uns wie eine Art von *Leitstern* voranleuchten, so voranleuchten, daß *wir, ihm empfindend folgend,* zugleich den guten Willen haben, *mit aller Anstrengung uns hinaufzuarbeiten zu ihm in der Erkenntnis,* und auf der anderen Seite den lebensvollen Willen pflegen, mit der Erkenntnis heranzudringen an jedes Menschenherz, das in Wahrheit nach dem Geistigen sucht.»

Wir werden kaum irgendwo im Vortragswerk Rudolf Steiners, außer vielleicht in seiner «letzten Ansprache», solch eindringliche und bewegte Worte über Novalis finden, einen solch starken und gleichzeitig intim-herzlichen Anruf an diesen Geist, aus den übersinnlichen Welten heraus der Schützer und Helfer der jungen Anthroposophischen Gesellschaft, ihr Mittler zu der kosmischen Macht zu sein, die wir als die Michael-Macht kennen, mit der die Novalis-Individualität seit dem Beginn des Erdenseins der Menschheit verbunden ist. Das aber bedeutet: was auf der Weihnachtstagung 1923 unmittelbar aus den Kräften der kosmischen Michael-Sphäre vollzogen wurde, das geschah Ende Dezember 1912 mit Hilfe seines «glänzenden Vorboten».[338]

So können wir, wenn wir die Entwicklung des «Novalis-Themas» im Vortragswerk Rudolf Steiners insgesamt betrachten, seine erste selbständige Formulierung im Herbst 1908 feststellen, am Vorabend des Jahres, das den Beginn des Wirkens des ätherischen Christus unter den Menschen brachte,[338a] dann aber auch seine Ausweitung, wodurch erstmals die Novalis-Individualität mit den Gestalten von Elias, Johannes dem Täufer und Raphael verbunden wurde. Das letztere geschah im Vortrag vom 6. Januar 1909, fast genau ein Jahr vor dem Beginn der öffentlichen Verkündigung der Wiederkunft, was im Vortrag vom 12. Januar 1910 in Stockholm geschah und von zwei besonders wichtigen Vorträgen über Novalis umrahmt wurde, den Vorträgen vom 26. Dezember 1909 in Berlin und vom 23. Januar 1910 in Straßburg bei der Einweihung des Zweiges, der nach ihm benannt wurde.

Mit den zwei letztgenannten Vorträgen müssen wir uns eingehender befassen, da sie eine besondere Bedeutung für unser Thema haben.

Den ersten Vortrag beginnt Rudolf Steiner, nach einer kurzen Einleitung, mit den Worten, daß wir die «anthroposophischen Wahrheiten» *«wie die Botschaft des Christus selber»* in unsere Herzen, unsere Seelen aufnehmen sollten. Sodann weist er darauf hin, daß es gerade in der Weihnachtszeit wichtig ist, jener Menschen zu gedenken, die in ihrem Leben danach strebten, sich «in jene Regionen der Spiritualität» zu erheben, «wo der Christus selber zu finden ist».[339] Und als konkretes Beispiel für einen solchen Menschen führt Rudolf Steiner Novalis an, den er in diesem Zusammenhang einen «echt deutsch-christlichen Dichter ... [einen] wirklich theosophischen Dichter» nennt und auf den er dann als auf einen geistigen Führer in die genannten höheren «Regionen der Spiritualität» hinweist.

Weiter beschreibt Rudolf Steiner ein Erlebnis von Novalis' Vater nach dem Tod seines Sohnes, als er, während seine Gemeinde eines der «Geistlichen Lieder» sang – daß sein Sohn es geschrieben hatte, erfuhr er erst später –, «hinaufgetragen wurde in die spirituellen Höhen, wo er ihre zwingende Gewalt fühlte, die zwingende Macht der spirituellen Höhen», die es ihm erlaubte, «alle Vorurteile der materiellen Welt» für einen Augenblick von sich abzuschütteln und erstmals «einen Ewigkeitshauch» in seiner Seele zu fühlen.

Liest man diese Beschreibung und versucht in die ihr zugrunde liegende geistige Realität einzudringen, so kann man sie nicht anders als einen Hinweis darauf verstehen, daß der alte Hardenberg in diesem Augenblick von der mächtigen Aura seines Sohnes erfaßt wurde, die ihn aus der der Erde nächstgelegenen übersinnlichen Welt heraus überschattete, und daß diese zum erstenmal in seinem Leben ein echtes spirituelles Erlebnis in ihm hervorrief. So erwies sich Novalis durch eines seiner Lieder für seinen Vater schon wenige Monate nach seinem Tod als ein Führer in die «Regionen der Spiritualität, wo der Christus selber zu finden ist».

Rudolf Steiner beendet diese Darstellung mit der Aufforderung an die anwesenden Anthroposophen: «Lassen wir sie unten, die materialistischen Vorurteile der Gegenwart. Fühlen wir das Zwingende des spirituellen Lebens und lassen wir uns aus demselben Kraft und Wärme in unser Herz fließen!» Im Kontext des Vortrages bedeutet das: Mögen wir in diesem Augenblick bei der Lesung der «Geistlichen Lieder» von Novalis (nach den Einführungsworten wurden neun seiner «Geistlichen Lieder» von Marie Steiner gelesen) das empfinden, was einst sein Vater empfand, als die übersinnliche Aura seines verstorbenen Sohnes ihn aus den geistigen Welten heraus überschattete ... Mit anderen Worten: Laßt uns unsre Seelen für die Inspirationen von Novalis öffnen, laßt uns es ihm, der unsichtbar in diesem Augenblick unter uns weilt, ermöglichen, uns bewußt in die Sphäre des Christus zu führen, in jene «Regionen der Spiritualität, wo der Christus selber zu finden ist». – Das ist die okkulte Realität, die hinter den zitierten Worten dieses Vortrags steht. Sagt doch Rudolf Steiner etwas später in demselben Vortrag: «Wenn wir gegenüber dem Christus-Ereignis *eine solche tiefe Empfindung in unsrer Seele wirken lassen, wie diejenige des Novalis war,* werden wir ja immer aufs neue aufgefordert, uns zu fragen: Wie können wir immer mehr und mehr die Wahrheit dessen empfinden, was als ein gewaltiger Impuls eingezogen ist in die Menschheit, als in Palästina der Christus Jesus geboren worden ist?»

Eine Antwort auf diese Frage kann heute – das geht aus dem Gesamtgehalt des Vortrags hervor – nur die Anthroposophie geben, innerhalb ihrer aber besonders die geisteswissenschaftliche Betrachtung der vier Evangelien. Und hier kommen wir zu einem außerordentlich wichtigen Punkt, zu einem bedeutenden Geheimnis von Rudolf Steiners geistigem Werk, auf das er selbst am Ende des Vortrags mit aller Deutlichkeit hinweist.

So folgt nach der unmittelbaren Hinwendung zu Novalis, der Erzählung über das Geisterlebnis seines Vaters, der Aufforderung an die Anthroposophen und der Lesung der neun «Geistlichen Lieder» durch Marie Steiner der Hinweis auf die besondere Bedeutung der geisteswissenschaftlichen Evangelien-Betrachtungen im Zusammenhang mit dem Verständnis des wichtigsten Ereignisses auf der Erde – des Christus-Ereignisses –, und danach wird abermals von Novalis gesprochen. (Siehe das letzte der angeführten Zitate.)

Vertieft man sich in die kompositionelle Gestalt dieses Vortrags, so kann man sie nicht anders als auf die folgende Weise verstehen: Novalis' übersinnliche Anwesenheit, die durch die geistige Anrede Rudolf Steiners herbeigeführt und durch das Lesen seiner Gedichte noch besonders gefördert worden war, erlaubte es Rudolf Steiner, den am Vortrag teilnehmenden Anthroposophen die spirituelle Realität, die hinter seiner jahrelangen Evangelien-Forschung stand, zu enthüllen. Und obwohl Rudolf Steiner erst am Schluß des Vortrags auf das Geheimnis selbst hinweist, so wird doch das mit ihm zusammenhängende Motiv der «Evangelien-Betrachtungen» unmittelbar nach dem Lesen von Novalis' «Geistlichen Liedern» von ihm eingeführt und durch die Aufforderung vollendet, ein ebensolch tiefes Empfinden in bezug auf das Christus-Ereignis in der eigenen Seele wachzurufen, wie es in der Seele des Dichter-Sehers lebte.

Wenn man dann am Schluß des Vortrags über das Geheimnis selbst liest, das die Quellen der Impulse enthüllt, die Rudolf Steiner zu seinen Evangelien-Betrachtungen hinführten und in einem gewissen Sinne zur Entwicklung der «anthroposophischen Bewegung in Mitteleuropa» überhaupt, ist es unmöglich, sich des Empfindens zu erwehren, daß während des Vortrags die Individualität von Novalis übersinnlich neben Rudolf Steiner anwesend war. So weist Rudolf Steiner am Ende des Vortrags zunächst darauf hin, daß das spirituelle Leben der anthroposophischen Bewegung zuletzt «zurückgeht auf diejenigen Quellen, die wir bei jenen Individualitäten suchen, welche wir nennen die ‹Meister der Weisheit und des Zusammenklanges der Empfindungen›. Und bei ihnen finden wir die Impulse, wenn wir sie richtig suchen, wie wir von Epoche zu Epoche, von Zeitalter zu Zeitalter wirken sollen.» Und erst nach diesen einleitenden Worten geht Rudolf Steiner zu seiner eigentlichen Mitteilung über: «Es ist ein großer Impuls in der letzten Zeit aus der geistigen Welt *zu uns* gekommen. Und heute, am feierlichen Weihnachtsabend in unserem Kreise sei hingewiesen auf diesen wichtigen Impuls, sozusagen auf eine Weisung, welche *uns* im Laufe der letzten Jahre aus der geistigen Welt *wie eine Maßnahme des astralischen Planes* zugeflossen ist. Und unter diesem Impuls hat sich unsere anthroposophische Bewegung hier in Mitteleuropa entwickelt ... *Wir* wurden angeleitet aus der geistigen Welt heraus, die Evangelien wörtlich erst wieder kennenzulernen, zu verstehen, was in ihren Worten enthalten ist ... So sagen uns diejenigen, deren Impuls *wir* aus der geistigen Welt empfangen. Das ist kommendes Christentum ...» Diese tief bedeutungsvollen Worte, die so deutlich auf diese wichtige Aufgabe Rudolf Steiners als eines modernen Lehrers der christlichen Esoterik hinweisen, auf die ihm aus der geistigen Welt heraus gestellte Aufgabe, den Weg für ein wahres, spirituelles Verständnis der Evangelien zu bahnen und damit den Grund für «das kommende Christentum» zu legen – diese Worte finden wir in einem Vortrag, dessen zentrales Thema Novalis' Persönlichkeit und Werk ist!

Ein solcher Hinweis auf die Bedeutung von Novalis als Vorläufer des anthroposophischen Verständnisses des Christus-Ereignisses, und das bedeutet auch der geisteswissenschaftlichen Evangelien-Erkenntnis[339a], gleichzeitig aber auch im selben Vortrag der Hinweis auf den Geistimpuls, der von den «Meistern der Weisheit und des Zusammenklanges der Empfindungen» ausging, vor allem aber von zweien derselben, Christian Rosenkreutz und Meister Jesus[340], hat seinerseits eine tiefe geistige Realität. Sie besteht in dem *gemeinsamen Wirken* der Individualität von Novalis mit dem hohen Kollegium der «Meister der Weisheit und des Zusammenklanges der Empfindungen», besonders aber mit den zwei genannten in der geistigen Sphäre, welche der Erde am nächsten ist.

Das ist nicht so zu verstehen, als ob die Novalis-Individualität diesem hohen Kollegium schon in vollem Maße angehörte; es wäre wohl richtiger zu sagen, daß sie sich gegenwärtig geistig auf dem Weg befindet, der einst, nach ihrer vollständigen Einweihung, zum endgültigen Eintritt in dieses Kollegium führen wird. Und nichtsdestoweniger schritt die Novalis-Individualität in ihrer inneren Entwicklung nach ihrer letzten Verkörperung so weit fort, daß sie, obwohl sie nicht vollständig zu diesem Kreis gehörte, vom 20. Jahrhundert an (nach dem Ende des Kali Yuga) einer der wichtigsten Mitarbeiter und nächsten Helfer des Kollegiums der «Meister der Weisheit und des Zusammenklanges der Empfindungen» bei der geistigen Leitung und Führung jener spirituellen Strömung werden konnte, deren *irdischer Repräsentant* unter den Menschen Rudolf Steiner war.

Das deutlichste Zeugnis dieses gemeinsamen Wirkens der «Meister der Weisheit und des Zusammenklanges der Empfindungen» mit der Novalis-Individualität sind wohl die Worte Rudolf Steiners am Ende des zweiten oben erwähnten Vortrags über Novalis (23. Januar 1910), wo von der Notwendigkeit gesprochen wird, daß sich die Anthroposophen in ihrer geisteswissenschaftlichen Arbeit mit *drei* in der anthroposophischen Bewegung wirkenden *Geistern* verbinden: dem Geist von Novalis, dem Geist der Geisteswissenschaft und dem Geist der Meister der Weisheit und des Zusammenklanges der Empfindungen: «Lassen Sie das, was Sie hier arbeiten, durchdrungen sein *sowohl* von dem Geiste des Novalis *wie* von dem Geiste der Geisteswissenschaft *selber* … Solcher Geist vereinige Sie! Solcher Geist, der *zu gleicher Zeit* der Geist der Meister der Weisheit ist.»[341] Aus allem bisher Gesagten geht deutlich hervor, daß gemäß dem Kontext des Vortrags vom 26. Dezember die spirituelle Mitarbeit der Novalis-Entelechie mit den «Meistern der Weisheit und des Zusammenklanges der Empfindungen» vor allem in ihrer unmittelbaren *Beteiligung* an jener «Maßnahme des astralischen Planes» zum Ausdruck kommt, von der am Schluß des Vortrags gesprochen wird. Mehr noch: gerade auf diese *Beteiligung* wollte Rudolf Steiner durch die Tatsache seiner Mitteilung über diese «Maßnahme» in einem Novalis gewidmeten Vortrag hinweisen.

Hier entsteht nun freilich die Frage: Was war das für eine «Maßnahme des astralischen Planes», welche es Rudolf Steiner erlaubte, mit den geisteswissenschaftlichen Evangelien-Betrachtungen zu beginnen, und das bedeutet mit der Grundsteinlegung wahren spirituellen Verständnisses des Christus-Ereignisses?[342]

Heute kann über diese «Maßnahme» *selbst noch nicht direkt* öffentlich gesprochen werden. Denn vorher müssen nach den strengen Gesetzen der geistigen Welt hundert Jahre vergangen sein. Jedoch kann heute etwas über ihr *eigentliches Ziel* gesagt werden. Um das jedoch zu tun, ist es notwendig, sich eingehender mit der Zeit zwischen den zwei genannten Vorträgen über Novalis, der Zeit vom 26. Dezember 1909 bis 23. Januar 1910, zu befassen.

Im ersten Vortrag hatte Rudolf Steiner, nach der Mitteilung über diese «Maßnahme des astralischen Planes», gesagt: «Aus diesem Impuls – und aus der Erweiterung und Ausgestaltung dieses Impulses – ging alles hervor, was wir in der [geisteswissenschaftlichen] Betrachtung des Johannes-Evangeliums, des Lukas-Evangeliums und des Matthäus-Evangeliums versucht haben und was wir bei der Betrachtung des Markus-Evangeliums noch versuchen werden.»[343] Was tut nun Rudolf Steiner, nachdem er diesen Vortrag gehalten hat, der diese Worte enthält? Er reist für zwei Wochen nach Schweden, wo er im Stockholmer Zweig der damaligen Theosophischen Gesellschaft einen Zyklus von elf Vorträgen zur geisteswissenschaftlichen Betrachtung aller vier Evangelien hält mit dem Titel «Das Johannes-Evangelium und die drei anderen Evangelien». Dieser Zyklus wurde nicht mitstenographiert. Es sind nur stark gekürzte Nachschriften von Marie Steiner erhalten, aus denen jedoch mit aller Deutlichkeit hervorgeht, daß dieser Zyklus eine Art Kulmination und weitere Vertiefung aller vorangegangenen Evangelien-Betrachtungen war.[344]

Aber nicht nur wegen der Bedeutung seines Inhaltes nimmt dieser Zyklus eine ganz besondere Stellung im Vortragswerk Rudolf Steiners ein, sondern vor allem deshalb, weil während dieses Zyklus, zwischen dem siebenten und achten Vortrag, erstmals beim Morgenvortrag des 12. Januar 1910, vor einem kleinen Zuhörerkreis das wichtigste Mysterium des 20. Jahrhunderts – das Erscheinen des Christus im Ätherleib – enthüllt wurde. Von diesem Morgenvortrag ist nur eine ganz kurze, stichwortartige Nachschrift von Marie Steiner erhalten, in der jedoch ein Hinweis Rudolf Steiners darauf enthalten ist, daß die «spirituellen» (das heißt geisteswissenschaftlichen) Evangelien-Betrachtungen dazu dienen sollen, die Menschheit auf das neue Erscheinen des Christus vorzubereiten.

In kompositorischer Hinsicht ist noch die Tatsache interessant, daß dieses Thema den Vortrag vom 11. Januar abschließt, welcher der ersten Verkündigung des Ereignisses des ätherischen Christus vorangeht, und daß der Vortrag vom 13. Januar, der nach dieser Verkündigung gehalten wurde, mit ihm beginnt. So erweist sich dieses Thema von der großen Bedeutung eines spirituellen Evangelien-Verständnisses für die moderne Menschheit nicht nur als unmittelbar im Zusammenhang stehend mit der Verkündigung des ätherischen Christus, sondern sein Inhalt ist eine fast wörtliche Wiederholung (soweit man das von der stark gekürzten Nachschrift her beurteilen kann) der entsprechenden Stelle des Vortrags vom 26. Dezember 1909, die eine Einführung zu der Mitteilung über die «Maßnahme des astralischen Planes» darstellt. Denn diese «Maßnahme», die von den «Meistern der Weisheit und des Zusammenklanges der Empfindungen» in der an die Erde grenzenden geistigen Welt durchgeführt wurde – unter aktiver Beteiligung der Novalis-Individualität –, hatte nichts anderes zum Ziele, als *die an die Erde grenzende geistige Welt für das neue Erscheinen des Christus im Ätherischen* sowie durch ihren Boten auf der Erde – Rudolf Steiner – die Erdenmenschheit auf das bewußte Wahrnehmen dieses Ereignisses *vorzubereiten.*[345]

Diese «Maßnahme des astralischen Planes», die aus mehreren Etappen oder Stufen bestand und sich in der an die Erde grenzenden geistigen Welt über mehrere Jahre erstreckte[346], stellte nicht nur «eine Weisung» für Rudolf Steiner dar, mit den geisteswissenschaftlichen Evangelien-Betrachtungen zu beginnen, sondern sie bildete in gewissem Sinne auch einen der wesentlichen Impulse zur Entwicklung der anthroposophischen Bewegung als solcher auf der Erde. «Und unter diesem Impuls hat sich unsere anthroposophische Bewegung hier in Mitteleuropa entwickelt[347], sagte Rudolf Steiner über den Impuls, der von der «astralischen Maßnahme» ausging, die, erfolgreich ausgeführt, es ermöglichte, daß der Christus von 1909 an im Ätherischen erscheinen konnte[347a] und daß am Ende dieses Jahres von dieser «Maßnahme» zu den Anthroposophen gesprochen und 16 Tage später, am 12. Januar 1910, ihnen das Mysterium des ätherischen Christus selbst enthüllt werden konnte. In Stockholm fand seine erste Mitteilung statt[348], und schon elf Tage später, in Straßburg, sprach Rudolf Steiner abermals über dieses Ereignis in einem dem *Novalis-Thema gewidmeten Vortrag.* «Die

Geisteswissenschaft hat die verantwortungsvolle Aufgabe, die Menschen auf den großen Moment vorzubereiten ... [auf] das Wiederkommen des Christus ...» Und etwas später äußerte er über diese Vorbereitung nicht nur, daß dies eine Aufgabe der modernen Geisteswissenschaft im allgemeinen sei, sondern auch seine persönliche: «Die verantwortungsvolle Aufgabe *haben wir,* daß wir durch die Geisteswissenschaft die Menschen auf den großen Moment vorbereiten.»[349] «Das wird das Wiederkommen des Christus sein: ein Hinaufwachsen von Menschen in die Sphäre, in welcher der Christus ist.» – «Und wenn [den Menschen] die geistigen Augen geöffnet sein werden, werden sie ihn sehen, wie Paulus bei dem Ereignis vor Damaskus ihn gesehen hat.» Diese zwei Äußerungen Rudolf Steiners, die sich auch in dem Vortrag vom 23. Januar finden, der dem Dichter-Seher gewidmet ist, können vor allem auf Novalis bezogen werden, der schon am Ende des 18. Jahrhunderts auf prophetische Weise das erneuerte Damaskus-Ereignis erlebte und sich infolgedessen «in die Regionen, wo der Christus selber zu finden ist», zu erheben vermochte. Und dieser ganze Vortrag, der *der erste* von dem neuen Christus-Ereignis kündende *Vortrag in Mitteleuropa ist,* wird (unmittelbar vor der Hinwendung zu dem dreifachen, alle anthroposophische Arbeit inspirierenden Geist) mit dem Hinweis auf den ursprünglichen, die Kräfte des Gewissens weckenden und zur Selbsterkenntnis führenden Anruf von Johannes dem Täufer an der Zeitenwende beendet, und es wird darauf hingewiesen, daß dieser Anruf abermals, in durch die moderne Geisteswissenschaft erneuerter Form von unserer Zeit an in der Welt erklingt: «Ändert den Sinn, ... denn das Menschen-Ich ist nahe den Reichen der Himmel.»

Finden wir nicht eine diesen Worten entsprechende Seelenstimmung überall im Werk von Novalis? So zum Beispiel in seiner Äußerung: «Der Mensch vermag in jedem Augenblicke ein übersinnliches Wesen zu sein», oder in einem anderen Fragment, in dem er vom «Anfang einer wahrhaften Selbstdurchdringung des Geistes» spricht, «die nie endigt». Wenn dem aber so ist, dann kann es uns wohl als möglich erscheinen, daß diese Novalis-Individualität heute aus der geistigen Welt heraus unmittelbar an der Verbreitung des erneuerten Anrufs von Johannes dem Täufer teilnimmt und so aus der an die Erde grenzenden übersinnlichen Sphäre heraus das ätherische Erscheinen Christi vorbereitet, wie einst Johannes sein physisches Erscheinen vorbereitete.

Dieses Motiv des «erneuerten Johannes-Rufes» in seinen verschiedenen Varianten zieht sich in der Folgezeit wie ein roter Faden durch alle Vorträge Rudolf Steiners, die dem Mysterium der Wiederkunft gewidmet sind, ganz besonders in der Zeit von Januar bis Mitte Mai 1910.[350] So sagt Rudolf Steiner zum Beispiel am 10. Mai 1910 in einem Vortrag in Hannover: «Und wie der Christus einen Vorläufer haben mußte, so mußte die Geisteswissenschaft erscheinen, um dies hellsichtige Zeitalter vorzubereiten [in dem der Christus geschaut werden wird].»[351] Diese Worte zeigen besonders deutlich, daß die moderne Geisteswissenschaft heute sich bei ihrer wichtigsten Aufgabe, der Verkündigung und Vorbereitung der Wiederkunft Christi, spirituell betrachtet, unmittelbar an die Tätigkeit Johannes des Täufers an der Zeitenwende, des ersten Verkünders oder Herolds des historischen Erscheinens des Christus-Impulses, anschließt. Diese Aufgabe, ein Herold des Christus-Impulses in ihrer höchsten spirituellen Form zu sein, erfüllte die Individualität Johannes des Täufers auch in ihren folgenden Inkarnationen als Raphael und, ganz besonders, als Novalis. Und sie bleibt dieser Aufgabe auch weiterhin in den geistigen Welten verbunden, während die moderne Geisteswissenschaft berufen ist, sie *auf der Erde* wahrzunehmen, wobei sie durch ihren erneuerten «Johannes-Ruf» von der übersinnlichen Beteiligung des dreifachen Herolds des Christus-Impulses an der Vorbereitung der Wiederkunft zeugt.[352]

Um die Entwicklung des Novalis-Themas weiterzuverfolgen, sind besonders jene Vorträge der zwei nächsten Jahre zu beachten, in denen sich die unsichtbaren Inspirationen von Novalis, unserer Ansicht nach, besonders kraftvoll äußern. Das sind, außer den drei folgenden großen Evangelien-Zyklen[353], Vorträge, die sich inhaltlich an das im Sommer 1911 veröffentlichte Buch «Die geistige Führung des Menschen und der Menschheit» (GA 15) anlehnen, von dem im 8. Kapitel eingehend gesprochen wurde[354]; oder auch der Vortrag «Erbsünde und Gnade», der im Mai 1911 gehalten wurde[355], und ganz besonders die im Jahre 1911 gehaltenen Vorträge im Zusammenhang mit der Beschreibung der künftigen Bildung der neuen Hüllen für den Christus in der Menschheit aus den Impulsen des Gewissens, der Liebe, des Staunens und des Glaubens und schließlich all die vielen Vorträge dieses Jahres, die der karmischen Biographie von Novalis gewidmet waren.[356]

Einen besonderen Platz in diesem Zusammenhang nimmt der Vortrag vom 16. Mai 1912 in München ein[357], in dem zunächst vom Buddhismus und seinem Begründer, dem Gautama Buddha, gesprochen wird, der, wie wir sahen, an der Zeitenwende unmittelbar durch Johannes den Täufer sprach (siehe Seite 20); sodann über «die vierfache Heroldschaft» für den Christus durch die Individualität von Elias-Johannes-Raphael-Novalis, wobei letzterer als eine Persönlichkeit charakterisiert wird, die «durchdrungen ist von einem anthroposophischen Christentum», und dieses Motiv geht dann in das Thema der Jahreskreislauf-Betrachtungen über – das Novalis so nahestand[358] – und endet mit einem Hinweis auf das Erscheinen des «Anthroposophischen Seelenkalenders», der einer der Wege ist, der den Gegenwartsmenschen zum Erleben des ätherischen Christus führen kann. Am Ende dieses Vortrags wird dann noch von dem Plan gesprochen, einen «Johannes-Bau» in München zu errichten; über die Beziehung der Novalis-Individualität zu demselben wird weiter unten noch gesprochen werden.

Dieses stetige Anwachsen des «Novalis-Themas» kulminiert schließlich im Vortrag vom 29. Dezember 1912, mit dessen Betrachtung wir dieses Kapitel begannen. In Erinnerung an ihn schrieb Marie Steiner im Vorwort der ersten Ausgabe: «Des christlichen Dichter-Sehers, des Novalis' Kunst leitete einen der Abende ein, an denen Rudolf Steiner dem anthroposophischen Bunde [der Gesellschaft] Richtungslinien gab.»[359]

So wurde die künftige Entwicklung der im Dezember 1912 begründeten, selbständigen Anthroposophischen Gesellschaft unter das «Zeichen des Novalis» gestellt und ihre Begründung aus dem *Geiste* heraus vollzogen, der in den «Geistlichen Liedern» seinen poetischen Ausdruck gefunden hatte.[360]

Noch ein weiteres Thema, das in den geisteswissenschaftlichen Betrachtungen Rudolf Steiners einen wichtigen Platz einnahm, ist unmittelbar mit der Individualität von Novalis verbunden. Es ist das das Thema der Jahresfeste. Wurde nicht tatsächlich eines der vier Hauptfeste Johannes dem Täufer gewidmet (Johanni)? War nicht auch die Beziehung dieser Individualität mit der Michael-Sphäre, besonders in ihrer Verkörperung als Elias, eine sehr starke (Michaeli)? Weiter ihre Nähe zum Weihnachtsgeschehen an der Zeitenwende, wo der Erzengel Gabriel eine zweifache Verkündigung brachte[361]; dann der Besuch Marias bei Elisabeth sowie die gemeinsame Kindheit von Jesus und Johannes, von der so viele Werke der bildenden Kunst sprechen; und selbstverständlich die zentrale Rolle dieser Individualität bei dem Mysterium der Erscheinung (Epiphanias); schließlich ihre übersinnliche Beteiligung an dem Mysterium von Golgatha, dank ihrer Beziehung zu dem ersten christlichen Eingeweihten, Lazarus-Johannes (Ostern). – Und wenn wir uns abermals Novalis selbst zuwenden, ist nicht sein ganzes Werk eine Vorverkündigung des zukünftigen Christentums des Heiligen Geistes, eine Offenbarung des Pfingst-Mysteriums, des zukünftigen Mysteriums der heiligen Sophia? «Christus und Sophia» – diese zwei Worte waren ja die Devise seines Lebens nach der Einweihung, die er im Jahre 1797 am Grab von Sophie von Kühn empfangen hatte. «Für dieses Christentum des Heiligen Geistes ist Novalis ein Zeuge geworden», mit diesen Worten beschließt Rudolf Meyer sein Buch über Novalis.[362]

Trotz alledem ist die Individualität von Novalis unter den genannten Festen am meisten mit dem Epiphanias-Fest verbunden, an dem das bedeutsamste Geschehen gefeiert wird, das sie in der Menschheitsentwicklung vollzog, sowie mit den zwölf heiligen Nächten als der Zeit der Vorbereitung der Menschen auf das Erscheinungsfest durch das Aufsteigen von der irdischen Geburt des Jesus zur kosmischen Geburt des Christus. Erklang doch schon an der Zeitenwende das Zeugnis des Johannes, das dazu aufrief, *«nicht nur»* dem Jesus, sondern auch dem Christus zu folgen.[363] Und hat er nach diesem Zeugnis nicht als erster von allen Erdenmenschen auf die Gegenwart des Christus-Gottes im Menschen Jesus von Nazareth gewiesen, die ihrerseits den höchsten Punkt auf dem Wege von Jesus zu Christus bedeutet (Joh. 1,34)? So ist diese Individualität im Jahreslauf ganz besonders mit der Zeit der zwölf heiligen Nächte verbunden, mit den Mysterien der *geistigen* Geburt, deren Gegenpol Johanni darstellt, das auf die *physische* Geburt von Johannes dem Täufer weist.

Aus diesem Grunde ist es auch kein Zufall, sondern spirituell begründet, wenn Rudolf Steiner Jahr für Jahr besonders in den zwölf heiligen Nächten, in der Zeit zwischen Weihnachten und Epiphanias, oder in den Tagen kurz vorher entweder Novalis' oder einer seiner früheren Verkörperungen gedenkt.

Schon die zwei Weihnachtsvorträge von 1906 und 1907[364] stellen eine Art Vorstufe dar zu dem, was dann folgen sollte, denn in beiden wird Johannes der Täufer – wenn auch nur kurz – im Zusammenhang mit der kosmischen Bedeutung seiner Worte erwähnt, die uns im vierten Evangelium über den Christus überliefert sind: «Er muß wachsen; ich aber muß abnehmen» (3,30). – Im eigentlichen Sinne beginnt dann jedoch das Novalis-Thema, wie wir sahen, unmittelbar vor Weihnachten 1908, im Vortrag vom 22. Dezember.[365] Dann wurde zu Anfang des Jahres 1909, am 6. Januar, dem Fest der Erscheinung, das heißt an dem Tag, der an die Johannes-Taufe im Jordan erinnert, erstmals über das Geheimnis von Novalis' drei vorangegangenen Verkörperungen gesprochen, und am Schluß des Jahres, am 26. Dezember, hielt Rudolf Steiner den so bedeutenden, auch mit dem Novalis-Thema zusammenhängenden Vortrag, der oben bereits erwähnt wurde (siehe Seite 170ff.). So war das Jahr, das für die weitere Entwicklung der Menschheit eine solch grundlegende Bedeutung hat, das Jahr, da der Christus im Ätherleibe erschien, sozusagen von beiden Seiten von Vorträgen eingerahmt, die dem Novalis-Thema gewidmet waren.[366]

Dann folgte das Jahr 1910. Zweimal wurde in der Weihnachtszeit dieses Jahres der Entelechie von Novalis gedacht: einmal am 30. Dezember bei der Einweihung des anthroposophischen Zweiges in Esslingen, während des bei dieser Gelegenheit gehaltenen, *Raphael* gewidmeten Vortrags, und das zweite Mal am 1. Januar 1911 während des letzten, sechsten Vortrags des Weihnachtszyklus, wo die drei vorhergehenden Verkörperungen von Novalis erwähnt werden.[367]

In den zwei Weihnachtsvorträgen von 1911 wird die Novalis-Individualität nicht genannt (außer dem mehrfachen Hinweis auf die Johannes-Taufe im Jordan), und doch sind sie ganz besonders mit der zentralen Aufgabe Johannes des Täufers unter den Menschen verbunden, mit der Geistgebärde, durch die der Menschheit der Weg von Jesus zu Christus eröffnet wurde. – In beiden Vorträgen kommt dieses Motiv in dem Hinweis Rudolf Steiners auf die Notwendigkeit zum Ausdruck, ein neues Verständnis für das Mysterium der *übersinnlichen* Geburt des Christus im Erdenmenschen Jesus bei der Taufe im Jordan am 6. Januar zu entwickeln, im Gegensatz zu seiner eigenen *irdischen* Geburt am 25. Dezember.[368]

Mit der Weihnachtszeit von 1912, des nächsten Jahres, in dessen Verlauf das «Novalis-Thema» besonders häufig in seinen verschiedenen Aspekten und Variationen von Rudolf Steiner betrachtet wurde, kommen wir abermals zu dem Vortrag, der am 29. Dezember während der Begründung der unabhängigen Anthroposophischen Gesellschaft gehalten wurde. – Schließlich taucht dieses Thema noch einmal in der letzten «Vorkriegsweihnachtszeit» im Silvester-Vortrag 1913 auf, in dem Rudolf Steiner bei der Betrachtung einer ganzen Reihe von alttestamentlichen Propheten Elias ganz besonders als den führenden Eingeweihten des althebräischen Volkes hervorhebt, in dem «Nachklänge» der drei kosmischen Taten des Christus durch die nathanische Seele, der sogenannten «Vorstufen des Mysteriums von Golgatha»[369], mit ganz besonderer Kraft wirkten. Denn dadurch, daß ihr «Nachklang» mit solcher Kraft in Elias' Seele lebte, konnte er nicht nur die Offenbarungen Jahves (so wie Moses), sondern auch die *durch* den Monden-Elohim wirkende Sonnen-Offenbarung des kosmischen Christus wahrnehmen. – Außerdem charakterisiert Rudolf Steiner in diesem Vortrag abermals Elias-Naboth und sodann auch Johannes den Täufer so, daß der «Bodhisattva-ähnliche» Charakter der in ihnen verkörperten Individualität klar hervorgeht.

So sehen wir, wie die Novalis-Individualität in von Jahr zu Jahr stärker wahrnehmbarer Art aus den geistigen Welten heraus an der allmählichen Entwicklung der anthroposophischen Bewegung[369a] in der irdischen Welt teilnahm, sie gleichsam aus den geistigen Höhen mit ihrem Licht überleuchtend. Und es ist nicht zufällig, daß Rudolf Steiner am Ende des Vortrags vom 29. Dezember 1912 auf diese Entelechie in der geistigen Welt als auf den «voranleuchtenden Leitstern» weist, der gerade erst zu dieser Zeit begründeten Anthroposophischen Gesellschaft voranleuchtend, dem sie «empfindend folgen» soll, sich bemühend, sich «hinaufzuarbeiten zu ihm in der Erkenntnis», das heißt danach strebend, vor allem eine solche Beziehung und eine solche Erkenntnis der Geistessphäre des Christus sich zu erwerben, wie sie Novalis besaß. Der Vortrag selbst endet sodann mit den Worten: «So darf uns voranleuchten dasjenige, was Novalis selber so schön sagt und was uns auch wie eine Art von *Motto* sein kann *für dasjenige, wozu wir uns entschlossen haben, am Ausgangspunkt der anthroposophischen Geistesströmung.*»[370]

Vom Herbst 1908 an bis zur letzten Vorkriegsweihnacht ziehen sich diese «Weihnachts-Inspirationen» von Novalis hin. Dann verschwinden sie für die Zeit des Krieges fast vollständig und werden erst wieder etwa vom Herbst 1920 an spürbar.[371] Da spricht Rudolf Steiner in dem Vortrag am Michaels-Tag, dem 29. September, abermals von Novalis und hebt dieses Mal besonders dessen Beziehung zur Mathematik hervor, die einen rein *inspirativen* Charakter hat. Und er kommt, dieses Phänomen geisteswissenschaftlich betrachtend, zu dem Ergebnis, daß das «bei solch jugendlich gebliebenen Geistern wie Novalis nichts anderes ist als ein Fühlen der Tatsache: Was du da als mathematische Harmonien erschaust, womit du die Phänomene des Weltenalls durchwebst, das ist ja im Grunde genommen nichts anderes, als was dich gewoben hat während der ersten Zeit deiner kindlichen Entwikkelung hier auf der Erde. – Das heißt konkret fühlen den Zusammenhang des Menschen mit dem Kosmos.»[372] In einem solchen Zusammenhang mit dem Kosmos erlebte sich auch Novalis, da er sich der spirituellen Kräfte, die in den ersten Kindheitsjahren im Menschen wirken und von denen wir bereits eingehend im 7. und 8. Kapitel sprachen, bewußt war. «Wir stehn in Verhältnissen mit allen Teilen des Universums ...», so sagt er selbst in einem seiner Fragmente. Und so gesehen ist seine besondere Beziehung zur Mathematik[373] nur eines von vielen Zeugnissen seines bewußten Verhältnisses zu den spirituellen Kräften der frühen Kindheit.

Das genannte Motiv taucht dann noch einmal zu Weihnachten 1920 im dritten Vortrag des Zyklus «Die Suche nach der neuen Isis, der göttlichen Sophia»[374] auf – ein Thema, das das ganze Erdenleben von Novalis als eines der Leitmotive begleitete. In diesem Weihnachtsvortrag wird von Novalis als von einem «auserlesenen Geist» gesprochen, der in seiner Beziehung zur Mathematik noch am Ende des 18. Jahrhunderts vermochte, die alte Weisheit der Magier aus dem Osten wieder aufleben zu lassen, die sie dazu geführt hatte, an der Zeitenwende den wiedergeborenen Zarathustra ehrfurchtsvoll zu begrüßen.

Weiter im Jahr 1921 ist vor allem der Vortrag aus dem Zyklus «Kunst und Kunsterkenntnis» zu erwähnen, der der vergleichenden geisteswissenschaftlichen Betrachtung der Seelen-Gestalt von Novalis und Goethe gewidmet ist.[375] Hier schildert Rudolf Steiner mit ungewöhnlicher Konkretheit, wie Novalis' physische Organisation in einem solchen Maße von seinem mächtigen geistig-seelischen Prinzip durchdrungen war, daß sie für ihn als Ganzes gleichsam zu einem einheitlichen Sinnesorgan wurde. Und das zeugt seinerseits davon, daß sich in Novalis beim vollen Bewußtsein des erwachsenen Menschen abermals der Zustand der frühesten Kindheit bis zu einem gewissen Grade – wenn auch auf höherer Stufe – entwickeln konnte, wo der ganze Organismus noch ein undifferenziertes Wahrnehmungsorgan ist – und das bedeutet vor allem ein Organ des Staunens und der Verwunderung vor den Geheimnissen des umgebenden Weltenseins.

Weihnachten 1921 spricht Rudolf Steiner dann wiederum über dasselbe Thema wie auch in der Weihnachtszeit von 1911, daß es notwendig ist, mit Hilfe der anthroposophisch orientierten Geisteswissenschaft ein wahres Verständnis des Mysteriums der Jordantaufe zu gewinnen, hinzufinden zu einem Verständnis nicht nur der irdischen Geburt des Jesus, sondern vor allem der übersinnlichen des Christus.[376]

In der Weihnachtszeit 1922 tritt der Einfluß der von uns betrachteten Inspirationen mehr indirekt in Erscheinung. Er läßt sich jedoch in der mächtigen Entfaltung des Michael-Themas wahrnehmen, in dem Hinweis auf den Michael-Geist als den wahren, unserer Epoche entsprechenden Führer zu einem spirituellen Verständnis der Weihnachtszeit und besonders in dem Hinweis darauf, daß der Christus die Aufgabe auf sich nahm, welche vorher der «Jahr-Gott» in der Erdenentwicklung erfüllte.[377] In diesem Übergang vom «Jahr-Gott» zu Christus, das heißt von einem mehr naturhaften zu einem rein geistigen Miterleben des Jahreslaufs, kann man gleichsam eine höhere «hierarchische» Verwirklichung der Worte Johannes des Täufers sehen: «Er muß wachsen; ich aber muß abnehmen. Der von oben kommt, überragt alle andern».[378] Über die Beteiligung der Entelechie von Novalis am Weihnachts-Geschehen von 1923 wurde bereits eingehend im 10. Kapitel gesprochen.[379]

Fassen wir nochmals zusammen, was hier über die «weihnachtlichen Inspirationen» von Novalis gesagt wurde, die in der Entwicklung der anthroposophischen Bewegung auf der Erde mit besonderer Kraft in der Zeit von 1908 bis 1913 und dann in den Weihnachtstagen 1923 wirkten, so tritt eine Frage mit neuer Kraft vor uns hin, auf die wir in der bisherigen Betrachtung nur zum Teil eingingen. Es ist das die Frage, warum alle entscheidenden Phasen in der Entwicklung des «Novalis-Themas» im Vortragswerk Rudolf Steiners so deutlich an erster Stelle mit der Weihnachtszeit verbunden sind? Von dem Standpunkt aus, der uns hier beschäftigt, ist die Antwort auf diese Frage schon in dem Novalis-Vortrag vom 26. Dezember 1909 enthalten. Da heißt es: «Und wenn wir im fünften Zeitraum ein richtiges Weihnachtsfest feiern, werden wir dafür im sechsten Zeitraum ein richtiges Osterfest feiern können ... So schließen sich Weihnachtsfest und Osterfest im fünften und sechsten Zeitraum unserer nachatlantischen Zeit zusammen.»[380]

Diese Worte können uns im Lichte dessen, was wir bereits in dem Kapitel «Vorbote der sechsten Kulturepoche» sagten, als ein Schlüssel zum Verständnis *aller* weihnachtlichen Inspirationen von Novalis dienen, der sich in den geistigen Welten auf seine künftige Erdenmission vorbereitet, einst einer der wichtigsten Führer der Menschheit aus der fünften in die sechste Kulturepoche zu werden, oder, genauer gesagt, *von Weihnachten zu Ostern,* von dem wichtigsten Fest der fünften zum wichtigsten Fest der sechsten Kulturepoche.

Noch ein weiterer Wirkensbereich der Inspirationen der Novalis-Entelechie sind in diesem Kapitel zu betrachten. Rudolf Steiner beendet den oben zitierten (auf Seite 178f.) Münchner Vortrag vom 16. Mai 1912, der besonders der Betrachtung von Novalis' «vierfacher Heroldschaft» während seiner verschiedenen Inkarnationen gewidmet ist, mit den folgenden Worten, welche sich auf die Unmöglichkeit – wegen äußerer Schwierigkeiten – beziehen, das ursprüngliche Projekt eines «Johannes-Baues» in München zu verwirklichen: «So versuchte ich Ihnen einzelnes aus unserer anthroposophisch orientierten Anschauung heute darzulegen, und wir haben damit sozusagen *eine Art Ersatz* uns geschaffen für das, was diesmal hätte sein sollen, was aber nicht hat sein können, weil eben noch nicht alle behördlichen Bewilligungen erreicht sind: nämlich die Grundsteinlegung unseres Johannes-Baues. Wir wollen aber hoffen, daß es uns in nicht gar zu ferner Zeit gelingen möge, dieses nachzuholen. Denn wir werden ja vielleicht gerade damit auch den Grundstein für eine Neubelebung der anthroposophischen Bewegung legen, wie wir sie innerhalb des Abendlandes meinen.»[381]

In unserem Zusammenhang ist die Tatsache von besonderer Bedeutung, daß Rudolf Steiner hier das *Novalis-Thema* als *«eine Art Ersatz»* für die nicht zustande gekommene «Grundsteinlegung ... des Johannes-Baues» wählt, der nach seinen Worten auch den «Grundstein für eine Neubelebung der anthroposophischen Bewegung ...» hätte bilden sollen.[382] Dieser geistige Zusammenhang, der sich hier abzeichnet, zwischen der in den höheren Welten weilenden Novalis-Entelechie und der Notwendigkeit, auf der Erde ein *äußerlich sichtbares* Zentrum für die moderne christlich-rosenkreuzerische Esoterik zu bauen, findet bereits im August desselben Jahres in der ersten Szene des dritten Mysteriendramas, «Der Hüter der Schwelle», seinen künstlerischen Ausdruck. Hier wird der Vorsaal der Räume einer *«rosenkreuzerischen* Bruderschaft» gezeigt, an dessen Wänden Kopien von Porträts hängen, welche die hauptsächlichen Stufen von Novalis' karmischer Biographie darstellen: Elias, Johannes den Täufer, Raphael und ein Porträt von Novalis.

Die Szene selbst stellt einen Wendepunkt in der Geschichte der Bruderschaft dar. Angeregt durch die richtig gelesenen und gedeuteten Zeichen der Zeit, beschließen ihre Leiter, allen Menschen, die aus freiem Willen mit ihnen zum Heile der geistigen Weiterentwicklung der Menschheit zusammenarbeiten wollen, die Tempelpforten zu öffnen. So wird in dieser Szene das Motiv des Geistestempels, der alle Menschen guten Willens umfaßt und ihnen allen zugänglich ist, mit der «vierfachen Heroldschaft» der Novalis-Individualität verbunden, deren Aufgabe es ist, den Grundstein für die Brücke zu legen, welche die esoterische und die exoterische Menschheitsgeschichte verbindet oder, im Sinne der Mysteriendramen selbst, ihre erste Szene, welche noch im «Vorraum» des Rosenkreuzertempels spielt, mit ihren letzten, die sich bereits in seinem Innern abspielen.

Und wenn im Vorhof des Tempels auf eine mehr exoterische Weise, dadurch, daß ihre Abbildungen an den Wänden hängen, auf die Novalis-Individualität gewiesen wird, so wird im Tempel selbst ihre Gegenwart auf rein esoterische Weise realisiert durch die *Übereinstimmung der Grundideen des Tempels mit der Hauptaufgabe von Novalis:*

«Es ist der Erdenseele Liebeziel:
Nicht ich, der Christus lebt in meinem Sein»

– so spricht Maria am Ende ihres Monologs im Tempel. Das aber ist die Formel des «Ereignisses von Damaskus», die Hauptformel aller wahren christlichen Mysterien, die der Individualität von Novalis ganz besonders nahesteht, denn nur sie öffnet den Weg zu der hohen Synthese von Weisheit und Liebe, der geistigen Grundlage der sechsten Kulturepoche.[383]

Auf diese Synthese von Weisheit und Liebe, welche nur durch die *unmittelbare Gegenwart des Christus selbst* erreichbar ist, weist das geistige Haupt des Tempels, Benediktus, sich an Maria wendend, von seinem Hauptaltar aus mit den Worten:

«Und Christus wird am Weiheort der Weisheit
Mit Geistesliebesinn erwärmend leuchten.»

Diese Worte von Benediktus sowie die oben angeführten von Maria über die Ziele der Erdenentwicklung nehmen eine zentrale Stelle sowohl in der Schlußszene als auch dem Drama im ganzen ein. Was aber die erste Szene betrifft, so nimmt ohne Zweifel die Rede des Großmeisters der Rosenkreuzer-Bruderschaft, Hilarius Gottgetreu, die zentrale Stelle ein, die Rede, die sich an alle in dem Raum anwesenden zwölf Vertreter der weltanschaulichen Hauptströmungen der Gegenwart richtet und in der das Motiv «der geistigen Führung des Menschen und der Menschheit» besonders kraftvoll hervortritt. In diesem Hauptmotiv der Hilarius-Rede lassen sich deutlich *vier* Stufen unterscheiden.

Auf der ersten Stufe wird von jenen «Mächten, die unsres Erdenwerdens *Ziele* lenken» gesprochen und die sich nur «im Urbeginn ... lichtvoll offenbaren» konnten; auf der zweiten von den «weisen Führern», «erhabnen Geisteswesen», die «aus höhern Daseinsreichen ... abgesandt» waren, um die Menschheit mittels der uralten Mysterien weiterhin zu führen. Diese Wesenheiten von der zweiten Art waren, wenn sie auch tiefer standen als die ersteren, verglichen mit den Menschen, höhere übersinnliche Wesenheiten. Sie konnten sich mit der Zeit einzelne geistig besonders fortgeschrittene Menschen auswählen und sie

«In Mystenziele und in *Weisheitslehren»*

einweihen, das heißt in die Welten-«Ziele», welche die Wesenheiten der ersten Art aufgestellt hatten, und in die «Weisheit», die für ihre Verwirklichung nötig war. Diese auserwählten Menschen waren die ersten «menschlichen Eingeweihten». Sie bildeten die dritte Stufe der beschriebenen Entwicklung und wurden in der Rede von Hilarius «Götterschüler» genannt. Später wählten auch sie Schüler, «die ihnen folgen durften in der Pflege des Geistesschatzes». Diese bildeten ihrerseits mit der Zeit die letzte, vierte Stufe.

Im ganzen gesehen wurde, nach der Beendigung der Epoche, in welcher die übermenschlichen Wesenheiten der ersten Kategorie ihre Inspirationen unmittelbar einfließen ließen, die Entwicklung von Wesenheiten der zweiten, auch übermenschlichen Kategorie geführt, die in ältesten Zeiten die erste, sozusagen ursprüngliche Mysterienschule der Weisheit auf der Erde gründeten. Aus dieser «Ur-Schule» gingen dann später alle «menschlichen Eingeweihten» hervor, welche über die Erde hin die verschiedenen Mysterienschulen gründeten:

«Es sind bis jetzt ja alle Mystenschulen,
Die dies in Wahrheit sind, gerecht entsprungen
Der ersten, die von höhern Geistern stammt.»

Erst als die übermenschlichen Wesenheiten der zweiten Kategorie genügend Nachfolger und Erben in der Gestalt «menschlicher Eingeweihter» herangebildet hatten, konnten sie sich von der unmittelbaren Menschheitsführung zurückziehen und zu anderen Aufgaben übergehen:

«Und als der ersten Meister Schüler später
Das edle Gut in Würde pflegen konnten,
Da wandten die erhabnen Lehrer sich
Zurück zu ihren eignen *Lebenswelten.*»

Stellt man diese Rede Hilarius Gottgetreus neben andere Äußerungen Rudolf Steiners, läßt sich leicht erkennen, daß unter der ersten Kategorie von Wesenheiten, «die unsres Erdenwerdens Ziele lenken», vor allem Wesenheiten der dritten Hierarchie, Archai, Archangeloi,

Angeloi, gemeint sind, welche den Willen und die Absichten der höheren Hierarchien, die Erde und die Menschheit betreffend, ausführen.[384] Diesen Wesenheiten, ganz besonders den letzteren, den Engeln, begegnet der Mensch jedes Mal nach dem Tode in der Mondensphäre,[385] in der Sphäre der unsere Erde umgebenden «Lebenswelten». Jedoch begegnet er in dieser Sphäre nicht nur ihnen, sondern auch den sogenannten «uralten Mondenlehrern der Weisheit», welche in den frühesten Zeiten der Erdenentwicklung die Lehrer der damals noch ganz jungen Menschheit waren. Diese hatten sich, als sie ihre Weisheit den irdischen Mysterien und ihren Eingeweihten übergeben hatten, in die Mondensphäre zurückgezogen – bald nachdem sich diese von der Erde getrennt hatte – und in ihr eine kosmische Kolonie begründet, welche seitdem der Mittelpunkt der uralten ursprünglichen Weisheit ist.[386] Die irdische Leitung der Menschheit aber hatten sie ihren «Nachfolgern», hochentwickelten Menschenwesen, übergeben, welche im Osten «Bodhisattvas» genannt werden: «Die [letzteren] erschienen wohl im Menschenleibe verkörpert, waren aber dennoch die Nachkommen derjenigen Wesenheiten, die sich dann im Monde verschanzten. *So daß das Leben der Bodhisattvas eigentlich verfließt in Gemeinschaft mit den in der kosmischen Mondenfestung lebenden Wesenheiten.* Da liegen die Quellen ihrer Kraft, da liegen die Quellen ihrer Gedanken.»[387]

In der Folgezeit wirkten jahrtausendelang verschiedene Bodhisattvas in der Menschheit als Boten und Mittler zwischen den Mondenlehrern der Weisheit und vielen Generationen von Schülern der verschiedensten Mysterien.

So können wir in der Rede von Hilarius Gottgetreu vier Kategorien von Wesenheiten unterscheiden, wobei den zwei ersten der Mensch erst nach seinem Tode, in der Mondensphäre, begegnen kann:

1. die Wesenheiten der dritten Hierarchie, welche die Entwicklung von Erde und Menschheit durch Ziele leiten, die sie von den höheren Hierarchien empfangen. In derjenigen geistigen Welt, die der Erde am nächsten ist (der Mondensphäre), lenken die Angeloi diese Ziele.
2. die ältesten Weisheitslehrer, welche einstmals im Ätherleibe unter den Menschen wirkten, sich dann aber auf den Mond (in die Mondensphäre) zurückzogen.[388]

3. ihre Boten, die Bodhisattvas, sowie die anderen Meister, welche ihre Entwicklungsstufe erreicht haben, oder «Bodhisattva-ähnliche» Wesenheiten.
4. die Mysterienschüler und geistig strebende menschliche Individualitäten.

Was wir hier im Zusammenhang mit der Rede von Hilarius Gottgetreu anführten, ist nun mit der Stelle aus der «letzten Ansprache» Rudolf Steiners zu vergleichen, wo der Eintritt der Raphael-Individualität während ihres nachtodlichen Daseins in die Monden-Sphäre beschrieben wird. Da kommt diese Individualität zunächst in Berührung mit den Monden-Lehrern und ihrer Weisheit und sodann mit jenen geistigen Wesenheiten, welche einst dem ganzen Erdensein die *Ziele* setzten, das heißt den Engeln, den Vertretern nicht nur der dritten Hierarchie *in der Monden-Sphäre,* sondern des gesamten hierarchischen Kosmos überhaupt: «Wir werden gewahr, wie Raphael die Monden-Sphäre betritt, zu denjenigen Geistern in Beziehung tritt, die in der Monden-Sphäre leben und die ja die geistigen Individualitäten der einstigen großen Urlehrer der Menschheit sind, von deren *Weisheit* Raphael als Elias noch tief inspiriert war; wir sehen, wie er in Gemeinsamkeit mit diesen Monden-Wesen und mit all den Seelen, mit denen er frühere Erdenstufen durchgemacht, durchlebt hat ... sich zusammenschließt.» Weiter geht er von den Monden-Lehrern allmählich zu höheren, rein hierarchischen Wesenheiten über, die jedoch auch mit der Monden Sphäre verbunden sind: «... wir sehen, wie er da [in der Monden-Sphäre] sich zusammenschließt geistig mit alledem, was *geistige Erdenursprünge* sind, mit all dem Wesenhaften, das ja eine Menschheit und ein göttliches Durchtränktsein des Irdischen überhaupt erst möglich gemacht hat; wir sehen Raphael sozusagen so echt unter den Seinigen, verbunden mit denjenigen, mit denen er im Elias-Dasein am liebsten zusammen war, weil sie diejenigen waren, die am Ausgange des Erdendaseins diesem Erdenleben *das Ziel* gesetzt haben.»[389]

In diesen Worten Rudolf Steiners aus der «letzten Ansprache» und der Tatsache, daß sie der Rede des Großmeisters Hilarius in der ersten Szene des dritten Mysteriendramas so deutlich entsprechen, liegt nicht nur eine Bestätigung, daß es sich bei der Elias-Johannes-Raphael-Novalis-Individualität um eine «Bodhisattva-ähnliche» Wesenheit handelt, sondern mehr noch, es ist das ein wesentliches Zeugnis für die geistige Beteiligung dieser Individualität an der irdischen Entwicklung der

Anthroposophie im ersten Viertel des 20. Jahrhunderts. Denn in dieser Szene kommen nicht nur durch die Porträts an den Wänden des Vorsaals der Räume der rosenkreuzerischen Bruderschaft, sondern vor allem durch die Rede von Hilarius Gottgetreu die verschiedenen Etappen der karmischen Biographie von Novalis sowohl während seiner Erden-Verkörperungen als auch, ganz besonders, während der Zeit seines Lebens in der geistigen Welt zwischen dem Tode und einer neuen Geburt zum Ausdruck.

Wenn wir uns nun nochmals dem Zusammenhang zwischen dem Plan des Johannes-Baues in München und dem «Novalis-Thema» zuwenden, so können wir noch einen Schritt weitergehen, wenn wir das Folgende beachten. – Im September 1912, das heißt sogleich nach der ersten Aufführung des dritten Mysteriendramas, hält Rudolf Steiner einen der geisteswissenschaftlichen Betrachtung des Markus-Evangeliums gewidmeten Vortragszyklus in Basel, durch den sich wie ein roter Faden das Thema von Elias, Johannes dem Täufer, Raphael, Novalis in ganz neuer Vertiefung zieht. Am Ende desselben Monats besucht dann Rudolf Steiner erstmals Dornach und beschließt dort, nach einem Gespräch mit Dr. Emil Grosheintz, den Johannes-Bau in der Schweiz zu errichten.

Von seiner Grundsteinlegung an, am 20. September 1913, das heißt *etwa ein Jahr* nach jenem Vortrag, in dem Rudolf Steiner das Geheimnis des Wirkens der Entelechie von Johannes dem Täufer nach seinem Märtyrertod als Gruppenseele der zwölf Apostel – und damit als Gruppenseele der *ersten* christlichen Gemeinschaft[390] – enthüllte, beginnt eine ganze Reihe von Mitteilungen aus dem Fünften Evangelium, in dem Johannes der Täufer auch einen wesentlichen Platz einnimmt.[391]

Dieser Zusammenhang zwischen der Entstehungsgeschichte des Johannes-Baues und der Novalis-Individualität kann noch konkreter werden, wenn in Betracht gezogen wird, daß eine der letzten künstlerischen Schöpfungen Raphaels die Vollendung der von Bramante begonnenen Kuppel des Petersdomes in Rom war. Es war der Kuppel-Gedanke, der in dem Doppelkuppelbau gleichsam in Bewegung kommt[392], parallel zu dem Thema der «Verklärung» in der Malerei ein zentrales Thema im künstlerischen Schaffen Raphaels, mit dem er sich besonders in den letzten Jahren seines Erdenlebens beschäftigte und mit dem er dann in die geistige Welt ging.

Von der intensiven Verbindung Raphaels mit dem Bau der großen Kuppel des Petersdomes zeugen beispielsweise die folgenden Worte aus dem Brief an seinen Onkel Simone Ciarla, die er sieben Jahre vor seinem Tode schrieb: «Ich kann gar nicht mehr an einem anderen Orte leben als in Rom aus Liebe zu dem Bau von St. Peter, den ich an Bramantes Stelle übertragen bekam. Welcher Ort auf Erden wäre aber auch würdiger als Rom und welches Unternehmen würdiger als der Dom von St. Peter. Denn der ist der erste Tempel der Welt und der größte Bau, den man jemals gesehen hat.»[393]

Als ein weiteres Beispiel für die gegenseitige innere Beziehung zwischen dem Johannes-Bau und Raphaels Werk kann der Hinweis Rudolf Steiners in dem Vortrag vom 5. Mai 1909 in Berlin aus Anlaß der Einweihung des dortigen Zweigraumes auf die zwei Raphaelischen Fresken «Schule von Athen» und «Disputa» angesehen werden. Die Reproduktionen derselben waren damals an den Wänden des Saales aufgehängt, in dem der Vortrag gehalten wurde. «Zwei der bedeutendsten Bilder der Welt» nannte sie Rudolf Steiner, «... an denen uns so recht die Art und Weise entgegentreten kann, wie der Anthroposoph sein Lebensideal zum Inhalte seiner Seele machen kann.» Und dann weist er weiter darauf hin, daß das erste die vorchristliche Menschheitsentwicklung darstellt und das zweite die Epoche des Spätmittelalters: «Die beiden Bilder können auch nur zusammen aufgefaßt werden, und nur das eine nach dem anderen. Die Bilder sprechen das aus, was geschehen ist von der *vorchristlichen* Zeit an bis tief in das Mittelalter hinein; und sie sprechen es auf künstlerische Art aus ... Denn eine *vorchristliche* Weltanschauung drückt sich aus auf dem ersten Bilde; was durch den Christus geworden ist, drückt sich aus in der Gestaltenwelt des zweiten Bildes ... Sie sind sozusagen der Ausdruck, wie von einem großen Geiste der Menschheit festgehalten wurde die menschliche Entwickelung *vom Altertum* bis weit in das christliche Mittelalter hinein.»[394] Nachdem Rudolf Steiner dann beide Fresken eingehender beschrieben hat, geht er zum eigentlichen Hauptthema seines Vortrags über, indem er auf die Notwendigkeit hinweist, in der Zukunft zu diesen zwei Darstellungen eine *dritte* hinzuzufügen, die, nach seinen Worten, einst aus der menschlichen Seele wird hervorgehen können, die «zu ihrem Lebensblut jene geistige Weltanschauung» haben wird, «die uns heute in ihrer ersten Form als Anthroposophie entgegentritt».[395] Über dieses «dritte Bild» sagt er dann weiter: «Was durch den Geist werden wird, der durch den Christus gesandt ist und der [einst] sich seiner Hüllen entledigen wird, das wird sich in dem Bilde ausdrücken, das als ein *großes Ideal* vor der Seele eines jeden [Anthroposophen] stehen kann. Gemalt werden kann es heute noch nicht, denn die Modelle dazu sind noch nicht da. In unseren Seelen selbst aber sollen sich diese zwei Bilder [Raphaels] ergänzen zu einer Dreiheit von Bildern.»

Diese Worte, in Verbindung mit dem oben angeführten Hinweis auf den Zusammenhang des ersten Bildes mit der Zeit der Antike und des zweiten mit der des Spätmittelalters, legen die folgende Schlußfolgerung nahe: Auf dem ersten Bilde sind Menschen dargestellt, die dem Studium der ältesten, ursprünglichen Menschheits-Weisheit in der Form hingegeben sind, wie sie sich noch in der griechischen Kultur erhalten hat. Dieses Bild stellt das Wirken des letzten Abglanzes der Weisheit des *Vatergott*-Impulses in der Menschheit dar. Das zweite Bild stellt das Wirken des *Sohnes*-Impulses dar und das dritte, das damals (1909) noch von niemandem auf der Erde geschaffen worden war, wird in künstlerischer Form das eigentliche Wesen der neuen *Geist*-Offenbarung darstellen.

Das «große Ideal», welches dieses dritte Bild darstellen wird, nennt Rudolf Steiner später in demselben Vortrag ein «umfassendes Ideal der Freiheit und der Liebe», und das ist das Ideal der künftigen Menschheit, welche die zehnte Hierarchie im Kosmos bilden soll. Eine solche Charakteristik dieses Ideals in Verbindung mit dem Hinweis auf den Zusammenhang des «dritten Bildes» mit der neuen Geistepoche, zu der die Anthroposophie heute das Tor bildet, spricht uns mit aller Deutlichkeit davon, wo wir heute die Verwirklichung dieser geheimnisvollen Schöpfung suchen müssen. Denn das, was im Jahre 1909 noch nicht möglich war zu schaffen, das konnte am Ende des folgenden Jahrsiebts in der Darstellung des «Menschheitsrepräsentanten» Wirklichkeit werden, der das Gleichgewicht zwischen den Widersachermächten Luzifer und Ahriman hält, wie er im Ostteil der kleinen Kuppel des ersten Goetheanum gemalt war – sowie in der plastischen Ausgestaltung des Motivs in der Skulpturgruppe.

In dieser künstlerischen Darstellung des idealen Menschenwesens, welche die Menschheit in ihrem künftigen kosmischen Zustand als zehnte Hierarchie vor uns hinstellt, die aus den Kräften der Freiheit und Liebe schöpferisch in der Welt wirkt, haben wir das aus der modernen Offenbarung des Geistes entstandene *dritte* Bild.

Alles, was Rudolf Steiner im Berliner Zweig bei der Einweihung des ersten anthroposophisch gestalteten Raumes über die historischen Grundlagen der drei Bilder sagte, stimmt auf eine erstaunliche Weise mit dem überein, was er in seiner Ansprache zur Grundsteinlegung des ersten Goetheanum am 20. September 1913 in Dornach sagte. Denn wenn, wie wir sahen, auf dem ersten Bild die Epoche der Hochblüte der Antike etwa zur Zeit Platos[396] dargestellt ist und auf dem zweiten die Blütezeit der Hochscholastik, als die Notwendigkeit aufkam, die grundlegenden christlichen Wahrheiten wie überhaupt die christliche Kultur einerseits vor dem äußerlich physischen und andererseits vor dem geistigen Ansturm der Repräsentanten der mohammedanischen Kultur zu *stärken und zu schützen – so* finden wir diese beiden historischen Motive auch in der Ansprache Rudolf Steiners bei der Grundsteinlegung. Auch in ihr wird neben dem Thema der Zeitenwende und des Mysteriums von Golgatha von der «Mysterienweisheit des alten Griechenland», der Philosophie des «großen Plato» und sodann von «jenem großen *geistigen* Kampf ... durchglüht vom Feuer der Liebe» gesprochen, «der geführt worden ist von unseren Vorfahren einstmals, als sie drüben abgelenkt haben den ahrimanischen Ansturm der Mauren» und «dessen Fortsetzer» heute die Anthroposophen sein sollen. Die Ansprache selbst aber beginnt mit der Charakteristik des eigentlichen, bewußt-unbewußten Strebens der modernen Menschheit *zum Geiste,* ihr Streben, ihre Hoffnung, ihr Aufruf zur neuen Geistesoffenbarung.[397]

Die Antike, das Mysterium von Golgatha, dessen Licht bis zum Spätmittelalter in die Menschheit strahlt, und die moderne Geistoffenbarung – das sind die drei hauptsächlichen Stufen des historischen Menschheitswerdens, die sowohl in den «drei Bildern» als auch in der Ansprache zur Grundsteinlegung des ersten Goetheanum vor uns hintreten, des Baues, dessen Mittelpunkt die im Osten aufgestellte plastische Gruppe sowie das ihr entsprechende malerische Motiv in der kleinen Kuppel bilden sollte – diese künstlerischen Darstellungen, die unmittelbar aus den Quellen der neuen geistigen Offenbarung, der zeitgemäßen Christus-Offenbarung durch den Geist unserer Zeit – Michael – stammen.[398]

So haben wir nicht nur in architektonischer, sondern auch in malerischer Hinsicht im ersten Goetheanum ein Kunstwerk vor uns, das in einem gewissen Sinne eine Kulmination und Verwirklichung aller Hoffnungen Raphaels bildete. Hier ist das künstlerische Ideal des «dritten Bildes» in Erscheinung getreten, dem er sich auf seine Weise mit seiner letzten Arbeit, der «Verklärung auf dem Berg Tabor», zu nähern suchte. Auf diesem Bild ist oben die kosmische Offenbarung des Christus in seiner höchsten, der *Sonnen-Natur* dargestellt, und unten sehen wir seine Jünger, welche die dämonischen Mächte nicht aus dem von ihnen besessenen Jüngling vertreiben können, da der Christus-Impuls noch nicht so stark wirkt, wie er *nach* dem Mysterium von Golgatha in den Menschen wirken wird, so daß die Gegenmächte von Luzifer und Ahriman sich das Gleichgewicht halten werden. So ist dieses letzte Werk Raphaels zugleich eine allgemein-historische Frage nach dem «dritten Bilde», der neuen Offenbarung, die in der Form, welche der neuen Zeit entspricht, im ersten Goetheanum als Gesamtkunstwerk gegeben wurde – und dort ganz besonders in der Malerei und Plastik seines östlichen Teiles.

Zu diesem hohen Ideal künstlerischen Schaffens, dessen Impulse unmittelbar aus den Quellen der neuen Geistesoffenbarung stammen, strebte auch Novalis. War doch sein geheimes Ziel, von dem heiligen Tempelbild der Isis, der göttlichen Sophia, den Schleier zu lüften, der das Bild der zukünftigen Menschheitsentwicklung bedeckt. Und das bedeutet, geisteswissenschaftlich gesehen, den Zugang zu der allumfassenden kosmischen Sphäre des Heiligen Geistes zu finden, welche die ewig lebendigen Keime aller wahren Kunst, Wissenschaft und Religion in sich birgt.[399]

«Ich bin das All, ich bin die Vergangenheit, die Gegenwart und die Zukunft; meinen Schleier hat noch kein Sterblicher gelüftet» – so spricht eine uralte Inschrift über dem heiligen Bild der Isis in den ägyptischen Tempeln.[400] Darauf erwidert Novalis: «und wenn kein Sterblicher, nach jener Inschrift dort, den Schleier hebt, so müssen wir Unsterbliche zu werden suchen», und das bedeutet: der Mensch selbst kann heute aus den Kräften seines höheren Ich den Schleier von dem heiligen Tempelbild heben. Was jedoch enthüllt sich ihm dann?

«Einem gelang es – er hob den Schleier der Göttin zu Sais –
Aber was sah er? Er sah – Wunder des Wunders, *sich selbst.*»

«Sich selbst» – in seinem ewigen Bilde, in seinem höheren unsterblichen Ich, als Ideal der ganzen Menschheitsentwicklung, das in den Zauberworten «Freiheit und Liebe» beschlossen ist.[401] Und zeugen nicht dieses Erlebnis von Novalis sowie seine eigenen Worte darüber von einer lebendigen Metamorphose dessen, was Rudolf Steiner im Vortrag vom 6. Januar, dem Epiphanias-Tag 1918, darstellte, als er davon sprach, daß «hinter» der plastischen Gruppe, welche den Menschheitsrepräsentanten zwischen Luzifer und Ahriman darstellt, die neue Isis, die göttliche Sophia, verborgen ist, über welcher in unserer Zeit die Worte stehen: «Ich bin der Mensch. Ich bin die Vergangenheit, die

Gegenwart und die Zukunft. Meinen Schleier sollte jeder Sterbliche lüften.»[402]

So ändern sich die Zeiten. Am Ende des 18. Jahrhunderts mußte Novalis noch «unsterblich» werden, um den heiligen Schleier der Isis zu heben; er konnte nur aus der Offenbarung seines höheren Ich sich den Geheimnissen des Daseins nähern. In unserer Zeit, nach dem Ende der dunklen Epoche des Kali Yuga und während der neuen Herrschaftsepoche des Erzengels Michael, kann *jeder* Mensch etwas von den Geheimnissen des höheren Daseins mit seiner gewöhnlichen Erkenntnisfähigkeit erfassen, von den Geheimnissen, zu denen das Geistwesen des Menschen selbst, so wie es uns heute die moderne Geisteswissenschaft oder Anthroposophie enthüllt, Schlüssel und Lösung bildet. Mehr noch, wenn zu Novalis' Zeit eine einmalige, durch ein besonderes Karma bedingte innere Erleuchtung erforderlich war, um zu dem übersinnlichen Damaskus-Erlebnis zu gelangen, so beginnt in der neuen Epoche, von unserer Zeit an, dieses Damaskus-Licht als ein durch das Mysterium von Golgatha verwandeltes Tabor-Licht[403] gleichsam auf eine natürliche Weise in den Seelen einer wachsenden Zahl von Menschen zu leuchten. Das ist der Beginn der von der modernen Geisteswissenschaft verkündeten Epoche des neuen natürlichen Hellsehens, wo sich den Menschen die Möglichkeit eröffnet, die Christus-Wesenheit in der geistigen Umgebung der Erde hellsichtig zu schauen, die Möglichkeit, von ihm wahrhaftig nicht aus irgendwelchen Dokumenten oder kirchlicher Tradition zu wissen, sondern aus unmittelbarer innerer Erfahrung.

Diese zukünftige Epoche nennt Novalis das «goldene Zeitalter», «eine neue goldene Zeit mit dunklen unendlichen Augen, eine prophetische, wundertätige und wundenheilende, tröstende und ewiges Leben entzündende Zeit ... eine große Versöhnungszeit ...» Und das, was Novalis so prophetisch schaut, ist nichts anderes als die Rückkehr des überall im Osten bekannten alten, sagenhaften Landes *Schamballa.*

In alter Zeit, mit dem Beginn der dunklen Epoche des Kali Yuga, entschwand dieses Wunderland in die Fernen des Weltenäthers und mit ihm auch die Fähigkeit, die alten Götter hellsichtig zu schauen. Das Geisteslicht der Urweisheit, das bis dahin in der Menschheit als Offenbarung der höheren Geistwesen, als «heiliger Aufenthalt der Götter», gewirkt hatte, erlosch allmählich. Mit erstaunlich exakten, der okkultspirituellen Wirklichkeit voll entsprechenden Worten beschreibt Novalis im fünften Hymnus an die Nacht dieses allmähliche Hereinbrechen des Kali Yuga und das darauf folgende Versinken des «Wunderlandes», der wahren Geistheimat der Menschen: «Die Götter verschwanden mit ihrem Gefolge – Einsam und leblos stand die Natur. Mit eiserner Kette band sie die dürre Zahl und das strenge Maß. Wie in Staub und Lüfte zerfiel in dunkle Worte die unermeßliche Blüte des Lebens … Unfreundlich blies ein kalter Nordwind über die erstarrte Flur, *und die erstarrte Wunderheimat verflog in den Äther* … Nicht mehr war das Licht der Götter Aufenthalt und himmlisches Zeichen – den Schleier der Nacht warfen sie über sich.»

Und dieses sagenhafte Land taucht von unserer Zeit an wiederum auf, es taucht als die Möglichkeit auf, das «ätherische Gebiet» ganz neu zu betreten, es wird abermals sichtbar als die vom Christus-Impuls verwandelte «Geistesatmosphäre» der Erde.[404]

Das Näherkommen dieses geheimnisvollen Landes, nach dem sich schon jahrtausendelang die Völker des Ostens sehnen, schaut Novalis' hellsichtiger Blick prophetisch als das Aufgehen des mehrfach von ihm beschriebenen zukünftigen «goldenen Zeitalters»:

«Fern im Osten wird es helle,
Graue Zeiten werden jung …»

Und wenn Rudolf Steiner davon spricht, daß die Eingeweihten und Bodhisattvas gerade aus eben diesem Lande «in entsprechenden Zeiten» ihre Kräfte schöpfen,[405] gehört ihm dann nicht bis zu einem gewissen Grade auch die «Bodhisattva-ähnliche» Individualität Novalis' an, «dessen Leben sich ausnimmt wie eine selige Erinnerung eines früheren Lebens *eines großen Eingeweihten*»[406]?

Aber nicht nur bewußt-unbewußte Erinnerungen aus der Vergangenheit, sondern auch unmittelbare geistige Erlebnisse der *gegenwärtigen Verkörperung* erfüllen sein Leben. Indem er selbst das Damaskus-Erlebnis durchgemacht hat, das erlebt hat, was Rudolf Steiner «wie durch Gnade ihm verliehene Einweihung»[407] nennt, weiß er mit seinem ganzen Wesen, mit der Gewißheit wahren prophetischen Schauens, daß der Führer in dieses Wunderland der Christus selbst in der an die Erde grenzenden geistigen Welt sein wird.

Diese prophetische Vorschau auf das «goldene Zeitalter», das geheimnisvolle Land Schamballa, erblüht, der «blauen Blume» vergleichbar, in Novalis' Seele und ergießt sich sodann in all sein Schaffen, es mit dem besonderen «Aroma» der Zukunft erfüllend. Durch das Damaskus-Ereignis, sagt Rudolf Steiner, wird «der Mensch aufsteigen zur Erkenntnis der spirituellen Welt, wird durchsetzt sehen die physische Welt mit einem neuen Lande, mit einem neuen Reich».[408] So sieht Novalis bereits am Ende des 18. Jahrhunderts prophetisch die physische Welt von diesem «neuen Land durchsetzt». Und diese neue Weltschau nennt er «magischen Idealismus».

Durch den Zauberkristall seines «magischen Idealismus» als Wahrnehmungsorgan für den zukünftigen Zustand der Menschheit schaut er nun ihre zukünftige Entwicklung. Und in Übereinstimmung mit dieser erhabenen Perspektive erkennt er auch seine eigene Aufgabe: die Menschen zu einem bewußten Erleben der künftigen Geistesoffenbarung zu führen. Denn Novalis weiß: Was er in dieser Verkörperung als hohe, jedoch zu diesem Zeitpunkt noch außergewöhnliche Offenbarung erlebte, das werden in der Zukunft auch andere Menschen erleben können; er weiß: «Später werden auch die andern Menschen in das Land Schamballa eingehen; sie werden es erstrahlen sehen, wie Paulus die Lichtflut des Christus über sich erstrahlen sah. Auch ihnen wird sie entgegenströmen, auch ihnen wird die Pforte der *Lichtwelt* sich erschließen, durch die sie eintreten werden in das heilige Land Schamballa.»[409]

Nur weil ihn die unerschütterliche Gewißheit erfüllt, daß einst auch die anderen Menschen den Weg zu dieser Zukunft finden werden, kann er sagen, daß «diejenigen Menschen allein im Grunde wirkliche Menschen [sind], die mit ihrer ganzen Seele an diesem Ereignis teilnehmen wollen».[410] Und so fordert er die anderen Menschen zur Teilnahme an dem Ereignis auf:

«O geht hinaus auf allen Wegen,
Und holt die Irrenden herein,
Streckt jedem eure Hand entgegen,
Und ladet froh sie zu uns ein.
Der Himmel ist bei uns auf Erden,
Im Glauben schauen wir ihn an;
Die Eines Glaubens mit uns werden,
Auch denen ist er aufgetan.»

Jedoch die Menschheitsentwicklung schreitet voran. Und was für das 19. Jahrhundert, das letzte der dunklen Zeit des Kali Yuga, der «magische Idealismus» des Novalis war, das ist für unsere *helle Zeit,* die schon fast ein ganzes Jahrhundert währt, die Anthroposophie Rudolf Steiners. «Dazu aber geschieht die Ausbreitung der anthroposophischen Weltanschauung in unserer Zeit, daß der Mensch vorbereitet sein kann auf dem physischen Plan, um entweder auf dem physischen Plan oder auf höheren Planen das Christus-Ereignis wahrnehmen zu können ... Und alle anthroposophische Entwickelung wird darauf abzielen, die Menschen immer fähiger und fähiger zu machen, um sich hineinzuleben in das, was da kommen soll.»[411]

Mit dieser neuen, in unserer Zeit beginnenden Christus-Offenbarung im Ätherischen ist die sich auf ihre zukünftige Mission vorbereitende Novalis-Individualität mit ihrem ganzen Wesen in den geistigen Welten verbunden. In seiner Inkarnation als Johannes der Täufer den Gewissensimpuls verkörpernd, in der Inkarnation als Raphael den sich im Schönen verwirklichenden Impuls des Mitgefühls und der Liebe zu allem Seienden und schließlich in seiner letzten Inkarnation Staunen, Ehrfurcht und Glauben, kurz alles, was, mit den Worten Rudolf Steiners, «zur übersinnlichen Erkenntnis den Weg gründet»[412], vermochte es Novalis, in den übersinnlichen Welten ein Helfer und Gefährte dessen zu werden, der im 20. Jahrhundert erstmals ein wahres – das heißt aus unmittelbarem, bewußtem geistigem Schauen sich ergebendes – Bild des Antlitzes Christi schuf: «Es muß höchste Kraft in dem Antlitz sein dadurch, daß alles, was als höchste Entfaltung des *Gewissens zu* denken ist, sich in dem eigentümlich geformten Kinn und Mund zeigt, wenn er vor einem steht, wenn ihn der Maler oder der Bildhauer formen wird, ein Mund, an dem man fühlen kann, daß er nicht zum Essen da ist, sondern dazu, um auszusprechen, was als Sittlichkeit und Gewissen in der Menschheit jemals gepflegt worden ist ... Dagegen wird man ihm Augen geben, aus denen alle Gewalt des *Mitgefühls* sprechen wird, mit der nur Augen Wesen ansehen können – nicht um Eindrücke zu empfangen, sondern um mit der ganzen Seele in ihre Freuden und Leiden überzugehen. Und eine Stirn ... die über die Augen hervortritt und sanft sich wölbt nach rückwärts über den Kopf, dadurch ausdrückend, was man *Verwunderung* über die Mysterien der Welt nennen kann.»[413]

Nur in den zwei Vorträgen vom 8. und 14. Mai 1912[414] gibt Rudolf Steiner diese ungewöhnliche Beschreibung des physischen Äußeren des Christus Jesus. Und in beiden wird diese Darstellung mit dem Thema Elias-Johannes-Raphael-Novalis verbunden. Im Vortrag vom 8. Mai werden alle vier Inkarnationen dieser Individualität betrachtet, und im Vortrag vom 14. Mai erfolgt, unmittelbar bevor das Aussehen des Christus Jesus geschildert wird, ein Hinweis auf Raphael. In dem darauffolgenden Vortrag vom 16. Mai werden dann abermals alle vier Inkarnationen betrachtet.[415]

Diese Entsprechung stellt nicht nur eine «zufällige» Verflechtung zweier Themen dar, sie ist im Gegenteil tief esoterisch darin begründet, daß es gerade diese Individualität als Johannes der Täufer an der Zeitenwende war, die erstmals bei der Taufe im Jordan die Verwandlung des Menschen Jesus in den Gottmenschen Jesus *Christus* erlebte. Denn Johannes war in diesem Augenblick der erste und einzige menschliche Zeuge, der erwürdigt wurde, die vollkommene Verwandlung eines Menschenantlitzes nach der Taufe in den Wassern des Jordan zu schauen. Das war ein vollkommen anderer, verwandelter Mensch, von dessen Stirn das Staunen vor den Mysterien des Kosmos strahlte, aus dessen Augen ein grenzenloses Mitgefühl mit allen Wesen leuchtete, und dessen Lippen, so schien es, von Ewigkeit her nicht zur Aufnahme irdischer Nahrung, sondern allein dazu dienten, um die Offenbarungen des Weltgewissens auszusprechen.

Dieses erhabene Bild des Christus Jesus, so wie er einst tatsächlich auf der Erde wandelte, wurde sowohl der zentralen Gestalt der plastischen Gruppe eingeprägt als auch dem Zentralmotiv der Malerei der kleinen Kuppel des ersten Goetheanum und den Skizzen zu dieser Malerei.

Wir können uns heute durch eine intensive Vertiefung in diese von Rudolf Steiner geschaffenen Darstellungen dem Erleben der Christus-Wesenheit in der geistigen Welt real nähern. Es gibt jedoch noch einen zweiten Weg, dieses Ziel zu erreichen: dadurch, daß wir die Impulse des Gewissens, des Mitgefühls und des Staunens in uns wecken, so wie sie seit dem Mysterium von Golgatha in dem historisch-geistigen Menschheitswerden wirken. Diesen Weg beschreibt Rudolf Steiner so: «Du darfst nicht hinschauen auf etwas, was da ist, wenn du den Christus bilden willst, sondern du mußt in dir kraften und wirken lassen und dich innerlich durchdringen mit alledem, was eine geistige Versenkung in den geistigen Werdegang der Welt durch die drei wichtigen Impulse: Erstaunen, Mitgefühl und Gewissen hindurch, dir geben kann».[416] Dieser innere Weg zu dem Christus fand auch seine besondere Ausgestaltung in der karmischen Biographie von Novalis.

12.

«Christus und Sophia». Die Mysterien der sechsten Kulturepoche

> «Novalis hat empfunden das Christus-Mysterium, das Marien-Mysterium im Zusammenhang mit dem kosmischen Mysterium.»
>
> *Rudolf Steiner, 22. Dezember 1908*

Die Betrachtung von Novalis' karmischer Biographie wäre unvollständig, wenn nicht zum Abschluß dieser Darstellung das Geheimnis berührt würde, das mit der zweiten Hälfte des Ausspruchs verbunden ist, den der Dichter-Seher selbst als eine Art Ur-Motto seines kurzen Erdenlebens wählte: «Christus und *Sophia»*.

Von dem Erleben der Christus-Sphäre und den neuen spirituellen Aufgaben, die dieses Erleben vor Novalis hinstellte, deren Verwirklichung seine vergangene Verkörperung gewidmet war und auch die zukünftigen dienen werden, wurde bereits eingehend gesprochen. Hier ist nun noch die Frage nach Novalis' Beziehung zur kosmischen Sophien-Sphäre zu betrachten, eine Beziehung, die in so vielen seiner Prosadichtungen, ganz besonders aber seiner poetischen Werke Ausdruck gefunden hat.

Die Betrachtung dieser Frage ist jedoch in der gegenwärtigen Epoche der Menschheitsentwicklung mit außergewöhnlichen Schwierigkeiten verbunden, denn ein wirkliches, eindringendes Verständnis des Sophien-Mysteriums liegt unserer materialistischen Zeit noch ferner als das des Christus-Mysteriums.

Einer der Gründe für diese Tatsache ist darin zu sehen, daß die Christus-Mysterien nach dem Willen der zentralen Leitung der Erden-Evolution *bis zu einem gewissen Grade* schon im Laufe der fünften nachatlantischen Kulturepoche der Menschheit enthüllt werden sollen, wozu durch die anthroposophisch orientierte Geisteswissenschaft im 20. Jahrhundert der Anfang gemacht wurde. Was dagegen die Sophien-Mysterien betrifft, so werden diese nicht in der fünften, sondern erst in der *sechsten* oder slawischen Kulturepoche der nachatlantischen Entwicklung vollständig enthüllt werden.[417]

Dieses Geheimnis des spirituellen Lebens, zu dem ganz besonders die Bevölkerung Ost-Europas in der Zukunft berufen sein wird, war denjenigen wohl bekannt, die sich in der Vergangenheit mit der geistigen Entfaltung und Entwicklung der slawischen Völker zu beschäftigen hatten.[418] Deshalb bestand von Anfang an – aus dem Vorgefühl dieser zukünftigen Bestimmung der slawischen Völker heraus – innerhalb des osteuropäischen spirituellen Lebens die unbestimmte Hinneigung zum Sophien-Prinzip, ohne daß ein klares Verständnis seines esoterischen Wesens vorhanden gewesen wäre. Nicht umsonst wurden bald nach der Sophien-Kathedrale in Konstantinopel, welche eine zentrale Stelle innerhalb der Baukunst Osteuropas einnahm, Kirchen in Rußland errichtet, zunächst in Kiew, dann in Nowgorod, die der «Allweisheit Gottes» geweiht waren.

So ist das Motto «Christus und Sophia», das Novalis seinem Leben gab, zugleich letztes Ziel und höchstes Ideal der sechsten Kulturepoche. Und alles, was wir in dem Kapitel «Vorbote der sechsten Kulturepoche» darstellten, findet in diesen zwei Worten, die Novalis am 29. Juni 1797 in sein Tagebuch schrieb, seinen genauesten und konzentriertesten Ausdruck.

Die Einweihung in das zukünftige kosmische Sophien-Mysterium, die Novalis erlebte, wurde jedoch auf eine wunderbare Weise durch bestimmte Tatsachen seiner eigenen irdischen Biographie vorbereitet und hervorgerufen, unter denen seine Bekanntschaft mit Sophie von Kühn, die im November 1794 erfolgte, ohne Zweifel die wichtigste war. Dieses junge Mädchen, das zur Zeit der Begegnung mit Novalis fast noch ein Kind, 12 Jahre und 8 Monate alt war, machte auf ihn, wie wir noch sehen werden, einen auf seine Art einmaligen Eindruck und verwandelte in einem Augenblick, gleichsam durch den Wink eines Zauberstabs, sein ganzes Leben. Unter dem Einfluß dieser Begegnung und der durch sie in ihm hervorgerufenen tiefen inneren Wandlungen erwachte die träumerische und romantische Stimmung des Jünglings plötzlich zu neuem Leben, so daß er sich der Bedeutung seiner wahren Aufgabe in seiner damaligen Verkörperung ganz klar und deutlich bewußt wurde.

Was aber geschah in einem tieferen und geistigeren Sinne durch diese so geheimnisvolle Schicksalsführung? Wie konnte Novalis infolge einer irdischen Bekanntschaft den Weg zur Sphäre der höchsten und reinsten kosmischen Geistigkeit finden? Oder, mit anderen Worten, wie konnte die zwölfjährige Sophie von Kühn eine Art menschliches Tor werden, das seinen inneren Blick in die allumfassende Sphäre der kosmischen Sophia lenkte? Trotz der recht zahlreichen uns überlieferten äußeren Dokumente, Erinnerungen und schriftlichen Zeugnisse bleibt der Schleier des Geheimnisses über dieser Begegnung doch undurchdringlich, und die historischen Fakten stellen dem unvoreingenommenen Forscher mehr Fragen, als daß sie Antworten geben.

Zur Einführung für die nachfolgende Betrachtung wollen wir nun versuchen, uns zunächst auf eine mehr «methodologische» Weise diesem Geheimnis zu nähern. Als Ausgangspunkt soll uns Goethes Lehre vom Ur-Gestein, der Ur-Pflanze, dem Ur-Tier dienen. Goethe betrat mit seinen naturwissenschaftlichen Studien bei seiner Suche nach den ideell-übersinnlichen Urbildern der sichtbaren Welt einen aufsteigenden Weg, der ihn durch die verschiedenen Naturreiche des Mineralischen, Pflanzlichen, Tierischen zum Menschenreich führte, an dessen Schwelle er stehenblieb. Dieses Schicksal Goethes erfährt dann auch sein Faust. Er spricht in dem Augenblick, da er das höchste Ziel seines Lebens erreicht hat, die Worte: «Auf freiem Grund mit freiem Volke stehn», Worte, von denen Rudolf Steiner einmal sagte, daß zu ihnen, um die historisch-weltumfassende Aufgabe dieser bedeutendsten Dichtung der fünften Kulturepoche *voll* zu erfüllen, hinzugefügt werden müßte: «Auf freiem Grund mit dem Christus in der Seele den Menschen im Erdenleben zum Geiste führend.»[418a] Jedoch Goethe vermochte sich noch nicht von dem Erleben des Ur-Gesteins, der Ur-Pflanze und des Ur-Tieres zu einem solch konkreten, lebendigen Erleben des *Ur-Menschen* (Anthropos) zu erheben, und das bedeutet zu seiner höchsten kosmisch-irdischen Gestalt, wie sie allen Menschen erschien, als die Christus-Wesenheit historisch in die Erdenentwicklung eintrat. Und deshalb führte ihn, ebenso wie seinen Faust, sein innerer Entwicklungsweg nur bis zur Schwelle des «gelobten Landes», der Schwelle der künftigen sechsten Kulturepoche. – Indem er mit dem oben angeführten Faust-Wort eines der höchsten Ideale der Bewußtseinsseele und zugleich der ganzen fünften nachatlantischen Kulturepoche aussprach,[418b] vermochte er doch nicht die Grenze zu überschreiten, hinter der allmählich die aufgehende Geistes-Sonne, die Sonne des Manas, in die Bewußtseinsseele zu leuchten beginnt.[419]

Wo aber Goethe stehenblieb, damit die Grenze der fünften nachatlantischen Epoche nicht überschreitend, dort beginnt Novalis seinen geistigen Weg. Und so wie sich Goethe geistig von einer einzigen Pflanze zu ihrem Urbild oder der Ur-Pflanze erhob, die sich in Myriaden einzelner irdischer Pflanzen äußert und doch nicht eine von ihnen ist, so vermochte Novalis – damit Goethes Werk fortsetzend – im wesentlichen dasselbe, nur auf einer höheren Stufe: Er vermochte sich vom konkreten irdischen Menschen, Sophie von Kühn, zu ihrem Urbild, der kosmischen Sophia, zu erheben.

Zu diesem Ideal strebte auch der alte Goethe mit seinem ganzen Wesen. Da er aber in den Grenzen der Bewußtseins*seele* stehenblieb und in vielen seiner Äußerungen sogar in den Grenzen der Verstandes- oder Gemüts*seele,*[419a] konnte er in seinem dichterischen Ahnen dieses höhere Aufsteigen zum Urbild nur *seelisch,* nicht *geistig* vollziehen. So wird am Ende des «Faust» Gretchens Entelechie, unter katholisch gefärbten, der vorangehenden Epoche der Verstandes- oder Gemütsseele entsprechenden Symbolen, zu Fausts Führerin in die Welt der höheren Urbilder, in welcher sich jedoch Goethes innerem Blick nicht eine rein *geistige* Vereinigung mit der kosmischen Sophien-Sphäre ergab, sondern nur eine *seelische* Wahrnehmung der «Mater gloriosa».[419b] Damit endet der «Faust» im ganzen gesehen und in einem tieferen Sinne auch das gesamte irdische Leben Goethes – mit einem bewußt-unbewußten *Sehnen* nach einer realen Wahrnehmung des *Geistes,* der in den Bereichen jenseits der Schwelle sich befindet, an der Goethe am Ende seines Erdenlebens stand. Dieses Sehnen oder «Ziehen» wird auch in den zwei berühmten Versen am Ende von «Faust II» zum Ausdruck gebracht:

«Das Ewig-Weibliche
zieht uns hinan.»

Das Streben zum «Ewig-Weiblichen» erfüllte, historisch gesehen, wie wir sahen, als Streben zu den Idealen der sechsten Kulturepoche auch Novalis' ganzes Wesen mit aller Kraft.

Was Goethe poetisch als die Gestalt Gretchens in den geistigen Welten schaut, welche Fausts Seele in die Welt der Urbilder führt, das erlebt Novalis als Lebensrealität, indem er den Weg von der irdischen Gestalt Sophie von Kühns zum kosmischen Urbild findet, zur Welt-Seele, der göttlichen Sophia.[420]

Auf wunderbare Weise ist dieses Erleben von Novalis entgegengesetzt dem, das seine Seele in der vorangehenden Epoche als Raffael erfüllte. «Und wenn Sie das wunderbar schöne Bild nehmen», so sagte Rudolf Steiner, «wie die Mater gloriosa Fausts Seele empfängt, so haben Sie das Gegenbild zu jenem, was Raffael angeregt hat zu seinem bekanntesten Bilde, der Sixtinischen Madonna: da bringt die jungfräuliche Mutter die Seele herab. Am Ende des ‹Faust› sehen wir, wie die Jungfrau-Mutter die Seele hinaufträgt: es ist die Todes-Geburt der Seele.»[420a] Diese Worte für ein Verständnis der inneren Entwicklung von Novalis heranziehend, kann man sagen: Durch das Miterleben des Todes Sophie von Kühns vollzog sich in ihm die Geburt der höheren Seele, die es ihm ermöglichte, in die Mysterien der himmlischen Sophia einzudringen.

«Christus und Sophia» – das Erleben der geistigen Realität, welche hinter diesen zwei Worten steht, die den Schlüssel zu den zentralen Mysterien der sechsten Kulturepoche bilden, macht Novalis zu ihrem wahren Repräsentanten, der fähig ist, mit den Worten Rudolf Steiners, «das Christus-Mysterium und das Marien-Mysterium *in Zusammenhang mit dem kosmischen Mysterium zu empfinden*».[421]

Ein Aspekt dieser «kosmischen Mysterien» ist für die folgende Betrachtung ganz besonders wichtig, und um ihn besser zu verstehen, ist es notwendig, sich an den Weg zu halten, auf dem sich Novalis vom Abbild zum Urbild zu erheben vermochte, von dem verkörperten, konkreten Menschen «Sophie von Kühn» zum rein geistigen Erleben der himmlischen Sophia.

Wir wollen deshalb uns zunächst der Persönlichkeit von Sophie von Kühn selbst zuwenden und versuchen, uns auf der Grundlage verschiedener, uns überlieferter Zeugnisse, solcher von ihr selbst, von Novalis sowie anderer Menschen, die sie gut kannten, ein Bild von ihr zu machen.

Schon ganz von außen betrachtet ist da ein merkwürdiger Widerspruch zwischen ihrer Gestalt und ihrem Auftreten. Dieses Mädchen, das im Augenblick ihrer Begegnung mit Novalis im wesentlichen noch ganz Kind war, befand sich in derjenigen Phase der Kindheit, wo der Wissensdurst und die Empfänglichkeit gegenüber allem, was in der Welt geschieht, ganz besonders charakteristisch sind. Wohingegen sie in bezug auf alles, was die äußere Entwicklung betrifft, eine gewisse Zurückgebliebenheit zeigte. So machte sie mit 13–14 Jahren zum Beispiel noch höchst naive orthographische Fehler, die im allgemeinen für ein jüngeres Alter typisch sind. «Es war ein zwölfeinhalbjähriges Mädchen, aufgewachsen in ländlicher Umgebung ... unberührt [von der äußeren Zivilisation], an einfaches ländliches Leben gewöhnt, wenig gebildet, mit einer Rechtschreibung wie eine Siebenjährige.» Sie war «freilich ... noch ganz in ihrem Kindsein befangen und eingebettet in Gewohnheit und Brauch, womit vertraute Menschen sie liebend umgaben», so charakterisiert Ritter-Schaumburg Sophie von Kühn in seinem Buch «Novalis und seine erste Braut».[422] Auf diese außergewöhnliche Kindlichkeit weist auch Novalis selbst hin. In ihrer kurzen Charakteristik, die er unter dem Titel «Klarisse» hinterließ, lesen wir:

«Ihr Gehorsam und ihre Furcht vor dem Vater»,
«Hang zum kindlichen Spiel»,
«Sie scheint noch nicht zum eigentlichen Reflektieren gekommen zu sein»,
«Ihre Anhänglichkeit an die Mutter, als Kind»,
«Talent nachzuahmen»,
«Ihr Beobachtungsgeist»,
«Ihr feiner Bemerkungsgeist».

Zudem war Sophie von Kühn infolge ihrer naiven Kindlichkeit, ihres Mangels an allgemeiner Bildung und der Tatsache, daß sie in den engen Interessenkreis ihrer nächsten Umgebung eingeschlossen war, nicht in der Lage, Novalis' intellektuelle und geistige Interessen zu teilen. Während derselbe mit seinem ganzen Wesen dem Studium von Fichtes Philosophie hingegeben war, konnte ihr wohl kaum etwas an ihm fremder sein als diese Beschäftigung. Noch erstaunlicher ist es, daß sie auch Novalis' Liebe zur Dichtung nicht teilte, die von allem Anfang an eine solch zentrale Rolle in seinem Leben spielte. «Sie macht nicht viel aus Poesie», bemerkt Novalis dazu in «Klarisse».[422a]

Und trotzdem, ungeachtet der Tatsache, daß Sophie von Kühn auch seine geistigen Interessen fremd sind, zieht ihn etwas mit unüberwindlicher Gewalt zu ihr. «Eine Viertelstunde hat mich bestimmt», schreibt er später in einem seiner Briefe an Erasmus, sich an seine erste Begegnung mit Sophie von Kühn erinnernd.[423]

Und in «Klarisse» bemerkt er: «Sie will nichts sein. Sie *ist* etwas.» Was aber ist dieses «etwas»? Warum übt ein einfaches, provinziell erzogenes Mädchen nicht nur auf Novalis, sondern auch auf ihre ganze übrige Umgebung einen solchen beinahe magischen Einfluß aus? Novalis empfindet diesen besonders stark, und doch bleibt er ihm von Anfang an ein Geheimnis und Sophie von Kühn ein ungelöstes Rätsel.

Bald nach der ersten Bekanntschaft mit ihr schreibt er in einem ihr und ihrer Schwester gewidmeten Gedicht:

«Siehst du sie beide, so siehst du das Rätsel neben der Lösung ...»
Dieses Motiv der Rätselhaftigkeit von Sophie von Kühns Wesen erscheint wiederum einige Monate vor ihrem Tode in einem nicht erhaltenen Brief an ihre Schwester Friederike von Mandelsloh, aus deren Antwort deutlich wird, daß Novalis noch zwei Jahre nach seiner Verlobung mit Sophie von Kühn vergeblich versucht, das ihn quälende Rätsel ihres Wesens zu lösen. Friederikes Antwort lautet: «Wie gern wollte ich Ihnen Ihren Wunsch, Sophichen ihren Character zu portraitiren, be-

friedigen, wenn ich mich nicht zu diesem Geschäft zu schwach fühlte, wie kann ich etwas, was *in vielen Stücken über mir ist,* wie würklich bey Sophigen der Fall ist, wie kann ich etwas schildern, das ich nicht im stande bin gehörig und richtig zu beurteilen?»

Aus diesen Worten geht deutlich hervor, daß Sophie von Kühn selbst für ihre nächste Umgebung bis zum Ende ihres Lebens ein Rätsel blieb. Und nur die geheimnisvolle «Ausstrahlung» ihres Wesens veranlaßt ihre ältere Schwester, zu sagen, daß sie «in vielen Stücken über mir ist». Diese geistige Ausstrahlung Sophie von Kühns empfinden auch andere: der zur Ironie neigende Schlegel, ein so tiefer Kenner der weiblichen Seele wie Goethe, Novalis' Bruder Karl[424] und sogar Ludwig Tieck, der Sophie von Kühn nur aus Novalis' Erzählungen kennt – sie alle fühlen die Macht der sie umgebenden geheimnisvollen Aura, welche sich später in der Beschreibung von Tieck in eine Art göttlicher Aureole verwandelt ...[425]

Darüber hinaus ist sich Sophie von Kühn selbst des beinahe magischen Einflusses nicht bewußt, den sie ohne Wissen und Wollen auf ihre Umgebung ausübt. Davon zeugen ihre ganz naiven Briefe an Novalis ebenso wie seine oben zitierten Worte: «*Sie will nichts sein ...*» Auch teilt Sophie von Kühn im persönlichen Bereich Novalis' Gefühle nicht. So bemerkt er in «Klarisse»:

«Sie läßt sich nicht duzen»,
«Sie will sich nicht durch meine Liebe genieren lassen»,
«Ihr Schreck für die Ehe»,
«Meine Liebe drückt sie oft»,
«Sie ist kalt durchgehends».

Aber auch Novalis selbst erkennt in Augenblicken tieferer Selbsterkenntnis mit aller Deutlichkeit, daß seine Gefühle für Sophie von Kühn im Grunde genommen nichts mit gewöhnlicher Liebesleidenschaft gemeinsam haben; sie sind ihrer inneren Natur nach frei von allem Sinnlichen. «Nur Huldigung, nur unaussprechliches Gefallen, nur wundersame Anhänglichkeit – nicht eine Spur von wilder, an sich reißender Leidenschaft» – schreibt Novalis in einem Brief an Karoline Just. Und in einem Brief an Woltmann äußert er über seine Beziehung zu Sophie von Kühn: «Es ist gewiß nicht Leidenschaft – ich fühle es zu unwidersprechlich, zu kalt, zu sehr mit meiner ganzen Seele, daß sie Eine der edelsten, idealischen Gestalten war, die je auf Erden gewesen sind und seyn werden.» Und nochmals auf einem Notizblatt: «Ich habe zu Söphgen Religion – nicht Liebe.»

Dieses Besondere der Beziehung zwischen Novalis und Sophie von Kühn betont auch Rudolf Steiner. So sagt er im Vortrag vom 23. Januar

1910: «Wahrhaftig, was wir kennen als seine Beziehungen zu Sophie von Kühn, das darf nicht als etwas aufgefaßt werden, was mit Sinnlichkeit zusammenhängt.»[426] Und in einem anderen Vortrag: «Während seines Aufenthaltes in Grüningen lernte er ein dreizehnjähriges Mädchen kennen. Und Geheimnisse der Seele spielen sich ab, die man niemals, ohne die Zartheit der Seele zu verletzen, ein Liebesverhältnis nennen darf.» Das war ein Verhältnis, «... das nur erkannt werden kann, wenn man es ganz in seiner Spiritualität zu erkennen vermag».

Im ganzen gesehen kann man den Eindruck haben, wenn man die Beziehung von Novalis und Sophie von Kühn verfolgt, daß ihre Bekanntschaft und die darauffolgende Beziehung nicht karmisch durch vergangene Begegnungen der zwei individuellen Iche bedingt war. Denn in geistiger, intellektueller und in gewissem Sinne sogar in emotionaler Hinsicht trennte sie doch recht viel. Die spätere Begegnung und Bekanntschaft mit Julie Charpentier hatte einen ganz anderen Charakter. Das war eine Begegnung zweier voll entwickelter Individualitäten, zweier souveräner Iche.[426a]

Eine ganz andere Bedeutung hatte Sophie von Kühn für Novalis. Sie war für ihn eine Art Tor in die höhere Welt, ein Anlaß, der seinen inneren Blick auf die jenseitige Sphäre lenkte. Während der kurzen Geschichte ihrer gegenseitigen Beziehung erscheint uns Sophie von Kühn wie *transparent,* sie scheint es ihm zu ermöglichen, *durch sie* (von ihr selbst ganz unbemerkt) erstmals in die geistige Welt zu schauen. Und dieses ungewöhnliche Phänomen ist nun genauer zu betrachten.

Vom geisteswissenschaftlichen Standpunkt aus kann man die irdische Persönlichkeit Sophie von Kühns folgendermaßen charakterisieren. Sie war von Geburt an ein außerordentlich zartes und kränkliches Kind, was den Grund für eine gewisse Zurückgebliebenheit in der eigentlich physischen Entwicklung bildete. Das kam auch darin zum Ausdruck, daß ihr Ich in weitaus geringerem Maße in ihrem Leibe verkörpert war, als das gewöhnlich bei zwölfjährigen Kindern der Fall ist. Darauf weist Rudolf Steiner hin: «Im Grunde genommen haben wir in Sophie von Kühn – so hieß dieses Mädchen – etwas wie ein aus dem Leben verscheidendes Wesen.»[426b] Sie stand deshalb im Augenblick ihrer Bekanntschaft mit Novalis in vieler Beziehung noch auf einer Entwicklungsstufe, die nicht dem zweiten, sondern dem ersten Jahrsiebt in der seelisch-leiblichen Entwicklung des Kindes entspricht. So war auch der Prozeß der Loslösung des individuellen Ätherleibes von der ihn zunächst umgebenden mütterlichen

Ätherhülle, der unter gewöhnlichen Bedingungen mit sieben Jahren abgeschlossen ist, bei Sophie von Kühn sogar zu der Zeit, da sie zwölf Jahre alt geworden war, noch nicht vollkommen beendet.

Was aber ihren Astralleib betrifft, so war er infolge der allgemeinen Schwäche ihres physischen Leibes und der Tatsache, daß ihr Ich noch nicht richtig verkörpert war, in ganz besonderem Maße sich selbst überlassen, und das bedeutet, all den äußeren Einflüssen ausgesetzt, welche aus der Umgebung Sophie von Kühns in Grüningen auf sie ausgeübt wurden. Das war auch die Quelle für einige für ein zwölfjähriges Mädchen fast unmöglich erscheinende Charakterisierungen durch Novalis, die wir in «Klarisse» finden, deren Ursprung jedoch nicht bei ihr zu suchen ist, sondern bei dem Einfluß, den ihre unmittelbare Umgebung auf ihren Astralleib ausübte.[427]

Aus allem Bisherigen folgt, daß nicht in ihrem physischen Antlitz (äußerlich kann man sie nach dem von ihr erhaltenen Porträt, ungeachtet eines gewissen kindlichen Zaubers, keine Schönheit nennen), nicht in Eigenarten ihres Astralleibes und noch weniger in ihrem Ich[427a] die Quelle jener geheimnisvollen Ausstrahlung zu suchen ist, die so viele in ihrer Umgebung – und allen voran Novalis – erlebten. Und wenn er selbst in dem Gedicht «Anfang» Sophie von Kühn eine «sittliche Grazie», das heißt eine «moralische Schönheit», nennt und Ritter-Schaumburg in dem genannten Buch als eine der Haupteigenschaften ihres Charakters «das prüfende Gewissen» oder «eine große innere Gewissenhaftigkeit»[428] anführt, so müssen wir sagen: das Rätsel dieses zwölfjährigen Mädchens, deren innere und äußere Gestalt wir in diesem Kapitel nachzuzeichnen versuchten, ist ebenso wie der ungewöhnliche Eindruck, den sie auf ihre Umgebung machte, in ihrem ganz besonderen *Ätherleib* beschlossen, den sie aus dem vorirdischen Dasein auf die Erde mitbrachte.[429]

So löst sich für uns das Rätsel dieses «Widerspruches» im Charakter und äußeren Verhalten Sophie von Kühns, das mit den Bedingungen ihrer damaligen Verkörperung zusammenhing und in dem großen Unterschied der Haupteigenschaften ihres Ätherleibes und ihres Astralleibes begründet ist.

Ehe wir uns jedoch dem Geheimnis *dieses* Ätherleibes von Sophie von Kühn zuwenden, müssen wir das Besondere im Wirken des Ätherleibes in der weiblichen Organisation betrachten. Rudolf Steiner weist in vielen Vorträgen, vor allem aber am 26. Mai 1910 darauf hin, daß in bezug auf die Gestalt des idealen Menschen die männliche Organisation bei der Inkarnation zu tief in die physische Materie eintaucht, während die weibliche in gewissem Sinne «nicht voll verkörpert» ist. Es heißt da in dem genannten Vortrag: «Bei der Mannesorganisation hat der innere Mensch sich gründlicher in das Materielle hineingelebt, hat es mehr umklammert als bei der Frau. Die Frau behält mehr von dem Geistigen im Unkörperlichen zurück; sie lebt sich nicht so tief in das Materielle hinein, sie erhält ihre Körperlichkeit weicher. Sie trennt sich nicht so weit von dem Geistigen. Das ist das Charakteristische der Frauennatur, daß sie mehr zurückbehält von freier Geistigkeit und sich daher weniger in die Materie hineinarbeitet und vor allem das Gehirn weicher erhält.»[430]

Aus diesem Grund hat auch die gegenwärtige fünfte nachatlantische Epoche, deren Aufgabe es ist, sich am tiefsten in die Materie zu versenken, innerhalb der ganzen irdischen Entwicklung einen betont männlichen Charakter. Alles, was mit der Weiterentwicklung von Wissenschaft und Technik, mit dem allmählichen Eindringen des Materialismus in alle Bereiche menschlicher Tätigkeit und Praxis, aber auch der Kunst und Religion zusammenhängt – das alles ist mit dem «männlichen» Grundcharakter unserer Zeit verbunden. Dagegen wird die künftige sechste Epoche der nachatlantischen Zeit als erste Vorwegnahme des zukünftigen Jupiter-Zustandes einen betont «weiblichen» Charakter haben, da sich in dieser Epoche spirituellere Eigenschaften und Fähigkeiten in der Menschheit entwickeln werden, welche nur bei einer nicht vollständigen Verkörperung im physischen Leibe möglich sind, so wie das aus natürlicher Veranlagung heraus bei der weiblichen Organisation auch heute der Fall ist.[430a]

Infolge dieses «nicht vollständig Verkörpertseins» des geistigseelischen Wesens der Frau im physischen Leib hat ihr Ätherleib heute eine Reihe von besonderen Eigenschaften, welche ihn vom Ätherleib des Mannes grundlegend unterscheiden. Um diesen Unterschied besser zu verstehen, müssen wir uns dem Prozeß der Bildung des Ätherleibes unmittelbar vor der Geburt in der die Erde umgebenden Monden-Sphäre zuwenden. Im Vortrag vom 21. April 1924 schildert Rudolf Steiner diesen Prozeß so, daß die in der Monden-Sphäre weilende Seele unter der Führung der Mondenlehrer der Weisheit die geistigen Sphären der Wandelsterne schaut, um aus diesem Schauen die Kräfte für die richtige Bildung ihres Ätherleibes zu erlangen. «Wie im physischen Leib die Erdenkräfte durch die Gestaltung leben können, so leben im Ätherleib die Kräfte, die aus dem Umkreis des Kosmos von allen Seiten auf die Erde zuströmen» – sagt Rudolf Steiner über diesen Zusammenhang an anderer Stelle.[431]

Und so wie der ganze, unsere Erde umgebende Geist-Kosmos sich in der Monden-Sphäre abbildet, so wiederholt sich dieser Prozeß – nur auf eine mehr mikrokosmische Weise – im menschlichen Ätherleib, der dadurch ein Abbild der Kräfte des Planetensystems in sich trägt. «Im Ätherleib herrscht fortwährende Beweglichkeit, die ein Spiegelbild ist der sich während des menschlichen Erdenlebens ändernden Sternenkonstellationen», schreibt Rudolf Steiner darüber.[432] Nur ein solcher Ätherleib, der für die Planetenkräfte unseres Kosmos durchlässig ist, kann ein rechter Träger der höheren Glieder des Menschenwesens sein, des Astralleibes und des Ich, welche nicht mit der Welt der Wandelsterne, sondern unmittelbar mit der Sonne als Tor zur Welt der Fixsterne verbunden sind.[433] Wir können deshalb den Zustand der menschlichen Seele vor der Geburt, wo der Astralleib und das Ich allmählich in der Monden-Sphäre sich den zukünftigen Ätherleib bilden, am besten als Mondsichel, welche die Sonnenscheibe in sich trägt, darstellen:

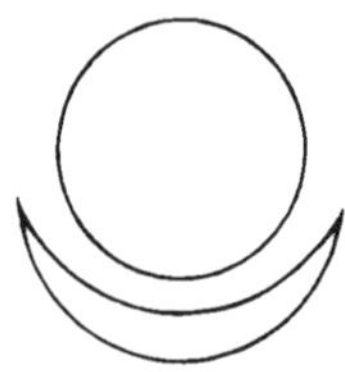

Wenn dann die Bildung des neuen Ätherleibes vollendet ist, geschieht, unmittelbar bevor sich Astralleib und Ich mit ihm vereinigen – was in der Mehrzahl der Fälle zum Verlöschen des Geistbewußtseins führt, über das die Seele in der geistigen Welt zwischen Tod und neuer Geburt verfügt –, etwas außerordentlich Bedeutsames; und zwar gewinnt der Mensch, bevor das Geistbewußtsein endgültig erlischt, eine hellsichtige Schau auf die wichtigsten Ereignisse seines künftigen Erdenlebens: «Wie mit dem Eintritte des Todes eine Art Erinnerungsgemälde [des vergangenen Erdenlebens] vor dem menschlichen Ich gestanden hat, so jetzt ein Vorblick auf das kommende Leben ... Und das, was er so sieht, wird der Ausgangspunkt von Kräften, welche der Mensch ins neue Leben mitnehmen muß.»[434] Das ist jedoch noch nicht alles. Denn in dem Augenblick, da das Geistbewußtsein ein letztes Mal aufleuchtet, zeigt sich der Seele nicht nur der Ausblick auf ihr nächstes Erdenleben, sondern sie erlebt, gleich einem glänzenden *Segen* von seiten des Geistkosmos, den sie um ihrer nächsten Erdenverkörperung willen im Begriff ist zu verlassen, noch einmal in einer mächtigen kosmischen Imagination, gleichsam als eine *imaginative Erinnerung,* ihren ganzen geistigen Weg von der «Weltenmitternacht»[435] bis zur Vereinigung mit ihrem neugebildeten Ätherleib in der Monden-Sphäre. Einem einheitlichen, erhabenen Panorama vergleichbar taucht die Erinnerung an die «Zeit», als ihr Ich in der hohen Sphäre der Fixsterne weilte, vor ihr auf, sodann an ihr Leben in der Sonnen-Sphäre, und schließlich tritt ihr gegenwärtiges Dasein in der Monden-Sphäre hinzu. (Anders gesagt: Sie erinnert sich, wie sie im höheren und niederen Devachan und in der Astralwelt weilte.) Und dann verwandelt sich dieser ganze Weg, den sie zurückgelegt hat, vor ihrem inneren Blick in eine allumfassende, leuchtende Gestalt, welche die gesamte *Weisheit* unseres Kosmos verkörpert, deren Haupt die Kräfte aus der Sphäre der Fixsterne überschatten, in deren Herzen die geistigen Kräfte der Sonnen-Sphäre erblühen, während in den beweglichen Gliedern die Kräfte der Planeten und des Mondes wirken.

Das ist die erhabene Imagination der göttlichen Sophia, die jeder Mensch, wenn auch mit unterschiedlichem Bewußtheitsgrad, unmittelbar vor seiner Verkörperung auf der Erde als Quelle der Kräfte erlebt, die er zur Erfüllung der ihm gestellten Aufgaben in dem bevorstehenden Leben notwendig braucht. Sie stellte auch im 12. Kapitel der Apokalypse Johannes der Evangelist in der Gestalt der Frau dar, die, mit der Sonne bekleidet, auf dem Haupte einen Kranz von zwölf Sternen trägt und zu deren Füßen die Mondsichel ruht.[435a]

In unserer fünften nachatlantischen Epoche ist ein solches Erleben der kosmischen Sophia nur vor der Geburt auf der Erde möglich. Jedoch bereits in der sechsten Kulturepoche wird diese kosmische Imagination für eine wachsende Zahl von Menschen, auch während sie im physischen Leibe sind, erlebbar werden, was dann die Grundlage für eine weitere Verbreitung der Mysterien der Heiligen Sophia unter den Menschen bilden wird. (In unserer Zeit kann ein solches hellsichtiges Erlebnis nur auf dem Weg der modernen Geistesschülerschaft erlangt werden.)

Da aber die menschliche Seele diese Imagination unmittelbar *vor* ihrer Vereinigung mit dem bereits vollkommen ausgebildeten Ätherleib erlebt, besteht die Möglichkeit, daß sie direkt in ihm abgebildet wird, wodurch dieser in erhöhtem Maße zum Mittler der geistigen Kräfte der Planeten und zum Teil sogar der Fixsterne werden kann. Dabei wird eine derartige «Erhöhung» der Empfänglichkeit des menschlichen Ätherleibes für den geistigen Einfluß der die Erde umgebenden Gestirne vor allem davon abhängen, bis zu welchem Grad diese Imagination *bewußt* von der Seele vor ihrer Geburt auf der Erde aufgenommen wurde. Ist sie mit ausreichender Bewußtheit erlebt worden, dann wird sie infolge der dem Ätherleib von Beginn an eignenden Fähigkeit, für die geistigen Kräfte des unsere Erde umgebenden Geistkosmos durchlässig zu sein, in bestimmtem Maße auch noch in der ersten Zeit nach der Verkörperung bewahrt.

Hierbei besteht jedoch ein wesentlicher Unterschied in der Entwicklung der beiden Geschlechter. Der Ätherleib des Knaben verliert diese Fähigkeit in der Regel schon gegen das siebente Lebensjahr (etwa im Augenblick der Geburt des eigenen Ätherleibes), während der Ätherleib des Mädchens (infolge ihrer allgemeinen «nicht vollständigen Verkörperung» im physischen Leib) diese Fähigkeit bei weitem länger beibehält, unter normalen Umständen bis zum 13.–14. Jahr, das heißt bis zur Geschlechtsreife. Auf diese Eigenart der menschlichen Entwicklung weist Novalis in dem folgenden Fragment: «Ewige Jungfrau ist nichts, als *ewiges weibliches Kind.* Was entspricht der Jungfrau bei uns Männern. Ein Mädchen, das nicht mehr wahrhaftes *Kind* ist, ist nicht mehr Jungfrau.»

So können wir im ganzen gesehen sagen: etwa bis zum 14. Lebensjahr bewahrt der Ätherleib in der weiblichen Organisation die Fähigkeit, für die spirituellen Mondenkräfte durchlässig zu sein, und das heißt auch für alle sich in dieser Sphäre spiegelnden geistigen Kräfte unseres Sonnensystems.[436] Letzteres bedeutet aber, daß jede weibliche Organisation in geistiger Beziehung bis zu dem genannten Alter auch mit Hilfe des Mondes, der die Kräfte der Sonne sowie der übrigen Planeten in sich trägt, symbolisch dargestellt werden kann. Das ändert sich dann vollständig mit dem Erwachen des individuellen Astralleibes zur Zeit der Geschlechtsreife.[437] Letzterer zieht bei seiner Tätigkeit, welche zunächst fast ausschließlich auf das Wahrnehmen der äußeren Sinneswelt gerichtet ist, gleichsam die im Ätherleib wirkenden Mondenkräfte in einem Punkt zusammen und überträgt sie auf den physischen Leib, was dann als «Mondrhythmus» in ihm in Erscheinung tritt. Bis zu diesem Augenblick, das heißt bis zum Erwachen der Kräfte des individuellen Astralleibes, ist der Ätherleib im weiblichen Organismus in erhöhtem Maße für die Einflüsse des gesamten planetarischen Kosmos offen. Mit dem Auftreten des «Mondrhythmus» im physischen Leib hört dieser ursprüngliche Zustand in der Regel auf.

Wenden wir uns nun abermals dem Rätsel von Sophie von Kühn zu, so können wir sagen: Infolge der allgemeinen Kränklichkeit ihres physischen Leibes und der Tatsache, daß ihr Astralleib sich nicht voll entwikkelt hatte (das heißt nicht genügend individualisiert war), sowie ihr Ich nicht vollständig verkörpert war, konnte dagegen ihr *Ätherleib* in ungewöhnlich hohem Maße den Zusammenhang mit der kosmischen Monden-Sphäre wahren und durch dieselbe mit der ganzen Welt der unsere Erde umgebenden Planeten. Und diese Eigenart des Ätherleibes von Sophie von Kühn erlebte auch Novalis dank der ihm eigenen erhöhten Aufnahmefähigkeit für alles Spirituelle schon bei der ersten Bekanntschaft mit ihr mit außerordentlicher Kraft, obwohl ihm die wahren Gründe dafür, daß es ihn so zu dem zwölfjährigen Mädchen hinzog, besonders in der ersten Zeit ihrer Krankheit, in hohem Maße nicht bewußt waren und ihr ganzes Wesen ihm – wie wir sahen – ein ungelöstes Rätsel blieb. «Eine Viertelstunde hat mich bestimmt», schrieb er seinem Bruder Erasmus eine Woche nach der Begegnung mit Sophie von Kühn.

Was ihm jedoch schon recht bald, nachdem er Sophie von Kühn kennengelernt hatte, klar wurde, das war das deutliche Empfinden, daß sein Gefühl ihr gegenüber im eigentlichen Sinne ganz und gar nicht «Leidenschaft» oder auch «Liebe» im üblichen Sinne genannt werden konnte.[438] Und so nahm schon lange vor ihrem Tod seine Beziehung zu ihr in wachsendem Maße einen nicht irdischen, sondern mystischmetaphysischen Charakter an. Er schrieb zum Beispiel weniger als ein Jahr nach ihrem ersten Kennenlernen in dem Gedicht «Anfang» (1795):

«Einst wird die Menschheit sein, was Sophie mir
Jetzt ist – vollendet – sittliche Grazie –
Dann wird ihr *höheres Bewußtsein*
Nicht mehr verwechselt mit Dunst des Weines.»

Man kann den Eindruck haben, als ob Novalis' innerer Blick zu dieser Zeit gleichsam «durch» das seelisch-ätherische Wesen Sophie von Kühns hindurch allmählich in die Geistessphäre um die Erde gedrungen sei und sich durch ihren besonderen Ätherleib mit der kosmischen Realität der Gestalt der Frau verbunden habe, die, den Mond unter ihren Füßen, mit der Sonne bekleidet ist.

Erst das bisher Gesagte läßt verstehen, warum Rudolf Steiner in dem Vortrag «Psychologie der Künste», der dem geisteswissenschaftlichen Vergleich der geistig-seelischen Organisation von Novalis und Goethe gewidmet ist, dreimal mit solcher Entschiedenheit darauf hinweist, daß die *erste* Begegnung von Novalis und Sophie von Kühn in der Epoche erfolgte, bevor bei letzterer die Geschlechtsreife eintrat: «Und diese Persönlichkeit des Novalis lebt sich herein in das Leben, und sie beginnt ein geistig durch und durch wirkliches Liebesverhältnis zu einem zwölfjährigen Mädchen, Sophie von Kühn. Und die ganze Liebe zu dem *noch geschlechtlich unreifen Mädchen* ist in herrlichste Poesie gekleidet, so in Poesie gekleidet, daß man niemals versucht wird, bei der Betrachtung dieses Verhältnisses an irgend etwas Sinnlich-Wirkliches zu denken ... Und dieses Mädchen stirbt zwei Tage nach Vollendung des vierzehnten Lebensjahres, in derjenigen Zeit, wo die anderen Menschen die Wirklichkeit des physischen Lebens so stark berührt, daß sie herunter steigen in die Geschlechtlichkeit des physischen Leibes. *Bevor dieses Ereignis eintreten konnte bei Sophie von Kühn,* wird sie hinaufentrückt in geistige Welten.» Und etwas später kommt er abermals auf diesen Gedanken zurück, nur in etwas verhüllterer Form: «Versucht man dann, alles dasjenige, was aus dieser wunderbar gestalteten Seele [von Novalis], die also ohne die Wirklichkeit, die äußere Wirklichkeit zu berühren, lieben konnte, die also mit dem leben konnte, was ihr wirklich entrissen war, *bevor eine gewisse Etappe der äußeren Wirklichkeit erreicht war,* zu verstehen, läßt man sich ein auf all dasjenige, was dieser Novalis-Seele dann entflossen ist, dann bekommt man den reinsten Ausdruck des Poetischen.»[439]

Trotz all dem, was über den Ätherleib von Sophie von Kühn gesagt wurde, ist das Rätsel ihres Wesens jedoch nicht vollständig gelöst. Denn allein die «Durchlässigkeit» ihres Ätherleibes und die erhöhte geistige Wahrnehmungsfähigkeit von Novalis können die geheimnisvolle Tatsache nicht erschöpfend erklären, daß gerade diese Begegnung und die darauffolgende Beziehung zu Sophie von Kühn ihm allmählich den Zugang zu der allumfassenden kosmischen Sphäre der himmlischen Sophia eröffneten. Deshalb müssen wir uns, wenn wir den Schleier des Geheimnisses des irdischen Wesens dieses zwölfjährigen Mädchens durchdringen wollen, jenem Gesetz des geistigen Lebens zuwenden, das Rudolf Steiner ganz besonders in seinen Vorträgen des Jahres 1909 als das Gesetz der «spirituellen Ökonomie» beschreibt. Er erläutert es im Vortrag vom 15. Februar 1909 am Beispiel der östlichen Lehre von den «Avataras», das heißt den Geistern höherer Ordnung, die für ihre eigene Entwicklung sich nicht in einem irdischen Leibe verkörpern müssen und doch von Zeit zu Zeit den opfervollen Entschluß fassen, sich nur deshalb in der Menschheit zu inkarnieren, um einen neuen Impuls für deren Weiterentwicklung zu geben. «Solch eine Wesenheit», sagt Rudolf Steiner, «kann aber dennoch, um einzugreifen in den Gang der Menschheitsentwickelung, sozusagen stellvertretend heruntersteigen eben in einen solchen Leib, wie ihn die Menschen haben.»[440] Dabei ist das Besondere der Verkörperung eines Avatar in einem menschlichen Wesen, daß nach seinem Tode dessen Hüllen in der geistigen Welt aufbewahrt, vermehrt und die so gewonnenen Abbilder oder Kopien geeigneten Menschen vor ihrer Geburt übertragen werden können, so daß diese ihre besonderen Aufgaben in der Menschheitsentwicklung erfüllen können. In dem genannten Vortrag weist Rudolf Steiner weiter darauf hin, daß der größte Avatar, der sich je auf der Erde verkörperte, die Christus-Wesenheit war, die sich bei der Taufe im Jordan mit dem physischen Menschen Jesus von Nazareth vereinigte. Später wurden dann, nachdem das Mysterium von Golgatha vollbracht war, die Hüllen des Jesus von Nazareth in der geistigen Welt aufbewahrt, dort nach dem Gesetz der «spirituellen Ökonomie» vermehrt und später den entsprechenden Hüllen auserwählter Menschen einverwoben, wie wir das in so einmaliger Art im Falle von Raphael und Novalis sehen konnten.

Betrachten wir nun nochmals die Ereignisse an der Zeitenwende und während der Taufe im Jordan sowie deren Vorbereitung, als dank der Weisheit der Weltenführung sich die zwei Familien nebeneinander in Nazareth niederließen, die ein Tor für das Zur-Erde-Kommen der nathanischen Seele und Zarathustras bilden sollten[441] – so lassen sich bei allen diesen Ereignissen nicht eine, sondern zwei in das Erden-Dasein eintretende Avatar-Wesenheiten erkennen. Auf den ersten Fall (zeitlich war es der zweite) haben wir oben schon hingewiesen; im zweiten handelt es sich um die stellvertretende Verkörperung eines ganz besonderen Avatar-Wesens in der Maria des Lukas-Evangeliums.

Emil Bock weist in seinem Buch «Kindheit und Jugend Jesu» mit den folgenden, zugleich auch das Wesen der lukanischen Maria charakterisierenden Worten auf dieses Geheimnis hin. «In ungetrübtester Reinheit und Vollkommenheit spiegelt sich in ihrem Wesen und Antlitz ein göttliches Urbild, das in der geistigen Welt die Menschheit überschwebt. Wie sich in dem Kinde, das sie gebären soll, das Urbild des Kindes und der Kindlichkeit spiegelt und verkörpert – ein Brennpunkt alles Kindesseins auf Erden –, so ist die lukanische Maria wie das auf die Erde versetzte Urbild alles jungfräulichen Frauentums, die Gestaltwerdung des Ewig-Weiblichen, die Frau der Frauen. In aller äußeren Unscheinbarkeit war hier eine Menschenseele ganz und gar überschwebt und durchdrungen von der Weltseele und durch sie hindurch von der reinen Lichtwesenheit des Kosmos, die in der Alten Welt Isis-Sophia und im Christentum der ‹Heilige Geist› genannt worden ist.»[442]

So haben wir in der Maria aus dem Lukas-Evangelium ein Menschenwesen, das erwürdigt wurde, Träger einer der höchsten Avatar-Wesen nach dem Christus-Sonnengeist selbst zu werden, jenes erhabenen Wesens, welches in der Alten Welt die göttliche Isis genannt wurde und in den ersten christlichen Gemeinden und Orten, wo das *esoterische* Christentum gepflegt wurde, die Heilige Sophia.[443]

Diese in ihrer Art einmalige Verkörperung eines Avatar, die ihrer Bedeutung nach die zweite in unserem Kosmos ist und die äußerlich fast ganz unbeachtet in der Geschichte der Menschheitsentwicklung erfolgte, erlangte jedoch eine außerordentliche Bedeutung für die weitere Entwicklung der Erde durch das Gesetz der «spirituellen Ökonomie», das auch in diesem Falle wirksam war. Denn so, wie die von dem Christus-Impuls erfüllten Hüllen des Jesus von Nazareth aufbewahrt und dann in der geistigen Welt vervielfältigt wurden, so geschah auch etwas Ähnliches mit den von dem kosmischen Sophien-Wesen durchdrungenen Hüllen der Maria aus dem Lukas-Evangelium nach ihrem Übergang in die geistige Welt im zwölften Jahr der christlichen Zeitrechnung (sie war damals etwa 25 Jahre alt).[444] Nur werden, im Unterschied zu den Abbildern der übersinnlichen Hüllen von Jesus, die schon im Laufe der restlichen Zeit der vierten und in der fünften nachatlantischen Kulturepoche in der Menschheit wirksam waren, die Abbilder des ätherischen und des astralischen Leibes der Maria des Lukas-Evangeliums erst von der *sechsten* Kulturepoche an in der Menschheit wirken.

In diesem Sinne wird sich die Lehre des italienischen Mystikers Joachim von Floris verwirklichen, der im 12. Jahrhundert lehrte, daß auf das Weltenzeitalter des Vater-Gottes, welches die ganze vorchristliche Menschheitsentwicklung umfaßt, und auf das ihm folgende Zeitalter des Sohnes-Gottes einst das Zeitalter des Heiligen Geistes anbrechen wird, das Zeitalter, da in der Menschheit die Weisheit der göttlichen Sophia aufgehen wird. Vom geisteswissenschaftlichen Standpunkt aus gesehen fällt dieses neue Zeitalter mit dem Vorrücken des Frühlingspunktes der Tagundnachtgleiche in das Sternbild des Wassermann zusammen, aus dessen Bereich der Menschheit dann das Wasser der neuen kosmischen Weisheit erfließen wird. Vom historischen Standpunkt aus wird das dem Beginn der sechsten Kulturepoche entsprechen.

Obwohl die Eingliederung der Abbilder der übersinnlichen Hüllen der lukanischen Maria in die ätherischen und astralischen Leiber der Menschen auf der Erde in der Regel in der sechsten Kulturepoche geschehen wird, kann sich das jedoch auch unter besonderen Umständen als eine große Ausnahme in unserer Zeit ereignen. Dabei hängt die Tatsache, daß eine solche «Eingliederung» heute eine seltene *Ausnahme* ist, vor allem damit zusammen, daß die *ganze* Menschheit so tief in die materielle Sphäre gesunken ist, daß auch die weibliche Organisation, ungeachtet ihres allgemeinen «Nicht-vollständig-Verkörpertseins», in der Mehrzahl der Fälle nicht genügend plastisch ist, um Träger eines solchen Abbilds zu werden. Wenn letzteres in den seltensten Fällen heute doch geschieht, so kann eine solche weibliche Organisation dieses Abbild nur *bis* zum Eintritt der Geschlechtsreife in ihrem Ätherleib halten, da der ätherische Leib in unserer Zeit noch nicht über diejenigen inneren Eigenschaften verfügt, über die er einst in der sechsten Kulturepoche verfügen wird und die es ihm erlauben werden, einen solchen göttlichen Abdruck auch über die Grenze dieses Lebensalters hinaus zu erhalten. Über diese besonderen Eigenschaften des Ätherleibes wird später in diesem Kapitel gesprochen werden. Statt dessen würde heute wohl in dem Augenblick, da der individuelle Astralleib erwacht, das Abbild des göttlichen Ätherleibes beginnen, den eigenen Ätherleib des Menschen zu verlassen, und dabei alle seine Lebenskräfte mit solcher Macht mit sich in die geistige Welt zurückreißen, «daß bald nach dem Eintritt der Geschlechtsreife der Tod eintreten würde».[445]

Und das geschah mit Sophie von Kühn in ihrem 15. Lebensjahr, nach fast zwei Jahren schwerer Krankheit.[446]

Erst von der sechsten Kulturepoche an wird sich der Menschheit, auch zu einer Zeit *nach* dem Beginn der Geschlechtsreife, die Möglichkeit eröffnen, die geistigen Kräfte der Abbilder des Ätherleibes der lukanischen Maria mit vollem Bewußtsein sich einzuverweben (und noch später Abbilder ihres Astralleibes). Und das höchste Urbild eines solchen vollbewußten Ergreifens der Kräfte des göttlichen Ätherleibes, der es ermöglichte, eine vollkommen ungetrübte übersinnliche Verbindung mit dem ganzen Makrokosmos zu wahren, zeigte die *Maria des Matthäus-Evangeliums* in der Menschheitsgeschichte. Denn sie konnte gemäß den geisteswissenschaftlichen Forschungen Rudolf Steiners, dank der ungewöhnlichen Reinheit und Selbstlosigkeit ihres Astralleibes, der durch die tiefen Leiden,[447] die sie durchgemacht hatte, noch verstärkt worden war, in dem Augenblick, als sich bei der Taufe im Jordan das kosmische Christus-Wesen mit dem Jesus vereinigte, das Eindringen der geistigen Wesenheit der lukanischen Maria in ihr eigenes Wesen aus den höheren Welten heraus bis hin zu ihrem *Ätherleib* erleben. Darüber spricht Rudolf Steiner am 11. Januar 1910 in einem Vortrag in Stockholm[448] auf die folgende Weise: «Bei der Jordantaufe ... erlebt das mütterliche Prinzip eine Wiedergeburt, indem der reine *Ätherleib* der nathanischen Mutter heruntersteigt und ausfüllt die andere Mutter. Jetzt ist sie wieder Jungfrau und es bildet sich ein tiefes Band zwischen Christus und der Mutter.»[449] Das aber bedeutet vom Standpunkt der im Makrokosmos wirkenden Kräfte: Wenn sich im Augenblick der Jordantaufe die Geisteskräfte aus dem höchsten Punkt des Tierkreises, aus dem Bereich des *Widder,* mit Jesus von Nazareth verbanden, so verbanden sich in demselben Augenblick *mittels* des Ätherleibes der «nathanischen» Maria die kosmischen Kräfte aus dem Tierkreisbereich der *Jungfrau* mit der Maria des Matthäus-Evangeliums, deren eigenen Ätherleib durchdringend, und wirkten weiter mit verwandelnder Kraft bis hin zum physischen Leib. Denn der Tierkreisbereich der Jungfrau ist ein Quell aller Jungfräulichkeitskräfte in unserem Kosmos.

Das läßt sich auch noch anders ausdrücken: Das Wesen des Jesus von Nazareth wurde im Augenblick der Jordantaufe aus den kosmischen Kräften des Widder und das Wesen der salomonischen Maria aus den kosmischen Kräften der Jungfrau umgewandelt, wodurch Jesus zum «Lamm Gottes wurde, welches die Sünden der Welt trägt» (Joh. 1, 29) und Maria zur Repräsentantin der ursprünglichen Jungfräulichkeitskräfte auf der Erde.[450]

Diese Wesensumwandlung der salomonischen Maria bis hin zu ihrem physischen Leib charakterisiert Rudolf Steiner im Vortrag vom 3. Juli 1909 in Kassel: «In demselben Augenblick, als sich der Geist des Christus in den Leib des Jesus von Nazareth hineinsenkte und eine Verwandlung vorging, wie wir sie beschrieben haben, da wurde auch auf die Mutter des Jesus von Nazareth eine Wirkung ausgeübt. Und diese Wirkung besteht darinnen, daß sie in diesem Augenblick der Johannes-Taufe wiederum zurückerhielt ihre Jungfräulichkeit, das heißt sie wurde in ihrer inneren Organisation so, *wie die weibliche Organisation vor der jungfräulichen Reife ist.* Die Mutter des Jesus von Nazareth wurde bei der Geburt des Christus Jungfrau.»[451] Diese Worte aus dem 10. Vortrag des Zyklus «Das Johannes-Evangelium im Verhältnis zu den drei anderen Evangelien, besonders zu dem Lukas-Evangelium» bilden den ersten Hinweis auf das Geheimnis der «Verwandlung Marias» im Lebenswerk Rudolf Steiners.[452] Auf eine sowohl erstaunliche als auch tief gesetzmäßige Weise ist die erste Mitteilung über dieses Geheimnis mit dem Schaffen von Novalis verbunden. Und das nicht nur, weil am Anfang des Vortrags sich die wohl gewichtigsten Worte finden, die Rudolf Steiner jemals über die Bedeutung der Jordantaufe für die ganze Erdenentwicklung äußerte (siehe Anm. 366), sondern vor allem deshalb, weil dieser zehnte Vortrag der Matinee, die Novalis' Werk gewidmet war, unmittelbar vorausging (4.7.1909). Auf dieser Matinee rezitierte Marie Steiner (damals noch von Sivers) aus den «Geistlichen Liedern» und den «Marienliedern» von Novalis, wobei hinter den ersteren das Geheimnis der Jordantaufe steht, das Geheimnis der Vereinigung des kosmischen Christus-Wesens mit den irdischen Hüllen des Jesus von Nazareth, und hinter den zweiten das Geheimnis der Vereinigung der zwei Marien.

So findet das grundlegende geistige Leitmotiv von Novalis' ganzem Leben «Christus und Sophia» schon in diesen zwei Gedichtzyklen seinen poetischen Ausdruck oder – wenn wir dieses Leitmotiv in der Sprache der Sternenschrift ausdrücken – die opfervolle Selbsthingabe zweier menschlicher Wesenheiten an die Kräfte des Makrokosmos, welche entsprechend aus den kosmischen Bereichen des Widder und der Jungfrau erfließen.

Die allgemeine Ausbreitung des Sophien-Mysteriums oder des Heiligen Geistes wird somit erst vom Beginn der sechsten Kulturepoche an für eine wachsende Zahl von Menschen die Möglichkeit eröffnen, nicht nur ein Abbild des vom Sophien-Impuls durchdrungenen Ätherleibes der lukanischen Maria in sich aufzunehmen, sondern auch dessen Wirken vollbewußt zu erleben und sich damit auch für das spätere Alter zu bewahren. Mit anderen Worten: Etwa vom Beginn der sechsten Kulturepoche an wird es bis zu einem gewissen Grad für die Menschen möglich werden, den Zustand zu erreichen, dessen Urbild der Menschheit historisch in der erhabenen Gestalt der salomonischen Maria gezeigt wurde, bei der die ätherisch-physische Organisation im Augenblick der Jesus-Taufe im Jordan – Maria war damals etwa 45 Jahre alt – dank der Vereinigung von Kräften aus dem kosmischen Bereich der Jungfrau mit ihrem Ätherleib wiederum so wurde, wie, nach den Worten Rudolf Steiners, die «weibliche Organisation *vor* der jungfräulichen Reife» ist.[453] Das heißt, sie wurde abermals zur «Jungfrau», zu einem Menschen, der durch die kosmischen Kräfte aus dem Tierkreisbereich der Jungfrau bis in sein ätherisch-physisches Wesen hinein umgewandelt ist und sich in vollkommen bewußter Verbindung mit ihnen weiß. Das bedeutet aber auch, daß nun ihr Ätherleib zum «Spiegel» für die geistigen Prozesse des unsere Erde umgebenden Sternenkosmos geworden ist und daß in ihrem seelisch-geistigen Wesen die Kräfte der göttlichen Sophia, der himmlischen Allweisheit, unmittelbar wirken können. *Zur irdischen Trägerin des Sophien-Prinzips ist von diesem Augenblick an die salomonische Maria geworden.* Deshalb wurde sie auch von den Aposteln und später in den Kreisen des esoterischen Christentums – ganz besonders bis in das 4. Jahrhundert – niemals mit ihrem irdischen Namen genannt (siehe zum Beispiel Joh. 19,25), sondern sie trug stets, esoterisch betrachtet, den Namen Sophia, den Namen, der auf das eigentliche Geheimnis ihres geistig-physischen Wesens weist.[454] Denn sie ist, mit den Worten von Emil Bock, der weibliche Mensch, der «den Weg zur Wiedererlangung der verlorenen Jungfräulichkeit bis zu Ende geht», so daß das «Irdisch-Weibliche in ihr immer durchlässiger für die Strahlen des Ewig-Weiblichen wird».[455]

Der genannte Prozeß der allmählichen Annäherung an das hohe Ideal, das die salomonische Maria darstellt, wird den Menschen unter Beibehaltung des vollen wachen Ich-Bewußtseins erst in der sechsten Kulturepoche erreichbar sein. Dann werden die Sophien-Impulse sich überall in der Menschheit ausbreiten können, was seinerseits mit der Verwirklichung bestimmter johanneischer Mysterien oder des Rosenkreuzer-Christentums verbunden sein wird. Der Prozeß selbst wird in der sechsten Kulturepoche selbstverständlich *nicht* mit dem Unterschied der zwei Geschlechter *zusammenhängen.* Seiner rein spirituellen Natur nach wird er über-geschlechtlich sein. Die weibliche Organisation wird jedoch gleichsam eine ihr von der Natur geschenkte Empfänglichkeit für ihn haben. Die Menschen dagegen, die in der sechsten Kulturepoche eine männliche Organisation haben werden, werden aber nicht von dieser Entwicklung ausgeschlossen sein, sie werden diesen Zustand jedoch mit größerer Mühe und nur mit Hilfe intensiver Geistesschülerschaft der entsprechenden Mysterienschulen erreichen.[456] Obwohl diese Schwierigkeiten sehr anderer Art sein werden, so kann man sie doch bis zu einem gewissen Grad mit denjenigen vergleichen, welche heute Menschen mit weiblicher Organisation überwinden müssen, wenn sie sich ganz in die moderne Zivilisationsentwicklung mit ihrem betont intellektuell-materialistischen und antispirituellen Charakter eingliedern wollen.[457] In dieser Beziehung kann man sagen: *Als Frau in der sechsten Epoche geboren zu werden, wird eine besondere Schicksalsgnade sein.* Diese Zukunft vorausahnend schreibt Novalis: «Die Holzkohle und der Diamant sind *ein* Stoff und doch wie verschieden –. Sollte es nicht mit Mann und Weib derselbe

Fall seyn. Wir sind Thonerde – und die Frauen sind *Weltaugen* und Saphyre, die ebenfalls aus Thonerde bestehen.»

Das alles läßt auch die Worte Rudolf Steiners in einem neuen Licht erscheinen, die dieser einmal im Kreise von Ärzten und Medizinstudenten äußerte, daß es die erste Aufgabe des männlichen Teiles der Menschheit sei, «die Frauenwelt möglichst gesund [zu] erhalten ... denn dann wird durch die Frauenwelt der außerirdische Einfluß in unseren Erdenprozeß hereingezogen». Denn seiner Natur nach «neigt dieses weibliche Wesen dahin, immer mehr und mehr sich einzugliedern in die außerirdischen Prozesse. Es neigt immer mehr und mehr dazu ... vom Himmel aufgenommen zu werden.»[458] Und das bedeutet im Sinne dessen, was in diesem Kapitel gesagt wurde, daß die Zukunft der Menschheit davon abhängt, ob die heutige Sozialstruktur, die weitgehend vom männlichen Teil geschaffen und bestimmt wird, tatsächlich das weibliche Wesen vor der Entartung zu bewahren in der Lage sein wird, gegen das sich in der modernen Zivilisation die stärksten zerstörerischen Kräfte richten, die das Eintreten der sechsten Kulturepoche in der Erdenentwicklung zu verhindern trachten. So ist eine der entscheidenden Voraussetzungen für deren Entstehen, daß der männliche Teil der Menschheit das geistig-seelische und physische Wesen der Frau, zusammen mit den spirituellen Zukunftsmöglichkeiten ihrer Organisation, zu schützen vermag. Das Bewahren der spirituellen Zukunftskräfte, die in der weiblichen Organisation liegen, wird auch eine der wichtigsten Aufgaben des johanneischen Christentums in seiner rosenkreuzerischen Form sein. Auf diese hohe Aufgabe wahren modernen Rosenkreuzertums, die mit dem Dienst für die göttlichen Ziele der Erdenentwicklung verbunden ist, wird prophetisch am Ende des Johannes-Evangeliums hingewiesen, wo der Christus Jesus vom Kreuz auf dem Hügel von Golgatha aus seine unter diesem stehende Mutter und Johannes zu einer neuen spirituellen Einheit verband. «Als nun Jesus seine Mutter dastehen sah und den Jünger, den er liebhatte, sprach er zu der Mutter: Weib, siehe, das ist dein Sohn. Und dann sprach er zu dem Jünger: Siehe, das ist deine Mutter. *Und von der Stunde an nahm sie der Jünger zu sich.*»[459] Durch diese Beauftragung machte der Christus Jesus seinen fortgeschrittensten Jünger für alle Zukunft zum *Hüter der Sophien-Kräfte in der Menschheit,* zugleich aber auch zu dem großen Vorbereiter der sechsten Kulturepoche[460] und durch sie auch des künftigen Jupiter-Zustandes, dessen imaginatives Bild Johannes später im 21. Kapitel der Apokalypse darstellt.

In der sechsten Kulturepoche wird die Offenbarung der spirituellen Sophien-Kräfte auch mit der Vorbereitung derjenigen Zeit verbunden sein, da die Fortpflanzung des Menschengeschlechts auf der Erde auf eine sehr viel spirituellere Weise vor sich gehen wird. Das wird bis zu einem gewissen Grad bereits am Ende der sechsten Epoche beginnen, in der siebenten jedoch auch in weiteren Menschheitskreisen verbreitet sein. Daß das aber eintreten kann, muß *zweierlei* geschehen. Erstens werden schon in der sechsten Kulturepoche die Sophien-Kräfte dadurch eine bestimmte Entwicklung auf der Erde erreichen müssen, daß Abbilder vom Ätherleib der lukanischen Maria sich mit den Ätherleibern einer wachsenden Zahl von Menschen verbinden[461], und das bedeutet, daß einzelne Menschen bis zu diesem Zeitpunkt in der Lage sein müssen, sich in ausreichendem Maße dem hohen Urbild, welches die Maria aus dem Matthäus-Evangelium im historischen Menschheitswerden darstellt, ähnlich zu machen.

Mit anderen Worten: Bis zu dieser Zeit müssen einzelne Menschen eine solche Höhe der Selbstlosigkeit und der Offenheit gegenüber dem Geisteskosmos um die Erde erreicht haben, daß die spirituellen Kräfte aus dem Tierkreisbereich der Jungfrau in der menschlichen Organisation bis zum Ätherleib und durch ihn bis zum physischen Leib wirken können, wie das bei der salomonischen Maria im Augenblick der Taufe Jesu im Jordan der Fall war. Das wird dann die *erste Stufe* auf dem Weg zur Verwirklichung jener erhabenen Imagination sein, die am Anfang des 12. Kapitels der Apokalypse beschrieben wird und die ein sehr wichtiger Teil der künftigen Sophien-Mysterien sein wird. Das ist die Imagination der kosmischen Jungfrau, die, mit der Sonne bekleidet, den Mond zu Füßen hat und einen Kranz von zwölf Sternen trägt. In ihr sehen wir einen bestimmten Aspekt der göttlichen Sophia, die das höhere Sonnenleben gebiert, das sie von dem göttlichen Wort, dem kosmischen Logos empfangen hat. Die Befruchtung der Sophia durch den Weltengeist, welche die Geburt eines neuen Sonnenwesens in unserer Welt hervorruft, weist uns diese Imagination. Sie wird gemäß den geisteswissenschaflichen Forschungen Rudolf Steiners erst zur Zeit der abermaligen Vereinigung der Erde mit der Sonne volle *physische Realität* werden.[462] Was jedoch in einer fernen Zukunft als ein großes makrokosmisches Ereignis stattfinden wird, das soll durch die beschriebene mikrokosmische Realisierung dieser Imagination im Innern der Menschen allmählich in der Menschheit vorbereitet werden. Das ist aber nur eine Seite von dem, was in der sechsten Kulturepoche in der Menschheit errungen werden muß. Den zweiten Teil des Ganzen wird die besondere Entwicklung des *Wortes* und seiner Eigenschaften in jener Zeit bilden müssen.

Etwa um das fünfte Jahrtausend (das heißt um den Beginn der zweiten Hälfte der sechsten Epoche) wird sich abermals, jedoch auf einer ganz anderen Ebene, die Fähigkeit entwickeln, *magisch* durch das Wort zu wirken, so wie die Menschheit diese Fähigkeit schon einmal, allerdings in ganz anderer Art, in vollem Umfang in den ersten Zeiten der atlantischen und in abgeschwächter Form bis zum Beginn der dritten nachatlantischen Epoche besaß.[463] Bis zu dieser Zeit wird sich der menschliche Kehlkopf so stark spiritualisiert haben, daß das von geistigem Willen erfüllte Wort abermals bis zu einem gewissen Grad auf die Prozesse und Wesen der Umwelt zu wirken vermag, in den Menschenseelen jedoch nicht abstrakte Gedanken weckend, wie das heute der Fall ist, sondern neue, moralische Impulse. So wird das menschliche Wort allmählich zu einer Kraft werden, welche Neues in der Erdenentwicklung hervorzubringen vermag. Und dann wird es mit seinem Wirken dem Wirken des Makrologos in unserem Kosmos ähnlich werden, *es wird selbst zum Mikrologos* werden.[464]

So wie der Schüler in den Sophien-Mysterien zum realen geistigen Erleben der Imagination der Jungfrau geführt wird, die mit der Sonne bekleidet ist, ebenso muß er ein reales Erlebnis einer anderen Imagination erreichen, wenn er die Fähigkeit erlangen soll, magisch durch das Wort in der Welt zu wirken. Dazu wird ihn eine andere Art von Mysterien führen, die wir die Logos-Mysterien, die Mysterien des Wortes nennen können. Auch diese zweite Imagination finden wir in der Apokalypse. Johannes beschreibt sie im ersten Kapitel als die kosmische Schau des Menschensohnes, der «in seiner rechten Hand sieben Sterne» hält, dessen Antlitz «leuchtet wie die Sonne in ihrer ganzen Kraft» und «aus dessen Mund es hervorgeht wie ein scharfes zweischneidiges Schwert» (16). Nur wenn in der Zukunft diese erhabene Imagination erlebt und im eigenen Innern Wirklichkeit wird, wird der Mensch so verwandelt werden, daß die Kräfte der Geistessonne in seinem gereinigten Astralleib aufzuleuchten vermögen, er mit seinem Willen die Kräfte der sieben Wandelsterne in seinem Ätherleib wird erfassen können und sich sein physischer Kehlkopf so umgestaltet, daß das *Wort* aus ihm wie die Offenbarung seines höheren Ich, gleich einem feurigen, zweischneidigen Schwert, das unfehlbar Gut und Böse in der moralischen Sphäre trennt, in der Welt wirken kann.

So wird durch das Wirken dieser *zwei Mysterien,* der Sophien-Mysterien und der Logos-Mysterien, der spirituelle Grund für die Weiterentwicklung der Menschheit gelegt werden.

Von unserer Zeit an wird sich diese Imagination der Menschheit jedoch noch von einer ganz anderen Seite erschließen. Denn so wie das letzte, rein geistige Erlebnis der Menschenseele vor der Geburt, das unmittelbar vor der prophetischen Schau auf das zukünftige Erdenleben eintritt (siehe Seite 210), die Imagination der Jungfrau ist, die, mit der Sonne bekleidet, die Imagination der personifizierten *Welten-Weisheit* unseres Kosmos darstellt, so wird das erste wahre geistige Erlebnis nach dem Tode, wenn die Erinnerung an das vergangene Erdenleben den Menschen mit dem sich in die Weltenfernen ausdehnenden eigenen Ätherleibe verlassen hat, die erhabene Imagination des *Menschen-Sohnes* sein.

Seit den ältesten Zeiten und etwa bis zum Ende der dunklen Zeit des Kali Yuga im Jahre 1899 begegnete die Menschenseele nach dem Tode, unmittelbar vor dem Eintritt in das Kamaloka, der Gestalt des Moses, der alle Gedanken, Gefühle und Handlungen des Menschen in seinem vergangenen Erdenleben *nach dem kosmischen Gesetz* richtete. Über unsere Zeit dagegen sagt Rudolf Steiner: «Indem nun die Seelen sich immer mehr und mehr durchdringen mit dem übersinnlichen Christus, wird sich vollziehen nach dem Tode die Umwandlung der Moses-Gestalt in die des Christus Jesus. Das heißt aber nichts anderes als: unser Karma kommt mit Christus in einen Zusammenhang, Christus wächst mit unserem eigenen Karma zusammen.»[465] So wird vom 20. Jahrhundert an, zugleich mit dem neuen Erscheinen des Christus im Ätherischen, da er zum Herrn des Karma wird[466], das Gericht über die Seele nach dem Tode sich allmählich von dem Gericht nach dem unerbittlichen kosmischen Gesetz verwandeln in ein Gericht des Christus, dem *Richter höchster kosmischer Liebe.* Und das bedeutet: «Daß unser karmisches Konto in der Zukunft so ausgeglichen wird, das heißt in eine solche Weltordnung hineingestellt wird gegen die Zukunft, wenn wir den Weg zum Christus gefunden, daß die Art unseres karmischen Ausgleiches das größtmöglichste Menschenheil für den Rest der Erdenentwickelung hervorrufe, das wird die Sorge sein dessen, der von unserer Zeit an der Herr des Karma wird, es wird die Sorge Christi sein.»

Auf den Christus als den Herrn des Karma, der, anstatt wie früher die Gestalt des Moses, nach dem *Gesetz der kosmischen Liebe* über die Menschenseele vor dem Eintritt in das Kamaloka das Urteil spricht, weist auf prophetische Weise die Imagination des Menschen-Sohnes, die wir am Beginn der Apokalypse finden. Sein Angesicht leuchtet wie die neue *Liebes-Sonne;* in seiner Rechten hält er die Kräfte der sieben Planeten als Zeichen, daß der Ätherleib nun vollkommen in den Weltenfernen aufgegangen ist und die in ihm wirkenden Kräfte zur Planetenwelt zurückgekehrt sind[467]; aus seinem Munde aber geht das feurige, zweischneidige Schwert der Wirkensmacht des Sonnen-Logos, welche dem Menschen-Ich für alle folgenden Zeiten, die es in der geistigen Welt weilt, die *Richtung weist.* Das ist das feurige Schwert der richtenden Liebe des Weltenwortes, welches der Seele den Weg durch das Kamaloka in die höheren geistigen Sphären zeigt, «daß diese Art unseres karmischen Ausgleiches das größtmöglichste Menschenheil für den Rest der Erdenentwickelung hervorrufe ...»

So stehen diese erhabenen Imaginationen – die Imagination des Menschen-Sohnes und die Imagination der göttlichen Sophia – in all ihrer seelenerschütternden kosmischen Realität jedes Mal vor der menschlichen Seele, die eine als ihr erstes, wirklich geistiges (das heißt von allem Irdischen freies) Erlebnis nach dem Tode und die andere als ihr letztes rein geistiges Erlebnis vor der Geburt[468], mit anderen Worten: als eine kosmische Imagination der *Unsterblichkeit* und der *Ungeborenheit* erlebt sie die menschliche Seele. Darum können wir das Logos-Mysterium und das Sophien-Mysterium auch Mysterium der *Unsterblichkeit* und Mysterium der *Ungeborenheit* nennen, im Gegensatz zu den ihnen entsprechenden vorchristlichen Mysterien der Geburt und des Todes.[469]

Nur das gemeinsame Wirken dieser beiden Mysterien wird in der Zukunft die Menschheit wirklich zur Überwindung von Geburt und Tod befähigen, die durch die Trennung in die zwei Geschlechter und die Notwendigkeit entstanden, das Menschengeschlecht so fortzupflanzen, wie das auch heute noch geschieht.[470]

Die Möglichkeit, auf eine spirituellere Weise die Menschheit fortzuführen, wird aber dann auftreten, wenn durch das Wirken des Mysteriums der Unsterblichkeit (oder: des Logos) der menschliche *Kehlkopf* zum neuen höheren Fortpflanzungsorgan geworden sein wird, wenn das von Geisteswillen erfüllte menschliche Wort schöpferisch zu wirken vermag – bis hin zu den physischen Substanzen, was in den Rosenkreuzer-Schulen immer durch das Symbol des feurigen, zweischneidigen Schwertes oder der Licht-Lanze versinnbildlicht wurde. Gleichzeitig wird durch das Wirken der Mysterien der Ungeborenheit oder der Sophia auch das menschliche Herz eine vollkommene Verwandlung erfahren. Zunächst wird es zu einem bewußten Wahrnehmungsorgan für die Kräfte des die Erde umgebenden Geist-Kosmos werden und später auch zum neuen spirituellen Fortpflanzungsorgan.[471] In der Imagination der kosmischen Sophia kommt das darin zum Ausdruck, daß in dem leuchtenden Zentrum der Sonnenscheibe, in die sie gehüllt ist, das Herz erscheint, gleich einem unsichtbaren, ätherischen Kelch, der das Licht der Geistes-Sonne empfängt und trägt.[472]

So wird in der fernen Zukunft, wenn ein geistigerer Erdenzustand eingetreten, das endliche Ziel der beiden Mysterien erreicht sein wird, das Menschenwesen durch das *Zusammenwirken* des verwandelten Kehlkopfs und Herzens *sich* selbst ähnliche Wesen aus sich gebären.

Dieses hohe Ideal der zukünftigen, rein spirituellen Fortpflanzung, das heißt in höchstem geistigem Sinne der «unbefleckten Empfängnis», wurde seit dem frühen Mittelalter stets in den Mysterienstätten des esoterischen Christentums in dem Bild des Heiligen Grales dargestellt. Später ging das Wissen um dieses okkulte Geheimnis, das eine entscheidende Bedeutung für die ganze künftige Menschheitsentwicklung hat, zu den Rosenkreuzern über. In ihren Geheimschulen wurde dem Schüler von den oben beschriebenen Zielen der Menschheitsentwicklung so gesprochen: «Schau wie die Pflanze ihren Blütenkelch keusch der Sonne entgegenhält, wie der Sonnenstrahl die Blüte der Pflanze küßt. Dies nannte man den keuschen Kuß des Sonnenstrahles, der heiligen Liebeslanze. Im keuschen Kuß des Sonnenstrahles, der heiligen Liebeslanze, der sich der Kelch der Pflanze öffnet, wird hingewiesen auf das Zukunftsideal, wo der Mensch seine Organe wieder hinaufentwickeln wird zur Keuschheit der Pflanze. Jetzt ist der Mensch hinaufentwickelt bis zu der Stufe, wo er von Begierden durchzogen ist. Weiter wird sich der Mensch entwickeln bis zu jener Stufe, wo er seine Begierden umgewandelt hat, wo er wieder geküßt werden wird von dem geistigen Sonnenstrahl, wo er wiederum seinesgleichen auf höherer Stufe hervorbringen wird, wo die Reproduktionskraft vergeistigt sein wird. Das nannte man in den Geheimschulen den Heiligen Gral. Das ist das reale Ideal des Heiligen Gral: ein Organ, das der Mensch haben wird, wenn seine Reproduktionskraft vergeistigt sein wird.»[473]

Dieses neue Fortpflanzungsorgan, das hier der Heilige Gral genannt wird, wird jedoch, wie wir sahen, aus der Tätigkeit zweier umgewandelter Organe, des Herzens und des Kehlkopfs, bestehen. Dazu sagt Rudolf Steiner: «Es gibt im Menschen zweierlei Organe, solche, welche auf dem Wege sind, unvollkommen zu werden, und nach und nach abfallen werden, und solche, die erst in der Ausbildung begriffen sind. Alle niederen Organe, die sexuellen Organe, werden abfallen. *Herz und Kehlkopf* dagegen sind Organe, die erst in der Zukunft ihre Vollendung haben werden, erst in der Zukunft ihre Entwickelung finden werden.»[474] Und in einem anderen Vortrag noch genauer: «Vor allem wird eine Umgestaltung *des Kehlkopfes und des Herzens* vor sich gehen. *Das werden in Zukunft die Reproduktionsorgane sein.*»[475] Herz und Kehlkopf sind die neuen vergeistigten Fortpflanzungsorgane, deren Zusammenwirken in der fernen Zukunft «dem Menschen ähnliche Wesen hervorbringen wird». Sie sind als die Symbole der künftigen Menschheitsentwicklung, welche die irdische Geburt und den Tod überwunden haben wird, in die Imagination des Sonnenkelches und der Liebeslanze geprägt, dem verwandelten Herzen und Kehlkopf.[476]

So leuchtet uns aus den Grals-Mysterien, deren Fortsetzung die modernen Rosenkreuzer-Mysterien darstellen,[477] dieses erhabene Ideal der fernen Zukunft entgegen. Das wird eine Zeit sein, wo das Erleben der Unsterblichkeit und der Ungeborenheit sich für den Menschen zu einem dauernden, ununterbrochenen Bewußtsein vereinigen wird; Tod und Geburt in ihrer gegenwärtigen Form werden endgültig überwunden sein, und der Mensch selbst wird zu einer sehr viel geistigeren Daseinsform übergehen können. Auch wird die Erde damit bereitet sein, sich abermals mit der Sonne zu vereinigen. Darüber äußert Rudolf Steiner: «Jetzt wird die Erde reif, sich mit der Sonne zu vereinigen ... Der Mond wird in seinen Kräften überwunden werden. Der Mensch kann sich in dieser Zeit mit der Sonne vereinigen. Er wird in der vergeistigten Erde drinnen leben und zu gleicher Zeit verbunden sein mit der Kraft der Sonne, und er wird der Überwinder des Mondes sein.»[478]

Wie das jedoch aus den Worten Rudolf Steiners hervorgeht, wird die Menschheit, bevor dieser Zustand der Vergeistigung (die Vereinigung mit der Sonne) eintreten kann, einen Kampf mit den rückwärtsdrängenden Kräften kämpfen und diese überwinden müssen. Dabei werden diese vom Beginn des siebenten Jahrtausends der christlichen Zeit an, das heißt etwa von der zweiten Hälfte der siebenten Kulturepoche an, mit außerordentlicher Stärke in die Erdenentwicklung eingreifen. Auch wird sich, den Angaben der modernen Geisteswissenschaft zufolge, der Mond dann abermals mit der Erde vereinigen. Von diesem Ereignis, das die gesamte geistig-physische Lage auf der Erde auf die radikalste Weise verändern wird, sagte Rudolf Steiner: «Dann wird eine

Zeit kommen im 7. Jahrtausend ... Die Frauen werden dann aufhören, fruchtbar zu sein; es wird eine ganz andere Art und Weise des Erdenlebens eintreten. Es wird die Zeit sein, in der der Mond sich der Erde wiederum nähert, sich der Erde wiederum eingliedert.»[479] Die Geschlechtertrennung war zu Beginn der lemurischen Epoche als Folge der Trennung des Mondes von der Erde[480] eingetreten und damit zugleich die Notwendigkeit für die irdische Geburt und den Tod sowie den dadurch eintretenden Verlust der Kräfte der Unsterblichkeit. Gegen das 7.–8. Jahrtausend wird mit der abermaligen Vereinigung von Mond und Erde eine neue Entwicklung in der Menschheit beginnen, welche allmählich zur Überwindung der Zweigeschlechtlichkeit führen wird, und das heißt zur Überwindung von Geburt und Tod in ihrer heutigen Form, die freilich erst dann, wenn sich die Sonne mit der Erde wieder vereinigen wird, endgültig verschwunden sein werden.[481] Was sich jedoch einst auch äußerlich-physisch ereignen soll, das muß zunächst im Innern der Menschen Wirklichkeit werden. Wenn deshalb die Menschheit das *richtige* Verhältnis zu der Vereinigung des Mondes mit der Erde im 7.–8. Jahrtausend finden soll, und das bedeutet, dessen schädliche und verführerische Einflüsse *überwinden,* dann muß sie bis zu diesem Zeitpunkt die Imagination der himmlischen Sophia wenigstens bis zu einem gewissen Grad in ihrem Innern realisieren können (siehe Seite 211). Denn nur, wenn sie in dem Augenblick der äußerlichphysischen Vereinigung von Erde und Mond die Imagination, wie *Erde und Sonne* sich in der Zukunft vereinigen werden, *innerlich in sich zu realisieren* vermag, wird die Menschheit die Mondenkräfte zum Heil und nicht zum Schaden der weiteren Erdenentwicklung aufnehmen. Daß das geschehen kann, wird die Mission der Sophien-Mysterien sein, besonders von der sechsten Kulturepoche an.

Jedoch bereits in unserer Zeit ist es bis zu einem gewissen Grad möglich, sich diesen kommenden Sophien-Mysterien zu nähern, denn es ist die Aufgabe der modernen Geisteswissenschaft, einen neuen, rein geistigen Weg zur Erkenntnis der Christus-Wesenheit zu finden. Und wenn es dem Menschen gelingt, durch intensive meditative Arbeit die erste der zwei oben beschriebenen apokalyptischen Imaginationen beim Einschlafen zu erleben, dann wird er auch in Zukunft einmal beim Aufwachen die zweite Imagination erleben und sich auf diese Weise allmählich den Sophien-Mysterien nähern. Das ist der Weg von Christus zu Sophia. Und diesen Weg ging Novalis. Er begann mit dem Erleben des Christus in der geistigen Welt oder der «Nachtwelt» und endete mit der Ahnung des wichtigsten Geheimnisses der zukünftigen Erdenentwicklung:

«Gegründet ist das Reich der Ewigkeit,
In Lieb und Frieden endigt sich der Streit,
Vorüber ging der lange Traum der Schmerzen,
Sophie ist ewig Priesterin der Herzen.»

In der vorliegenden Betrachtung wurde der Versuch gemacht, sich den künftigen Mysterien der Heiligen Sophia, wenn auch nur ein wenig, zu nähern, den Schleier ihres Geheimnisses ein wenig zu lüften. Der Gehalt dieser Mysterien kann der Menschheit heute noch nicht offen mitgeteilt werden, denn die Mehrzahl der Menschen in der Gegenwart vermag deren bedeutenden Geheimnissen des Weltenseins noch nicht die angemessenen Gefühle der Ehrfurcht und die notwendige Reinheit des Herzens entgegenzubringen. In unserer Zeit sind die Empfindungen, die diese Entwicklung fordert, eine seltene Ausnahme. Und eine solche Ausnahme stellt Novalis dar. (Wie kein anderer vermochte er, die spirituellen Grundimpulse der sechsten Kulturepoche prophetisch vorwegnehmend, sich *in seiner eigenen geistigen Erfahrung* den Sophien-Mysterien zu nähern.) Deshalb ist es auch möglich, in dem Buch, das seiner karmischen Biographie gewidmet ist, sich mit diesen zukünftigen Sophien-Mysterien zu beschäftigen.

*

Wenn wir nun zu dem Rätsel des Ätherleibes von Sophie von Kühn zurückkehren, so können wir sagen: Obwohl die zwölfjährige Sophie von Kühn selbst in ihrem Tagesbewußtsein nichts von den in ihrem Ätherleib, ihr selbst ganz unbewußt, wirkenden, ihm einverwobenen Kräften des Abbildes vom Ätherleib der lukanischen Maria wußte, so ergossen sich diese Kräfte doch trotz alledem in ihre Umgebung. Sogar Novalis vermochte mit seinem gewöhnlichen Bewußtsein das tiefe und scheinbar so widersprüchliche Geheimnis des rätselhaften Wesens seiner Braut nicht zu lösen.[481a] Was jedoch sein Verstand nicht zu erklären vermochte, das fühlte sein tief mit den Geheimnissen der geistigen Welt verbundenes Herz.

Nicht in der Form trockener Begriffe, sondern durch ein feines und ungewöhnlich poetisches Bild brachte Novalis seine Sehnsucht nach diesem Abbild des Ätherleibes der lukanischen Maria in seinem Roman «Heinrich von Ofterdingen» zum Ausdruck. Er gab seiner Beziehung zu ihm die Gestalt der «blauen Blume», in deren Kelch sich ihm das Leuchten ihres zarten, göttlichen Antlitzes offenbarte: «Was ihn aber mit voller Macht anzog, war eine hohe lichtblaue Blume, die zunächst an der Quelle stand und ihn mit ihren breiten, glänzenden Blättern berührte ... Er sah nichts als die blaue Blume und betrachtete sie lange mit unnennbarer Zärtlichkeit. Endlich wollte er sich ihr nähern, als sie auf einmal sich zu bewegen und zu verändern anfing; die Blätter wurden glänzender und schmiegten sich an den wachsenden Stengel, die Blume neigte sich nach ihm zu, und die Blütenblätter zeigten einen blauen ausgebreiteten Kragen, in welchem ein zartes Gesicht schwebte.»

Novalis konnte sich jedoch, wie das bereits eingehend in dem Kapitel «Die Inspirationsquellen von Novalis» dargestellt wurde, diesem rein geistigen Erlebnis gerade dadurch nähern, daß er in seinem eigenen *Astralleib* das Abbild des Astralleibes der nathanischen Seele trug. Schon seit dem frühen Mittelalter wurde ein solcher von allen niederen Begierden gereinigter Astralleib in der christlich-rosenkreuzerischen Esoterik durch ein ganz bestimmtes Symbol gekennzeichnet und durch ein anderes Symbol der ungereinigte Astralleib.

Gemäß Rudolf Steiner, der sich in seinen Darstellungen an diese Traditionen anlehnte, ist der Ausdruck für den noch von Leidenschaften und Begierden durchzogenen menschlichen Astralleib die rote Farbe des Blutes. Für den gereinigten und durchlichteten Astralleib wurde in diesen esoterischen Kreisen dagegen stets das Bild der *Rose* gebraucht, welche die rote Farbe als Ausdruck des individuellen Ich-Prinzips, das im Astralleib des Menschen lebt, mit dem Fehlen jeglicher niederer Begierden und Leidenschaften, wie das bei den Pflanzen der Fall ist, vereinigt.[482] Und ein solcher Astralleib war der Astralleib der nathanischen Seele (des Jesus von Nazareth), von dem Novalis ein Abbild in seiner Seele trug. Dieser höhere Astralleib, diese geistige Rose in seinem Innern, führte ihn auch zu der «Herzenserkenntnis» der blauen Blume oder geistigen Lilie im Ätherleib Sophie von Kühns.

So vollzog sich noch einmal in der Neuzeit, am Ende des 18. Jahrhunderts, worauf früher nur durch Märchen- und Legendenbilder hingewiesen wurde, das tiefe Mysterium der Menschheitsentwicklung, das in der okkulten Sprache des esoterischen Christentums als die *geistige Hochzeit der Rose und der Lilie*[483] bezeichnet wird. Novalis hätte selbst mit den Worten der Hauptgestalt seines Romans «Heinrich von Ofterdingen» sagen können: «aber die blaue Blume sehn' ich mich zu erblicken. Sie liegt mir unaufhörlich im Sinn, und ich kann nichts anders dichten und denken.» Mit allen Seelenkräften strebte er zu diesem Abbild des mit den kosmischen Kräften der himmlischen Sophia erfüllten Ätherleibes der lukanischen Maria.

Diese «mystische Hochzeit» der Rose und Lilie, die schon im Leben mit Sophie von Kühn auf der Erde vollzogen wird, ist auch weiterhin im nachtodlichen Dasein wirksam. Als drei Tage nach dem Tode sich der eigene Ätherleib Sophie von Kühns in die Weltenfernen auflöst, wird das ihm «zu Lebzeiten» einverwobene Abbild des Ätherleibes der lukanischen Maria frei. Dieses ätherische Abbild, das nun in der die Erde umgebenden Geistessphäre frei geworden ist, strebt zu ihrem Urbild in der kosmischen Sphäre des Sternbilds der *Jungfrau!* Infolge der noch auf der Erde vollzogenen «mystischen Hochzeit» aber vermag Novalis diesem ätherischen Abbild mit seiner Seele in die höheren geistigen Welten, zu dem Sternbild der Jungfrau, der allumfassenden kosmischen Sophien-Sphäre, *nachzufolgen.* Einen Hinweis auf diesen inneren Prozeß finden wir in der kurzen Tagebuch-Notiz von Novalis, die wohl vom Juli 1798 stammt. «Verbindung, die auch für den Tod geschlossen ist – ist eine Hochzeit – die uns eine Genossin für die Nacht [das heißt die geistige Welt] giebt.»

Diese sich in Novalis' Seele gleich einer Zauberblume entfaltende Verbindung mit der kosmischen Sophien-Sphäre wird ihr, sich gestaltend, allmählich bewußt. Zunächst vermischt sich ihre Wahrnehmung noch mit den Erinnerungen an Sophie von Kühn, aus denen jedoch die Züge des kosmischen Urbildes immer stärker und klarer hervortreten.

Viele Briefe, Tagebuchnotizen und, selbstverständlich, auch Dichtungen von Novalis zeugen davon. So schreibt er in einem Brief an Caroline Just am fünften Tag nach Sophie von Kühns Tod: «Allein das himmlische Auge, das sich nie wieder mit unbeschreiblicher Hoheit und Milde gegen mich aufschlägt – allein dies zieht mich auf immer von allen andern Beschauungen ab. Wie oft denk ich mir jetzt, daß ein geöffneter Sinn längst ihre Bestimmung für den Himmel hätte ahnden sollen ... Sie sieht so from[m], so still aus – als wäre Sie nicht auf dieser Welt an Ihrem Platze. Meynen Sie nicht auch, daß Sie zu gut für mich war ... Wie unaussprechlich glücklich wäre ich noch hier, wenn Sie mir zuweilen sich offenbarte ... Noch geb ich diese Hoffnung nicht auf –... Ihr Bild soll und wird mein bessres Selbst seyn – das Wunderbild, das in meinem Innern von einer ewigen Lampe erleuchtet wird und das mich gewiß retten wird für so manchen Anfechtungen des Bösen und Unlautern … Sie soll mir ein Vorbild seyn …»

Und weiter beschreibt Novalis eingehend – und das ist unter keinen Umständen nur ein poetischer Vergleich, sondern entspricht genau den realen geistigen Prozessen in seiner Seele –, wie sich aus dieser «Verlobung im höhern Sinn», die wir als eine Hochzeit von Rose und Lilie darstellten, allmählich seine Aufgabe auf der Erde, seine eigentliche Mission unter den Menschen herauskristallisierte: «Wer bin ich, daß ich so irdisch klage? Sollt ich nicht Gott danken, daß er mir so früh meinen Beruf zur Ewigkeit kund machte? Ist es nicht Beruf zur apostolischen Würde? Kann ich im Ernst Sofieens Schicksal beklagen – Ist es nicht ein Vorzug für Sie – Ist nicht ihr Tod und mein Nachsterben *eine Verlobung im höhern Sinn?* Gott hat mich und Sie für die schleichende Ansteckung der Gemeinheit [= Gewöhnlichkeit] bewahren – er hat Sie in eine höhere Erziehungsanstalt bringen, *diese zarte Blume unter einen bessern Himmel verpflanzen* und mich den stärkern, den rohern Mann noch in der Erdenluft zeitigen wollen. Sollte Gott von mir jetzt ächte Erhebung, männliche Vollendung, tiefes Zutraun zu seiner Liebe – unverwandten Blick auf den Himmel und meine höhere Bestimmung, ewiges Gelübde der Tugend und des Glaubens an die Samenideen der innersten Menschheit fordern? So eben treten diese Ideen mit einer ungewohnten Wärme in mein Bewußtseyn – ich fühle was ich seyn könnte – aber Gott sieht wie gebrechlich und schwach ich bin.»

Immer stärker strebt nun Novalis' ganzes Seelenwesen in die höhere, jenseitige Welt, dem Abbild des hohen Ätherleibes nachfolgend, das während ihres Erdenlebens in Sophie von Kühn wirkte. «Ich muß meine ganze vorige Existenz vergessen …», schreibt er fünf Tage nach Sophie von Kühns Tod an Rahel Just. In dem «Beruf zur unsichtbaren Welt» besteht jetzt seine hauptsächliche Lebensaufgabe, in «dieser vollen Annäherung zu Gott und dem Erhabensten, was die Menschheit hat».

«Wenn ich ganz in ihr lebe und mich ewig zu ihr sehne» – spricht nicht aus diesen Worten, die unmittelbar an die geistige Welt gerichtet sind, dieselbe Stimmung, die auch in der Sehnsucht des Haupthelden seines Romans zu der blauen Blume lebt?

«… aber die blaue Blume sehn' ich mich zu erblicken. Sie liegt mir unaufhörlich im Sinn, und ich kann nichts anders dichten und denken.» Und in dem Brief an Frau von Thümmel schreibt Novalis: «Sie umgiebt mich unaufhörlich – Alles was ich noch thue, thue ich in ihrem Namen. *Sie war der Anfang – sie wird das Ende meines Lebens seyn.»* Und weiter, in einem Brief an Woltmann: «Es ist gewiß nicht Leidenschaft – ich fühle es zu unwidersprechlich, zu kalt, zu sehr mit meiner ganzen Seele, daß sie Eine der edelsten, idealischen Gestalten war, die je auf Erden gewesen sind und seyn werden. Die schönsten Menschen müssen ihr ähnlich gewesen seyn. Ein Bild von Raphael in der Physiognomik hat die treffendste Ähnlichkeit von ihr, die ich noch fand, unerachtet es gewiß kein vollkommenes Bild von ihm ist.»*

Dieser Vergleich von Sophie von Kühn mit dem Bild von Raphael kann eine ganz besondere Bedeutung für uns erlangen, wenn wir uns hier nochmals an den Ätherleib erinnern, den dieser große Künstler in sich trug.

Nach der tiefen, durch den Tod von Sophie von Kühn hervorgerufenen Erschütterung begannen, wie wir sahen (siehe Seite 60), sehr bald die in den Untergründen von Novalis' eigener Seele ruhenden Kräfte des Abbilds vom Astralleib der nathanischen Seele zu erwachen. Diese Kräfte der mystischen Rose in seiner Seele, die dann auf dem beschriebenen Wege nach der Vereinigung mit den Kräften der Lilie in den geistigen Welten (dem Ätherleib der lukanischen Maria) strebten, erfaßten allmählich auch die Sphäre seines Ich. So begann in Novalis der höhere Mensch, das innere Bewußtsein seines unsterblichen Ich, Schritt für Schritt nach dem Tod von Sophie von Kühn zu erwachen. Zunächst ganz unbemerkt fühlte Novalis, den ersten zarten Strahlen einer aufgehenden Geistessonne vergleichbar, sein Wirken wie das Erwachen *neuer Kräfte* in sich. «Aber ich weiß, daß eine Kraft im Menschen ist, die unter sorgsamer Pflege sich zu einer sonderbaren Energie entwickeln kann», schreibt er in einem Brief an Just zehn Tage nach Sophie von Kühns Tod. Zwei Wochen später, in einem Brief an Friedrich Schlegel, noch entschiedener: «... es mir ganz klar schon ist, welcher himmlische Zufall ihr Tod gewesen ist – *ein Schlüssel zu allem* ... eine einfache, mächtige Kraft ist in mir zur Besinnung gekommen.» Und in einem Brief an Woltmann: «Zufrieden bin ich ganz – die Kraft, die über den Tod erhebt, habe ich ganz neugewonnen – Einheit und Gestalt hat mein Wesen angenommen *– es keimt schon ein künftiges Daseyn in mir.»*

---

* Novalis spricht hier von dem berühmten Selbstbildnis Raphaels von 1506 (siehe Abbildung 4), von dem sich eine Kopie in dem von ihm genannten Buch befand.

Es ist schwer zu sagen, ob Novalis, während er diese letzten Zeilen schrieb, sich bewußt war, daß ihn nur dreißig Tage von jenem mächtigen Einweihungserleben, von der übersinnlichen Geburt seines höheren Ich trennten, von dem «künftigen Dasein in [ihm]», das er am 13. Mai 1797 am Grab von Sophie von Kühn durchmachte.

Von diesem Erlebnis, das Rudolf Steiner einst als «wie durch Gnade ihm verliehene Einweihung» bezeichnete,[484] sprachen wir eingehend im Kapitel 5. Hier ist nur noch das hinzuzufügen, was sich unmittelbar auf das Sophien-Thema bezieht. Für Novalis selbst bedeutete diese «Einweihung» das vollbewußte Erwachen seines höheren Ich, das infolge des Strebens all seiner Seelenkräfte zum Ätherleib der lukanischen Maria diesem auf seinem Weg in die geistige Urbilderwelt nachzufolgen vermochte.

Schon in seinem «Klage-Brief» an Woltmann vom 14. April 1797 schrieb Novalis ahnungsvoll von der Möglichkeit einer solchen höheren, übersinnlichen Begegnung: «Wie entzückt werde ich ihr erzählen, *wenn ich nun aufwache, und mich in der alten, längstbekannten Urwelt finde,* und sie vor mir steht – Ich träumte von dir: ich hätte dich auf der Erde geliebt – *du glichst dir auch in der irdischen Gestalt* – du starbst – und da währte es noch ein ängstliches Weilchen, da folgte ich dir nach.» «*Du* glichst dir auch in der irdischen Gestalt», mit diesen zunächst so rätselhaften Worten kommt Novalis wohl dem zentralen Geheimnis des Ätherleibes von Sophie von Kühn, seiner Ähnlichkeit mit seinem himmlischen Urbild so nahe wie nie zuvor. Diesem Ätherleib folgt Novalis' erwachtes höheres Ich nun zu dem Tierkreisbereich der Jungfrau nach. «Wenn ich nun aufwache, und mich in der alten, längstbekannten *Urwelt* finde, *und sie vor mir steht*», nicht die Seele der verstorbenen Sophie, nein, sondern das allumfassende kosmische Urbild steht vor seinem «erwachten» Ich in der «längstbekannten Urwelt». *In diesem Augenblick öffnet sich sein Ich-Bewußtsein* in der allumfassenden Sphäre der Nacht, *der kosmischen Sophien-Sphäre,* deren personifizierte Repräsentantin in den höheren Welten das geistige Wesen der lukanischen Maria ist.

Diese mystische «Begegnung» beschreibt Novalis mit poetischen Worten am Ende der ersten «Hymne an die Nacht»: «Preis der Weltkönigin, der hohen Verkündigerin heiliger Welten, der Pflegerin seliger Liebe – sie sendet mir dich – zarte Geliebte – liebliche Sonne der Nacht[485], – nun wach ich – denn ich bin Dein und Mein – du hast die Nacht mir zum Leben verkündet – mich zum Menschen gemacht – zehre mit Geisterglut meinen Leib, daß ich luftig mit dir inniger mich mische und dann ewig die Brautnacht währt.» Später konkretisiert Novalis dieses Erleben noch genauer, indem er es am Ende der dritten «Hymne an die Nacht» unmittelbar mit dem Einweihungsgeschehen auf dem Grab von Sophie von Kühn in Zusammenhang bringt: «Die Gegend hob sich sacht empor; über der Gegend schwebte mein entbundner, neugeborner Geist. Zur Staubwolke wurde der Hügel – durch die Wolke sah ich die verklärten Züge der Geliebten. In ihren Augen ruhte die Ewigkeit – ich faßte ihre Hände, und die Tränen wurden ein funkelndes, unzerreißliches Band. Jahrtausende zogen abwärts in die Ferne, wie Ungewitter. An Ihrem Halse weint ich dem neuen Leben entzückende Tränen. – Das war der erste Traum in Dir – Er zog vorüber, aber sein Abglanz blieb, der ewige unerschütterliche Glauben an den Nachthimmel und seine Sonne, die Geliebte.»*

Davon, daß es sich in diesem Auszug um die übersinnliche Begegnung mit dem geistigen Wesen der lukanischen Maria handelt, zeugen auch die Verse aus der fünften «Hymne an die Nacht», in denen Novalis sich, ähnlich wie in den oben angeführten, ganz persönlicher Worte bedient, um seine Beziehung zur lukanischen Maria zu schildern:

«Nach dir, Maria, heben
Schon tausend Herzen sich.
In diesem Schattenleben
Verlangten sie nur dich.
Sie hoffen zu genesen
Mit ahndungsvoller Lust –
Drückst du sie, heilges Wesen,
An deine treue Brust.»[486]

Im Prosateil der fünften Hymne folgt dann die Verschmelzung beider Motive zu einer höheren Einheit, zu «Christus und Sophia»:
«Die Mutter eilte bald dir [dem Christus] nach – im himmlischen Triumph – Sie war die Erste in der neuen Heimat bei dir. Lange Zeiten entflossen seitdem und in immer höherm Glanze regte deine neue Schöpfung sich – Tausende zogen aus Schmerzen und Qualen, voll Glauben und Sehnsucht und Treue dir: nach – wallen mit dir und der himmlischen Jungfrau im Reiche der Liebe – dienen im Tempel des himmlischen Todes und sind in Ewigkeit dein.»

* Der Schluß der Hymne wird in der ursprünglichen, handschriftlichen Version zitiert.

Und schließlich wird der ganze Zyklus der «Hymnen an die Nacht» mit diesem doppelten Motiv beendet, wobei die letzte Strophe mit den Worten beginnt:

«Hinunter zu der süßen Braut,
Zu Jesus, dem Geliebten ...»[487]

Dieses Erlebnis von «Christus und Sophia», von Christus und der lukanischen Maria, ist der Höhepunkt von Novalis' mystischen Erlebnissen in der Sophien-Sphäre.[488]

Der «blauen Blume» in den geistigen Welten, diesem wunderbaren, von den Kräften des «Ewig-Weiblichen» erfüllten Ätherleib dorthin nachfolgend, wo die kosmischen Kräfte des Sternbilds der Jungfrau wirken, vollzieht Novalis nun endgültig den Übergang vom Abbild zum Urbild, von dem irdischen zwölfjährigen Mädchen Sophie von Kühn zu der personifizierten Repräsentantin der Kräfte der himmlischen Sophia in der Erdenentwicklung.

Dabei tritt der von Novalis vollzogene Übergang in diesem Gedicht mit solcher Kraft und Unmittelbarkeit in Erscheinung, daß er – wenn auch ohne ein klares Verständnis seiner tieferen geistigen Bedeutung – auch von der wissenschaftlichen Forschung bemerkt wurde. So schrieb zum Beispiel der bekannte Novalis-Forscher Richard Samuel im Zusammenhang mit diesem Gedicht in einer seiner Arbeiten über Novalis: «Die Erhebung der Sophie [von Kühn] zur Maria war damit vollzogen, bevor sich Novalis vielleicht der Analogie mit dem katholischen Kultus bewußt geworden war ...»[489]

Zu allem bisher über Novalis' Beziehung zur Sphäre der Maria-Sophia in den geistigen Welten Gesagten ist nun noch ein Erlebnis hinzuzufügen, das mit der «Sixtinischen Madonna» zusammenhängt, die er erstmals im August 1798 in Dresden gesehen hatte. Später schrieb er in einem seiner Fragmente: «Glorie von Melodien, wie Engel um die Madonna? *Ich bin Du.*» In seinem Buch über Novalis kommentiert Friedrich Hiebel diesen Ausspruch mit den folgenden Worten: «In diesem ‹Ich bin Du› wies Novalis auf das ‹offenbare Geheimnis› [vgl. Novalis' Worte auf Seite 69], das ewig unergründlich bleibt, weil es ein Erlebnis individuellster Art ist, und doch jedem Menschen ideell möglich wäre, zu erfassen [:] ... Im Schoße der Himmelsbraut Sophia vollzieht sich die Geburt des Christusgeistes in der menschlichen Seele.»

In dieser Aussage sowie in den zwei im Jahre 1800 geschriebenen «Marienliedern» kommt Novalis wie nie vorher in seinen inneren Erlebnissen seiner vorhergehenden Inkarnation als Raphael unmittelbar nahe. Auf diesen Zusammenhang weist Rudolf Steiner in seinem Vortrag vom 22. Dezember 1908: «Nicht zu verwundern ist daher, daß derjenige, der heute bei uns das erste Wort hatte*, gerade der Madonna gegenüber die schönste, die herrlichste Erinnerung hatte aus demjenigen Leben heraus, von dem sein diesmaliges Leben die Erinnerung war, aus der er aufkeimen ließ in sich alle die schönen Gefühle, die herrlichen Empfindungen, die sich angliedern können an dieses ins Bild gebrachte Menschheitsmysterium, und daß ihm diese Gefühle von da heraus zu der Christus-Gebärerin selber übergingen, zu derjenigen Gestalt, die den Keim, den Kelch hervorgebracht hat, aus dem die Blüte entsprossen ist, die in sich den Keim des neuen Gottes reifen lassen konnte.»

Wahrhaftig, was Raphael in der «Sixtinischen Madonna» als die Gestalt der Maria des Lukas-Evangeliums darstellte, die ganz von den Kräften der kosmischen Sophia erfüllt, den nathanischen Jesusknaben im Arm hält, diese Gestalt schuf Novalis abermals in den zwei genannten «Marienliedern» nach, nur dieses Mal nicht in der Malerei, sondern in der Dichtung.[490] Dabei ist der Grund für diese erstaunliche «Übereinstimmung» nicht darin zu sehen, daß hier in Worten äußerlich zum Ausdruck kommt, was Novalis einmal auf Raphaels Bild in Dresden gesehen hatte, sondern umgekehrt – wie das aus allem oben Gesagten folgt –: in der Verwandtschaft und Kontinuität der mystischen Erfahrung beider in der Sophien-Sphäre.

Diese Tatsache wirft nun noch eine Frage auf, deren Beantwortung den Abschluß dieses Kapitels bilden soll: Woher stammt die unmittelbare Beziehung zur Sophien-Sphäre sowohl bei Raphael als auch bei Novalis und nicht nur in ihrem Werk, sondern vor allem in ihrer realen mystischen Erfahrung?

Zur Beantwortung dieser Frage wollen wir uns nochmals den Ereignissen an der Zeitenwende zuwenden, so wie sie von der modernen, anthroposophisch-orientierten Geisteswissenschaft dargestellt werden, und dabei *vier* von ihnen herausgreifen, die wir folgendermaßen charakterisieren können: Im Laufe von etwa drei Jahrsiebten geschahen vier Ereignisse, bei denen zwei verschiedene Wesenheiten sich zu einem einheitlichen Ganzen vereinigten.

---

* Zu Beginn des Vortrags hatte Marie Steiner den sechsten Hymnus aus den «Geistlichen Liedern»: «Wenn alle untreu werden...» rezitiert, zum Abschluß des Vortrags dann noch aus den «Marienliedern».

Im 12. Jahr der christlichen Zeitrechnung erfolgte die Vereinigung der zwei Jesusknaben, die im Lukas-Evangelium in der Szene beschrieben wird, wo sich der zwölfjährige Jesus im Tempel von Jerusalem befindet (2,41–52) und das Ich des wiederverkörperten Zarathustra den Leib des salomonischen Jesus verläßt, um in den Leib des nathanischen Jesus überzugehen. Mit dieser Opfertat konnte Zarathustra alle Kräfte seines außergewöhnlichen physischen Leibes, dessen Geburt im Laufe von 42 Generationen im althebräischen Volk vorbereitet worden war,[491] mit sich nehmen, um sie dem anderen Leibe, dem des Jesus von Nazareth, zu verleihen. Dieses Geschehen war eine «physische» Voraussetzung für das Mysterium von Golgatha. Denn dadurch empfing der irdische Leib des Jesus von Nazareth alles, was er empfangen mußte, um das Christus-Wesen später aufzunehmen.

Das zweite Ereignis spielte sich auf dem ätherischen Plan ab, durch das die Seele der lukanischen Maria, die schon lange Zeit in der geistigen Welt weilte, im Augenblick der Taufe im Jordan sich mit der Seele der salomonischen Maria verband, wovon im Matthäus-Evangelium gesprochen wird.[492] Dabei geschah diese Vereinigung nach den Worten Rudolf Steiners so, daß der in den geistigen Welten bewahrte Ätherleib der lukanischen Maria den Ätherleib der «anderen Maria» bis zu einem solchen Grad zu durchdringen und mit den Kräften der kosmischen Sophia zu erfüllen vermochte, daß diese wiederum zur Jungfrau wurde (siehe Seite 217f.), und es entstand «ein tiefes Band zwischen Christus und der Mutter».[493] So bildete dieses Geschehen eine zweite «ätherische» Voraussetzung für das Mysterium von Golgatha.

Das dritte Ereignis in dieser aufsteigenden Reihe war die Erwekkung des Lazarus in Bethanien und seine «Weihe» zu Johannes, den «Jünger, den der Herr liebhatte» (Joh. 13,23), während der er von oben, aus der geistigen Welt, bis zu seiner Bewußtseinsseele von der Entelechie Johannes des Täufers überschattet wurde, der während seines ganzen weiteren Erdenlebens mit ihm verbunden blieb.[494] Diese dritte Vereinigung bildete eine «astralische» oder seelische Voraussetzung für das Mysterium von Golgatha.

Das vierte Ereignis schließlich war die *endgültige* Vereinigung des makrokosmischen Christus-Ich mit dem physischen Leib des Jesus von Nazareth. Dieser Prozeß der allmählichen Vereinigung des kosmischen Prinzips mit dem menschlichen, der mit der Taufe im Jordan begann und der drei Jahre währte, erreichte seine Kulmination und höchste Konzentration im Garten von Gethsemane, bei dem Gebet um den

Kelch. Hier konnte das makrokosmische Christus-Ich den physischen Leib des Jesus von Nazareth nun bis zum Knochensystem ganz durchdringen.[495] Das aber bedeutet, daß der physische Leib des «Menschen-Sohnes» von diesem Augenblick an so vergeistigt ist, daß der kosmische Impuls ihn allmählich verlassen und in seine unmittelbare geistige Umgebung übergehen kann. Wenn bis zu diesem Augenblick eine allmähliche «Verengung», «Einschränkung», «Selbstbegrenzung» der kosmischen Kräfte des Christus-Impulses stattgefunden hat, seine immer stärkere Angleichung an den Erdenmenschen Jesus, so beginnt jetzt gleichsam durch den Nullpunkt der vollständigen Vereinigung mit dem Knochensystem, den härtesten, mineralischen Einschlüssen des menschlichen Leibes, hindurchgehend, der Prozeß zurück zu einer geistigen Ausdehnung. Der Impuls des Christus, sein makrokosmisches Ich, beginnt allmählich in die übersinnliche Umgebung des Jesus von Nazareth überzugehen und eine diesen umschwebende, einer leuchtenden Wolke gleichende übersinnliche Aura zu bilden.

Rudolf Steiner beschreibt diesen Prozeß in dem vorletzten Vortrag des Zyklus über das Markus-Evangelium. Er sagt da: «Das Kosmische sehen wir zwar noch vorhanden, aber immer weniger und weniger an den Menschen-Sohn gebunden ... Was konnten sie fangen [diejenigen, die mit Judas nach Gethsemane kamen], was verurteilen und was ans Kreuz schlagen? Den Menschen-Sohn. Und je mehr sie das taten, desto mehr zog sich das kosmische Element, das als ein junger Impuls in das Erdenleben hereintrat, zurück. Es zog sich zurück. Und es blieb denen, die das Urteil sprachen und das Gericht vollzogen, der Menschen-Sohn, den *nur umschwebte,* was als junges kosmisches Element auf die Erde herunterkommen sollte. Kein Evangelium spricht davon, daß der Menschen-Sohn nur blieb und daß das kosmische Element ihn nur umschwebte [nach dem Geschehen in Gethsemane], als das Markus-Evangelium.»[496]

Mit anderen Worten: vom geistigen Standpunkt aus haben wir uns den Christus Jesus im Augenblick der Gefangennahme etwa so vorzustellen wie zur Zeit nach der Taufe im Jordan[497]: Äußerlich die Gestalt eines Erdenmenschen, aber übersinnlich umgeben von einer nur leicht mit ihm verbundenen, mächtigen geistigen Aura, der Aura des kosmischen Christus-Ich. So ist die Verwandlung der Beziehung zwischen dem Menschen-Sohn und dem Christus-Ich nach dem Geschehen im Garten von Gethsemane die vierte «Ich-hafte» Voraussetzung für das Mysterium von Golgatha.

Mit der Beschreibung der vier Stufen, welche dem Mysterium von Golgatha selbst vorausgingen, haben wir uns darauf vorbereitet, nun zum Abschluß unserer Betrachtung das Geschehen auf dem Golgatha-Hügel noch einmal in seiner *doppelten* – physisch-irdischen und geistig-übersinnlichen – Realität vor unseren Blick zu stellen.

Auf der Erde, in der physischen Welt, sehen wir die Gestalt des gekreuzigten Menschen-Sohnes, unter dem Kreuz aber die «Mutter Jesu» und den «Jünger, den der Herr liebhatte» (Joh. 19,25–26). Von oben, vom Kreuz, ertönen die Worte: «Das ist dein Sohn – das ist deine Mutter!», die bedeuten, daß ein neuer, geistiger Bund geschlossen, ein hohes Urbild mystischer Hochzeit von Rose und Lilie für alle folgenden Zeiten geschaffen wurde. Es wird die mystische Vermählung zweier geistiger Prinzipien vollzogen, deren Repräsentanten die «Mutter Jesu» und der Jünger waren, «den der Herr liebhatte». Von der Höhe des Kreuzes wird, gleichsam durch einen höchsten priesterlichen Segen, die Vereinigung des Sophien-Impulses, welcher in der *Seele* der «Mutter Jesu» lebt, mit dem Impuls des «Ich-Bin», den Johannes seit seiner Einweihung als Lazarus in seinem *Geiste* trägt, für die ganze künftige Erdenentwicklung geweiht.

Das ist das Bild von dem, was in der irdischen Sphäre geschah. In der unmittelbar an sie grenzenden geistigen Sphäre aber enthüllt sich dem inneren Blick das folgende Bild. Vor unser geistiges Auge tritt das geistige Wesen der lukanischen Maria, welche die «andere Maria» von oben, aus den höheren Welten, überschattet und so übersinnlich in diesem Augenblick auf dem Hügel von Golgatha anwesend ist. Weiter sehen wir die Entelechie Johannes des Täufers, der von oben, aus der geistigen Umgebung den unter dem Kreuz stehenden «Jünger, den der Herr liebhatte», überschattet.[498] Diese beiden geistigen Wesenheiten: die Wesenheit der lukanischen Maria und die Entelechie Johannes des Täufers, werden umhüllt, wie eingetaucht, von der sie zu einem mystischen Bund vereinigenden mächtigen Aura des kosmischen Christus, die gleich einer leuchtenden übersinnlichen Wolke den gekreuzigten Menschen-Sohn umgibt. Und aus dieser leuchtenden kosmischen Aura erklingt in diesem Augenblick, nun nicht mehr in menschlicher Sprache, sondern in der Sprache der geistigen Urbilder, das, was in seinem Echo auf der unteren Welt zu irdischen Worten auf den Lippen des Menschen-Sohnes wird: «Das ist dein Sohn – das ist deine Mutter!»[498a] So geschieht auch hier, in der übersinnlichen Umgebung des Golgatha-Hügels, die höhere Vermählung zweier geistiger Wesenheiten, zweier geistiger Sphären. Denn die weiteren Worte, die sich auf die irdischen Vorgänge beziehen: «Und von der Stunde an nahm sie der Jünger zu sich» (19,27), gelten für beide Welten.*

So sehen wir, in welchem Augenblick die Verbindung zwischen der Entelechie Johannes des Täufers und der lukanischen Maria als der personifizierten Trägerin der Sophien-Kräfte in der die Erde umgebenden übersinnlichen Sphäre entsteht, die Verbindung, welche später als ein lebendiger Quell höherer Inspirationen in den tiefen Untergründen der Seele von Johannes dem Täufer weiterlebt, als er wiederum zunächst als Raphael und dann nochmals als Novalis zur Erde zurückkehrt.

Unter den zahlreichen Werken Raphaels ist ein Bild, auf dem durch den Schleier des kirchlichen Gegenstandes wohl am deutlichsten die untergründige Erinnerung des Meisters an dieses übersinnliche Geschehen hervortritt, das einstmals in der geistigen Umgebung des Golgatha-Hügels vor sich ging. Es ist das die «Vermählung Marias». Auf ihre Bedeutung nicht nur in Raphaels Werk selbst, sondern in der gesamten Kunstentwicklung weist Rudolf Steiner, sich zunächst auf den bekannten Kunsthistoriker Herman Grimm berufend, mit den Worten: «Herman Grimm macht nämlich darauf aufmerksam, daß das Werk, das uns heute ja in Mailand so ergötzt, die ‹Vermählung der Maria›, wie eine völlige Neuerscheinung in der ganzen Kunstentwickelung dastehe und mit nichts Vorhergehendem sich unmittelbar zusammenstellen lasse.»

Und dann fügt Rudolf Steiner, die Ansicht von Herman Grimm unterstreichend, hinzu: «so daß man sagen könnte, Raphaels Seele habe wie *aus unbestimmten Untergründen einer menschlichen Seele heraus* etwas geboren, das *aus diesen Untergründen* sich in die Gesamtentwikkelung des Geistes hineinstellt wie ein völlig Neues».[499]

Auf den geistigen Gehalt dieser «unbestimmten Untergründe» von Raphaels Seele haben wir schon hingewiesen. Das ist die unterbewußte Erinnerung des Künstlers an seine eigene mystische Vermählung mit der Sophien-Sphäre an der Zeitenwende in der über-

* In der ursprünglichen Übersetzung dieser Stelle durch Emil Bock folgt auf die angeführten Worte: «...so daß sie ganz eins mit ihm war». Und dieser Zusatz betrifft nicht nur das, was in dem Augenblick auf dem physischen Plan vor sich geht, sondern in noch höherem Maße das von uns beschriebene Geschehen im geistigen Bereich.

sinnlichen Umgebung des Hügels von Golgatha. Aus dieser Erinnerung rühren auch viele seiner inneren Erlebnisse, deren vollendetster künstlerischer Ausdruck die «Sixtinische Madonna»[500] ist, die gleichzeitig auf tiefe Geheimnisse sowohl des Makrokosmos als des Mikrokosmos hindeutet, welche mit den allumfassenden künftigen Mysterien der Heiligen Sophia in Verbindung stehen. Im Vortrag vom 6. Oktober 1923, der der Beschreibung des kosmischen Aspektes der Weihnachts-Imagination gewidmet ist, oder, anders gesagt, dem, «wie aus dem Kosmos selber heraus entsteht ... dieses Bild der Maria mit dem Jesuskindlein»[501], weist Rudolf Steiner mit aller Entschiedenheit auf den unmittelbaren Zusammenhang zwischen der kosmischen Imagination und der «Sixtinischen Madonna» von Raphael.

Die Gesichtszüge Marias, so sagt er, und ganz besonders ihr Blick, wie er auf dem Bild dargestellt ist, tragen die Offenbarung hoher Geheimnisse des *Sternen-Kosmos* in sich; das Kind auf ihrem Arm dagegen ist gleich einer neugeborenen *Sonne,* welche die ganze Umgebung mit ihrem Licht erleuchtet, und die hinabfallenden breiten Falten ihres Gewandes vermitteln die ganze Dynamik der Monden-Erdenkräfte. Nicht aus der Beschreibung der Apokalypse, sondern aus unmittelbarer geistiger Schau vermochte Raphael in künstlerischer Form die durch die Gestalt der Maria aus dem Lukas-Evangelium hindurchscheinende kosmische Imagination der Sophia zu vermitteln, der himmlischen *Jungfrau,* die, mit der Sonne bekleidet, einen Sternenkranz um ihr Haupt, mit den Füßen auf dem Monde ruht.[502] So daß wir mit Rudolf Steiners Worten sagen können: Es handelt sich hier wahrhaftig um «ein Bild, das herausgeboren wurde aus der göttlich-geistigen Welt».[503] Deshalb bringt es auch nicht nur große makrokosmische Zusammenhänge zum Ausdruck, sondern ist gleichzeitig ein Hinweis auf innerste, intimste Prozesse in der Menschenseele, die diese so umwandeln, daß sich dem Menschen allmählich die Möglichkeit eröffnet, selbst hellsichtig in die Sophien-Sphäre vorzudringen. Das beschreibt Rudolf Steiner auf die folgende Weise: «Der Mensch, der den höheren Menschen im Menschen gebiert, einen Menschen, der repräsentiert eine kleine Welt in der großen Welt, der aus gereinigter Seele den wahren höheren Menschen gebiert, was ist er? Ihn kennzeichnet nichts anderes als das, was wir das Hellseherische nennen. Versuchen wir, die Seele, welche den höheren Menschen aus sich, aus dem geistigen Universum, herausgebiert, zu verbildlichen, so brauchen wir uns nur vorzustellen das Bild der Sixtinischen Madonna, das wunderbare Kind in den Armen der Madonna. So haben wir in der Sixtinischen Madonna vor uns ein Bild der menschlichen Seele, herausgeboren aus dem geistigen Universum; entsprungen aus dieser Seele das Höchste, was der Mensch hervorbringen kann, seine geistige Geburt, das, was in ihm ist, *eine Wiedererzeugung* der Schöpfertätigkeit der Welt.» Durch ein solches Erlebnis ging auch Raphael, soweit das in seiner Zeit überhaupt möglich war, und seine Folge war, daß er die «Sixtinische Madonna» schuf. Ein ähnliches Erlebnis hatte, wie wir sahen, auch Novalis (siehe Seite 69f.), und er schrieb als Folge desselben die «Marienlieder». Und diese beiden Erlebnisse, die zwei Persönlichkeiten hatten, welche durch fast drei Jahrhunderte voneinander getrennt waren, weist uns mit aller Deutlichkeit auf die kommende Aufgabe der *einen* Individualität, die hinter ihnen beiden steht, sowie auf ihre führende Rolle in den künftigen Sophien-Mysterien hin, die in der sechsten Kulturepoche in der Menschheit auftreten werden.

Das Geheimnis der inneren Verbindung der Individualität von Johannes dem Täufer-Raphael-Novalis mit den künftigen Mysterien der Heiligen Sophia, deren Quelle die Erlebnisse der Entelechie Johannes des Täufers in der geistigen Umgebung des Hügels von Golgatha sind, ist im slawischen Osteuropa seit dem Beginn der Ausbreitung des Christentums wohl bekannt.

Gleichsam aus einer tiefen Vorahnung der eigenen spirituellen Zukunft wurde in der geistig-kompositorischen Mitte der orthodoxen Ikonostase, der Hauptreihe ihrer Ikonen, welche «Deesis», das heißt *Fürbitte* genannt wird, in ausnahmslos allen russischen Kirchen die folgende Anordnung der zentralen Figuren vorgenommen.[504] Im Zentrum: die Gestalt des Christus als den neuen geistigen Führer «aller kosmischen Kräfte auf der Erde» im Leuchten einer die ganze Erdenumgebung umfassenden ovalen Aura und einer sich in die vier Weltenrichtungen erstreckenden doppelten «rautenförmigen» Aura thronend, in deren Ecken mitunter die Symbole von Stier, Löwe, Adler und Engel sich befinden – als Hinweis auf die künftigen Hüllen des Christus-Impulses in der Menschheit (siehe Seite 149f.).[504a] Rechts und links von dem Christus stehen: an der rechten Seite – Maria und an der linken – Johannes der Täufer. Weiter folgen hinter ihnen die Darstellungen der zwei Erzengel: Michael, der Geist, der besonders mit Johannes dem Täufer in seiner vorhergehenden Verkörperung als

Elias verbunden war, und Gabriel, der Maria die Geburt des nathanischen Jesus verkündete.[505]*

Etwa von der zweiten Hälfte des 17. Jahrhunderts an begannen sich allmählich, vor allem aus Mitteleuropa, erste rosenkreuzerische Einflüsse in Rußland auszubreiten, die sich in der Mitte des 18. Jahrhunderts im Zusammenhang mit den Besuchen des Grafen St. Germain – der die letzte exoterisch bekannte Inkarnation von Christian Rosenkreutz war[506] – in Moskau und Petersburg bedeutend verstärkten. Dieser rosenkreuzerische Impuls beeinflußte auch im 17.–18. Jahrhundert die russische Ikonenmalerei, den sogenannten «mystisch-didaktischen» Stil, in dem bald eines der zentralen Gegenstände das Thema der «Sophia, der Allweisheit Gottes» wurde.

Es ist erstaunlich, wie dieses in seiner mystischen Symbolik recht komplizierte Sujet sogleich eine ungewöhnliche Verbreitung und Popularität sogar im «einfachen» Volk fand. So wurde die Mehrzahl der Ikonen zu diesem Thema, die auf uns gekommen sind, nicht in den Zentren der Ikonenmalerei von Moskau, Kiew oder Nowgorod ausgeführt, sondern in der tiefen Provinz.

Diese Sophien-Ikonen haben im allgemeinen einen dreiteiligen Aufbau. Oben, im ersten Teil der Ikone, ist der Vater-Gott dargestellt, der die Weltenkugel in der Hand hält, umgeben von neun oder sechs hierarchischen (Engel-)Wesen, gelegentlich mit aus seinem Munde hervorgehendem Heiligen Geiste in der Gestalt einer Taube mit goldenem Nimbus**; unter ihm, im zweiten Teil, der Sohnes-Gott, der Christus, umgeben von einer leuchtenden Sonnen-Aura, der das Geschehen im unteren oder dritten Teil der Ikone segnet. In diesem unteren und, kompositorisch gesehen, zentralen Teil, ist die thronende Sophia darge-

---

* Da die beiden Erzengel im Unterschied zu Johannes dem Täufer und Maria, die einmal real in physischen Inkarnationen auf der Erde lebten, nur als *astrale* Wesenheiten in der Menschheit wirken, so stehen sie bei richtigem hellsichtigen Schauen, entsprechend den Gesetzen der Astralwelt, spiegelbildlich vor dem geistigen Blick. Deshalb wird der mehr mit Maria verbundene Erzengel Gabriel auf der «Deesis» hinter Johannes dem Täufer dargestellt und der mehr mit Johannes verbundene Erzengel Michael hinter Maria.

** Auf einigen «Sophien-Ikonen» ist an Stelle des Vater-Gottes ein Altar im oberen Teil dargestellt mit einem auf ihm liegenden Buch, das exoterisch gesehen eine Bibel bedeutet und esoterisch einen Hinweis auf das himmlische oder Adam-Buch. In der spirituellen Tradition Rußlands ist es als «Golubinaja Kniga» bekannt, das die Ur-Offenbarung des Vaters enthält. (Siehe darüber in Anhang I, «Über ein Gedicht von Novalis».)

stellt,[507] mit einem Szepter oder einer Papierrolle in der Hand, der goldenen Krone der Weisheit auf dem Haupte, mit Engelsflügeln und auf einigen Ikonen mit flammendrotem Antlitz, von einer mächtigen kosmischen Aura umgeben.

Ihr zur Seite, mitunter auf der Erde, mitunter auf Wolken stehend, ist zur Rechten dargestellt die lukanische Maria, welche den nathanischen Jesus unter dem Herzen trägt, und zur Linken Johannes der Täufer. Dieser zeigt mit seiner rechten Hand auf die Sophien-Sphäre, in seiner linken aber hält er eine Pergamentrolle, auf der seine Worte stehen: «Siehe Gottes Lamm, das der Welt Sünde auf sich nimmt» (Joh. 1,29), oder: «Tut Buße; das Himmelreich ist nahe herbeigekommen» (Matth. 3,2).

So erweist sich dieses Sujet in der russischen Ikonenmalerei als ein lebendiges Zeugnis der Teilnahme der lukanischen Maria und Johannes des Täufers an der Sophien-Sphäre, erstere als individualisierte Repräsentantin der Sophien-Kräfte in der Erden-Entwicklung und der zweite als der künftige Führer der Menschheit in ihre Sphäre (weshalb er mit seiner rechten Hand auf sie zeigt). Gleichzeitig sind die Abbildungen auf dieser Ikone, im ganzen genommen, eine Art Synthese fast aller Motive der vorliegenden Arbeit: das Adam-Buch als Symbol der Ur-Offenbarung, die hierarchische Führung der Menschen und der Menschheit, die seelenbegnadende Offenbarung der Christus-Wesenheit (das Damaskus-Erlebnis) und schließlich die Beziehung der Entelechie Johannes des Täufers mit der lukanischen Maria, der nathanischen Seele und den künftigen Mysterien der «Sophia, der Allweisheit Gottes», als den zentralen Mysterien der sechsten, slawischen Kulturepoche.

Zum Abschluß des Stockholmer Zyklus von 1910, der den Titel «Das Johannes-Evangelium und die drei anderen Evangelien» erhalten hatte[508] und mit dem die erste Verkündigung der Wiederkunft Christi im Ätherischen verbunden ist, stellt Rudolf Steiner das folgende Bild vor seine Zuhörer hin. Zuerst weist er auf jene ferne Vergangenheit in der Menschheitsentwicklung, von der die Bibel als der Zeit spricht, da die Göttersöhne zu den Menschentöchtern herabkamen, was die Ausbreitung eines großen Egoismus auf der Erde zur Folge hatte.[509]

Diesem biblischen Bild stellt Rudolf Steiner dann das Bild der Zukunft gegenüber, wo «... in Vollendung der Zeiten die Menschensöhne die Gottestöchter wiederfinden und zu ihnen aufsteigen». Das kann nach seinen Worten jedoch nur geschehen, «wenn die menschliche Weisheit für die göttliche Weisheit geopfert worden ist, dann werden wir die Töchter der Götter wiederfinden, *die geistige Weisheit* [Sophia]. Dann werden die Söhne der Menschen sich zu den Töchtern der Götter erheben. Und damit beginnt die andere Hälfte der Erdenevolution.»

Zu diesen Töchtern der Götter, diesen Schöpferkräften der Weltenweisheit, die in der kosmischen Sophien-Sphäre wirken – zu ihnen wird sich die Menschheit in der Zukunft erheben, der Zukunft, deren erster Vorbote die Novalis-Individualität war, diese wahrhaft

ewige Individualität.

An Stelle eines Nachworts

Nicht nur für Rudolf Steiner selbst, sondern für viele, die nach dem Willen des Karma der anthroposophischen Bewegung seine nächste Umgebung in den letzten Jahren seines Erdenlebens bilden sollten, spielte die innere Verbindung mit der Individualität von Novalis eine bedeutende Rolle.

Wir wollen zum Abschluß drei Beispiele anführen.

Marie Steiner. In ihrem unermüdlichen Dienen für das Wort trug sie durch ihre künstlerischen Rezitationen vom Herbst 1908 bis zum Ende ihres Erdenlebens die Dichtungen von Novalis in die Anthroposophische Gesellschaft hinein, die dank ihrer Tätigkeit seitdem ein unveräußerlicher Besitz derselben geworden sind. Aber nicht nur auf dem Gebiet der Kunst, sondern auch auf dem der geisteswissenschaftlichen Forschungen Rudolf Steiners in bezug auf die Individualität von Novalis und seine karmische Vergangenheit war ihre Beteiligung entscheidend. So ermöglichte sie es Rudolf Steiner, indem sie in den Weihnachtstagen von 1908 auf die geistige Beziehung zwischen Novalis und Raphael hinwies, schon drei Tage nach ihrem Gespräch, am 6. Januar 1909, allen Anthroposophen dessen karmische Biographie mitzuteilen, seine geistige Verbindung nicht nur mit Raphael, sondern auch mit Johannes dem Täufer und dem Propheten Elias.[510]

Albert Steffen, in dessen Werk überall verstreut Samen und Keime einer neuen wahrhaft christlichen Kunst zu finden sind, lebte über viele Jahre hin intim-innerlich mit den Dichtungen von Novalis, die so zur geheimen Inspirationsquelle seiner eigenen poetischen Werke wurden. Jedoch nicht nur das Werk von Novalis, sondern vor allem die «lebendige Geistgestalt» des großen «Dichter-Sehers» fand den höchsten, künstlerisch vollendeten Ausdruck in dem Essay von Albert Steffen «Die Botschaft von Novalis» (1945), der das Herz seiner Essay-Sammlung «Wiedergeburt der Schönen Wissenschaften» bildet, einem Essay, der zum Besten gehört, was über Novalis geschrieben wurde.[511]

Ita Wegman. Nachdem sie im Herbst 1924 von Rudolf Steiner den Hinweis auf das Geheimnis des Zusammenwirkens der «zwei Michael-Strömungen» auf der Erde und ganz besonders in den geistigen Welten erhalten hatte – wobei eine der führenden Persönlichkeiten der zweiten Strömung von Anbeginn an die Elias-Individualität war –, suchte sie im Laufe der folgenden Jahre mit voller innerer Intensität einen Weg zur geistigen Vereinigung mit der «zweiten» Strömung, da das zu den Hauptaufgaben gehörte, die Rudolf Steiner allen Anthroposophen in seiner «letzten Ansprache» am 28. September 1924 stellte.[512]

Alle drei: Marie Steiner, Albert Steffen und Ita Wegman, wurden auf der Weihnachtstagung 1923 von Rudolf Steiner in den Gründungsvorstand der neubegründeten Anthroposophischen Gesellschaft berufen. Und sie wurden nicht nur als Individualitäten berufen, die karmisch mit Rudolf Steiner selbst verbunden waren, sondern vor allem als Repräsentanten bedeutender karmischer Strömungen, die in der Anthroposophischen Gesellschaft ihre Vereinigung suchten, um die Kulmination der anthroposophischen Bewegung am Ende des 20. Jahrhunderts gemeinsam auf der Erde vorzubereiten.

Und wenn Rudolf Steiner in seiner «letzten Ansprache», die einen wahrhaft testamentarischen Charakter hat, sich unmittelbar an die in den geistigen Welten weilende Entelechie von Novalis wendend, davon spricht, daß alle Anthroposophen früher oder später dieser Individualität begegnen werden, um mit ihr gemeinsam auch in der überirdischen Sphäre die weitere Entwicklung des Werkes von Michael-Christus auf der Erde vorzubereiten, so gelten diese Worte Rudolf Steiners in erster Linie seinen nächsten Mitarbeitern, von denen jeder einzelne in seinem letzten Erdenleben auf seine Art eine Verbindung mit dem Geist von Novalis suchte.

Deshalb sollten wir diese drei oben genannten nächsten Mitarbeiter Rudolf Steiners und die mit ihnen verbundenen Seelen heute in harmonischer Vereinigung miteinander und mit der Individualität von Novalis sehen, die in den geistigen Welten ein *Mittler* für so viele geistige Strömungen ist (siehe Kapitel 10).

Als eine Art mächtiges geistiges Konzil, das sich über das ganze 20. Jahrhundert erstreckt und eine Vielzahl von menschlichen Individualitäten in sich vereinigt, die auf die eine oder andere Weise mit der zentralen Michael-Strömung verbunden sind, wirkt diese spirituelle Gemeinschaft in den höheren Welten, welche von demjenigen geführt wird, der in seinem letzten Erdenleben den Namen Rudolf Steiner trug. Ob sich jedoch die Kulmination der anthroposophischen Bewegung im 21. Jahrhundert *auch auf der Erde* verwirklichen wird oder nicht, das hängt entscheidend davon ab, in welchem Maße die Anthroposophische Gesellschaft ein wahres Abbild und bewußtes Instrument für das zu werden vermag, was heute in den geistigen Welten, in der übersinnlichen Michael-Strömung vor sich geht, und das bedeutet, das in ihrer Mitte zu verwirklichen vermag, was Rudolf Steiner in einem seiner Vorträge folgendermaßen charakterisierte: «Außer dem, daß wir als gegenwärtige Seelen angehören der fünften nachatlantischen Kulturperiode und da ganz individuell uns entwickeln ..., müssen wir wiederum eine höhere Gemeinschaft, die wir auf *freie brüderliche Liebe* begründen, wie den Zauberhauch empfinden, den wir einatmen in unseren Arbeitsgruppen.»[513]

Und an anderer Stelle äußerte Rudolf Steiner diesen Gedanken noch radikaler, indem er darauf hinwies, daß für andere Strömungen in der heutigen Menschheit Brüderlichkeit ein wünschenswertes Element, *für die anthroposophische Bewegung dagegen wahre Brüderlichkeit eine grundlegende Lebensbedingung für ihre irdische Existenz ist*: «Anthroposophie erfordert als Sache wirklich menschliche Brüderlichkeit bis in die tiefsten Tiefen der Seele hinein. ... Anthroposophie ... wächst nur auf dem Boden der Brüderlichkeit, sie kann gar nicht anders erwachsen als in der Brüderlichkeit, die aus der Sache kommt, wo der einzelne dem anderen das gibt, was er hat und was er kann.»[513a]

Als ein echter Vorbote der modernen, anthroposophisch orientierten Geisteswissenschaft erlebte gerade Novalis mit besonderer Intensität die Notwendigkeit einer solchen universalen Brüderlichkeit aller geistig-strebenden Menschen. Das Streben zu ihr trug er seit seiner übersinnlichen Beteiligung an den Ereignissen der Zeitenwende in seiner Seele, als er aus den geistigen Welten heraus als höhere Gruppenseele, als vereinigender Schutz-Geist in dem innersten Kreis der Jünger des Christus-Jesus wirkte, dem Kreis, der in seiner Zwölfheit das Urbild der neuen Menschheit der Zukunft ist.[514]

In poetischen Worten, die, ungeachtet ihrer scheinbaren Einfachheit, große okkulte Tiefen enthalten, brachte Novalis dieses hohe Ideal auch für unsere Zeit zum Ausdruck.

Mit diesen Worten, die am Anfang des 21. Jahrhunderts *das Schicksal* der anthroposophischen Bewegung in unserer Welt *werden wollen,* möchten wir dieses Buch beenden:

«Erwacht in euren Zellen,
Ihr Kinder alter Zeit.
Laßt eure Ruhestellen,
Der Morgen ist nicht weit.

Ich spinne eure Fäden
In Einen Faden ein;
Aus ist die Zeit der Fehden.
Ein Leben sollt ihr sein.

Ein jeder lebt in Allen,
Und All' in Jedem auch.
Ein Herz wird in euch wallen,
Von *Einem* Lebenshauch.»

Anhang

I.
Über ein Gedicht von Novalis

Wenn auch nur kurz, so ist doch im Zusammenhang mit unserem Thema ein weiteres Gedicht von Novalis genauer zu betrachten, das er zu Beginn des Jahres 1800 schrieb und seinem Freund Ludwig Tieck widmete. Hier werden zunächst die einsamen Wanderungen eines Kindes beschrieben, in dessen Gestalt es nicht schwer ist, Novalis selbst zu erkennen, das aus seiner geistigen Heimat in die Erdenwelt «verstoßen» wurde und doch noch die Erinnerung an die «alten» Zeiten und die Treue zu ihnen wahrt. Nach langem Suchen in dem «öden Garten» – ein Hinweis auf den Zustand, in den der Garten Eden nach dem Sündenfall geriet (vergleiche die fünfte Hymne an die Nacht) – findet das Kind ein geheimnisvolles Buch:

> «Ein altes Buch mit Gold verschlossen,
> Und nie gehörte Worte drin.»

Das Lesen in diesem Buch erschließt ihm «einen inneren Sinn»:

> «Und, wie des Frühlings zarte Sprossen,
> So wuchs in ihm ein innrer Sinn»,

dank dessen er wie in einem magischen «Kristall» eine «neue [das heißt geistige] Welt» zu schauen vermag. Aus dieser geistigen Welt tritt ein Greis mit kindlichen Zügen in der Schau vor ihn hin. Und das Kind erkennt in ihm «des Buches hohen Geist», der ihm den Weg zurück in die Wohnung des himmlischen Vaters weist. Weiter spricht der Geist dem Kinde davon, daß es bestimmt ist, in der Zukunft der Erbe alles dessen zu werden, worüber er verfügt («der Erbe meiner Habe»), sowie der Träger hoher göttlicher Offenbarung: «Dir werde Gottes Tiefe kund.» Auch erzählt er dem Kinde, wie er selbst in seiner Jugend dieses «himmlische Buch» erschaute:

> «Und konnte nun durch diese Gabe
> In alle Kreaturen sehn»,

wodurch sich seinem Schauen das grundlegende Geheimnis des Christentums, das tiefe Geheimnis des Neuen Bundes offenbarte:

«Des neuen Bunds geheime Lade
Sahn meine Augen offenstehn.»

Das Gedicht schließt sodann mit vier Strophen, in denen der Greis vor dem Seelenblick des Kindes (Novalis) das Bild seiner zukünftigen geistigen Mission unter den Menschen enthüllt:

«Die Zeit ist da, und nicht verborgen
Soll das Mysterium mehr sein.
In diesem Buche bricht der Morgen
Gewaltig in die Zeit hinein.

Verkündiger der Morgenröte,
Des Friedens Bote sollst du sein.
Sanft wie die Luft in Harf und Flöte
Hauch ich dir meinen Atem ein.

Gott sei mit dir, geh hin und wasche
Die Augen dir mit Morgentau.
Sei treu dem Buch und meiner Asche,
Und bade dich im ewgen Blau.

Du wirst das letzte Reich verkünden,
Das tausend Jahre soll bestehn;
Wirst überschwenglich Wesen finden
Und Jakob Böhmen wiedersehn.»

Im allgemeinen wird in der Novalis-Forschung die Gestalt des Greises mit dem deutschen Mystiker und Theosophen Jakob Böhme identifiziert und das Buch, welches das Kind findet, mit seinem Werk «Aurora oder Morgenröte im Aufgang», mit dem Ludwig Tieck Novalis bekannt machte. (Im ersten Vers der zweiten von uns zitierten Strophe wird auch das Wort «Morgenröte» gebraucht.) Tatsächlich aber verbirgt sich hinter diesem äußeren Gefüge des Gedichtes ein Geheimnis, das uns ermöglichen kann, die Grundlagen von Novalis' geistigem Wesen in einem neuen Lichte zu sehen.

Als Ausgangspunkt unserer Betrachtung können uns dabei Worte Rudolf Steiners über Jakob Böhme dienen: «Jakob Böhme macht einmal darauf aufmerksam, daß er redet von den vergangenen Zeiten der Menschheitsentwicklung – *etwa von der Persönlichkeit des Adam* – wie von Erlebnissen, die sich unmittelbar um ihn herum abspielen, und er sagt: Vielleicht könnte mancher fragen: Bist du denn dabei gewesen, als Adam auf der Erde wandelte? Und unumwunden antwortet Jakob Böhme: Jawohl, ich bin dabei gewesen!»[1] Hier bezieht sich Rudolf Steiner auf eine Äußerung Jakob Böhmes zu einem Ausspruch eines seiner vielen Gegner in dem Buch «Mysterium magnum oder Erklärung über das erste Buch Mosis» (1623, Kap. 18): «Dem sie gesaget, daß ich in meiner Seelen- und Lebensessenz, da ich noch nicht Ich war, *sondern da ich Adams Essenz war, bin ja dabeigewesen,* und meine Herrlichkeit in Adam selber verscherzet habe. Weil mir sie aber Christus hat wiedergebracht, so sehe ich im Geiste Christi, was ich im Paradies gewesen bin, und was ich in der Sünde geworden bin, und was ich wieder werden soll.»[2] Aus diesen Worten ersehen wir, daß Jakob Böhme in der Akasha-Chronik zu lesen vermochte, was *vor dem Sündenfall* noch als göttliches Wissen im Geist des ersten Menschen, Adam, lebte (und Rudolf Steiner bestätigt das in dem zitierten Vortrag). Böhme schreibt über dieses göttliche Wissen Adams: «Dieweil aber zu der Zeit, da Gott Himmel und Erde geschaffen hat, noch kein Mensch gewesen ist, der solches gesehen hat, so ist zu schließen, daß Adam vor seinem Falle, weil er noch in tiefer Erkenntnis Gottes gewesen ist, solches im Geiste erkannt hat. Als er aber gefallen und in die äußerste Geburt gesetzet wurde, solches nicht mehr erkannt, sondern als eine dunkle und versteckte Geschichte im Gedächtnis behalten und auf seine Nachkommen gebracht hat.»[3]

Und dieses ursprüngliche Wissen Adams wurde durch alle nachfolgenden Geschlechter bis zu Moses weitergegeben, der es in seiner «Genesis» niederlegte: «Davon schreibt Moses in seinem ersten Buche, als wäre er dabeigewesen und hätte es selbst gesehen; ohne Zweifel hat er es in Schriften von seinen Vorfahren empfangen, er mag auch wohl im Geiste etwas mehr in diesen erkannt haben als seine Vorfahren.»[4] Mit den letzten Worten deutet Jakob Böhme auf die besondere Einweihung von Moses hin.

Nach althebräischer esoterischer Tradition wurde das ganze, allumfassende Wissen, über das Adam vor dem Sündenfall verfügte, später in der Akasha-Chronik bewahrt, als sein Symbol aber galt von Anfang an das sogenannte «Adam-Buch». Über dieses «Adam-Buch» – das einst Adam im Auftrag des Gottes Jahve durch den Erzengel Michael im Paradies gegeben wurde – heißt es in einer althebräischen Legende: «Ein heiliges Buch von zweiundsiebzig Schriftzeichen ward Michael, dem Engel, gegeben, welcher Herr ist über die sieben Fürsten, die den König aller Könige bedienen. Und Michael flößte Adam, dem ersten Menschen, die Grundlage des Wissens ein und überreichte ihm das Buch. So ward Adam weise und wußte allen Tieren Namen zu geben und auch allen Vögeln, allen Fischen und allem Gewürm. Und

Adam las in dem Buche und lernte es verehren mit all seiner Kraft und übte sich in Reinheit, Keuschheit und Demut. Er drang ein in den Geist der Weisheit und begriff die goldenen Worte des Buches.»[5] Und dann folgen Worte, die wie eine fast wörtliche Wiederholung der entsprechenden Verse des Novalis-Gedichtes klingen, obwohl mit Sicherheit gesagt werden kann, daß Novalis eine äußere Kenntnis dieser Überlieferung nicht haben konnte: «Alle Dinge wurden ihm klar, und alles begriff er durch des Buches heiligen Geist.» (Vergleiche mit den Versen «In alle Kreaturen sehn ...» sowie, in der handschriftlichen Variante, mit den Versen der letzten Strophe: «... siehst aller Dinge Ursprung ein ...»)

Wir sehen, daß Jakob Böhme, der zu den wenigen gehörte, die sich noch mit der «Essenz Adams» identifizierten, in der Akasha-Chronik lesen konnte («sondern da ich Adams Essenz war, bin ja dabeigewesen»). Die Früchte dieses «Lesens» stellte er dann in seiner «Aurora» und anderen Werken dar, deren Kenntnis für Novalis eine Art äußerer Anlaß war, um die verborgenen Erinnerungen an das «Adam-Buch» zu wecken, über das der erste Mensch, Adam, einst verfügte.

So wurde Jakob Böhme durch seine Werke für Novalis der Führer zur Erinnerung an seine älteste Verkörperung auf der Erde. Und wir können sagen, uns wiederum Novalis' Gedicht zuwendend: das «himmlisch Buch», das einen «inneren Sinn» in ihm erschloß, das ihn in eine «neue Welt» führte und ihn «in alle Kreaturen» sehen ließ, ist nichts anderes als das «Adam-Buch» und das Schauen des Greises mit den kindlichen Zügen als des «Buches hohen Geist» die personifizierte Erinnerung an Adam selbst, so wie sie durch die Beschäftigung mit Jakob Böhme in Novalis erwacht war. Heute ist auch die äußere Forschung auf Grund der Tatsache, daß in der handschriftlichen Variante Novalis den Greis, der sich ihm im Geiste als «Kind» zeigte, «ein hohes göttlich Kind mit grauem Haar» nannte, zu dem Schluß gekommen, daß sich hinter diesen Worten seine Beziehung zu dem ursprünglichen «goldenen Zeitalter», dem Paradies-Zustand der Menschheit verbirgt.

Davon zeugen auch einige weitere Bilder des Gedichtes. Der Vers: «Hauch ich dir meinen Atem ein ...» weist auf eine Phase der Schöpfung des ersten Menschen durch den Gott Jahve hin.[7] Und der Vers: «Sei treu dem Buch und meiner Asche» ruft zur Treue gegenüber dem «Adam-Buch» und «Du kniest auf meinem öden Grabe» gegenüber dem Grab Adams auf, mit dem so viele bedeutende okkulte Legenden und Überlieferungen verbunden sind, die von einem Baum berichten, der auf dem Grab Adams aus drei Samenkörnern des paradiesischen Lebensbaumes erwuchs, welche Adam einst bei der Vertreibung aus dem Paradies mit sich nahm.[8] Deshalb finden wir auch in der handschriftlichen Variante des Gedichtes zweimal einen Hinweis auf das Lebenselement. So lauteten die zwei letzten Verse der neunten Strophe ursprünglich:

> «Und konnte nun mit dieser Gabe [mit dem himmlischen Buch]
> Getrost den Weg des *Lebens* gehn.»

In der Variante des ersten Verses der letzten Strophe stand:

> «Du wirst ein neues *Leben* gründen.»

Und eine weitere Variante:

> «Du hilfst das Reich des *Lebens* gründen.»

Auch wird auf die Melchisedek-Strömung (siehe Seite 15 und Anm. 13) in diesem Gedicht hingewiesen:

> «Verkündiger der Morgenröte,
> *Des Friedens Bote* sollst du sein.»

So haben wir in dem imaginativen Bild der Begegnung von Novalis mit dem Greis in gewissem Sinne eine übersinnliche Begegnung mit sich selbst in seiner ältesten Verkörperung. Und dieses Schauen der ältesten Verkörperung im Astrallicht weckt in Novalis das Bewußtsein seiner künftigen Mission innerhalb der Menschheit: ihr wiederum die Kunde von dem «Adam-Buch» zu bringen, das, was in Jakob Böhmes Werk wie eine zarte Morgenröte war, in kraftvolles Tageslicht zu verwandeln:

> «Die Zeit ist da, und nicht verborgen
> Soll das Mysterium mehr sein.
> In diesem Buche bricht der Morgen
> Gewaltig in die Zeit hinein.»

Diese Enthüllung der Mysterien des «Adam-Buches» wird die Wiederkehr jener kosmischen Erkenntnis bedeuten, welche die Menschheit einst bis zum Sündenfall besaß; der Beginn aber dieses Wiederauflebens ist in unserer Gegenwart mit der modernen Geisteswissenschaft oder Anthroposophie gemacht worden. Novalis selbst nannte es das Eintreten des ursprünglichen oder, was dasselbe ist, des endgültigen Daseinszustandes:

> «Du wirst das letzte Reich verkünden,
> Das tausend Jahre soll bestehn.»

Aber Novalis wollte nicht nur dieses höchste Wissen verkünden, er wollte auch an der Schaffung der künftigen «neuen Welt» teilnehmen. So finden wir in der handschriftlichen Variante der letzten Strophe:

«Du hilfst das Reich des Lebens gründen,
Wenn du voll Demut dich bemühst,
Wo du wirst ewge Liebe finden
Und Jakob Böhmen wiedersiehst.»

Nur dort, wo unerschütterliche Treue zu dem Ursprungsimpuls der Menschheitsentwicklung gewahrt wird (siehe die erste Strophe des Gedichtes), kann «das Reich des Lebens» neu gegründet werden, dadurch daß der ätherische Kosmos bewußt betreten wird. «Und bade dich im ew'gen Blau» (in der handschriftlichen Variante steht: «So bleibt dein Haupt in lichtem Blau»). Denn in der Begründung dieses neuen Reiches ist das gegeben, was als eine Art Gegenpol zum Sündenfall angesehen werden kann. Und die Grundlage zum Erfüllen dieser Aufgabe bildet für Novalis das Auferstehungsfeuer (siehe Seite 96f.), das er in seiner Seele trägt.

«Von Gottes goldnem Feuerstrahl durchglüht»,

so lautete ursprünglich einer der letzten Verse des Gedichtes.

Das Bild des «Adam-Buches» als Imagination der höchsten Uroffenbarung, die einstmals der Menschheit geschenkt wurde, erscheint auch im 10. Kapitel der Apokalypse, wo von dem «Buch» gesprochen wird, das Johannes der Evangelist in der Schau «essen» soll.[9] Das Motiv des Buches kann man auch bei dem Propheten Daniel finden (12,4). Ebenso ist es auf der Ikone der Heiligen Sophia abgebildet, wie es auf dem himmlischen Altar des Vater-Gottes liegt. (Siehe 12. Kapitel und Abbildung 7.)

Schließlich ist in der russischen Volksdichtung des «Adam-Buches» ein ganzes Poem mit der Bezeichnung «Taubenbuch» («Golubinaja Kniga») enthalten. Dabei weist das Eigenschaftswort «golubinaja» sowohl auf seine «Tiefe» (glubina) oder verborgene geheime Weisheit als auch darauf, daß diese «golubaja», d. h. «blau» ist wie der Himmel, und das bedeutet, was seine Herkunft betrifft, ein «himmlisches Buch», und schließlich ist es mit dem Bild der «Taube» («golub'») verbunden – dem Symbol des Heiligen Geistes. Im ganzen gesehen bedeutet das, daß dieses Buch vom Heiligen Geist geschrieben wurde, daß es vom Himmel auf die Erde kam und eine tiefe Weisheit oder Urweisheit enthält, die einst der ganzen Menschheit in der Uroffenbarung des Vater-Gottes gegeben wurde.

Besonders in einer auf uns gekommenen Variante dieses geistlichen Liedes tritt das Motiv der Verbindung des himmlischen Buches mit der Geschichte Adams deutlich hervor. So beginnt das Lied selbst mit der

Erschaffung Adams und der Beschreibung seines Lebens im Paradies. Darauf folgt der Sündenfall, woraufhin sich Adam und Eva mit der flehenden Bitte an Christus wenden, «sie auf die mühevolle Erde herabzulassen ...». Weiter wird berichtet, wie Adams Leib nach dem Tode auf dem Berge Zion begraben wurde, und wie nach der Sintflut ein Zedernbaum aus seinem Schädel wuchs, aus dem später das Kreuz auf Golgatha gefertigt wurde. Auf diesen Zedernbaum aber

«Fiel dieses Taubenbuch herab
Vom Himmel fiel das Buch herunter».[9a]

Danach reiten alle irdischen Könige, alle Ritter zu dem Zion-Berge, alle Pilger, alle wallfahrenden Bettler. Und in ihrem Namen bittet Zar Wladimir Wladimirowitsch (der Rußland im Jahre 988 taufte) den geheimnisvollen Zaren David Eussäios (ein Hinweis auf David, den Psalmensänger), das himmlische Buch zu öffnen und aus ihm, auf die ungeduldigen Bitten der Versammelten hin, von der Erschaffung der Welt, dem Entstehen der Erde, der himmlischen Gestirne, der Berge und Flüsse, der Pflanzen und Tiere zu lesen, kurz gesagt, über alles, was unter dem Himmel ist, und auch über das Entstehen der Erdenmenschheit, und das heißt, den Menschen abermals die ihnen einstmals gegebene Uroffenbarung wiederum zu enthüllen.

II.
Novalis und «Die Philosophie der Freiheit» von Rudolf Steiner

> «Wir können ... den Begriff des Menschen nicht zu Ende denken, ohne auf den *freien Geist* als die reinste Ausprägung der menschlichen Natur zu kommen.»
>
> «Jeder von uns ist berufen zum *freien Geiste,* wie jeder Rosenkeim berufen ist, Rose zu werden.»
>
> *Rudolf Steiner, «Philosophie der Freiheit»*

> «Und Freiheit und Liebe gehören zusammen, wie ich schon in meiner ‹Philosophie der Freiheit› angedeutet habe.»
>
> *Rudolf Steiner, 19. Dezember 1920*

Wenn wir uns dem Beginn von Novalis' Lebensweg, der Zeit seines Studiums an der Bergakademie in Freiberg, zuwenden, dann können wir eine deutliche Parallele zwischen seinen allgemeinen Interessen in dieser Lebensperiode und den Interessen des jungen Rudolf Steiner feststellen. Darauf weist auch Friedrich Hiebel in seinem Aufsatz «Novalis in frühester Verkündigung der Anthroposophie» hin: «Betrachtet man die Studienfächer, die Novalis auf der Bergakademie in Freiberg mit Mathematik, Geometrie, Chemie, Physik und Mineralogie neben den Studien in Philosophie gewählt hatte, dann bemerkt man eine identische Neigung zu den gleichen Wissenschaftsdisziplinen des jungen Steiner auf der Technischen Hochschule in Wien.»[10] Um sich von der Richtigkeit dieser Worte zu überzeugen, genügt es, sie mit der Bemerkung Rudolf Steiners zu vergleichen, die er über die Gegenstände machte, welche er auf der Hochschule studierte: «Die offiziellen Studien waren gerichtet auf Mathematik, Chemie, Physik, Zoologie, Botanik, Mineralogie und Geologie.»[11]

Dem ist jedoch noch hinzuzufügen, daß der junge Rudolf Steiner schon mit vierzehn Jahren intensiv Kant studierte und in weiteren Jahren *Fichte,* Schelling und Hegel. In dieselbe Zeit fiel auch seine Begegnung und spätere Freundschaft mit K. J. Schröer, welcher ihm die Welt von Schiller und ganz besonders Goethe erschloß.[12] Für Novalis erfolgte etwa in demselben Lebensalter zunächst die Bekanntschaft mit Kants Werk und später ein eingehendes und ausführliches Studium *Fichtes,* mit dem er auch persönlich bekannt wurde ebenso wie mit Schiller, dessen Vorlesungen er auf der Universität in Jena besuchte. Etwas später lernte er dann das künstlerische Werk sowie die naturwissenschaftlichen Veröffentlichungen Goethes kennen. Mehr noch, nach dem Willen des Schicksals war es gerade Novalis, der als «allererster erschien ..., der den naturwissenschaftlichen Bestrebungen Goethes rückhaltlos verständnisvolle Würdigung zuteil werden ließ».[13] So schrieb Novalis bereits Ende 1798 oder Anfang 1799 über Goethe den Wissenschaftler (oder, wie man damals sagte, den «Physiker»): «Seine [Goethes] Betrachtungen des Lichts, der Verwandlung der Pflanzen und der Insekten sind Bestätigung und zugleich die überzeugendsten Beweise, daß auch der vollkommene Lehrvortrag in das Gebiet des Künstlers gehört. Auch dürfte man in gewissem Sinn mit Recht behaupten, daß Goethe der erste Physiker seiner Zeit sei – und in der Tat Epoche in der Geschichte der Physik machte», und etwas später in demselben Fragment: «Wie der Physiker Goethe sich zu den übrigen Physikern verhält, so der Dichter zu den übrigen Dichtern.»

Es spricht aber nicht nur eine volle Anerkennung von Goethe als Wissenschaftler aus diesen Worten, sondern hinter ihnen verbirgt sich auch das Novalis immer stärker erfassende innere Streben, dieses Lebenswerk Goethes fortzusetzen, und das, wie wir heute mit voller Überzeugung sagen können, in Richtung der kommenden Anthroposophie. «Goethische Behandlung der Wissenschaften – mein Projekt», schreibt er. Und wenn wir heute diese Zeilen lesen, dann richtet sich der innere Blick sogleich auf die Einführungen zu «Goethes naturwissenschaftlichen Schriften» von Rudolf Steiner wie auch auf seine zwei Bücher «Grundlinien einer Erkenntnistheorie der Goetheschen Weltanschauung», die als «eine Zugabe zu Goethes Naturwissenschaftlichen Schriften» herausgegeben wurden, sowie seine spätere Arbeit «Goethes Weltanschauung».[14] Denn das, was sich bereits in Novalis' Seele als allgemeine Spiritualisierung der Wissenschaften «nach Goethescher Methode» herauskristallisiert hatte, was jedoch während seines kurzen Lebens «Projekt» geblieben war, das wurde später von Rudolf Steiner durch die Begründung des Goetheanismus verwirklicht, dessen Hauptelemente bereits in den genannten Büchern enthalten sind, die er dann später in zahlreichen Vorträgen noch weiterentwickelte und vertiefte.[15] «In manchen älteren Schriften klopft ein geheimnisvoller Pulsschlag und bezeichnet die Berührungsstelle mit der unsichtbaren Welt – ein Lebendigwerden. Goethe soll der Liturg dieser Physik werden – er versteht vollkommen den Dienst im Tempel.» Mit diesen Worten zeigt Novalis sein Verständnis der weiteren Entwicklung der Naturwissenschaften und der Rolle von Goethes Genius in dieser Entwicklung. In der Wissenschaft «die Berührungsstelle mit der unsichtbaren Welt» zu finden, das bedeutet, den Weg zu dem Zustand zu betreten, wo, nach den Worten Rudolf Steiners, der Laboratoriumstisch zum Altar wird und das Experiment eine Weihehandlung, was seinerseits mit einer allgemeinen Spiritualisierung aller Wissenschaften verbunden sein wird: «Eine spirituelle Chemie, eine spirituelle Physik ist das, was in der Zukunft kommen wird.» Und diese Zukunft ahnt Novalis voraus, wovon eine ganze Reihe von Stellen in seinen Werken und ganz besonders viele seiner Fragmente zeugen.[16]

Im Jahre 1922 wurde Rudolf Steiner während seines Haager Aufenthaltes von W. J. Stein nach den historisch-philosophischen Quellen der Anthroposophie gefragt. Rudolf Steiner nannte damals zwei Namen: Fichte und Aristoteles. Er sagte: «Ich habe zwei Elemente verbunden. Von Johann Gottlieb Fichte lernte ich die Tathandlung, die von der Außenwelt zurückgezogene Ich-Aktivität. Aber von Aristoteles nahm ich die Fülle der alles umfassenden Empirie. Nur wer Fichte durch Aristoteles zu ergänzen weiß, findet die volle Wirklichkeit, und das war mein Weg.» Diesen Worten war eine noch frühere Äußerung Rudolf Steiners in dieser Richtung vorausgegangen, die er im Jahre 1904 W. J. Stein gegenüber machte: «Wenn Sie daher Aristoteles durch Fichte weiterbilden, kommen Sie zur Anthroposophie.»[17]

Aus diesen zwei Aussagen geht hervor, daß die Anthroposophie in gewissem Sinne aus einer höheren spirituellen Synthese der zwei Geistesrichtungen auf der Erde hervorgegangen ist, die von den beiden Philosophen repräsentiert werden. Fichte stellte – als erster von allen Philosophen – das *Ich-Prinzip* in den Mittelpunkt seines Systems, indem er es zur alleinigen Grundlage der von ihm geschaffenen Weltanschauung machte. Aristoteles, der Vater des Empirismus, der in der wissenschaftlichen Beobachtung und im Experiment seinen konkreten Ausdruck findet, wurde dadurch zum Stammvater der *wissenschaftlichen Methode* als solcher. Historisch breitete sich die aristotelische Strömung im europäischen Geistesleben in der Gegenwirkung zum einseitigen Platonismus aus. Und wenn letzterer schließlich zu Kant mit seinen unüberwindlichen «Erkenntnisgrenzen» führt, so entwickelt sich der recht verstandene Aristotelismus durch Thomas von Aquino weiter bis hin zu Goethe mit seiner phänomenologischen Einstellung zur Welt der Erscheinungen.[18]

So sehen wir auch in diesem Falle eine tiefe innere Verwandtschaft der historischen Wurzeln der grundlegenden Bestrebungen von Novalis und dem jungen Rudolf Steiner. Denn was Fichte und Aristoteles für den einen waren, das waren Fichte und Goethe für den anderen. Bei Fichte galt die ganze Aufmerksamkeit dem Innern des Menschen, seinem Ich, dessen Erleben nur dem intuitiv erfassenden Denken zugänglich ist – und bei Aristoteles dem wissenschaftlichen Empirismus, der in der phänomenologischen Naturbetrachtung nach Goethescher Methode seine Fortsetzung fand, bei der die Aufmerksamkeit sich vor allem auf die Weltprozesse in der äußeren, natürlichen Umgebung des Menschen richtet.

Beide Standpunkte bilden im Verhältnis zueinander zwei diametral entgegengesetzte Pole, während jeder einzeln genommen gleichzeitig eine bestimmte Einseitigkeit darstellt. So ist Fichte in seiner Philosophie zentripetal und kann deshalb auch nicht den Übergang vom Ich zurück zur Welt finden; Goethe hingegen ist vorwiegend zentrifugal in seiner Beziehung zur Welt und zur Natur und kann aus diesem Grunde den individuellen Menschen (das Ich) nicht in seinem Weltbild finden.[19]

Diese beiden Extreme, die auch als die Polaritäten von Mittelpunkt und Peripherie des Kreises, von Ich und Welt, Subjekt und Objekt einander gegenübergestellt werden können, müssen in einer der Wirklichkeit entsprechenden Erkenntnistheorie zu einer höheren Synthese geführt werden. Und das tat Rudolf Steiner in seiner «Philosophie der Freiheit». Mit dem Hauptgedanken ihres ersten Teils über den keine Grenzen kennenden Erkenntnisprozeß, der sich durch eine höhere Synthese von «Begriff» und «Wahrnehmung» vollzieht, durch deren Vereinigung mittels der inneren Aktivität des Ich der Mensch zum Erleben der höheren Wirklichkeit gelangt, war die Grundlage für einen Geistesweg gelegt, der bei weiterer Ausbildung unmittelbar zur Anthroposophie führt.

Schon bei dem vorhergehenden Werk Rudolf Steiners, seiner «Wahrheit und Wissenschaft», die er als «Vorspiel einer ‹Philosophie der Freiheit›» schrieb, haben wir bereits im Titel einen Hinweis auf die genannte Synthese. Hier erfließt die «Philosophie der Freiheit» als einzige wirklichkeitsgemäße Philosophie der Zukunft aus der Vereinigung der «Wahrheit», soweit diese sich durch reines intuitives Denken im Ich enthüllt, und der «Wissenschaften» als den Grundlagen des empirisch-erfahrungsmäßigen Verhältnisses zur Welt. So ist wahrhaftig die erste, philosophische Grundlage der Anthroposophie aus der Vereinigung von Fichte und Aristoteles beziehungsweise Goethe entstanden.

Ähnliches geschieht in anderer Form im zweiten Teil der «Philosophie der Freiheit», wo es nun nicht um die Erkenntnistheorie als solche geht, sondern um ihre konkreten Ergebnisse und die Bedeutung für die sittliche Welt des Menschen. Wenn es das Ziel im Erkenntnisbereich ist, ein echtes Wirklichkeitserleben zu erreichen, so ist es das Ziel des sittlichen Bereiches, denjenigen inneren Zustand herzustellen, den Rudolf Steiner «ethischen Individualismus» nennt. Auch dieser besteht in der Vereinigung oder höheren Synthese zweier Pole: des «Individualismus», auf dessen Gebiet sich das individuelle Erfassen der «moralischen Begriffe» im Ich vollzieht, und sodann ihr Einwirken auf das äußere Verhalten des Menschen und auf seine Taten, was zum «ethischen», das heißt freien Auslebenlassen dieses intuitiv wahrgenommenen inneren Gehaltes nach außen führt, indem er der äußeren Welt eingeprägt wird.

Nur in der Vereinigung dieser zwei Gebiete menschlicher Aktivität, der inneren und der äußeren, die in Selbsterkenntnis und Welterkenntnis wurzeln, sowie aus dem Erleben ihres Gleichgewichtes in der Beziehung des Menschen zu sich selbst und zur Welt, können die ersten Schritte *zum wirklichen inneren Erfassen und Realisieren der Freiheit getan werden.*

Alles, was hier gesagt wurde, enthält den Weg, der die «Philosophie der Freiheit» mit der Anthroposophie verbindet, worauf auch Rudolf Steiner einmal in einem Vortrag hinwies: «Anthroposophie führt in gerader Linie zurück zu demjenigen, was, allerdings auf philosophische Art, angeschlagen ist in meiner ‹Philosophie der Freiheit›.»[20]

Denn beim Übertragen ihres Gehaltes aus dem Bereich gedanklicher Betrachtung in den der *geistigen Beobachtung* offenbart sich hinter den genannten zwei Extremen sogleich das Wirken realer übersinnlicher Wesenheiten.

So offenbart sich dem geistigen Forscher hinter der äußeren Wahrnehmungswelt das Wirken ahrimanischer und hinter der inneren Welt des Denkens das Wirken luziferischer Wesenheiten. Von einem mehr psychologischen Standpunkt kann man auch sagen: Luzifer ist mehr mit der menschlichen Fähigkeit des Vorstellens und begrifflichen Denkens verbunden und Ahriman mit dem «Willensverhältnis zur Außenwelt»[21], wobei zum Gebiet der Willenstätigkeit auch die Fähigkeit des Wahrnehmens der Außenwelt gehört.[22]

Ähnliches läßt sich auch auf sittlichem Gebiet beobachten. Auf ihm versucht Luzifer den Menschen zu einer hypertrophen Entwicklung seiner Individualität zu verleiten, zur Verwendung ihrer Kräfte nur in egoistischer Beziehung. Ahriman dagegen will auf Äußerungen des menschlichen Willens (die Handlungen) einwirken und versucht, ihnen einen dem Weltganzen widersprechenden Charakter aufzuprägen, so daß solche Handlungen nicht mehr freie oder sittliche (ethische) genannt werden können.

Aus dem allen folgt, daß es sich sowohl auf dem Gebiet der Erkenntnis als auch auf dem der praktischen Tätigkeit vor allem um die Überwindung der zwei Extreme durch das Vordringen zur *wahren Wirklichkeit* handelt, was durch die Vereinigung von Begriff und Wahrnehmung einerseits, die Entwicklung des *«ethischen Individualismus»* andererseits geschieht. Ein solches Streben zur Überwindung der Einseitigkeit führt den Menschen zum mittleren oder zentralen Weg, welcher der einzig christliche ist. Ist das Gleichgewicht zwischen diesen Einseitigkeiten gewonnen, dann gelangt der Mensch zugleich auf seinem geistigen Wege zum Erleben der *übersinnlichen Wirklichkeit des Christus,* und er kann dadurch frei in der Welt wirken, als ein ethisches (sittliches) Individuum. Er handelt dann aus jenem mittleren Bereich des Menschenwesens heraus, der zwischen den zwei genannten Polen liegt. Dieser mittlere Bereich gründet physiologisch im rhythmischen System und, vom Bewußtseinsstandpunkt aus betrachtet, in der mit ihm verbundenen geistigen oder *imaginativen* Sphäre, das heißt jener Sphäre, wo allein der Mensch frei sein kann, indem er die Antriebe für sein Handeln nur aus den Impulsen der *moralischen Phantasie schöpft.*[23] Diese imaginative Sphäre, die mit dem «mittleren Menschen» zusammenhängt (seinem rhythmischen System), ist zugleich jener Ort, wo der Christus-Impuls, der das Gleichgewicht zwischen den luziferischen Wesen im Kopfbereich und den ahrimanischen Wesen im Stoffwechsel-Gliedmaßenbereich hält, im Menschen wirkt.[24]

So ist ein solches, durch den Christus-Impuls gegebenes Gleichgewicht zwischen den von oben und von unten arbeitenden Widersachermächten, das sich im Wirken der *moralischen Phantasie* aus dem mittleren Bereich heraus äußert, das, was allein den Menschen zum Menschen macht, ihn mit dem Erleben «wahren Menschentums» begabend. In unserer Zeit kann der Mensch ein solches Erleben nur von dem Christus erhalten. Deshalb spricht Rudolf Steiner «vom Zusammenwachsen des Erlebens in und mit dem Christus und des Erlebens echten und wahren Menschentums». Und weiter: «Christus gibt mir mein Menschenwesen, das wird als Grundgefühl die Seele durchwehen und durchwellen.»[25] Und an anderer Stelle weist er darauf hin, daß wir niemals den Freiheitsgedanken denken sollten, ohne ihn vorher mit der Tat des Christus auf Golgatha verknüpft zu haben.[26] So bedeutet in vollem Maße Menschsein nichts anderes als das beschriebene Gleichgewicht erreicht zu haben: «Diesen Gleichgewichtszustand können wir nur herbeiführen dadurch, daß wir uns immer mehr und mehr durchdringen mit dem Christus-Impuls, der den Gleichgewichtszustand hervorruft zwischen dem luziferischen und dem ahrimanischen Elemente.» Denn: «Es gehört zu unserem Menschenwesen die Durchdringung mit dem Christus-Impuls.»[27] Dieser Zustand ist aber auch die wahre, das heißt im Innern des Menschen erlebte Anthroposophie: «Im Grunde genommen soll ja Anthroposophie nichts anderes sein als jene Sophia, das heißt jener Bewußtseinsinhalt, jenes innerlich Erlebte in der menschlichen Seelenverfassung, *die den Menschen zum vollen Menschen macht.* Nicht Weisheit vom Menschen ist die richtige Interpretation des Wortes Anthroposophie, sondern Bewußtsein seines Menschentums.»[28]

Das Menschenwesen ist so in die Welt hineingestellt, daß die Sophien-Kräfte oder die Kräfte der kosmischen Weisheit in allen drei Systemen seiner Organisation wirken. Diese Weltenweisheit hat sich jedoch im heutigen Entwicklungszyklus bis zu einem gewissen Grad im Kopfsystem Luzifer angeeignet und im Stoffwechsel-Gliedmaßensystem Ahriman.[29] Nur im mittleren Bereich befinden sich diese Kräfte der Weltenweisheit oder Sophia noch in einem von den Widersachermächten unberührten Zustand, und deshalb kann der Christus in diesen mittleren Bereich eintreten.

Diese Erkenntnis ist auch in dem Hinweis Rudolf Steiners enthalten, daß sich «hinter» der plastischen Gruppe, welche das Gleichgewicht darstellt, das der Menschheitsrepräsentant aus dem mittleren Bereich heraus zwischen den luziferischen und ahrimanischen Mächten herstellt, die schlafende Isis, die neue Sophia[30] verbirgt. Und diese neue Sophia soll als ein Zentrum der Anthroposophie dadurch *geweckt* werden, daß sich der «Mensch seines wahren Menschentums» bewußt wird. Alles oben Gesagte ist, zusammengenommen – nur von einem etwas anderen Standpunkt aus gesehen – eine Beschreibung dessen, was Novalis als Ur-Motto seines Lebens in die Worte faßte: «Christus und Sophia.»

Für die gegenwärtige Epoche der Herrschaft des neuen Zeitgeistes Michael in der Menschheit charakterisiert Rudolf Steiner aus den Quellen der Anthropos-Sophia diese Lage der Dinge mit den Worten: «*Michael-Christus* wird in der Zukunft als das Richtungswort stehen im Beginne des Weges, auf dem der Mensch kosmisch-gerecht zwischen den luziferischen und den ahrimanischen Mächten zu seinem Welten-Ziele kommen kann.»[30a]

*

Wenn wir uns nun dem Werk von Novalis zuwenden und ganz besonders seinen Fragmenten, dann finden wir auf erstaunliche Weise bestätigt, wie gerade Novalis am Ende des 18. Jahrhunderts die Grundgedanken der «Philosophie der Freiheit» Rudolf Steiners und ebenso den Weg, der zur Anthroposophie führt, vorwegnahm. Schon in den Fragmenten von 1798–1799 finden sich zahlreiche Hinweise auf die Notwendigkeit, die zwei im Erkenntnisprozeß vorhandenen Grundelemente des Äußeren und des Inneren, des Objekts und des Subjekts, der Wahrnehmung und des Begriffes zu vereinigen, obwohl die Worte und Begriffe, welche Novalis zur Klärung seiner Gedanken wählt, sich zuweilen, was ihre Form betrifft, von den klareren und folgerichtigeren Formulierungen Rudolf Steiners unterscheiden.

«Wenn unsre Intelligenz und unsre Welt harmonieren – so sind wir Gott gleich.» In diesem Fragment wird bereits von der Notwendigkeit gesprochen, die menschlichen Begriffe (Intelligenz) mit dem Wahrnehmungsbereich (der Welt) zu verbinden. «Nun erscheint die sog[enannte] Transzendentalphil[osophie] – die Zurückweisung ans Subjekt – der Idealism[us] und die Kategorien – der Zusammenh[ang] zwischen Obj[ekt] und Vorst[ellung] in einem ganz neuen Lichte.» Das ist dasselbe Motiv, nun aber deutlicher als «der Zusammenhang zwischen Objekt und Vorstellung». Und weiter: «Die Erkenntnis – die Betrachtung und Experimentation (moralische Hilfe) Gottes ist der echte Lebensquell.» «Betrachtungen Gottes – und Experimente Gottes.» Die oben angesprochene «Zurückweisung ans Subjekt» weist auf das menschliche Ich als den Mittelpunkt, durch das die Synthese von Wahrnehmung und Begriff, in Novalis' Worten: von «Objekt und Vorstellung», verwirklicht wird.

Weiterschreitend auf dem Wege der «seelischen Beobachtungen nach naturwissenschaftlicher Methode» – so könnten wir mit dem Motto Rudolf Steiners zur «Philosophie der Freiheit» sagen[31] – auf der Suche nach Worten zum Ausdruck seiner inneren Erlebnisse spricht Novalis von der «Einbildungskraft»[32] und versteht darunter jene höhere Tätigkeit des menschlichen Geistes, mit Hilfe deren der Mensch, Wahrnehmung und Begriff («Sinnlichkeit und Verstand») verbindend, die wahre Wirklichkeit erreichen kann. «Einbildungskraft besteht aus Sinnlichkeit und Verstand – beyde müssen vereinigt schaffende und bildende Kraft seyn.» «Sinnlichkeit und Verstand correspondiren aufs genaueste – weil sie Eins im Dritten sind.» Und an anderem Orte: «Anschauung – Vorstellung... Die Einbildungskraft ist das verbindende Mittelglied – die Synthese – die Wechselkraft.»

Wie wir schon sahen, ist jede sinnliche Wahrnehmung oder sinnliche Anschauung der äußeren Welt mit einer unbewußten Willenstätigkeit im Menschen verbunden. Deshalb kann man in diesem Falle auch von der Gegensätzlichkeit von «Wollen und Vorstellen» sprechen, die mit Hilfe des Ich verbunden werden müssen, und das ist in seiner höchsten Synthese bis zu einem gewissen Grade auch das Ich: «Ich ist Handlung und Produkt zugleich. Wollen und Vorstellen sind Wechselbestimmungen – das Ich ist nichts anderes, als Wollen und Vorstellen.» Nur ein solches Ich, das «Wollen und Vorstellen» in einer höheren Synthese zu vereinigen vermag, das heißt, im Sinne von Novalis, die moralische Idee (Vorstellung) und das aus ihr folgende sittliche Handeln, nennt er «vollständiges Ich», das der Mensch nur durch intensive Arbeit an sich selbst erringen kann: «Vollständiges Ich zu seyn, ist eine Kunst – man kann, und man ist, was man will. Man ist mehr oder weniger Ich, je nachdem man will.»

Und zum Schluß noch zwei Äußerungen von Novalis, in denen er den wichtigsten Formulierungen des ersten Teiles der «Philosophie der Freiheit» so nahe kommt, daß seine Worte fast wie Zitate aus ihr klingen.

Novalis: «Jedes Ding ist ein Ganzes, das aus Anschauung und Vorstellung besteht – Eins von diesen beyden allein ist die Hälfte der Realität des Dings. Je mehr Realität ich in die Eine Hälfte setze, desto weniger ist die Andre – das wird sodann die Negative Größe. Jedes Ding ist positive und negative Größe.»

Rudolf Steiner: «Die Wahrnehmung ist also nichts Fertiges, Abgeschlossenes, sondern die eine Seite der totalen Wirklichkeit. Die andere Seite ist der Begriff. Der Erkenntnisakt ist die Synthese von Wahrnehmung und Begriff. Wahrnehmung und Begriff eines Dinges machen aber erst das ganze Ding aus.»[33]

Im zweiten Ausspruch taucht auch der Gedanke auf, daß der Grund für die Trennung der Welt in Begriff und Anschauung (Wahrnehmung) oder Objekt in unserer menschlichen Organisation liegt und nur durch die Tätigkeit des Ich im Erkenntnisprozeß überwunden wird.

Novalis: «Gesetz des Begriffs und Gesetz des Objekts müssen Eins seyn – nur in der Reflexion zu trennen – Begriff und Anschauung sind eins, wenn man sie aufs Ich bezieht, getrennt, wenn man auf beyde reflectirt, ohne sie aufs Ich zu beziehn.»

Rudolf Steiner: «Unsre totale Wesenheit funktioniert in der Weise, daß ihr bei jedem Dinge der Wirklichkeit von zwei Seiten her die Elemente zufließen, die für die Sache in Betracht kommen: von seiten des Wahrnehmens und des Denkens. Es hat mit der Natur der Dinge nichts zu tun, wie ich organisiert bin, sie zu erfassen. Der Schnitt zwischen Wahrnehmen und Denken ist erst in dem Augenblicke vorhanden, wo ich, der Betrachtende, den Dingen gegenübertrete.»

«Erst wenn die Ichheit die beiden Elemente der Wirklichkeit, die in der Welt unzertrennlich verbunden sind, auch für sich vereinigt hat, dann ... ist das Ich wieder bei der Wirklichkeit angelangt.»[34]

Nicht weniger erstaunlich ist die Entsprechung zwischen einigen Fragmenten von Novalis und dem zweiten Teil der «Philosophie der Freiheit». In ihm spricht Rudolf Steiner davon, daß, im Unterschied zu allen anderen Gegenständen und Wesenheiten der Welt, im Falle des Menschen «seinem wahren Begriff als sittlicher Mensch [freier Geist]»[35] zunächst keine konkrete Wahrnehmung entspricht. «Das intellektuelle Leben überwindet die Doppelnatur [Begriff – Wahrnehmung] durch die Erkenntnis, das sittliche durch die *tatsächliche Verwirklichung des freien Geistes»* – und nur durch das letztere kann zum Begriff des Menschen die allein ihm entsprechende Wahrnehmung hinzugefügt werden. Das kann jedoch nur jeder einzelne Mensch selbst erreichen, durch eine bewußte Entwicklung seiner geistigen Anlagen in der Richtung einer möglichst vollständigen Realisierung des «Begriffes Mensch» in seinem Erdenleben, und das bedeutet einer vollständigen Realisierung seiner Bestimmung als *sittliches* und *freies* Wesen. «Er kann es aber nur», fährt Rudolf Steiner fort, «wenn er den Begriff des freien Geistes, d. i. seinen eigenen Begriff gefunden hat.» Mit anderen Worten: nicht Sittlichkeit predigen oder moralische Normen und Gesetze aufstellen soll die wahre Philosophie der Freiheit, sondern den eigenen Begriff des Menschen als ein sittliches (freies) Wesen *beschreiben.* Denn *ohne* einen solchen Begriff wird der Mensch niemals ein sittliches und freies Wesen werden können. Und diese Beschreibung wird im zweiten Teil der «Philosophie der Freiheit» als ihr Zentrum gegeben. Um einen solchen «Begriff des Menschen», der seinem geistigen Wesen und seiner höheren Bestimmung entspricht, ringt auch Novalis, im Bewußtsein der Schwierigkeit dieser Aufgabe in seiner Zeit: «Menschen zu beschreiben ist deswegen bis jetzt unmöglich gewesen, weil man nicht gewußt hat, was ein Mensch ist – wenn man erst wissen wird, was ein Mensch ist, so wird man auch Individuen wahrhaft genetisch beschreiben können.» Aber Novalis weicht vor diesen Schwierigkeiten nicht zurück. Er sucht weiter und kommt der Lösung des Rätsels immer näher, der Antwort auf die *zentrale Frage:* «Was ist der Mensch?» «Ethik. Über das Moralgesetz. Mit vollständiger Selbstkenntnis – und Weltkenntnis – vollständiger Selbst- und Weltbestimmung verschwindet das Moralgesetz und die Beschreibung des moralischen Wesens steht an der Stelle des Moralgesetzes.» Wir sehen, gemäß Novalis geht die «vollständige Selbst- und Weltbestimmung» nur aus der «vollständigen Selbstkenntnis und Weltkenntnis» (erster Teil der «Philosophie der Freiheit») von seiten des Menschen als einem «moralischen (freien) Wesen» (zweiter Teil) hervor. Und das bedeutet: «Ich bestimme die Welt, indem ich mich selbst bestimme – und so indirekt mich selbst und umgekehrt.»

Auch um die von Rudolf Steiner beschriebene unteilbare Einheit von Sittlichkeit und Freiheit (siehe oben «sittlicher Mensch – freier Geist») als der Hauptcharakteristik des «Begriffes des Menschen» weiß Novalis. Er schreibt: «Sittliches Gefühl ist Gefühl des absolut schöpferischen Vermögens, der produktiven Freiheit, der unendlichen Personalität, des Mikrokosmos, der eigentümlichen Divinität in uns.»

Der Weg, um diese Idee des Menschen zu erfassen, liegt in der *Entwicklung des Denkens,* in seiner Umwandlung in das *«reine Denken»,* wie es Rudolf Steiner nennt, und was mit dem inneren Fortschritt des Denkers selbst verbunden ist. Darauf weist auch Novalis hin: «Mit der Bildung und Fertigkeit des Denkers wächst die Freiheit. (Grade der Freiheit. Freiheit und Liebe ist Eins.)» Unter «Liebe» in diesen Worten ist die zentrale Quelle aller Sittlichkeit zu verstehen. «Freiheit und Liebe ist Eins» – das ist die kürzeste Definition vom «Begriff des Menschen», dessen Verwirklichung zugleich das höchste Ziel der ganzen Erdenentwicklung ist (siehe Seite 194).[36]

Wenn der Mensch, ausgehend von einem *solchen* «Begriff des Menschen», in der Welt wirkt, dann ist sein Wille frei, denn er ist im höchsten Sinne mit Gottes Willen eins geworden. Mit anderen Worten: In dem Augenblick, wo der Mensch aus seinem innersten, ursprünglichen Wesen heraus in der Welt wirkt, wird sein eigener Wille zu Gottes Willen. Und dann wirkt der Mensch nicht als ein irdisches, sondern als ein kosmisches (göttliches) Wesen in der Welt. Darüber schreibt Novalis: «Die Moral ist recht verstanden das eigentliche Lebenselement des Menschen ... Unser reiner sittlicher Wille ist Gottes Willen. Indem wir seinen Willen erfüllen, erheitern und erweitern wir unser eigenes Dasein und es ist, als hätten wir nur unserer selbst willen, aus innerer Natur so gehandelt.» Zu dieser Äußerung von Novalis können wir die abschließenden Worte der «Philosophie der Freiheit» hinzufügen: «Ein solches Wollen hat seinen Grund also nur in dem Menschen selbst. Der Mensch ist dann das letzte Bestimmende seiner Handlung. Er ist frei.»

Jedoch, so wie Rudolf Steiner bleibt auch Novalis nicht bei dieser philosophischen Beschreibung vom «Begriff des Menschen» stehen, sondern er strebt danach, ihn in sich selbst als innere Wirklichkeit zu realisieren. «Mensch werden ist eine Kunst», sagt er. Und diese «Menschwerdung der Menschen» bedeutet für ihn nichts anderes als das unmittelbare und voll bewußte Hineinwachsen in die geistige Welt – das Zurückkehren in die wahre Heimat des Menschen. Vorbedingung aber dafür ist für Novalis wie für Rudolf Steiner jene Stimmung, welche den ganzen gedanklichen Bau der «Philosophie der Freiheit» durchzieht, denn nur eine *solche* Seelenhaltung führt den Menschen in unserer Zeit zum Aufnehmen «wahrer Offenbarungen» der geistigen Welten: «Ich bin überzeugt, daß man durch kalten, technischen Verstand, und ruhigen, moralischen Sinn eher zu *wahren Offenbarungen* gelangt, als durch Phantasie, die uns bloß ins Gespensterreich, diesem Antipoden des wahren Himmels, zu leiten scheint.» Und zur ersten wirklichen Offenbarung auf diesem Wege wird für Novalis die innere Forderung, das geistige Gleichgewicht zwischen den zwei oben beschriebenen Extremen zu finden. Denn nur, wenn sie im Gleichgewicht sind, kann der wahre «Begriff des Menschen» als ein freies und sittliches Ich-Wesen verwirklicht werden, und das bedeutet als ein Wesen, das die Antriebe zu seinen Handlungen aus den Impulsen der «moralischen Phantasie» schöpft oder, in Novalis' Terminologie, aus der «produktiven Imagination».[37]

«Alle Erkenntnis soll Moralität bewirken – der moralische Trieb, der Trieb nach Freyheit die Erkenntnis veranlassen. Frey seyn ist die Tendenz des Ich – das Vermögen frey zu seyn ist die *productive Imagination – Harmonie* ist die Bedingung ihrer Thätigkeit – *des Schwebens, zwischen Entgegengesetzten.* Sey einig mit dir selbst ist also Bedingungsgrundsatz des obersten Zwecks – zu Seyn oder Frey zu seyn. Alles Seyn, Seyn überhaupt ist nichts als Freyseyn – *Schweben zwischen Extremen,* die nothwendig zu vereinigen und nothwendig zu trennen sind. Aus diesem Lichtpunckt des Schwebens strömt alle Realität aus – in ihm ist alles enthalten – Object und Subject sind durch ihn, nicht er durch sie. Ichheit oder *productive Imaginationskraft, das Schweben* – bestimmt, producirt die Extreme, das wozwischen geschwebt wird – Dieses ist eine Täuschung, aber nur im Gebiete des gemeinen Verstandes. Sonst ist es etwas durchaus Reales, denn *das Schweben,* seine Ursache, ist der Quell, die Mater aller Realität selbst. *Über die Natur dieses Schwebens.*»

Dieser Zustand «des Schwebens» zwischen den zwei Extremen ist die Grundvoraussetzung der freien und sittlichen Ich-Entwicklung, ist, wie wir sahen, der eigentliche Nerv der «Philosophie der Freiheit» und gleichzeitig der Weg, der von ihr zu dem Mittelpunkt der Anthroposophie führt, zum Erleben des Christus-Impulses, der das Gleichgewicht zwischen den Widersachermächten im Kosmos und im Menschenwesen herstellt:

«Die Moralität muß Kern unsers Daseyns seyn, wenn sie uns seyn soll, was sie seyn will. Ideal des Seyns muß ihr Zweck, ihr Ursprung seyn. Eine unendliche *Realisirung des Seyns* wäre die Bestimmung des Ichs. Sein Streben wäre immer mehr zu Seyn. Vom Ich bin geht der Gang des Bösen herunter, der Gang des Guten hinauf. Die höchste Filosofie ist Ethik. Darum fängt alle Filosofie vom Ich bin an. Der höchste Satz der Erkenntnis muß Ausdruck der alle Erkenntnis, als Mittel, begründenden Thatsache seyn, die sich auf den Zweck des Ichs, der durch Erkenntnis /im weitesten Sinne, als Daseyn in der Sinnenwelt,/ erreicht werden soll, oder beabsichtigt wird, nemlich *totales Freyseyn,* bezieht. Das Ich scheint im Widerspruch zu stehn, wenn man die Natur seiner Wircksamkeit die Thätigkeit der *productiven Imagination* nicht kennt, indem es die Erreichung seines Zwecks gleichsam durch das gewählte Mittel zu vereiteln scheint – aber eben dadurch handelt es mit sich selbst in Uebereinstimmung, consequent möcht ich sagen, es muß so, vermöge seiner Natur, agiren – nemlich weil es nichts ist als *ein Schweben* etc: und so gerade allein nur hervorbringt, und hervorbringen kann, was es hervorzubringen sucht – Es kann ohne so zu verfahren gar nicht hervorbringen – denn alles Hervorbringen geht aufs Seyn und *Seyn ist Schweben* etc. Was Ist, muß sich zu widersprechen scheinen, insofern man es gleichsam in seine Bestandteile auflößt, welches man doch durch die Natur des Reflexionsvermögens gleichsam gezwungen thun muß. [Vgl. Novalis' Worte auf Seite 268.] *Seyn, Ich seyn, Frey seyn und Schweben sind Synonymen* – ein Ausdruck bezieht sich auf den Andern – es ist nur von Einer Thatsache die Rede – Es sind nur Praedikate des einzigen Begriffs Ich – Begriff und Thatsache sind aber hier Eins. Ich ist unbegreiflich, weil es schon, indem es ist, sein Begriff ist – Mit seinem Seyn ist sein einzigmöglicher Begriff gegeben.[38] Man denkt sich unter Thatsache, Handlung hier gewöhnlich, etwas in der Zeit Vorgehendes oder Vorgegangenes. Die Thatsache, von der hier aber die Rede ist, muß schlechterdings *rein geistig gedacht werden* – nicht einzeln – nicht zeitmäßig – quasi *als Augenblick, der das ewige Universum umfaßt,* in sich begreift – worinn wir leben, weben und sind – ein unendliches Factum, was in jedem Augenblick ganz geschieht – *identisch ewig wirckendes Genie* – Ichseyn.»

Und in einem anderen Fragment, das ebenso vom «Schweben zwischen Entgegengesetztem» handelt, gebraucht Novalis so wie später Rudolf Steiner zur genaueren Charakteristik das Wort «Gleichgewicht»: «Stärke läßt sich durch *Gleichgewicht* ersetzen – und im Gleichgewicht sollte jeder Mensch bleiben – *denn dies ist eigentlich der Zustand der Freyheit.*»[39]

Diese Verwirklichung der Freiheit, die vom Erreichen des «Gleichgewichts» im Menschen ausgeht,[40] ist die Verwirklichung seiner wahren Bestimmung als ein Wesen, das aus seinem «höheren» oder, mit Novalis' Worten, «unendlichen Ich» seine Taten in der Welt vollbringt. «In jedem Augenblick, da wir frey handeln ist ein solcher Triumpf des unendlichen Ich über das Endliche, für diesen Moment ist das Nichtich wircklich vernichtet – nur nicht der sinnlichen Existenz nach.»

Ist diese Stufe erreicht, dann ist der sittliche Wille nicht länger eine verworrene, aus den Tiefen des leiblichen Daseins aufsteigende, unbestimmte und geheimnisvolle Macht, sondern ein neues Organ der Erkenntnis der höheren Wirklichkeit, das über eine Klarheit verfügt, wie sie sonst nur dem Denken eigen ist: «Der tätige Gebrauch der Organe ist nichts, als magisches wundertätiges Denken oder willkürlicher Gebrauch der Körperwelt – denn *Willen ist nichts als magisches, kräftiges Denkvermögen.*» Damit gibt Novalis eine weitere Charakteristik des *freien* Willens: Der Wille ist frei, wenn er «als magisches, kräftiges Denkvermögen» vom Menschen erlebt wird.

Und so können wir sagen: Das Erleben vom «Begriff des Menschen» im Sinne von Rudolf Steiners «Philosophie der Freiheit», so wie es in diesem Anhang dargestellt wurde, bedeutet in Wirklichkeit das Eintreten der Anthroposophie in die Erdenentwicklung. Und dieses Erleben ist seinem inneren Wesen nach identisch mit dem, worauf Novalis durch das Bild hinwies: «Einem gelang es – er hob den Schleyer der Göttin zu Sais – Aber was sah er? er sah – Wunder des Wunders – sich selbst.»

Diese Worte zeugen davon, daß Novalis das höhere Wesen des Menschen erfaßte, seine ursprüngliche, göttliche Idee, so daß er mit vollem Recht sagen konnte: «Das wunderbarste, das ewige Phaenomen, ist das eigene Dasein. Das größeste Geheimnis ist der Mensch sich selbst – Die Auflösung dieser unendlichen Aufgabe, in der That, ist die Weltgeschichte.»

Er durchschaute das Geheimnis vom wahren Menschen mit wachsender Klarheit: «Was ist der Mensch: Ein vollkommner Trope des Geistes.» Und was ist die Welt? Mit Novalis: «Die Welt ist der Makroanthropos.» Und das bedeutet: «Die Welt ist ein Universaltropus des Geistes – ein symbolisches Bild desselben.» Das ist seinem Wesen nach *die Geburt der Anthroposophie in seiner Seele,* in der sich der Mensch als reiner Geist und zugleich als Schlüssel zu den Geheimnissen des Weltenbaues erlebt.

So geht für Novalis ein neuer Weg allumfassender Erkenntnis auf, der für das praktische Leben und Handeln des Menschen unerschöpfliche Quellen «moralischer Phantasie» erschließt und ihn zum Erfassen des höheren Ich führt, aus dem heraus eine bewußte Begegnung mit dem Geistselbst möglich wird. Denn das Ergreifen des Geistes im Selbst bewirkt ein zwar anfängliches, aber reales Erleben des *Geistselbst.* (Über die Beziehung von Novalis zum Geistselbst-Prinzip im Menschen siehe Kapitel 7, «Vorbote der sechsten Kulturepoche».)

*

Zum Abschluß ist noch ein weiterer Aspekt der «Philosophie der Freiheit» zu betrachten, der erkennen läßt, wie dieses erstaunliche Buch ein geistiges Tor ist, das zur sechsten Kulturepoche hinführt.

Die entscheidende Bedeutung für die ganze weitere Menschheitsentwicklung ist in der Tatsache zu sehen, daß die volle Verwirklichung des «ethischen Individualismus», und das bedeutet des *Menschen-Ideals,* das seiner Erkenntnistheorie entstammt, dem Wesen nach nichts anderes ist als die Realisierung des Geistselbst-Impulses auf Grundlage der vollen Entwicklung des individuellen Ich im Menscheninnern.

Im bereits erwähnten «Haager Gespräch» fragte W. J. Stein Rudolf Steiner: «Was wird nach Jahrtausenden von Ihrem Werk noch übrig bleiben?» Er antwortete: «Nichts als die ‹Philosophie der Freiheit›. Aber in ihr ist alles andere enthalten. Wenn jemand den dort geschilderten Freiheitsakt realisiert, findet er den ganzen Inhalt der Anthroposophie.» Denn «durch die ‹Philosophie der Freiheit› erhebt sich der Mensch zur Wahrnehmung des Menschen als rein geistigen Wesens».

Im 9. Kapitel der «Philosophie der Freiheit» bemerkt Rudolf Steiner: «Die Freiheit des Handelns [und in geistiger Beziehung Freiheit überhaupt] ist nur denkbar vom Standpunkte des ethischen Individualismus.» Ist diese Freiheit bis zu einem gewissen Grad erreicht, hat ein Mensch sich tatsächlich bis zu der Stufe des «ethischen Individuum» entwickelt, dann tritt er damit in einen übergeordneten Menschen-Kreis ein, innerhalb dessen Friede und eine höhere Harmonie der menschlichen Beziehungen waltet, denn: «Ein sittliches Mißverstehen, ein Aufeinanderprallen ist bei sittlich freien Menschen ausgeschlossen. Nur der sittlich unfreie, der dem Naturtrieb oder einem angenommenen Pflichtgebot folgt, stößt den Nebenmenschen zurück, wenn er nicht dem gleichen Instinkt und dem gleichen Gebot folgt.» Das wird die Verwirklichung jener «heiligen Zeit des ewigen Friedens» sein, von der Novalis am Ende von «Die Christenheit oder Europa» spricht.

So wird «die Gesinnung, die Seelenverfassung» (GA 4, Seite 167), die aus dem ethischen Individualismus hervorgeht, die Grundlage für jene universelle menschliche *Bruderschaft* freier (moralischer) Individuen bilden, in der Meinungsverschiedenheiten, Streitigkeiten und antisoziale Erscheinungen unmöglich sein werden: «Nur weil die menschlichen Individuen *eines Geistes sind,* können sie sich auch nebeneinander ausleben.» Denn durch die spirituelle Entwicklung des individuellen Prinzips in sich wird sich der Mensch mit der Zeit tatsächlich als ein Wesen erleben, das *zu einem* die ganze Menschheit vereinigenden *Geiste* gehört – dem Christus-Geiste. «Der Freie lebt in dem Vertrauen darauf, daß der andere Freie mit ihm *einer geistigen Welt* angehört und sich in seinen Intentionen mit ihm begegnen wird. Der Freie verlangt von seinem Mitmenschen keine Übereinstimmung, aber er erwartet sie, weil sie in der menschlichen Natur liegt.»[41]

Zum realen und vollbewußten Hineinwachsen in die geistige Welt – der einen für alle Menschen – führt die Verwirklichung der Ideale der «Philosophie der Freiheit» die Menschheit. Eine Frucht dieses Hineinwachsens wird die Verbreitung «der freien Geistigkeit» in der Menschheit sein, die jede Unfreiheit auf spirituellem Gebiet ausschließt, denn dann wird das ganze Menschenleben auf der Erde geistdurchdrungen sein, ein Ausdruck des Übersinnlichen: «Der Standpunkt der freien Sittlichkeit ... sieht in der *freien Geistigkeit* ... das letzte Entwicklungsstadium des Menschen.»

Drei Hauptcharakterzüge der sechsten Kulturepoche (siehe 7. Kapitel), sind in dem oben Gesagten enthalten:

1. Universelle Brüderlichkeit. Denn Uneinigkeit ist unter Menschen, die aus den Impulsen wahrer Liebe handeln, nicht möglich: «Leben in der Liebe zum Handeln und Lebenlassen im Verständnisse des fremden Wollens ist die Grundmaxime der freien Menschen.»
2. Absolute Freiheit im Geistesleben, verbunden mit der Verwirklichung «der freien Geistigkeit».
3. Pneumatosophie als Folge des bewußten Aufsteigens in die für alle Menschen gleiche, objektive geistige Welt.

In unserer Zeit ist das hier beschriebene Ideal der «Philosophie der Freiheit» nur für wenige Menschen erreichbar. Jedoch schon in der sechsten Epoche wird seine Realisierung eine Notwendigkeit für die ganze Menschheit sein, wenn sie jene Entwicklungsstufe erreichen soll, die ihr von den höheren geistigen Mächten bestimmt ist. «Die menschlichen Individuen mit ihren zu ihrem Wesen gehörigen sittlichen Ideen sind die Voraussetzung der *sittlichen Weltordnung.*» Die Verwirklichung dieser «sittlichen Weltordnung» wird die wichtigste Aufgabe der sechsten Kulturepoche sein. Der Grund für sie muß aber schon in unserer Zeit dadurch gelegt werden, daß das Bewußtsein erwacht: «Das menschliche Individuum ist Quell aller Sittlichkeit und Mittelpunkt des Erdenlebens.» Und dieses Bewußtsein kann heute nur die Anthroposophie geben.

Davon, daß das Menschenideal im Sinne der «Philosophie der Freiheit», so wie es in den zitierten Worten Rudolf Steiners enthalten ist, zugleich auch das Ideal der sechsten Kulturepoche ist, zeugen seine folgenden Worte[42]: «Da steigt dann der Mensch auf in der nächsten Kulturepoche zu Manas oder dem Geistselbst ... Es wird beginnen etwas davon, daß man empfinden wird, daß das Ureigenste des Menschen zu gleicher Zeit das Allgemeingültigste ist. Das, was man im heutigen Sinne als individuelles Gut des Menschen auffaßt, ist noch nicht ein individuelles Gut auf einer hohen Stufe. Heute ist mit der Individualität, mit der Persönlichkeit des Menschen noch im hohen Grade verknüpft, daß die Menschen sich streiten, daß die Menschen verschiedene Meinungen haben … Gerade weil sie selbständige Menschen sein wollen, müssen sie zu verschiedenen Meinungen kommen. Aber das ist ein untergeordneter Standpunkt der Anschauung. Am friedlichsten und harmonischsten werden die Menschen sein, wenn der einzelne Mensch am individuellsten sein wird. Solange die Menschen noch nicht vom Geistselbst vollständig überschattet sind, gibt es Meinungen, die voneinander verschieden sind. Diese Meinungen sind noch nicht im wahren Innersten des Menschen empfunden.» Und weiter: «Das ist Manas-Kultur, wenn immer mehr empfunden werden die Quellen der Wahrheit in dem stark gewordenen Individuellen, Persönlichen des Menschen und wenn zu gleicher Zeit das, was empfunden wird als höhere Wahrheit, auch von Mensch zu Mensch übereinstimmt wie die mathematischen Wahrheiten … Dann trifft die Wahrheit, die in der einen Seele gefunden ist, genau zusammen mit der Wahrheit in der anderen Seele; dann streitet man nicht mehr. Und das ist die Gewähr des wahren Friedens und der wahren Brüderlichkeit, weil es nur *eine* Wahrheit gibt, und diese Wahrheit hat wirklich etwas zu tun mit der *geistigen Sonne* … So wird, wenn im Verlauf der sechsten Kulturepoche das Geistselbst in die Menschen einziehen wird, tatsächlich eine *geistige Sonne* da sein, der sich alle Menschen zuneigen und in der sie übereinstimmen werden.»

Und als erste Strahlen dieser aufgehenden geistigen Sonne des Geistselbst erscheint die «Philosophie der Freiheit» von Rudolf Steiner.

III.

Das Fest «Mariä Schutzmantel» und ein Aspekt der geistigen Zukunft Osteuropas

Einen ganz besonderen Platz unter den wichtigsten Jahresfesten nimmt in Osteuropa das Fest «Mariä Schutzmantel» ein.* Dieses ist in Rußland nicht nur eines der sogenannten «Großen Feste»[43], sondern überhaupt das *einzige* große christliche Fest, das nicht unmittelbar aus einer Darstellung des Evangeliums hervorgegangen ist, sondern das auf ein Geschehen zurückgeht, welches sich in der Mitte des 10. Jahrhunderts in einem Vorort Konstantinopels in der Kirche von Blachernae ereignete, wo ein Mantel der Gottesmutter aufbewahrt wurde, der im 5. Jahrhundert aus Palästina dorthin gebracht worden war.

Damals bedrohten die Sarazenen Konstantinopel, und es wurden mehr Gottesdienste abgehalten, als sonst üblich war. Da schaute Andreas der Einfältige beim Abendgottesdienst am Sonntag, dem 1. Oktober um vier Uhr in der Nacht, als die Kirche voll Volkes war, wie ihm die Gottesmutter erschien, umringt von Engeln und Scharen von Heiligen, Märtyrern, Aposteln und Evangelisten. Ihnen allen voran schritten zu beiden Seiten der Gottesmutter, diese geleitend, Johannes der Täufer und Johannes der Evangelist, die später die beliebtesten und am meisten verehrten Heiligen in Rußland werden sollten.[44] Die allerheiligste Jungfrau näherte sich dem Altar und begann niederkniend für die Christenheit zu beten. Sie bat ihren göttlichen Sohn, die Gebete der Menschen anzunehmen, die ihn bei seinem heiligen Namen anrufen. Dann, nachdem sie lange im Gebet verweilt hatte, nahm sie ihren weiten, einem Umhang gleichenden Schleier ab, der auch ihr Haupt bedeckt hatte, und breitete ihn über alle Menschen in der Kirche aus, sie so vor den sichtbaren und unsichtbaren Feinden schützend.

* «Pokrów Bogoródizy» (Mariä Schutzmantel), griech. «episkepsis», wird am 14. Oktober nach dem neuen, das heißt am 1. Oktober nach dem alten Kalender gefeiert.

Andreas und sein Schüler Epiphanias schauten das wunderbare Geschehen lange Zeit, bis die Gottesmutter, nachdem sie ihr Gebet für die Welt beendet hatte, im Leuchten der Glorie verschwand. Und als sie fortging, wurde auch der über die Menschen gebreitete Mantel unsichtbar.

Eine besondere Bedeutung in dieser Erzählung kommt noch der Tatsache zu, daß Andreas, der diese Schau hatte, der Sage nach aus einem slawischen Volk stammte. Er war in jungen Jahren in Gefangenschaft geraten und in Konstantinopel an Theognost, einen Bewohner der Stadt, verkauft worden. Später, nachdem dieser ihn freigelassen, hatte er die Taufe empfangen und lebte seitdem bei der Kirche von Blachernae. So ist dieses übersinnliche Erlebnis von Anfang an mit dem slawischen Osten Europas verbunden.

Als dann im Jahre 988 Rußland getauft wurde, verbreitete sich neben den «biblischen» Hauptfesten die Überlieferung von der Schau des Heiligen Andreas in der Kirche von Konstantinopel ungewöhnlich schnell im russischen Volk. Schon nach weniger als zwei Jahrhunderten seit der Taufe des russischen Volkes wurde ein besonderes Fest in Erinnerung an dieses Geschehen gestiftet und im Jahre 1165 am Flusse Nerlja, nicht weit von der Stadt Wladimir, eine erste Kirche zu Ehren des Pokrow-Festes errichtet. Bald darauf wurde am Ende des 12. Jahrhunderts in Nowgorod ein Kloster zu Ehren von «Mariä Schutzmantel» gebaut. In den folgenden Jahrhunderten breiteten sich dann Kirchen und Klöster in ganz Rußland aus, die ihm geweiht waren, so auch in Moskau in der Mitte des 16. Jahrhunderts (heute unter dem Namen «Mariä Schutzmantel-Kathedrale» oder «Basilius Kathedrale» bekannt).

Damit erhielt dieses Fest, obwohl es auf eine Schau zurückgeht, die nicht in slawischem Gebiet, sondern in Konstantinopel erfolgte, seine volle Bedeutung doch *erst im russischen Volk.* Weder die griechische noch viel weniger die katholische Kirche kennen es. Die besondere Beziehung namentlich des russischen Volkes zu dem geistigen Gehalt dieses Festes hat okkulte Grundlagen und hängt mit der künftigen Mission des europäischen Ostens in der sechsten Kulturepoche zusammen.

Die künftige Mission des slawischen Ostens schließt jedoch eine weitere okkulte Tradition ein, die zu beachten ist, will man in das Geheimnis des Übergangs von der fünften zur sechsten Kulturepoche eindringen und letztere tiefer verstehen. Es ist das die Tradition, die mit dem sogenannten *Palladium* verbunden ist, exoterisch eine plastische Darstellung der Pallas Athene, esoterisch eine *Imagination* der ältesten hellseherischen Weisheit der Menschheit.[45] Deshalb heißt es in der Sage, daß das Palladium erstmals in Troja erschien, «nachdem es vom Himmel gefallen war», wodurch zum Ausdruck gebracht wird, daß es sich hier um eine hellseherische Weisheit handelt, die einst der Menschheit den Zugang zur geistigen Welt erschloß.

In Troja diente das Palladium dann als eine schützende und mit den Göttern verbindende Macht. Solange es in der Stadt war, konnte diese nicht besiegt werden, weshalb Odysseus es auch rauben mußte, um sie zu erobern.

Odysseus ist kein Träger der alten Hellseherkräfte mehr. Er steht unter dem besonderen Schutz der Göttin Athene, die in der vierten nachatlantischen Epoche die Menschheit von der alten hellsichtigen zur neuen mehr intellektuellen Kultur führen sollte, welche später in der griechischen Philosophie verwirklicht wurde.[46] Nach einer anderen Version rettete Aeneas das Palladium aus dem brennenden Troja und nahm es mit sich nach dem neu zu gründenden Rom.

In Rom geht das Erbe der alten Hellseher-Weisheit schließlich verloren. Darauf weist eine der Versionen der Sage hin, wo davon berichtet wird, wie Kaiser Konstantin nicht mehr das Palladium selbst, sondern eine «Kopie» desselben im 4. Jahrhundert aus Rom nach Konstantinopel brachte. Historisch wird das dadurch bestätigt, daß Konstantin nicht in die Mysterien eingeweiht war[47] und deshalb keinen unmittelbaren Zusammenhang mit den höheren Welten hatte.

So kommt das Verlöschen der alten Hellseher-Weisheit bis zu der Zeit, als das Palladium von Rom nach Konstantinopel gebracht wurde, auch darin zum Ausdruck, daß nun das ursprüngliche Palladium nicht mehr auf der Erde gefunden werden kann – die alte Weisheit sich nicht mehr in die Erdenentwicklung ergießt.

Die Palladium-Sage endet jedoch mit der Erzählung, wie diese Weisheit der Menschheit wieder zugänglich werden wird und wie das wiedergefundene Palladium von Konstantinopel nach Norden, «in eine slawische Stadt gebracht werden wird».[48]

Vom Standpunkt einer geisteswissenschaftlichen Geschichtsbetrachtung kann man sagen: Der Übergang des Palladiums von Troja nach Rom entspricht dem Übergang von der dritten zur vierten nachatlantischen Kulturepoche; der nächste Übergang von Rom nach Konstantinopel dem Übergang von der vierten zur fünften Epoche. Die fünfte Epoche ist aber mit dem tiefsten Eintauchen der Menschheit in die Materie verbunden, weshalb in Konstantinopel jegliches «historische» Wissen um das Palladium endgültig verlorengeht. Der künftige Übergang von Konstantinopel in den slawischen Osten Europas wird dem historischen Übergang von der fünften zur sechsten Kulturepoche entsprechen. Dann wird das Palladium abermals, wenn auch in verwandelter Form, auf die Erde herabkommen, und das bedeutet, daß sich der Menschheit abermals der Zugang zur ursprünglichen hellseherischen Weisheit erschließen und sie – nun aber in vollem Bewußtsein – in die geistige Welt eintreten wird. Das wird der Beginn der wahren Geistselbst-Kultur sein.

Im alten Griechenland leitete die Göttin Athene den Übergang vom alten Hellsehen zu der an seine Stelle tretenden «irdischen Weisheit». Die in das Gewand vergeistigter *menschlicher Begriffe* gehüllte Mysterienweisheit (wie das in der griechischen Philosophie der Fall war) war ihre Gabe für die Menschen.[49] Deshalb wurde Athene von den griechischen Philosophen auch als ihre Schutzgöttin und ihre Inspiratorin angesehen. Das bedeutet, esoterisch betrachtet, daß die Impulse der kosmischen Weisheit oder Sophia durch die Gestalt der Athene in die griechische Kultur einflossen und diese nun nicht mehr unmittelbar, sondern mittelbar durch das feine Netz der allmählich entstehenden menschlichen Begriffe aufgenommen wurden.

Ins Deutsche übersetzt bedeutet «Palladium»: Ort oder Quelle der «Jungfräulichkeit». Es weist auf seine kosmischen Kräfte, welche aus dem Sternbild der Jungfrau in die Erdenentwicklung fließen (aus der kosmischen Sophien-Sphäre). So ist *Pallas* Athene – die griechische Göttin der Weisheit – eine bestimmte mit den Sophien-Kräften, den Kräften der kosmischen Jungfräulichkeit «bekleidete» Wesenheit der geistigen Welt. Sie ist eine Trägerin der Sophien-Kräfte in der vorchristlichen Epoche der Menschheitsentwicklung.

In der christlichen Epoche sollte dann ein ganz neues Verhältnis zu den Sophien-Kräften in unserem Kosmos entstehen. Dieses neue Verhältnis tritt historisch in einer anderen Gestalt vor uns hin, die eine Art höhere Metamorphose der gesamten vorherigen Entwicklung darstellt. Darüber äußert sich Rudolf Steiner auf die folgende Weise: «Auch die Pallas Athene ist eine Maja, eine Maria; aber die Pallas Athene ist jene Maja, welche aus sich selbst heraus noch die Weisheit spiegelt, welche aus sich selbst heraus die Weisheit dem Menschen offenbar werden läßt. Der große Fortschritt besteht darinnen, daß diese selbe Maja, diese selbe Maria befruchtet wird von dem Kosmos, und geboren wird nun eine neue Weisheit. Die Pallas Athene war die Repräsentantin der

Weisheit. Der Christus-Impuls ist der Sohn der Maja, der Maria, der jungfräulichen Weisheitsrepräsentantin und der kosmisch-göttlichen, der kosmisch-intelligenten Weltenmacht.»[50]

Der Unterschied zwischen diesen beiden Gestalten besteht darin, daß die Jungfrau Pallas Athene eine Führerin der Menschheit auf dem Weg von der kosmischen Weisheit zur menschlichen Weisheit war, während Maria-Sophia sie von der menschlichen Weisheit wiederum zur kosmischen Weisheit führen soll, vom vergeistigten Denken zum neuen Hellsehen. Diese aufsteigende Entwicklung, durch die sich der Menschheit abermals der Zugang zur jungfräulichen Weisheit der kosmischen Sophia erschließen wird, wird mit der Ausbreitung jener Mysterien in der sechsten Epoche verbunden sein, von denen im 12. Kapitel gesprochen wurde.

Die hier skizzierte, allgemeine Entwicklung kann noch konkretisiert werden, wenn wir uns bewußtmachen, daß nach dem Untergang des alten Griechenland seine geistige Kultur das gesamte Leben im römischen Imperium befruchtete. Dabei suchten viele Römer, die eine griechische Bildung erworben hatten und sich mit der griechischen Philosophie beschäftigten, ihre Liebe zu derselben durch ihre Kleidung zum Ausdruck zu bringen. Deshalb zogen sie, im Gegensatz zu den übrigen Römern, die eine Toga trugen, ein besonderes Gewand vor, das sie «Pallium» oder «Philosophenmantel» nannten. Durch diese Bezeichnung betonten sie ihre Zugehörigkeit zur griechischen Philosophie und zu deren Schutzgöttin *Pallas* Athene. So trug auch Tertullian in Karthagena das Pallium, und das führte schließlich dazu, daß er öffentlich das Recht, dieses Kleidungsstück zu tragen, vor den übrigen Bürgern der Stadt verteidigen mußte.

Das dem männlichen «Pallium» entsprechende weibliche Kleidungsstück im alten Rom war die sogenannte Palla. Sie bestand aus einem breiten, rechteckigen Tuch, welches den ganzen Körper und das Haupt umhüllte.

In frühchristlicher Zeit wurde die Gottesmutter oftmals mit der Palla bekleidet dargestellt. Diese Tradition blieb in der bildenden Kunst erhalten. So trägt zum Beispiel die Gottesmutter auf fast allen russischen Ikonen die Palla. Eine klassische Darstellung derselben finden wir bei der «Sixtinischen Madonna». Wenn wir uns nun an dieser Stelle daran erinnern, daß die frühchristliche Kunst noch ganz und gar aus altem Hellsehen herrührte und deshalb bis zu den Formen und Farben der Kleidung etwas von der den Menschen umgebenden *geistigen*

Aura[51] wiederzugeben suchte, so müssen wir sagen: Schon die Bezeichnung «Palla» als ein letzter Abglanz der Erinnerung an die Jungfrau Pallas Athene weist auf die kosmischen Kräfte der Sophia oder «jungfräulichen Weisheit», die, gleich einer mächtigen leuchtenden Aura, die irdische Gestalt der Maria umgaben.

Nach der Aussage der modernen Geistesforschung sind diese kosmischen Kräfte der «jungfräulichen Weisheit» oder Sophia ihrer Substanz nach dem fünften Prinzip des Menschenwesens, dem *Geistselbst,* verwandt. Deshalb sagt Rudolf Steiner: «Das hochgebildete Manas ... ist die Weisheit, Sophia, die Mutter.»[52] So weist die Gestalt der Maria, die mit der Palla bekleidet ist, auf die sie umgebende Aura des Manas oder Geistselbst.

Der Christus dagegen, der sich bei der Taufe im Jordan mit Jesus von Nazareth vereinigte, trug infolgedessen ein noch höheres Prinzip in die ganze Erdenentwicklung, das Prinzip des Lebensgeistes oder die Substanz der kosmischen Liebe. Rudolf Steiner äußerte darüber: «In Griechenland nannte man die Buddhi ‹Chrestos›, und dies ist heute bei den meisten Menschen nur in den ersten Anfängen da.» Und weiter: «Durch den Heiligen Geist wird Manas ausgebildet, durch Christus wird das sechste Prinzip ausgebildet [Buddhi]».[53]

Bei der Verkündigung nach dem Lukas-Evangelium sagt der Engel zur lukanischen Maria: «Der Heilige Geist wird über dich kommen, und die Kraft des Höchsten wird dich überschatten» (1,35).

Von dem Augenblick an wirken die Kräfte des Heiligen Geistes in ihrem ganzen Wesen, das Manas-Prinzip im Laufe der folgenden *zwölf* Jahre bis zu ihrem frühen Tod in ihr «ausbildend». Später versenkt sie dieses Manas-Prinzip, aus der geistigen Welt heraus, während der Taufe Jesu im Jordan in den Astralleib der salomonischen Maria. Dadurch wird diese «Palla-umhüllt», das heißt zur Trägerin einer höheren, spirituellen Aura, durch die sie mit den Sophien-Kräften in unserem Kosmos verbunden ist.

Die Geistselbst-Substanz wirkt in ihr jedoch noch unbewußt, der Manas-Impuls wird von ihrem Bewußtsein zunächst nicht in dem Maß erfaßt, daß sie ein bewußter Zeuge für das Weilen der göttlichen Christus-Wesenheit auf der Erde während der drei Jahre hätte sein können.

Ein solches Erwachen der Geistselbst-Kräfte, die substantiell schon in ihrer Aura enthalten sind, in ihrem Bewußtsein, kann erst dadurch geschehen, daß ein noch höheres Prinzip auf sie einwirkt, dessen Träger auf der Erde der Christus Jesus ist. In dem ersten, im Johannes-Evangelium beschriebenen Wunder, das bei der Hochzeit von Kana in Galiläa sich ereignete, findet sich ein Hinweis auf dieses Erwachen. Er ist in den Worten enthalten, mit denen sich der Christus Jesus an seine Mutter wendet. «Achte auf die Kraft, o Weib, die da waltet zwischen mir und dir» (Joh. 2,4).

Das ist die weckende Einwirkung von Christi Lebensgeist auf das Geistselbst Marias[54], durch die es ihr möglich wird, die Manas-Substanz, die sie mit der kosmischen Sophien-Sphäre verbindet, in ihr Bewußtsein zu heben, um von diesem Augenblick an den Christus Jesus auf den Wegen seines kosmisch-irdischen Schicksals *erkennend* zu begleiten.

Die Imagination der Verwandlung von Wasser in Wein durch die Sonnenkräfte des Christus zeugt davon. Wasser wirkt nicht unmittelbar auf das menschliche Bewußtsein. Ist es jedoch durch die Sonnenkräfte in den Saft der Weinrebe verwandelt, dann vermag es auf dieses zu wirken. Dadurch, daß sie in einem Akt übersinnlicher Kommunion von dem Christus selbst «Geistes-Wein» (Buddhi-Kräfte) empfangen hat, erwacht die salomonische Maria zu einem voll bewußten Leben im Geistselbst, wird sie zu einer wahren, *bewußten Repräsentantin seiner Kräfte auf der Erde.*

Aus allem, was wir über die geistige Bedeutung des Wunders der Hochzeit von Kana sagten, geht aber auch seine besondere, prophetische Beziehung gerade zur sechsten Kulturepoche hervor. Auf diese Wechselbeziehung weist Rudolf Steiner im Vortrag vom 30. Mai 1908 hin: «Denken Sie sich den Seher der damaligen Zeit. Er erlebte … wie allmählich die Menschheit vorbereitet wird, zu empfangen den Geist oder das Geistselbst, Manas, im sechsten Zeitraum. Und er erlebte das in einem astralen Vorgesicht. Er erlebte die Hochzeit zwischen der Menschheit und dem Geist.» Und er fährt fort: «Die Menschheit feiert ihre Ehe mit dem Geistselbst oder Manas … Der Schreiber des Johannes-Evangeliums weist hier darauf hin, daß es sich nicht nur um ein wirkliches Erlebnis handelt, sondern zu gleicher Zeit noch um eine große, gewaltige Prophetie. Diese Hochzeit drückt aus die große Menschheitshochzeit, die sich in der Einweihung zeigte am dritten Tag … [es zeigt sich] am dritten Tage das, was geschieht, wenn die Menschheit von der fünften zur sechsten Kulturepoche hinübergehen wird.»[55] Diese Worte Rudolf Steiners werden noch durch die Zahlensymbolik bestätigt, die in der Beschreibung des Wunders bei der Hochzeit von Kana enthalten ist. So deuten die *sechs* steinernen Wasserkrüge (2,6) direkt auf die sechste Kulturepoche, der Hinweis aber auf ihr Maß: «und ging in je einen zwei oder drei Maß» – spricht von den Gliedern des Menschenwesens, die in jener Epoche wirksam sein werden. Zwei werden noch mit der Erde verbunden sein (der physische und der ätherische Leib); der Mensch wird jedoch, wenn er sie *nachts* im Schlaf verlassen hat, mit seinem Astralleib und Ich nicht länger ganz unbewußt in der geistigen Welt weilen, sondern er wird dadurch, daß er in die Geistselbst-Hülle gekleidet ist, voll bewußt in ihr wirken. Die bewußte Verbindung mit der geistigen Welt wird so in der sechsten Kulturepoche dadurch entstehen, daß der Mensch dann nicht aus zwei und zwei Gliedern bestehen wird, sondern aus zwei und drei! Der Mensch wird demnach in der sechsten Epoche bis zu einem gewissen Grad *noch während seiner Verkörperung auf der Erde* das erleben, dem er sonst nur nach dem Tode, vor dem Eintritt in das Kamaloka, begegnet: «Für das, was er dem Weltenäther nun abgibt, für das hüllt er sich ein in dasjenige, was wir genannt haben das Geistselbst. Das ist gewissermaßen jetzt ein äußeres Glied. Es dringt heran unbestimmter Äther an ihn; der umhüllt ihn mit einer Art von Geistselbst.»[56]

Das Urbild für dieses Erleben aber wird die salomonische Maria sein, die im Augenblick der Taufe im Jordan mit der geistigen Hülle (der Palla) des Geistselbst umhüllt wurde.

Dieses «Umhüllen mit dem Geistselbst» wird seinerseits der sechsten Kulturepoche ihren *moralischen Charakter* verleihen.[57]

Das können wir am besten verstehen, wenn wir das Folgende beachten. In der geistigen Welt bildet das Geistselbst nach dem Tod die äußere Hülle des Menschen während des Kamaloka. Wie Rudolf Steiner bezeugt, ist es gerade dieses, was die «Triebkraft» bildet, welche den Menschen dasjenige erleben läßt, was die Menschen, die mit ihm verbunden waren, infolge seiner Worte und Handlungen im letzten Erdenleben innerlich durchmachten. Alle Leiden, die sie, bewußt oder unbewußt, *anderen Menschen* zugefügt hat, erlebt die menschliche Seele nun als ihr eigenes Leiden. Und dazu regt sie die Geistselbst-Hülle an, mit der sie nun bekleidet ist.[58] Das ist die andere Seite des künftigen Geistselbst-Wirkens in der sechsten Epoche.[59]

Dieses Wirken wird sich jedoch nicht nur darauf erstrecken, daß der Mensch seine eigenen Fehler und Versäumnisse erlebt, sondern es wird allmählich ein umfassendes Verantwortungsgefühl für die *ganze* Erdenentwicklung entstehen, so daß «der Mensch … dann auf der Höhe der Kultur der sechsten nachatlantischen Kulturperiode jedes fremde Leid als sein eigenes Leid empfinden wird».[60]

Auf diesen Charakter der sechsten Epoche weist auch das Lukas-Evangelium prophetisch durch die Worte hin, mit denen der alte Simeon sich im Tempel an die lukanische Maria wendet: «Auch deine Seele wird ein Schwert durchdringen. Es macht, daß die Gedanken und das Sinnen vieler Herzen [dir] offenbar werden» (2,35).

Später übergab die lukanische Maria diese zukünftige Fähigkeit des allumfassenden Mitleidens und das Vermögen, freiwillig das Leiden anderer Menschen auf sich zu nehmen, zusammen mit der Geistselbst-Substanz der salomonischen Maria.

Nun wollen wir uns wiederum dem Wunder der Hochzeit von Kana zuwenden und einen weiteren Aspekt desselben genauer betrachten. Wie wir bereits sahen, ist das Erwachen des Geistselbst-Bewußtseins bei der salomonischen Maria, das sich damals vollzog, eine prophetische Vorwegnahme seines Erwachens in der ganzen Menschheit während der sechsten Kulturepoche. Da aber dieses Erwachen des Manas-Bewußtseins nur dadurch erfolgen kann, daß das noch höhere Buddhi-Prinzip auf es einwirkt, so bedeutet das, daß in der sechsten Kulturepoche nicht nur die Kräfte der Weisheit (Sophia), sondern auch die der kosmischen Liebe wirken werden.[61] Wir können auch sagen: Es wird dann das von dem Impuls der kosmischen Liebe durchdrungene Geistselbst zur Erde herabkommen. Deshalb wird der Geistselbst-Impuls, obwohl er in erster Linie mit der Substanz der kosmischen Weisheit verbunden ist, zugleich auch die Grundlage für die große «Liebesgemeinschaft» sein, welche dann die ganze Menschheit umfassen wird.

«Es wird eine sehr wichtige Kulturepoche sein, diese sechste; denn sie wird durch gemeinsame *Weisheit* Frieden und Brüderlichkeit bringen. Friede und Brüderlichkeit dadurch, daß sich dann nicht bloß für einzelne auserlesene Menschen, sondern für den in normaler Entwikkelung stehenden Teil der Menschen *hineinsenkt* das höhere Selbst, zunächst in seiner niederen Form, als Geistselbst oder Manas.»[62] Und in einem anderen Vortrag äußerte Rudolf Steiner: «Nach und nach erst, aus den kleinen Gemeinschaften heraus, können sich die Menschen hinentwickeln zu einer großen *Liebesgemeinschaft,* wie sie sich konkret gerade durch die Einpflanzung des Geistselbst entwickeln wird.»

Um diesen Prozeß noch besser zu verstehen, ist das Folgende zu beachten. Nach der geisteswissenschaftlichen Forschung Rudolf Steiners wird das Geistselbst sich in der sechsten Epoche herabsenken und der Lebensgeist in der siebenten.[63] Und so wie die Bewußtseinsseele zur Bildung des Grundcharakters der gegenwärtigen Epoche – wenn auch für die meisten Menschen noch unbewußt – durch das Geistselbst (die Sophia) angeregt wird[64], so wird das bewußte Beherrschen des Geistselbst in der sechsten Epoche aus noch höheren Welten durch den Lebensgeist wachgerufen werden, dessen bewußtes Erleben in der sechsten Epoche (wie das Geistselbst in der fünften) nur Eingeweihten oder Menschen möglich sein wird, die den Weg wahrer Geistesschülerschaft betreten haben. Jener Impuls kosmischer Liebe aber, der sich durch den Lebensgeist offenbart und der erst in der siebenten Epoche unmittelbar auf die Erde herabkommen wird, wird schon in der sechsten Epoche *durch das Geistselbst,* vorbereitend, in der Menschheit wirken.

Diese von Lebensgeist-Kräften erfüllte Geistselbst-Substanz wird in der Epoche von Philadelphia als Grundlage für eine universelle Brüderlichkeit in der Menschheit dienen. In der siebenten Epoche wird diese dann beim Eindringen der Substanz des Buddhi-Prinzips aus der Sphäre des Geistesmenschen oder Atma impulsiert werden, so daß der Impuls der Liebe nicht nur die Menschen brüderlich vereinigen, sondern der *Geistes-Wille* unseres Kosmos durch diesen Impuls wirken und die Liebe die höchste Schöpfermacht sein wird, Neues in der Erdenentwicklung hervorbringend.[65]

Auf diesen Prozeß wies Rudolf Steiner hin, indem er das Urbild hinstellte, wie es in den Ereignissen an der Zeitenwende in Erscheinung trat: «Wie Christus in die Welt trat, läßt sich folgendermaßen erkennen. Das sechste Prinzip, die Buddhi, ist geboren aus dem fünften, wenn dieses zur vollen Höhe gelangt ist, aus dem Geistselbst oder Manas, oder wie die Griechen damals das fünfte Prinzip nannten: aus der Sophia. Alle Gnostiker, die sich zum Sinne des Johannes-Evangeliums bekannten, nannten die Mutter Jesu ‹Sophia›. Durch das Erscheinen Jesu wird der Erde das sechste Prinzip gebracht. Die Vereinigung des Lebensgeistes mit der Menschheit vollzieht sich. Dazu mußte die Sophia erst ganz reif werden [in der sechsten Epoche]. Wenn der Lebensgeist sich mit der Menschheit vereinigt [in der siebenten Epoche], so ist die Menschheit die Sophia. In der Hochzeit zu Kana wird uns das im Gleichnis erzählt.»[66]

Geistesgeschichtlich betrachtet muß die Menschheit, bevor das Lebensgeist-Prinzip in der siebenten Epoche in sie herabkommt, im Lauf der sechsten Epoche für das Geistselbst reif geworden sein oder, was dasselbe ist, *selbst Sophia geworden sein.*

Und das ist die Hauptaufgabe der sechsten Epoche, für die auf der Hochzeit von Kana das Urbild gestiftet wurde: «Wir können das eine geistige Ehe nennen – und so nannte man auch immer in der christlichen Esoterik die Verbindung des menschlichen Ich mit dem Manas oder dem Geistselbst.»[67]

Das von uns betrachtete Menschheitswerden wird auch mit der Weiterentwicklung des Christentums als einem lebendigen *geistigen Impuls* verbunden sein: «Das Christentum wird sich in die Zukunft fortentwickeln, es wird noch ganz andere Dinge der Menschheit darbieten, und die christliche Entwicklung und die christliche Lebenshaltung werden in neuer Gestalt erstehen: es wird der umgewandelte astralische Leib erscheinen als das christliche Geistselbst, der umgewandelte Ätherleib als der christliche Lebensgeist»[68], so stellte das Rudolf Steiner dar.

Das bedeutet, im okkulten Sinne, daß der durch das Mysterium von Golgatha in die Erde gesenkte Same, der sie zu einer *moralischen Sonne* unseres Kosmos führen wird, allmählich den Menschen wird übersinnlich wahrnehmbar werden: «Die Tat auf Golgatha hat die Erde mit einem astralischen Licht durchdrungen, das nach und nach zum ätherischen und dann zum physischen Licht werden wird.»[69]

Aber nicht nur dieses Licht zu schauen, sondern auch bewußt am Leuchten der Erde in den Weltenraum *teilzunehmen,* wird der Menschheit von der sechsten Kulturepoche an möglich sein. Heute kann eine solche Beteiligung nur indirekt geschehen[70], und erst später wird sie zu einer *bewußten* Beteiligung werden. In der siebenten Epoche wird sich die Menschheit dann an der Vereinigung des ätherischen mit dem astralischen Leuchten beteiligen und noch später, nach der großen Katastrophe des «Kriegs aller gegen alle», auch an der Vereinigung des ätherischen mit dem physischen Licht.

Eine ganz besondere Bedeutung für das Sonne-Werden der Erde wird die sechste Kulturepoche haben. «Es wird aber eine sehr wichtige Kulturepoche sein, diese sechste», sagte Rudolf Steiner.[71] Denn dann wird der *Anfang* der bewußten Beteiligung an diesem Prozeß gemacht werden müssen, was dadurch möglich sein wird, daß sich die Substanz des

Geistselbst – imaginativ gesprochen – die geistige Aura oder «Palla» der Sophia, ihr übersinnlicher Mantel, auf die Erde «herabsenken» wird, dessen Träger die salomonische Maria an der Zeitenwende war. Was hier jedoch objektiv als das «Sich-Herabsenken» einer geistigen Substanz beschrieben wurde, das wird subjektiv, das heißt vom Standpunkt der Menschen, ein voll bewußtes Aufsteigen in die geistige Welt sein, das abermalige Sich-Vereinigen mit der ursprünglichen Weisheit der Menschheit.

Mit anderen Worten: Dieses Sich-Herabsenken der geistigen Sophien-Palla auf die Menschheit in der sechsten Epoche, dessen geographisches Zentrum der Osten Europas sein wird, ist nichts anderes als die *Rückkehr des Palladiums aus der geistigen Welt zur Erde,* seine Wiedergewinnung zunächst durch das größte slawische Volk Europas und sodann durch die ganze Menschheit.[72]

Einen prophetischen Hinweis aber auf diese ferne Zukunft stellt die Imagination des russischen Schutzmantel-Festes dar.

Im Jahre 869 wurde in Konstantinopel auf dem 8. Konzil der Geist abgeschafft.[73] Das ist eine direkte Folge der Tatsache, daß die Kräfte des alten, nach Konstantinopel gebrachten Palladiums die Erdenmenschheit endgültig verlassen hatten. Damit war die Frage seiner Wiedergewinnung, von der so viel in der zukünftigen Menschheitsentwicklung abhängt, in aller Schärfe aus geistesgeschichtlicher Notwendigkeit gestellt. Und als geistesgeschichtliche Antwort auf diese Frage erwies sich bereits im folgenden Jahrhundert die prophetische Schau des heiligen Andreas in der Kirche von Konstantinopel: von der Wiederkehr des Palladiums in der sechsten Kulturepoche, seinem Herabkommen vom Himmel im Bild der sich herabsenkenden Sophien-Palla auf die Erde.

Die Tatsache, daß die Legende von der Schau des heiligen Andreas nur im slawischen Osten Ausbreitung fand und daß ihr in Rußland ein großes Fest gewidmet wurde, bestätigt *historisch* nicht nur den Hinweis der Legende darauf, daß in Zukunft das Palladium von Konstantinopel nach Rußland gebracht werden wird als eine Realität, sondern ebenso die Realität der in den geistigen Grundlagen des russischen Volkes lebenden Kräfte, des Volkes, das diese Zukunft vorausgeahnt und sie in dem «Pokrow-Fest» vorweggenommen hat.[74]

Von zwei Individualitäten spricht die Schau des heiligen Andreas, die dieses Herabsteigen ganz besonders fördern werden. Es sind das die zwei Johannes, Johannes der Täufer und Johannes der Evangelist, die in der Zukunft die Aufgabe haben werden, eine zentrale Stellung einzunehmen bei der Umwandlung der Menschheit in «Sophia».

Mit ihnen erschienen dem heiligen Andreas in der Umgebung der Gottesmutter und der Engelwesen in der Schau auch die Apostel, die Evangelisten, heilige Frauen, christliche Märtyrer und Märtyrerinnen aller Zeiten und Völker. Das ist eine Imagination von allen jenen Menschenseelen, die dadurch, daß sie den Christus-Impuls in sich aufgenommen haben, wahre Diener am Werke des Christus in der sechsten Epoche werden können.[75] Denn was Andreas hellsichtig schaute als übersinnliche Erscheinung der Heiligen aller Völker und aller Länder der Erde, hat in okkulter Beziehung dieselbe Bedeutung wie die hellsichtige Schau der Fünftausend in der Szene der Brotvermehrung durch die Apostel des Christus Jesus an der Zeitenwende. Gemäß der geisteswissenschaftlichen Forschung Rudolf Steiners war diese Schau der Apostel nichts anderes als der übersinnliche Anblick aller der Seelen, die sich in der fünften Kulturepoche zum Dienst für den Christus-Impuls verkörpern sollten.[76]

Auf ähnliche Weise schaute auch der heilige Andreas die große Bruderschaft aller vom Christus-Impuls erfüllten Menschen in der sechsten Kulturepoche, die allumfassende «Liebesgemeinschaft» des künftigen Philadelphia: «Wie ein hohes Ideal schwebt vor uns diese Gemeinschaft, die die sechste Kulturperiode so umschließen wird, daß sich die zivilisierten Menschen selbstverständlich, aus ihrer Seele heraus wie Brüder und Schwestern gegenüberstehen werden.»[77] Denn «das Geistselbst soll einmal herabsteigen, es kann aber nur herabsteigen in eine Menschengemeinschaft, welche von Brüderlichkeit durchdrungen ist». Diese Worte Rudolf Steiners entsprechen aufs genaueste der Schau des heiligen Andreas, welche die Grundlage des russischen «Pokrow-Festes» ist. Wurde doch diesem in der Mitte des 10. Jahrhunderts der Anblick der großen, brüderlichen Gemeinschaft von Philadelphia gewährt, welche die *ganze* Menschheit umfaßt und welche sich dadurch bereitet hat, das aus den geistigen Welten herabkommende neue Palladium, die *geistige Aura* oder Palla der Sophia, eine Imagination des aus den Höhen kommenden Geistselbst zu empfangen.

Auch Rudolf Steiner nennt dieses zur Erde herabkommende Geistselbst eine «geistige Aura», welche «von den Geistern der höheren Hierarchien» getragen und gepflegt wird. «Sie bedarf der bewußten

Pflege gleichsam jener *geistigen Aura,* die noch über uns schwebt, die von den Geistern der höheren Hierarchien gepflegt ist und hineinfließen wird in die Menschenseelen, wenn sie in der sechsten Kulturperiode leben werden.»

Weiter weist Rudolf Steiner in demselben Vortrag, sich unmittelbar an die Anthroposophen wendend, auf die Aufgaben der anthroposophischen Gruppen, welche das Geistselbst schon «über sich schwebend haben», als Vorläufer der großen, brüderlichen Gemeinschaft von Philadelphia: «Wir wollen zusammenrufen die Menschen, die sich entschließen, Brüder und Schwestern zu sein, und die das über sich schwebend haben, was sie pflegen wollen, indem sie die Geisteswissenschaft pflegen und den guten Geist der Brüderlichkeit über sich schwebend fühlen.»

*

Das oben Gesagte ist auch in der russischen bildenden Kunst zum Ausdruck gekommen. Es gibt viele Ikonen, die dem «Pokrow-Fest» geweiht sind, wobei einige außer einem höheren künstlerischen Wert auch okkulte Tiefe haben.

An einer solchen Ikone soll hier als an einem Beispiel dargestellt werden, welche Zukunftsgeheimnisse der Menschheitsentwicklung die russischen Ikonen-Maler und ihre Inspiratoren vorausahnten.[78] Es ist das die Ikone «Mariä-Schutzmantel» der Nowgoroder Schule, die am Beginn des 15. Jahrhunderts entstand.[79] (Siehe Abbildung 8.)

Auf ihr ist das Innere einer russischen Kirche mit der zum Altar führenden Königstür in der Mitte dargestellt. In der Gruppe rechts unten steht der heilige Andreas, der seinen Schüler Epiphanias, rechts von ihm mit aufgeschlagenem Evangelium, auf die Schau der Gottesmutter hinweist. Alle anderen Darstellungen von Heiligen und Engeln auf den verschiedenen Teilen der Ikone sind ebenso Inhalt der Schau des heiligen Andreas.

Hinter dieser äußeren Seite der Darstellung verbirgt sich jedoch das Wissen um bestimmte okkulte Geheimnisse, das vor allem in der Komposition sowie der Zahlensymbolik der Ikone zum Ausdruck kommt. So stellt die Gruppe links unten die vier Evangelisten mit Johannes dem Täufer dar, der mit einer Pergamentrolle in der Hand vortritt. Ihre Zahl – fünf – weist zunächst auf eine bestimmte Eigenart des menschlichen *physischen Leibes.* Das sind die fünf Sinnesorgane, wobei Johannes der Täufer das Sehen repräsentiert und von den vier Evangelisten Johannes den Hörsinn, Lukas den Geschmackssinn, Markus den Geruchssinn und Matthäus den Tastsinn.

In der zweiten Gruppe rechts unten befinden sich *vier* Menschen. Ihre Zahl deutet auf eine bestimmte Eigenart des *Ätherleibes,* der aus den vier Ätherarten des Wärmeäthers, des Lichtäthers, des Klangäthers und des Lebensäthers besteht. Dabei repräsentieren die beiden auf der Erde verkörperten Menschen, der heilige Andreas und Epiphanias, die zwei niederen Ätherarten, welche von den Kräften des Sündenfalles zu einem gewissen Teil erfaßt wurden, die zwei Heiligen rechts dagegen, die einen Teil der übersinnlichen Schau bilden, deuten auf die zwei höheren, von den Erdenkräften unberührten Ätherarten.[80] Andererseits ist der Ätherleib das erste übersinnliche Wesensglied des Menschen und kann nur hellsichtig wahrgenommen werden. Deshalb befinden sich auch Andreas und Epiphanias in dieser Gruppe, welche die Gottesmutter schauten.

In der Gruppe links oben sind *drei* Heilige in weißen Gewändern abgebildet. Ihre Zahl weist auf das Geheimnis des *Astralleibs.* Sie stellen das geläuterte Denken, Fühlen und Wollen des Menschen dar.

In der vierten Gruppe schließlich, rechts oben, sind zwei Engel dargestellt, die mit einem bestimmten Geheimnis des Menschen-Ich verbunden sind. Selbstverständlich wird das Ich jedes Menschen von nur einem Engelwesen oder Schutzengel geführt. Hier jedoch in der Imagination der *zwei* Engel wird auf eine andere Seite des Ich hingewiesen, auf seine Beziehung zu den Höhen und den Tiefen der Welt und auf die entscheidende Aufgabe, das Gleichgewicht zwischen den Kräften des Himmels und der Erde zu finden. Aus diesem Grund wird auch in der Apokalypse als Imagination des Menschen-Ich ein *zweischneidiges,* feuriges Schwert gebraucht, das aus dem Munde des Menschen-Sohnes hervorgeht.[81] Dessen «Zweischneidigkeit» kann in der imaginativen Welt auch in der Gestalt der *zwei* «feurigen» Engel in Erscheinung treten.

In der Mitte der Ikone ist jedoch nur die *eine* Maria-Sophia dargestellt, auf einer Wolke stehend, mit der über sie und die Welt ausgebreiteten göttlichen Palla, die an den Seiten von den zwei Erzengeln Michael und Gabriel gehalten wird, eine Imagination der allmählich auf die Erde herabkommenden Geistselbst-Substanz oder des neuen Palladium als *fünftes,* höheres Glied des Menschen-Wesens. (Auf einigen älteren Ikonen hält die Gottesmutter die Palla selbst in ihren Händen, und die Erzengel unterstützen diese nur an den Enden.) Auf dieses Geheimnis des kommenden Geistselbst ist aber auch die Zahlensymbolik der Ikone im ganzen hingerichtet. Dabei bringen die einzelnen Gruppen die folgende Zahlensymbolik zum Ausdruck, die ihrerseits den Weg des geistigen Aufsteigens zum Geistselbst darstellt:

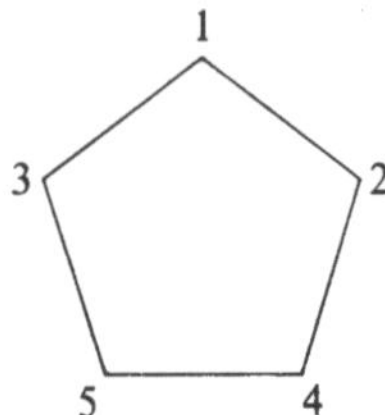

Oder: physischer Leib, Ätherleib, Astralleib, Ich und in der Mitte (oben) Maria-Sophia als die Repräsentantin des Geistselbst an der Zeitenwende. Über ihr der Sonnenerzengel Michael sowie der Mondenerzengel Gabriel, die der Menschheit die Geheimnisse enthüllen und die ihr den Weg zum hellsichtigen Erleben der Zukunft und der Vergangenheit weisen.[82] Und noch höher ist der Christus dargestellt als Träger der Weltenkräfte des Lebensgeistes, das Herabsteigen des Geistselbst zur Erde als neues Palladium segnend.

Den oberen Abschluß der Ikone bilden fünf Kirchen: vier kleinere und eine große, die abermals auf die vier niederen Wesensglieder des Menschen deuten sowie auf das *fünfte* (oder erste) höhere, welches das Menschheitsgut in der sechsten Epoche sein wird.*

So sehen wir, wie in der von uns betrachteten Ikone fast alle Hauptaspekte der sechsten Kulturepoche, von denen wir in unserer Anlage sprachen, ihren künstlerischen Ausdruck finden.

Alles oben Gesagte hat einen direkten Bezug zum Schaffen und zur Individualität von Novalis. Denn es ist wohl kaum jemand in der Geschichte des west- oder mitteleuropäischen Geisteslebens dem Mysterium der historischen Menschheitsentwicklung, das in der Imagination der Palla oder des Schleiers der Sophia zum Ausdruck kommt, in seiner inneren Erfahrung so nahegekommen.

---

* Dieses fünfgliedrige Prinzip liegt auch der äußeren Gestalt der traditionellen russischen Kirche zugrunde, wo die große Kuppel in der Mitte in der Regel von vier kleineren Kuppeln umgeben ist.

Novalis vermag dank des übersinnlichen Christus-Erlebens bei seinem «Ereignis von Damaskus» als ein wahrer Vorbote der sechsten Kulturepoche zu wirken, und er kann gleichzeitig an ihrer Vorbereitung unter den Menschen teilnehmen oder – imaginativ ausgedrückt –: er ist ein Träger des «Schleiers der ewigen Jungfrau»:

«Wenn ich ihn nur habe,
Hab ich auch die Welt;
Selig, wie ein Himmelsknabe,
Der der Jungfrau Schleier hält.
Hingesenkt im Schauen
Kann mir vor dem Irdischen nicht grauen.»

In diesem imaginativen «Schleier der Jungfrau» vereinigen sich für Novalis viele Züge des künftigen Menschheitszustands: die Fähigkeit eines neuen, bewußten Hellsehens, die «echte Offenbarung einer höheren Welt» und vor allem die Möglichkeit, eine gewisse Stufe der *Vollkommenheit* sowohl in seinem Werk als auch im Leben zu erreichen: «Alles Vollendete spricht sich nicht allein – es spricht eine ganze (mit)verwandte Welt aus. Daher schwebt um das Vollendete jeder Art der Schleier der ewigen Jungfrau – den die leiseste Berührung in magischen Duft auflöst, der zum Wolkenwagen des Sehers wird. Es ist nicht die Antike allein die wir sehen – die ist der Himmel, das Fernrohr – und der Fixstern zugleich – und mithin eine echte Offenbarung einer höheren Welt.»

Sind nicht besonders die Worte vom «Wolkenwagen des Sehers» eine dunkle Erinnerung von Novalis an den «feurigen Wagen des Elias» (2. Kön. 2,11), des großen Sehers der vorchristlichen Epoche? Und haben wir in der Imagination vom «Mantel des Elias» nicht einen Hinweis auf die seit Urzeiten bestehende Beziehung seines Wesens und seiner Mission zu dem «Schleier der ewigen Jungfrau»? Denn vom okkulten Standpunkt aus ist dieser «Mantel des Elias» nichts anderes als der mikrokosmische Ausdruck dessen, was in der Welt makrokosmisch als die Kräfte der himmlischen Sophia waltet.

Rudolf Steiner bezeichnet Elias als vom Heiligen Geist erfüllt,[83] demselben Heiligen Geist, der, wie wir schon sahen, in der lukanischen Maria die Ausbildung des Geistselbst in ihrer Seele hervorrief. Das bedeutet Offenheit gegenüber dem Manas-bildenden Wirken des Heiligen Geistes und ist auch in der Imagination des «Mantel des Elias»[84] zum Ausdruck gebracht als Hinweis auf sein höheres Wesen, das in jener Zeit noch nicht vollständig aus den geistigen Welten in seinen Leib einziehen konnte und deshalb diesen nur von außen locker umhüllte wie eine besondere geistige Aura.[85]

Diese höhere geistige Aura, die Geistselbst-Aura, erlebt auch Novalis, sie als «geistige Atmosphäre», als «eine Berührung des irdischen Geistes ... durch einen himmlischen, außerirdischen Geist», einen «lebendigen, moralischen Raum» um sich herum empfindend: «Das Christentum wird dadurch zum Rang der Grundlage – der projektierenden Kraft eines neuen Weltgebäudes, und Menschentums erhoben – einer echten Veste – eines lebendigen, moralischen Raums.»

«Neue Weltgebäude und [neues] Menschentum» – weisen diese Worte nicht auf das Ziel aller wahren Rosenkreuzer während der vergangenen Jahrhunderte, den großen Geistestempel der Menschheit zu bauen, hin?[86]

«Der Schleier ist für die ewige Jungfrau, was der Geist für den Leib ist», schreibt Novalis in «Die Christenheit oder Europa». Vom Standpunkt der anthroposophischen Terminologie können wir sagen: «... was das Geistselbst für den Leib ist.» Und er fährt fort: «... ihr unentbehrliches Organ, dessen Falten die Buchstaben ihrer süßen Verkündigung sind; das unendliche Faltenspiel ist eine Chiffren-Musik, denn die Sprache ist der Jungfrau zu hölzern und zu frech, nur zum Gesang öffnen sich ihre Lippen.»

Höchstes Geistorgan der Jungfrau-Sophia ist ihre Aura, ihr Schleier, dessen Falten die einzelnen Schriftzeichen der Verkündigung bilden, jene «okkulte Schrift», welche die Menschen in der sechsten Epoche werden lesen können. Diese hohe Verkündigung vernimmt Novalis bereits in unserer Zeit «als den feierlichen Ruf zu einer neuen Versammlung», zur Bildung der großen brüderlichen Liebesgemeinschaft von Philadelphia: «Mir ist er [der Schleier der Jungfrau] nichts als der feierliche Ruf zu einer neuen Urversammlung, der gewaltige Flügelschlag eines vorüberziehenden englischen Herolds. Es sind die ersten Wehen, setze sich jeder in Bereitschaft zur Geburt!»

Das wichtigste geistige Gut der historischen Entwicklung West- und Mitteleuropas ist die Möglichkeit, zu einem wahrhaft christlichen *Freiheits*-Erlebnis zu gelangen, so wie das in der «Philosophie der Freiheit» von Rudolf Steiner beschrieben ist. Ihm leuchtet vom Osten Europas die Imagination des «Pokrow-Festes» entgegen als eine Vorahnung der die ganze Menschheit umfassenden zukünftigen *Gemeinschaft* von Philadelphia.

Beides aber wird in der Persönlichkeit und dem Werk von Novalis vereinigt als eine Vorschau auf das Eintreten der Menschheit in die neue, helle Epoche, das kommende Lichtreich: «Über die *Freiheit* und *Gemeinschaft* im Reiche des Lichts – schon so recht dynamisch.»

IV.

Das Bild von Alexander Iwanow «Das Erscheinen des Christus vor dem Volk»

Das Bild Alexander Iwanows (1806–1858) «Das Erscheinen des Christus vor dem Volk» (siehe Abbildung 9)* nimmt eine zentrale Stellung in der russischen bildenden Kunst des 19. Jahrhunderts ein. Schon allein die äußere Tatsache, daß der Künstler zwanzig Jahre[87] an ihm malte, so daß diese Arbeit zu einer Art langjähriger Meditation mit dem Pinsel über die wichtigsten Probleme des Christentums wurde, verdient besondere Beachtung.

Alexander Iwanow, der als Stipendiat der russischen Akademie der Künste fast die Hälfte seines Lebens in Italien verbrachte – wo er auch sein Bild malte –, beschäftigte sich während dieser ganzen Zeit immer wieder aufs neue mit der Frage nach der Bedeutung und den Schicksalen Rußlands als einem christlichen Land für die zukünftige Menschheitsentwicklung. Seine Gedanken über die höhere Bestimmung und geistige Mission Rußlands, die zeitweilig den Charakter wahrer mystischer Vorschau hatten, suchte er ebenso in seinem Bild zu verkörpern.

Zwei Quellen hatten einen entscheidenden Einfluß auf die künstlerische Bildung und die Persönlichkeit des Malers; es war das einmal das Buch des Frühromantikers W. Ch. Wackenroder «Herzensergießungen eines kunstliebenden Klosterbruders»[88], das ihm schon in der Jugend in die Hände fiel, und das Werk Raphaels.

Ersteres diente A. Iwanow als Tor zu einem neuen Verständnis der Rolle der Kunst in der geistigen Entwicklung der Menschheit. Was vor der Bekanntschaft mit dem Buch des deutschen Romantikers nur als ein unklares Vorgefühl der übersinnlichen Herkunft der Kunst und der höheren Bestimmung des Künstlers in ihm lebte, der schöpferisch den göttlichen Willen, der alles Sichtbare geschaffen hat, erfüllt und weiterführt, das trat nun mit aller Kraft in sein Bewußtsein und wurde zur Grundlage aller seiner weiteren künstlerischen und inneren moralischen Bemühungen.

* Das Bild befindet sich heute in der Tretjakow-Galerie in Moskau.

Die zweite, nicht weniger wichtige Quelle, aus der sich während seines ganzen Lebens sein Schaffen nährte, waren die Bilder Raphaels. Bereits auf dem Weg nach Italien im Jahr 1830 machte A. Iwanow speziell in Dresden Halt, um mit eigenen Augen die «Sixtinische Madonna» Raphaels zu sehen. Die sorgfältige, unmittelbar vor dem Original ausgeführte Bleistiftkopie des Antlitzes der zwei Hauptgestalten zeugt von dem großen Eindruck, den dieses Bild auf ihn machte. In einem Brief an seinen Vater schrieb er am 13. September 1830: «Hier wurde ich erstmals von der Wirkung der Malerei stark berührt, von der Wirkung des eleganten Pinsels Raphaels. Sie betrachtend suchte ich wenigstens einen Fehler am Haupt dieser herrlichen Gestalt zu finden, und je mehr ich meine Kräfte anspannte, um die Spuren der Menschenhand ausfindig zu machen, desto stärker wurde diese Wirkung. Da es hoffnungslos war, das Geschaute im Gedächtnis zu behalten, bemühte ich mich mit aller Kraft um eine Skizze dieser Vollkommenheit, und ich wußte sogleich, daß ich Raphael dann kopieren müßte; meine Zeichnung aber ist nichts anderes als ein Denkmal meiner Schwäche gegenüber diesem großen Werk.»

So fand, was in W. Wackenroders Buch auf eine mehr theoretische Weise dargelegt ist, für A. Iwanow hier seine volle lebendige Verkörperung. Auch in den nun folgenden Zeiten, da sich der Künstler über längere Perioden in Italien aufhielt, blieb das Werk Raphaels für ihn höchstes, unerreichtes Ideal, unbestreitbares Zeugnis der in der Kunst wirkenden göttlichen Kräfte. Und dieser Anhänglichkeit gegenüber dem Werk Raphaels blieb der Künstler sein ganzes Leben lang treu.

Ausgehend von diesem Verständnis der Rolle der Kunst in der geistigen Entwicklung der Menschheit wählte A. Iwanow dann auch das Thema seines Hauptwerkes «Das Erscheinen des Christus vor dem Volk», ein Thema, das eine Illustration zu den folgenden Worten am Beginn des Johannes-Evangeliums darstellt: «Des andern Tages sieht Johannes Jesum zu ihm kommen und spricht: Siehe, das ist Gottes Lamm, welches der Welt Sünde trägt! Dieser ist's, von dem ich gesagt habe: Nach mir kommt ein Mann, welcher vor mir gewesen ist; denn er war eher denn ich. Und ich kannte ihn nicht; sondern auf *daß er offenbar würde in Israel,* darum bin ich gekommen, zu taufen mit Wasser» (1,29–31; Luther).

Zwar sprach Johannes der Täufer diese Worte erst nach der Taufe Jesu im Jordan («des andern Tages»), sie weisen jedoch dem Sinn nach auf den Moment unmittelbar *vor der Taufe* hin, bei dessen Darstellung der Künstler schließlich blieb. Diesen endgültigen Entschluß faßte er jedoch nicht sofort, sondern erst nach einer längeren Zeit des Suchens und Zweifelns. So folgt zum Beispiel aus zahlreichen, noch erhaltenen, vorbereitenden Studien zu dem Gemälde, daß Alexander Iwanow Jesus ursprünglich sofort *nach* der Taufe darstellen wollte. Deshalb skizzierte er auf einer solchen die Gestalt der Taube in einer leuchtenden Aureole über dem Haupt des Jesus, gemäß den Worten des Johannes-Evangeliums: «Und Johannes zeugte und sprach: Ich sah, daß der Geist herabfuhr wie eine Taube vom Himmel und blieb auf ihm» (1,32). Nach mehreren erfolglosen Versuchen, den abstrakten Symbolismus einer solchen Entscheidung zu bewältigen, wandte sich der Künstler jedoch einem *menschlicheren* Aspekt dieser Szene zu und stellte Jesus dar, wie er sich dem Ort der Taufe nähert, das heißt unmittelbar *vor* diesem Ereignis.

Über das Sujet des Bildes, das A. Iwanow mehrfach in seinen Tagebuchaufzeichnungen «universal» nannte, schrieb er in einem seiner Briefe aus Italien im November 1834: «Wenn es Gott in diesem Augenblick gefallen würde, mir mein hiesiges Leben zu nehmen, dann dankte ich ihm dafür, daß er mich erwürdigte, das erste Sujet auf der Welt auszuwählen!»

Die außergewöhnliche Bedeutung, die der Künstler nicht nur seinem Bild, sondern auch der Wahl von dessen Motiv zumaß, hängt damit zusammen, daß das Erscheinen des höchsten Gotteswesens, des Christus, sowie die Tatsache, daß der auserwählte Prophet auf Ihn hinweist, damit Er vom ganzen Volke empfangen werde, für den Künstler zugleich eine unbewußte Vorahnung der spirituellen Zukunft Osteuropas war, die in der kommenden Aufnahme des «christlichen Geistselbst» liegt.[89] Letzteres wird historisch erst in der sechsten Kulturepoche geschehen, die etwa in der Mitte des 4. Jahrtausends beginnen wird. Erst dann werden die slawischen Völker endgültig herangewachsen sein, um ihren Beitrag für die Weiterentwicklung der Menschheit zu leisten. Bis dahin, das heißt während der nächsten fast anderthalbtausend Jahre, wird die slawische Kultur eine *Kultur der Erwartung* sein müssen, des Wartens auf das Erscheinen des höheren geistigen Prinzips des Menschenwesens in seiner Mitte.

Diese seelische Grundstimmung Osteuropas: die Erwartung und Hoffnung auf das künftige Herabkommen der realen Geistsubstanz sowie den Wunsch und die Bereitschaft, sie um eines opfervollen Dienens für die ganze Erdenevolution willen aufzunehmen, suchte A. Iwanow seinem Bild einzuprägen. Aus diesem Grunde blieb es auch, trotz seiner zwanzigjährigen Bemühungen, unvollkommen. Denn was es der Welt durch das künstlerische Gewebe der biblischen Gestalten in Wirklichkeit sagen wollte, das konnte in dem letzten Jahrhundert des dunklen Kali Yuga mit den Mitteln der irdischen Kunst noch nicht zum Ausdruck gebracht werden. Für den Künstler selbst aber bedeutete die jahrelange Arbeit an ihm zugleich ein intensives inneres Suchen der Zukunft, die wir heute, auf dem Boden der Geisteswissenschaft, die sechste oder slawische Epoche nennen.[90]

Die zentrale Gestalt des Bildes «Das Erscheinen des Christus vor dem Volke» ist die Gestalt Johannes des Täufers. Als zugleich letzter Prophet des Alten und erster Repräsentant des Neuen Bundes wird er sowohl in geistiger wie in kompositorischer Beziehung auf dem Bild als auf der Wasserscheide zweier Welten, der Vergangenheit und der Zukunft, stehend dargestellt, wobei er durch seine Gesten und seinen Gesichtsausdruck den Menschen die Aufnahme eines neuen Geistimpulses *verkündet* und sie dazu *erweckt.*[91]

«Ändert euren Sinn. Nahe herbeigekommen ist das Reich der Himmel» (Matth. 3,2). – Als eine künstlerische Verkörperung eben dieses Rufes von Johannes an der Zeitenwende erscheint die ganze Gestaltenwelt, so wie sie der Künstler erdacht und ausgeführt hat. In diesem Augenblick ist Johannes wahrhaftig der *Repräsentant des Menschheitsgewissens.* Und als solcher fühlt er sich berufen, dasselbe in den anderen Menschen zu wecken, damit auch sie mit Hilfe des Gewissens als dem neuen Erkenntnisorgan die zur Erde herabgekommene kosmische Christus-Wesenheit erkennen und in ihr Herz aufnehmen können.[92]

Alle Stufen und alle Schattierungen dieses allmählichen *inneren Erwachens,* das durch den mächtigen Ruf Johannes des Täufers in der Menge hervorgerufen wird, suchte der Künstler auf seinem Bild zu zeigen. Ganz besonders bei der Betrachtung der Menschen, die in der Richtung vom rechten Bildrand zu seiner Mitte hin dargestellt sind, fällt das ins Auge.

«Einer von ihnen schaut mit wilder Neugier auf Jesus; ein anderer lächelt ungläubig bei Johannes' Worten, ein dritter schaut mit versteinertem Herzen auf das allgemeine Ziel, und der vierte ist bereit zu glauben», schrieb A. Iwanow in einem seiner Briefe an seinen Vater. Und später wies der bekannte russische Schriftsteller und Freund des Künstlers, Nikolaj Gogol, in dem seinem Werk gewidmeten Aufsatz darauf hin, daß A. Iwanow in seinem Bild «den ganzen ... Verlauf der Bekehrung des Menschen zu Christus» zeigt.

Schon durch den kompositorischen Aufbau des Bildes suchte der Künstler mit allen ihm zur Verfügung stehenden Mitteln, dieses allmähliche Erwachen zu einem immer bewußteren Aufnehmen des Christus-Impulses durch den johanneischen Gewissensimpuls zu zeigen. Zwei Menschheitsströmungen, die einmal mit der Vergangenheit, zum anderen mit der Zukunft verbunden sind, mit der vorchristlichen und der christlichen Menschheitsentwicklung, gliedern deutlich die gesamte Bildfläche in zwei Teile.

Rechts – die Repräsentanten der untergehenden Welt: die skeptisch-spöttisch zur Seite des näherkommenden Jesus schauenden römischen Soldaten sowie die sich abwendenden Schriftgelehrten und Pharisäer, die den Messias verwerfen. Die einen wie die anderen *wollen* die das *Gewissen* anrufende Stimme des Johannes *nicht* anhören. Sie wollen wie bisher in ihrem Leben sich nur von den Buchstaben des Gesetzes leiten lassen, die Römer vom «jus civile», die Schriftgelehrten und Pharisäer von der Thora des Moses.

Dieser rechten Gruppe stehen auf der linken Bildhälfte hinter Johannes die künftigen Jünger und Anhänger des Christus Jesus gegenüber: Johannes Zebedäus,[93] hinter ihm Petrus (?), weiter Andreas und ganz links Nathanael. Sie sind die Repräsentanten der zukünftigen Entwicklung, bereit, durch den in ihnen erwachten johanneischen Gewissensimpuls sogleich den sich nähernden Christus zu empfangen, um sodann seine Schüler zu werden.

Damit ist jedoch die kompositorische Idee des Bildes noch nicht erschöpft. Denn bei aufmerksamer Betrachtung bemerken wir, wie die rechts stehenden Menschen zu einer dichten Menschenmasse verschmelzen. Einzelne Individuen lassen sich kaum in ihr unterscheiden. Diese Menschen gehören noch jener Epoche der Menschheitsentwicklung an, als die Worte: «Ich und der Vater Abraham sind eins», die entscheidenden Lebensgrundsätze bildeten.

Dagegen wird in der Gruppe der Schüler von Johannes jeder einzelne in seiner ganzen Gestalt als Träger einer souveränen, in sich abgeschlossenen Ich-Individualität gezeigt. Das entspricht den Worten Rudolf Steiners, daß das Gewissen nur in denjenigen Menschen wirken kann, die ein starkes Gefühl des individuellen Ich besitzen.[94]

Vergangenheit und Zukunft, das Gruppen- und das individuelle Prinzip, dichte und freie Anordnung der Gestalten, das charakterisiert diese zwei Hauptströmungen der Menschheit, von denen die eine (rechts) langsam vom Berg herabkommt, während die andere sich zu neuem Aufsteigen vorbereitet. Und ist diese künstlerische Gegenüberstellung nicht ein Bild der ganzen Menschheitsevolution, die den Weg aus den geistigen Höhen hinab in das Reich der Materie, der Unfreiheit und des Gesetzes umfaßt, sowie dadurch, daß der Christus-Impuls in die Erdenentwicklung eintrat, auch die Möglichkeit zum abermaligen Aufsteigen in die höheren Welten, ein Aufsteigen, das auf den Kräften der freien Ich-Individualität gründet und das die Jünger Johannes des Täufers durch ihre Bereitschaft, Jünger des Christus Jesus zu werden, berufen waren zu beginnen?

Die beiden Ströme, der absteigende und der aufsteigende, werden auf dem Bild durch die zentrale Gestalt von Johannes verbunden. Wir sehen, wie die rechts eng miteinander verschmolzenen Menschen unter der Wirkung seiner Worte wie auch der Bewegungen seiner Hände, die machtvoll auf den sich nähernden Christus weisen, allmählich zu erwachen beginnen; ihre Gesichter werden heller und bewußter, und näher zur Bildmitte gerät die Menge bereits in Bewegung: einige stehen auf und schauen herum, wenden sich in die Richtung der auf Jesus weisenden Hand Johannes'. Andere, die noch am Boden sitzen, lernen gleichsam auf die neue, geheimnisvolle Stimme hören, die in ihrem Inneren zu sprechen beginnt und die ihnen das kosmische Geheimnis der sich aus der Ferne nähernden menschlichen Gestalt enthüllt.[95]

Diese starke Bewegung, die in der Mitte des Bildes entsteht und die gleichsam von beiden Seiten durch die zwei weniger bewegten Gruppen eingerahmt wird, läßt die ganze Darstellung in *drei* miteinander zu einem Ganzen verbundene ideelle Teile gliedern.

Das führt zu einem weiteren, außerordentlich wichtigen Aspekt des Bildes, und zwar daß es sich hier in einem gewissen Sinne um die Darstellung *der ganzen Menschheit* als eines einheitlichen geistig-physischen Organismus handelt.

In der rechten Gruppe haben wir die Erben der ältesten östlichen Kulturen, die letzten Träger der Ur-*Weisheit* der ganzen Erdenentwicklung, die im wesentlichen den Christus-Impuls bis heute noch nicht in ihr geistiges und religiöses Leben aufgenommen haben.[96] In der linken Gruppe sind junge, europäische Völkerschaften dargestellt. Sie verfügen über kein tiefes Weisheitserbe, dafür aber tragen sie einen starken, auf die Zukunft gerichteten *Willen* in sich, in den sie den Christus-Impuls aufnehmen wollen.[97] Das sind die zwei Hauptpole des Menschenwesens: die Weisheit des Kopfes und das Willensstreben, das in den Gliedmaßen wirkt.

Im mittleren Teil des Bildes, wo sich alles *in Bewegung* befindet und wo der rechte und der linke Teil kompositorisch zu einem Ganzen verbunden werden, entsteht eine Art Abbild des menschlichen rhythmischen Systems, dessen Mittelpunkt die Gestalt Johannes des Täufers bildet, der das wahre *Herz* der gesamten Komposition ist, der Repräsentant jenes zukünftigen Wahrnehmungsorgans für den Christus im Menschenwesen, mit dessen ätherischen Kräften er sich verbunden hatte, nachdem er durch das Mysterium von Golgatha gegangen war.[98]

Dieses Eintreten des Christus-Impulses in das mittlere «rhythmische» System des Menschen, zu dem das Herz das Tor bildet, ist mit bewundernswerter künstlerischer Meisterschaft in der Gesamtkomposition des Bildes zur Darstellung gebracht.

Im menschlichen Organismus bildet das rhythmische System vor allem den physischen Ausdruck für das Wirken der Kräfte des Ätherleibes. Und sein Mittelpunkt – das physische Herz – ist nur eine Projektion des *Ätherherzens,* des wichtigsten Geistorgans des Menschen, auf den physischen Plan.

Andererseits ist gerade der Ätherleib der Träger der Gewissensimpulse im Menschen.[99] Deshalb sagt man im Russischen oft statt «handle, wie dir dein Gewissen sagt»: «handle, wie dir dein Herz sagt». So sind für den russischen Sprachgeist die Worte «Gewissen» und «Herz» (selbstverständlich nicht in seiner physischen Bedeutung, sondern als ätherisches Wahrnehmungsorgan) bis zu einem gewissen Grad Synonyme. Damit wird auf ein wichtiges Geheimnis der Erdenentwicklung hingewiesen, das auch in der Stellung der Gestalt Johannes des Täufers auf dem Bild zum Ausdruck kommt. Denn obwohl Johannes der Täufer in künstlerischer Beziehung der absolute Mittelpunkt desselben ist und in geistigem Sinne sein Herz, so ist er doch kompositorisch nach links zur Querachse des Bildes verschoben, wodurch seine zukünftige Beziehung zu derjenigen historischen Menschheitsströmung betont wird, von der wir sagten, daß sie das Gewissen aus den Kräften des individuellen Ich innerhalb der jungen europäischen Völkerschaften entwickelt.

Mehr noch, gerade als ihr Repräsentant und Vorläufer wirkt Johannes der Täufer an der Zeitenwende, denn daß er den Christus auf der Erde erkannte und aufnahm, erweist sich als eine prophetische Vorwegnahme der Aufnahme des Christentums aus den Gewissenskräften durch die europäischen Völker in späterer Zeit.[100]

Wohl nirgends in der bildenden Kunst ist der hauptsächliche Charakterzug von Johannes des Täufers Wesen, der ein höchster Träger des Gewissensimpulses war und zugleich derjenige, der diesen als ein Erkenntnisorgan für den Christus-Impuls zu erwecken vermochte, mit solcher künstlerischer Überzeugung und innerer Kraft dargestellt als in dem Bild von A. Iwanow. Eine solch genaue und intuitive Wahrnehmung und eindringende künstlerische Verkörperung der zentralen Aufgabe Johannes des Täufers an der Zeitenwende im Bild eines *russischen Künstlers* ist im tiefsten nicht zufällig, denn die Kräfte des Gewissens sind in einem weit größeren Maße als die Kräfte der Erkenntnis oder des tätigen Willens gerade dem russischen Volk eigen. «Gewissenhaftigkeit» – dieses magische Wort hat für den slawischen Menschen eine ganz andere Bedeutung als für die Völker Mittel- oder Westeuropas.

Und wenn Rudolf Steiner davon spricht, daß von unserer Zeit an während der nächsten dreitausend Jahre (das heißt etwa bis zur Mitte der sechsten Kulturepoche) die Gewissenskräfte in der Menschheit sich allmählich in die neue höhere Fähigkeit des ätherischen Hellsehens verwandeln werden, in die Fähigkeit, mit vollem Bewußtsein den ätherischen Christus in der geistigen Welt wahrzunehmen[101], ist es da nicht die Hauptaufgabe des russischen Volkes, des «Christus-Volkes»[102], *in den nächsten Jahrhunderten* der Vorläufer der ganzen Menschheit auf diesem Weg zu sein, so wie einst Johannes der Täufer der Vorläufer und Vorbereiter des physischen Erscheinens des Christus auf der Erde war?

Von zwei entgegengesetzten Seiten kommen, sich durch die Geschichte des Menschheitswerdens aufeinander zu bewegend, die zwei wichtigsten Impulse der Erdenevolution, der Christus-Impuls von Osten und der Gewissens-Impuls von Westen, einander entgegen: «Wir sehen die Sonne der Christus-Natur im Osten aufgehen; und wir sehen, wie sich das Christus-Auge im menschlichen Gewissen vorbereitet im Westen, um den Christus zu verstehen.»[103]

Diese zwei Impulse begegnen sich historisch an der Zeitenwende am Ufer des Jordan-Flusses in Jesus von Nazareth, der das Christus-Wesen in sich aufnahm, und Johannes dem Täufer, der mit seiner ganzen Persönlichkeit den Gewissensimpuls verkörperte, als der erste unter allen Menschen, der den Christus auf der Erde *erkannte.*

Wir leben heute in einer Epoche, in der sich bis zu einem gewissen Grad in der Menschheit, wenn auch in ganz anderer Form, die geistige Konstellation der Zeitenwende wiederholt. Abermals kommen von zwei entgegengesetzten Seiten zwei neue Impulse aufeinander zu, die sich an einem gewissen Punkt der Weltentwicklung begegnen sollen – einem Punkt, der nun nicht eine bestimmte Gegend der Erde sein wird, sondern das Bewußtsein des Menschen, seine Seele –, das ist der Impuls des ätherischen Christus und die Fähigkeit, ihn mit Hilfe des menschlichen Gewissens aufzunehmen, das eine höhere Metamorphose durchgemacht hat und wiederum hellsichtig geworden ist. Heute gehen diese Impulse jedoch nicht in derselben, sondern der entgegengesetzten Richtung im Vergleich mit ihrem Wirken an der Zeitenwende durch die Menschheit.

Als eine Art übersinnliches Mysterium von Golgatha, das mit einer zweiten Kreuzigung Christi verbunden ist, dieses Mal jedoch nicht in der physischen, sondern in der an die Erde grenzenden geistigen Welt, bezeichnet Rudolf Steiner dieses wichtigste Ereignis des 19. Jahrhunderts, das der neuen Auferstehung des Christus in der ätherischen Umgebung der Menschheit im 20. Jahrhundert vorausgeht. Nach seinen Worten wurde das tief tragische Geschehen durch jene Samen des irdischen Materialismus hervorgerufen, welche materialistisch gesonnene Menschenseelen nach dem Tode in der Zeit zwischen dem 16. und 19. Jahrhundert in die geistige Welt trugen: «Die Samen von irdischem Materialismus, die seit dem 16. Jahrhundert in die geistige Welt in immer größerem Maße von den durch die Pforte des Todes schreitenden Seelen hinaufgetragen wurden und immer mehr Dunkelheit bewirkten, bildeten die ‹schwarze Sphäre des Materialismus›. Diese schwarze Sphäre wurde von Christus im Sinne des manichäischen Prinzips in sein Wesen aufgenommen, um sie umzuwandeln. Sie bewirkte in dem Engelwesen, in dem sich die Christus-Wesenheit seit dem Mysterium von Golgatha offenbarte, den ‹geistigen Erstickungstod›. Dieses Opfer des Christus im 19. Jahrhundert ist vergleichbar dem Opfer auf dem physischen Plan im Mysterium von Golgatha und kann als die zweite Kreuzigung des Christus auf dem Ätherplan bezeichnet werden. Dieser geistige Erstickungstod, der die Aufhebung des Bewußtseins jenes Engelwesens herbeiführte, ist eine Wiederholung des Mysteriums von Golgatha in den Welten, die unmittelbar hinter der unsrigen liegen, damit ein Wiederaufleben des früher verborgenen Christus-Bewußtseins in den Seelen der Menschen auf Erden stattfinden kann. Dieses Wiederaufleben wird zum hellseherischen Schauen der Menschheit im 20. Jahrhundert.

So kann das Christus-Bewußtsein mit dem irdischen Bewußtsein der Menschheit vom 20. Jahrhundert an vereinigt werden, denn das Ersterben des Christus-Bewußtseins in der Engelsphäre im 19. Jahrhundert bedeutet das Auferstehen des unmittelbaren Christus-Bewußtseins in der Erdensphäre, das heißt, das Leben des Christus wird vom 20. Jahrhundert an immer mehr und mehr in den Seelen der Menschen gefühlt werden als ein direktes persönliches Erlebnis.»[104]

Während der historischen Periode, welche die Zeit der großen Ausbreitung des Materialismus unter den Menschen im Westen war, blieb der Osten Europas in erheblichem Maße abseits der genannten Entwicklung.[105] Deshalb waren die menschlichen Seelen, die den «geistigen Erstickungstod» des Christus-Bewußtseins in der nächsten geistigen Sphäre durch ihren Materialismus hervorriefen, in der überwiegenden Mehrheit Seelen, die sich im Laufe des 16.–19. Jahrhunderts in der *westlichen Welt* (in West- und Mitteleuropa) verkörperten – als der historischen Arena, in der der Materialismus aufkam und sich weiterhin ausbildete.

Diese Tatsache führt uns unmittelbar zu der außerordentlich wichtigen Schlußfolgerung, welche für die weitere geistige Entwicklung der Menschheit große Bedeutung hat: So wie die Kreuzigung und Auferstehung des Christus Jesus an der Zeitenwende *im Osten* geschah, so hat die zweite Kreuzigung und Auferstehung des Christus im Laufe des 19. und 20. Jahrhunderts in den übersinnlichen Welten in geistigem Sinne *«im Westen»* stattgefunden.[106] Und wiederum, so wie der Gewissensimpuls an der Zeitenwende *von Westen* kam gleich einem «Welten-Auge», das den Christus zu schauen vermochte, wie er historisch in die Erdenentwicklung eintrat, so wird dem ätherischen Christus, nun aber in der umgekehrten Richtung – *von Osten* – in den nächsten Jahrhunderten die *umgewandelte Gewissensfähigkeit* als neues Organ der hellsichtigen Wahrnehmung, nun nicht des physischen, sondern des ätherischen Christus entgegenkommen.[107] Und das wird auch mit der Hauptaufgabe der slawischen Völker Europas zusammenhängen, mit ihrem geistigen Beitrag zur fortschreitenden Menschheitsentwicklung.[108]

Wenn wir uns zum Abschluß nochmals dem Bild von A. Iwanow zuwenden und es von dem zuletzt behandelten Gesichtspunkt aus betrachten, dann können wir sagen: Ausgehend von dem historischen Ereignis der Erscheinung Gottes an der Zeitenwende vor der Menschheit (Epiphanias) ahnte Alexander Iwanow im Laufe der zwanzig Jahre, die er an dem Bild malte, tatsächlich in seiner Seele voraus, was von unserer Zeit an in der Menschheit geschehen soll – die geistige Wiederholung dieses historischen Ereignisses, jedoch nicht als ein physisches, sondern als ein *übersinnliches Erscheinen Gottes,* als ein ätherisches Erscheinen des Christus vor allen Völkern der Erde.

Prophet Elias in der Wüste

Die feurige Himmelfahrt des Propheten Elias

Johannes der Täufer

Selbstbildnis Raphaels

Novalis
(Friedrich von Hardenberg)

Erzengel Michael

Maria

Linker Teil

Christus in seiner geistigen Macht

Zentralteil
Deesis-Reihe aus der Ikonostase von Theopanes dem Griechen

(Rechter Teil auf der nächsten Seite)

Johannes der Täufer

Erzengel Gabriel

Rechter Teil

Sophia die Allweisheit Gottes

Das Erscheinen des Christus vor dem Volk
von Alexander Iwanow

Mariä Schutzmantel

Johannes der Täufer
Studie von Alexander Iwanow

Anmerkungen und Ergänzungen

Alle Hervorhebungen (kursiv) in den Zitaten sind vom Verfasser.
Alle nicht speziell vermerkten Zitate aus dem Neuen Testament sind der Übersetzung von Emil Bock entnommen.

1. Der Ursprung

1 Siehe in «W. J. Stein/Rudolf Steiner: Dokumentation eines wegweisenden Zusammenwirkens», Dornach 1985, das sog. «Haager Gespräch» von 1922.

2 Siehe GA 239, 31.3.1924, und GA 240, 16.4.1924.

3 Siehe GA 175, 6.2.1917, und GA 130, 2.12.1911.

4 Siehe GA 109/111, wo alle Vorträge zu diesem Thema zu finden sind.

5 Von diesem Vortrag sind keine Nachschriften erhalten.

6 GA 126 – Gemeint ist hier das Beispiel von Aristoteles und Alexander sowie das Beispiel von Hypatia. – Auch ist hier noch hinzuzufügen, daß der karmische Zusammenhang zwischen Elias und Johannes dem Täufer als einziges im Evangelium enthaltenes Beispiel der Wiederverkörperung der menschlichen Individualität, auf das der Christus selbst hinweist, für die ganze Menschheit eine besonders große Bedeutung hat.

7 Siehe dazu Genaueres in GA 114, 18. und 19.9.1909, und in GA13.

8 GA 114, 18.9.1909.

9 ebd. 19.9.1909.

10 Aus verschiedenen Mitteilungen Rudolf Steiners folgt, daß wir den ursprünglichen Ort der «die Menschheit führenden Mutterloge» in der Sonnen-Sphäre zu suchen haben. Vgl. dazu die Hinweise auf den kosmischen Aufenthaltsort der nathanischen Seele in den Vorträgen vom 30.12.1913 (GA 149) und 18.9.1909 (GA 114).

10a GA 114, 18.9.1909.

11 ebd.

12 Siehe GA 238, 28.9.1924, und GA 240, 28.1.1924.

13 Die Hauptaufgabe des althebräischen Volkes, die irdischen Hüllen für die Verkörperung der Christus-Wesenheit auf der Erde zu bereiten, wurde in dem imaginativen Bilde von Brot und Wein ihrem Stammvater Abraham durch Melchisedek übertragen, den «Priester

des höchsten Gottes» (Mose 14,18–20). Gemäß den Angaben Rudolf Steiners handelt es sich bei Melchisedek um die letzte irdische Verkörperung des Manu, der in dieser Inkarnation den Ätherleib von Sem trug (siehe GA 123, 4.9.1910, sowie in GA 109/111). Auf dieses Geheimnis, das sich hinter dem Bild von Melchisedek als der irdischen Verkörperung des größten Sonnen-Eingeweihten der Atlantis und Führers ihres zentralen «Christus-Orakels» (siehe GA 13) verbirgt, weist der Apostel Paulus mit folgenden Worten hin, ihn «König der Gerechtigkeit» und «König des Friedens» nennend: «Ohne Vater, ohne Mutter, ohne Geschlecht, und hat weder Anfang der Tage noch Ende des Lebens; er ist aber verglichen dem Sohn Gottes und bleibt Priester in Ewigkeit. Schauet aber, wie groß ist der, dem auch Abraham, der Patriarch, den Zehnten gibt von der eroberten Beute» (Hebr. 7,2–4).

14 GA 123, 2.9.1910.

15 GA 112, 24.6.1909.

16 4. Mose 25,10–12, sowie GA 139, 22.9.1912.

17 Siehe GA 114, 20.9.1909, sowie GA 61, 14.12.1911. Über diese besondere Aufgabe von Elias in bezug auf die Offenbarung Jahves äußert Rudolf Steiner zum Beispiel: «In der verborgensten Art wirken gerade die stärksten, die intensivsten Kräfte der Menschheitsentwikkelung. So zeigt sich uns, wie wir in dem Propheten Elias ein Hinaufsteigen, ein Durcharbeiten des Jahve-Gedankens für die Menschheit in einem hervorragenden Maße haben, so daß wir eine wichtige epochale Tat für die Menschheit bei ihm zu verzeichnen haben, wenn wir ihn nur im rechten Lichte sehen» (GA 61, 14.12.1911). Dieses Motiv spricht Rudolf Steiner dann noch mehrmals in dem genannten Vortrag an.

18 GA 61, 14.12.1911. Siehe auch Kap. 9 «Die zukünftige Mission von Novalis in der Menschheit».

19 Siehe 1. Buch der Könige, 17, sowie GA 61, 14.12.1911, und GA 139, 17.9.1912.

19a Der Grund, warum Moses das «verheißene Land» nicht betreten, sondern das alttestamentarische Volk nur bis an seine Grenzen führen konnte, ist darin zu sehen, daß das Erleben des «Ich-Bin» für ihn nur eine äußere Offenbarung Jahves in den Feuern des Sinai war. Deshalb sind ihm auch die hinter der Jahve-Offenbarung wirkenden Christus-Kräfte verborgen geblieben, denn er vermochte sich die Erkenntnis der *durch* Jahve wirkenden, sich der Erde nähernden Christus-Wesenheit nicht zu erwerben (siehe 4. Mose 20,12, sowie GA 155, 12.7.1914). Im Gegensatz dazu war diese Erkenntnis als eine unumstößliche innere Wirklichkeit die Grundlage des ganzen Seelenlebens von Elias: «In seiner Seele [des Elias] lebte die Erkenntnis: Ich habe vor allen Dingen als der Prophet des Jahve den Jahve so zu verkünden, *daß in dem Jahve der Christus lebt,* der später das Mysterium von Golgatha vollbringen soll ... Den durchchristeten Jehova verkündete Elias» (GA 149, 31.12.1913), so stellte das Rudolf Steiner dar. Das läßt sich noch besser verstehen, wenn wir uns daran erinnern, daß die Quellen der übersinnlichen Erlebnisse von Moses in dem Ätherleib Zarathustras lagen, den er in seiner inneren Organisation trug, während Elias mehr aus den Kräften *seines eigenen Ich* heraus wirkte, das die Fähigkeit besaß, sich höheren Inspirationen unmittelbar zu öffnen.

19b GA 61, 14.12.1911.

20 Von der Beziehung der Bodhisattva-Wesen zu den Monden-Lehrern der Weisheit sagte Rudolf Steiner in dem Vortrag vom 28.8.1923 (GA 227): «Aber es sind *Nachfolger* dieser Wesenheiten [der Monden-Lehrer der Weisheit] geblieben, welche von Zeit zu Zeit dann in der älteren, nachhyperboräischen Epoche der Menschheit [das heißt, von der lemurischen Epoche beginnend] auf Erden erschienen sind. Im Orient hat man diese Wesenheiten Bodhisattvas genannt. Die erschienen wohl im Menschenleibe verkörpert [obgleich diese Verkörperung nur eine teilweise war], waren aber dennoch die *Nachkommen* derjenigen, die sich dann im Monde verschanzten.» Diesen Hinweis können wir neben die entsprechenden Worte aus der «letzten Ansprache» über das Verhältnis der Wesenheit des Elias zu den Monden-Lehrern der Weisheit halten. In beiden Fällen stimmt die Beschreibung fast bis zur Wahl der Worte überein. So wird über die Bodhisattvas gesagt: «So daß das Leben der Bodhisattvas eigentlich verfließt *in Gemeinschaft* mit den in der kosmischen Mondenfestung lebenden Wesenheiten», und in der letzten Ansprache heißt es: «... wie er [Elias] *in Gemeinschaft* mit diesen Mondenwesen [sich befand]...» Und weiter in dem genannten Vortrag: «Da [in der Sphäre der Monden-Lehrer] liegen die Quellen ihrer [der Bodhisattvas] Kraft, da liegen die Quellen ihrer Gedanken», das heißt, von dorther werden sie in ihren Gedanken *inspiriert.* Und in der letzten Ansprache: «... die geistigen Individualitäten der einstigen großen Urlehrer der Menschheit sind [es], von deren Weisheit Raphael als Elias noch tief inspiriert war.»

Insbesondere erlaubt uns die Gegenüberstellung der Beschreibung des Wesens der Bodhisattvas und der Elias-Wesenheit in dem Zyklus über das Lukas-Evangelium von dem «Bodhisattva-ähnlichen» Wesen des letzteren zu sprechen. In beiden Fällen wird von einer «nicht vollständigen» Verkörperung und vom «Überschattet-Sein vom Heiligen Geiste» gesprochen. So finden wir in dem Vortrag vom 20.9.1909 (GA 114) die folgende Charakteristik des Elias: «Was wir als notwendig für die indische Zeit charakterisiert haben, auch als die eigenartige Natur des Bodhisattva, *das mußte daher auch im hebräischen Volke und immer wieder und wieder eintreten.* Es mußte Individualitäten geben, die nicht ganz in der menschlichen Persönlichkeit aufgingen, die mit einem Teil ihrer Wesenheit in der irdischen Persönlichkeit waren und mit dem anderen Teil in der geistigen Welt. Eine solche Wesenheit war Elias. In dem, was wir auf dem physischen Plane als die Persönlichkeit des Elias finden, ist nur teilweise die Wesenheit des Elias enthalten. Die Ichheit des Elias kann nicht ganz eindringen in den physischen Leib des Elias. Ihn muß man nennen eine Persönlichkeit, die ‹vom Geiste erfüllt› ist.» Von der Verkörperung eines Bodhisattva aber sagt Rudolf Steiner früher in demselben Vortrag: «Sie [die Bodhisattva-Wesenheit] war so, daß sie zum Teil in der geistigen Welt bleiben mußte und nur einen Teil ihrer Wesenheit in den Leib hineinsenden konnte ... Diese Erscheinung, daß es Menschenwesen gab, die mit einem Teil ihrer Wesenheit in der geistigen Welt sind, kannten alle Religionen und Weltanschauungen. Sie wußten, daß es solche Wesenheiten gibt, für welche die Menschenwesenheit gleichsam zu eng ist, um die volle Individualität von solchen Wesenheiten aufzunehmen, die auf der Erde wirken müssen. Innerhalb der vorderasiatischen Weltanschauung nannte man diese Art der Verbindung der höheren Individualitäten solcher Wesenheiten mit einem physischen Leibe das Erfülltsein mit dem heiligen Geist. Das ist ein ganz bestimmter technischer Ausdruck. Und in dem Wortgebrauch der vorderasiatischen Sprachen würde man von einer solchen Wesenheit wie einem auf der Erde verkörperten Bodhisattva gesagt haben, sie ist ‹erfüllt mit dem Heiligen Geist›, das heißt, die Kräfte, die eine solche Wesenheit ausmachen, sind nicht ganz in dieser Wesenheit darinnen, es muß da von außen etwas Geistiges hineinwirken. Man könnte also ebenso sagen: Der Buddha war in seinen vorhergehenden Inkarnationen [als Bodhisattva] erfüllt mit dem heiligen

Geist.» Noch konkreter wird diese Gegenüberstellung, wenn wir die Worte Rudolf Steiners aus demselben Zyklus hinzufügen: «Alle die *Propheten* und Verkünder, so hoch sie waren, selbst wenn sie als *Bodhisattvas* herunterstiegen, sie mußten sich, um zu verkündigen, der Fähigkeiten bedienen, die durch den Keim [des physischen Leibes] gegangen sind» (26.9.1909). Und schließlich weist auf den Zusammenhang der Elias-Wesenheit mit dem Bodhisattva-Prinzip auch die Tatsache, daß diese Individualität einer der Inspiratoren des Maitreya-Buddha in ferner Zukunft sein wird: «So bereitet er sich vor zu einem großen Ereignis. Das wird so sein: Das alte Ich geht heraus, und ein anderes Ich tritt dann ein. Und das kann sein eine solche Individualität wie die des Moses, des Abraham, *des Elias.* Diese wird sich dann in diesem Leibe einige Zeit betätigen; dadurch kann geschehen, was geschehen muß, um den Maitreya-Buddha vorzubereiten. Den Rest des Lebens verlebt er dann so, daß er mit diesem [neuen] Ich, das da eintritt, fortlebt» (GA 130, 5.11.1911). Die Elias-Individualität ist jedoch nur ein «Bodhisattva-*ähnliches»* Wesen. Denn es gibt einen prinzipiellen Unterschied zwischen ihm und dem Wesen eines Bodhisattva. Dessen Ziel ist es, die *Buddha-Würde zu* erlangen, wonach er nicht mehr zur Erde in menschliche Verkörperungen zurückkehrt.

Damit handelt es sich bei einem Bodhisattva um eine *Individualität,* für welche die einzelnen Inkarnationen, in denen sie auf der Erde als die eine oder andere historische Persönlichkeit erscheint, keine besondere Bedeutung hat. Dagegen hat in der Inkarnationenfolge von Elias-Johannes-Raphael-Novalis nicht nur die *eine* hinter ihnen stehende Individualität eine Bedeutung, sondern vor allem auch alle diejenigen konkreten *Persönlichkeiten,* in denen sie sich verkörpert hat. Denn ihr Ziel, im Gegensatz zum Bodhisattva, ist es nicht, sich vom irdischen Dasein und dem Kreislauf der Verkörperungen zu befreien, sondern im Gegenteil, *sich mehr und mehr mit der Evolution der Erde zu verbinden,* um ihrer Vergeistigung willen. Diese hohe Bedeutung, die der einzelnen Persönlichkeit in der Entwicklung der Menschheit verliehen wird, ist die wichtigste Frucht des in ihr wirkenden Christus-Impulses.

Aus diesem Grund *stellt* Rudolf Steiner in einer ganzen Reihe von Vorträgen (GA 133, 2.5.1912, und GA 143, 8.5.1912) der östlichen Bodhisattva-Tradition die westliche Wiederverkörperungslehre in ihrer christlichen Form als eine entschiedene Polarität in der Erden-Entwicklung *gegenüber,* und er erklärt sie an dem genannten Beispiel, da sich an ihm nicht nur die Bedeutung der Individualität besonders deutlich zeigt, sondern auch all der konkreten Persönlichkeiten, durch die sie auf der Erde wirkte.

21 GA 139, 17.9.1912.

22 ebd.

23 Siehe 1. Mose 2,7, und GA 96, 1.4.1907.

24 Die Beteiligung Michaels an der «Schöpfung des Menschen» (des Adam) geht vor allem aus der Tatsache hervor, daß er bis zum Mysterium von Golgatha als *Antlitz Jehovas* im Kosmos wirkte, als Mittler zwischen diesem und der sich entwickelnden Menschheit (siehe GA 194, 22.11.1919). Zudem weist Rudolf Steiner mit besonderem Nachdruck auf die Beteiligung Michaels an der «Schöpfung des Menschen» in dem unveröffentlichten Vortrag vom 1.11.1904 und dem Aufsatz von 1924 «Die Weltgedanken im Wirken Michaels und im Wirken Ahrimans» (GA 26). Zahlreiche Legenden und Überlieferungen verschiedener Völker sprechen auch davon. Siehe «Die Sagen der Juden», Frankfurt am Main 1962, sowie «Aus Michaels Wirken», zusammengestellt von Nora Stein-von Baditz, Stuttgart 1983, 5. Aufl.

25 Siehe GA 194, 22.11.1919.

26 Über die Einweihung von Elias siehe GA 61, 14.12.1911.

27 GA 114, 20.9.1909.

28 Vom Standpunkt der Viergliedrigkeit des Menschen können wir uns das Wirken der zwei genannten hierarchischen Geister in der Elias-Wesenheit auf die folgende Weise vorstellen: Das Ich des Elias ist dank seiner nicht vollständigen Verkörperung im physischen Leibe Naboths von einer solch unegoistischen Natur, daß sein astralischer und ätherischer Leib während seiner Verkörperung in hohem Grade «durchlässig» für das Wirken höherer Wesenheiten bleiben und deshalb als «Werkzeuge» für die Inspiration des Monden-Elohim Jahve und des Sonnen-Erzengels Michael dienen können. Dabei wirkt Jahve im Sinne der angeführten Beziehung nur durch den Geist des Elias, Michael dagegen durch seinen Geist *und* seine Seele; und sein eigenes Ich, schließlich, erstreckt seinen Einfluß bis zum physischen Leib. Über die ursprüngliche Verbindung der Individualität des Elias, des wiederverkörperten *Adam,* mit diesen zwei hierarchischen Wesenheiten siehe auch Anm. 24.

2. An der Zeiten-Wende

29 Nach den geisteswissenschaftlichen Forschungen Rudolf Steiners wirkte bis zum 12. Jahr im astralischen Leib des Jesus von Nazareth der Nirmanakaya des Buddha und zwischen dem 12. und 30. Jahr das Ich des Zarathustra. Siehe dazu Genaueres in GA 114 sowie in GA 148.

30 Siehe GA 109/111 sowie GA 123.

31 GA 114, 20.9.1909. – Deshalb erscheint in der Verklärungsszene Elias neben Moses.

32 GA 114, 20.9.1909.

33 ebd. Etwas früher äußerte Rudolf Steiner in demselben Vortrag: «Was in dem Nirmanakaya des Buddha war, das wirkte als Inspiration hinein in das Ich Johannes des Täufers ... Und die Predigt Johannes des Täufers ist *zunächst* die wiedererweckte Buddha-Predigt.» Dem ist noch hinzuzufügen, daß der beschriebenen Vereinigung der verschiedenen geistigen Strömungen in der Individualität Johannes des Täufers zur Vorbereitung ihrer endgültigen Verschmelzung in dem Christus Jesus schon früher, aber auf eine mehr äußere Weise, eine erste Stufe der Vereinigung bei Moses vorausging, als dieser zunächst in die ägyptischen Mysterien eingeweiht wurde und sodann als Folge seiner Begegnung mit Jethro, dem Priester in Midian, in die Mysterien anderer Völker (2. Mose, 2,16–21). Siehe dazu auch GA 139, 22.9.1912.

34 Mark. 1,2. Über dieses besondere durch Johannes den Täufer wirkende Engelwesen siehe auch GA 127, 25.2.1911, sowie GA 124, 6.12.1910.

35 GA 114, 20.9.1909.

36 GA 127, 25.2.1911.

37 Über den Einfluß des Nirmanakaya des Buddha auf Johannes den Täufer sagte Rudolf Steiner auch: «So war es der Nirmanakaya des Buddha, der auf die Entfaltung der Ich-Kraft des Johannes so wirkte, wie früher die geistigen Kräfte auf den Elias gewirkt haben» (GA 114, 20.9.1909).

38 GA 114, 16.9.1909. – In diesem Vortrag weist Rudolf Steiner auch darauf hin, daß im Evangelium bei der Verkündigung für die Hirten auf dem Felde das Erscheinen des *Engels* dem des Nirmanakaya des Buddha vorausging.

39 Mark. 1,3 (Luther).

40 GA 124, 6.12.1910.

41 ebd.

42 GA 152, 18.5.1913.

43 ebd. 20.5.1913.

43a Im Vortrag vom 18.5.1913 (GA 152) sagte Rudolf Steiner über ihn: «Nun sind nicht alle Wesenheiten, die der Hierarchie der Archangeloi angehören, gleichgeartet, gleich im Rang ... Aber der höchste im Range, gleichsam der *Oberste* ist derjenige, der in unserem Zeitalter die Herrschaft zu führen beginnt, ist Michael. Er ist einer aus der Reihe der Archangeloi, aber er ist gewissermaßen der *Fortgeschrittenste.* Nun gibt es eine Entwickelung, und die Entwickelung umfaßt alle Wesen. Alle Wesen sind in einer sich steigernden Entwickelung, und wir leben in dem Zeitalter, wo Michael, der *Oberste* von der Natur der Archangeloi, übergeht in die Natur der Archai.»

44 In der vorliegenden Arbeit können die tiefen Geheimnisse des geistigen Lebens, die mit der Tätigkeit dieses besonderen Engelwesens zusammenhängen, nur kurz berührt werden. Eine eingehendere Betrachtung seiner Entwicklung von den ältesten Zeiten der Menschheitsevolution bis zu seiner Teilnahme an dem neuen Erscheinen des Christus im Ätherleibe ist in dem Kapitel «Das Widar-Mysterium» in meinem Buch «Der Jahreskreislauf als Einweihungsweg zum Erleben der Christus-Wesenheit» (Stuttgart [3]1996) zu finden.

44a Es war dieser «Umschwung» innerhalb der ihn inspirierenden hierarchischen Wesenheiten, der dazu führte, daß Johannes seine frühere Inkarnation als Elias nicht erinnern konnte. Darauf wird im Evangelium genau hingewiesen. So lesen wir im Johannes-Evangelium: «Da fragten sie ihn [die Priester und Leviten]: ‹Wer bist du? Bist du Elias?› Und er sprach: ‹Ich bin nicht›» (1,21). Der Christus dagegen kennt nicht nur das Reinkarnationsgeheimnis des Elias, sondern er strebt auch danach, daß es von den Jüngern erkannt werde. Deshalb spricht er nach dem Matthäus-Evangelium zu ihnen: «Und wenn ihr gewillt seid, es aufzunehmen: er [Johannes] ist Elias, auf dessen Wiederkunft die Menschen warten. Wer Ohren hat, der höre» (11,14–15).

45 GA 121, 12.6.1910 (Abendvortrag).

46 ebd.

47 Siehe GA 187, 24.12.1918.

48 GA 121, 12.6.1910 (Abendvortrag).

49 ebd.

50 Joh. 1,6–8 und 33 sowie 3,28. Über Johannes den Täufer als «Vorläufer» des Christus Jesus siehe besonders GA 139, 19.9.1912.

51 Mark. 1,2. Dieses Vorhergesandtsein des Engels, der durch Johannes den Täufer wirkt, bestätigt auch der Christus (Matth. 11,7–10). Ebenso beziehen sich seine darauffolgenden Worte auf diesen Engel: «Ja, ich sage euch: Unter allen, die von irdischen Müttern geboren sind, ist keiner, der größer wäre als Johannes der Täufer. Und doch ist das kleinste Wesen im Reiche der Himmel größer als er» (11). Die «kleinsten Wesen aber im Reiche der Himmel», im Reiche der Hierarchien, sind die Engel.

52 Joh. 3,28.

53 ebd. Vers 30.

54 GA 124, 12.12.1910.

55 Joh. 1,33.

56 In dem Buche «Die Schwelle der geistigen Welt» (GA 17) nennt Rudolf Steiner ihn auch das «wahre Ich».

57 Über das Auf-die-Erde-Herabkommen des Christus mit seinem Geistselbst siehe GA 240, 27.8.1924. Über das Prinzip des Geistselbst als Träger des Heiligen Geistes im Menschen siehe zum Beispiel GA 96, 25.4.1907. – Auch ist zu dem bisher Gesagten noch hinzuzufügen, daß die angeführten Evangelien-Worte den Charakter der Inspiration des genannten Engelwesens sehr genau zum Ausdruck bringen. Denn einerseits sind die Engel als Träger des entwickelten Geistselbst in der an die Erde grenzenden geistigen Sphäre (siehe GA 175, 20.2.1917) Repräsentanten des Heiligen Geistes, und andererseits war, wie schon gesagt, die Verkündigung der Geburt des kosmischen Christus-Ich auf der Erde durch die Taufe im Jordan, des Ich, das als neuer Geist-Impuls jedes Menschen-Ich zu durchdringen vermag, die Hauptaufgabe dieser besonderen Engelwesenheit an der Zeitenwende. Auch deutet das Wort «der mich gesandt hat, mit Wasser zu taufen» seinerseits auf ein Engelwesen, das mit dem Wasserelement so besonders verbunden ist und dessen Weisungen Johannes infolge seiner Wassermann-Einweihung zu vernehmen vermochte (siehe GA 124, 6.12.1910). – Um Mißverständnisse zu vermeiden, ist jedoch zu beachten, daß die Quellen der beschriebenen geistigen Impulse in weit höheren Sphären zu suchen sind als in dem Wirkensbereich der Engelwesenheiten. Der Engel ist hier nur ein Mittler oder Gesandter höherer Mächte. Auf diese höheren Mächte, welche durch den Engel

wirken, weist auch der Beginn des Markus-Evangeliums (1,2) mit Worten, die Rudolf Steiner folgendermaßen übersetzt: «Siehe, das, was der Welt die Ichheit gibt, sendet den Angelos vor dir, dem die Ichheit gegeben werden soll, her» (GA 124, 12.12.1910).

58 GA 175, 20.2.1917.

59 GA 114, 19.9.1909; Luk. 3,22; Mark. 1,11. – Vor allem die Tatsache, daß diese Worte im Augenblick der Taufe ertönen, spricht für die Beteiligung derjenigen hierarchischen Wesenheit an diesem Geschehen, die *im Begriff ist,* der «Führer des *exoterischen* Christentums» zu werden. Denn die Johannes-Taufe stellt eine Metamorphose ältester auf den Plan der äußeren Geschichte hinausgetragener Mysterienvorgänge dar (siehe Anm. 75). Außerdem weist die Tatsache, daß die Taufe Jesu unter einem großen Volksandrang stattfand, auf die Einwirkung eben dieses Geistes. – Der Charakter seiner neuen Mission zeigt sich jedoch noch deutlicher bei dem Gespräch des Christus Jesus mit den *Griechen,* die zu ihm kamen. Dieses beendete er mit den Worten: «Jetzt ist meine Seele voll tiefer Erschütterung. Was soll ich sagen? Vater, rette mich aus dieser Stunde? Aber um dieses Geschehens willen mußte ich ja in diese Stunde kommen. Vater, offenbare deinen Namen! Da ertönte *eine Stimme aus dem Himmel:* Ich habe deine Geistgestalt offenbart und werde sie von neuem offenbaren. Das Volk, das dabeistand und zuhörte, sprach: *Es hat gedonnert.* Andere sprachen: *Ein Engel hat zu ihm gesprochen.* Jesus aber sprach: Nicht um meinetwillen ließ diese Stimme sich vernehmen, *sondern um euretwillen»* (Joh. 12,27–30.) Dreierlei ist in dieser Szene zu beobachten. Erstens: Anlaß für sie ist die Begegnung mit den Griechen, denn der in diesem Augenblick wirkende Arche ist in der Vergangenheit der griechische Volks-Erzengel gewesen.
Zweitens: der Hinweis auf den Zusammenhang mit der Vater-Sphäre macht deutlich, daß der «Engel», von dem das Volk spricht, dem Rang der *Archai* angehört. (Diese haben auch im Element von Blitz und *Donner* ihren physischen Leib.) Drittens: die Worte Christi, daß die Stimme aus dem Himmel «um ihretwillen» (das heißt für das Volk) sich vernehmen läßt, weist auf den Charakter des Wirkens dieses Geistes als eines Inspirators des *exoterischen* Christentums. (Über die Beziehung der Archai zur Vater-Sphäre siehe Vortrag vom 20.2.1917, GA 175.) Rudolf Steiner weist ebenso im Zusammenhang mit einem Ausspruch Johannes des Täufers auf seine unmittelbare Beziehung zu dem führenden Zeitgeist dieser Epoche: «In derjeni-

gen Zeit, in der der Christus Jesus auf der Erde erschien, bezeichnete sein *Vorläufer,* Johannes der Täufer, den Geist, den man als Zeitgeist bezeichnen könnte, mit den Worten: ‹Ändert die Verfassung der Seele, denn die Reiche der Himmel sind nahe herbeigekommen›» (GA 121, 7.6.1910). Die Worte Johannes des Täufers in diesem Zitat haben für verschiedene Ebenen des Weltenseins Bedeutung. Rudolf Steiner weist wiederholt in seinen Vorträgen auf sie, um die verschiedensten geistigen Situationen zu charakterisieren. Deshalb widerspricht das hier Gesagte nicht der auf Seite 31 aufgeführten Beschreibung der Umwandlung des kosmischen Gewissens in Johannes' Seele in ein menschliches, sondern es zeugt nur davon, daß dieser Übergang sich in seiner Seele unter der Beteiligung des damaligen Zeitgeistes vollzog, der bis dahin der Volksgeist im alten Griechenland gewesen war, in dessen Kultur sich unter seiner Führung erstmals das *Verständnis* des Gewissens und der sprachliche Ausdruck für es auftat.

60 Joh. 1,34.

61 GA 116, 2.5.1910.

62 Im Vortrag vom 2.5.1910 (GA 116) äußerte Rudolf Steiner über die Möglichkeit der Ich-Entwicklung in den verschiedenen Völkern vor der Zeitenwende: «Die ägyptisch-chaldäischen Völker *warteten* mit der Entwickelung des Ich bis zur Bewußtseinsseele, die griechisch-lateinischen Völker entwickelten das Ich schon in der Verstandes- oder Gemütsseele, die Kultur des europäischen Nordens hat das Ich-Gefühl schon *vorzeitig* in der Empfindungsseele entwickelt.»
Aus diesen Worten ersehen wir, daß der Ich-Impuls vor der Zeitenwende bei den griechisch-römischen Völkern auf ganz besondere Weise entwickelt war, was seinerseits auf das Wirken des führenden Zeitgeistes, zunächst als Erzengel des Griechentums und sodann als Arche, zurückgeht. – Wenn wir nun von unserem bisherigen Standpunkt aus die Gliederung der Menschenwesenheit betrachten, wie sie in der «Geheimwissenschaft im Umriß» (GA 13) dargestellt ist, so haben wir beim Übergang von der neungliedrigen zur siebengliedrigen Gestaltung einerseits die Vereinigung der Bewußtseinsseele mit dem Geistselbst und andererseits die der Empfindungsseele mit dem Empfindungsleib, in der Mitte aber bleibt die Verstandes- oder Gemütsseele als Träger des individuellen Menschen-Ich unverändert bestehen. Sie nimmt in dieser Eigenschaft eine wahrhaft zentrale Stellung im Menschen ein, indem sie *durch das Ich* als Verstandes-

seele die Verbindung zur Bewußtseinsseele herstellt und als Gemütsseele zur Empfindungsseele. Damit wird auch verständlich, warum die Verkörperung der Christus-Wesenheit, des Welten-Ich, auf der Erde nur in der vierten nachatlantischen Epoche geschehen konnte, die unter dem Zeichen der Entwicklung der Verstandes- oder Gemütsseele stand und die zugleich als einzige Epoche nicht dem Gesetz der Wiederholung unterworfen war (die dritte Epoche wird in der fünften wiederholt, die zweite in der sechsten und so fort): «Aber es ist ... jener Zeitraum, in dem das Ich über die Menschen sozusagen hereinbrach. Daher mußte in diesem Zeitraum auch das Christus-Ereignis stattfinden, weil da das Ich in besonderer Weise hereinbrach» (GA 130, 3. 12. 1911).
Und ein Träger einer solchen voll entwickelten Verstandes- oder Gemütsseele war Johannes der Täufer. (Genaueres über seinen Zusammenhang mit diesem Glied der Menschenwesenheit wird weiter unten ausgeführt werden.) So ist er, obwohl er den griechisch-römischen Völkern nicht angehört, nichtsdestoweniger wie diese Träger eines vollentwickelten Ich in der Verstandes- oder Gemütsseele, was er durch den Einfluß des «griechischen Zeitgeistes» erlangte, eines Arche, dessen unterstes Glied dem Ich des Menschen entspricht (GA 99, 2. 6. 1907). Mehr noch: Die Einwirkung des seine Epoche führenden Arche auf Johannes den Täufer vermag den Impuls des individuellen Ich dergestalt in ihm zu verstärken, daß das letztere, gleichsam eine Überfülle in seiner Verstandesseele erzeugend, auch seine Bewußtseinsseele erweckt. Infolgedessen steht Johannes der Täufer als ein Mensch vor uns, der bereits in der vierten Epoche *bis zu einem gewissen Grade* eine entwickelte Bewußtseinsseele in sich trägt und der deshalb gemäß der alten hebräischen Geheimlehre ein «Sohn des Menschen» genannt werden kann (siehe Matth. 16,13–14). Von solchen «Söhnen des Menschen», die zugleich «Führer der Menschheit» sind, sagte Rudolf Steiner: «Die normalen Menschen haben noch nichts von dem ‹Sohn des Menschen› entwickelt; aber es muß ja immer Menschen geben, die ihrem Geschlechte voranschreiten, die schon in einer früheren Zeit das Wissen und das Leben einer späteren Epoche in sich haben. Unter den Führern der Menschheit muß es solche geben, die im vierten Zeitraum, wo normalerweise nur die Verstandes- oder Gemütsseele entwickelt ist, trotzdem sie äußerlich ausschauen wie die andern Menschen, doch innerlich schon die Möglichkeit der Be-

wußtseinsseele entwickelt haben, in die hineinleuchtet das Geistselbst. Und solche ‹Menschen-Söhne› gab es. Und die Jünger des Christus Jesus sollten daher heranwachsen, zu verstehen, welches die Natur und Wesenheit dieser Führer der Menschheit ist» (GA 123, 11. Vortrag).

63 Joh. 1,7–10.

64 ebd. Vers 15 (Luther).

3. Repräsentant des Menschheitsgewissens

65 Über den Zusammenhang des Gewissensimpulses mit der Ich-Entwicklung siehe Vortrag vom 2. 5. 1910 (GA 116), aus dem hervorgeht, daß die Stimme des Gewissens in jener Zeit nur von einem besonders stark entwickelten Ich gehört werden konnte. War dieses noch wenig entwickelt, dann nahm der Mensch durch seinen Astralleib nicht die innere Stimme wahr, sondern er schaute die ihn verfolgenden geistigen Wesen der Erinnyen, Furien und so fort.

66 Über die Zehn Gebote und ihren Zusammenhang mit dem menschlichen Ich siehe GA 108, 14.12.1908.

67 Nach dem Alten Testament hat Elias eine ganz besondere Beziehung zum Element des Feuers, denn in ihm, beziehungsweise in der Wärme, lebt das Ich im Menschen (siehe GA 233, 31.12.1923). Deshalb tritt Elias auch mehrfach als Gebieter über den Blitz oder «das Feuer vom Himmel» auf (1. Könige 18,38 und 2. Könige 1,9–14). Ebenso erfolgte seine geistige Himmelfahrt durch diese Substanz, das heißt aus den Kräften seines Ich: es trug ihn «ein feuriger Wagen mit feurigen Rossen» von dannen (2. Könige 2,11). In der russischen apokryphen Literatur werden Elias bald nach der Taufe Rußlands im Jahre 988 die Funktionen von Perun, des slawischen Hauptgottes, des Gebieters über Blitz und Donner, des Beherrschers der «Gewitterpfeile» und des «Zauberhammers», übertragen (später nimmt Elias auch viele Züge an, die nach den russischen Volkssagen dem Bild des «Drachenbezwingers» eignen, wodurch sein michaelischer Aspekt hervorgehoben wird). Perun ist eine slawische Variante des germanischen Gottes Thor oder Donar, welcher nach den Mitteilungen Rudolf Steiners ein Repräsentant des Ich-Impulses ist (GA 121, 14.6.1910). Die Verwandtschaft zwischen dem slawischen Perun und dem germanischen Thor folgt auch, abgesehen von ihrer besonderen

Beziehung zu Donner und Blitz, aus der Tatsache, daß in der baltischen und der slawischen Mythologie der Donnerstag als der «Perun-Tag» bezeichnet wurde, sowie aus dem Namen «Peruni» für eines der ältesten Perun-Heiligtümer bei Nowgorod, wofür die altgotische Entsprechung «fairguni» («der Felsen») ist und die altisländische «Fiorgyn», der Name der Mutter des Donnergottes Thor. So entspricht den Blitzen, denen Perun-Elias im Makrokosmos gebietet, im Menschen als dem Mikrokosmos das in seinem Blute wirkende Ich und dem Donner der mit dem Ich zusammenhängende Gedanke (siehe ebd. und GA 264, S. 232f.). Auch offenbart sich Jahve als der Gott des «Ich-Bin» im Alten Testament dem Moses in «Donnern und Blitzen» (2. Mose 19,16) sowie im Feuerelement (ebd. 19,18 und 24,17).
Will man erfassen, in welchem Maße der Ich-Impuls bei Elias im Vergleich mit Moses zu einem inneren Erlebnis wurde, ist es notwendig, die Beschreibung der geistigen Begegnung beider mit Jahve zu betrachten. So spricht Jahve zu Moses, daß er nicht sein Angesicht sehen und unter den Lebenden bleiben kann (ebd. 33, 20); und «er hält seine Hand ob Moses» im Augenblick der höchsten Offenbarung, so daß dieser ihn nur von «hinten nach» zu schauen vermag, nicht aber von Angesicht (33,22–23). Elias dagegen erlebt diese höchste Offenbarung auf eine ganz andere Weise. Über ihn hält Jehova seine Hand nicht, ihm den Zugang zur Anschauung der höchsten Offenbarung verwehrend. Im Gegenteil, Elias, sich für sie vorbereitend, «verhüllte sein Antlitz mit seinem Mantel… und trat in die Tür der Höhle» (1. Könige 19,13). Der «Mantel», mit dem Elias in dieser Szene sein Antlitz verhüllt, ist die Imagination seiner ihn wie eine mächtige Aura umgebenden eigenen höheren übersinnlichen Wesenheit, die sich nicht vollständig mit seinem physischen Leib verbindet. Mit Hilfe dieses «Mantels» weckt Elias auch in dem Schüler Elisa den zukünftigen Propheten (ebd. 19,19–20) und überträgt ihm später, nun aus der geistigen Welt heraus, einen Teil seiner geistigen Kraft (2. Könige 2,13–15). Das wird in der Bibel so dargestellt, daß dem Elisa, als Elias sich vor dessen innerem Blick im feurigen Wagen, das heißt in den Kräften seines mächtigen Ich, in eine höhere geistige Sphäre erhob, allein sein Mantel verblieb (ebd. 2,11–13). «Nur der Mantel fiel zurück, das heißt die geistige Kraft, mit der er sich zu umhüllen hatte» (GA 61, 14.12.1911).

So sehen wir, daß Elias zum Erleben der höchsten Offenbarung Jahves «aus der Höhle hinaustritt», das heißt aus seinem physischen Leibe (Moses dagegen wird durch Jahve «in die Felskluft gestellt» (2. Mose 33,22), und das bedeutet, daß er seinen Leib nicht vollständig verlassen kann), daß er sodann «sein Antlitz», das heißt sein irdisches Bewußtsein, mit seinem Mantel verhüllt oder sich – abstrakt gesprochen – mit den Kräften seiner geistigen Aura vereinigt. Mit anderen Worten: das Bewußtsein des Elias verlagert sich in diesem Augenblick in die Sphäre seines höheren, im physischen Leibe nicht verkörperten Wesens, in dem er das sich in der Monden-Sphäre widerspiegelnde, sich der Erde nähernde Welten-Ich des Christus erleben kann. Und hier ereignet sich etwas Wunderbares. Von außen, in der Feuersubstanz hatte sich Jahve dem Moses geoffenbart. Elias dagegen trägt infolge seiner Einweihung diesen feurigen Ich-Impuls bereits selbst in seiner Seele. Und deshalb erscheint ihm Jahve nicht als Offenbarung von außen, sondern im *Innern,* nicht im Feuersturm, sondern «im stillen, sanften Sausen»: «Er [Jahve] sprach: Gehe heraus und tritt auf den Berg vor den Herrn! Und siehe, der Herr ging vorüber und ein großer, starker Wind, der die Berge zerriß und die Felsen zerbrach, vor dem Herrn her; der Herr aber war nicht im Winde. Nach dem Winde aber kam ein Erdbeben; aber der Herr war nicht im Erdbeben. Und nach dem Erdbeben kam ein Feuer; aber der Herr war nicht im Feuer. Und nach dem Feuer kam ein stilles, sanftes Sausen» (1. Könige 19,11–12). In gewissem Sinne kann man sagen, daß es sich bei dieser ersten inneren Offenbarung des Ich-Impulses auch um das erste Auftreten des *Gewissens-Impulses* in der Menschheitsentwicklung handelt. So gesehen wird Elias nicht – wie Moses – zum Träger der *Weisheit* des Ich, sondern zum Träger der *Kräfte* des Ich, «... der weisenden Kraft, dessen, was die Richtung, den Impuls gibt» (GA 104, 26.6.1908. Ein Abbild dieser Polarität finden wir auch im Alten Testament. Siehe: Maleachi 4,4–6). Und so wie Johannes der Täufer nach seinem Tode zur Gruppenseele der Apostel wurde (GA 139, 20.9.1912), so wurde Elias als Ur-Prophet des althebräischen Volkes nach seinem physischen Tode zum Inspirator aller folgenden Propheten, indem er ihnen während ihrer Verkörperung im althebräischen Volke half, sich der Einweihung zu *erinnern,* die sie innerhalb anderer Völker in vergangenen Inkarnationen erfahren hatten. «Man möchte sagen, von *Elias ausgehend*... treten uns die

Propheten in einer wunderbaren Größe entgegen» (GA 139, 16.9.1912). Denn nach dem Zeugnis Rudolf Steiners vereinigten sich die von den anderen Völkern kommenden und sich sodann im althebräischen Volke verkörpernden Seelen der alttestamentarischen Propheten in ihm mit der seelisch-geistigen Atmosphäre, welche von Elias – vorbereitend – geschaffen worden war, der «erscheint wie die ganze eigentümliche Seele des althebräischen Volkes»; «wie in einer großen Harmonie, wie in einer Symphonie vermischt sich das, was von Elias bleibt und was die Seelen der anderen Völker durch die anderen Propheten zu sagen haben, die sich in dem alttestamentlichen Volke verkörpern» (ebd., 20.9.1912).
Es schöpften späterhin alle alttestamentarischen Propheten aus den übersinnlichen Inspirationen des Elias, des Repräsentanten der Seele des alttestamentlichen Volkes, die Kräfte für ihren Kampf gegen das Sibyllentum und die unbewußten seelischen Impulse, um dem individuellen Ich-Impuls in der rechten Weise im althebräischen Volke und im weiteren Sinne in der gesamten Menschheit Raum zu schaffen.

68 1. Mose 3,24.

69 GA 130, 2.12.1911. Weiter sagt Rudolf Steiner in diesem Vortrag, daß der Christus als Herr des Karma von unserer Zeit an in der genannten Imagination den Platz des Moses einzunehmen beginnt und daß er die Menschheit allmählich dahin führt, die Folgen der eigenen Taten nicht erst nach dem Tode (vor dem Kamaloka), sondern schon während des Erdenlebens zu schauen. Zum Abschluß der Darstellung dieser vollkommen neuen geistigen Situation nimmt Rudolf Steiner Bezug auf die Bedeutung, die der erneuerte Anruf Johannes des Täufers in diesem Zusammenhang für unsere Zeit erhält: «Ändert die Seelenverfassung, denn neue Zeiten kommen, in denen neue Fähigkeiten der Menschen erwachen» (ebd.).

69a Das *«feurige Schwert»* in den Händen des Cherub (in der russischen kanonischen Bibelübersetzung steht noch das Wort «sich um sich herumdrehend», das heißt «zweischneidig») ist eine Imagination des Menschen-Ich, das sich nach dem Tode dem kosmischen Gewissen (dem Cherub) übergibt. (Siehe Apg. 1,16 und GA 104, 25.6.1908.) Nach den Hinweisen Rudolf Steiners war das in der Apokalypse beschriebene zweischneidige Schwert auf dem ersten apokalyptischen Siegel als *feurig* dargestellt. (Siehe GA 284.)

70 GA 118, 27.1.1910.

71 1,17.

71a In diesen Worten des Johannes, daß er «von der Erde» sei, tritt die unbewußte Erinnerung an sein Adam-Dasein in Erscheinung, von dem es in der Bibel heißt: «Und Gott der Herr machte den Menschen aus einem Erdenkloß ...» (1. Mose 2,7).

72 Joh. 3,28–36.

73 GA 139, 17.9.1912.

74 ebd. Johannes der Täufer hatte sich schon in seiner vorhergehenden Inkarnation auf dieses «Übertragen eines Teiles des Elias-Geistes» auf andere Menschen vorbereitet. Das war jedoch damals nicht auf dem physischen Plan in bezug auf das ganze Volk möglich, sondern nur in der geistigen Welt in bezug auf die nächsten Schüler. So übertrug der Prophet Elias einen Teil seiner geistigen Kräfte, das heißt der Kräfte seines Ich, nach seinem physischen Tod auf den Propheten Elisa. (Siehe 2. Könige 2,1–15 und GA 61, 14.12.1911.) Später vollbrachte Elias das auch in bezug auf andere alttestamentarische Propheten, zum Beispiel den Propheten Daniel und den Propheten Maleachi, der aus der übersinnlichen Inspiration des Elias von seinem Auf-die-Erde-Kommen an der Zeitenwende prophezeite.

75 ebd. (Siehe die Beschreibung der Taufe in GA 139, 17.9.1912, und in GA 112, 29. und 30.6.1909.)

76 Dieses Taufen hat noch eine weitere Bedeutung. Weiter oben (Seite 19f.) sahen wir, daß Johannes der Täufer durch seinen Zusammenhang mit der Zarathustra-Strömung einerseits und der Buddha-Strömung andererseits eine Art Vorläufer und Vorbereiter der welthistorischen Vereinigung dieser zwei Strömungen in dem einen Mysterium des Christus Jesus war. Ebenso nahm Johannes mit seiner Taufe etwas voraus, was der Christus Jesus als ein Geschehen von welthistorischer Bedeutung vollbrachte. Denn der Vorgang des Taufens als solcher, so wie ihn Johannes durchführte, wo der Mensch durch das vollständige Untertauchen in das Wasser bis an die Grenze zwischen Leben und Tod geführt wurde – und danach bis zur teilweisen Loslösung des ätherischen vom physischen Leibe –, war auch eine Art nach außen getragener Einweihungsvorgang ältester Menschheitsmysterien. In diesem Sinne war die Johannes-Taufe eine Vorwegnahme der Auferweckung des Lazarus, mit dem Unterschied, daß Johannes die Menschen zu dem Erleben führte, wie das Welten-Ich des Christus sich der Erde nähert, während bei der Auferweckung des Lazarus der Christus bereits auf der Erde

weilte. Und das hatte nicht das Schauen des sich nähernden Welten-Ich zur Folge, sondern sein direktes Eindringen in den Menschen (in diesem Falle Lazarus).
Hier ist zur Taufe des Johannes noch hinzuzufügen, daß er sich zu dieser seiner Aufgabe schon in der vorhergehenden Verkörperung durch die Auferweckung des Sohnes der Witwe vorbereitet hatte (1. Könige 17,17–24) sowie dadurch, daß er einen Teil seiner geistigen Kraft dem Propheten Elisa verlieh, welcher mit ihrer Hilfe den Sohn der reichen Frau aufzuwecken vermochte (2. Könige 4,17–37). Und schließlich bereitete sich Johannes sogar vom «geographischen» Standpunkt aus in seiner Elias-Inkarnation auf seine zukünftige Aufgabe vor. Denn er erfuhr seine Einweihung, die Rudolf Steiner im Vortrag vom 14.12.1911 (GA 61) eingehend beschreibt, an einem Ort unweit des Flusses Jordan. Dazu heißt es im Alten Testament: «Und das Wort des Herrn kam zu ihm und sprach: Gehe weg von hinnen und wende dich gegen Morgen und verbirg dich am Bach Krith, der gegen den Jordan fließt» (1. Könige 17,2–3). «Wende dich gegen Morgen» – das bedeutet hier: wende dich zur geistigen Welt. Später, nach seinem Tode, wendet sich die Seele des Elias immer wieder dem Ort seines künftigen Erdenwirkens zu. Und deshalb vollzieht er auch, gemäß dem Alten Testament, die Einweihung seines Lieblingsschülers Elisa, als sich dieser «am Ufer des Jordan» befindet (2. Könige 2,6–11). Siehe auch Anm. 74.

77 Matth. 3,7–9.

78 ebd. Vers 10.

79 Auch der Christus Jesus spricht: «Ihr sollt nicht denken, ich sei gekommen, um das Gesetz oder die Propheten aufzulösen» (Matth. 5,17).

80 Joh. 10,41.

81 Matth. 14,1–12. Darauf, daß in der Geschichte der Beziehungen von Herodes zu Herodias nicht nur der äußere Verstoß gegen das alttestamentarische Gesetz eine Rolle spielte, weist zum Beispiel die aus mehreren apokryphen Erzählungen (auch solchen slawischer Herkunft) bekannte Tatsache, daß zur Zeit der geschilderten Ereignisse der Gemahl der Herodias, Philipp, bereits gestorben war. Über einige der tieferen *geisthistorischen* Gründe des Konflikts von Johannes mit Herodes spricht Emil Bock in seinem Buch «Cäsaren und Apostel». Hier haben wir vor allem auf die geistig-seelischen Ursachen hingewiesen.

82 GA 143, 3.2.1912.

83 GA 139, 17.9.1912.

84 ebd. 20.9.1912. – Rudolf Steiner sagt dazu auch: «Die Seele des Johannes des Täufers, die Seele des Elias, sie wird die Gruppenseele der Zwölf, sie lebt in den Zwölfen und lebt in den Zwölfen weiter.»

85 GA 238, 28.9.1924; «Letzte Ansprache» und Erklärungen dazu Dr. Noll und Dr. Kirchner-Bockholt gegenüber, veröffentlicht in der Ausgabe von 1981.

86 Siehe GA 123, 10.9.1910.

87 Gemeint sind: die zwei Fische als die übersinnlichen Kräfte des physischen und des Ätherleibes und die fünf Brote als die Kräfte des Astralleibes, des Ich, des Geistselbst, des Lebensgeistes und des Geistesmenschen (vgl. mit Anm. 85). – Die Beteiligung der Entelechie des Johannes an der *Vermehrung der Brote* und der Speisung der Fünftausend zeugt vom Zusammenhang dieser Individualität mit einer geistigen Strömung, die von Anfang an mit den Mysterien vom «Brot des Lebens» (Joh. 6,35) verbunden war. Als ein führender Vertreter dieser Strömung, der Abraham und mit ihm dem ganzen althebräischen Volk die hohe Mission mitteilte, die Hüllen für das Herabkommen des Christus, des «Brotes des Lebens», auf der Erde zu bereiten, erscheint im Alten Testament Melchisedek, «der Priester Gottes des Höchsten» (1. Mose 14,18–20). Er war die letzte irdische Verkörperung des Manu, des Führers der großen «Mutterloge» der Menschheitsführung (siehe Anm. 13). Als Individualität, die mit der Mutterloge und ihren Impulsen unmittelbar verbunden ist, wirkt auch Elias unter dem althebräischen Volk. Diese seine Verbindung mit der «Melchisedek-Strömung» zeigt sich ebenso in aller Deutlichkeit während seiner vorhergehenden Verkörperung als Pinehas (siehe Anm. 235). Später kommt seine Zugehörigkeit zu dieser Strömung in der Elias-Inkarnation bei der Vermehrung des Brotes der Witwe zum Ausdruck (l. Könige 17,8–16) und auch bei der Vermehrung der Brote durch Elisa, seinen Lieblingsschüler (2. Könige 4,42–44), dem er von seiner geistigen Kraft gab und den er dadurch mit der «Melchisedek-Strömung» verband. Höhepunkt und endgültige Verwirklichung dieser Mysterien bildete dann die Verkörperung des Christus selbst auf der Erde und die Speisung der Viertausend und der Fünftausend sowie die Verwandlung von Brot und Wein in geistige Kräfte beim Abendmahl – ein kultisches Geschehen, welches Er, nach den Worten des Apostels Paulus, als ein «Hoherpriester

nach der Ordnung Melchisedeks» vollzog (Brief an die Hebräer 5,10 und Psalm 110).
Unter den zahlreichen Bedeutungen, welche die Symbole von Brot und Wein im okkulten Sinne haben können, ist in unserer Betrachtung eine besonders hervorzuheben, und zwar der Zusammenhang des «Brotes» mit den Schicksalen des irdischen Ur-Menschen Adam und des «Weines» mit den Schicksalen des himmlischen Ur-Menschen – der nathanischen Seele. Schon in dem Gleichnis vom Samenkorn: «Wenn das Samenkorn ... nicht erstirbt ...» (Joh. 12,24) wird auf dieses Schicksal der Erdenmenschheit, deren Stammvater Adam war, verwiesen. Von diesem Absteigen mit all seiner inneren Tragik spricht auch das makrokosmische «Vaterunser» (siehe GA 148 und 245), wo im vierten Vers das «Brot» angesprochen wird als Bild für ein Charakteristikum des im physischen Leibe verkörperten Menschen. Später dann weist der Christus, indem er das makrokosmische in das mikrokosmische «Vaterunser» verwandelt (GA 148, 6.10.1913), die Nachkommen des irdischen Adam – das heißt die ganze Menschheit – auf den neuen Weg von unten nach oben, wiederum in die geistige Welt (siehe Genaueres in meinem Buch «Rudolf Steiner und die Grundlegung der neuen Mysterien», Stuttgart [3]2007, Kap. 3). Einen anderen Weg finden wir in dem Bild des «Weines» zum Ausdruck gebracht, dem Symbol reinster ätherischer Kräfte (des Wassers), die sich im Weinstock («Ich bin der wahre Weinstock», spricht der Christus, Joh. 15,1) mit den kosmischen Kräften der Sonne verbinden. Das ist das Symbol der himmlischen Schicksale der nathanischen Seele (weshalb im «Vaterunser» der «Wein» nicht erwähnt wird, da dieses sich auf die Nachkommen des irdischen Adam bezieht). Auf das Mysterium der nathanischen Seele oder der «himmlischen Menschheit» weist auch das erste «Wunder», das Christus bei der Hochzeit zu Kana in Galiläa vollbrachte (Joh. 2,1–11).
In den Mysterien des Melchisedek-Manu, die mit der Mutterloge der Menschheitsführung und gleichzeitig mit den beiden Wesenheiten des Adam und der nathanischen Seele verbunden waren, wurden die beiden Strömungen, deren Symbole das Brot und der Wein sind, in denen sich das Geheimnis des irdischen Adam und seiner himmlischen «Schwesterseele» verbirgt, schon zur Zeit der alten Atlantis allmählich auf ihre Vereinigung vorbereitet, für die dann der Christus Jesus mit den Ereignissen an der Zeitenwende den Grund legte.

88 Joh. 6,35.

4. Nach der Zeiten-Wende

89 GA 114, 18.9.1909.

90 ebd. 19.9.1909.

91 GA 148, 5.10.1913. – In diesem Vortrag weist Rudolf Steiner darauf hin, daß während eines der Gespräche zwischen Jesus und Johannes Jesus hellsichtig die vorhergehende Verkörperung des Johannes als Elias unmittelbar schaute.

92 GA 139, 17.9.1912.

93 Rudolf Steiner dazu: «Kann man gar nicht empfinden, daß doch dieses wie eine Aura Umschwebende des Elias-Johannes auch bei Raphael da ist, daß auch bei Raphael etwas Ähnliches da ist wie bei den beiden anderen, von dem man sagen kann: es ist zu groß, um in die einzelne Persönlichkeit einzugehen, es umschwebt die einzelne Persönlichkeit, *so daß die Offenbarungen, welche diese physische Persönlichkeit empfängt, wie Erleuchtungen wirken? Das ist bei Raphael doch der Fall»* (GA 139, 17.9.1912). Und etwas später noch deutlicher: «Und die [Worte Herman Grimms über Raphael] sind so, wie wenn jemand ausdrücken möchte, daß bei Raphael etwas vorliegt wie eine große Aura, die ihn umschwebt, so wie der Geist des Elias den Naboth umschwebte.» Ähnlich äußerte sich ein Zeitgenosse: «Raphael war von einer sehr edlen und zarten Komplexion, so daß sein Leben nur wie an einem Faden am Körper hielt; denn er war ganz Geist» (zitiert nach W. Kelber, «Raphael von Urbino», Stuttgart 1979). Diese Worte erinnern auf erstaunliche Weise an andere Worte, die Ludwig Tieck über seinen Freund Novalis äußerte: «Er [Novalis] war ein echter, wahrer Mensch, die reinste und lieblichste Verkörperung eines hohen unsterblichen Geistes.» Und trotzdem ist auch Novalis nicht vollständig in seinem physischen Leib verkörpert, wenn auch nicht in dem Maße «unvollständig» wie Raphael.

94 Siehe die Beschreibung der Sixtinischen Madonna am Schluß des Vortrags vom 22.12.1908 (GA 108) durch Rudolf Steiner und im Vortrag vom 8.5.1912 (GA 143) sowie den Hinweis im Vortrag vom 6.10.1923 (GA 229) auf sie als auf ein unmittelbares, künstlerisches Abbild der kosmischen Weihnachts-Imagination. – Dafür, daß Raphael seine Darstellungen der Madonna mit dem Kinde tatsächlich aus innerem, hellsichtigem Erleben malte, gibt es eine ganze Anzahl von Zeugnissen. Siehe dazu Genaueres in den Anmerkungen 229 und 257.

95 GA 109/111, 15.2.1909.

96 Siehe ebd. 7.3. und 6.4.1909.

97 In den Vorträgen über «Das Prinzip der spirituellen Ökonomie» (GA 109/111) weist Rudolf Steiner mehrfach darauf hin, daß eine solche Eingliederung eines Abdrucks des Äther- oder Astralleibes der nathanischen Seele in eine menschliche Hülle häufig (selbstverständlich nur auf karmisch bedingte Weise) durch ein tragisches Erlebnis oder eine seelische Erschütterung, die in der Kindheit oder Jugend durchgemacht werden, hervorgerufen wird. Denn obwohl die Eingliederung solcher Abdrücke selbst schon vor der Geburt in der geistigen Welt geschieht, so ist doch eine Art Anstoß von außen nötig, damit die in den Abdrücken ruhenden höheren spirituellen Kräfte im Äther- beziehungsweise Astralleibe zur Wirksamkeit kommen können. – Ein solches Ereignis im Leben Raphaels war der Tod mehrerer Familienmitglieder in der Zeit, da sich bei ihm der eigene Ätherleib entwickelte (vom siebenten bis zum vierzehnten Jahr). So starben im Laufe eines Monats, als er acht Jahre alt war, seine Großmutter Elisabeth, seine «engelgleiche» Mutter (Kelber) sowie seine Schwester und, als er elf Jahre alt war, sein Vater.

98 GA 229, 6.10.1923.

98a Dieses recht lange Gedicht Raphaels, das zugleich eines der wenigen auf uns gekommenen ist, ähnelt, was die Bildgestalt betrifft, ungeachtet seiner künstlerischen Unvollkommenheit, auf erstaunliche Weise vielen Gedichten von Novalis, ganz besonders aus dem Zyklus «Hymnen an die Nacht». So zum Beispiel die folgenden Verse Raphaels:

«Um Mitternacht.
Längst war die eine Sonne
Hinab, als jene *andre* mir erschien,
Voll Wirkenskraft und
Wortenthaltsamkeit.»

(Vgl. mit Novalis' Worten über «eine andere Sonne» auf Seite 64.)

Oder: «Doch all mein Müh'n, und du, ruhmvoller Schmerz,
Weckst den versunknen Geist, und neue Bahnen
Ihm zeigend, läßt du ihn die Höhe ahnen,
Zu der ein Weg sich auftut für mein Herz.»

Schon Rudolf Meyer wies in seinem Buch über Novalis auf die völlig unpassende Auffassung dieses Gedichtes als ein «Liebesgedicht» im herkömmlichen Sinne des Wortes hin.

98b GA 292. Siehe auch Anm. 396.

98c Siehe dazu GA 123, 10.9.1910, sowie mein Buch «Rudolf Steiner und die Grundlegung der neuen Mysterien», Kap. 3, Stuttgart [3]2007. – Gemäß Rudolf Steiner befindet sich das geistige Urbild des menschlichen Ätherleibes im Devachan.

99 Siehe das Schema in Anm. 145.

100 Von der besonderen Beziehung zwischen Raphael und seiner Mutter zeugt die Tatsache, daß der Vater Raphaels ein Fresko an die Wand seines Kinderzimmers malte, das sie beide als Madonna mit dem Kinde darstellte. Als eine «junge, madonnenhaft zarte und innige Frau» erschien sie ihren Zeitgenossen (Kelber).

101 Siehe GA 229, 7. und 13.10.1923. – Rudolf Steiner äußert in den beiden dem Thema Raphael gewidmeten Vorträgen immer wieder, daß dessen Geburt und Tod am Karfreitag erfolgten, sei ein Hinweis darauf, daß er «zu der geistigen Welt in besonderer Weise steht» (GA 143, 8.5.1912). In dieser Tatsache kommt, außer der schon beschriebenen Beziehung zu dem Erzengel Raphael, auch seine Beziehung zum Mysterium von Golgatha zum Ausdruck, bei dem die Wesenheit Johannes des Täufers geistig infolge ihrer Vereinigung mit Lazarus-Johannes anwesend war. (Siehe GA 114, 18.9.1909.)

101a Siehe GA 114, 18.9.1909.

101b Auf den bereits in früheren Verkörperungen bestehenden Zusammenhang der Individualität des Malers Raphael mit dem Heiler-Erzengel weist auch die Tatsache, daß in einer Variante der Erzählung vom gerechten Tobias ihm nicht der Erzengel Raphael zur Heilung aus der geistigen Welt gesandt wird, sondern der Prophet Elias.

101c GA 243, 22.8.1924. – Im Vortrag vom 18.8.1924 (ebd.) weist Rudolf Steiner *dreimal* darauf hin, daß die letzte Herrschaftszeit des Erzengels Raphael vom 9. bis in das 15. Jahrhundert dauerte, das heißt, daß sie ungefähr zur Zeit der Geburt des Künstlers Raphael zu Ende ging. In der individuellen Entwicklung des Menschen entspricht dieser historischen Epoche die Zeit vom siebenten bis vierzehnten Jahre, in deren Verlauf die Entwicklung des *Ätherleibes* vor sich geht, der die Quelle der Heilkräfte des irdischen Organismus ist. Überraschend ist bei dieser Beschreibung, daß Rudolf Steiner die Herrschaftszeit Raphaels unmittelbar *vor* der Herrschaftszeit Gabriels ansetzt und die Herrschaft des Erzengels Samael (1190–1510), die zwischen ihnen stattfand, ausläßt. Das kann jedoch so verstanden werden, daß, ausnahmsweise, während der Herrschaft Samaels der Erzengel Raphael einen gewissen Einfluß auf einzelne Bereiche des geistigen Lebens beibehielt, einen Einfluß, der erst mit dem Beginn der Herrschaftsepoche Gabriels (1510) aufhörte, das heißt zehn Jahre vor dem Tode des Künstlers. In diesem Zusammenhang gewinnen die folgenden Worte besondere Bedeutung, die Rudolf Steiner über dessen Geburt äußerte: «Wir sehen ihn, wie er sich an einem Karfreitag – man kann es so sagen –, *‹geboren werden läßt›*, um gleichsam zu zeigen, wie er sich in das Mysterium von Golgatha hineinstellt» (GA 133, 2.5.1912).

102 Diese Bildfolge, die hauptsächlich aus Madonnen Raphaels besteht und die Dr. Peipers 1911 für die Patienten seiner Münchner Klinik zusammenstellte, wurde von Rudolf Steiner als medizinisch-therapeutisches Mittel gutgeheißen. Der Grund, warum diese Madonnen-Bilder eine solch heilsame Wirkung ausüben, ist darin zu sehen, daß in ihnen in verwandelter Form dieselben geistigen Kräfte wirken, die in alter Zeit mit der kosmischen Sphäre der Isis-Jungfrau, der Repräsentantin kosmischer Heilkräfte, verbunden waren (siehe GA 105, 4. und 5.8.1908). Auf diese Aufgabe der Madonnenbilder weist Rudolf Steiner (wenn sie geistig und künstlerisch ihrem himmlischen Urbild entsprechen, wie das bei Raphael und einigen anderen Künstlern der Fall war) mit den folgenden Worten hin: «So sehen wir, was geblieben ist in jenem wunderbaren Symbolum der jungfräulichen Mutter mit dem Kinde, die sich im Madonnenbilde, wir können es auf geisteswissenschaftlichem Boden mit aller Kraft sagen: in dem gesundend wirkenden Madonnenbilde erhalten hat. Denn das Madonnenbild ist ein Heilmittel» (GA 105, 5.8.1908).

Und so mußte der geistige Impuls des Erzengels Raphael mit besonderer Kraft in dem Künstler Raphael wirken, um das so besonders heilkräftige Thema in der bildenden Kunst zum zentralen Thema in seinem Werk zu machen. – Hier ist noch hinzuzufügen, daß Rudolf Steiner unter allen Madonnen Raphaels der «Sixtinischen Madonna» einen besonderen Platz einräumt und mehrfach auf ihre therapeutische Wirkung hinweist, nicht nur für werdende Mütter, sondern auch für Menschen, die an den verschiedensten psychologisch-physiologischen Störungen leiden.

103 GA 238, 28.9.1924.

104 GA 62, 30.1.1913.

104a Luk. 3,22, zitiert in der Übersetzung Rudolf Steiners im Vortrag vom 21.9.1909, GA 114.

105 Der Eifer, mit dem Raphael sich der Leitung der Ausgrabungen und der Rekonstruktion der architektonischen Denkmäler des Alten Rom hingab, kostete ihm das Leben. Er zog sich bei den Grabungen, die er über längere Zeit leitete, ein Fieber zu, das die äußere Ursache seines frühen Todes war. Seine Zeitgenossen äußerten, «daß alle ihn wie ein vom Himmel kommendes göttliches Wesen ansehen, herabgesandt, um die ewige Stadt in ihre alte Majestät zurückzuversetzen. Keine Spur von Hochmut aber ist dadurch in ihn hineingekommen, sondern er verdoppelt nur seine Freundlichkeit den Menschen gegenüber ...» (zitiert nach R. Meyer, «Elias», Stuttgart 1964).

106 Das widerspricht nicht dem weiter oben Gesagten (siehe Seite 16), daß der Jahve-Impuls, den Moses in einer mehr geistig-äußerlichen Weise aufgenommen hatte, von Elias im Innern seiner Seele erlebt wurde. Denn dieser Impuls, der zwar bereits «im Innern von Elias Seele» wirkte, war trotzdem für ihn eine «höhere Inspiration» und konnte erst in seiner folgenden Verkörperung als Johannes der Täufer bis zu einem gewissen Grade zu einer *eigenen Kraft* werden, die sein Ich durchdrang. Das stellt Rudolf Steiner folgendermaßen dar: «Ich will auf die Einzelheiten nicht weiter jetzt eingehen, will nur sagen, wie an diesem Prophetenbilde durch die okkulte Forschung herausgekommen ist, daß Elias es war, der mit einer besonderen Intensität und Kraft darauf hingewiesen hat, daß das, was die Menschheit ein Göttliches nennen kann, eigentlich nur zu erblicken ist in seiner ureigenen Gestalt – und zwar im tiefsten Zentrum des Menschen –, im eigentlichen Ich des Menschen. So daß wir, zusammenfassend, das große Prophetenwort des Elias so charakterisieren können: *Von ihm ist die Erkenntnis ausgegangen,* daß alles, was uns von der Außenwelt gelehrt werden kann, nur ein Gleichnis ist, und daß die Erkenntnis über die eigentliche Natur des Menschen nur aufgehen kann im eigenen Ich. – Nur ist Elias nicht dazu gekommen, die Kraft und die Bedeutung des einzelnen Ich zu erkennen, sondern er stellte gleichsam ein außer dem Menschen stehendes göttliches Ich auf [das tat auch Moses]. Aber erkennen sollte man dieses göttliche Ich, erkennen sollte man, daß *es hereinstrahlt in* das menschliche Ich.» (Darin bestand die besondere Aufgabe von Elias, und es ist zugleich ein Hinweis auf die innere Entwicklung, die er im Vergleich mit der Aufgabe von Moses durchmachte.) Und dann fährt Rudolf

Steiner in demselben Vortrag, die Aufgabe von Johannes dem Täufer im Zusammenhang mit seinem Aufruf: «Ändert euren Sinn ...», charakterisierend, fort: «Das heißt, daß die Entwicklung vorliegt, daß das Ich tatsächlich in sich das Göttliche finden kann. Wir sehen [bei Johannes dem Täufer] eine Art Heroldschaft des Christentums *verändert gegenüber dem Elias durch den Lauf der Zeit»* (GA 133, 2.5.1912). Noch eingehender spricht Rudolf Steiner über diese «Heroldschaft» und den geistigen Fortschritt Johannes des Täufers verglichen mit Elias in dem Vortrag vom 17.9.1912 (GA 139), wo er beschreibt, daß das durch Elias repräsentierte Gruppen-Ich des alttestamentarischen Volkes durch die Predigt und die Taufe des Johannes, sich allmählich differenzierend, in die Seelen der einzelnen Menschen als Impuls des *individuellen Ich* eindrang: «Daß dieser Geist [des Elias], der [früher] gleichsam über den Menschen und ihrer Geschichte schwebte, nun immer mehr und mehr einziehen sollte in jede einzelne individuelle Brust, das war die große Tatsache, die nun *Elias-Johannes* selber ankündigte.»
Das bedeutet, daß der Geist des Elias durch die Tätigkeit Johannes des Täufers das Erwachen des individuellen Ich-Prinzips in den Menschen bewirken konnte als wichtigste Voraussetzung und Grundbedingung, um später den Impuls des Welten-Ich, der von dem Christus auf die Erde gebracht wurde, in der rechten Weise aufzunehmen.
Den außerordentlich komplizierten Prozeß in der inneren Entwicklung der geistigen Wesenheit des Elias-Johannes in bezug auf das Erringen des individuellen Ich-Prinzips auf der Erde und gleichzeitig die Verkündigung der Annäherung des Welten-Ich charakterisiert Rudolf Steiner immer wieder aufs neue von den verschiedensten Seiten. So beschreibt er beispielsweise den geistigen Fortschritt, den Elias im Vergleich mit Moses errang, im Vortrag vom 8.5.1912 (GA 143) mit den Worten: «Er [Elias] hat nicht auf die ganze Bedeutung des menschlichen Ich hinweisen können, er ist eine *Zwischenstufe* in der Ich-Erkenntnis zwischen der Moses-Idee von Jehova und der christlichen Christus-Idee.»
Es ist ein nächster Schritt in diesem Zusammenhang, wenn Johannes der Täufer der Menschheit diese «christliche Christus-Idee» vorverkündigte: «Hingewiesen hat er [Johannes der Täufer] ganz auf dasjenige, was Impuls werden sollte durch Golgatha: daß in dem menschlichen Ich ein Ganzes, Göttliches gefunden werden kann,

daß das Christus-Ich einziehen soll in das menschliche Ich immer mehr und mehr und daß der Impuls dazu nahe ist» (ebd.). So steht in dem geistigen Fortschritt, den Elias gegenüber Moses und später Johannes der Täufer im Vergleich mit Elias errang, eine Art Urbild für die Menschheitsentwicklung in bezug auf das Ich-Prinzip vor uns, dessen bedeutendster Repräsentant die Individualität des Elias-Johannes ist.

5. Herold eines spirituellen Christentums

106a Siehe Genaueres in «Der Jahreskreislauf als Einweihungsweg zum Erleben der Christus-Wesenheit», Kap. «Die letzte Adventswoche. Der Tempel der höheren Erkenntnisse».

106b GA 10: Veränderungen im Traumleben des Geheimschülers.

106c Diese okkulte Tradition des «Hüttenbauens» in der geistigen Welt: «Man muß sich auch irgendwo einen Ort suchen, den man zunächst ganz genau erforscht und geistig für sich in Besitz nimmt. In diesem Ort muß man sich eine geistige Heimat gründen, ... und dann alles andere zu dieser Heimat in ein Verhältnis setzen» (GA 10), kommt auch in den Evangelien zum Ausdruck. So sagt Petrus (Matth. 17,4) in der Verklärungsszene zu dem Christus Jesus: «Herr, es ist gut, daß wir hier sind. Wenn du willst, so werde ich drei Hütten bauen, eine für dich, eine für Moses und eine für Elias.» (Im Astrallicht sieht Petrus alles umgekehrt. Tatsächlich handelt es sich darum, für die drei Apostel «Hütten zu bauen» als seelische Grundlage für die folgenden geistigen Erlebnisse.)

107 GA 108, 26.10.1908. – Was Novalis im «Astrallichte» lesen und schauen konnte, beschreibt Rudolf Steiner am Ende des Vortrags: «So konnte Novalis hineinschauen in die Zeiten, in denen die Götter unter den Menschen waren, als alles geistig sich abspielte, als noch nicht die Geister und Seelen [der Menschen] heruntergestiegen waren in irdische Leiber» – das ist eine Beschreibung des geistigen Zustandes, in dem die nathanische Seele sich vom Anbeginn bis zu ihrer ersten Verkörperung an der Zeitenwende in den geistigen Welten befand. – «So konnte er sehen den Übergang: wie der Tod einschlug in die Welt und wie der Mensch in jenen Zeiten den Tod darstellte in seiner irdischen Abschattung und wie er ihn durch Phantasie, durch Kunst zu verschönen suchte. Aber Rätsel blieb der Tod.» – Das ist ein

Hinweis auf den «Sündenfall» und seine Folgen für das weitere Leben Adams und der ganzen Menschheit auf der Erde. «Da trat etwas ein von universeller Bedeutung. Und Novalis konnte schauen die universelle Bedeutung dessen, was damals in der Welt geschah. Heruntergestiegen waren die Seelen ... [in die] Reiche der Natur ... Vergessen war die Erinnerung an den geistigen Urgrund des Daseins, doch war geblieben eine besondere geistige Wesenheit in diesem *universellen Mutterschoß,* aus dem alles heruntergestiegen war» – das heißt die nathanische Seele. Dieser Hinweis auf sie im Zusammenhang mit der Beschreibung der «Einweihung» von Novalis erfolgt ziemlich genau ein Jahr vor den Ausführungen über das Mysterium der nathanischen Seele in dem Zyklus über das Lukas-Evangelium (September 1909). – «Eine Wesenheit war vorläufig zurückgeblieben; sie hatte sich droben gehalten und nur vorläufig ihre Gabe der Gnade heruntergeschickt ...» Hier ist vor allem an die drei himmlischen Taten der nathanischen Seele in lemurischer und atlantischer Zeit zu denken, von denen Rudolf Steiner erstmals im Vortrag vom 30. Dezember 1913 (GA 149) sprach, aber auch an ihre übersinnliche Beteiligung in vielen nachatlantischen Mysterien (siehe GA 142). Weiter fährt Rudolf Steiner fort: «... um dann, wenn die Menschheit es am meisten brauchen würde, selber herunterzusteigen in die irdische Sphäre. Es war geblieben in der Sphäre der Geistigkeit oben das Wesen des geistigen Lichtes, jenes Wesen, das sich hinter dem physischen Sonnenwesen verbarg. Es hält sich in himmlischen Sphären und steigt herunter, wenn die Menschheit es braucht, auf daß diese wieder hinaufgetragen werden könne in die geistigen Welten.»

Hier entsteht der Eindruck, daß der geistige Blick Rudolf Steiners, während er die geistigen Erlebnisse von Novalis erforscht, zur gleichen Zeit auch auf die nathanische Seele und auf die Christus-Wesenheit gerichtet ist, denn bei den drei Vorstufen des Mysteriums von Golgatha wirkten sie gemeinsam, wobei das für beide Stufen der allmählichen Annäherung an die Erde waren (siehe GA 152, 30.3.1914). Jedoch tritt in den unten zitierten Worten auch der Unterschied zwischen den zwei Wesenheiten klar hervor. Denn es wird deutlich darauf hingewiesen, daß es die nathanische Seele ist, die hier beschrieben wird. «Und es stieg herunter [diese Wesenheit], als mit dem Mysterium von Golgatha der Christus in einem physischen Menschenleib erschien. Man begreift diesen Christus in seiner universellen Entfaltung, wenn man dasjenige, was in dem

Jesus von Nazareth lebte, hinaufverfolgt bis zu seinem geistigen Ursprung, bis zu jenem geistigen Lichte.» (Über den Zusammenhang der nathanischen Seele mit dem geistigen Lichte und ihre neue «lichtvolle» Offenbarung spricht Rudolf Steiner im Vortrag vom 1.1.1913, GA 142.) Und nur, weil Novalis – im Sinne der angeführten Worte – die himmlischen und irdischen Schicksale der nathanischen Seele in ihrem steten Dienen für das Sonnenwesen des Christus bis zu einem gewissen Grade im Astrallichte zu schauen vermochte, erschloß sich ihm auch das grundlegende Geheimnis der Erdenentwicklung, das Geheimnis des Todes auf Golgatha, «... daß da das Leben den Sieg über den Tod davongetragen hat und daß dadurch ein neuer Einschlag der Menschheit gegeben war,... das konnte Novalis schauen ... Da wurde ihm das ganze Wesen dessen klar, was der Christus-Tod bedeutet. Da enthüllte sich ihm in der Nacht des Seelischen das Rätsel des Todes, das Rätsel des Christus. Das war es, daß diese eigenartige Individualität *durch ihre Erinnerung an die früheren Leben* wissen lernte dieses bedeutsame Ereignis, das Ereignis von Golgatha, das man wissen muß» (GA 108, 26.10.1908).
Diese Worte weisen auf die Art der Erinnerung von Novalis an die übersinnliche Gegenwart der Entelechie Johannes des Täufers bei dem Tode des Christus Jesus auf Golgatha und seine Auferstehung hin – dank ihrer geistigen Vereinigung mit der Individualität von Lazarus-Johannes.
Zudem ist, außer dieser Beziehung von Novalis zur nathanischen Seele, noch zu beachten, daß Rudolf Steiner sein übersinnliches Erleben des Christus mit dem des Paulus vor Damaskus vergleicht (siehe seine Worte auf Seite 49), und das bedeutet, daß auch Novalis so wie Paulus bei seinem «Damaskus-Ereignis» das Erscheinen von *zwei* Wesen erlebt hat: das Erscheinen des Christus in der Hülle der glänzenden Lichtaura, die nichts anderes war als die nathanische Seele (siehe GA 142, 1.1.1913).

108 Dieses Zitat sowie die zwei folgenden stammen aus dem Vortrag Rudolf Steiners vom 22.12.1908, GA 108.

109 GA 130, 1.10.1911, sowie die folgenden Zitate von Rudolf Steiner auf Seite 52. Siehe auch R. Meyer, «Novalis», Stuttgart 1972.

110 Über das Herz als neues Erkenntnisorgan siehe GA 119, 29./30.3.1910, sowie den Aufsatz «Im Anbruch des Michael-Zeitalters» (GA 26).

110a Siehe GA 96, 17.12.1906.

110b Siehe GA 26, «Im Anbruch des Michael-Zeitalters», sowie auch die folgende Anmerkung.

110c Im Vortrag vom 9.11.1914 (GA 158) sagt Rudolf Steiner in dem Zusammenhang: «Dieses Ereignis der Erscheinung des Christus, so wie es die Theodora angedeutet hat, kann nur herbeigeführt werden, wenn sich die Herrschaft des Michael immer mehr und mehr ausbreitet.» Und in seinem Aufsatz «Die Weltgedanken im Wirken Michaels und im Wirken Ahrimans» (GA 26) weist er auf die eigentlichen Ziele hin, die Michael zur Zeit seiner gegenwärtigen Herrschaft in der Menschheit erreichen will: «So ist seine Absicht, daß in Zukunft die Intellektualität durch die Herzen der Menschen ströme, aber als dieselbe Kraft, die sie ausströmend aus den göttlich-geistigen Mächten schon im Anfang war ... Dadurch zeigt sich auch, indem er die Intellektualität durchdringt, in dieser die Möglichkeit, ein Ausdruck des Herzens, der Seele ebenso gut zu sein wie ein solcher des Kopfes, des Geistes ... Dadurch überträgt er auf die Intellektualität nichts Kalt-Frostiges, Seelenloses, sondern er steht bei ihr in warminniger, seelenvoller Art.»
Und diesen makrokosmischen Prozeß gleichsam auf mikrokosmische Weise widerspiegelnd erscheint die Intellektualität von Novalis, die bis zum kleinsten Fragment ein Ausdruck der Verschmelzung der Kräfte des Kopfes und des Herzens ist, der Intellektualität und der Moralität.

111 GA 118, 25.1.1910, und über das neue Erscheinen des Christus im Ätherischen siehe Genaueres auch in GA 15, 130, 152.

112 Siehe GA 61, 14.12.1911, sowie Anm. 67.

113 In GA 127 und GA 130.

114 Im Vortrag vom 2.12.1911 (GA 130) wird bei der Beschreibung des *zweiten* Rufes Johannes der Täufer nicht erwähnt, es wird jedoch eingehend von Adam – seiner frühesten Verkörperung – gesprochen.

115 Über den Zusammenhang von Elias-Johannes-Raphael-Novalis mit dem Bodhisattva-Prinzip im allgemeinen und mit dem Maitreya-Buddha im besonderen siehe Anm. 20.

115a GA 130, 1.10.1911.

115b Mit diesen zwei Versen weist Novalis in poetischer Form auf «ein großes Mysterium» (GA 112, 3.7.1909), das mit dem Leben des Christus auf der Erde verbunden ist und um das wir durch die Mitteilungen der Geisteswissenschaft wissen. So spricht Rudolf Steiner im Vortrag vom 3.7.1909 (GA 112) davon, daß durch die Vereinigung der Christus-Wesenheit mit dem physischen Leib des Jesus von Nazareth dieser zum ersten Male in der ganzen Menschheitsentwicklung bis zu seinem Knochensystem von neuer Geistigkeit durchdrungen wurde.

115c Rudolf Steiner wies, wenn er über das neue Erscheinen des Christus im Ätherischen sprach, häufig darauf hin, daß das Erleben des ätherischen Christus dadurch erfolgen kann, daß Menschen als Vorbereitung dazu noch auf der Erde sich ein geistiges Wissen von dem Christus erwerben (siehe zum Beispiel GA 131, 14.10.1911). Die Begegnung mit dem ätherischen Christus selbst kann unter bestimmten Bedingungen noch während des Erdenlebens oder auch nach dem Tode in der geistigen Welt geschehen. Und das letztere war bei Novalis der Fall.

115d Genaueres siehe in «Der Jahreskreislauf als Einweihungsweg zum Erleben der Christus-Wesenheit», Teil IX, Kap. «Die drei Stufen der Vereinigung der Christus-Wesenheit mit der Erdensphäre ...».

116 Von diesem Vortrag sind keine Nachschriften erhalten.

117 Von diesem ersten Vortrag zum Thema der ätherischen Wiederkunft Christi ist nur eine kurze, eine halbe Maschinenseite umfassende Nachschrift von Marie Steiner erhalten.

118 Der Schluß dieses Vortrags zeugt ganz besonders deutlich von dem direkten Zusammenhang zwischen der Individualität von Novalis und der modernen Geisteswissenschaft oder Anthroposophie sowie ihren geistigen Inspiratoren, den Meistern der Weisheit und des Zusammenklanges der Empfindungen. (Siehe dazu Genaueres im 11. Kap.)

119 Obwohl von dem ersteren, dem Vortrag vom 12.1.1910, nur eine ganz kurze Nachschrift erhalten blieb, in der der Johannes-Ruf nicht erscheint, so ist der Verfasser doch überzeugt, daß er auch in ihm erwähnt wurde.

120 GA 118, 25.1.1910. Siehe auch die Vorträge vom 27. 1., 20. 2. und 18.4.1910 in demselben Band als auch vom 2.12.1911 in GA 130 und viele andere. – In allen diesen Vorträgen wird immer wieder darauf hingewiesen, wie wichtig der erneuerte Ruf Johannes des Täufers für die Vorbereitung der Menschen auf die Wiederkunft des Christus ist, wobei die Worte dieses Rufes im Kontext des Vortrags vom 23.1.1910 (GA 125) besonders zu beachten sind, denn

sie stehen hier unmittelbar, bevor der *Geist* von Novalis erwähnt wird, der mit dem *Geiste* der modernen Geisteswissenschaft und dem *Geiste* der Meister der Weisheit und des Zusammenklanges der Empfindungen verbunden sei.

121 GA 118, 18.4.1910.

121a GA 26, «Michaels Mission im Weltenalter der Menschen-Freiheit».

121b In diesem Vers wird eines der grundlegenden Geheimnisse unserer Zeit von Novalis in bewundernswerter Weise vorausgenommen: daß der Christus vom 20. Jahrhundert an zum «Herrn des Karma» wird (siehe zu diesem Ereignis GA 131, 14.10.1911, und GA 130, 2.12.1911).

122 GA 133, 2.5.1912, und GA 143, 16.5.1912. Die folgenden Zitate sind entsprechend aus den Vorträgen vom: 8.5.1912 (GA 143), ebd., ebd., 16. 5. 1912 (GA 143), 8.5.1912 (GA 143), 2.5.1912 (GA 133).

6. Die Inspirationsquellen von Novalis

122a Nach dem im 1. Kapitel des Lukas-Evangeliums beschriebenen Besuch Elisabeths durch Maria war diese nie wieder bei ihrer Verwandten. Dagegen besuchten Elisabeth und Zacharias bald nach der Geburt Johannes des Täufers mehrere Male mit ihrem Knaben die Familie des nathanischen Jesus in Nazareth. Das geschah vor allem im Laufe der Jahre, während derer die Familie des salomonischen Jesus noch in Ägypten weilte. Und die untergründige Erinnerung an diese Besuche und die damit verbundenen kurzen Perioden des gemeinsamen Lebens der zwei Familien in Nazareth kommt in vielen «Madonnenbildern» Raphaels zum Ausdruck, auf denen die Maria mit den zwei Knaben, Jesus und Johannes dem Täufer, dargestellt ist, mitunter auch zusammen mit Elisabeth (so zum Beispiel auf den Bildern «Madonna Canigiani», «Madonna dell'Impannata» und «Madonna Franz I.». Macht man sich bewußt, was in den Tiefen von Raphaels Seele als Erinnerung an seine vergangene Inkarnation lebt, dann erweisen sich diese Bilder als bei weitem glaubwürdigere Zeugnisse als viele «Fakten» der historischen Wissenschaft. Zudem fand wenigstens ein solcher Besuch zu der Zeit statt, als die Familie des salomonischen Jesus bereits in die Heimat zurückgekehrt war und sich in Nazareth in der Nähe der anderen Familie niedergelassen hatte. Die Erinnerung an diesen späteren Besuch ist in der «Madonna Terranuova» festgehalten, wo Maria mit drei Knaben dargestellt ist: den zwei Jesusknaben und Johannes dem Täufer (siehe auch Seite 95f.). Und das bedeutet, daß die Begegnungen der zwei Familien in der Hauptsache im *ersten Jahrsiebt* der zwei Knaben, Jesus und Johannes, stattfanden. Denn die Rückkehr der salomonischen Familie aus Ägypten erfolgte, als der Jesus des Matthäus-Evangeliums fünf bis sechs Jahre alt war. Von den folgenden zahlreichen Begegnungen und Gesprächen Johannes des Täufers mit Jesus im Erwachsenenalter spricht Rudolf Steiner im Vortrag vom 5.10.1913 (GA 148).

123 Rudolf Steiner setzte sowohl in bezug auf das Eingliedern eines Abdrucks des Ätherleibes als auch des Astralleibes der nathanischen Seele in den Menschen *als allgemeine Regel* bestimmte historisch-zeitliche Grenzen. So gibt er für die Eingliederung ihres Ätherleibes besonders die Zeit vom 4.–12. nachchristlichen Jahrhundert an und in bezug auf die Eingliederung eines Abdruckes ihres Astralleibes die Zeit vom 11.–15. Jahrhundert (GA 109/111, 15.2.1909). Im Falle der von uns betrachteten Individualität handelt es sich jedoch um eine Ausnahme, was letzten Endes kein Widerspruch ist, sondern die allgemeine Regel nur bestätigt. Eine solche Ausnahme ist möglich, weil es sich hier um die Wiederverkörperung von Adam handelt, das heißt des «irdischen Bruders» der himmlischen Wesenheit der nathanischen Seele, der so wie sie, wenn auch auf andere Weise, mit der Mutterloge der Menschheitsführung und ihrem Leiter – dem Manu – unmittelbar verbunden war (siehe GA 114, 19.9.1909). – Das hier Gesagte macht die Tatsache verständlich, daß Novalis ein Abbild des Astralleibs der nathanischen Seele gerade in seine Verstandes- oder Gemütsseele aufnahm. Denn wie die Geisteswissenschaft bezeugt, war die nathanische Seele vom Anfang an Träger der ursprünglichen, vom «Sündenfall» nicht berührten *ätherischen* Kräfte der Menschheit, zu denen das Wesen des «irdischen Adam» mit seiner ganzen Seele strebte (siehe Seite 38 und 59f.). Die Verstandes- oder Gemütsseele stellt aber die umgewandelten und in gewissem Sinne ins Bewußtsein gehobenen Kräfte des Ätherleibes dar (siehe GA 121, 7. und 9.6.1910).

124 GA 109/111, 15.2.1909. Die zwei folgenden Zitate sind den Vorträgen vom 6.4.1909 und vom 15.2.1909 entnommen.

125 ebd. 6.4.1909 und das folgende Zitat aus 15.2.1909.

126 Siehe Anm. 107.

127 GA 108, 26.10.1908.

128 Hier ist an jene Urjugendkräfte zu erinnern, die, bis zum zwölften Lebensjahr vom Astralleib des Jesus aus dem Lukas-Evangelium ausstrahlend, sich in der geistigen Welt mit dem Nirmanakaya des Buddha verbanden und zur geistigen *Erneuerung* des Buddhismus führten (siehe dazu GA 114, 18.9.1909). Später wurden diese Jugendkräfte, die nicht nur im astralischen, sondern auch im ätherischen Leib des Jesus von Nazareth wirkten, noch dadurch verstärkt, daß die kosmische Christus-Wesenheit drei Jahre in seinen Hüllen weilte.

128a Diese Worte von Novalis ähneln in erstaunlicher Weise den Worten Rudolf Steiners in der Ansprache zu Beginn der Weihnachtstagung am 24. Dezember 1923, dem Ereignis in der Geschichte der Entwicklung der anthroposophischen Bewegung auf der Erde, das wahrhaftig als ein «Weltverjüngungs-Fest» am besten charakterisiert werden kann. Rudolf Steiner sagte: «Und wie ist man im richtigen Sinne, meine lieben Freunde, alt in der Anthroposophischen Gesellschaft? Wenn man ein Herz hat dafür, was jung und alt [das heißt abgesehen vom Alter] als *Weltjugendhaftes* heute aus geistigen Untergründen in die Menschheit hineinsprudelt, *erneuernd* alle unsere Lebensgebiete» (GA 260).

128b GA 146, 3.6.1913.

128c Vergleiche mit Anm. 107.

129 GA 243, 21.8.1924.

130 ebd. und ff.

131 ebd.

132 GA 175, 20.2.1917, auch folgende Zitate.

133 Rudolf Steiner sagt über Novalis in diesem Zusammenhang: «So gehen denn die Welten der Nacht, die wahren spirituellen Welten vor Novalis auf, und so wird ihm die Nacht unter diesem Gesichtspunkte wertvoll» (GA 108, 26.10.1908). Daher auch die Verherrlichung des Todes durch Novalis als des «älteren Bruders» des Schlafes und der Nacht.

134 GA 175, 20.2.1917.

135 Die oben beschriebene Beziehung von Novalis zur Nacht als ein poetisches Bild für das bewußte Erwachen in der an die Erde grenzenden geistigen Welt (der Astral- oder Monden-Sphäre) geht auf die Wirkung zurück, die das Abbild des Astralleibes der nathanischen Seele, das seinem Astralleib eingeprägt worden war, auf seine Seele ausübte. Auf diesen Zusammenhang zwischen dem

Astralleib der nathanischen Seele und dem Erwachen des «nächtlichen» Wahrnehmens der nächstgelegenen geistigen Welt wird schon im Evangelium mit der Szene der Speisung der Fünftausend hingewiesen, welche die Apostel in der nächtlichen imaginativen Welt erlebten. Da konnten sich, in den Worten Rudolf Steiners, die Apostel sagen: «Da nehmen wir wahr, wie durch die Christus-Kraft sozusagen die *Nacht-Sonne,* die Sonne, die unsichtbar [physisch] ist während der *Nacht* ... in unsere Seele hineinsendet die Himmelsspeise ... Und in unserem *nächtlichen* imaginativen Hellseherzustande nehmen wir wahr ... was für die nächste Zukunft, was für das fünfte Tausend gilt! [für die fünfte Kulturepoche]» (GA 123, 10.9.1910). An diese «nächtliche» (das heißt in der Astralwelt sich abspielende Szene) schließt sich eine andere, auch «nachts» stattfindende Szene des Wandelns auf den Wassern an (Matth. 14,25). Beide Erzählungen zeugen davon, daß sich den Jüngern die Kraft des imaginativen, des astralischen Schauens (ebd.) erschlossen hat, und es ist dieses Geschehen *eine Folge dessen, daß sich der Christus mit dem Astralleib des Jesus von Nazareth vereinigt hat.* (Siehe dazu »Der Jahreskreislauf als Einweihungsweg zum Erleben der Christus-Wesenheit», Teil IV.)

7. Vorbote der sechsten Kulturepoche

135a Auch in vielen anderen Fragmenten versucht Novalis immer wieder aufs neue, einmal in mehr bildhafter, dann wieder in gedanklicher Form das Verhältnis der zwei «Iche», des höheren und des niederen, zueinander auszudrücken. In den frühen Fragmenten taucht dieses Thema häufig nur als allgemeine Ahnung, mitunter als Frage auf. In den späteren dagegen tritt das unmittelbare geistige Erlebnis, das hinter den Worten steht, immer stärker hervor. «Wie wird das absolute Ich ein empirisches Ich? ... Das absolute Ich geht vom Unendlichen zum Endlichen, das mittelbare Ich vom Endlichen zum Unendlichen. Wie kommt aber das absolute Ich ins Endliche, wo es sodann nach seinem eignen Gesetze mittelbares Ich wird?» «Das reine Ich sehn wir also immer außerhalb – das reine Ich ist das Object. Es *ist* in uns und wir sehn es außer uns in Einem und demselben Momente.» «Gott ist unendliche Thätigkeit. Natur der unendliche Gegenstand. Ich – der unendliche Zustand.» «Alles dreyes ist

Eins.» «Die zufällige oder einzelne Form unseres Ich hört nur für die einzelne Form auf – der Tod macht nur dem Egoismus ein Ende. Die einzelne Form bleibt nur für das Ganze, insofern sie eine Allgemeine geworden war. Wir sprechen von Ich – als Einem, und sind doch zwey, die durchaus verschieden sind – aber absolute Correlata. Das Zufällige muß schwinden, das Gute muß bleiben. Das Zufällige war zufällig, das Wesentliche bleibt wesentlich.»
In diesen Zeilen läßt sich noch ein Nachhall der Fichte-Studien wahrnehmen. In den späteren, nach Sophie von Kühns Tod geschriebenen Fragmenten werden die Auswirkungen der persönlichen geistigen Erfahrung immer deutlicher sichtbar: «Die höchste Aufgabe der Bildung ist – sich seines transzendentalen Selbst [in anthroposophischer Terminologie könnten wir heute sagen: seines «höheren Ich»] zu bemächtigen – das Ich … [seines] Ichs zugleich zu sein.» Oder in einem anderen Fragment: «Wir sind gar nicht Ich – wir können und sollen aber Ich werden. Wir sind Keime zum Ich-Werden. Wir sollen alles in ein Du – in ein zweites Ich verwandeln – nur dadurch erheben wir uns selbst zum großen Ich – das *eins* und alles zugleich ist.» Diese Fragmente von Novalis haben einen tiefen geistigen Gehalt. Werden sie als Material zum Meditieren verwendet, können sie eine wesentliche Hilfe für das Verständnis der Beziehungen und gegenseitigen Wirkungen des höheren und niederen Ich im Menschen sein.

135b GA 18, Kap. «Das Zeitalter Kants und Goethes».

136 Siehe Anm. 1.

137 GA 10.

137a Über diesen mystischen Prozeß, der ein wichtiger Bestandteil des Mysteriums des exoterischen Christentums ist, siehe Genaueres im Vortrag vom 31.5.1908 (GA 103).

138 GA 125, 23.1.1910.

139 In dem Märchen des unvollendeten Romans «Heinrich von Ofterdingen» führt Novalis am Anfang die recht rätselhafte Gestalt der «Fabel» ein, die im Grunde genommen nichts anderes ist als die personifizierte Fähigkeit höherer übersinnlicher Erkenntnis. Letztere vollzieht sich nun nicht mehr in abstrakten Begriffen, sondern in *Imaginationen.* «Du wirst die Seele unseres Lebens sein» – sagt Sophia am Beginn des neuen «geistigen» Entwicklungsäons zu ihr.

140 GA 108, 26.10.1908.

140a In einem Brief an Schiller vom 7.10.1791 erläuterte Novalis den von ihm gebrauchten Wortlaut «sittliche Grazie» mit den folgenden

Worten: «Könnte ich doch diese Liebe zur sittlichen Grazie zur moralischen Schönheit, zur reinsten, edelsten Leidenschaft entflammen, die je einen sterblichen Busen durchglühte.» In diesem Begriff «sittliche Grazie» als dem höchsten Ideal «moralischer Schönheit» oder der von allem Sinnlichen freien «reinsten und edelsten Leidenschaft» kann man Novalis' Streben zur Wahrnehmung der ihn umgebenden Welt vom Standpunkt eines «vollendeten Bewußtseins» erahnen, oder, was dasselbe ist, mit den Augen des ihn inspirierenden höheren «Genius» (des Engels), für den die Welt der reinste Ausdruck der «moralischen», d. h. göttlichen Schönheit ist.

141 GA 175, 20.2.1917.

142 Die Beziehung zu dem Engelwesen wurde für Novalis allmählich ein solch konkretes Erlebnis, daß er in einem seiner Fragmente mit aller, wir können sagen: geisteswissenschaftlichen, Genauigkeit, den Unterschied zwischen dem Bewußtsein eines Menschen und dem eines Engels zu charakterisieren vermochte. «In sich zurückgehn bedeutet bei uns, von der Außenwelt abstrahieren. Bei den Geistern [Engeln] heißt analogisch, das irdische Leben eine innre Betrachtung – ein In-sich-Hineingehen – ein immanentes Wirken. [Das heißt: Wenn die Angeloi denken, dann werden ihre Gedanken zu der geistigen Grundlage unserer sichtbaren Welt, «des irdischen Lebens».] So entspringt das irdische Leben aus einer ursprünglichen Reflexion [der Engel] – einem primitiven [das heißt «ursprünglichen»] Hineingehn, Sammeln in sich selbst – das so frei ist, als unsre Reflexion.» Oder dasselbe Thema in einem anderen Fragment, in einfacheren Worten: «Was korrespondiert der menschlichen Existenz drüben? die Dämonen – oder Genienexistenz – denen der Körper das ist, was uns die Seele ist.» Das heißt, es handelt sich hier um Engel oder Genien, die als äußere Hülle haben, was im Menschen der Seele oder dem Astralleib entspricht. Das aber bedeutet, daß Novalis in den zitierten Worten schon die Erkenntnis leise aufleuchtet, daß in der fünften nachatlantischen Epoche der Engel im menschlichen Astralleib arbeitet.

143 GA 108, 22.12.1908. Im Zusammenhang dieses Vortrags sprechen die angeführten Worte unmittelbar von der geistigen Erkenntnis von Novalis, die eine direkte Folge des «Ereignisses von Damaskus» in seinem Leben ist.

144 In den auf Seite 57 f. angeführten Worten Rudolf Steiners, wie auch in vielen anderen, den verschiedenen Aspekten von Leben und Wirken der Elias-Johannes-Raphael-Novalis-Individualität gewid-

meten Vorträgen, nennt Rudolf Steiner diese Individualität immer wieder einen *«Herold des Christentums»* in faktisch allen ihren Verkörperungen. Aus der hier angeführten Äußerung von Novalis selbst folgt aber, daß das so häufig von Rudolf Steiner gebrauchte Wort «Herold» sich gleichzeitig auf Novalis *und* auf seinen Schutzengel bezieht, der die Aufgabe hat, die Individualität von Novalis zu der weltumfassenden Aufgabe vorzubereiten, die ihm in der Zukunft zufallen wird. Genaueres darüber siehe weiter unten.

145 Wir können alles bisher über den *hierarchischen Aspekt* der Inkarnationen des Elias-Johannes-Raphael-Novalis Gesagten folgendermaßen zusammenfassen:

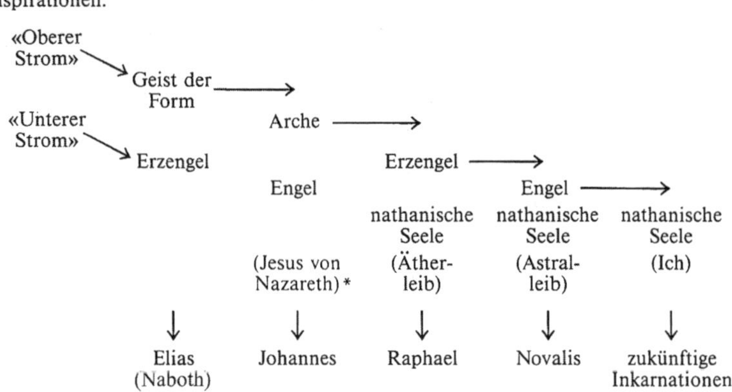

145a Albert Steffen, «Die Botschaft von Novalis», Dornach 1972.

146 Vom Geistselbst als einem Abbild des Heiligen-Geist-Impulses spricht Rudolf Steiner in verschiedenen Vorträgen. Siehe zum Beispiel GA 96, 25.3.1907.

146a Apok. 3,8 und 12. Mit diesen Worten wird zwar vor allem das geistige Wesen der sechsten Kulturepoche charakterisiert (siehe GA 104, 20.6.1908), das bedeutet jedoch auch, daß sie ebenso auf jeden ihrer Repräsentanten oder Boten bezogen werden können, was auch Novalis war. Über Elias als eine der Säulen im «Tempel des

* Hier erfolgt das erste und mehr äußere Zusammenwirken zwischen der Individualität Johannes des Täufers und Jesus' von Nazareth (der nathanischen Seele). In gewissem Sinne kann man sagen, daß das ihre erste Begegnung auf der Erde seit der lemurischen Zeit war. Siehe dazu auch Anm. 122a.

Neuen Bundes», der am Ende der Erdenentwicklung zum Jupiter werden wird, siehe den Vortrag vom 26.6.1908 (ebd.). Über die Individualität, welche die zweite Säule bilden wird, gibt es verschiedene Überlieferungen in der christlichen Tradition. Nach der einen wird das Moses sein, nach der anderen Enoch, der einst ebenso wie Elias «zum Himmel auffuhr». (Siehe das sogenannte «Nikodemus-Evangelium», Kap. 26.)

146b In gleichen Worten spricht auch Rudolf Steiner an verschiedenen Stellen über das Wesen des Menschen. Zum Beispiel in seinem Aufsatz: «Der vor-michaelische und der Michaels-Weg» (GA 26): «Der Mensch ist Geist. Und *seine* Welt ist die der Geister.»

146c In den Worten von Novalis: «wir würden inspiriert sein durch uns und den Geist zugleich», weist der Ausdruck «durch uns» auf die in seiner Seele wirkenden Kräfte des Astralleibes der nathanischen Seele und der Ausdruck «durch den Geist» auf das ihn inspirierende Geistselbst beziehungsweise das es tragende Engelwesen (vgl. mit Anm. 146).

147 Über die drei Haupteigenschaften der sechsten Kulturepoche siehe GA 159/160, 15.6.1915, und GA 182, 9.10.1918. Die den drei Eigenschaften entsprechenden Äußerungen von Novalis sind auf den Seiten: 1) 85, 86, 90, 93, 105, 115, 135, 249–250;
2) 99, 104, 105, 106;
3) 74–75, 77, 113–114 zu finden. Siehe auch die Worte Rudolf Steiners über Novalis auf den Seiten: 70, 121, 152–153, 171, 179.

147a GA 182, 9.10.1918.

148 GA 15, Kap. 3.

148a Rudolf Steiner spricht in seinem Buche «Die geistige Führung des Menschen und der Menschheit» (GA 15), Kap. 3, über diese Entwicklung im Reich der Angeloi: «Dieselben Wesenheiten [Angeloi], welche die alte ägyptisch-chaldäische Kultur geführt haben, standen damals nicht unter der Leitung des Christus, sondern sie haben sich erst seit der ägyptisch-chaldäischen Zeit der Führung des Christus unterstellt. Und darin besteht ihr Fortschritt, so daß sie jetzt unsere fünfte nachatlantische Kulturperiode unter dem Einflusse des Christus leiten; sie folgen ihm in den höheren Welten» (GA 15, Kap. 3).

148b GA 15, Kap. 3, ebenso das folgende Zitat.

148c GA 133, 2.5.1912.

148d GA 108, 22.12.1908.

148e GA 15, Kap. 3.

148f ebd. Darüber, daß von unserer Zeit an es diese Engelwesen sind, welche zum neuen Erleben des Christus im Ätherischen führen, sagt Rudolf Steiner: «Und wie es in unserer Zeit dieselben großen Lehrer [die Engel] sind, welche schon in der ägyptisch-chaldäischen Kultur die Menschen geleitet haben, so werden sie auch diejenigen sein, welche im zwanzigsten Jahrhundert die Menschen hinaufführen werden zu einem Schauen des Christus, wie ihn Paulus gesehen hat. Sie werden dem Menschen zeigen, wie der Christus nicht nur auf die Erde wirkt, sondern das ganze Sonnensystem durchgeistigt» (ebd.).

148g GA 182, 9.10.1918, sowie die zwei folgenden Zitate.

149 In demselben Vortrag (siehe Anm. 148g) spricht Rudolf Steiner auch davon, daß die Engel ihre Tätigkeit aus den Astralleibern in die Ätherleiber der Menschen werden verlegen müssen, wenn ihre oben erwähnte Arbeit in den Astralleibern der Menschen nicht bis zum Jahre 2000 von diesen bewußt wahrgenommen werden sollte (wenn nicht hellsichtig so doch wenigstens durch die Mitteilungen der Geisteswissenschaft). Das aber würde mit der Zeit zu neuen und außerordentlich schädlichen Instinkten bei den Menschen führen. Rudolf Steiner weist auf *drei* Arten solcher Instinkte, die vor allem im sexuellen Bereich, im Bereich der instinktiven Anwendung der therapeutischen Eigenschaften verschiedener Substanzen und im Bereich einer neuen Technik wirken werden, welche aus dem Zusammenfluß menschlicher Seelenkräfte mit der unbeseelten Tätigkeit von Mechanismen entstehen wird. Schauen wir nun von diesem Standpunkt aus auf das Werk von Novalis, so finden wir in ihm überall Keime jener seelisch-geistigen Mittel, welche die Menschheit notwendigerweise brauchen wird, um dem Anwachsen der genannten verheerenden Instinkte entgegenzuwirken. Gegen die sexuelle Versuchung – seine hohe Vorstellung von der Liebe als einer schaffenden kosmischen Kraft; gegen die falsche Medizin, die nur nach der Befriedigung des persönlichen Egoismus strebt – das Prinzip der *heilenden Kunst,* dem wir in den Linien und Farben Raphaels begegnen und das in der Wort-Kunst von Novalis aufs neue und in anderer Form wiederersteht. «Und dann sehen wir eben auftauchen die große Künstlerschaft Raphaels in der hinreißenden, so tief zu Herzen sprechenden Dichtung des Novalis. Alles dasjenige, was durch Raphael menschliche Augen gesehen haben, von dem konnten sich durchdringen menschliche Herzen, als es in Novalis wiedererstand» (GA 238, 28.9.1924). Auch Novalis' Beurteilung der Me-

dizin, mit der er sich in seinen letzten Lebensjahren intensiv zu beschäftigen begann, zeugt davon: Sein Bestreben, den *Menschen* in den Mittelpunkt aller Forschung zu stellen, nicht nur als physisches, sondern vor allem als seelisch-geistiges Wesen; der medizinischen Wissenschaft ihren tieferen geistigen Sinn und ihre moralischen Grundlagen zurückzugeben; den Heilungsprozeß als Prozeß der Harmonisierung des Menschenwesens, des Mikrokosmos, mit den Kräften und besonders den Rhythmen des Makrokosmos zu betrachten. Ungeachtet des fragmentarischen Charakters seiner Aussagen werden diese und viele andere Gedanken von Novalis für die zukünftige Medizin eine bei weitem größere Bedeutung haben, als sich das auf den ersten Blick zeigen kann (siehe W. Holtzapfel «Die Sprache der Krankheit», Dornach 1986, Kap. 4, und M. Schad, «Novalis ... Grundriß einer Menschenkunde ...», Stuttgart 1986). Und wenn wir schließlich betrachten, was Novalis über die Naturwissenschaften, besonders die Physik, Astronomie und Mathematik, sagte, dann entsteht eine Vorstellung von einem solchen Verhältnis von Natur und Technik, das der Menschheit helfen kann, auch mit der dritten Art zerstörerischer Instinkte fertig zu werden. Denn die Beziehung zur Natur, die Novalis in sich trug, vermag in allem Materiellen das *wahre* Geistige zu sehen: «Das unbedeutendste Materielle weiß er *in seinem geistigen Lichtglanz* wiedererstehen zu lassen durch seinen dichterisch-magischen Idealismus» (GA 238, 28. 9. 1924). – Freilich befindet sich vieles bei Novalis noch am Anfang der Entwicklung, doch trotz alledem weist uns sein Werk diejenige *Richtung,* in welche sich die Menschheit in der Zukunft entwickeln muß, wenn sie den oben beschriebenen Gefahren entgehen will. Und zugleich ist es die Richtung, welche diese Individualität selbst suchen wird (vielleicht in ganz anderer Form), um ihre heilende Aufgabe unter den Menschen zu erfüllen.

150 GA 158, 9.11.1914.

151 GA 238, 28.9.1924.

152 GA 108, 26.10.1908.

152a Novalis' Beziehung zu der sechsten Kulturepoche und durch sie mit dem slawischen Menschen als ihrem künftigen Repräsentanten kann man bis zu seiner seelisch-geistigen Konstitution verfolgen. So bemerkte Rudolf Steiner in seinem Vortrag über die «Psychologie der Kunst», indem er Novalis mit Goethe verglich, daß das Seelisch-Geistige bei Goethe solche Kräfte in sich berge, daß es «die Organisation der Sinne durchbricht und *über die Grenzen der menschlichen Haut hinaus* in das Kosmische sich einsenkt ...». Das Seelisch-Geistige bei Novalis dagegen war ganz anders geartet. Dieses «Geistig-Seelische» dringt nicht bis zu den [nach außen, über die Grenzen der Haut führenden] Sinnesgolfen vor, es macht sozusagen «Halt im Inneren des Menschen». Es lebt in ihm, *ohne* über die Grenzen seiner Haut *hinauszugehen*, «ohne den Boden des physisch-prosaischen Daseins zu berühren», indem es dieses beständig von innen vergeistigt, poetisiert. Diese besondere innere Konstitution von Novalis kommt auf erstaunliche Weise der geistig-seelischen Verfassung des russischen Menschen nahe, von dem Rudolf Steiner – den slawischen Menschen allgemein charakterisierend – sagte: «Der Russe dringt, wenn er ein richtiger Russe ist, [in seinem seelisch-geistigen Erleben] nicht bis an seine Haut heran; er bleibt tiefer drinnen in sich stecken. Es ist schon viel zu irdisch, bis zu seiner Haut vorzudringen; man muß mehr im Innern bleiben.

So haben wir hier drei Stufen der inneren Entwicklung:

1. Der russische (slawische) Mensch geht in seinem seelisch-geistigen Erleben nicht einmal bis zu seiner Haut.

2. Novalis umfaßte diese und nimmt die äußere Welt wahr, indem er seinen ganzen physischen Organismus in ein Wahrnehmungsorgan verwandelt: «Dann durchseelt und durchgeistigt es [das Seelisch-Geistige] den ganzen Organismus, ihn wie ein totales Sinnesorgan gestaltend.»

3. Goethe schließlich tritt durch die äußeren Sinnesorgane gänzlich in die äußere Welt des Raumes und der Zeit ein und erlebt in ihnen das Wirken nicht nur der irdischen, sondern auch der kosmischen Mächte.

Da es aber die Aufgabe des slawischen Menschen in der sechsten Kulturepoche sein wird, aus den Kräften des Geistselbst, das er in sich, in die Tiefen seiner Seele aufgenommen haben wird, die äußere Welt zu erleben, so wird es notwendig sein, um das zu vollbringen, seelisch aus sich herauszugehen, indem er in neuer, nun geisteswissenschaftlicher Form den Weg Goethes wiederholt. Ein Führer auf diesem Weg wird dann aber die Individualität von Novalis für die Slawen sein, der, was seine innere Veranlagung betrifft, von allen Repräsentanten der mitteleuropäischen Kulturen dem slawischen Menschen am nächsten ist.

Auf diesem Wege wird in der Zukunft allmählich verwirklicht werden können, was Rudolf Steiner den «Willen der Weltenweisheit» nannte, demzufolge er es für notwendig hielt, daß der Osten Europas, während er sich für die sechste Kulturepoche vorbereitet, geistig von den besten Repräsentanten der mitteleuropäischen Kultur lerne, und, allen voran, selbstverständlich von Novalis. «Wenn aber die Entwickelung diesen Gang nehmen wird, dann kann nach und nach durch das Hinaufranken zu dem, was in Mitteleuropa also erreicht wird, im Osten diejenige Stufe erstiegen werden, die dort vermöge der besonderen Veranlagungen erstiegen werden kann. Das ist der Wille der Weltenweisheit» (GA 157, 17.1.1915). Über die Beziehungen zwischen Mittel- und Osteuropa siehe in S. O. Prokofieff, «Die geistigen Aufgaben Mittel- und Osteuropas», Dornach 1993.

153 Im Vortrag vom 20.5.1912 (GA 133) weist Rudolf Steiner auf den Zusammenhang zwischen dem Beginn des Wirkens des Geistselbst-Prinzips im Menschen und dem Erscheinen des Christus im Ätherischen: «Ich habe es öfter angedeutet, wodurch das Eintreten in das Geistselbst erscheint. Ich habe darauf hingewiesen, daß die Leute, welche die Erscheinung des Christus-Impulses erleben werden in den nächsten dreitausend Jahren, immer zahlreicher werden, daß die Menschen allmählich fähig werden, in den geistigen Welten den Christus-Impuls zu erleben. Aber das ganze Erleben und Hereinströmen der geistigen Welt wird etwas sein, mit dem sich die Menschen im Verlaufe der nächsten Epoche immer mehr und mehr werden bekanntzumachen haben.»

154 GA 158, 9.11.1914, und die folgenden Zitate.

154a Albert Steffen, «Die Botschaft von Novalis», Dornach 1972.

155 Wenn wir dem Gesetz der geistigen Spiegelung folgend, das Rudolf Steiner im Vortrag vom 17.2.1918 (GA 174a) darlegte, als Mitte den *Beginn* der sechsten Kulturepoche nehmen, was etwa dem 35. Jahrhundert nach Christi Geburt entspricht, so kommen wir, einerseits, wenn wir fünfzehn Jahrhunderte abziehen, zum 20. Jahrhundert, das dem Ende der dunklen Zeit des Kali Yuga (1899) unmittelbar folgt. Fügen wir weiter fünfzehn Jahrhunderte zum 35. Jahrhundert hinzu, dann erhalten wir das 50. Jahrhundert nach Christi Geburt, den Beginn des letzten Drittels der sechsten Kulturepoche, und das sind etwa 3000 Jahre von unserer Zeit an gerechnet. Diese Zeit wird, nach Rudolf Steiner, der Beginn des «goldenen Zeitalters»

sein, das Novalis schon ahnte (siehe Seite 83ff.). So ist nach dem Gesetz der geistigen Spiegelung alles, was in der Menschheit im Laufe des 20. Jahrhunderts als Entwicklung und Ausbreitung der modernen Geisteswissenschaft oder Anthroposophie vollbracht wird, nichts anderes als die Grundlegung des zukünftigen «goldenen» oder «moralischen» Zeitalters. Denn alles, was wir heute in die Menschheitsentwicklung wie einen Samen als Geisteswissen hineingeben, das wird dann aufgehen und Früchte tragen, jedoch nicht in gedanklicher, sondern in höherer, magischer Form.

156 Über die Beteiligung Michaels an der Schöpfung des ersten Menschen durch den Jahve-Elohim und die seitdem bestehende Beziehung zwischen der Michael-Sphäre und der Adam-Individualität siehe Seite 17f., wo auch über die Beziehung Michaels als des übersinnlichen Führers des alttestamentlichen Volkes zu dem Propheten Elias gesprochen wird.

157 Das hier Gesagte folgt aus der Tatsache, daß das nach dem Gesetz der geistigen Spiegelung (siehe Anm. 155) in bezug auf die *zeitliche* Mitte der Erden-Entwicklung in der vierten nachatlantischen Epoche sich ereignende Mysterium von Golgatha der geist-historische Gegenpol zum Sündenfall ist, der etwa in der Mitte der lemurischen Zeit stattfand (siehe GA 131, 14.10.1911). Und das bedeutet, daß unsere fünfte nachatlantische Kulturepoche bereits dem Paradies-Zustand entspricht, welcher dem Sündenfall der Menschheit *vorausging.*

158 Über die sechste Kulturepoche und ihre Beziehung zur abschließenden siebenten Epoche, in welcher die Menschheit sich der großen Katastrophe nähern wird, sagte Rudolf Steiner: «Wir aber, indem wir sprechen heute auf anthroposophischem Boden, deuten vollbewußt an, was geschehen soll, deuten an, wie der Christus sich nach und nach offenbaren wird für immer höhere und höhere Kräfte des Menschen ...» Derselbe Gedanke, nur in anderen Worten, steht hinter der Aussage von Novalis: «Am Christentum hat man Ewigkeiten zu studieren. Es wird einem immer höher, mannigfacher und herrlicher.» Rudolf Steiner aber fährt fort: «... [und wir] deuten an, wie die *Lehrer,* die nur für einzelne Völker und einzelne Menschen früher gelehrt haben ...» – das bezieht sich sowohl auf den Maitreya-Bodhisattva in seiner Verkörperung in Jeshu ben Pandira als auch auf die Individualität von Novalis während seiner drei bekannten Verkörperungen innerhalb des althebräischen Volkes –, «... die Interpreten, die Erklärer des großen Christus-Ereignisses *für alle Menschen,* die

es hören wollen, sein werden. Wir können andeuten, wie dadurch, daß das Zeitalter der Liebe [die sechste Kulturepoche] anbricht, eben die Bedingungen für dieses Zeitalter der Moralität gegeben sind. Und dann kommt der letzte große Zeitraum [die siebente Kulturepoche]... Dann aber werden die Menschen gestärkt durch die Kraft, *die von dem Mysterium von Golgatha und vom moralischen Zeitalter ausgeht,* in sich ihre Hoffnungskräfte hereinnehmen: das Bedeutsamste, was sie brauchen, um über die Katastrophe hinüberzukommen, um jenseits derselben in ähnlicher Weise ein neues Leben zu beginnen, wie die nachatlantische Zeit ein neues Leben gebracht hat» (GA 130, 3.12.1911).

In diesen Worten haben wir eine weitere Bestätigung dessen, daß das «moralische» oder «goldene» Zeitalter in der sechsten Kulturepoche beginnt. Auch setzte Novalis der Menschheitsentwicklung nicht mit diesem «goldenen Zeitalter» eine Grenze, sie als *letztes* Ziel ansehend. Darauf weist er selbst hin: «Die Welt wird dem Lebenden immer unendlicher – drum kann nie ein Ende der Verknüpfung des Mannigfaltigen, ein Zustand der Unthätigkeit für das denkende Ich kommen – Es können goldne Zeiten erscheinen – aber sie bringen nicht das Ende der Dinge – das Ziel des Menschen ist nicht die goldne Zeit – Er soll ewig existieren und ein schön geordnetes Individuum seyn und verharren – dies ist die Tendenz seiner Natur.»

159 GA 131, 14.10.1911.

160 GA 130, 3.12.1911, auch das folgende Zitat.

161 Über das besondere Verhältnis der Individualität von Elias-Johannes-Raphael-Novalis zu dem künftigen Maitreya-Buddha wurde in dieser Arbeit bereits gesprochen (siehe Seite 54 und Anm. 20).

161a GA 130, 3.12. und 20.11.1911.

161b Die Bezeichnung «magischer Idealismus» gilt nicht nur für die Epoche der «magischen Moralität» als eine Art letztes Ziel eines bestimmten Entwicklungszyklus, sondern auch für die ihm vorausgehende Epoche der «ästhetischen Impulse» oder «Gemütsbewegungen» (GA 130, 18.11.1911, und GA 143, 14.1.1912), auf welche das Wort «Idealismus» hinweist.

162 Hinter dieser Erwähnung des neuen Jerusalem können wir einen Abglanz der Erinnerung der Novalis-Individualität an ihre geistige Verbindung mit Lazarus-Johannes ahnen, als dieser auf Patmos die Einweihung in die zukünftigen Schicksale von Erde und Menschheit empfing, deren Ergebnisse er dann in der Apokalypse niederlegte.

163 GA 130, 3.12.1911 und ff.

163a GA 104, 29.6.1908.

164 Siehe «Geheimwissenschaft im Umriß» (GA 13), Ende des Kapitels «Gegenwart und Zukunft der Welt- und Menschheitsentwikkelung». In einem unveröffentlichten Vortrag vom 21.10.1907 in Berlin über «Weiße und schwarze Magie» weist Rudolf Steiner auf den «ersten Grundsatz», der «für die heutige weiße Magie gilt», mit den folgenden Worten: «Liebe für die ganze Menschheit, Erweitern des Gebietes seiner Liebe ...» Und weiter: «... durch die weiße Magie wird die Erde immer mehr angenähert der Sonnen-Natur.» Der Beginn dieses allmählichen Vergeistigungsprozesses der Erde aber ist die Bildung der neuen ätherischen Christus-Sphäre in ihrer Umgebung (siehe Anm. 115d).

164a Siehe dazu GA 219, 31.12.1922.

164b GA 175, 27.2.1917.

165 GA 130, 4.11.1911.

165a In vielen Vorträgen sprach Rudolf Steiner davon, daß die geistige Arbeit, die in den anthroposophischen Zweigen und Gruppen geleistet wird, eine unmittelbare Vorbereitung der Menschheit auf die sechste Kulturepoche darstelle. Nach allem oben Gesagten über das Verhältnis von Novalis zu dem ihn führenden Engelwesen und zum Geistselbst-Prinzip kommt den folgenden Worten Rudolf Steiners in diesem Zusammenhang wohl eine besondere Bedeutung zu: «Daher dürfen wir uns vorstellen, daß dadurch, daß wir uns in Arbeitsgruppen brüderlich vereinigen, unsichtbar über unserer Arbeit schwebt dasjenige, was wie das Kind jener Kräfte ist, welche die Kräfte des Geistselbst sind, das von den Wesen der höheren Hierarchien gepflegt wird, damit es dann herunterströmen kann in unsere Seelen, wenn sie wieder da sein werden in der sechsten Kulturperiode. Arbeit leisten wir in unseren brüderlichen Arbeitsgruppen, die heraufströmt zu den für das Geistselbst vorbereitet werdenden Kräften» (GA 159/160, 15.6.1915). Ebenso ist die anthroposophische Vertiefung der Grundwahrheiten des Christentums, deren erster Vorbote Novalis mit seinem rein spirituellen Verständnis des Christus-Impulses war, der Beginn des Überganges der Menschheit von der fünften zur sechsten Kulturepoche: «Jetzt sind wir ungefähr an dem Zeitpunkte angekommen ..., wo notwendigerweise die Menschheit an das spirituelle Christentum anknüpfen muß, an das, was das Christentum wirklich sein soll, um den wahren geistigen Inhalt aus ihm herauszuholen. Und das wird geschehen durch die anthroposophische Vertiefung des Christentums. Indem wir Anthroposophie auf das Christentum anwenden, folgen wir der welthistorischen Notwendigkeit, die ... christliche Zeitepoche vorzubereiten, die entgegenlebt dem Einströmen des Manas im sechsten Zeitraum» (GA 103, 30.5.1908).

8. Die karmische Novalis-Biographie nach seinen eigenen Zeugnissen

166 Siehe GA 131, 6.10.1911.

167 GA 108, 26.10.1908.

168 Siehe GA 240, 20.7.1924.

169 GA 238, 28.9.1924.

170 ebd.

170a Zitiert aus: Albert Steffen, «Die Botschaft von Novalis», Dornach 1972.

170b Daß Novalis hier «Indostan» erwähnt, ist ein Nachhall der letzten großen Tat des griechischen Erzengels, die er unter der Führung des Zeitgeistes Michael vollbrachte und die in den Alexanderzügen zur Ausbreitung der griechischen Kultur *bis* nach Indien zum Ausdruck kam. – Eine weitere Erklärung der Bezeichnung «Indostan», die Novalis selbst gab, besagt, daß für ihn dieser Begriff ein direkter Hinweis auf die geistige Welt beinhaltete. (Dabei folgt Novalis der Rosenkreuzertradition, derzufolge die «Wanderung nach Osten» oder «die Reise in das Land des Ostens» den bewußten Übergang oder die Rückkehr des Eingeweihten in die geistige Welt bedeutete.) Deshalb benutzte er diesen geographischen Namen, wenn er auf das Wichtigste in seinem Leben hinweisen wollte, auf die Musik und die Poesie, die für ihn zwei Tore in die geistige Welt bildeten. So verglich Novalis in einem seiner Fragmente Indien zunächst mit der Musik: «Über die allgemeine *Sprache* der Musik. Der Geist wird frei, *unbestimmt* angeregt – das tut ihm so wohl – das dünkt ihm so bekannt, so vaterländisch – er ist auf diese kurzen Augenblicke in seiner indischen Heimat. Alles Liebe und Gute, Zukunft und Vergangenheit regt sich in ihm.» Und die Poesie vergleicht er mit Indien auf die folgende Weise: «Reizender und farbiger steht die Poesie, wie ein geschmücktes Indien ...».

Im ganzen gesehen kann man die Wanderungen des geheimnisvollen Sänger-Jünglings von Griechenland nach Palästina und von dort nach Indien als einen Hinweis von Novalis auf die drei Weltepochen der Erdenentwickelung verstehen, wobei das Wissen um dieselben auch aus der Rosenkreuzertradition stammt: auf die Epoche des Vaters, die bis zum Mysterium von Golgatha dauerte, auf die Epoche des Sohnes, die mit dem Zur-Erde-Kommen des Christus begann, und auf die kommende Epoche des Geistes, wo die Menschheit abermals in die geistige Welt eintreten wird, nun aber auf einer neuen Ebene und mit vollem Bewußtsein. Diese drei Epochen der geistig-historischen Entwicklung der Menschheit benannte Novalis mit den drei geographischen Namen:

Griechenland – die Epoche des Vaters
Palästina – die Epoche des Sohnes
Indien – die Epoche des Heiligen Geistes.

Sich selbst verstand Novalis als Sänger (Dichter und Prophet), der alle drei Epochen durchlaufen und sie zu einem einheitlichen Ganzen verbunden hat.

170c In dem Auszug aus Novalis' Brief an Fr. Schlegel läßt sich auch in dem Hinweis auf die Vereinigung des Griechentums (der Antike), das vornehmlich in einem Raumesbewußtsein lebte, mit dem Christentum, bei dem ein bewußtes Erleben des Zeitenstromes vorherrscht, ein Abglanz der übersinnlichen Beziehung erahnen, welche zwischen der Entelechie Johannes des Täufers und Johannes des Evangelisten bestand, der die griechische Logoslehre mit den Grundbegriffen des Christentums besonders im Prolog seines Evangeliums verband. In einem anderen Zusammenhang wies Rudolf Steiner einmal darauf hin, daß die Inspiration und die Entelechie Johannes des Täufers im Johannes-Evangelium bis zu dem Kapitel über die Auferweckung des Lazarus sich mit besonderer Intensität äußern, so daß man im Grunde genommen von einer *zweifachen* Autorschaft in den ersten zwölf Kapiteln dieses Evangeliums sprechen kann (siehe GA 103, 23.5.1908).

170d Siehe Ludwig Kleeberg, «Wege und Worte. Erinnerungen an Rudolf Steiner aus Tagebüchern und Briefen», Stuttgart 1990, Seite 206, 207 und 213.

171 Der vollständige Wortlaut dieser Stelle in Novalis' Brief lautet: «… gewiß, lieber Herr Hofrath, geben Sie mir hierinn recht, und verzeihen allenfalls meinen jugendlichen Eifer: Aber ein Fehler gan-

zer Generationen auf Unkosten des gemeinen, reinen Menschensinnes, der die Entweihung unserer Lieblinge angeht, könnte einen zu dem Feuereifer eines Elias berechtigen, der die Baalspfaffen auf gut jüdisch am Bache Kidron schlachten hieß.»

172 Siehe auch Anm. 67.

172a GA 109/111, 11.4.1909.

172b GA 240, 27.8.1924.

172c GA 149, 31.12.1913.

173 Im Vortrag vom 8.8.1924 (GA 237) sagt Rudolf Steiner, daß die Bildung der Flecken auf der Sonne (das heißt ihr allmähliches Dunklerwerden) vom «Verfall der Sonne» zeugt und in geistiger Beziehung durch das Fortgehen des Christus hervorgerufen wird. Das angeführte Zitat von Novalis klingt wie ein Echo der Evangelien-Worte: «... die Sonne wird sich verfinstern, der Mond wird kein Licht mehr spenden» (Mark. 13,24; Matth. 24,29).

174 GA 109/111, 11.4.1909.

175 GA 108, 22.12.1908.

176 Siehe GA 112, 29.6.1909.

177 ebd. 30.6.1909.

177a Siehe dazu GA 240, 27.8.1924, und GA 15, Kap. 3.

178 GA 109/111, 11.4.1909.

179 Siehe 1. Kön. 19,19–20 sowie Anm. 67.

180 Siehe 2. Kön. 2,13–15 sowie Vortrag vom 14.12.1911 (GA 61). Ihm sind auch die folgenden zwei Zitate entnommen.

180a Auf erstaunliche Weise wiederholt sich etwas Ähnliches auch beim Wirken Johannes des Täufers. Das, was für Paulus durch das Ereignis von Damaskus zum grundlegenden Erlebnis wurde, welches er später mit den Worten: «Nicht ich, der Christus in mir», beschrieb, das erlebte schon Johannes – nur in einer anderen, der Zeit *vor dem* Mysterium von Golgatha entsprechenden Form –, indem er das Wirken eines «besonderen Engels» in sich fühlte, der berufen war, die Verkörperung des Christus auf der Erde als des Trägers des Welten-Ich-Prinzips vorzubereiten. So ist Johannes der Täufer auch von diesem Standpunkt aus der Vorbote und Vorbereiter des Ereignisses von Damaskus für Paulus und viele andere Jünger und Förderer des Christentums, besonders in den ersten Jahrhunderten seines Bestehens. Auf diese gegenseitige Beziehung weist auch Rudolf Steiner hin: «So wie er [der Mensch] vorher die Engel aufnahm, muß der Mensch heute durch Hingabe an die Christus-Wesenheit den Christus aufnehmen. Hat noch Johannes sagen können: Nicht ich, sondern der Engel in mir ist hergesandt und benützt mich als Werkzeug, um vorzubereiten, so muß heute der Mensch sagen wie Paulus: Nicht ich, sondern Christus in mir. – Er soll den Christus so verstehen lernen, wie Geisteswissenschaft ihn lehrt» (GA 127, 25.2.1911).

181 Das althebräische Volk sah Jahve als seine höchste Gruppenseele an (siehe GA 104, 19.6.1908).

182 Siehe Genaueres über die Einweihung des Elisäus durch Elias im Vortrag vom 14.12.1911, GA 61.

183 GA 142, 1.1.1913.

184 GA 108, 26.10.1908, sowie das folgende Zitat.

185 4. Buch Mose 25,12–13.

186 Brief an die Hebräer 7,2 (vgl. 1. Buch Mose 14,18).

187 Über die dem neuen Erscheinen des Christus im ätherischen Leibe vorangehende Wiederholung des Mysteriums von Golgatha in den übersinnlichen Welten siehe GA 152, 2.5.1913.

188 GA 108, 22.12.1908.

189 Siehe GA 15, Kap. I.

190 Offenb. Joh. 21,5. Siehe auch GA 104, Vortrag vom 29. und 30.6.1908.

191 Von einem etwas anderen Standpunkt weist auf den Zusammenhang des Paradies-Zustandes der Menschheit mit den Mondenkräften die «Bildung» des Menschen aus Erdenstaub durch den Monden-Elohim Jahve (siehe GA 122, 25.8.1910).

192 Nach der Tradition des westlichen Christentums (und durch die Geistesforschung Rudolf Steiners bestätigt) fiel damals der Vollmond auf die Karwoche.

193 Mark. 14,51–52.

194 GA 139, 23.9.1912.

195 Mark. 16,5.

196 In der esoterischen Stunde vom 16.1.1908 (GA 245) stellte Rudolf Steiner dar, daß jedes wahre Vergangenheitserleben, das nach dem Sündenfall mit dem inneren Empfinden des Wirkens der unrechtmäßigen Mondenkräfte in der Seele verbunden ist, Schamgefühl im Menschen hervorruft, jedes Erleben der Zukunftskräfte und besonders der Kräfte des künftigen Jupiter-Zustandes Angst, Furchtgefühle. Deshalb wird auch im Markus-Evangelium davon gesprochen, daß die Frauen, die zum Grabe kamen, «sich entsetzten», als sie den Auferstandenen in der Gestalt eines *Jünglings* bei

ihm sitzen sahen (16,5). «Und sie gingen schnell heraus und flohen von dem Grabe; denn es war sie Zittern und Entsetzen angekommen. Und sagten niemand etwas; denn sie fürchteten sich» (16,8).

196a Die endgültige *Auferstehung* des Menschen in den übersinnlichen Leibern unter der Mitwirkung des von dem Christus ausgehenden Heiligen Geistes – im Ätherleibe nach dem «ersten Tode» und im Astralleibe nach dem «zweiten Tode» – führt zum Übergang in den neuen Jupiter-Äon (siehe GA 104, 30.6.1908).

197 Im Vortrag vom 7.3.1914 (GA 152) spricht Rudolf Steiner davon, daß die ägyptisch-babylonisch-chaldäische Epoche eine Wiederholung der lemurischen Zeit in der nachatlantischen war; die lemurische ihrerseits eine Wiederholung des alten Mondenzustandes im Kleinen innerhalb der Verkörperung der Erde sowie die hyperboräische und die polarische Zeit eine Wiederholung im Kleinen der alten Sonnen- beziehungsweise Saturn-Verkörperung unseres Planeten.

198 GA 121, 17.6.1910. Die Tatsache, daß Novalis in dem angeführten Auszug aus den «Hymnen an die Nacht» nicht so sehr die germanisch-nordischen Götter im Auge hatte als wahrscheinlich vielmehr die griechisch-ägyptischen und sogar die indischen (siehe «Materialien zu den Lehrlingen von Sais», vierter Teil, sowie Novalis' Worte, zitiert auf Seite 95), ändert seinem Wesen nach nichts an der Tatsache, daß ein innerer Zusammenhang der Worte von Novalis und Rudolf Steiner besteht. Denn in dem genannten Auszug weist Novalis vor allem auf *die Realität des in den höheren Welten ablaufenden konkreten geistigen Prozesses,* indem er sich der Begriffe und Bilder der alten Götter bedient, die ihm zu jener Zeit am besten zur Verfügung stehen. Rudolf Steiner wiederum spricht häufig davon, daß sowohl die nordischgermanischen als auch die griechischen Götter zu ein und derselben ätherischen Sphäre auf der alten Atlantis gehörten (siehe zum Beispiel GA 105, 4.8.1908).

199 Siehe GA 15, Kap. 3.

200 ebd. Siehe auch die Worte Rudolf Steiners auf Seite 101.

201 Joh. 8,58 (Übers. nach GA 103, 20.5.1908).

202 Apok. 10,6.

203 Nach den auf Seite 109f. angeführten Worten fährt Rudolf Steiner in demselben Vortrag fort: «Der menschlichen Seele wird alles erscheinen, was die Gegenkräfte des Odin und Thor sind. Alles, was sich als Gegenkraft entwickelt hat, wird in einem gewaltigen Tableau wieder sichtbar werden. Aber nicht vorwärtskommen würde

die menschliche Seele, nicht wehren gegen Schädliches würde sie sich können, wenn sie sich nur den Kräften unterwerfen würde, welche im alten Hellsehen gesehen worden sind.» Auf diese Widersachermächte weist Novalis auch in seiner genialen poetischen Vorschau in dem Auszug aus dem vierten Hymnus an die Nacht hin, der auf Seite 110f. zitiert wurde (Vers 25–32). Da wird davon gesprochen, daß nur dank der inneren Verbindung der Menschenseele mit dem Christus-Impuls (Vers 33–36) der «Widerstand» (28) und «das Toben» (32) der Widersachermächte «umsonst» (31) sein werden.

204 Von der «Rasse der Michaeliten» spricht Rudolf Steiner eingehend im Vortrag vom 3.8.1924 (GA 237) und von Novalis als von einem «glänzenden Vorboten ... [der] Michael-Strömung» im Vortrag vom 28.9.1924 (GA 238).

204a Siehe Anhang «Über ein Gedicht von Novalis».

205 GA 245, Ansprache bei der Grundsteinlegung des ersten Goetheanum vom 20.9.1913.

206 Siehe GA 149, 30.12.1913.

207 GA 245, 20.9.1913.

208 ebd.

209 Matth. 18,3 sowie 18,4–5; 11,11.

210 GA 127, 11.2.1911.

211 Matth. 18,10.

212 Joh. 3,3–6.

213 GA 15, Kap. 1, sowie das folgende Zitat. Siehe auch GA 127, 11. und 25.2.1911.

214 Siehe GA 15, Kap. 1, und folgendes Zitat.

215 ebd. und folgendes Zitat.

216 GA 114, 26.9.1909.

217 GA 127, 25.2.1911.

218 Siehe Matth. 16,13–16 und GA 125, 11.9.1910.

219 GA 127, 25.2.1911.

220 GA 123, 11.9.1910.

221 GA 127, 25.2.1911.

222 GA 143, 8.5.1912.

223 GA 127, 11.2.1911. Im Vortrag vom 25.2.1911 weist Rudolf Steiner mit den folgenden Worten auf diesen Prozeß hin: «Die Notwendigkeit der Durchchristung, des Auslebens des Paulinischen Spruches ‹Christus in mir› ergibt sich dadurch, daß wir sagen: Wir müssen

uns mit der Umwandlung dessen, was in der ersten Kindheit in uns lebt, das ganze Leben durchdringen, dann ist der Christus in uns.» Auch der Apostel Paulus selbst konnte das Damaskus-Ereignis nur dank karmischer, natürlicher Veranlagung erleben, die sich infolge seiner *zu frühen Geburt* entwickelte (siehe 1. Kor. 15,8 und GA 112, 7.7.1909) sowie dem damit verbundenen Erwachen der geistigen Kräfte der frühen Kindheit im späteren Alter.

224 GA 126, 1.1.1911.

225 Von den Kindern, der Kindheit und den verschiedenen Aspekten des Kindeslebens spricht Novalis an vielen Stellen seiner Werke und Fragmente. Siehe zum Beispiel seine Worte auf den Seiten 84, 85, 106, 117 und 123 der vorliegenden Arbeit, wobei besonders hervorzuheben ist, daß Novalis, wenn er von Kindern spricht, niemals eine sentimentale Beziehung zu ihnen im Auge hat, sondern stets eine *spirituelle* Beziehung zu den in den ersten Kindheitsjahren in ihnen wirkenden kosmischen Kräften. Dieses objektive Verhältnis zu den Kindern belegen zum Beispiel die Worte: «Nicht alle Kinder sind Kinder.» Oder in einem anderen Fragment: «Wenn Christus sagt, werdet wie die Kinder – so meint er indeterminierte Kinder – nicht verzogene, verweichlichte, süßliche moderne Kinder.»

226 Zitiert nach der Gesamtausgabe von Novalis' Werken, Band 4.

226a Die – ungekürzte – Strophe lautet:
«Schon lodert mächtig jene geheime Glut
Mein altes Wesen – tief in dem irdischen
Gebilde: Du sollst Opferpriester
Sein, und das Lied der Zurückkehr singen.»
In dieser Strophe beziehen sich, wie das Ritter-Schaumburg in seinem Buch über Novalis (siehe Anm. 422) überzeugend nachweist, die zwei ersten Verse auf Novalis und die zwei folgenden auf Schlegel, «der wie kein anderer imstande war, Novalis' besonderes Wesen und seine ungewöhnlichen Möglichkeiten zu erkennen» (ebd.). In dem zitierten Gedicht («Der sterbende Genius») vergleicht sich Novalis mit dem höheren Genius, der diese Welt früh verlassen muß und seinem Freund und Schüler seine Priesterweihe überträgt, zugleich mit der geistigen Vollmacht, seine Aufgabe als «Opferpriester» auf der Erde weiterzuführen und «das Lied der Zurückkehr» der Menschheit zu ihrem ursprünglichen göttlichen Zustand zu singen.

Ähnlich erlebt auch Schlegel seine Beziehung zu Novalis als eine Beziehung des Schülers zum künftigen Lehrer. Er schreibt am 2. Dezember 1798 in einem Brief an Novalis: «Doch vielleicht hast Du mehr Talent zu einem neuen Christus [das heißt einem neuen Lehrer eines höheren Christentums], der in mir seinen wackern Paulus findet.» Und weiter, noch entschiedener: «Vielleicht hast Du noch die Wahl, mein Freund, entweder der letzte Christ, der Brutus der alten Religion, oder der Christus des neuen Evangeliums zu seyn.» Diese Beziehung der zwei Persönlichkeiten sowie die Beauftragung des einen zur Fortführung der eigenen Mission durch den anderen erinnert auf erstaunliche Weise – wenn auch freilich in einer ganz anderen Zeit und in einer ganz anderen geistigen und historischen Situation – an die Beziehung des Propheten Elias und des Propheten Elisäus, so wie sie im Alten Testament dargestellt wird (siehe Anm. 67 und Seite 102f.).

227 Siehe Anm. 180a.

228 Siehe Seite 41f. und Anm. 98a.

229 Es gibt eine Überlieferung, wie Raphael die «Sixtinische Madonna» geschaffen haben soll. Die meisten seiner späteren Bilder malte Raphael nicht allein, sondern mit Hilfe seiner vielen Schüler. Meist skizzierte er den vorbereitenden Entwurf, besprach die allgemeine Komposition sowie Farbgestaltung und überließ dann den Schülern die Ausführung, wobei er sich erst in der letzten Phase wieder unmittelbar beteiligte und im allgemeinen das Bild selbst vollendete. Ganz anders aber entstand die «Sixtinische Madonna». Schon vor Beginn der Arbeit an ihr befand sich Raphael in besonders feierlicher Stimmung. Dann schloß er sich, nachdem er alle Schüler fortgeschickt und angeordnet hatte, daß ihm zweimal am Tag ein spärliches Essen vor die Tür gestellt werden solle, allein in seinem Atelier ein. Und so malte er in voller Einsamkeit im Laufe weniger Wochen, ohne Unterbrechung und ohne Entwürfe oder Skizzen dieses geheimnisvolle Bild. Die Schüler jedoch, die ihm zweimal am Tag sein Essen brachten, sahen von Ferne, durch die halbgeöffnete Tür, das leuchtende Antlitz ihres Lehrers und ein «unirdisches Licht», das seinen Arbeitsraum erfüllte. So verbreitete sich auch bald unter ihnen die Meinung, daß sich die Himmelskönigin selbst mit ihrem göttlichen Kinde Raphael in der Schau gezeigt habe, damit er wie der heilige Lukas, der Beschützer aller wahren Künstler, für alle folgenden Generationen

ihre himmlischen Züge den Linien und Farben einprägen könne (siehe auch Anm. 257).

230 GA 143, 8.5.1912.

231 GA 15, Kap. 1.

232 GA 127, 25.2.1911. Hier ist noch hinzuzufügen, daß Rudolf Steiner zwischen den Kräften der nathanischen Seele und denen des Christus im Menschen genau unterscheidet. Erstere bilden den «Bereich» in der menschlichen Seele, mit dem allein sich der Christus-Impuls verbinden, aus dem heraus er allein wirken kann. Darauf weisen die folgenden Worte Rudolf Steiners mit aller Deutlichkeit: «Die Christus-Kraft muß sich mit dem verbinden, was die besten Kräfte der kindlichen Natur im Menschen sind. Sie darf nicht an die Fähigkeiten anknüpfen, die der Mensch verdorben hat, an das, was aus der aus dem bloßen Intellekt geborenen Weisheit herstammt, sondern sie muß an das anknüpfen, was aus den alten Zeiten der kindlichen Natur geblieben ist. Das ist das Beste; das muß sie wieder regenerieren und von da ausgehend das andere befruchten» (GA 114, 26.9.1909).

9. Die zukünftige Mission von Novalis in der Menschheit

232a Gemäß Rudolf Steiner war es Melchisedek, der Abraham in die Mysterien des «Ich-Bin» einweihte (siehe GA 118, 15.3.1910, und GA 123, 4.9.1910). Dadurch konnte er dann hellsichtig in die geistige Wirkenssphäre Jehovas in unserem Kosmos eindringen, was erst seinen Bund mit dem Monden-Elohim möglich machte.

233 Auch Abrahams Frau erhielt, da sie an seinem Bund mit dem Jahve-Elohim teilhatte, den Namen Sarah, an Stelle des früheren Sarai (1. Mose, 17,15). Vom Standpunkt der althebräischen Sprache geschah die Veränderung des Namens von Abraham (und bis zu einem gewissen Grad auch von Sarah) dadurch, daß der Laut ה «H» eingefügt wurde, der heiligste Buchstabe des althebräischen Alphabets, mit dem das Wort «Jehova» (רהוה) beginnt. So haben wir in dieser Namensänderung des Patriarchen den Ausdruck des von ihm mit dem Gott Jahve geschlossenen Bundes. Eine solche Namensänderung als Beweis dafür, daß ein Mensch eine bestimmte Stufe der Einweihung erreicht hat, auf der er eine neue Lebensaufgabe erhält, finden wir häufig nicht nur im Alten, sondern auch im Neuen Testament. So wird Simon, infolge seiner Be-

gegnung mit dem Christus, zum Petrus; der eingeweihte Lazarus zu Johannes dem Evangelisten und Apokalyptiker (siehe GA 8 und 103) und schließlich Saulus, dank des Ereignisses von Damaskus, zum Paulus.

234 Hier ist der Text des Alten Testaments in okkulter Beziehung besonders genau. Da wird davon gesprochen, daß einer der drei Männer (Boten) bleibt, um mit Abraham zu sprechen (1. Buch Mose 18, 22–33), während die zwei anderen sich nach Sodom begeben (18; 22; 19,1), wodurch auf das besondere Verhältnis Abrahams zu demjenigen Engel hingewiesen wird, der ihn in die Mysterien des physischen Leibes einweihte. Deshalb nennt sich Abraham auch «Erde und Asche» im Gespräch mit ihm (18,27) und gebraucht damit Worte, die sich auf die Mysterien des physischen Leibes beziehen. Die beiden anderen Engel lassen dagegen «Schwefel und Feuer vom Himmel herab» auf Sodom regnen (19,24), das heißt, sie lassen, geistig gesehen, vernichtende Kräfte («vom Himmel») aus der ätherischen (Schwefel) und astralischen (Feuer) Sphäre herabregnen. Lots Frau aber, die, wie seine ganze Familie, von den zwei Engeln, die bei ihm zu Gast waren (19,1–17), nur in die Mysterien des ätherischen und astralischen Leibes eingeweiht worden war und nicht in die des physischen Leibes, verwandelte sich deshalb, infolge ihres Ungehorsams, zur Salzsäule (19,26).

Die drei Engel, die Abraham geistig gegenüberstanden, haben jedoch noch eine tiefere Bedeutung. Denn esoterisch betrachtet sind sie die Träger derjenigen geistigen Kräfte, welche sich einst in lemurischer und atlantischer Zeit dank der drei Vorstufen des Mysteriums von Golgatha, die sich in den geistigen Welten vollzogen, in die Menschheitsentwicklung ergossen (siehe dazu GA 152). Und diese geistigen Kräfte, die einst den physischen, ätherischen, astralischen Leib des Menschen vor der Versuchung durch die Widersachermächte schützten, verbinden sich nun in einer bestimmten, durch die drei Engel repräsentierten Form mit dem Erbstrom, der von Abraham ausgeht, um das Mittelpunktsgeschehen der ganzen Erdenentwicklung, das Mysterium von Golgatha, vorzubereiten.

235 Pinehas rettete mit seinem Auftreten zum Schutz des Jahve-Impulses nicht nur das Werk von Moses im althebräischen Volk, sondern er erneuerte auch den Bund zwischen Jahve und Abraham, der einst durch die Vermittlung von Melchisedek geschlossen worden war (siehe Anm. 232a). Jahve selbst sagt zu Moses über Pinehas: «Siehe,

ich gebe ihm meinen *Bund des Friedens;* und er soll haben und sein Same nach ihm den Bund eines *ewigen Priestertums»* (4. Mose 25, 12–13). Der Hinweis auf den «Bund des Friedens» und des «ewigen Priestertums» spricht davon, daß Pinehas durch seine Einweihung unmittelbar mit der Strömung des Melchisedek verbunden wurde, der im Alten Testament «König von Salem» (Salem = Frieden; 1. Mose 14,18) genannt wurde. Der Apostel Paulus nannte ihn auch «Priester in Ewigkeit».

236 Diese Aufgabe des Elias, ein Hüter der Lebenskräfte seines Volkes zu sein, entspricht der fünften Stufe des vorchristlichen Einweihungsweges. Im Vortrag vom 23.5.1908 (GA 103) charakterisiert Rudolf Steiner den Eingeweihten, der diese fünfte Stufe erreicht hat, folgendermaßen: «Wer aber Eingeweihter des fünften Grades war, hatte ein gewisses Opfer dargebracht, seine Persönlichkeit so weit abgestreift, daß er in seine Persönlichkeit das Wesen des Volkes aufnahm. Wie der andere Mensch seine Seele in der Volksseele fühlte, so hatte er die Volksseele in sich aufgenommen, weil alles, was Persönlichkeit war, für ihn nicht in Betracht kam, sondern nur der allgemeine Volksgeist. Deshalb bezeichnete man einen solchen Eingeweihten mit dem Namen des betreffenden Volkes.» Und im Vortrag vom 3.10.1913 (GA 148): «Im fünften Grade erlangte der Mensch die Fähigkeit, ein erweitertes Bewußtsein zu haben, so daß dieses erweiterte Bewußtsein ihm die Fähigkeit gab, ein geistiger Behüter des ganzen Volkes zu werden, dem er angehörte ... Wir wissen ..., daß die Erdenvölker geführt werden von dem, was wir in den Hierarchien der geistigen Wesenheiten die Archangeloi oder Erzengel nennen. In diese Sphäre wurde hinaufgehoben der in den fünften Grad Eingeweihte, *so daß er teilnahm an dem Leben der Erzengel.* Man brauchte solche Eingeweihte in dem fünften Grad, man brauchte sie im Kosmos. Was einem Volke notwendig war, was ein Volk brauchte, das lasen die Archangeloi in den Seelen derjenigen, die in den fünften Grad eingeweiht worden waren. Man muß, damit die Archangeloi in der richtigen Weise führen können, auf der Erde Eingeweihte des fünften Grades schaffen. Diese Eingeweihten sind die Vermittler zwischen den eigentlichen Volksführern, den Archangeloi, und dem Volke selber. Sie tragen gleichsam hinauf in die Sphäre der Archangeloi dasjenige, was dort gebraucht wird, damit das Volk in der richtigen Weise geführt werden kann.» Über die zwei hier beschriebenen geistigen Eigen-

schaften verfügte auch Elias. Das bezeugt seine Tätigkeit als Repräsentant der Volksseele des althebräischen Volkes wie auch seine unmittelbare Beziehung zu dem Volksgeist, dem zu dieser Zeit das althebräische Volk führenden Antlitz des Jahve, dem Erzengel Michael, wovon in der vorliegenden Arbeit schon eingehend gesprochen wurde (siehe das Kapitel 1). Auf die Verbindung der einzelnen Repräsentanten des Volkes mit der es führenden Erzengelwesenheit durch die Kräfte vornehmlich des *Ätherleibes* weist Rudolf Steiner in den Vorträgen vom 7./8.6.1910 (GA 121).

237 Auch an dieser Stelle des Alten Testamentes tritt der Doppelcharakter der Gefahren, die dem Ätherleib des althebräischen Volkes drohten, deutlich hervor. Schlägt doch Ahab Naboth vor, ihm entweder den Weinberg freiwillig im Tausch gegen einen anderen, «bessern» zu überlassen (luziferische Versuchung) oder ihn zu verkaufen (ahrimanische Versuchung). Siehe 1. Kön. 21,2.

238 Deshalb finden wir bereits in der Szene, da Abraham mit dem Jahve-Elohim den Bund schloß, folgende Beschreibung: «Und er [Jahve-Elohim] hieß ihn [Abraham] hinausgehen und sprach: *Siehe gen Himmel und zähle die Sterne;* kannst du sie zählen? Und sprach zu ihm: Also soll dein Same werden» (1. Mose 15,5). Hier bedeutet der Hinweis auf den Himmel und die Sterne die Beziehung, die von dem Moment an zwischen Abraham und dem astralen Kosmos besteht, aus dem späterhin die Kräfte des von dem Christus für seine Verkörperung gebildeten Astralleibes zur Erde herabkommen sollten. (Der Terminus «Astralleib» bedeutet ja auch Sternenleib.) Darauf, daß diese geistige Beziehung im weiteren Schicksal von Abraham eine besonders wichtige Rolle spielt, und durch ihn in der ganzen Geschichte des althebräischen Volkes, weisen die Worte: «Abraham glaubte dem Herrn, und das rechnete er ihm zur Gerechtigkeit» (6).

238a Diesen Prozeß der Verkörperung der Kräfte des makrokosmischen Astralleibes Christi im althebräischen Volk beschrieb Rudolf Steiner im Vortrag vom 17.9.1912 (GA 139), wo er im einzelnen sagte: «Was später in einem einzelnen Menschen wohnen sollte, das war gleichsam bei Elias noch die *Gruppenseele* des althebräischen Volkes. Es war noch in den übersinnlichen Welten, was als die individuelle *Seele* herabsteigen sollte in jede einzelne Menschenbrust, als die Johanneische Zeit herankam.» Da aber dieser Astralleib von dem Christus selbst gebildet wurde, trug Er auf gleichsam prophetische Weise auch einen Abglanz seines Ich in sich, dessen Impuls Er später durch seine Verkörperung in die ganze Erdenentwicklung tragen sollte. Deshalb sprach auch Rudolf Steiner in demselben Vortrag davon, daß das, was in der Volksseele des althebräischen Volkes wirkte, schon «in einer gewissen Weise der Geist des Ich» war, das heißt der zukünftige Christus-Impuls, der jedoch nicht unmittelbar, sondern gleichsam im Abglanz der Kräfte des Astralleibes wirkte. – In gewissem Sinne können wir das Wirken des kosmischen Astralleibes auch als das Wirken der Sophien-Kräfte in der alttestamentlichen Geschichte bezeichnen.

239 Darauf weist Rudolf Steiner hin mit den Worten: «Und jetzt betrachten wir den ganzen Fortgang der Entwickelung. Auf dem Saturn haben wir den *physischen Leib* als den Ausdruck des Logos. Auf der Sonne kommt hinzu der Ätherleib als der Ausdruck des Lebensgeistes: Der Logos ward Leben. Auf dem Monde kommt hinzu der *Lichtleib* [der astralische Leib]: Das Leben ward Licht! Und so haben wir den Hergang der Entwickelung des Menschenleibes [das heißt der Hüllen]» (GA 103, 19.5.1908). So können wir sagen, das historische Wirken von Pinehas-Elias-Johannes dem Täufer betrachtend: Pinehas steht als eine Persönlichkeit vor uns, die streng und kompromißlos die Treue zu dem geistigen Offenbarungswort, das einst dem alttestamentlichen Volk übergeben wurde, in ihrer Seele bewahrt, Elias als ein Hüter des *Lebens* (Ätherleibes) des alttestamentlichen Volkes und Johannes der Täufer als ein Reiniger und Erwecker des *Lichtes* in den Kräften seines Astralleibes.

240 Die Verkörperung der Kräfte dieses makrokosmischen Astralleibes geht allmählich in dem ganzen alttestamentlichen Volk vor sich, seine Quintessenz vereinigt sich jedoch später mit dem Astralleib des Jesus aus dem Lukas-Evangelium.

241 In der russischen Tradition der Ikonenmalerei werden deshalb auch die drei Engel, welche Abraham beim Hain Mamre erschienen, «Dreifaltigkeit» genannt, denn sie weisen auf die drei frühesten Taten des Logos innerhalb der Weltentwicklung hin, welche entsprechend aus den Kräften der kosmischen Sphäre des Vaters, des Sohnes und des Geistes auf dem alten Saturn, der alten Sonne und dem alten Monde vollbracht wurden (GA 99, 2.6.1907), deren Wiederholung während der Erdenentwicklung die drei Vorstufen des Mysteriums von Golgatha darstellen (siehe Anm. 234).

242 Diese Beziehung zum Gewissensimpuls von Johannes dem Täufer

als einer Individualität, die an der Zeitenwende sein höchster Repräsentant unter den Menschen war, bestätigt, was wir über dessen geistige Beziehung zu dem neuen Erscheinen des Christus im 20. Jahrhundert sagten. Denn das hellsichtige Wahrnehmen dieses Erscheinens des Christus im Ätherleibe wird, gemäß Rudolf Steiner, eine weitere Metamorphose der Gewissenskräfte sein (GA 116, 8.5.1910). Da aber nach dem geistigen Gesetz der «Wiederholung der Ereignisse» (siehe GA 118, 6.3.1910) dieselbe Individualität, die in der Vergangenheit irgendeine bedeutende Tat für die Menschheitsentwicklung getan hat, später diese wiederholen muß, aber in anderer, der neuen Stufe der Erdenentwicklung entsprechender Form, so müssen wir sagen: So wie Johannes der Täufer der wichtigste irdische Wegbereiter für das physische Erscheinen des Christus dadurch war, daß er die Gewissenskräfte in sich entwickelte, so ist Novalis in der geistigen Welt einer der wichtigsten übersinnlichen Vorbereiter des ätherischen Kommens des Christus dank der Hilfe, die er heute den Menschen im innerlichen Umwandeln der Gewissensstimme in die Fähigkeit des ätherischen Hellsehens erweisen kann. Und wie einstmals Johannes der Täufer auf den physisch verkörperten Christus hinwies, so ist die Novalis-Individualität in der geistigen Welt einer der wichtigsten *Führer* der Menschenseelen zum Erleben das ätherischen Christus. Das geschieht, wenn diese die geistige Welt durch die Umwandlung der Gewissenskräfte zu betreten vermögen oder während ihres nachtodlichen Daseins. Rudolf Steiner sprach häufig von der Möglichkeit, den ätherischen Christus auch nach dem Tode zu erleben (so zum Beispiel im Vortrag vom 14.10.1911, GA 131).

243 GA 126, 1.1.1911.

244 GA 116, 2.5.1910, siehe auch Kap. 3.

245 Gemäß den geisteswissenschaftlichen Forschungen Rudolf Steiners wurzelt der Gewissensimpuls insbesondere im menschlichen Ätherleib (siehe «Die Erziehung des Kindes vom Gesichtspunkt der Geisteswissenschaft» in GA 34). Ein zum Teil verwandelter Ätherleib ist die Verstandes- oder Gemütsseele (siehe Anm. 247). Deshalb leuchtet gerade in diesem Glied des Menschenwesens der Gewissensimpuls im vierten nachatlantischen Zeitraum auf und gleichzeitig mit ihm erstmals in der Erdenentwicklung der Impuls des individuellen Ich: «Aber es ist das zugleich jener Zeitraum, in dem das Ich über die Menschen sozusagen hereinbrach. Daher mußte in diesem Zeitraum

auch das Christus-Ereignis stattfinden, weil da das Ich in besonderer Weise hereinbrach.» So haben wir mit Johannes dem Täufer, der eine ungewöhnlich reife und starke Verstandes- oder Gemütsseele hatte, eine Persönlichkeit, die einen hochentwickelten Gewissensimpuls mit einem ebensolchen Ich-Impuls in sich vereinigte, denn geistig gesehen ist der eine nicht von dem anderen zu trennen. Beide Impulse haben aber auch einen besonderen Einfluß auf das nachtodliche Leben. So ermöglicht es das kräftig im Erdenleben entwickelte individuelle Ich dem Menschen, ein besonders helles Bewußtsein nach dem Tode zu erlangen, und der Gewissensimpuls bestimmt alle weiteren Schicksale in der geistigen Welt (siehe GA 143, 3.2.1912). Das ist einer der Gründe, warum gerade Johannes in seinem nachtodlichen Dasein aus der geistigen Welt heraus die Gruppenseele des intimeren Schülerkreises des Christus Jesus werden konnte. Das widerspricht nicht dem oben angeführten Hinweis auf den Ursprung des Gewissens in der Sphäre der Cherubim (siehe Seite 31). Denn, da die Verstandes- oder Gemütsseele ein teilweise umgewandelter Ätherleib ist, ist sie zugleich auch eine teilweise Vorwegnahme des zukünftigen Lebensgeist-Prinzips (siehe Anm. 247), dessen Keime durch die Hierarchie der Cherubim auf der alten Sonne in das Menschenwesen gelegt wurden (siehe GA 11).

246 Über den Einfluß von Giovanni Santi, seinem früh verstorbenen Vater, auf Raphael aus der geistigen Welt heraus siehe GA 155, 23.5.1912.

246a Siehe Anm. 229 und 257.

247 Nach Rudolf Steiner ist die Verstandes- oder Gemütsseele das Ergebnis des «vorbereitenden Umarbeitens» des Ätherleibes (GA 121, 9.6.1910) und zugleich «ein schwaches Vorbild, aber doch ein Vorbild» des Lebensgeistes (7.6.1910).

248 Auch Johannes der Täufer stirbt im Alter von 30 bis 33 Jahren, Novalis mit 29 Jahren, das heißt, beide in der Zeit der Entwicklung der Verstandes- oder Gemütsseele.

249 Siehe Seite 41 f. und Anm. 97.

250 Wilhelm Kelber, «Raphael», Stuttgart 1979.

251 Zitiert nach Rudolf Meyer, «Elias», Stuttgart 1964.

252 GA 238, 28.9.1924, sowie das folgende Zitat.

253 Jacobus de Voragine, «Die Legenda aurea», Köln 1969.

254 Siehe Genaueres in GA 114, 19.9.1909. Hier ist nochmals daran zu erinnern, daß die im Lukas-Evangelium beschriebene Begeg-

nung von Maria und Elisabeth zugleich die erste «irdische» Begegnung des Adam-Wesens mit seinem «himmlischen Urbild», seiner Schwesterseele, ist, von der er seit der Zeit des Sündenfalles der Menschheit getrennt gewesen war, wobei zwischen ihren verschiedenen Wirkenssphären der Cherub mit dem Flammenschwert gestanden hatte, der den Weg des irdischen und des himmlischen Adam trennte. Deshalb ist auch von diesem Standpunkt aus die Verkörperung der genannten Individualität als Johannes der Täufer eine zentrale und alle folgenden Erdenleben bestimmende Verkörperung. Denn ihr Streben zu der nathanischen Seele, das ihr vom Uranfang her eigen ist, erhält in dieser Inkarnation eine *reale* Grundlage für die spätere Verwirklichung, da eine karmische Verbindung zwischen diesen zwei Wesen nur *auf der Erde begründet* und erst danach in den geistigen Welten fortgeführt werden kann. Aus diesem Grunde spielt auch das Motiv der Freundschaft zwischen Johannes und dem Jesus aus dem Lukas-Evangelium in der bildenden Kunst eine solch große Rolle (bei Raphael fand es dann nur seinen besonders vollkommenen Ausdruck), erlebten doch ganze Künstlergenerationen in diesem Bild eine prophetische Vorwegnahme der künftigen Vereinigung des Himmels mit der Erde, der himmlischen mit der irdischen Menschheit.

255 Ähnliches geschah auch Johannes' Vater, der, so wie seine Mutter, «des Heiligen Geistes voll, weissagte» (1,67), die zukünftige Aufgabe seines Sohnes erkennend: «Du, Kindlein, wirst des höchsten Gottes Vorverkünder heißen. Vor seinem Angesicht gehst Du einher, um ihm die Wege zu bereiten. Du bringest seinem Volk Er*kenntnis* der Erlösung» (1,76–77), dadurch, daß der Gewissensimpuls als neues Erkenntnisorgan in ihm erweckt wird (siehe Kap. 3). Auf die Beziehung zwischen dem Wirken des Heiligen Geistes und des Gewissensimpulses im Menschen wies später der Apostel Paulus hin mit den Worten: «Ich sage die Wahrheit in Christo und lüge nicht, wie mir Zeugnis gibt mein Gewissen in dem Heiligen Geist» (Röm 9,1; nach Luther).

256 Vgl. mit dem Ende der 1. u. 3. «Hymne an die Nacht» von Novalis.

257 Der deutsche Romantiker des 18. Jahrhunderts, W. H. Wackenroder (1773–1798), führt in seiner 1797 anonym in Berlin unter dem Titel «Herzensergießungen eines kunstliebenden Klosterbruders» veröffentlichten Arbeit, sich auf historische Dokumente stützend,

ein geistiges Erlebnis von Raphael an, das ihn den Weg finden ließ, um seine «Madonnen» zu malen. In diesem Buch von Wackenroder erzählt ein deutscher Mönch, wie er einmal unter den Manuskripten in seinem Konvent nachforschte und dabei eine Schrift Bramantes fand, in der dieser darstellt, wie er von Raphael das Geheimnis seiner wunderbaren Madonnen erfuhr. Raphael habe immer gewünscht, daß er die Mutter Gottes in all ihrer Vollkommenheit malen könnte, aber es sei ihm nie gelungen. «Einst, in der Nacht, da er, wie es ihm schon oft geschehen sei, im Traume zur Jungfrau gebetet habe, sei er, heftig bedrängt, auf einmal aus dem Schlafe aufgefahren. In der finstern Nacht sei sein Auge von einem hellen Schein an der Wand, seinem Lager gegenüber, angezogen worden, und da er recht zugesehen, so sei er gewahr geworden, daß sein Bild der Madonna, das, noch unvollendet, an der Wand gehangen, von dem mildesten Lichtstrahle getroffen, ein ganz vollkommenes und wirklich lebendes Bild geworden sei. Die Göttlichkeit in diesem Bilde habe ihn so überwältigt, daß er in helle Tränen ausgebrochen sei. Es habe ihn mit den Augen auf eine unbeschreiblich rührende Weise angesehen und habe in jedem Augenblick geschienen, als wolle es sich bewegen; und es habe ihn gedünkt, als bewege es sich auch wirklich. Was das Wunderbarste gewesen, so sei es ihm vorgekommen, als wäre dies Bild nun gerade das, was er immer gesucht, obwohl er immer nur dunkle und verwirrte Ahndung davon gehabt. Wie er wieder eingeschlafen sei, wisse er sich durchaus nicht zu erinnern. Am andern Morgen sei er wie neugeboren aufgestanden; die Erscheinung sei seinem Gemüt und seinen Sinnen auf ewig fest eingeprägt geblieben, und nun sei es ihm gelungen, die Mutter Gottes immer so, wie sie seiner Seele vorgeschwebt habe, abzubilden, und er habe immer selbst vor seinen Bildern eine gewisse Ehrfurcht gefühlt.» Wackenroder ist der Ansicht, daß aus diesen Worten jedermann verstehen werde, was der göttliche Raphael sagen wollte, als er in dem Brief an den Grafen Castiglione vom Jahre 1515 schrieb: «Da nun aber immer Mangel an rechtem Urteil wie an schönen Frauen ist, bediene ich mich einer gewissen Idee, die in meinem Geiste erscheint (io mi servo di certa idea, che mi vienne nella mente).» Das in dieser Erzählung erwähnte Gebet Raphaels, das ihm schließlich zum hellsichtigen Schauen von Maria mit dem Kinde hinführte, kann durch die folgenden Verse von Novalis wohl vollkommen wiedergegeben werden:

«Ich mein es herzlich gut mit dir,
Was mir gebricht, siehst du in mir.
Laß, süße Mutter, dich erweichen,
Einmal gib mir ein frohes Zeichen.
Mein ganzes Dasein ruht in dir,
Nur einen Augenblick sei du bei mir.»

258 GA 143, 3.2.1912.

258a Siehe Abb. 5. Das Portrait ist nach der Restaurierung dargestellt, wo das Element des Staunens sehr viel weniger in Erscheinung tritt als vor derselben. Siehe auch das Frontispiz.

259 Albert Steffen, «Die Botschaft von Novalis», Dornach 1972.

260 GA 10, Kap. 1, «Bedingungen».

261 Im Gegensatz zum Gewissensimpuls, der auf das nachtodliche Sein des Menschen weist, hat die Fähigkeit zu Ehrfurcht und Staunen – Ausgangspunkt jeder wahren Erkenntnis – ihre Quellen im geistigen Leben vor der Geburt. (Siehe Vortrag vom 3.2.1912, GA 143.) Hier stellt das Rudolf Steiner so dar: «Und in dem Augenblicke, wo er [der Mensch] dunkel fühlend sich sagt: Du stehst gegenüber der aufgehenden Sonne, gegenüber dem brausenden Meer, gegenüber der sprossenden Pflanze, und du bist erstaunt! – liegt in dem Erstaunen die Erkenntnis, es einmal anders wahrgenommen zu haben als mit dem leiblichen Auge. Es sind eben seine geistigen Organe, mit denen er das geschaut hatte, bevor er hereingetreten ist in die physische Welt ... Das war und kann nur gewesen sein vor der Geburt.» Aus dieser seelischen Grundstimmung, die im Sinne der modernen Einweihungswissenschaft mit gutem Grunde *Parzival-Stimmung* genannt werden kann, stammt auch Novalis' besondere Erkenntnismethode, die stets mit einer Frage beginnt. Im Zusammenhang mit dieser so wichtigen Besonderheit des Denkprozesses bei Novalis weist H. J. Mähl in der Einleitung zur Ausgabe seiner «Fichte-Studien» darauf hin, daß *jede Erkenntnis* für ihn mit einer Frage begann und nicht mit irgendwelchen abgeschlossenen Forderungen oder Behauptungen, so daß der Erkenntnisprozeß sich dann als eine Art inneres Gespräch mit sich selbst und mit der Welt entfaltete. «Die Frage wirkt offenbar als Anregung und treibende Kraft des Denkens, sie läßt den Verfasser in ein inneres Selbstgespräch eintreten, das den Gang der Unternehmung bestimmt.» Dabei bemühte sich Novalis in den frühen Fragmenten zu konkreten Antworten zu gelangen, während er in

der späteren Zeit fast nur Fragen ohne Antworten stellte. War doch das unmittelbare geistige Erleben «der Verehrung, der Devotion gegenüber der Wahrheit und Erkenntnis» (GA 10), die ihren äußeren Ausdruck in der richtig gestellten Frage findet, viel wichtiger als das formale Erkenntnisresultat.

262 GA 238, 28.9.1924.

263 GA 108, 22.12.1908, sowie im Vortrag vom 26.10.1908. Rudolf Steiner spricht davon auch auf die folgende Weise: «Dieser junge Mann [Novalis], der mit neunundzwanzig Jahren den physischen Plan verlassen hat und der dem deutschen Geiste mehr gegeben hat als hundert und tausend andere, er hat ein Leben gelebt, das eigentlich die Erinnerung war an ein vorhergehendes [Erdenleben].» Selbstverständlich schließt in beiden Fällen der Hinweis auf das vorhergehende Leben (in diesem Falle Raphaels) auch den Gehalt seines geistigen Daseins zwischen den zwei Verkörperungen ein, der so eingehend und bedeutend von Rudolf Steiner in seiner «letzten Ansprache» beschrieben wurde.

264 GA 155, 30.5.1912. Rudolf Steiner präzisiert die Reihe der genannten Eigenschaften noch genauer und sagt: «... alle moralischen Handlungen der *Verwunderung,* des *Vertrauens,* der *Ehrfurcht,* des *Glaubens,* kurz ... alles was *zur übersinnlichen Erkenntnis den Weg gründet.»*

265 GA 130, 3.12.1911. Über die Kräfte des Glaubens, der Liebe und der Hoffnung in ihrer Beziehung zur 5., 6. und 7. nachatlantischen Kulturepoche siehe auch «Der Jahreskreislauf als Einweihungsweg zum Erleben der Christus-Wesenheit», Teil IV.

266 GA 130, 2.12.1911.

267 GA 131, 8.10.1911.

268 Wie ähnlich klingen doch die hervorgehobenen Zeilen von Novalis' Gedicht wie die Vierzeiler aus dem «Planetentanz» von Rudolf Steiner (GA 40):

«Es webet die Seele –
Was hebet das Leben
Aus Glauben zum Schauen
So sehnend hinauf?»

269 GA 130, 3.12.1911. Das vorhergehende Zitat ist dem Vortrag vom 2.12.1911 entnommen. Hier ist noch hinzuzufügen, daß sich zwar die «Glaubenshülle» vor allem in der fünften nachatlantischen Epoche im menschlichen Bewußtsein widerspiegelt, die Glaubenskraft als solche jedoch auch in den folgenden Epochen wichtigste

Kräfte des Astralleibes sein werden, wovon schon seine Bezeichnung als «Glaubensleib» zeugt. Denn welch hohe Bereiche der geistigen Welten der Mensch auch mit seinem hellsichtigen Bewußtsein erreichen mag, es werden sich «von» oder «über» ihnen stets noch höhere Sphären erstrecken, der Weg zu ihnen aber wird darin bestehen, daß der Mensch auf die beschriebene Weise die im Astralleib wirkenden Glaubenskräfte mit dem aus dem Ich erweckten moralischen Willen durchdringt, wodurch das Bewußtsein auf eine neue geistige Stufe erhoben wird.

270 GA 130, 2.12.1911. Im Vortrag vom 14.6.1911 (GA 127) äußert Rudolf Steiner auch, daß die seelische Erkrankung infolge des vom modernen Materialismus hervorgerufenen Mangels an Glaubenskräften allmählich zur Erkrankung auch des physischen Leibes und schließlich dazu führt, «daß die Menschheit mehr und mehr degeneriert».

271 GA 130, 18.11.1911.

271a GA 211, 13.4.1922.

272 Siehe Matth. 3,14–15.

273 GA 108, 22.12.1908, sowie das folgende Zitat.

274 ebd. 26.10.1908.

275 In dem Motiv der «Christus-Erkenntnis», das sich wie ein roter Faden durch den Gedichtzyklus «Geistliche Lieder» zieht, haben wir ein deutliches Zeugnis für Novalis' bewußt-unbewußte Erinnerungen an seine Beteiligung an den Ereignissen der Zeitenwende.

276 GA 155, 30.5.1912, sowie das folgende Zitat. – In diesem Vortrag deutet nur die Erwähnung von *Adam* in den zitierten Worten auf die Individualität von Elias-Johannes-Raphael-Novalis hin; jedoch wird in früheren Vorträgen desselben Monats, in denen auch die Bildung der neuen Hüllen für die Christus-Wesenheit aus den Kräften des Gewissens, der Liebe, des Glaubens und des Staunens beschrieben wird, dieses Thema unmittelbar mit dem Geheimnis der vier Verkörperungen dieser Individualität verknüpft. Siehe GA 143, 8.5.1912, und GA 133, 2.5.1912. In einem weiteren Vortrag zu diesem Thema (14.5.1912) wird nur Raphael erwähnt, in dem folgenden vom 20.5.1912 kommen noch einmal alle vier Inkarnationen zur Sprache (GA 133).

276a Man kann auch sagen, daß Johannes der Täufer dadurch, daß er durch die Taufe im Jordan der kosmischen Christus-Wesenheit gleichsam «den Einlaß bereitete» in die Erden-Sphäre, mit dieser Tat zugleich auch den Grund zu der späteren Bildung des «unsterblichen Individuum» in der Menschheit legte.

277 Siehe zu diesem Gesetz auch Anm. 242. Das Gesetz kann innerhalb der Entwicklung ein und derselben Individualität auf verschiedenen Ebenen wirksam sein. Hier kommt die *höchste Stufe* in Betracht, die fast die ganze Erdenentwicklung umfaßt, in dem Falle, der in Anm. 242 betrachtet wird, dagegen handelt es sich um seine Verwirklichung innerhalb mehrerer Jahrtausende.

277a Diesen Ausdruck Goethes benutzt Rudolf Steiner im Vortrag vom 30.5.1912, um das Ziel der Bildung der neuen Hüllen für den Christus-Impuls in der Menschheit zu charakterisieren und genauer zu bezeichnen.

278 GA 130, 14.5.1912, sowie das folgende Zitat.

279 Siehe 1. Mose 3,17–19.

280 GA 130, 21.9.1911.

281 Siehe GA 112, 26.6.1909.

282 Diese vierte und höchste Kategorie von Sonnengeistern charakterisiert Rudolf Steiner folgendermaßen: «Die fortgeschrittensten geistigen Wesenheiten, die jetzt [zur Zeit der Erdenverkörperung] auf der Sonne ihren Wohnplatz nahmen, das waren die Wesenheiten, welche man bezeichnen kann als ‹Menschen-Urbilder›, als ‹Geistes-Menschen› im eigentlichen Sinne. Also denken Sie sich, daß unter jenen geistigen Wesenheiten, die während der alten Mondenzeit auf der Sonne als Stier-Geist, Adler-Geist, Löwen-Geist zu finden waren, es solche gegeben hat, die eine höhere Stufe der Entwickelung erlangt hatten. Sie sind die eigentlichen Geistes-Menschen, die jetzt auf der Sonne vorzugsweise ihren Wohnplatz einnehmen. Da oben [auf der Sonne] entwickelte sich nicht der Mensch, wie er auf der Erde lebt; da entwickelte sich ein geistiges Urbild des Menschen, wovon im Grunde genommen der heutige Mensch, wie er uns in der physischen Gestalt entgegentritt, nur ein Abbild ist» (GA 112, 26.6.1909). Auf das zukünftige Wirken – jedoch in verwandelter Form – der vier ursprünglichen Gruppenseelen der Menschheit im «unsterblichen Individuum» wird auch in der Apokalypse im Bild der vier Tiere *um* den Himmelsthron *herum* gesprochen, die voller Augen sind und den auf ihm *Thronenden* unaufhörlich preisen (4,6–8).

283 Über den Christus als das «höhere göttliche Ich der ganzen Menschheit» siehe GA 112, 24.6.1909. In einem späteren Vortrag vom 22.8.1924 (GA 243) finden sich die Worte: «Denn als kosmischer Mensch kam Christus von der Sonne.»

284 GA 13, Kap. «Die Erkenntnis der höheren Welten».

10. Novalis und die Geburt der neuen Mysterien im 20. Jahrhundert

285 Siehe Genaueres über diese drei Stufen der Vorbereitung der Anthroposophie in «Rudolf Steiner und die Grundlegung der neuen Mysterien», Kap.V.

286 Siehe GA 237, 28.7.1924.

287 In der «letzten Ansprache» äußerte Rudolf Steiner dazu: «Diese irdische Persönlichkeit Raphaels, sie war ja auch ganz hingenommen und ganz nur da durch dasjenige ... was Lazarus-Johannes dieser Seele gegeben hatte ...» Das entspricht der Charakteristik, die wir in Anm. 93 aus dem Vortrag vom 17.9.1912 (GA 139) über die nicht ganz vollständige Verkörperung seiner Entelechie im physischen Leibe anführten, sowie dem, was über diese Individualität als einer «Bodhisattva-ähnlichen» Wesenheit gesagt wurde (siehe Anm. 20).

288 In dem Vortrag vom 12.9.1924 (GA 238) spricht Rudolf Steiner darüber, daß die Wirksamkeit der übersinnlichen Michaels-Schule schon im 14. Jahrhundert begonnen hat.

289 GA 240, 20.7.1924.

289a GA 155, 23.5.1912.

290 GA 238, 28.9.1924.

291 Im Vortrag vom 19.7.1924 (GA 240) spricht Rudolf Steiner zunächst davon, daß der übersinnliche Kultus in der der Erde nächsten geistigen Welt «im Beginne des 19., sogar schon am Ende des 18. Jahrhunderts» stattfand, um dann den Zeitpunkt noch genauer anzugeben und von diesem Kultus als von einem Ereignis zu sprechen, das «in der ersten Hälfte des 19. Jahrhunderts stattfand». Dessenungeachtet wirkte dieser Kultus schon am Ende des 18. Jahrhunderts in der geistigen, der Erde nächsten Welt so intensiv, daß sich sein Einfluß auch unmittelbar auf der Erde zeigte. Als ein Beispiel eines solchen Einflusses führt Rudolf Steiner das «Märchen» von Goethe an (siehe GA 240, 19.7.1924), dessen erster Interpret Novalis war. Jedoch auch an vielen seiner Werke, besonders an dem Charakter seiner eigenen Einweihung, wie sie in den «Hymnen an die Nacht» beschrieben ist, läßt sich der Einfluß dieser übersinnlichen Ereignisse nachempfinden.

292 GA 238, 28.9.1924.

292a Wie wir bereits sahen (siehe Seite 103), handelt es sich, gemäß den Hinweisen Rudolf Steiners im Vortrag vom 31.12.1912 (GA 142), bei dem wahren «Damaskus-Erlebnis» als einer bestimmten Stufe der inneren Entwicklung stets um das Erleben *zweier* Wesenheiten, des Christus und der nathanischen Seele. (Siehe dazu auch «Der Jahreskreislauf als Einweihungsweg zum Erleben der Christus-Wesenheit», Teil XII, Anm. 81a, Stuttgart [3]1996).

293 Wenn wir uns ins Bewußtsein rufen, daß Rudolf Steiner im Vortrag vom 2.12.1911 (GA 130) sagt: «Unser zentraler Wesenskern [Ich] ist umhüllt von dem Glaubens- oder Astralleib, von dem Liebes- oder Ätherleib und von dem Hoffnungsleib, dem physischen Leib», so können diese Worte eine weitere Bestätigung dessen für uns sein, was wir im 9. Kapitel eingehend darstellten: daß durch die erste Begegnung mit Jesus von Nazareth (das heißt der nathanischen Seele) auf dem physischen Plan die Gewissenskräfte als neues Erkenntnisorgan in Johannes dem Täufer geweckt wurden, während Jahre später durch den Verkehr mit Jesus von Nazareth und den verschiedenen Mitgliedern des Essäerordens sich die Seelenkräfte der *Hoffnung* mehr und mehr in ihm entwickelten, der Hoffnung auf das baldige Kommen des von den Propheten verkündeten Messias. Denn diese Hoffnungen auf sein künftiges Kommen wurden im Essäerorden besonders intensiv gepflegt. (Über den Zusammenhang der Gewissenskräfte mit den Hoffnungskräften siehe «Der Jahreskreislauf als Einweihungsweg ...», Teil IV, Kap. 6.) Das waren die wichtigsten *moralischen Früchte* des Verkehrs von Johannes dem Täufer und der nathanischen Seele auf dem *physischen Plan.* – Dank der Tatsache sodann, daß er in seiner Inkarnation als Raphael ein Abbild des Ätherleibes der nathanischen Seele in sich aufnahm, konnte die Liebe-Fähigkeit in seinem Äther- oder «Liebesleib» ungewöhnlich verstärkt werden. Der Ätherleib ist auch ganz besonders mit den künstlerischen Impulsen verbunden (siehe «Die Erziehung des Kindes vom Gesichtspunkt der Geisteswissenschaft», in GA 34). Als Quelle des Strebens nach Schönheit im Menschen regte er im Falle von Raphael, in Übereinstimmung mit dem Geist der Epoche, diesen an, die sein ganzes Wesen erfüllenden Kräfte der Liebe in Schöpfungen der Kunst zu verwandeln. Dadurch aber, daß er in seiner Novalis-Verkörperung ein Abbild des Astralleibes der nathanischen Seele in sich aufnahm, konnte die Fähigkeit des *Glaubens* in seinem Astral- oder «Glaubensleib» zu einem solchen Grad entwickelt werden, daß diese Glaubenskräfte sich in ihm in Kräfte wahren Hellsehens, in das neue Schauen der übersinnlichen Welten, verwandelten.

294 Diese Vereinigung mit dem Abbild des «Christus-Ich», das von der nathanischen Seele in der geistigen Welt gehütet wird, muß freilich

nicht *vollständig* in seiner nächsten Verkörperung vor sich gehen, es mag vielmehr nicht nur eines, sondern mehrere Erdenleben erfordern. Denn wenn auch die Eingliederung der Abbilder des ätherischen und astralischen Leibes der nathanischen Seele in die entsprechenden menschlichen Hüllen schon vor der Geburt in der geistigen Welt vor sich geht, so muß doch die Vereinigung mit dem Abbild des Ich vom *Menschen selbst, aus seinen eigenen inneren Kräften* im Laufe des Erdenlebens vollzogen werden. Und das bedeutet, daß die Novalis-Individualität, die in ihrer Raphael-Inkarnation, und bis zu einem gewissen Grad auch in ihrer letzten Inkarnation im 18. Jahrhundert, sich nicht vollkommen mit dem physischen Leib verband (siehe Anm. 93), sich nun, zum Erreichen der nächsten Stufe in ihrer Entwicklung, *vollständig* mit ihm wird verbinden müssen. Damit aber dieses geschehen könne, wird auch die Tatsache eine Rolle spielen, ob die Novalis-Individualität in ihrer nächsten Inkarnation einen geeigneten physischen Leib zur Erfüllung ihrer Aufgabe finden wird. (Wenn ein solcher Leib nicht gefunden werden sollte, dann wird sie entweder in der geistigen Welt günstigere Bedingungen zur Verkörperung abwarten oder, im Falle der Verkörperung, sehr wahrscheinlich abermals den physischen Plan in jungem Alter vor dem 35. Jahre verlassen.) – Im ganzen gesehen haben wir in Novalis' Verkörperungen von der Zeitenwende an eine Art mikrokosmischer Widerspiegelung des makrokosmischen Weges, den die Christus-Wesenheit als neuer Geist der Erde heute geht und weiter gehen wird, bis zum Beginn des neuen Äon (des Jupiter). Auf diese makrokosmische Entwicklung des Christus-Impulses in der Menschheit weist Rudolf Steiner: «Wir sehen also, wie der auf die Erde herabgestiegene Christus, von einer physisch-irdischen Menschenwesenheit ausgehend, sich allmählich entwickelt als ätherischer, als astralischer, als Ich-Christus, um als Ich-Christus der Geist der Erde zu sein, der dann mit allen Menschen sich emporhebt zu höheren Stufen [das heißt zum Jupiter]» (GA 130, 21.9.1911).

295 Später konkretisiert Rudolf Steiner diesen Begriff des «Christus-Trägers», verbindet ihn mit den höheren Stufen der vorchristlichen Mysterien und führt als Bezeichnung für die entsprechende Stufe der neuen Mysterien den Begriff «Christus-Empfänger» ein, der sehr viel genauer und unmittelbarer das Wesen des okkulten Prozesses charakterisiert, bei dem das «Ich» in das Ich aufgenommen wird, als das durch das Wort «Träger» geschieht. (Siehe dazu Ge-

naueres in «Der Jahreskreislauf als Einweihungsweg ...», Teil V, Kap. 2.) Auf die Stufe des «Christus-Empfängers» weisen auch die folgenden Verse der Grundstein-Meditation in ihrem zweiten Teil, der besonders die Mysterien der Sohnes-Sphäre betrifft:

«Wo die wogenden
Welten-Werde-Taten
Das eigne Ich
Dem Welten-Ich
Vereinen.»

296 GA 109/111, 31.5.1909. – Über das «Christus-Ich» und das «Ich des Jesus von Nazareth» siehe Anm. 300.

297 Im Sinne der bisherigen Betrachtung (siehe Seite 16 und Anm. 19a) über die Beziehung von Moses und Elias zu der Offenbarung des *Jahve-Christus* sind die Worte am Anfang dieses Zitates *vor allem* auf Elias, weniger auf Moses zu beziehen.

298 ebd. 16.5.1909. In bezug auf diese Worte Rudolf Steiners ist nochmals daran zu erinnern, daß der Übergang von der fünften zur sechsten Kulturepoche, das heißt von der Epoche, da das Ich in der Bewußtseinsseele wirkt, zur Geistselbstepoche, zugleich eine mikrokosmische Vorwegnahme des künftigen makrokosmischen Übergangs vom Erden- zum Jupiter-Zustand und das bedeutet vom Kosmos der Weisheit zum Kosmos der Liebe – durch die Vereinigung des Menschen-Ich mit dem Welten-Ich des Christus – ist.

299 GA 15, Kap. 2.

300 Im Vortrag vom 28.3.1909 (GA 109/111) äußerte Rudolf Steiner: «Mit dem 16. Jahrhundert fängt die Zeit an, in der sich bereitfinden, sich in das Ich einzelner Individualitäten zu verweben, die Abbilder des Christus-Ich. Einer dieser war eben Christian Rosenkreutz, der erste Rosenkreuzer. Dieser Tatsache verdanken wir es eben, daß eine innigere Verbindung mit dem Christus möglich wurde, wie uns das die esoterische Lehre offenbart.» Unter «Abbilder des Christus-Ich» ist hier das im Ich des Jesus von Nazareth (der nathanischen Seele) bewahrte Abbild des Christus-Ich zu verstehen, das dann in der geistigen Welt nach dem Gesetz der spirituellen Ökonomie vervielfältigt wurde. Diesen Prozeß erläutert Rudolf Steiner in demselben Vortrag noch: «... die wartenden Abbilder des Christus-Ich, das der Christus im Leibe des Jesus durch einen Abdruck gebildet hat ...» (siehe auch die folgende Anmerkung).

301 Über die Anthroposophie als der modernen Weiterführung des Rosenkreuzertums, im esoterischen Sinne aber über sich selbst als den Fortsetzer von Christian Rosenkreutz' Werk im 20. Jahrhundert sagte Rudolf Steiner: «So ziehen wir durch diese anthroposophisch-rosenkreuzerische Geistesströmung das wieder an uns heran, was vorhanden ist [in der geistigen Welt] von den Kopien des Ich des Jesus von Nazareth. So werden diejenigen, die sich dazu vorbereiten, hineinziehen in ihre Seelen das Abbild des Ich des Jesus von Nazareth. Dadurch daß sein Inneres wie ein Siegelabdruck ist von dem Ich des Jesus, dadurch wird ein solcher Mensch das Christus-Prinzip in seine Seele aufnehmen. – So bereitete die Rosenkreuzerei etwas Positives vor, Anthroposophie soll Leben werden, und die Seele, die sie wirklich in sich aufnimmt, verwandelt sich nach und nach» (GA 109/111, 16.5.1909). Siehe auch Friedrich Hiebel, «Entscheidungszeit mit Rudolf Steiner, Kap. «Ausklang», Dornach 1986.

302 GA 109/111, 7.3.1909.

303 Siehe Anm. 295.

304 Siehe Anm. 294.

305 Über den Zusammenhang Goethes mit dem Rosenkreuzertum siehe GA 93, 2. Auflage, Seite 294f. Im Falle von Novalis kann man dagegen nur von einem Einfluß von Jakob Böhmes Werken auf ihn sprechen, der seinerseits seine Weisheit aus rosenkreuzerischen Inspirationen schöpfte.

306 Über die geistige Beziehung und okkulte Succession des wahren Rosenkreuzertums und des johanneischen Christentums siehe GA 112, 24.6.1909.

307 Rudolf Steiner sagt zum Beispiel im Vortrag vom 4.11.1904 (GA 93): «Das [Kreuz mit den Rosen] wird das Symbol des neuen Christentums der sechsten Unterrasse sein», und weiter: «Dieses Dreieck [Atma-Buddhi-Manas] mit all dem, was es im Gefolge hat, wird der Inhalt des erneuerten Christentums der sechsten Unterrasse sein. Das wird vorbereitet durch die Rosenkreuzer ...» An dieser Stelle kann nur kurz auf das Geheimnis der weiteren Menschheitsentwicklung hingewiesen werden, das mit der Verwirklichung der sogenannten «Tempellegende» des wahren Rosenkreuzertums in der sechsten Kulturepoche zusammenhängt. Denn die Grundlegung und der Bau des Geistestempels, von dem in dieser Legende gesprochen wird, wird unmittelbar mit einer bestimmten Stufe der Verwirklichung der drei neuen Hüllen für die Christus-Wesenheit in der Menschheit ver-

bunden sein. Mehr noch, gerade diese Hüllen werden bis zu einem gewissen Grad auch den Geistestempel bilden, dessen Bau das wahre Rosenkreuzertum als seine wichtigste Aufgabe ansieht.

308 Diese neue hohe Synthese der spiritualisierten Wissenschaft, Kunst und Religion in der sechsten Kulturepoche wird mit dem Beginn der Verwirklichung des «Mysteriums des goldenen Dreiecks» (siehe Anm. 307) verbunden sein. Von dem Zusammenhang der Johannes-Raphael-Novalis-Individualität mit diesen Mysterien zeugt die mündliche Erklärung, welche Rudolf Steiner zu seiner «letzten Ansprache» Ita Wegman auf die Frage nach dem Charakter des Zusammenwirkens der zwei Johannes-Individualitäten nach der Einweihung von Lazarus gab (siehe dazu die «Anlage» in GA 238 in der Ausgabe von 1981). In einer der Versionen der «Goldenen Legende» wird auch davon gesprochen, daß Adam *drei Samen* des Lebensbaumes bei der Vertreibung aus dem Paradies mit sich nahm, die sein Sohn Seth nach Adams Tod auf dessen Grab legte, das heißt, sie blieben mit der Individualität Adams auch nach seinem Tod verbunden (siehe GA 117, 21.12.1909). Gemäß Rudolf Steiner weisen die zwei Imaginationen der drei Samenkörner und des goldenen Dreiecks auf dasselbe Geheimnis der höheren *geistigen* Natur des Menschen (siehe GA 93, 4.11.1904 und 29.5.1905). Später taucht dieses Motiv der «drei Samenkörner» oder des «goldenen Dreiecks», wenn auch in anderer Form, bei der Auferweckung des Lazarus wieder auf. Hier beschenkte die Entelechie Johannes des Täufers ihn, sich mit ihm verbindend, aus den geistigen Welten heraus mit den Prinzipien des *Geistselbst, Lebensgeistes* und *Geistesmenschen, so* daß dann mit Lazarus ein Mensch vor dem Christus Jesus stand, «der von den Erdentiefen bis in die höchsten Himmelshöhen reichte» und der «alle Glieder bis zu den Geistesgliedern Manas, Buddhi, Atma in sich trug, die erst in ferner Zukunft von allen Menschen entwickelt werden können.» (Aus einer mündlichen Erklärung Rudolf Steiners zur «letzten Ansprache», veröffentlicht in GA 238, Ausgabe von 1981.) Siehe darüber ausführlicher in S.O. Prokofieff, «Das Geheimnis der zwei Johannes-Gestalten an der Zeitenwende. Johannes der Täufer und Johannes der Evangelist. Eine esoterische Betrachtung», Dornach 2004.

309 «Die Mission Raphaels im Lichte der Geisteswissenschaft» (GA 62). – «Moralisiert der echte Geist Gottes. Der Moralist ist der *Johannes»,* schreibt Novalis in einem seiner Fragmente über Johannes den Täufer.

310 Über die Religiosität von Novalis siehe die Worte von Henrik Steffens in Anm. 312.

311 In einem anderen Fragment sagt Novalis über die umfassende Bedeutung des «Rhythmus», der das natürliche und das moralische Prinzip im Menschen und in der Welt zu verbinden vermag: «Jahreszeiten, Tageszeiten, Leben und Schicksale sind alle, merkwürdig genug, durchaus rhythmisch, metrisch, taktmäßig. In allen Handwerken und Künsten, allen Maschinen, den organischen Körpern, unsren täglichen Verrichtungen, überall: Rhythmus, Metrum, Taktschlag, Melodie: Alles, was wir mit einer gewissen Fertigkeit tun, machen wir unvermerkt rhythmisch. Rhythmus findet sich überall, schleicht sich überall ein.»

312 In diesem letzten Fragment scheint die Reihenfolge des Übergangs von der historischen Wissenschaft zur Mathematik, sodann zur Philosophie und weiter zu Kunst und Religion bedeutungsvoll. Denn so ist der neue, aufsteigende Weg, der die Menschheit aus der Gegenwart in die Zukunft führt (im Gegensatz zum alten, absteigenden Weg, der von der Religion über die Kunst zur modernen Wissenschaft führte). Deshalb begann auch Rudolf Steiner seine geistige Tätigkeit mit der Begründung der *Geistes-Wissenschaft,* aus der dann die Impulse zur Vertiefung der Kunst und des religiösen Bereiches hervorgehen sollten: «So beginnt Anthroposophie überall mit Wissenschaft, belebt ihre Vorstellungen künstlerisch und endet mit religiöser Vertiefung … So sollen wir auf dem Wege der Anthroposophie ausgehen lernen von der Erkenntnis, uns erheben zur Kunst und endigen in religiöser Innigkeit» (GA 257, 30.1.1923). Novalis aber stellte sich die höhere Einheit von Wissenschaft, Kunst und Religion nicht nur theoretisch vor, er repräsentierte sie auch in gewissem Maße mit seiner ganzen Persönlichkeit. Davon zeugt einmal seine streng wissenschaftliche Bildung, die durch seine philosophischen Studien noch vertieft und erweitert wurde; sodann seine Beziehung zur Kunst als göttliche Berufung und endlich seine tiefe Religiosität, von der der skandinavische Naturforscher Henrik Steffens schrieb, auf seine Begegnungen mit Novalis zurückblickend: «In der That war Novalis im tiefsten Sinne Christ und religiös … Mir war in religiöser Rücksicht Novalis wichtig wie keiner.»

Ganz im Sinne dieser höheren Synthese stellt sich nun auch Novalis die einzelnen Beziehungen dieses «heiligen Dreiklangs» vor:

Von *Wissenschaft und Religion* (am Beispiel der Mathematik als der Grundlage aller Wissenschaften): «Das Leben der Götter ist Mathematik. Alle göttlichen Gesandten müssen Mathematiker sein. Reine Mathematik ist Religion.»
Wissenschaft und Kunst (am Beispiel der Poesie als der höchsten aller Künste): «Jede Wissenschaft wird Poesie – nachdem sie Philosophie geworden ist.»
Oder derselbe Gedanke in anderen Worten: «*Dichter* ist nur der höchste Grad des Denkers ... Die Trennung von Poet und Denker ist nur scheinbar – und zum *Nachteil* beider – Es ist ein Zeichen einer Krankheit – und krankhaften Konstitution.» *Kunst und Religion* (am Beispiel des Priesters, des Menschen, für den die Religion zugleich Lebenspraxis ist): «Dichter und Priester waren im Anfang eins – und nur spätere Zeiten haben sie getrennt. Der echte Dichter ist aber immer Priester, so wie der echte Priester immer Dichter geblieben – und sollte die Zukunft nicht den alten Zustand der Dinge wieder herbeiführen?»

313 Im Vortrag vom 29.12.1912 (GA 143) nennt auch Rudolf Steiner Novalis einen *Mittler.*

314 GA 130, 20.11.1911. Deshalb weist Rudolf Steiner, wenn er – ganz besonders in den Vorträgen von 1910–1911 – von der ätherischen Wiederkunft Christi spricht, immer wieder auf die zwei Individualitäten Christian Rosenkreutz und Jeshu ben Pandira hin (zum Beispiel im Vortrag vom 28.9., 1.10, 20.11.1911 (GA 130) und 14.10.1911 (GA 131). Andererseits wählte Rudolf Steiner für fast alle Vorträge, welche dem Thema der Wiederkunft gewidmet waren, als eine Art Leitmotiv Worte Johannes des Täufers, Worte, welche das Gewissen aufwecken (siehe Seite 31).

315 Zu dieser Tätigkeit der Rosenkreuzer während des 14.–19. Jahrhunderts siehe GA 26, 8. Auflage (Seite 144–148). Daraus dieses und das folgende Zitat.

316 Rudolf Steiner sagte von diesem wichtigen Geheimnis, das im Jahre 1879, der neuen Michael-Zeit, begann: «Die Rosenkreuzerei ist dadurch gekennzeichnet, daß ihre erleuchtetsten Geister eine starke Sehnsucht hatten, Michael zu begegnen. Sie konnten es nur wie im Traume. Seit dem Ende des letzten Drittels des neunzehnten Jahrhunderts können die Menschen in bewußter Weise im Geiste Michael begegnen» (GA 233a, 13.1.1924). Von seinem eigenen, der neuen Epoche entsprechend voll bewußten Erleben der Michael-

Sphäre vom 28. Jahre an sprach Rudolf Steiner zu den Anthroposophen am 12.8.1924 (GA 240). Siehe dazu Genaueres in «Rudolf Steiner und die Grundlegung der neuen Mysterien», Kap. 2, «Die große Sonnenperiode», Stuttgart [3]2002.

317 Siehe ebd. Kap. 3 und 5.

318 Siehe ebd. Kap. 4.

319 Nach der Weihnachtstagung wies Rudolf Steiner in einem persönlichen Gespräch darauf hin, daß während der Grundsteinlegung am 25. Dezember 1923 «Christian Rosenkreutz mit seinen Scharen» geistig in der Schreinerei anwesend war und an dem Geschehen teilnahm. (Siehe Bernard Lievegoed, «Mysterienströmungen in Europa und die neuen Mysterien», Kap. 6, Stuttgart 1981, und Margarete und Erich Kirchner-Bockholt, «Die Menschheitsaufgabe Rudolf Steiners und Ita Wegman», Kap. «Rudolf Steiners Mission», Dornach 1981.)

320 Zum ersten Mal taucht das Thema der Rosenkreuzer-Esoterik am 22. und 23. Dezember auf, unmittelbar vor dem Tag der Grundsteinlegung, in den zwei letzten Vorträgen des Zyklus «Mysteriengestaltungen», der vor der Weihnachtstagung gehalten wurde und in dem die vorchristlichen europäischen Mysterien und ihre geistige Fortsetzung im mittelalterlichen Rosenkreuzertum eingehend beschrieben werden. Ganz besonders bei dem Vortrag vom 22. Dezember ist dort, wo über den Zusammenhang der mittelalterlichen Alchimisten durch Vermittlung des Goldes mit den *Sonnen-Intelligenzen* gesprochen wird, die unsichtbare Gegenwart des Michael-Geistes zu spüren.

321 Nachdem der vollständige Text der Grundstein-Meditation am Tag der Grundsteinlegung der Allgemeinen Anthroposophischen Gesellschaft am 25. Dezember 1923 erstmals in drei «Darreichungen» gesprochen worden war, folgte ihre allmähliche Vereinigung mit der Erdensphäre in den *sieben* sogenannten Rhythmen der Weihnachtstagung, bis zum Abschluß am siebenten Tag (dem 1. Januar 1924) der *volle* Text der Meditation abermals gelesen wurde, nun aber nicht in Teilen, sondern als einheitliches Ganzes. Und bereits nach *zwölf* weiteren Tagen, am 13. Januar, wurde der Text – mit einigen Änderungen – allen Anthroposophen durch seine Veröffentlichung übergeben. Das geschah, nachdem die «Erlaubnis» und der «Segen» der sieben Planeten-Sphären und zwölf Welten-Raumes-Richtungen für diesen Schritt erfolgt war.

322 GA 260, 26.12.1923.

323 Siehe Anm. 299. – Es besteht ein direkter geistiger Zusammenhang zwischen der «modernen Esoterik», die von Christian Rosenkreutz begründet und die zu Beginn des 20. Jahrhunderts in der von 1904 bis 1914 bestehenden Esoterischen Schule Rudolf Steiners verwirklicht wurde (wobei einer ihrer *übersinnlichen* Leiter Christian Rosenkreutz selbst war; siehe in GA 264, «Esoterische Stunde» vom 1.6.1907), und den drei Klassen der Esoterischen Schule, welche 1924 aus dem Impuls der Weihnachtstagung heraus entstand. Rudolf Steiner weist selbst am 24. Dezember 1923 auf diesen Zusammenhang bei der Betrachtung von § 5 der «Statuten» darauf hin, daß «die drei Klassen ... ursprünglich schon in der Anthroposophischen Gesellschaft da waren, nur in einer anderen Form, bis zum Jahre 1914» (GA 260).

324 GA 238, 28.9.1924.

325 Novalis, vollständige Ausgabe in 4 Bänden, Band 4, Seite 559.

326 GA 238, 28.9.1924, ebenso das folgende Zitat.

327 Im ganzen gesehen läßt sich das, was in diesem Kapitel über Novalis' *Vermittlertätigkeit* in der geistigen Welt zwischen den verschiedenen spirituellen Strömungen gesagt wurde, folgendermaßen darstellen:

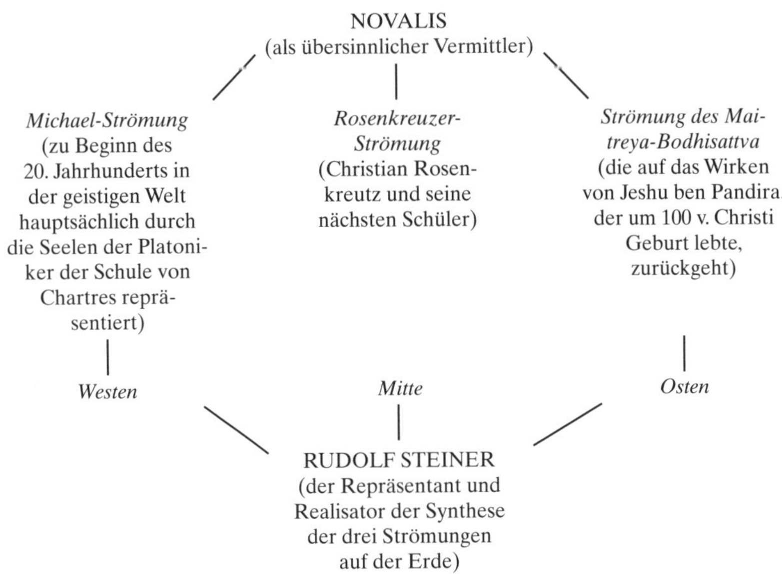

328 Über die sieben Rhythmen der Weihnachtstagung als die sieben Stufen des christlich-rosenkreuzerischen Einweihungsweges, wie er in der «Geheimwissenschaft im Umriß» beschrieben wird (GA 13), siehe Genaueres in «Rudolf Steiner und die Grundlegung der neuen Mysterien», Kap. 5.

11. Novalis als einer der übersinnlichen Inspiratoren der modernen Wissenschaft vom Geiste

329 GA 37/260a, «Nachrichtenblatt» vom 13. Januar 1924.

330 Siehe «Rudolf Steiner und die Grundlegung der neuen Mysterien», Kap. 5.

331 Siehe Ergänzungen zum Vortrag vom 18.7.1924 (GA 240).

331a Siehe GA 258, Ausg. 1981, Anm. zu Seite 35.

332 GA 142, 28.12.1912 und 1.1.1913. – Auch seinen Vortrag über Novalis, der während dieses Zyklus gehalten wurde, beendete Rudolf Steiner nicht so, daß er wie zu Beginn des Vortrags über «das Begründen der Anthroposophischen Gesellschaft» sprach, sondern vom «Ausgangspunkt der anthroposophischen Geistesströmung» (GA 143, 29.12.1912).

333 GA 142, 1.1.1913, sowie das folgende Zitat.

334 Siehe dazu Genaueres in «Der Jahreskreislauf als Einweihungsweg zum Erleben der Christus-Wesenheit», Teil 12, Kap. 2, Anm. 81a, Stuttgart [3]1996.

335 GA 15, Kap. 13.

336 GA 143, 29.12.1912, sowie die folgenden Zitate.

337 In diesem Zitat vom Anfang des Vortrags über Novalis tritt – ähnlich wie bei der Beschreibung des Erscheinens Christi für Paulus bei Damaskus im letzten Vortrag des Zyklus – ein *doppeltes Motiv* auf: das des Christus-Impulses und das des ihn umgebenden Lichtesscheines (siehe Anm. 334). Dieses Motiv verstärkt sich dann noch, wenn Rudolf Steiner, Novalis mit Spinoza, Goethe, Fichte und Leibniz vergleichend, letztere Träger des Lichtes der alten vorchristlichen Joga- und Sankya-Philosophie, das heißt – im Sinne des ganzen Zyklus – des Krishna-Lichtes, nennt, im Gegensatz zu Novalis, den er als Träger der Wärme und Liebe des Christus-Impulses bezeichnet. Das aber bedeutet, daß vor der Sonne des Christus-Impulses, die im Herzen von Novalis aufging, die obengenann-

ten Individualitäten sich noch in erheblichem Maße als zur vorchristlichen Entwicklungsstufe der Menschheit gehörig erwiesen oder, mit anderen Worten, mehr mit dem menschlichen Prinzip des Jesus (Krishna) als dem göttlichen des Christus verbunden waren. Dieser Impuls der Liebe und Wärme, so sagt Rudolf Steiner weiter, wie er in Novalis' Seele lebte, soll sich mit dem Licht des Krishna vereinigen und durchdringen, dem Licht der ältesten Weisheit der Menschheit. Auf die Notwendigkeit einer solchen Vereinigung wies bereits Johannes der Täufer an der Zeitenwende mit seinem mächtigen Aufruf hin: «Ändert den Sinn, wandelt *nicht nur* in der Krishna-Bahn» (GA 146, 5.6.1913). «Deshalb» – so sagt Rudolf Steiner weiter in demselben Vortrag, sich abermals an den ursprünglichen Aufruf Johannes des Täufers anschließend – «muß gerade in unserer Zeit das Verständnis des Christus-Impulses einschlagen: die Christus-Bahn muß zur Jesus-[Krishna-]Bahn hinzukommen». Das aber bedeutet im Sinne des Vortrags vom 29. Dezember, daß heute die Weisheit von Spinoza, Goethe, Fichte und Leibniz vom Christus-Impuls, wie er in Novalis' Seele lebte, durchdrungen werden muß.

338 GA 238, 28.9.1924. – Der auf die beschriebene Weise geschaffene geistige Zusammenhang zwischen der Begründung der Anthroposophischen Gesellschaft auf der Erde und der Michael-Sphäre in den höheren Welten erlaubte es Rudolf Steiner bereits vier Monate später, als das Leben in der neubegründeten Gesellschaft sich etwas konsolidiert hatte, ihren Mitgliedern einige Geheimnisse, die mit dem Wirken Michaels in unserem Kosmos zusammenhängen, zu enthüllen. Der Beginn dieser Mitteilungen wurde im Vortrag vom 2. Mai 1913 in London gemacht (GA 152), und das wurde in den Vorträgen vom 4. und 9. Mai in Paris und vom 18. und 20. Mai in Stuttgart fortgesetzt (GA 152). Dabei nahm die Betrachtung der Mission Michaels in der alttestamentlichen und der neutestamentlichen Entwicklungsepoche der Menschheit einen besonderen Platz in diesen Vorträgen ein, das heißt in der Epoche *vor* und *nach* dem Mysterium von Golgatha, sowie seine Beziehung zu dem neuen Erscheinen des Christus im Ätherischen. So können wir sagen: Wenn im Mai des Jahres 1912 das «Novalis-Thema» eine wesentliche Rolle spielte (siehe Anm. 415), so im Mai 1913 das «Michael-Thema». (Außerdem wurde zwischen den zwei obengenannten Vorträgen in Stuttgart noch am 19. Mai ein öffentlicher Vortrag

über Raphaels Mission im Lichte der Wissenschaft vom Geiste gehalten [GA 62].)

338a Siehe Anm. 347a.

339 GA 117, 26.12.1909, sowie die folgenden Zitate.

339a Sagte nicht Novalis auch, diese wichtige Aufgabe der modernen Wissenschaft vom Geiste vorausahnend, prophetisch: «Wer hat die Bibel für geschlossen erklärt? Sollte die Bibel nicht noch im Wachsen begriffen seyn?»

340 Siehe GA 264, «Esoterische Stunde» vom 1.6.1907.

341 GA 125, 23.1.1910. Siehe auch S. 56 – Ein ähnliches Motiv der Beziehung von Novalis zu den «Meistern der Weisheit und des Zusammenklangs der Empfindungen» tritt im Vortrag vom 13.4.1913 (GA 150) bei der Einweihung des Erfurter Johannes-Raphael-Zweiges auf. Was aber den in den zitierten Worten angesprochenen dreifachen Geist betrifft, so ist dieser seiner Natur nach dem Geiste verwandt, von dem bei der Betrachtung der Individualität des Propheten Elias gesprochen wurde (siehe Anm. 20).

342 Die Evangelien-Betrachtungen wurden im eigentlichen Sinne 1906 begonnen (vgl. auch GA 28, Kap. 37), wesentliche Elemente der geisteswissenschaftlichen Beschäftigung mit ihnen sind jedoch schon in den letzten Vorträgen des Zyklus «Das Christentum als mystische Tatsache» enthalten (24 Vorträge, gehalten in Berlin vom 19.10.1901 bis 26.4.1902), der dann zu einem Buch mit dem gleichen Titel verarbeitet wurde (GA 8). – Die Hauptzyklen und einzelne Vorträge über die Evangelien-Betrachtungen, welche Rudolf Steiner bis Weihnachten 1909 hielt, sind unter GA 94, 97, 100, 103, 112, 114, 117 zu finden.

343 GA 117, 26.12.1909; siehe auch Anm. 342.

344 Außer einer ganzen Reihe neuer Darstellungen erscheinen fast alle Hauptmotive der vorangegangenen Betrachtungen des Johannes-, Lukas- und Matthäus-Evangeliums (GA 103, 114, 117) aufs neue in ihm in vertiefter Form. Siehe Anm. 352.

345 Mit der Durchführung dieser «Maßnahme des astralischen Planes», die das *rechte* Eintreten des ätherischen Christus in die Erdenentwicklung vorbereiten sollte, war auch dasjenige Ereignis verbunden, das als eine gewisse «Teilung» in der Sphäre der «Meister» bezeichnet werden kann, die das Auseinandergehen der Strömungen der östlichen und der westlichen Esoterik hervorrief. Äußerlich kam das beim Münchener Kongreß im Mai/Juni 1907 in der

endgültigen Trennung der Esoterischen Schule, welche Rudolf Steiner begründet und geführt hatte, von der von Anni Besant geführten Schule zum Ausdruck (siehe GA 28, Kap. 32).
In der ersten Stunde, die gleich nach dieser Trennung gehalten wurde, am 1. Juni 1907, äußerte sich Rudolf Steiner über sie und über die Notwendigkeit, daß alle Mitglieder *seiner* Schule zwischen den zwei Strömungen zu wählen hätten, auf die folgende Weise: «Das, was im Auftrage der Meister des Westens durch mich gegeben wird, geht unabhängig einher neben dem, was Mrs. Besant im Auftrage der Meister des Ostens lehrt ... Jede hat ihre zwei Meister: Mahatma K(uthumi) und Mahatma M(orya); Meister Jesus von Nazareth und Meister Christian Rosenkreutz. Die eine dieser Schulen leitet Frau Besant, die andere Dr. Steiner. Eine Entscheidung aber, zu welcher man sich wenden will, muß getroffen werden» (GA 264).
Im September desselben Jahres gab Rudolf Steiner, als er bei Edouard Schuré in Barr im Elsaß zu Gast war, diesem eine eingehende, schriftliche Antwort über die okkulten Grundlagen der Theosophischen Gesellschaft und der Absicht, welche die östlichen Meister mit ihr verfolgten. «Sie –», schrieb Rudolf Steiner, «diese östlichen Initiatoren – wollten der westlichen Welt *ihre* Form von alters her bewahrter spiritueller Erkenntnis einimpfen ... Denn die östlichen Initiationen müssen notwendig das *Christus-Prinzip* als zentralen *kosmischen* Faktor der Evolution unberührt lassen ...» (GA 262, Teil III). Aus diesen Worten wird klar, wo der eigentliche Grund dieser Trennung des westlichen Okkultismus von dem östlichen lag, denn «das tiefste Ziel» der westlichen Meister war von Anfang an, für die «Erkenntnis und Realisierung der Intentionen des *lebendigen Christus zu* arbeiten» (ebd.). Aus dieser Erkenntnis und aus dem Bestreben, alles zur Realisierung dieser Intentionen zu tun, wurde auch im Laufe des ersten Jahrsiebts des 20. Jahrhunderts (zwischen 1902 und 1909) die oben angeführte «Maßnahme des astralischen Planes» durchgeführt, die das Erscheinen des «lebendigen», das heißt des *ätherischen* Christus unter den Menschen vorbereiten sollte. Siehe ausführlicher zur Problematik des westlichen und östlichen Okkultismus in: S. O. Prokofieff, «Der Osten im Lichte des Westens», Teil III «Die Geburt der christlichen Esoterik im 20. Jahrhundert», Dornach 1997.

346 Das folgt auch aus der Tatsache, daß Rudolf Steiner im Vortrag vom 26.12.1909 (GA 117) von den Impulsen spricht, die *«im Laufe der letzten Jahre»* aus der geistigen Welt zu ihm kamen, während die ersten Elemente geisteswissenschaftlicher Evangelien-Betrachtung bereits in den Vorträgen von Ende 1901, Anfang 1902 enthalten sind (siehe Anm. 342).

347 GA 117, 26.12.1909.

347a Darüber, daß der ätherische Christus im Jahr 1909 in der Menschheit zu wirken begann, sprach Rudolf Steiner im Vortrag vom 6.2.1917 (GA 175): «Und der Okkultist kann geradezu darauf hindeuten, wie seit dem Jahre 1909 ungefähr in deutlich vernehmbarer Weise sich vorbereitet dasjenige, was da kommen soll, daß wir seit dem Jahr 1909 innerlich in einer ganz besonderen Zeit leben. Und es ist heute möglich, wenn es nur gesucht wird, dem Christus ganz nahe zu sein, den Christus in ganz anderer Art zu finden, als ihn frühere Zeiten gefunden haben.»

348 Diese Mitteilung geschah *zweimal* in Stockholm: zunächst in einem besonderen Vortrag, unabhängig von dem allgemeinen Kurs, für einen engeren Kreis (12.1.1910), und sodann im Rahmen des Kurses selbst, während des letzten Vortrags (15.1.1910) für alle Teilnehmer (siehe auch Anm. 352).

349 GA 125, 23.1.1910, sowie die folgenden Zitate.

350 Das Motiv des «Johannes-Rufes» des Täufers taucht in der einen oder anderen Form in den folgenden Vorträgen des genannten Zeitraumes auf (unten werden nur die mitstenographierten und bis heute bereits herausgegebenen Vorträge angeführt):

25.1. Karlsruhe
27.1. Heidelberg
2.2. Berlin
6.2. Kassel
8.2. Berlin
20.2. Düsseldorf
9.3. Berlin
15.3. München
13.4. Rom
18.4. Palermo
10.5. Hannover

(Alle diese Vorträge sind in GA 116 und GA 118 enthalten.) Siehe auch Anm. 351.

351 GA 118, 10.5.1910. – Zwei weitere Aussagen Rudolf Steiners zu diesem Thema lauten: «Man darf heute dasselbe sagen wie damals: Ändert eure Seelenverfassung, damit ihr das Reich der Himmel finden könnt, das nahe kommt! Daß nicht unerkannt diese Zeit vorübergehe, dafür muß gesorgt sein» (GA 118, 6.2.1910). «Es steht wahrhaftig so mit uns, daß der Ruf Johannes des Täufers: Ändert die Seelenverfassung! auch für unsere Zeit gilt» (GA 116, 9.3.1910). Siehe auch die Äußerung Rudolf Steiners auf Seite 56f.

352 Die Beteiligung der Novalis-Entelechie an der Vorbereitung der Wiederkunft des Christus im Ätherischen in den geistigen Welten sowie seine übersinnliche Teilnahme an der ersten Verkündigung dieses Ereignisses auf der Erde im Januar 1910 während des Stockholmer Zyklus «Das Johannes-Evangelium und die drei anderen Evangelien» wird nicht nur durch die Tatsache bestätigt, daß der Stockholmer Zyklus von beiden Seiten durch zwei Vorträge über Novalis eingerahmt wurde (am 26. Dezember und am 23. Januar), sondern vor allem durch die Komposition des Zyklus selbst. So wird nach drei im eigentlichen Sinne einleitenden Vorträgen im vierten, am 7. Januar, am Tag nach dem Erscheinungsfest, Epiphanias, gehaltenen Vortrag die Szene der Johannes-Taufe im Jordan in den Mittelpunkt der Betrachtung gestellt, ebenso das Motiv der wichtigsten Verkündigung Johannes des Täufers. Diese zwei Themen ziehen sich dann in ihren verschiedenen Aspekten und Variationen in der oder jener Form durch *alle* folgenden Vorträge (mit Ausnahme des vorletzten, wo statt Johannes des Täufers Elias erwähnt wird). – Am 12. Januar morgens folgt dann der *erste* außerhalb des Zyklus gehaltene Vortrag Rudolf Steiners (siehe Anm. 117) über die Wiederkunft im Ätherischen.

Das zentrale Thema der zwei weiteren Vorträge des eigentlichen Kurses, am Abend desselben Tages (das heißt zeitlich unmittelbar nach der Mitteilung über die Wiederkunft) und am nächsten Tag (am 13. Januar) bildete die Lazarus-Einweihung. Dabei wird in beiden Vorträgen auf ganz besondere Weise auf die Beteiligung der Entelechie von Johannes dem Täufer an diesem Geschehen hingewiesen. So wird in dem Abendvortrag vom 12. Januar davon gesprochen, daß sich mit Lazarus in dem Augenblick seiner Einweihung, da das aus dem Todesschlaf erweckte «Ich bin» des Christus in ihm «aufstrahlte», auch die höhere geistige Monade des Menschen, das Manas-Buddhi-Atma, aus den geistigen Welten heraus vereinigte. Und aus einer mündlichen Erklärung Rudolf Steiners zu seiner «letzten Ansprache» ist bekannt, daß diejenige Individualität, die als übersinnlicher *Mittler* dieser Vereinigung der höheren geistigen Monade mit dem eingeweihten Lazarus wirkte, Johannes der Täufer war. (Siehe GA 238, Ausg. 1981, «Ergänzende Bemerkungen».) Mit anderen Worten: vom Augenblick der Einweihung des Lazarus in Bethanien an wirkte Johannes der Täufer wie ein «Bodhisattva» in ihm. (Vgl. dazu Rudolf Grosse, «Das Wesen Anthroposophie», Dornach 1982, Kap. 3.)

Dieses Motiv der geistigen Vereinigung und des darauf folgenden gemeinsamen Wirkens von Lazarus, der von dem Christus eingeweiht wurde, und der Entelechie Johannes des Täufers wird dann auch im nächsten Vortrag (am 13. Januar) aufgenommen, wo davon gesprochen wird, daß der erweckte Lazarus die Früchte *beider* Mysterienarten, der südlichen und der nördlichen, bei seiner Einweihung verbinden konnte. Seine eigene Erweckung nach dem dreitägigen, todähnlichen Schlaf war ihrem Charakter nach mehr mit den südlichen oder «ägyptischen» Mysterien (dem Herabsteigen in den Mikrokosmos) verbunden. Dadurch jedoch, daß er von der Entelechie Johannes des Täufers überschattet wurde, wurden ihm auch die Früchte der nördlichen Mysterien zugänglich (das sich Ausgießen in den Makrokosmos). Im Vortrag vom 13. Januar weist Rudolf Steiner darauf hin, indem er darstellt, daß es dem eingeweihten Lazarus dadurch möglich wurde, die Früchte der nördlichen Mysterien in sich aufzunehmen, daß er hellsichtig die Szene der Taufe im Jordan in der Akasha-Chronik schaute. Ein solches übersinnliches Schauen dieses Ereignisses, bei dem Lazarus-Johannes selbst nicht zugegen gewesen war, so wie aller anderen Ereignisse, die im Johannes-Evangelium *bis hin zu* dem Kapitel seiner Auferweckung beschrieben sind, war jedoch seinem hellsichtigen Blick nur dadurch zugänglich, daß seine Seele von der Entelechie Johannes des Täufers überschattet wurde. Deshalb kann man über die ersten zehn Kapitel des vierten Evangeliums in gewissem Sinne als von einer *doppelten* Autorschaft sprechen, das heißt von der gemeinsamen Beteiligung beider Johannes' an ihrer Niederschrift, des Johannes-Lazarus und Johannes des Täufers (vgl. GA 103, 22.5.1908).

So konnte Johannes-Lazarus durch seine geistige Vereinigung mit Johannes dem Täufer dessen makrokosmische Erfahrungen im

nachtodlichen Dasein in sich aufnehmen. Das ist aber noch nicht alles. Denn bei der übersinnlichen Schau der Taufszene erblickte Johannes-Lazarus auch in der Imagination, wie der Hauptvertreter und höchste Eingeweihte der nördlichen Mysterien, Zarathustra, die Hüllen des Jesus von Nazareth verließ und in die geistige Welt ging, das heißt sich in diesem Augenblick mit dem ganzen geistigen Makrokosmos vereinigte. (Über den Zusammenhang von Zarathustra mit den nördlichen Mysterien siehe außer dem Vortrag vom 13. Januar des Stockholmer Zyklus auch den Vortrag vom 19.12.1910, GA 124.) Die Möglichkeit, solches zu schauen, war dabei – außer durch die übersinnliche Hilfe der Entelechie Johannes des Täufers – auch durch die karmische Verbindung zwischen Lazarus und Zarathustra bedingt, insofern als ersterer nach dem Beschluß der Weltenführung «gleichsam stellvertretend» den letzteren im engeren Kreise der *verkörperten* Jünger des Christus Jesus vertreten sollte (siehe dazu GA 264).
Der Stockholmer Zyklus erreichte dann zum Abschluß des 11. Vortrags (am 15. Januar) seinen Höhepunkt, als Rudolf Steiner nun nicht im kleineren Kreise, sondern vor allen Kursteilnehmern zum ersten Mal ganz öffentlich über die ätherische Wiederkunft des Christus sprach. Zudem tauchen auch fast alle wichtigen Motive dieser Mitteilung, so wie sie im Morgenvortrag des 12. Januar erstmals erschienen sind, fast ohne Veränderung auch im Vortrag vom 15. Januar auf und werden sodann im Vortrag vom 23. Januar in Straßburg wiederholt, dieses Mal jedoch in Verbindung mit dem Novalis-Thema. In beiden letztgenannten Vorträgen tritt außerdem auch das Motiv des erneuerten Rufes von Johannes dem Täufer auf, der heute durch die moderne Geisteswissenschaft in die Welt getragen werden muß als ein Ruf zu innerer Wachheit und der Bereitschaft, das neue Christus-Ereignis wahrzunehmen. (Der Verfasser nimmt an, daß der Hinweis auf den erneuerten «Johannes-Ruf» auch im Vortrag vom 12. Januar enthalten war, jedoch in der Nachschrift nicht festgehalten wurde.)
Im Zusammenhang mit allem, was in dieser Anmerkung dargestellt wurde, ist auch noch der Hinweis auf die «Sixtinische Madonna» von Raphael im letzten Vortrag des Stockholmer Zyklus wichtig als Beispiel zur Erklärung des Unterschiedes zwischen dem Gesetz der Liebe, wie es der Gautama Buddha der Menschheit gab, und ihrer von dem Christus Jesus auf die Erde getragenen

Substanz. Allein die Tatsache, daß Rudolf Steiner diesen Unterschied gerade am Beispiel der «Sixtinischen Madonna» als dem vollkommensten Ausdruck des Impulses der Liebe in der bildenden Kunst erklärt, kann eine besondere Bedeutung erhalten, wenn wir uns an das erinnern, was im 4. Kapitel über das Besondere des Ätherleibes von Raphael gesagt wurde.

353 «Das Matthäus-Evangelium» (GA 123); «Exkurse in das Gebiet des Markus-Evangeliums» (GA 124); «Das Markus-Evangelium» (GA 139). – Selbstverständlich nahmen beim Entstehen der früheren Evangelien-Zyklen sowie den unten zitierten einzelnen Vorträgen außer der Novalis-Entelechie auch noch andere geistige Individualitäten teil.

354 Zum Beispiel die Vorträge vom 11. und 25.2.1911 in GA 127.

355 GA 127, 3.5.1911.

356 Die Mehrzahl der Vorträge zu den genannten Themen sind in GA 133, 143 und 155 enthalten (siehe auch. Anm. 415).

357 GA 143, 16.5.1912.

358 Siehe sein unvollendetes Gedicht «Die Vermählung der Jahreszeiten».

359 Worte von Marie Steiner aus dem Vorwort zur ersten Ausgabe des Vortrags im Jahre 1930. – Im Zyklus «Die Bhagavad Gita und die Paulusbriefe» (GA 142), der parallel zu diesem Vortrag gehalten wurde, wird über Elias, Johannes den Täufer, Raphael und Novalis fast nichts gesagt (außer einem Hinweis auf Raphael im ersten Vortrag); ebenso wird in ihm nicht an den erneuerten «Johannes-Ruf» in der bekannten Formulierung erinnert. Jedoch taucht dieser Ruf am Ende des letzten Vortrags, einer geistigen Wegzehrung vergleichbar, wie wir sahen (siehe Seite 168ff.) für die gerade begründete Anthroposophische Gesellschaft wie die Summe des ganzen Zyklus abermals auf, jedoch in vollständig verwandelter Form. So schließt der letzte Vortrag und damit der gesamte Zyklus mit dem Hinweis auf zwei Hauptaufgaben der Anthroposophie in der Anthroposophischen Gesellschaft: «Diese Anthroposophie wird uns zu Göttlichem und zu Göttern führen.» Und weiter: «... das sei uns eine Mahnung, daß wir vor allen Dingen durch sie Selbsterkenntnis suchen, Selbstbescheidung ... Selbsterziehung, Selbstzucht ...» Hier ist «Selbsterkenntnis» und «Selbsterziehung» nichts anderes als ein Befolgen der ersten Hälfte der Formel des erneuerten «Johannes-Rufes» «Ändert den Sinn [eure Seelenverfas-

sung]...», und der Weg «zu Göttlichem und zu Göttern» die Verwirklichung der zweiten Hälfte: «... denn das Menschen-Ich ist nahe den Reichen der Himmel».

360 Vor der Ansprache vom 29.12.1912 rezitierte Marie Steiner die Gedichte 2, 3, 4, 8, 9 und 10 aus den «Geistlichen Liedern» von Novalis.

361 In diesem Zusammenhang ist auch die Tatsache von besonderer Bedeutung, daß nur bei der Verkündigung der Geburt des Jesus aus dem Lukas-Evangelium und Johannes des Täufers (1,19 und 26) der ihr zu verkünden gesandte Erzengel Gabriel beim Namen genannt wird. Bei der Verkündigung des Jesus aus dem Matthäus-Evangelium wird nur «der Engel des Herrn» erwähnt (1,20 und 24).

362 Rudolf Meyer, «Novalis», Stuttgart 1972.

363 Siehe Ende der Anm. 337.

364 17.12.1906 (GA 96) und 25.12.1907 (GA 98).

365 22.12.1908 (GA 108). Ihm ging der erste Vortrag über Novalis vom 26.10.1908 voraus (ebd.). Im Zusammenhang mit beiden Vorträgen rezitierte Marie Steiner aus dessen Werken; beim ersten Vortrag aus den «Hymnen an die Nacht» und beim zweiten aus den «Geistlichen Liedern». Am Schluß des Vortrags vom 22. Dezember sprach Rudolf Steiner auch von Raphael und der «Sixtinischen Madonna» und wies auf die Fortführung des «Marien-Themas» von Raphael zu Novalis. Der feiner empfindende Leser kann an dieser Stelle gewahr werden, wie das Geheimnis der karmischen Biographie von Novalis erstmals aufklingt, das Rudolf Steiner zwei Wochen später im Vortrag vom 6. Januar 1909 in München enthüllte.

366 Siehe Anm. 347a. – Das «Novalis-Thema» erscheint auch in der Mitte dieses Jahres in dem Zyklus «Das Johannes-Evangelium im Verhältnis zu den drei anderen Evangelien, besonders zu dem Lukas-Evangelium» (GA 112), dem umfangreichsten Evangelien-Zyklus, dessen erster Vortrag unmittelbar an Johanni gehalten wurde (24.6.1909). In diesem Zyklus stehen am Beginn des 10. Vortrags (vom 3. Juli) die bedeutendsten Worte, die Rudolf Steiner je über die Taufe im Jordan äußerte: «Und ich bitte Sie, von vornherein sich klar zu sein darüber, daß es schwierig sein muß zu begreifen, was eigentlich bei der Johannes-Taufe geschah, *weil es ja das größte Ereignis der Erdenentwickelung war.*» Und bereits am nächsten Tag nach diesem Vortrag, dessen Zentrum das Ereignis der Johannes-Taufe bildet, wird von Rudolf Steiner, am Morgen des 4. Juli, eine Matinee eingerichtet, die Novalis gewidmet ist und auf der

Marie Steiner seine «Geistlichen Lieder» und die *«Marienlieder»* rezitiert.
Das letztere hängt auch damit zusammen, daß in dem am Vortag gehaltenen Vortrag (vom 3. Juli) Rudolf Steiner den Anthroposophen erstmals von dem Geheimnis der Verwandlung der Maria sprach, als Jesus im Jordan getauft wurde.

367 Von dem Esslinger Vortrag hat sich, außer daß das Hauptthema erwähnt wird, keine Nachschrift erhalten (Hans Schmidt, «Das Vortragswerk Rudolf Steiners», Dornach 1978). – Der Weihnachtszyklus des Jahres 1910, der vom 27.12.1910 bis 1.1.1911 (GA 126) gehalten wurde, hatte den Titel «Okkulte Geschichte. Esoterische Betrachtungen karmischer Zusammenhänge von Persönlichkeiten und Ereignissen der Weltgeschichte».

368 Gemeint sind die zwei Vorträge vom 21. und 26.12.1911 (GA 127). In beiden wird darauf hingewiesen, daß das Hauptfest von Christi Geburt in der Erden-Sphäre bis zum 4. nachchristlichen Jahrhundert am 6. Januar (die Jordantaufe) war. Erst in dem Maße, in dem das Christentum zu einer äußeren Macht wurde und damit ein tieferes Verständnis der wirklichen Ereignisse verlorenging, wurde der Feiertag auf den 25. Dezember verschoben, was in einem tieferen Sinne einen Schritt zurück bedeutete, vom Christus- zum Jesus-Prinzip. Deshalb betont Rudolf Steiner in beiden Vorträgen als das bedeutendste Mittel, den modernen Materialismus zu überwinden, die Notwendigkeit, durch die Geisteswissenschaft cin neues Verständnis nicht nur der irdischen Geburt Jesu, sondern *ganz besonders der übersinnlichen Geburt des Christus in ihm* bei der Taufe im Jordan zu gewinnen. – Diesen zwei Vorträgen für Mitglieder ging ein öffentlicher Vortrag («Der Prophet Elias im Lichte der Geisteswissenschaft») am 14. Dezember voraus, wo erstmals vom okkulten Standpunkt aus Licht auf die Beziehung der geistigen Wesenheit des Elias zu ihrem physischen Träger Naboth geworfen wurde, eine Beziehung, aus der ihr Grundcharakter als eine «Bodhisattva-ähnliche» Wesenheit besonders klar hervorgeht.

369 Über die drei Vorstufen des Mysteriums von Golgatha spricht Rudolf Steiner erstmals im vierten Vortrag des Weihnachtszyklus von 1913 (GA 149), der den Titel erhielt «Christus und die geistige Welt. Von der Suche nach dem heiligen Gral»; und im folgenden fünften Vortrag weist Rudolf Steiner sogleich auf die Beziehung ganz besonders des Propheten Elias zu denselben hin.

369a Nicht zufällig spricht deshalb Rudolf Steiner in dem Vortrag zur Einweihung des Erfurter «Johannes-Raphael»-Zweiges (am 13.4.1913, GA 150) besonders deutlich von der Hilfe, die er bei seinen geisteswissenschaftlichen Forschungen wiederholt von den Seelen Verstorbener erhielt.

370 Als «Motto» für «die anthroposophische Geistesströmung» wählte Rudolf Steiner das von ihm am Schluß des Vortrags gewählte Gedicht von Novalis «Wenn nicht mehr Zahlen und Figuren ...», wobei er die letzte Zeile etwas veränderte. Aus dem ganzen Charakter des Vortrags sowie aus der Begründung, die Rudolf Steiner von der Notwendigkeit dieser Veränderung gab, läßt sich empfinden, daß diese geringfügige Veränderung von Novalis selbst aus der geistigen Welt heraus inspiriert war. (Siehe am Ende des Buches den Kommentar zu dem Vortrag Rudolf Steiners, «Heinrich von Ofterdingen», vom 26. April 1905.)

371 Genau genommen lassen sich diese Inspirationen schon vom Herbst 1919 an in dem Zyklus «Die Sendung Michaels. Die Offenbarung der eigentlichen Geheimnisse des Menschenwesens» (GA 194) wahrnehmen, in dem das Motiv des «vorchristlichen Wirkens» Michaels als dem Antlitz des Jahve und die Umwandlung seiner Mission durch das Mysterium von Golgatha mit großer Kraft auftritt. Dieses Thema wird dann in dem Weihnachtsvortrag von 1919 wiederholt (GA 195).

372 Zyklus «Grenzen der Naturerkenntnis» (GA 322), Vortrag vom 29.9.1920.

373 Siehe «Mathematische Fragmente» von Novalis.

374 Siehe GA 202, 25.12.1920.

375 Siehe GA 271, 9.4.1921.

376 Siehe GA 209, 25.12.1921.

377 Siehe GA 219, 24.12.1922.

378 Joh. 3,30–31. Ebenso kann man im letzten Vortrag, der Silvester 1922 im ersten Goetheanum über «Die geistige Kommunion der Menschheit» gehalten wurde, die Gegenwart der Inspiration von Novalis empfinden, der danach strebte, das ganze Erdenleben in eine unaufhörliche Weihehandlung zu verwandeln, in einen rein spirituellen Prozeß höherer, geistiger Kommunion (siehe seine Worte auf Seite 104f.). Ebenso lassen sich die Inspirationen von Novalis auch in weiteren Vorträgen und Zyklen des Jahres 1923, die Rudolf Steiner zu anderen Jahreszeiten hielt, wahrnehmen. So zum Beispiel in dem

Wiener Zyklus «Die Anthroposophie und das menschliche Gemüt» (GA 223), wo das Thema der wahren Treue gegenüber den geistigen Impulsen mit besonderer Kraft auftritt, ein Motiv, mit dem Novalis seine Schrift «Die Christenheit oder Europa» beendet. Und erinnert der Charakter des Zyklus im ganzen nicht an den Bereich der geisteswissenschaftlichen Wahrheiten, die Rudolf Steiner im Vortrag vom 17.9.1912, als er von Elias' Taten für die Menschheit sprach, «Gefühlswahrheiten» nannte (GA 139)? Und schließlich ist da, im Vortrag vom 6.10.1923, der der Beschreibung der kosmischen Weihnachtsimagination gewidmet ist, der Hinweis auf die «Sixtinische Madonna» als das vollkommenste künstlerische Abbild höchster geistiger Realität (GA 229).

379 Ebenso finden sich im letzten Weihnachtsaufsatz Rudolf Steiners (in GA 26) Worte, die wir mit vollem Recht auf Novalis beziehen können; die Worte von der Notwendigkeit, das Prinzip der Liebe in das zunächst kalte, intellektuelle Element der Bewußtseinsseele zu tragen (siehe Anm. 337). Und am nächsten Tag nach Weihnachten rezitierte Marie Steiner die «Geistlichen Lieder» von Novalis in der Schreinerei.

380 GA 117, 26.12.1909. Rudolf Steiner spricht von der Geburt des «großen Osterfestes der Menschheit», wenn die Stimmung, die aus einem anthroposophisch verstandenen Weihnachtsfest entspringt, schon heute in allen anthroposophischen Gruppen herrschen wird, am Ende des Vortrags vom 27.12.1910 (GA 125). Dabei weist er auf zwei Ereignisse hin, die eintreten müssen, wenn dieser Übergang von Weihnachten zu Ostern sich in dem beschriebenen Sinne wirklich einmal vollziehen soll: «So blicken wir auf etwas, das uns mit derselben Gewißheit entgegenleuchtet wie die Prophezeiung, die uns gegeben ist durch die Theodora in der ‹Pforte der Einweihung› von der Erneuerung des Christus-Anblickes. Mit eben solcher Gewißheit steht in unserer Seele die Auferstehung anthroposophischen Geistes in Wissenschaft, Religion, Kunst und allem Menschheitsleben. Das große Osterfest der Menschheit steht vor unserer ahnenden Seele.»

Aus diesen Worten Rudolf Steiners ist ersichtlich, daß sich auch von diesem Standpunkt die wichtigsten Elemente von Novalis' künftiger Mission mit den Hauptaufgaben der modernen Geisteswissenschaft zu einem Ganzen zusammenschließen: sein Dienst für den ätherischen Christus und sein Streben nach einer höheren

Synthese von Wissenschaft, Kunst und Religion aus wahrem Rosenkreuzergeist. (Siehe Seite 158 sowie Anm. 312.) Das letztere verbindet auch die Entelechie von Novalis mit dem ersten Goetheanum, das ein sichtbarer Ausdruck dieser Synthese war (siehe GA 257, 22.2.1923). Von der Vereinigung von Wissenschaft, Kunst und Religion als der wichtigsten Aufgabe der modernen Geisteswissenschaft spricht Rudolf Steiner auch bei der Grundsteinlegung des ersten Goetheanum (GA 245).

381 GA 143, 16.5.1912.

382 An dieser Stelle ist daran zu erinnern, daß gerade im Mai, als sich das Schicksal des Johannes-Baues in München entscheiden sollte, Rudolf Steiner immer wieder aufs neue in seinen Vorträgen von Novalis' karmischer Biographie sprach (siehe auch Anm. 415).

383 Siehe Seite 154f. – Insoweit der Übergang von der fünften zur sechsten Kulturepoche eine mikrokosmische Vorwegnahme des großen Überganges von der Verkörperung der Erde zu der des Jupiter ist, so ist er zugleich sozusagen eine Vorbereitung der mikrokosmischen Erfüllung der «Erdenwerdensziele» beziehungsweise ein erster, entscheidender Schritt in ihrer Richtung.

384 Weshalb gerade im dritten Teil der Grundstein-Meditation, der mit der dritten Hierarchie zusammenhängt, die Worte stehen:

«Wo die ew'gen *Götterziele*
Welten-Wesens-Licht
Dem eignen Ich
Zu freiem Wollen
Schenken.»

385 Über die Beziehung der Engel zur Monden-Sphäre siehe GA 110, 15.4.1909, und GA 239, 24.5.1924.

386 Über die Monden-Lehrer der Weisheit spricht Rudolf Steiner in vielen Vorträgen der Jahre 1923 und 1924 (siehe GA 227, 231, 232, 233, 239, 240). So nennt er sie zum Beispiel im Vortrag vom 30.3.1924 (GA 239) ebenso wie Hilarius in seiner Rede «Geistwesen».

387 GA 227, 28.8.1923.

388 Im Vortrag vom 28.1.1924 (GA 240) verbindet Rudolf Steiner die Monden-Lehrer mit der Vergangenheit der Erdenentwicklung und die Wesenheiten über ihnen, die zur Hierarchie der Angeloi gehören, mit der Zukunft; mit anderen Worten: erstere mit der uralten *Weisheit* der Menschheit und die zweiten mit ihren zukünftigen

Zielen (vgl. damit den Gebrauch der Worte «Weisheit» und «Ziele» in der Rede von Hilarius).

389 GA 238, 28.9.1924.

390 Siehe GA 139, 20.9.1912. – Auch ist interessant, daß im Zyklus über das «Lukas-Evangelium» (GA 114), das erste Mitteilungen aus dem Fünften Evangelium enthält, im sechsten Vortrag vom 20.9.1909 die Individualität von Johannes dem Täufer und ihre Beziehung zum althebräischen Volk sowie zu den geistigen Strömungen von Zarathustra und von Buddha eine zentrale Stelle einnehmen. Andererseits berührt Rudolf Steiner bei der Rede zur Grundsteinlegung des ersten Goetheanum am 20. September 1913 in Dornach, von der weiter unten gesprochen werden wird, Themen, welche mit dem innersten Streben von Novalis zusammenhängen. Da ist vor allem die erste Veröffentlichung des «makrokosmischen Vaterunsers», das den Erdenweg der Menschheit zum Ausdruck bringt, so wie er durch den «Sündenfall» des ersten Menschen, Adam, und aus dem «Sehnsuchtsruf der [modernen] Menschheit nach dem Geiste» hervorgegangen ist, auf den Antwort zu geben die Geisteswissenschaft heute berufen ist. Ebenso betrifft die genannten Themen der Hinweis am Ende der Ansprache auf die Notwendigkeit, Wissenschaft, Kunst und Religion aus den Quellen einer neuen Geistesoffenbarung auf einer höheren Stufe zu vereinigen. Später äußerte Rudolf Steiner mehrfach, daß das erste Goetheanum im ganzen, als Gesamtkunstwerk, *sichtbar* diese höhere Vereinigung darstelle (zum Beispiel im Vortrag vom 22.2.1923, GA 257).

391 Siehe GA 148, besonders den Vortrag vom 5.10.1913 sowie den Vortrag von Hella Wiesberger: «Marie Steiner und die Novalis-Forschung Rudolf Steiners» zum 25. Todestag Marie Steiners, veröffentlicht in Nr. 43/44 der «Beiträge zur Rudolf Steiner Gesamtausgabe».

392 Siehe Genaueres über das erste Goetheanum in «Rudolf Steiner und die Grundlegung der neuen Mysterien», Kap. 4.

393 Zitiert aus Wilhelm Kelber, «Raphael», Stuttgart 1979.

394 GA 284/285, 5.5.1909. – Bevor Rudolf Steiner die Darstellungen auf beiden Bildern eingehend beschrieb, sprach er auch kurz über das Problem der zwei Zentralgestalten der «Schule von Athen». Dabei formulierte er so, daß es *nicht ausgeschlossen* ist, daß diese zwei Gestalten Plato und Aristoteles sein mögen, obwohl Rudolf Steiner gleichzeitig betont, daß für ein rein künstlerisches Ver-

ständnis des Bildes dieses gedankliche Element keinerlei Bedeutung hat. Wesentlich ist für ihn im Zusammenhang des ganzen Vortrags allein die Tatsache, daß die Gestalten dieses Bildes mit der *vorchristlichen* Menschheitsentwicklung zusammenhängen.

395 GA 284/285, 5.5.1909. – Im Jahre 1909 wurde an Stelle des Namens «Anthroposophie» noch «Theosophie» gebraucht.

396 Vgl. mit Anm. 394. – Rudolf Steiners Aussage im Vortrag vom 5. Mai 1909 (GA 284/285), daß in Raphaels sogenannter «Schule von Athen», im Gegensatz zu seiner «Disputa», eine Szene aus der *vorchristlichen* Zeit dargestellt sei, scheint in vollem Widerspruch zu späteren Äußerungen Rudolf Steiners zu stehen. Letzteren folgend stellt die «Schule von Athen» eine Szene aus dem Leben des Apostels Paulus dar (Apostelgesch. 17,15–34) und die Gruppe der Schreibenden links zum Beispiel die Evangelisten und so fort, das heißt, es handelt sich hier um die ersten Zeiten der christlichen Ära (siehe die Vorträge vom 2.5.1912, GA 133; 13.4.1913, GA 150; die Antwort auf eine Frage nach dem Vortrag vom 27.4.1913, GA 140; sowie die Vorträge vom 1.11.1916 und 5.10.1917 in GA 292).
Dabei kann es sich selbstverständlich nicht darum handeln, daß das eigentliche Motiv für die Meinungsänderung Rudolf Steiners in späteren Jahren in dem Gefühl des inneren Protestes gegen das zutiefst Unkünstlerische der traditionellen Auffassung dieses Bildes zu sehen ist, so wie sie in dem damaligen Führer durch die vatikanischen Museen, dem sogenannten Baedeker, zutage trat. Der scheinbare Widerspruch löst sich jedoch bei genauerer Betrachtung auf. Es handelt sich hier darum, daß der Blick des Geistesforschers in beiden Fällen beim Lesen in der Akasha-Chronik auf zwei ganz verschiedene Aspekte der genannten Probleme gerichtet war. «Die Schule von Athen» hatte ja auch *zwei* deutlich voneinander zu unterscheidende Inspirationsquellen. Die erste Quelle hing mit dem besonders starken Wirken des führenden Geistes des exoterischen Christentums in der römischen Umgebung Raphaels im 15.–16. Jahrhundert zusammen. Wie wir bereits sahen (siehe Seite 24 f.), war dieser Geist in der Vergangenheit der Volksgeist des alten Griechenland gewesen; später stieg er zum Rang eines Zeitgeistes auf und übernahm nach der Begründung des Christentums die Führung seiner exoterischen, das heißt vor allem seiner *kirchlichen* Entwicklung. Deshalb müssen wir den eigentlichen Impuls der *Renaissance*, die die besten Errungenschaften des alten Griechenland mit

den damaligen Formen des kirchlichen oder exoterischen Christentums zu verbinden strebte, im Schoße dieses hohen hierarchischen Geistes suchen. Das mit diesen Worten umrissene geistige Streben war in jener Zeit das herrschende in der gesamten Umgebung Raphaels; Antike und Christentum – das waren die zwei tragenden Säulen der Kulturentwicklung jener Epoche.

Deshalb wirkte, als Raphael diese zwei Bilder malte, aus seiner Umgebung heraus der leitende Geist des exoterischen Christentums mit besonderer Kraft auf ihn ein (das damalige Rom und ganz besonders der Vatikan bildeten tatsächlich das Zentrum für die Ausbreitung der Impulse des exoterischen Christentums). Dieser Geist inspirierte Raphael *unbewußt,* die *zwei* Bilder in der Form zu malen, in der das eine, sozusagen, die «Jugend» des genannten hierarchischen Geistes darstellt und das andere dann seine «Reifezeit»; oder, anders gesagt, sie bringen in ungewöhnlicher künstlerischer Vollkommenheit den Charakter des Wirkens dieses Geistes *vor* und *nach* dem Mysterium von Golgatha zum Ausdruck.

Aus diesem Grunde weist Rudolf Steiner, als er im Vortrag vom 5.5.1909 beschreibt, wie diese Bilder entstanden, deutlich darauf hin, daß in Raphaels Seele die Stimmungen und Impulse seiner unmittelbaren Umgebung wirkten, als er die Bilder schuf. Diese Stimmungen schildert Rudolf Steiner so: «Denn so empfand der Mensch, der den Sinn der Entwicklung damals [in Raphaels Zeit] begriff, in Wirklichkeit. Er sah zurück *in die vorchristliche Zeit, wo* die bloße Sinneswelt den Menschen umgab wie die bloße Architektur auf dem ersten Bilde; und er erblickte seine Zeit, die dem Menschen enthüllt hatte ein Geistiges durch den Eintritt des Christus Jesus in die Menschheitsentwickelung auf dem zweiten Bilde. Er fühlte sich dazugehörig; er fühlte sein Dasein beschlossen in dem Dasein von Jahrtausenden. Da war das, was in den Seelen lebte, hineingeströmt in die Phantasie und auch in die Hand des Malers, der diese Bilder hinmalte, *damit in der Außenwelt dem Menschen entgegentrete, was in der Innenwelt der Seele lebt.»* Durch die angeführten Worte läßt sich empfinden, wie in Raphaels Seele, weitgehend für ihn selbst unbewußt, die Inspiration des führenden Geistes des exoterischen Christentums, des ehemaligen Erzengels des altgriechischen Volkes, wirkte, der zur Zeit der *Renaissance* danach strebte, die antike Kultur mit dem Christentum zu verbinden. Die inspirativen Erinnerungen des Geistes des exoterischen Christentums an seine Verbindung mit der griechischen Kultur waren in der Umgebung Raphaels dabei so stark, daß schon im Laufe des ersten Jahrzehnts nach dessen Tod auf die zwei Bücher, welche die Zentralgestalten in den Händen halten, die Bezeichnungen «Timaios» von Plato und «Ethika» von Aristoteles (5.10.1917, GA 292) geschrieben wurden und daß die Worte des Lukas-Evangeliums auf der Tafel an der linken Seite des Bildes durch eine pythagoräische Formel ersetzt wurden (5.10.1917, GA 292).

So fiel der geistige Blick Rudolf Steiners im Mai 1909 bei der Forschung in der Akasha-Chronik zuallererst auf das Geistig-*Objektive,* das sich in der «Schule von Athen» äußert, auf das, was unabhängig von Raphaels Willen, von seinen persönlichen Absichten «in die Hand des Malers hineingeströmt ist». Und das bedeutet, daß nicht die inneren Impulse, die in Raphaels Seele als seine *bewußten* Absichten wirkten, Rudolf Steiner interessierten, als er diesbezüglich 1909 in der Akasha-Chronik forschte, sondern die höheren Inspirationskräfte des hierarchischen Geistes, mit dem Raphael in seiner vorhergehenden Inkarnation besonders eng verbunden war.

Diese Lage der Dinge änderte sich jedoch bald vollständig. Denn seit dem Erscheinen des ätherischen Christus in der geistigen Welt und ganz besonders seit der öffentlichen Mitteilung von diesem Ereignis im Januar 1910 war Rudolf Steiners Aufmerksamkeit in erster Linie auf dieses Ereignis in unserer Zeit sowie auf diejenigen Individualitäten in der geistigen Welt gerichtet, die seine Vorläufer waren und es vorbereitet hatten. Und zu diesen Individualitäten gehörte auch Novalis, der auf prophetische Weise das *unserer Zeit gemäße Ereignis* von Damaskus nicht nur in seiner letzten Verkörperung, sondern, wie wir sahen, auch in seiner Inkarnation als Raphael vorwegnahm (siehe Seite 41 f. und Anm. 98a).

Aus diesem Grunde ist für Rudolf Steiner von dem genannten Augenblick an der ganze Kreis der *geistigen Erlebnisse und Absichten Raphaels* allein wichtig. Nicht das, was aus der geistigen Umgebung unbewußt auf Raphael einwirkte, war für Rudolf Steiner jetzt von entscheidender Bedeutung, sondern das, was dieser selbst *bewußt* als das zentrale Thema seines ganzen Lebens in der «Schule von Athen» zu gestalten suchte. So war bei seinen weiteren Forschungen in der Akasha-Chronik sein innerer Blick von dieser Zeit an ausnahmslos auf die *innere Welt* Raphaels gerichtet, was seinerseits

ein Beweis für den engen geistigen Zusammenhang Rudolf Steiners mit dieser Individualität in jenen Jahren ist. Und die Forschung in der Akasha-Chronik in dieser Hinsicht ließ erkennen, «... daß Raphael eigentlich [in der ‹Schule von Athen›] jenen Moment hinstellen *wollte,* da Paulus unter die Griechen trat» (GA 133, 2.5.1912). Mehr noch: die weitere Forschung ergab, daß die Gestalt des Paulus mit dem Damaskus-Erlebnis in gewissem Sinne überhaupt die *zentrale* Gestalt im seelischen Leben Raphaels war. Denn zu seiner Zeit «... wurde das, was in Paulus lebte, das Schauen, das Geheimnis von Damaskus, und damit die Figur des Paulus überhaupt, ein Problem. Daher hat Raphael in seiner ganzen späteren Entwickelung versucht, die Figur des Paulus zu erfassen, die Figur des Paulus hineinzustellen in die verschiedensten seiner Bilder» (GA 292, 5.10.1917).
In anderen Worten: Raphael wollte mit seiner ganzen Seele «das paulinische Schauen der Welt ... vermitteln» (ebd.), den Menschen etwas von dem Damaskus-Erleben vermitteln, durch das er selbst bis zu einem gewissen Grad, die Zukunft vorwegnehmend, gegangen war. Und dieses Aufleuchten des paulinischen Damaskus-Erlebnisses in der Seele Raphaels (wie auch später in Novalis' Seele) sowie dessen Bemühen, seine Zeitgenossen einem Verständnis desselben näherzubringen, wurde für Rudolf Steiner bei allen späteren okkulten Forschungen im Zusammenhang mit der Herkunft und den Quellen der «Schule von Athen» sowie bei den Mitteilungen über sie von 1910 an allein wichtig.

397 Ansprache Rudolf Steiners bei der Grundsteinlegung des ersten Goetheanum am 20. September 1913, veröffentlicht in GA 245.

398 Im Vortrag vom 21.11.1919 (GA 194) spricht Rudolf Steiner davon, daß die Verbreitung des Wissens um die neue «Trinität»: den Christus-Impuls, der die Kräfte Luzifers und Ahrimans im Gleichgewicht hält, zu den Grundimpulsen gehört, die in unserer Zeit unmittelbar vom *Zeitgeist,* Michael, ausgehen.

399 In unserer Zeit ist der Michael-Geist der Repräsentant dieser kosmischen Sphäre für die Menschen. Deshalb weist Rudolf Steiner im Vortrag vom 2.4.1923 (GA 223) auf Michael als den Inspirator für die höhere Synthese von Religion, Wissenschaft und Kunst oder, in den Worten der Grundstein-Meditation, des «wahrhaften Lebens», «des wahrhaften Fühlens» und des «wahrhaften Denkens».

400 GA 180, 6.1.1918.

401 Wie dieses tiefste innere Streben von Novalis: den Schleier der Isis, der göttlichen Sophia, zu heben, als realer, okkulter Akt von Rudolf Steiner auf der Weihnachtstagung 1923/1924 verwirklicht wurde, siehe «Rudolf Steiner und die Grundlegung der neuen Mysterien», Kap. 5.

402 Siehe Anm. 400.

403 Bei der Verklärung auf dem Berge Tabor offenbarte der Christus den drei auserwählten Jüngern Petrus, Johannes und Jakobus seine hohe *Sonnennatur* (Matth. 17,2). Er zeigte sich ihnen nicht nur als der höchste Sonnengeist, sondern auch als der Träger des Geisteslichtes der sechs führenden Sonnen-Elohim (siehe GA 103, 20.5.1908). Diese Substanz des Geisteslichtes vereinigte er durch das Mysterium von Golgatha als Same des künftigen Sonnewerdens der Erde mit ihrer geistigen Aura (Joh. 1,4–5 und 9–10), in der es später der Apostel Paulus auf dem Weg nach Damaskus schauen konnte als Zeugnis dessen, daß die alttestamentarische Geheimlehre über das Kommen des Messias erfüllt war. Rufen wir uns nochmals in Erinnerung, daß die Gestalt des Paulus mit seinem Damaskus-Erlebnis im Zentrum des Seelenlebens von Raphael in der späteren Zeit seines Schaffens stand (siehe Anm. 396), dann verstehen wir noch besser, warum er als Thema für sein letztes Bild «Die Verklärung Christi auf dem Berge Tabor» wählte. Es ist wahrhaftig das Geheimnis der karmischen Grundlagen von Raphaels Biographie in den Gestalten dieses Bildes verborgen. Denn erinnern uns nicht die links oben dargestellten zwei namenlosen Zeugen dieses Geschehens an die zwei Johannes: der im Schatten stehende, mit zum Gebet gefalteten Händen an den verkörperten Lazarus-Johannes und der in ein goldenes Meßgewand gekleidete, sich frei dem Leuchten der Geistessonne öffnende, mit ersterem aus den geistigen Welten heraus verbundene, an Johannes den Täufer? Eine erstaunliche Bestätigung dieser Annahme bildet dann das in allen drei synoptischen Evangelien enthaltene Gespräch, welches die drei auserwählten Jünger auf dem Rückweg vom Berge Tabor mit dem Christus Jesus hatten. Am eingehendsten wird dieses im Matthäus-Evangelium wiedergegeben: «Beim Herabsteigen vom Berge … fragten ihn die Jünger: Was ist damit gemeint, wenn die Schriftgelehrten sagen, Elias müsse vorher wiederkommen? Er antwortete: Elias kommt in der Tat und bereitet

alles vor und ich sage euch: Elias ist bereits gekommen, und die Menschen haben ihn nicht erkannt, sondern ihre Willkür an ihm ausgelassen» (17,9–12). Nicht nach Moses, sondern nach *Elias* fragen die Jünger den Christus Jesus nach ihrem Erlebnis auf dem Berg Tabor und erhalten eine Antwort, die sie auf das Gesetz der Wiederverkörperung hinweist, auf das *abermalige* Kommen des Elias, die zugleich davon zeugt, daß Elias schon in der Welt war, die Menschen ihn aber nicht erkannten. Das ist jedoch noch nicht alles. Denn durch diese Antwort wird die Inspiration derjenigen geistigen Wesenheit in den Jüngern verstärkt, die ein *übersinnlicher Zeuge* der Verklärung des Herrn gewesen war und die Rudolf Steiner als ihre neue, die Apostel begleitende «Gruppenseele» bezeichnet (siehe GA 139, 20.9.1912). Diese Wesenheit weckt in den Jüngern das *Verständnis* dessen, was ihnen der Christus Jesus mit seiner Antwort wirklich sagen wollte: «Da *verstanden* die Jünger, daß er von Johannes dem Täufer zu ihnen sprach.» So ruft die Entelechie Johannes des Täufers in diesem Augenblick in den Jüngern die Erkenntnis über sich selbst wach.

404 Im Vortrag vom 9.3.1910 (GA 116) charakterisiert Rudolf Steiner das Land Schamballa auf die folgende Weise: «Verändert wird in den nächsten 2500 Jahren der Anblick der physischen Umgebung für den Menschen sein, indem hineintreten wird für ihn ein *ätherisches Gebiet,* das aber der Mensch erst wird sehen lernen müssen»; und etwas später in demselben Vortrag charakterisiert er es noch einmal als ein besonderes *«Gebiet* des … *Erdenkreises,* [das] da ist, aber nur für den Menschen, der hineinschauen kann». Hat nicht dieses Gebiet des «Erdenkreises» als einen letzten Erinnerungsrest an den ursprünglichen Paradies-Zustand der Menschheit Novalis im Auge, wenn er schreibt: «Das Paradies ist gleichsam über die ganze Erde *verstreut* und daher so unkenntlich etc. geworden – seine zerstreuten Züge sollen vereinigt – sein Skelett soll ausgefüllt werden. Regeneration des Paradieses»? (Über die okkulten Prozesse in der Erdenumgebung, die hinter diesen Worten von Novalis stehen, siehe Genaueres in «Der Jahreskreislauf als Einweihungsweg zum Erleben der Christus-Wesenheit», Teil 9, Kap. 1.)

405 GA 116, 9.3.1910: «Es ist das Land, aus dem in entsprechenden Zeiten die Eingeweihten und aus dem die Bodhisattvas immer wieder ihre Kraft schöpfen.»

406 GA 53, 16.3.1905. – Und Rudolf Steiner fährt fort: «Wer Novalis

liest, wird etwas verspüren von dem Hauch, der in diese höhere Welt hineinführt. Es ist nicht so ausgesprochen wie gewöhnlich, aber es ist etwas in ihm, was auch die Zauberworte haben», die «… für den Niederen, Unentwickelten wie auch für den Eingeweihten …» gelten.

407 GA 108, 22.12.1908.

408 GA 116, 9.3.1910.

409 GA 118, 15.3.1910.

410 GA 108, 22.12.1908.

411 GA 131, 14.10.1911.

412 GA 155, 30.5.1912.

413 GA 133, 14.5.1912.

414 8.5.1912 (GA 143) und 14.5.1912 (GA 133). Zwischen diesen zwei Vorträgen gab Rudolf Steiner nur zwei «esoterische Stunden», beide am 9. Mai in Köln.

415 GA 143. – Damit haben wir die folgende Entwicklung des genannten Themas im Mai 1912; am

2. Mai – wird über alle vier Inkarnationen gesprochen,
6. Mai – über Raphael,
* *8. Mai* – über alle vier Inkarnationen,
**14. Mai* – über Raphael,
16. Mai – über alle vier Inkarnationen,
20. Mai – über Raphael und seinen Vater (auch Johannes der Täufer wird erwähnt als die vorhergehende Inkarnation Raphaels),
23. Mai – über alle vier Inkarnationen (und es wird nochmals Raphaels Verhältnis zu seinem Vater beschrieben sowie die Adam-Individualität erwähnt),
*30. Mai – wird die Adam-Individualität erwähnt.

(Alle angeführten Vorträge, außer dem [unveröffentlichten] vom 6. Mai sind in GA 133, 143 und 155 enthalten.)

Am 6. Mai wurde außer dem Vortrag für Gesellschaftsmitglieder noch ein öffentlicher Vortrag mit dem Titel «Christus und das 20. Jahrhundert» gehalten, in dem Rudolf Steiner – soweit das in einem *öffentlichen* Vortrag möglich war – von der zukünftigen Möglichkeit des neuen hellsichtigen Erlebens des Christus im 20. Jahrhundert sprach. Außerdem beschrieb Rudolf Steiner dreimal während dieses Monats den Prozeß, durch den der Christus-Wesenheit neue Hüllen innerhalb der Menschheit durch die Taten des Gewissens, der Liebe und des Staunens gebildet werden können (*), und zweimal davon, wie der Christus Jesus aussah. In den Vorträgen vom 7. und 16. Mai weist Rudolf Steiner außerdem auf den gerade erst erschienenen «Anthroposophischen Seelenkalender» (erstmals wurde dieser im Vortrag vom 23. April erwähnt).

416 GA 133, 14.5.1912.

12. «Christus und Sophia». Die Mysterien der sechsten Kulturepoche

417 Es ist die Hauptaufgabe der fünften Kulturepoche, die äußere Sinneswelt zu erforschen und im Zusammenhang damit in die Welt der Materie, um ihrer Erkenntnis willen, ganz besonders tief einzudringen, als Grundlage für ihre spätere Spiritualisierung. Damit aber dieses Eindringen in die Materie zum Wohle und nicht zum Schaden der Erdenentwicklung erfolge, ist ein neues, bewußtes Verhältnis zum Christus-Impuls notwendig, das allein die Menschheit aus dem Reich der Materie und des Todes, in das sie um der Entwicklung des Ich-Bewußtseins willen eingetreten ist, wieder herausführen kann. – Dagegen wird in der sechsten Kulturepoche, als der ersten Vorwegnahme des künftigen Jupiter-Zustandes, die Hinwendung zu den spirituellen Kräften des Geistkosmos und die Arbeit mit ihnen die Hauptaufgabe bilden, das heißt das bewußte Aufsteigen in die Sophien-Sphäre. Aus diesem Grunde werden auch zu der angegebenen Zeit die Christus-Mysterien mit den Sophien-Mysterien verbunden werden müssen.

418 Ein solcher Vorbereiter der slawischen Völker auf ihre künftige Mission war einer der führenden Eingeweihten der nachatlantischen Zeit, der im Altertum im nördlichen Schwarzmeergebiet unter dem Namen Skythianos wirkte (siehe GA 158, 9.11.1914).

418a GA 210, 19.2.1922.

418b Rudolf Steiner charakterisiert Goethe in diesem Sinne: «Denn Goethe selber ist im besten, im wahrsten Sinne des Wortes der modernste Geist des fünften nachatlantischen Zeitraums» (GA 185, 1.11.1918).

419 Dieses Lebensschicksal Goethes ist in der historischen Menschheitsentwicklung dem Lebensschicksal von Moses ganz erstaunlich ähnlich, der, so wie Goethe, nur unter ganz anderen geschichtlichen Bedingungen, ebenso nur die Grenzen des «Gelobten Landes» er-

reichte, den Ort der künftigen physischen Verkörperung und des irdischen Wirkens des «Ich bin der Ich-Bin»-Impulses, und der doch nicht dieses Land zu betreten vermochte.

419a Über die Beziehung Goethes zur Verstandes- oder Gemütsseele spricht Rudolf Steiner in GA 26, Aufsatz vom 14.12.1924.

419b Darüber, daß Goethe den Schluß seines «Faust» nicht aus eigener Imaginationskraft gestalten konnte und infolgedessen zur katholischen Symbolik griff, spricht Rudolf Steiner in mehreren Vorträgen: 18./19.2. und 25./26.2.1922 in GA 210.

420 Rudolf Steiner weist auf die Tatsache, daß bei Novalis Kunst und Leben eine unauflösliche Einheit bildeten, im Vortrag vom 9.4.1921 (GA 271). Hier spricht er davon, wie er auf seiner Suche nach «irgendeinem Punkt», von dem aus er für seine Darstellung «mit der Betrachtung über das Künstlerische ins Leben hineinkommen könnte», zu Novalis geführt wurde als zu «etwas selbstverständlich Gegebenem».

420a GA 157, 17.1.1915.

421 GA 108, 22.12.1908.

422 Heinz Ritter-Schaumburg, «Novalis und seine erste Braut», Stuttgart 1986.

422a Eine besonders überzeugende Bestätigung der von uns angeführten Charakteristik Sophie von Kühns stellt ein Fragment ihres Tagebuchs dar, das zweieinhalb Monate vor ihrer Verlobung mit Novalis umfaßt (15.3.1795). Hier fällt, außer dem ärmlichen Inhalt und den grammatikalischen Fehlern, die bedrückend häufige Wiederholung der Worte auf: «es viel (heute) gar nichts vor»; «es viel wieder gar nichts vor ...». Man braucht nur dieses «dürftige» Tagebuch der dreizehnjährigen Sophie von Kühn mit den Briefen ihrer Zeitgenossin Bettina von Arnim (* 1785) zum Beispiel zu vergleichen, um die intellektuelle und geistige Kluft zu erahnen, die zwischen Novalis und seiner ersten Braut bestand. – Dagegen fällt später vordergründig in seiner Beziehung zu Julie Charpentier die Übereinstimmung der geistigen und intellektuellen Interessen auf, das volle gegenseitige Verständnis der zwei Seelen auf allen Ebenen, das von Anfang an bestand und sich bald in eine starke, herzliche Liebe verwandelte. Wie ähnlich die Interessen von Novalis und Julie waren und wie anders die beiden jungen Leute in Freiberg miteinander verkehrten als die beiden in Grüningen, davon zeugt der folgende Auszug aus einem Brief von Novalis an Karoline Just vom 5.2.1798: «Sie würden sich überzeugen, wie wohl ich mich dort befinde, wenn Sie neulich eine stille Zuschauerin gewesen wären, wie ich beiden [Julie und ihre Schwester] abends in einer großen Stube, wo wir ganz allein waren, einige Ideen über Zukunft, Natur und Menschenleben vortrug und von ihrer wahrhaften Aufmerksamkeit und tätigen Teilnahme begeistert wie ein Eleusinischer Priester vor ihnen saß.»

423 Worte aus einem nicht erhaltenen Brief von Novalis an seinen Bruder Erasmus, die letzterer in seinem Antwortbrief vom 28.11.1794 zitiert.

424 Die wörtliche Beschreibung des Eindrucks, den Sophie von Kühn auf Goethe machte, als er sie im September 1796 in der Klinik von Dr. Stark in Jena besuchte, ist uns nicht überliefert. Aber es ist ein Brief von Novalis vom 14.4.1797 an Prof. Woltmann bekannt, in dem dieser Goethes Eindruck folgendermaßen charakterisiert: «[Goethes] Anhänglichkeit an das erhabene Bild Sophiens hat mir ihn lieber gemacht als alle seine trefflichen Werke ...» Und was Novalis' jüngeren Bruder Karl betrifft, so beschreibt dieser Sophie von Kühn folgendermaßen: «Nicht lange nachdem er nach Tennstedt gekommen war, lernte er auf einem benachbarten Landgute Grüningen Sophie v. K. kennen; und der erste Augenblick des Sehens bestimmte ihn für eine Ewigkeit; (auch mußte jeder der sie sah bekennen). Auch war Sophie von so zarter Lieblichkeit und hoher Gestalt, daß man schon damals in ihrem 13ten Jahre die nahe Bewohnerin des Himmels nicht verkennen konnte.» (Zitiert nach H. Ritter, «Der unbekannte Novalis», Göttingen 1967.)

425 In der Novalis-Biographie, welche Ludwig Tieck als Vorwort zur dritten Ausgabe seiner Werke schrieb, heißt es über Sophie von Kühn: «Schon in Kindergestalten prägt sich zuweilen ein Ausdruck ab, den wir, weil er zu holdselig und geistig lieblich ist, überirdisch oder himmlisch nennen müssen, und gewöhnlich befällt uns bei diesen verklärten und fast durchsichtigen Angesichtern die Furcht, daß sie zu zart und feingewebt für dieses Leben sind, daß es der Tod oder die Unsterblichkeit ist, die uns so bedeutend aus den glänzenden Augen anschaut; und nur zu oft macht ein schnelles Hinwelken unsere ahnende Furcht zur Wahrheit.»

426 GA 125, 23.1.1910. Die zwei folgenden Zitate sind aus dem Vortrag vom 26.10.1908 (GA 108).

426a Beachtet man das, was wir über den prinzipiellen Unterschied der Beziehung von Novalis zu Sophie von Kühn und zu Julie Charpentier sagten, nicht, dann mag es nach allem, was Novalis im Zusammenhang mit Sophie von Kühn erlebte, recht unglaubwürdig erscheinen, daß er sich, nachdem er Julie neun Monate nach dem Tod seiner ersten Braut kennengelernt hatte, schon nach weniger als einem Jahr mit ihr verlobte (Dezember 1798). Damals konnten sogar seine nächsten Freunde ihn nicht recht verstehen. – Ludwig Tieck faßte eine solch baldige Verlobung mit Julie als eine Art von «geistiger Untreue» gegenüber dem Andenken an Sophie von Kühn auf, was zu einer gewissen Abkühlung der Beziehung zwischen den beiden Freunden führte, als das Ehepaar Tieck Novalis in Weißenfels im Sommer 1800 besuchte. Es kann sich jedoch hier tatsächlich nicht um irgendeine «Untreue» handeln, denn Novalis' Beziehung zu den zwei Frauengestalten entwickelte sich auf zwei vollkommen verschiedenen Ebenen. Das kam auch später in seinem Roman «Heinrich von Ofterdingen» zum Ausdruck, wo Julie Charpentier in der Gestalt des ganz realen Mädchens Mathilde auftritt und Sophie von Kühn sich in die mystische Gestalt der Sophie verwandelt, einer Repräsentantin des himmlischen Gewissens in dem Märchen, mit dem der erste Teil des Romans schließt.

426b GA 108, 26.10.1908.

427 Nur mit dem äußeren Einfluß auf den Astralleib des zwölfjährigen Mädchens lassen sich die sie betreffenden Beschreibungen in «Klarisse» erklären: «Ihr Tabakrauchen», «Sie trinkt gern Wein», oder «Gesicht bei Zoten». Letztere Bemerkung hängt aller Wahr scheinlichkeit nach mit der Anwesenheit des Herrn von Rockenthien in Sophie von Kühns Umgebung zusammen, einer in moralischer Hinsicht höchst zweifelhaften Persönlichkeit.

427a Das schließt jedoch nicht aus, daß das Ich Sophie von Kühns auch einer bedeutenden geistigen Individualität angehörte. In unserem Falle hat jedoch nur die Tatsache Bedeutung, daß es zu einem Zeitpunkt ihrer Begegnung mit Novalis, aus den genannten Gründen, nur in sehr geringem Maße in ihrer physischen Organisation verkörpert war.

428 Ritter-Schaumburg charakterisiert dieses «prüfende Gewissen» Sophie von Kühns auf die folgende Weise: «Was heißt das nun, das prüfende Gewissen? Was prüft es? Welchen Maßstab legt es an? Hier kann ja kaum gemeint sein, daß das junge Wesen Sophie das Geschehen um sie her mit einem üblichen Maßstab prüfte, etwa an gesellschaftlichen Normen. Das hätte Novalis nicht berühren können. Der

Maßstab, den Sophie anlegte, muß bei ihr selbst vorhanden gewesen, muß mitgebracht gewesen sein. Woher? Novalis empfand es jedenfalls so, daß dies ein Ur-Maßstab war, daß in Sophie das Bewußtsein eines ewigen, ewig gültigen Menschenbildes schlummerte ... Nicht eigentlich das Mädchen Sophie verehrte Novalis, sondern dieses, dem Menschen innewohnende Ideal ... Da dies alles noch weitgehend unbewußt und zugleich für sie selbstverständlich war, konnte Sophie gar nicht nachempfinden, was in Novalis vorging, konnte seine Abkehr von allem anderen kaum wissen, seine ausschließliche Zuwendung zu ihr kaum verstehen ...» In derselben Rolle tritt auch die «Sophie» in dem Klingsor-Märchen im ersten Teil des Romans «Heinrich von Ofterdingen» auf, in dem sie eine Art mystisch-märchenhaften Urbildes der Grundzüge von Sophie von Kühns Charakter darstellt (siehe Anm. 426a).

429 Die Worte «sittliche Grazie» oder «moralische Schönheit» charakterisieren vielleicht diese hauptsächliche Besonderheit des Ätherleibes der zwölfjährigen Sophie von Kühn am besten; ebenso muß man den Hinweis Ritter-Schaumburgs auf das «prüfende Gewissen» (siehe Anm. 428) als einen wesentlichen Zug ihres Charakters auf ihren Ätherleib beziehen, da der Ätherleib der Träger des Gewissensimpulses im Menschen ist (siehe «Die Erziehung des Kindes vom Gesichtspunkt der Geisteswissenschaft» in GA 34).

430 GA 120, 26.5.1910.

430a Auf eine solche Beziehung der fünften Kulturepoche zur sechsten weist Rudolf Steiner auch mit den folgenden Worten: «Wir selbst leben in der fünften Kulturperiode ... Ihre Hauptaufgabe ist die Eroberung des physischen Planes. Die nachfolgende sechste Kulturperiode wird die Aufgabe haben, die äußere Kultur wieder mehr zum spirituellen Leben hinaufzuführen. Der Bannerträger dafür ist die Anthroposophie» (GA 94, 8.7.1906). Aus diesem Grunde ist es auch ganz natürlich, daß es von Anfang an in der anthroposophischen Bewegung mehr Frauen als Männer gab (siehe GA 120, 26.5.1910), denn die Frau ist ihrem inneren Wesen nach ein Vorbereiter und erster Vorbote der künftigen sechsten Kulturepoche (GA 159, 15.6.1915).

431 GA 26, Aufsatz «Was offenbart sich, wenn man in die vorigen Leben zwischen Tod und neuer Geburt zurückschaut? (2. Teil)».

432 ebd.

433 Siehe GA 233a, 21.4.1924.

434 GA 13, Kap. «Schlaf und Tod».

435 So bezeichnete Rudolf Steiner den höchsten Punkt im Aufsteigen der Seele in die geistigen Welten zwischen zwei Verkörperungen. Siehe dazu das vierte Mysteriendrama (GA 14).

435a Im fünften «apokalyptischen Siegel» (siehe GA 284/285), welches die Sophien-Imagination enthält, wird der Charakter des Erlebnisses, welches die menschliche Seele kurze Zeit vor ihrer Geburt durchmacht, durch die Darstellung eines Drachen im unteren Teil mit sieben Köpfen und zehn Hörnern verdeutlicht, die den ätherischen und physischen Leib symbolisieren, welche bei der Verkörperung zu Instrumenten für das Wirken der Kräfte Luzifers und Ahrimans im menschlichen Organismus auf der Erde werden. (Siehe dazu Genaueres in GA 26, Aufsatz «Was offenbart sich, wenn man in die vorigen Leben zwischen Tod und neuer Geburt zurückschaut? (2.Teil)». Davon, daß die Köpfe und Hörner des Tieres auf den ätherischen und physischen Leib deuten, zeugen die Worte Rudolf Steiners: «Tatsächlich besteht der menschliche Ätherleib aus ‹Köpfen›, der menschliche physische Leib aus ‹Hörnern›» (GA 104, 26.6.1908).

436 Im allgemeinen Entwicklungsgang der Menschheit kann dieses Wirken der kosmischen Kräfte im Ätherleib des weiblichen Organismus die Grenzen des vierzehnten Lebensjahres nur im 8. Jahrtausend mit dem Beginn der siebenten Kulturepoche überschreiten (vgl. 13.5.1921, GA 204). Letzteres wird mit dem Jüngerwerden der Menschheit verbunden sein, von dem Rudolf Steiner zum Beispiel im Vortrag vom 2.11.1918 (GA 185) spricht. Dieser Prozeß besteht darin, daß sich der Mensch in unserer fünften nachatlantischen Epoche in seiner seelisch-physischen Organisation von Natur aus nur bis zum 28. Jahr entwickelt, in der sechsten wird er diese Fähigkeit nur bis zum 21. Jahr behalten und mit dem Beginn der siebenten Epoche nur bis zum vierzehnten Jahr, das heißt, *bis* zum Beginn der Geschlechtsreife (vgl. mit dem auf Seite 228 Gesagten und Anm. 481).

437 Siehe «Die Erziehung des Kindes vom Gesichtspunkt der Geisteswissenschaft» in GA 34.

438 Siehe die Worte von Novalis sowie Rudolf Steiner auf Seite 207.

439 GA 271, 9.4.1921.

440 GA 109, 15.2.1909.

441 Siehe dazu Genaueres in GA 114.

442 Emil Bock, «Kindheit und Jugend Jesu», Beiträge zur Geistesgeschichte der Menschheit, Band 5, Stuttgart 1982.

443 Siehe Genaueres dazu im Vortrag vom 31.5.1908 (GA 103) und in der Anlage Nr. 2 der Briefe von Rudolf Steiner an Wilhelm Hübbe-Schleiden vom 19.8.1902, der im 2. Band der «Briefe» von Rudolf Steiner, Dornach 1953, veröffentlicht wurde. – Über die Wirkenssphäre dieses – seiner Bedeutung nach – zweiten Avatar-Wesens in unserem Kosmos siehe auch Anm. 450.

444 Siehe Anm. 442. – In seinem Buch «Kindheit und Jugend Jesu» äußert Emil Bock, daß wir es in der Maria aus dem Lukas-Evangelium mit einer außerordentlich jungen Seele zu tun haben, die in ihrem Schicksal eine erstaunliche «weibliche» Parallele zu dem Schicksal der nathanischen Seele aufweist. Denn wenn es sich bei letzterer um die Verkörperung der ursprünglichen Wesenheit des Adam vor dem Sündenfall handelt, so handelt es sich in der Gestalt der Maria aus dem Lukas-Evangelium in gewissem Sinne um die ursprüngliche Wesenheit der Eva vor dem Sündenfall, deren Entelechie so wie diejenige der nathanischen Seele in der großen *«Mutterloge»* der Menschheitsführung bewahrt worden war, die unter der Führung des Manu stand (siehe über diese GA 114, 18.9.1909).

445 Selbstverständlich ist alles oben Gesagte auch unmittelbar mit dem individuellen Karma des Menschen verbunden.

446 In der russischen Geschichte des 18.–19. Jahrhunderts gibt es auch eine Gestalt aus der Umgebung des etwa zur selben Zeit wie Novalis lebenden Seraphim von Sarow (1759–1833). Das ist die Gestalt des einfachen Landmädchens Maria, das mit dreizehn Jahren mit ihrer Schwester zu dem heiligen Seraphim kam, dann bei ihm blieb und eine «schweigende» Nonne wurde. Sie starb im 18. Lebensjahr, und der heilige Seraphim selbst nannte sie mehrfach «die ihm von Gott bestimmte Braut» im Himmel. (Siehe dazu Genaueres bei M. Woloschin, «Die grüne Schlange», Kap. «Mysterium des Schweigens», Stuttgart 1982.) Auch dieses einfache Landmädchen trug ein Abbild des Ätherleibes der lukanischen Maria in sich, während dem heiligen Seraphim ein Abbild des Astralleibes der nathanischen Seele einverwoben war, das in seiner damaligen Verkörperung besonders in seiner Empfindungsseele wirkte.

447 Siehe Anm. 442.

448 Siehe Anm. 352.

449 Der deutliche geistige Parallelismus dieses Mysteriums der Verei-

nigung der beiden Marien mit dem Mysterium der Vereinigung des kosmischen Christus-Wesens mit den Hüllen des Jesus von Nazareth bei der Taufe im Jordan folgt auch aus der Beschreibung des Aspektes von diesem Ereignis, den Rudolf Steiner am Ende des siebenten Vortrags im Zyklus «Das Lukas-Evangelium» (GA 114, 21.9.1909) herausgreift. Hier weist er zunächst darauf hin, daß das Geheimnis des stufenweisen Herabsteigens der Christus-Wesenheit zur Erde bereits in der esoterischen Unterweisung Zarathustras enthalten war, die aus dessen direktem Zusammenhang mit der Sonnensphäre stammt. Denn schon Zarathustra sprach davon, daß «... auch ... das göttliche Schöpfungswort einmal zur Erde kommen wird». Das geschah dann während der Taufe im Jordan, bei der das göttliche Wort in Wirklichkeit in den *Ätherleib* des Jesus von Nazareth herabkam: «Was seit der lemurischen Zeit aufgespart worden ist, das Wort, das Geistwort, drang bei der Johannes-Taufe aus den Ätherhöhen ein in den Ätherleib des nathanischen Jesus. Und als die Taufe vollendet war, was war geschehen? Das Wort war Fleisch geworden.»

450 Im Vortrag vom 27.1.1908 (GA 102) beschreibt Rudolf Steiner in der Sprache der Sternenschrift den ursprünglichen Wirkensbereich des kosmischen Christus oder des «mystischen Lammes» als eine Sphäre, die sich im Tierkreis vom Widder bis zur Waage erstreckt. Dementsprechend reicht die Sophien-Sphäre von der Jungfrau bis zu den Fischen. Siehe dazu Genaueres in dem Buch «Die zwölf heiligen Nächte und die geistigen Hierarchien», Teil II, Kap. «Der kosmische Aspekt der Sophia-Wesenheit», Dornach 2003, 7. Auflage.

451 GA 112, 3.7.1909.

452 Später erscheint dieses Motiv noch dreimal im Vortragswerk Rudolf Steiners: im Vortrag vom 19.9.1909 (GA 114), im oben zitierten Vortrag vom 11.1.1910 (unveröffentlicht) und im Vortrag vom 6.10.1913 (GA 148).

453 GA 112, 3.7.1909.

454 Siehe GA 103, 31.5.1908.

455 Siehe Anm. 442.

456 Diese Mysterienschulen der sechsten Kulturepoche kann man sich als übersinnlichen Tempel vorstellen, dessen Sonnengewölbe, ähnlich dem auf dem vierten apokalyptischen Siegel (siehe GA 284), auf zwei Säulen ruhen wird, die in Wirklichkeit die zwei Offenbarungsströme sind, welche aus der Sphäre des Christus und aus

der Sphäre der Sophia auf die Erde herabströmen. Und jeder der Ströme wird zwei Hauptträger seiner Weisheit haben; einen Träger in der übersinnlichen und einen in der irdischen Welt. Für den ersten Strom wird die nathanische Seele der übersinnliche Repräsentant sein, und der irdische: Johannes, «der Jünger, den der Herr liebhatte»; und für den zweiten Strom wird die lukanische Maria der himmlische Repräsentant sein und der irdische die salomonische Maria. Das wird die Zeit der vollen Verwirklichung der Mysterien der *Anthropos-Sophia* sein, wo das gemeinsame Wirken der nathanischen Seele als des ursprünglichen Menschenwesens oder *Anthropos* und des geistigen Wesens der lukanischen Maria als der individualisierten Trägerin der *Sophienkräfte* in der geistigen Welt auch auf dem physischen Plan seinen Ausdruck finden wird.

457 Siehe Anm. 430a. Zudem ist zu beachten, daß in der Zukunft, die jedoch schon in unserer Zeit begonnen hat, die weiblichen Inkarnationen in karmischer Beziehung eine wachsende Bedeutung für die weitere Entwicklung der Menschheit erhalten werden. Dazu sagte Rudolf Steiner in einem seiner Karma-Vorträge: «Ich bemerke ausdrücklich, daß ich, weil in den abgelaufenen Epochen vorzugsweise geschichtlich das männliche Leben gewirkt hat, auf die weiblichen Inkarnationen nicht eingehe. Das weibliche Leben beginnt erst zu wirken. *In der Zukunft wird es ganz besonders von Interesse sein, gerade auf weibliche Inkarnationen Rücksicht zu nehmen»* (GA 236, 9.4.1924).

458 GA 312, 8.4.1920.

459 Joh. 19,26–27. Siehe auch Anm. 456.

460 Das ist auch die esoterische Bedeutung der Worte des Auferstandenen über Johannes: «Wenn ich ihn dazu bestimme zu bleiben bis zu meiner Wiederkunft ...» (21,22–33). Siehe auch Anm. 307.

461 Ähnlich den Abbildern des ätherischen und astralischen Leibes der nathanischen Seele werden auch die Abbilder des ätherischen und astralischen Leibes der lukanischen Maria in der «Mutterloge» der Menschheitsführung, welche vom Manu geleitet wird, bewahrt (siehe Anm. 444).

462 Siehe GA 104, 26.6.1908.

463 In dem Buch «Akasha-Chronik» (GA 11) beschreibt Rudolf Steiner in dem Kapitel «Unsere atlantischen Vorfahren», wie die erste Unterrasse der atlantischen Zeit mit Hilfe des Wortes Menschen heilen, das Pflanzenwachstum beeinflussen, Tiere zähmen konn-

ten. In der Gestalt von Orpheus, der wilde Tiere mit seinem Leierspiel zähmte, haben wir ein Beispiel eines letzten Restes dieser uralten Fähigkeit – noch in nachatlantischer Zeit.

464 Rudolf Steiner weist mehrfach auf diese neue Fähigkeit des Wortes hin, für welche es heute noch keinen entsprechend gestalteten Kehlkopf gibt, im Zusammenhang mit der Beschreibung der Mission des künftigen Maitreya-Buddha, der etwa 3000 Jahre nach unserer Zeit zur Erfüllung seiner Mission schreiten wird. (Siehe dazu zum Beispiel die Vorträge vom 1.10. und 4.5.1911 in GA 130 und den Vortrag vom 14.10.1911 in GA 131.) Diese künftige Tätigkeit des Maitreya-Buddha unter den Menschen wird jedoch nur die *erste Stufe* in dem Prozeß sein, wo das menschliche Wort dadurch, daß seine geistige Kraft allmählich beherrscht wird, zum Mikrologos sich verwandelt. In unserer fünften nachatlantischen Epoche ist das Wort als Träger abstrakter Gedanken Instrument des bewußten *Ich.* In der sechsten Epoche mit dem Ausgießen des Geistselbst wird sich die Kraft des Wortes bis zum *Astralleib* erstrecken Dann wird der Maitreya-Buddha durch die spirituelle Macht des Wortes neue moralische Impulse in den Seelen der Menschen wekken können. In der siebenten Kulturepoche wird es mit dem Kommen des Lebensgeistes möglich werden, bis zum *Ätherleib* zu wirken. Dann wird der Mensch zum Beispiel mit Hilfe des Wortes auf Wachstum und Vermehrung in der Pflanzenwelt einwirken können. In der folgenden Epoche, nach dem «Krieg aller gegen alle», wird sich dann mit dem Impuls des Geistesmenschen die Möglichkeit eröffnen, mit dem Wort auf den *physischen Leib* zu wirken und damit auch auf die physischen Prozesse in der Umwelt.

Dieser dreistufigen Entwicklung wird auch die stufenweise Umwandlung des menschlichen Kehlkopfs in ein neues Fortpflanzungsorgan entsprechen, zunächst im Astralischen, dann im Ätherischen und – endlich – im Physischen. Mit anderen Worten: Wenn in der Epoche des Geistesmenschen es möglich werden wird, mit Hilfe des Wortes bis zu den physischen Substanzen hin zu wirken, dann wird auch der *Anfang* mit der Verwirklichung jenes Ideales gesetzt sein, das Rudolf Steiner folgendermaßen beschreibt: «In der Zukunft wird der Kehlkopf nicht nur die Worte hervorbringen, sondern er wird einstmals das schöpferische, das Zeugungsorgan sein, das dem Menschen ähnliche Wesen hervorbringen wird» (GA 98, 5.11.1907).

465 GA 130, 21.9.1911.

466 Siehe dazu in GA 131, 14.10.1911, und in GA 130, 2.12.1911, aus dem auch das folgende Zitat genommen wurde.

467 In seiner Hand hält der Menschen-Sohn diejenigen planetarischen Kräfte des menschlichen Ätherleibes, die durch das moralische Handeln des Menschen während des Erdenlebens so umgewandelt und gereinigt wurden, daß sie von dem Christus zur Bildung des sogenannten «ätherischen Ringes» um die Erde verwendet werden können, einer übersinnlichen Sphäre, in der sich die Erde heute schon allmählich in eine neue Sonne verwandelt. (Siehe dazu Genaueres in «Der Jahreskreislauf als Einweihungsweg zum Erleben der Christus-Wesenheit», Teil IX.) Darauf, daß in dieser Imagination des Menschen-Sohnes von einem *nachtodlichen* oder einem Einweihungserlebnis die Rede ist, weisen die Worte: «Und als ich ihn sah, fiel ich zu seinen Füßen nieder und war wie *tot» (1, 17).*

468 Das Erleben dieser zwei Imaginationen ist in unserer Zeit auch ein Weg, auf dem im Laufe der nächsten dreitausend Jahre die Menschheit dem Schauen des ätherischen Christus näherkommen kann. Das wird verständlich, wenn wir das, was in diesem Kapitel gesagt wurde, mit dem im Vortrag vom 14. April 1914 (GA 153) Dargestellten vergleichen. Dort beschreibt Rudolf Steiner eingehend, daß der Mensch in unserer Zeit nur durch das Wirken des Christus-Impulses in der Erdenaura die Möglichkeit erlangt, sein Ich-Bewußtsein bis zur «Mitternachtsstunde des Daseins» zu bewahren, das heißt bis zu dem Augenblick, wo aus denjenigen Welten, die noch über der Sphäre liegen, bis zu der sich die Seele zwischen zwei Verkörperungen in unserem Entwicklungszyklus zu erheben vermag, der Heilige Geist auf sie herabkommt, sie zu neuem Dasein erweckend und sie mit der Weisheit des geistigen Kosmos *befruchtend,* so daß sie sodann den Weg zurück zur Erdenverkörperung *auf die rechte Weise* finden kann. Wenn jedoch der Mensch in dem vergangenen Erdenleben eine bewußte und rein spirituelle Beziehung zu dem Christus-Impuls zu gewinnen vermochte, so wie das heute dank der anthroposophisch orientierten Geisteswissenschaft möglich ist, dann wird er die Imagination des Menschen-Sohnes sehr viel intensiver nach dem Tode erleben; dann wird sich eine Kraft aus ihr in seine Seele ergießen, die es ihm erlaubt, sein Ich-Bewußtsein nicht nur bis zur «Weltenmitternacht» zu bewahren, sondern auch danach das befruchtende und erweckende Wirken des Geistes auf

der Höhe des nachtodlichen Daseins zu verstärken. Und dann kann der durch den Christus-Impuls verstärkte Geist-Impuls, der die Seele auf ihrem Weg hinab zur Erde begleitet, unmittelbar vor dem Herabstieg des Menschen in das physische Dasein vor seinem inneren Blick die kosmische Sophien-Imagination mit solcher Kraft hervorrufen, daß diese als eine reale geistige Kraft auch nach der irdischen Geburt in seinem Ätherleib wirken kann. Damit wird der Anfang der Verwandlung des Ätherherzens in ein neues sonnenhaftes Erkenntnisorgan gemacht, mit Hilfe dessen er den ätherischen Christus bewußt auf der Erde wird wahrnehmen können. So öffnet sich uns in dem vollen Kreis des Menschen-Daseins der Weg zunächst von Christus zu Sophia und dann von der Sophia wiederum zu dem Christus in seiner neuen, ätherischen Form. (Dieser makrokosmische Weg findet in seiner mehr mikrokosmischen Form einen Ausdruck im Jahreskreislauf, wie das der Verfasser in dem Buch «Der Jahreskreislauf als Einweihungsweg zum Erleben der Christus-Wesenheit», Teil XI, eingehend dargelegt hat.)
Auf diesen Weg weist in der Tat auch Novalis. Nach seinen Worten muß man, um sich den Mysterien der Isis-Sophia zu nähern (ihren Schleier zu lüften), zunächst die Sphäre der «Unsterblichkeit» erreichen (siehe seine Worte auf Seite 194), zu der in unserer Zeit der Christus hinführt. Das ist der Weg von Christus zu Sophia. Vollbringt das der Mensch und hebt den Schleier von dem heiligen Bilde, erlebt er sich selbst in seinem höheren, vergeistigten Sein (siehe Novalis' Worte auf Seite 194). Das ist das Erleben des wahren Anthropos, das der zweiten Hälfte des Weges entspricht: Von Sophia abermals zu Christus. Zugleich auch ist es ein lebendiges Zeugnis der prophetischen Vorschau von Novalis in das Geheimnis der künftigen Verkörperung der Anthropos-Sophia in der Menschheit, deren Beginn im 20. Jahrhundert mit der Begründung der *Anthroposophie* in der Welt gemacht wurde.

469 Über die Mysterien der Geburt und des Todes als die zwei wichtigsten Mysterien in der vorchristlichen Zeit siehe «Rudolf Steiner und die Grundlegung der neuen Mysterien», Kap. IV. Eine späte und stark abgeschwächte Fortsetzung derselben bildeten die sog. Frühlings- und Herbstmysterien, die Rudolf Steiner in den Vorträgen vom 19. und 20.4.1924 (GA 233a) beschreibt.

470 Darüber, daß Geburt und Tod durch die Geschlechtertrennung und die damit verbundene Art der Fortpflanzung in die Erdenentwick-

lung kamen, spricht Rudolf Steiner im Vortrag vom 4.6.1907 (GA 99) sowie in seinem Buch «Aus der Akasha-Chronik» (GA 11).

471 Auch die Metamorphose des Herzens wird ebenso wie diejenige des Kehlkopfes (siehe Anm. 464) durch drei Stufen gehen: Zunächst wird die Umwandlung nur das «astralische» Herz betreffen, dann das «ätherische» und erst später die übersinnlichen Teile des physischen Herzens.

472 Im Vortrag vom 29.4.1909 (GA 57) weist Rudolf Steiner auf die dreifache Darstellung der Isis in der altägyptischen Kunst. Auf der ersten nährt Isis den Horus auf irdische Weise. Auf der zweiten reicht sie ihm das Henkelkreuz, das Symbol der geistigen Macht von Osiris, während sie selbst mit Stierhörnern auf dem Haupte dargestellt ist. Diese Hörner weisen auf den Prozeß, durch den Isis (die Jungfrau) durch die Kräfte des Weltengeistes (des Stieres) befruchtet wird. (Siehe dazu Genaueres in «Die zwölf heiligen Nächte und die geistigen Hierarchien», erster Teil.) Schließlich wurde Isis in den eigentlich esoterischen Darstellungen mit einem Löwenkopf dargestellt, womit auf eine noch fernere Zukunft hingewiesen wurde, wo das Herzorgan, das mit den geistigen Kräften in Verbindung steht, welche die Sonne aus dem Sternbild des Löwen herabsendet, in ein neues Organ der spirituellen Fortpflanzung verwandelt sein wird.

473 GA 98, 15.12.1907.

474 GA 98, 5.11.1907. Im Zusammenhang mit diesen Worten Rudolf Steiners ist zu bemerken, daß das verstärkte Interesse für den Bereich der physischen Beziehungen der Geschlechter in unserer Zeit die stärkste Äußerung der *gegen* die künftigen Mysterien der Heiligen Sophia kämpfenden Mächte in unserer Zeit ist. Interessen dieser Art werden bewußt von den okkulten Kreisen im Westen in der Menschheit gefördert und verbreitet, die es sich zum Ziel gesetzt haben, die Entwicklung der sechsten Kulturepoche zu verhindern.

475 GA 98, 17.12.1907, und das folgende Zitat aus dem Vortrag vom 5.11.1907.

476 Auf diese Weise entsteht auf der Erde eine Art Widerspiegelung jenes hohen Prozesses der Geistbefruchtung, von dem in Anm. 468 gesprochen wurde.

477 Von der geistigen Kontinuität zwischen den Grals-Mysterien und dem Rosenkreuzertum siehe: «Geheimwissenschaft im Umriß»

(GA 13), Kap. «Gegenwart und Zukunft der Welt- und Menschheits-Entwickelung», sowie den Vortrag vom 24.6.1909 (GA 112).

478 GA 104, 26.6.1908. Im Laufe der Erdenentwicklung vollzog sich die Trennung der Sonne von der Erde zur Zeit der sogenannten zweiten Wurzelrasse (der hyperboräischen). Nach dem Spiegelungsgesetz, das in der gesamten Erdenentwicklung wirksam ist, wird ihre Wiederholung, wenn auch auf bedeutend höherer Ebene, die sechste Wurzelrasse sein, deren Zeit nach dem «Krieg aller gegen alle» beginnen wird und die ihrerseits aus sieben kürzeren Epochen, ähnlich unseren Kulturepochen, bestehen wird. Zur Zeit dieser sechsten Wurzelrasse wird, mehr gegen ihr Ende hin (etwa in ihrer sechsten Unterrasse), die abermalige Vereinigung der Erde mit der Sonne stattfinden.

479 GA 204, 13.5.1921. Nach dem Spiegelungsgesetz wird sich der Mond, der die Erde zur Zeit der lemurischen Epoche (der dritten Wurzelrasse) verlassen hat, abermals mit ihr am Ende unserer nachatlantischen Zeit (der fünften Wurzelrasse) vereinigen, welche mit dem «Krieg aller gegen alle» zu Ende gehen wird.

480 Darüber, daß die Teilung in zwei Geschlechter mit dem Hinausgehen des Mondes aus der Erde zusammenhing, spricht Rudolf Steiner im Vortrag vom 4.6.1907 (GA 99) sowie in seinem Buch «Aus der Akasha-Chronik» (GA 11). Von einem etwas anderen Standpunkt weist er außerdem auch im Vortrag vom 13.5.1921 (GA 204) darauf hin.

481 Im Vortrag vom 28.10.1917 (GA 177) weist Rudolf Steiner von einem etwas anderen Standpunkt auf das 7. Jahrtausend der christlichen Zeitrechnung als die Zeit, da die Frauen unfruchtbar sein werden. Mehr noch: wenn die Entwicklung vollkommen nur im Geiste der *rechtmäßigen* Engelwesen vor sich ginge, dann würde die Möglichkeit der physischen Fortpflanzung sich nur bis ins 6. Jahrtausend erhalten (ebd.). Oder mit andern Worten: «Nur noch die sechste nachatlantische Kulturperiode träfe die Möglichkeit einer physischen Fortpflanzung auf der Erde; weiter erstreckt sich der Impuls der Fortpflanzung für diese nachatlantische Zeit in ihren sieben Kulturperioden nach der Weisheit [der Geister] des Lichtes nicht» (ebd.). Die physische Fortpflanzung wird sich jedoch gegen den Willen der die Erdenentwicklung leitenden rechtmäßigen Engel oder «Lichtes-Geister» noch länger fortsetzen, und das nicht nur in das 7., sondern sogar in das

8. Jahrtausend. Das wird durch den Einfluß geschehen, den die zurückgebliebenen Engel oder «Geister der Finsternis» auf die Menschheit ausüben werden. Deren Impulse werden in der siebenten Kulturepoche mit besonderer Macht vom amerikanischen Kontinent aus wirken. In diesem Zusammenhang wird den Völkern, die in Osteuropa leben werden, in der sechsten Kulturepoche eine erhöhte Bedeutung zukommen: «Der europäische Osten wird starke Neigungen entwickeln, die menschliche Fortpflanzung, die physische Fortpflanzung nicht über die sechste Kulturperiode hinausgehen zu lassen, sondern nachher die Erde überzuführen in ein mehr spirituelles, in ein mehr psychisches Dasein» (ebd.). Das wird vor allem dadurch möglich sein, daß gerade in den slawischen Völkern der Grals-Impuls zu der Zeit mit besonderer Kraft wirken wird. (Über das Verhältnis Osteuropas zum Grals-Impuls siehe GA 185, 3.11.1918.) Ahnte wohl Novalis etwas von diesem zukünftigen Zustand, als er in einem seiner Fragmente schrieb: «Die Blüten sind Allegorien des Bewußtseins, oder des Kopfs. Eine höhere Fortpflanzung ist der Zweck dieser höheren Blüte – eine höhere Erhaltung – Bei Menschen ist es das Organ der Unsterblichkeit – einer progressiven Fortpflanzung – der Personalität.»

481a Von der Möglichkeit, daß zwischen dem *eigenen* Astralleib des Menschen und seinem ein «Abbild» des Ätherleibes eines höheren Wesens in sich tragenden Ätherleib ein innerer Widerspruch besteht, spricht Rudolf Steiner im Vortrag vom 11.4.1909 (GA 109/111). Dort weist er auch auf Augustinus als ein besonders anschauliches Beispiel eines solchen Widerspruchs.

482 Siehe dazu Genaueres in «Geheimwissenschaft im Umriß» (GA 13), Kap. «Die Erkenntnis der höheren Welten».

483 Ein Urbild einer solchen mystischen Vereinigung von Rose und Lilie oder der «Rosenseele» und der «Lilienseele» finden wir in der mittelalterlichen Legende von «Flor und Blancheflor», die zeitlich bis zum Beginn des 8. Jahrhunderts zurückgeht. (Sie wurde dann von dem provenzalischen Dichter Konrad Fleck im 13. Jahrhundert literarisch bearbeitet und ist in dieser Gestalt auf uns gekommen.) Auf diese Legende, hinter der sich jedoch ganz bestimmte historische Ereignisse verbergen, die mit der Vorbereitung und Entwicklung der Rosenkreuzer-Strömung zusammenhängen, wies Rudolf Steiner im Vortrag vom 6.5.1909 (GA 57) hin. Dort sprach

er im einzelnen darüber, wie man in den Kreisen des esoterischen Christentums diese Symbole der Rose und der Lilie von Anfang an verstand: «Nun sah man in der Rose, in Flor oder Flos, das Symbolum für die menschliche Seele, die den Persönlichkeits-, den Ich-Impuls in sich aufgenommen hat, die das Geistige aus ihrer Individualität wirken läßt, die bis in das rote Blut hinein den Ich-Impuls gebracht hat. In der Lilie aber sah man das Symbolum der Seele, die nur dadurch geistig bleiben kann, daß das Ich außerhalb ihrer bleibt, nur bis an die Grenze herankommt. So sind Rose und Lilie zwei Gegensätze. Rose hat das Selbstbewußtsein ganz in sich, Lilie ganz außer sich.»
Mit einer gewissen Modifikation, die der neuen Epoche in der Menschheitsentwicklung entspricht, kann man diese Worte Rudolf Steiners, wenn auch mit einigen Einschränkungen, auf die Beziehung von Novalis und Sophie von Kühn anwenden. Und sie haben, wiederum in einer ganz anderen historischen und seelischen Tönung, eine Beziehung zu dem Beispiel, das in Anm. 446 beschrieben wurde.

484 GA 108, 22.12.1908.

485 Es wäre ein großes Mißverständnis der okkulten und karmischen Grundlagen von Novalis' Biographie, wenn man annähme, daß hier nur an die Seele der verstorbenen Sophie von Kühn zu denken ist. Denn nach Rudolf Steiners Aussagen fand die von Novalis erlebte allumfassende kosmische Offenbarung, die ihrem Inhalt und Charakter nach weit über die Grenzen alles Persönlich-Irdischen hinausging, in den «Hymnen an die Nacht» nur ihren poetischen Ausdruck. (Siehe Genaueres in den Vorträgen vom 26.10. und 22.12.1908 in GA 108.) Bei der angeführten Stelle des Hymnus handelt es sich um die Offenbarung, die der Dichter-Seher aus der Sphäre der kosmischen Sophia («der Weltkönigin, der hohen Verkünderin heiliger Welten») durch die geistige Vermittlung ihrer personifizierten Repräsentantin, der lukanischen Maria, empfing, deren geistiger Wesenheit Novalis' «entbundner, neugeborner Geist» in den höheren Welten oder den Welten der «Nacht» begegnete. Und auf sie weist er auch weiterhin mit dem Bild der «lieblichen Sonne der Nacht», die ihm aus dem Reich der Sophia strahlt.

486 Das bezieht sich auf den dritten Teil der «Hymnen an die Nacht»:
«Ich faßte ihre Hände ...»
«An Ihrem Halse weinte ich ...»,

sowie die Verse des fünften Teiles, die sich an Maria wenden:

«Drückst du sie, heil'ges Wesen,
an deine treue Brust.»

(Siehe auch «Geistliche Lieder» XIII, Strophe 5,6.)
Ebenso zeugt dafür, daß stets unter «Geliebte»... in den «Hymnen an die Nacht» die lukanische Maria zu verstehen ist (siehe 1. und 3. Hymne), die Tatsache, daß parallel dazu der Christus als «Geliebter» angesprochen wird (siehe 4. und 6. Hymne).

487 So sehen wir, daß in Novalis' Werk von Anfang an die zwei tragenden Hauptsäulen des künftigen Geistestempels der sechsten Kulturepoche, von dem in Anm. 456 gesprochen wurde, vorhanden waren. Dieses doppelte Leitmotiv wiederholt sich dann in dem Gedichtzyklus «Geistliche Lieder», von dem der Teil, der dem Christus gewidmet ist, in den älteren Ausgaben im eigentlichen Sinne «Geistliche Lieder» genannt wurde und der andere Teil «Marienlieder».

488 Diese Verse von Novalis können wir in aller ihrer spirituellen Realität nur verstehen, wenn wir sie mit den ihnen folgenden Worten aus dem Prosateil der fünften «Hymne an die Nacht» über das gemeinsame Wirken von Sophia und Christus in den geistigen Welten vergleichen: «Die Mutter eilte bald dir nach – in himmlischem Triumph – Sie war die Erste in der neuen Heimat bei dir.»

489 Aus Richard Samuel, «Die poetische Staats- und Geschichtsauffassung Friedrich von Hardenbergs (Novalis). Studien zur romantischen Geschichtsphilosophie», Frankfurt a. Main 1925, zitiert nach Gerhard Schulz, «Novalis Werke», München 1981.

490 Gemeint sind hier das 12. und 13. der «Geistlichen Lieder» und dort im besonderen diejenigen Strophen, die in der vorliegenden Arbeit auf Seite 136 zitiert wurden. (Siehe im Zusammenhang mit diesen zwei Strophen auch, was in Anm. 229 und 257 über ähnliche Erlebnisse im Leben Raphaels gesagt wurde.)

491 Siehe GA 123, 6.9.1910.

492 Die Maria des Lukas-Evangeliums starb im Jahre 12 im Alter von fünfundzwanzig Jahren (siehe Anm. 442) und nahm beim Aufsteigen in die geistige Welt den Ätherleib des salomonischen Jesus mit, der etwa zu derselben Zeit starb (siehe GA 114, 21.9.1909), wodurch eine ganz besondere Beziehung dieses Ätherleibes zur kosmischen Sophien-Sphäre entstand. Das ist auch der tiefere Grund für den Zusammenhang, der in der Folgezeit zwischen dem Mei-

ster Jesus und dem Sophien-Impuls bestand, denn er «benutze» in allen weiteren Inkarnationen auf der Erde diesen Ätherleib. Diese Beziehung genauer zu untersuchen, ist in der vorliegenden Arbeit jedoch nicht möglich.

493 Vortrag vom 11.1.1910. Siehe Anm. 352 sowie das Zitat aus dem genannten Vortrag, angeführt auf Seite 217f.

494 Siehe «Ergänzende Bemerkungen» im Vortrag vom 28.9.1924 (GA 238, veröffentlicht in der Ausgabe von 1981).

495 Vgl. GA 106, 12.9.1908.

496 GA 139, 23.9.1912. Die angeführten Worte Rudolf Steiners sind ein geisteswissenschaftlicher Kommentar zu den Versen 51–52 vom 14. Kapitel des Markus-Evangeliums. Daß die Gestalt des «entschlüpften Jünglings» auf den kosmischen Christus weist, davon zeugen die Worte Rudolf Steiners: «Und ihnen [den Frauen am Grab] erscheint er zuerst, der Jüngling, das heißt der kosmische Christus» (24.9.1912).

497 Im Vortrag vom 3.10.1913 (GA 148) charakterisiert Rudolf Steiner das Verhältnis vom kosmischen Christus-Prinzip zum menschlichen Jesus-Prinzip in der ersten Zeit nach der Taufe im Jordan auf die folgende Weise: «Im Anfang des Erdenlebens des Christus, gleich nach der Taufe im Jordan, war die Verbindung mit dem Leibe des Jesus von Nazareth noch die am meisten lose. Noch ganz außer dem Leibe des Jesus von Nazareth war die Christus-Wesenheit. Da war dasjenige, was beim Herumwandeln auf Erden die Christus-Wesenheit wirkte, noch etwas ganz Überirdisches.»

498 Die genannte Verbindung der zwei Johannes ist oftmals aus einer mehr oder weniger vagen Ahnung um dieses Geheimnis Gegenstand der darstellenden Kunst gewesen. Hier sind außer der «Verklärung» von Raphael (siehe Anm. 403) auch das Bild von Altdorfer «Die beiden Johannes» (Regensburg) zu nennen, das Bild von Machiavelli «Johannes der Täufer und Johannes der Evangelist» (National Gallery in London) und vor allem die Darstellung der beiden Johannes auf dem Mittelteil des Isenheimer Altars von Matthias Grünewald (Kreuzigung).

498a Auch im Evangelium wird an dieser Stelle mit erschütternder Konkretheit auf die Gegenwart der Elias-Johannes-Entelechie in der übersinnlichen Umgebung des Golgatha-Hügels hingewiesen. So beschreiben das Matthäus- und das Markus-Evangelium, wie in dem Augenblick, als vom Kreuz herab die letzten Worte des Menschen-Sohnes ertönten, «etliche, die dabeistanden», gleichsam durch den Einfluß höherer Mächte für einen Augenblick bis zu einem gewissen Grad hellhörig wurden, fähig wurden, das Geheimnis der Gegenwart von Elias bei den Ereignissen zu schauen: «Einige der dort Stehenden, die das hörten, sprachen: ‹Er ruft nach Elias›... Die anderen sprachen: ‹Wir wollen sehen, ob Elias kommt, um ihn zu retten›» (Matth. 27,47 und 49; siehe auch Mark. 15,35–36). Und Elias kommt tatsächlich! – nur nicht physisch sichtbar, sondern in der Gestalt der *Inspiration,* für diejenigen in diesem Augenblick, die innerlich in der Lage sind, seinen Einfluß aus der Umgebung des Hügels von Golgatha aufzunehmen, das eigentliche Wesen jener Offenbarung enthüllend, welche er als Johannes der Täufer den Menschen schon einmal verkündete. Weiter lesen wir im Markus-Evangelium: «Und als der Centurio [im Matthäus-Evangelium ist noch hinzugefügt: ‹und seine Leute, die Jesus bewachten›, 27,54], der vor ihm stand, ihn sterben sah, sprach er: *Dieser Mensch war wirklich Gottes Sohn»* (15,39). Das ist dasselbe Zeugnis, das Johannes der Täufer als erster von allen Menschen sogleich nach der Taufe Jesu im Jordan aus den Gewissenskräften als einem neuen Erkenntnisorgan ablegt: «Ich habe es geschaut, und so bezeuge ich, daß dieser der Sohn Gottes ist» (Joh. 1,34). Und diese Fähigkeit, durch die Gewissenskräfte den Christus auf der Erde zu erkennen, verleiht Elias in dieser Szene denen, die am Fuß des Kreuzes stehen. Und so haben wir in der Tatsache, daß die Evangelien Elias sogleich nach den Worten des Menschen-Sohnes und dem darauf erfolgenden «Johannes-Zeugnis» des Centurio sowie der römischen Soldaten erwähnen, einen Hinweis, nicht nur auf die Gegenwart des Elias-Johannes in der übersinnlichen Umgebung des Hügels von Golgatha, sondern auch auf seine geistige Beteiligung an all den genannten Ereignissen bis zum physischen Plan hin. Im sogenannten «Nikodemischen Evangelium», das vom Abstieg des Christus Jesus in die Unterwelt nach seinem Tod auf Golgatha kündet, werden auch Johannes der Täufer und Elias erwähnt; Johannes der Täufer, wie er dem Christus vorangeht und den in der Unterwelt schmachtenden Seelen Sein Kommen und ihre baldige Befreiung vorhersagt. Der Gestalt des Elias begegnen dann die befreiten Seelen in einer höheren geistigen Sphäre.

499 GA 62, 30.1.1913.

500 Wie schon Emil Bock bemerkte, muß man in den meisten Bildern der Madonna mit dem Jesusknaben in der bildenden Kunst die Maria des Lukas-Evangeliums sehen. Dagegen wird die salomonische Maria des Matthäus-Evangeliums im allgemeinen bei der Grablegung dargestellt (Pietà). Siehe Anm. 442. Eine Ausnahme bildet bis zu einem gewissen Grad die bekannte «Pietà» von Michelangelo im Petersdom in Rom, welche die salomonische Maria so stark von den Kräften der lukanischen Maria erfüllt abbildet, daß sie, ungeachtet ihres wahren Alters im Augenblick des Mysteriums von Golgatha, ganz jung dargestellt ist (siehe GA 57, 29.4.1909).

501 GA 229, 6.10.1923.

502 Ein besonderes Geheimnis der «Sixtinischen Madonna» besteht auch darin, daß sie gleichsam ein Bindeglied zwischen der Vergangenheit und der Zukunft ist. So weist sie einerseits auf die ägyptischen Isis-Mysterien, welche eine Erinnerung an die alte lemurische Zeit darstellen, wo die Menschen noch einen unmittelbaren Verkehr mit dieser Göttin pflegten, und andererseits auf die künftigen Mysterien der Heiligen Sophia, die uns im Bilde der mit der Sonne bekleideten Jungfrau aus der Zukunft entgegenleuchten. (Über den Zusammenhang der «Sixtinischen Madonna» mit der altägyptischen Darstellung der Isis mit dem Horusknaben siehe Vortrag vom 4. und 5.8.1908 in GA 105.) In diesem Sinne konnte Rudolf Steiner mit vollem Recht über dieses Bild sagen: «Die ganze Menschheitsevolution ist in wunderbarer Weise gerade in diesem Madonnenbilde enthalten» (GA 108, 22.12.1908).

503 GA 57, 29.4.1909, und das folgende Zitat. Weiter führt Rudolf Steiner dazu aus: «Diese menschliche Seele in ihrer Befruchtung aus dem Weltengeist heraus wird in der Madonna versinnlicht. ... Da sehen wir, wie in einer solchen Hingabe unsere Seele als das Ewig-Weibliche in uns sich suchend sehnt nach dem göttlichen Vatergeiste, der aus dem Weltenall herausgeboren ist und den wir als Sonne gebären in der eigenen Seele ... Und wiederum enthält die Madonna dasjenige, was aus der menschlichen Seele herausgeboren werden kann: den wahren, höheren Menschen, das, was in jedem Menschen schlummert, das menschlich Allerbeste und das, was als Geist die Welt durchflutet und durchwebt.»

504 Die traditionelle russisch-orthodoxe Ikonostase besteht in der Regel aus fünf übereinanderliegenden Reihen von Ikonen, die

das Folgende darstellen: Die erste Reihe (von oben gerechnet) ist die sogenannte «Urväterreihe»: Auf ihr sind verschiedene Gestalten des Alten Testaments, alte Patriarchen und so fort abgebildet, in der Mitte meistens *Gott-Vater,* der mitunter den von Ewigkeit her in ihm seienden Sohnes-Gott und Geist-Gott in seinem Schoß trägt. Die zweite Reihe ist die der «Propheten». Hier sind im allgemeinen Propheten des Alten Testaments dargestellt, welche das Kommen des Messias verkündeten, in der Mitte aber zumeist Maria mit dem Jesusknaben auf dem Schoße. Diese Tradition, der Darstellung von Propheten und Eingeweihten der vorchristlichen Zeit, welche die künftige Geburt des Gotteswesens durch eine reine Jungfrau auf der Erde schauten, ist eine letzte Erinnerung an uralte Einweihungserlebnisse der Menschheit, die noch in den ägyptischen Mysterien von Isis und Horus und später in den eleusinischen Mysterien erlebt wurden, deren geistiger Mittelpunkt der Anblick der Jungfrau mit dem göttlichen Knaben Jakchos im Arme war (siehe GA 232, 14.12.1923). Die dritte Reihe ist die Hauptreihe der Ikonostase, die «Deesis». Auf ihren Ikonen werden der *Christus* als der «neue Geist der Erde» dargestellt sowie, vor ihm stehend, auserwählte Repräsentanten der Menschheit und geistige Wesenheiten. Die vierte Reihe ist die «festliche Reihe». Sie ist der Darstellung der christlichen Hauptfeste gewidmet, die mit den wichtigsten Ereignissen der Evangelien-Verkündigung in Zusammenhang stehen. Ihre Feste im Laufe des Jahres bringen, nach der Meinung der Schöpfer der Ikonostase, das Wirken des *Heiligen Geistes* in der Menschheit zum Ausdruck. Und schließlich die letzte Reihe, die sogenannte «örtliche», auf der sich Ikonen befinden, die in irgendeiner Weise Bezug zu der bestimmten Kirche haben, ihrem Stifter oder dem Ort, an dem sie steht.
Wenn die Ordnung der fünf Reihen infolge verschiedener äußerer Umstände oder anderer Gründe mitunter auch etwas verändert und sogar gelegentlich die Zahl der Reihen geringer sein kann – die «Deesis» als ihr geistiger Mittelpunkt darf niemals fehlen oder verändert sein, was die Anordnung der Hauptgestalten auf ihr betrifft. Die drei Hauptgestalten der «Deesis»: Christus im Leuchten der kosmischen Aura, umgeben von der lukanischen Maria und Johannes dem Täufer, findet man auch auf einigen Werken westeuropäischer Kunst, so zum Beispiel auf Raphaels Freske «Disputa».

Damit haben wir im ganzen zwei Arten von Darstellungen: Die eine, wie auf der «Deesis», weist auf den geistigen Schauplatz in der *übersinnlichen* Umgebung des Hügels von Golgatha, und die andere auf das Geschehen auf dem *irdischen* Plan. In dem letzteren Fall wird der gekreuzigte Menschensohn dargestellt, neben ihm unter dem Kreuz die salomonische Maria und der Evangelist Johannes (siehe zum Beispiel die «Kreuzigung» von Grünewald in der Galerie in Karlsruhe).

504a Dasselbe Motiv ist auch auf dem zweiten apokalyptischen Siegel dargestellt (siehe GA 284/285 und Anm. 282).

505 Die Anwesenheit *Gabriels* sagt aus, daß die Maria des Lukas-Evangeliums auf der «Deesis» dargestellt ist (die, allerdings, auf vielen Ikonen auch Züge der «anderen Maria» trägt). Das wird noch dadurch bestätigt, daß im Matthäus-Evangelium der Verkündigungsengel nicht mit Namen genannt wird und daß er nicht Maria, sondern Joseph erscheint (siehe Anm. 361).

506 Siehe GA 130, 29.9.1911. Das Thema der «Jungfrau Sophia» als der Mittlerin zwischen der ungeschaffenen und der geschaffenen Welt ist schon in frühen Rosenkreuzer-Werken enthalten. Siehe zum Beispiel «Das Geheimnis der Rosenkreuzer-Figuren aus dem 16. und 17. Jahrhundert», erste Tafel, zweites Heft, Altona 1788. Im 18. Jahrhundert nimmt die Rosenkreuzer-Bewegung in Rußland besonders an Intensität zu – dank der aufklärerischen Tätigkeit von J. Schwarz (1751–1784), von N. I. Nowikow (1744–1818) und seines Freundes S. I. Gamaleja. Letzterer übersetzte damals auch die «Geheimen Figuren der Rosenkreuzer» ins Russische, außerdem viele Werke von Jakob Böhme und einige Arbeiten von Saint-Martin.

507 Auf einigen Ikonen dieses Typs wurde der Thron, auf dem die Sophia thront, mit sieben ihn tragenden Säulen dargestellt – nach den Worten der Sprüche Salomos: «Die Weisheit baute ihr Haus und hieb sieben Säulen» (9,1). Diese sieben Säulen im Tempel der Heiligen Sophia sind nichts anderes als ein Hinweis auf den Wirkensbereich der Sophien-Kräfte im Makrokosmos, der sich – in der Sprache der Sternenschrift – vom Sternbild der Jungfrau bis zu dem der Fische erstreckt (siehe Anm. 450).

508 Vortrag vom 15.1.1910 und siehe Anm. 352.

509 Genesis 6,1–6.

An Stelle eines Nachwortes

510 Siehe «Erinnerungen an Marie Steiner», Heft II, Aufsatz: «Am Vorabend des Michaels-Tages», Dornach 1952.

511 Albert Steffen, «Wiedergeburt der Schönen Wissenschaften», Dornach 1946. Einzelausgabe «Die Botschaft von Novalis», Dornach 1972.

512 Siehe Vorwort von Ita Wegman zu «Aus Michaels Wirken» von Nora Stein von Baditz, Stuttgart 1983.

513 GA 159/160, 15.6.1915.

513a GA 211, 11.6.1922.

514 Siehe GA 139, 20.9.1912.

Anmerkungen zum Anhang

I. Über ein Gedicht von Novalis

1 GA 112, 25.6.1909.

2 Ausgabe von 1623, Kap. 18.

3 Jakob Böhme, «Aurora», Kap. 18, § 2.

4 ebd. § 1.

5 «Die Sagen der Juden», Frankfurt 1962.

6 Siehe G. Schulz, «Novalis Werke», Studienausgabe, München 1981.

7 Genesis 2,7.

8 Gemäß einer Variante der sog. «Goldenen Legende» (siehe GA 117, 21.12.1909, und GA 93), die rosenkreuzerischer Tradition entstammt, versenkte ein Sohn Adams, Seth, auf dessen Grab drei Samen des paradiesischen Lebensbaumes, die dieser bei seiner Vertreibung aus dem Paradies mit sich nahm. Später wurde aus dem Baum, der daraus erwuchs, das Kreuz gefertigt, an das der Christus Jesus gekreuzigt wurde. (Siehe auch Anm. 308.) Einen Nachhall dieser Legende kann man in dem russischen geistlichen Volkslied «Das Taubenbuch» finden. Siehe über es auf Seite 257.

9 Apokalypse 10,8–11.

9a Zit. nach dem Sammelband «Das Taubenbuch. Russische geistliche Volkslieder des XI.–XIX. Jahrhunderts, Moskau 1991».

II. Novalis und «Die Philosophie der Freiheit» von Rudolf Steiner

10 Friedrich Hiebel, «Novalis in frühester Verkündigung der Anthroposophie. Sein Denkbelebungsimpuls im Idealismus der Goethe-Zeit». Der Aufsatz wurde in der Zeitschrift «Die Drei», Februar 1987, veröffentlicht.

11 «Aufzeichnungen von Barm, Teil 1», veröffentlicht in GA 262.

12 ebd.

13 Siehe Anm. 10 im Anhang.

14 GA 1, GA 2, GA 6.

15 Siehe z.B. GA 188.

16 Siehe z.B. Fragmente von Novalis, zitiert auf Seite 157f.

17 «W.J. Stein/Rudolf Steiner – Dokumentation eines wegweisenden Zusammenwirkens», Dornach 1985. Hier charakterisiert Rudolf Steiner selbstverständlich nur *einen bestimmten Aspekt* der Anthroposophie.

18 Siehe GA 6.

19 In dem Aufsatz «Michaels Leid über die Menschheitsentwicklung vor der Zeit seiner Erdenwirksamkeit» (GA 26) weist Rudolf Steiner darauf hin, daß es Goethe, der sich sein ganzes Leben hindurch bemühte, den «Menschen» zu erleben, nur in einem sehr eingeschränkten Maße und da auch nur durch die Hinwendung zur *Vergangenheit* gelang, so wie sie in der altgriechischen Kultur erhalten geblieben ist. Ihn in der *Gegenwart* zu erfassen, das heißt in der Bewußtseinsseele, dadurch, daß das Wirken des Christus-Impulses in ihr erlebt wird, das vermochte er nicht. (Vgl. damit, was in Anm. 337 und im 12. Kap. über Goethe gesagt wurde.)

20 GA 258, 17.6.1923.

21 GA 194, 28., 29.11.1919.

22 Von der Beteiligung des Willens am Wahrnehmungsprozeß äußerte Rudolf Steiner: «Alles ist strömender, waltender Wille, insofern wir der Sinneswelt entgegentreten ... Dadurch naht er [der Mensch] sich dem Wirklichen, daß er verbunden ist durch den Willen mit allem, was Sinneswelt ist» (GA 134, 28.12.1911).

23 Siehe Anm. 27 im Anhang.

24 Siehe dazu GA 194, 28.11.1919.

25 Aufsatz «Michaels Mission im Weltenalter der Menschen-Freiheit» (GA 26). Vgl. auch mit dem auf Seite 57 Gesagten.

26 GA 131, 14.10.1911.

27 GA 194, 28.11.1911.

28 GA 257, 13.2.1923.

29 GA 194, 28.11.1919.

30 GA 180, 6.1.1918.

30a GA 26, Aufsatz: «Das Michael-Christus-Erlebnis des Menschen» (12.11.1924). Dieser Aufsatz beginnt mit dem Hinweis auf «Die Philosophie der Freiheit», und der folgende, «Michaels Mission im Weltenalter der Menschen-Freiheit», führt diesen Gedanken folgendermaßen fort: «Die ‹Philosophie der Freiheit› bereitet dazu vor, über die Freiheit das zu erkennen, was dann im geistigen Zusammengehen mit Michael erfahren werden kann» (9.11.1924).

31 Der volle Text des Mottos lautet: «Seelische Beobachtungs-Resultate nach naturwissenschaftlicher Methode.»

32 Daß Novalis unter dieser Wortverbindung nicht einfach ein grundloses Wirken der Phantasie versteht, sondern eine höhere Erkenntnisfähigkeit, das geht aus seiner Auffassung vom Verhältnis der Kunst zur Philosophie und zur Wissenschaft hervor. Davon zeugen seine folgenden Worte: «Dichter ist nur der höchste Grad des Denkers ...» oder zwei weitere seiner Äußerungen: «Die Trennung von Poet und Denker ist nur scheinbar ...» und «Die Physik ist nichts, als die Lehre der *Phantasie*». («Physik» bedeutet hier Wissenschaft überhaupt.) Deshalb können wir auch sagen: In der «Phantasie des Dichter-Denkers», die mit dem Wirken des menschlichen Ich unmittelbar verbunden ist, haben wir Novalis' erste Vorahnung dessen, was Rudolf Steiner später «moralische Phantasie» nannte.

33 «Die Philosophie der Freiheit», Kap. V (GA 4).

34 ebd. Kap. V und VII. So führt Novalis in den oben zitierten und den weiter unten erscheinenden Fragmenten die folgenden Kategorien ein, die den grundlegenden Gegensätzen entsprechen, die im ersten Teil der «Philosophie der Freiheit» als die Gegensätze von «Wahrnehmung» und «Begriff» oder «Denken» beschrieben werden:

Unsere Welt	Intelligenz
Objekt	Vorstellung
Experimente	Betrachtung
Sinnlichkeit	Verstand
Anschauung	Vorstellung
Wollen	Vorstellen
Objekt	Begriff

Anschauung	Begriff
Tatsache	Begriff
Sinnen	Geistwelt

In der «Philosophie der Freiheit» erwähnt Rudolf Steiner auch die Gegensätze: «Ich und Welt» (Äußeres und Inneres); «Geist und Materie»; «Subjekt und Objekt»; «Denken und Erscheinen» (Kap. II).

35 «Philosophie der Freiheit», IX; sowie die zwei folgenden Zitate.

36 Das oben Gesagte hat eine unmittelbare Beziehung zur «Philosophie der Freiheit». Im Vortrag vom 19.12.1920 (GA 202) sagt Rudolf Steiner: «Und Freiheit und Liebe gehören zusammen, wie ich schon in meiner ‹Philosophie der Freiheit› angedeutet habe.» Dabei sind zum Beispiel die folgenden Stellen des Buches gemeint: «Nur wenn ich meiner Liebe zu dem Objekt folge, dann bin ich es selbst, der handelt.» Und: «Frei ist der Mensch, insofern er in jedem Augenblicke seines Lebens sich selbst zu folgen in der Lage ist.» Und das bedeutet, daß nur Handlungen, die aus *Liebe zum Gegenstand* geschehen, frei sein können. Dabei ist zu sagen: «Die Handlung aus Freiheit schließt die sittlichen Gesetze nicht etwa aus, sondern ein; sie erweist sich nur *als höherstehend* gegenüber derjenigen, die nur von diesen Gesetzen diktiert ist» (IX. Kap.). Das heißt, es handelt sich hier um eine *höhere* Sittlichkeit als diejenige, die von außen gegebenen Moralgesetzen oder Geboten folgt.

37 Im Vortrag vom 12.6.1919 (GA 193) sagt Rudolf Steiner: «Ich nannte in meiner 1894 erschienenen ‹Philosophie der Freiheit› ein Kapitel ‹Die moralische Phantasie›. Geisteswissenschaftlich könnte man auch sagen: die *imaginativen Moralimpulse*.» Und im XII. Kap. der «Philosophie der Freiheit» schreibt er: «Was der freie Geist nötig hat, um seine Ideen zu verwirklichen, um sich durchzusetzen, ist also die *moralische Phantasie*. Sie ist die Quelle für das Handeln des freien Geistes. *Deshalb sind auch nur Menschen mit moralischer Phantasie eigentlich sittlich produktiv.*»

38 Das ist eine weitere Stelle, wo Novalis' innere Erfahrungen den Grundgedanken der «Philosophie der Freiheit» ungewöhnlich nahekommen. So schreibt Rudolf Steiner im IX. Kapitel: «Im Betrachten des *Denkens* selbst fallen in eines zusammen, was sonst immer getrennt auftreten muß: Begriff und Wahrnehmung.» Novalis äußert denselben Gedanken auf seine Weise, er gebraucht nur das Wort «Ich» an Stelle von «Denken». Das geschieht, weil Novalis aus Erfahrung weiß, wovon Rudolf Steiner später sagt: «Innerhalb des

Eigenwesens des Denkens liegt wohl das wirkliche ‹Ich›... Dies durchschaut derjenige, der eben unbefangen das Denken beobachtet. Das ‹Ich› ist innerhalb des Denkens zu finden.»

39 Beim Lesen dieses Fragments wird man unwillkürlich an den Zyklus «Die Welt als Ergebnis von Gleichgewichtswirkungen» (3 Vorträge, GA 158) und an viele einzelne Vorträge über die plastische Gruppe in Dornach erinnert. Auch kann man hier die Worte Rudolf Steiners anführen: «Wir haben es zu tun im Weltendasein mit dem Luziferischen, das die eine Waagschale, dem Ahrimanischen, das die andere Waagschale darstellt, und dem Gleichgewichtszustand, der uns darstellt den Christus-Impuls.»

40 Auch in dem philosophischen Hauptwerk Friedrich Schillers «Briefe über die ästhetische Erziehung des Menschengeschlechts» nimmt die Frage des Gleichgewichtszustandes eine zentrale Stelle ein. (Siehe S.O. Prokofieff, «Schiller und die Zukunft der Freiheit», Anhang 1 «Beispiele für die Beziehung zwischen den ‹Ästhetischen Briefen› und der ‹Philosophie der Freiheit›», Dornach 2007.)

41 Wenn Rudolf Steiner hier von der «geistigen Welt» spricht, dann hat er eine ganz reale Beziehung der Seele zu den höheren Daseinsbereichen im Auge, welche er auch später in seinen Werken genau beschreibt. Nach seinem eigenen Zeugnis im Vortrag vom 12. August 1924 (GA 240) hatte er in der Zeit zwischen dem 28. und 35. Jahr (das heißt, als er an seiner «Philosophie der Freiheit» arbeitete) besonders wichtige Erlebnisse in der geistigen Welt, die er mit vollem Bewußtsein wahrnahm. Im «Haager Gespräch» wies Rudolf Steiner, wenn auch von einem etwas anderen Standpunkt, auch auf dieses hin: «Obwohl die Philosophie der Freiheit nur dieses schildert [den Menschen als geistiges Wesen], so ist doch wahr, daß der, welcher sich zu dem Freiheitserlebnis durchringt, dann in der Umgebung des geistigen Menschen, den er dann wahrnimmt, die Hierarchien findet. Denn sie sind alle im Menschen, und im geistigen Schauen erscheint, was im Menschen ist, als geistige Umgebung. Daher sind sie nicht formuliert darin, aber sie sind in der ‹Philosophie der Freiheit› mit enthalten.»

42 Beide nachfolgend angeführten Zitate sind aus dem Vortrag vom 30.5.1908 (GA 103). Und in dem Vortrag vom 10.1.1915 (GA 161) sagt Rudolf Steiner dazu: «Da werden Sie sehen, wie die Philosophie heute im freien, emanzipierten Gedankenleben zwar darstellt etwas, was heraufgeht bis in die Bewußtseinsseele, wie sie aber in-

nerhalb dieses Lebens in der Bewußtseinsseele erfassen muß das, was vom Geistselbst kommt – zunächst philosophisch -, da sonst die Philosophie in die Dekadenz verfallen, sich auflösen müßte.» Dieses «Erfassen» dessen, «was vom Geistselbst kommt innerhalb des Lebens in der Bewußtseinsseele zunächst philosophisch», wurde von Rudolf Steiner in der «Philosophie der Freiheit» verwirklicht.

III. Das Fest «Mariä Schutzmantel» und ein Aspekt der geistigen Zukunft Osteuropas

43 In Rußland gehören zu den «großen Festen» Weihnachten, Epiphanias, Ostern, Himmelfahrt, Pfingsten, Johanni (Geburt Johannes des Täufers) und Fest zum Tag seines Todes.

44 Aus diesem Grunde ist eine der Hauptgestalten der meisten russischen Märchen Iwan-Johannes der Bauernsohn und Iwan-Johannes der Zarewitsch. – Von den alttestamentlichen Persönlichkeiten wurde der Prophet Elias am meisten verehrt. (Siehe Anm. 67 zum Haupttext.) Deshalb wurde auch der Hauptheld der russischen Bylinen, Ilija Muromez, nach ihm benannt.

45 Siehe GA 175, 17.4.1917.

46 Siehe GA 129, 18. und 22.8.1911.

47 Siehe Anm. 45 im Anhang.

48 ebd. – In anderen Vorträgen, so zum Beispiel im Vortrag vom 23.3.1924 (GA 235) und 11.6.1924 (GA 239) weist Rudolf Steiner darauf hin, daß diese Stadt in Rußland liegen wird. – Auch ist noch hinzuzufügen, daß das angeführte Ende der Palladium-Legende nicht nur eine spirituelle Fortsetzung fand, auf die in diesem Anhang noch hingewiesen werden wird, sondern auch ein ahrimanisches Gegenbild, das in dem sogenannten «Testament Peters des Großen» und den mit ihm zusammenhängenden okkultpolitischen Machtbestrebungen einen äußeren Ausdruck fand. Siehe Genaueres über das «Testament Peters des Großen» in dem Buch von S. O. Prokofieff: «Die geistigen Quellen Osteuropas und die künftigen Mysterien des Heiligen Gral», Kap. 16–III, Dornach 1995.

49 Siehe GA 129, 22.8.1911, und Anm. 50 im Anhang sowie über Pallas Athene in dem Buch von Ernst Uehli «Mythos und Kunst der Griechen», Dornach 1979.

50 GA 180, 24.12.1917.

51 GA 129, 26.8.1911. Außerdem weist Rudolf Steiner im Vortrag vom 6.4.1909 (GA 109/111) darauf hin, daß viele Darstellungen der Madonna und des Christus Jesus bis zum Beginn des Mittelalters von hellsichtigen Erlebnissen herrühren, welche durch das Wirken der Abbilder des Ätherleibes des Jesus von Nazareth (der nathanischen Seele) in den Menschenseelen hervorgerufen worden waren.

52 GA 97, 2.12.1906.

53 GA 97, 3.2.1907.

54 In verschiedenen Zusammenhängen weist Rudolf Steiner mehrfach auf das grundlegende «Pädagogische Gesetz» hin, daß in der wahren pädagogischen Praxis stets das höhere Wesensglied des Lehrers eine weckende und umwandelnde Wirkung auf das entsprechende niederere Wesensglied des Schülers ausübt. So wirkt zum Beispiel das Ich des Lehrers auf den Astralleib des Schülers, während auf das Ich des Schülers nur das Geistselbst des Lehrers auf rechte Weise wirken kann und so fort. (Siehe dazu den Vortrag vom 26.6.1924, GA 317.) – Das erklärt auch, warum bei der Verkündigung, wie sie im Lukas-Evangelium beschrieben wird, der Maria nicht ein Engel, sondern ein Erzengel als Bote aus der geistigen Welt erscheint. Denn letzterer hat einen voll entwickelten *Lebensgeist* und kann deshalb auf die Entwicklung des um eine Stufe «tiefer» stehenden Geistselbst einwirken.

55 Der Vortrag ist in GA 103 enthalten.

56 GA 168, 18.2.1916.

57 Rudolf Steiner spricht über «den moralischen Charakterzug» der sechsten Kulturepoche im Vortrag vom 15.6.1915 (GA 159/160).

58 Siehe Anm. 56 im Anhang.

59 Diese Seite des künftigen Geistselbst-Wirkens bereitet sich in der Menschheit von unserer Zeit an dadurch vor, daß allmählich die neue Fähigkeit erwacht, hellsichtig, imaginativ die karmischen Folgen der eigenen Handlungen zu schauen. Die Entwicklung dieser neuen Fähigkeit wird durch das Erscheinen des Christus im Ätherleibe hervorgerufen werden sowie dadurch, daß er zum «Herrn des Karma» wird. Deshalb weist Rudolf Steiner auch auf den Zusammenhang dieses zentralen geistigen Ereignisses des 20. Jahrhunderts mit dem Beginn des Geistselbst-Wirkens in der Menschheit hin, einem Wirken, das die sich nähernde sechste Kulturepoche in ersten Strahlen ankündigt. (Siehe Vortrag vom 14.10.1911 und Anm. 153 zum Haupttext.)

60 GA 159/160, 15.6.1915.

61 Über den Zusammenhang des Buddhi-Prinzips mit dem Impuls der Liebe äußerte Rudolf Steiner u. a.: «Christus ist nicht bloß die Weisheit, er ist die inkarnierte Liebe: ein hohes göttliches Kama, das zu gleicher Zeit Buddhi ist; ein rein flutendes Kama, das nichts für sich will ... ein umgekehrtes Kama ist. Buddhi ist umgekehrtes Kama» (GA 93, 4.11.1904).

62 GA 103, 30.5.1908 (Morgenvortrag); das folgende Zitat stammt aus dem Abendvortrag.

63 Siehe ebd.

64 Im Vortrag vom 3.2.1913, der aus Anlaß der ersten Generalversammlung der neugegründeten Anthroposophischen Gesellschaft gehalten wurde, wies Rudolf Steiner mit aller Entschiedenheit auf den Zusammenhang der Anthroposophie mit dem Geistselbst-Impuls hin. So charakterisierte er zunächst die gegenwärtige fünfte nachatlantische Epoche: «Wir wissen, daß wir in einem Zeitalter stehen, in welchem das Geistselbst vorbereitet wird, daß wir zwar noch immer tief drinnen stehen in der Entwicklung der Bewußtseinsseele, daß aber die Entwickelung des Geistselbst schon vorbereitet wird.» Und dann beschrieb er von einem bestimmten Standpunkt aus die Entwicklung der Kräfte der Sophia in der Menschheit. Sie, die einst eine erhabene Göttin der Weisheit war – eine solche wie zum Beispiel die Pallas Athene für die Griechen –, wurde allmählich immer abstrakter zur Philo-Sophia (Philosophie), um – nachdem sie mit der Gestalt des Menschen ganz eins geworden ist – von unserer Zeit an wiederum als eine objektive geistige Wesenheit als Anthropos-Sophia (Anthroposophie) vor ihn hinzutreten. Den Vortrag beendete Rudolf Steiner mit dem Hinweis, daß die drei von ihm beschriebenen Stufen in der Entwicklung der Sophien-Kräfte den drei Wesensgliedern des Menschen entsprechen: «Und ich überlasse es nun all denjenigen, die genau und immer genauer prüfen wollen, wie sie aus dem Schicksal *der Sophia, der Philosophia und der Anthroposophia* das im einzelnen nun auch wieder nachweisen können, wie sich die Menschheit vorwärtsentwickelt durch jene Seelenglieder, die wir bezeichnen als *Verstandesseele oder Gemütsseele, Bewußtseinsseele und Geistselbst.*» Siehe darüber ausführlicher in S. O. Prokofieff, «Die himmlische Sophia und das Wesen Anthroposophie», Dornach [2]1998.

65 Siehe Genaueres über diesen Charakter der siebenten Kulturepoche im 12. Kapitel.

66 GA 97, 3.2.1907.

67 GA 103, 30.5.1908 (Morgenvortrag). Siehe auch 12. Kapitel.

68 GA 109/111, 15.2.1909.

69 GA 112, 6.7.1909.

70 In unserer fünften nachatlantischen Epoche ist letzteres nur Eingeweihten möglich oder solchen Menschen, die den Weg der Geistesschülerschaft betreten haben.

71 GA 103, 30.5.1908 (Morgenvortrag).

72 Außer allem, was bisher über den Zusammenhang des Palladium mit «Mariä Schutzmantel» gesagt wurde, weist auch die Tatsache, daß es von Anfang an und überall als *schützende* Macht angesehen wurde, auf diesen hin.

73 Siehe dazu zum Beispiel den Vortrag vom 3.4.1917 in GA 175.

74 Im esoterischen Christentum gibt es außer der Imagination der Sophien-Palla, welche auf das künftige Herabkommen des Geistselbst in der sechsten Epoche hinweist, eine weitere Imagination, welche von dem Herabkommen des Lebensgeistes in der siebenten Kulturepoche spricht. Das ist die Imagination des *unteilbaren Chiton des Herrn,* von dem nur im Johannes-Evangelium gesprochen wird (19, 23–24). Sie deutet auf die im Luft-Umkreis der Erde nach dem Mysterium von Golgatha wirkenden Kräfte des Lebensgeistes Christi, welche sich erst in der siebenten Epoche vollständig in der Menschheit realisieren werden. Im Abendvortrag vom 30. Mai 1908 (GA 103) sagt Rudolf Steiner auch, die physische Erde als äußeres «Kleid» des Christus charakterisierend, über seinen Chiton (Rock) als über deren Luftkreis: «Die Luft ist nicht geteilt worden, sie gehört allen gemeinsam. Sie ist das äußere materielle Symbolum für die den Erdkreis umspielende *Liebe,* die später sich realisieren wird.» Deshalb ist auch auf der mittleren Ikone der Deesis (siehe Abb. 6) der Christus von einer viereckigen Aura umgeben dargestellt, die ein letzter Nachhall des Wissens um das Geheimnis des unteilbaren Chiton ist als die sich im Luft-Umkreis der Erde frei nach allen vier Weltrichtungen ausdehnende Substanz der Liebe oder des Lebensgeistes. (Vergleiche mit Anm. 61 im Anhang.) – Auf eine erstaunlich exakte Weise wird auf der «Pokrow-Ikone» (siehe Abb. 8) auf diesen Unterschied zwischen der Palla Mariä und dem Chiton Christi beziehungsweise zwischen der Aura der höchsten Weisheit (Manas) und der Aura der höchsten Liebe (Buddhi) hingewiesen. Erstere steht im Menschen mehr mit dem Kopf im Zu-

sammenhang und die zweite mit dem Herzen. Deshalb bedeckt die Palla Mariä ihr Haupt und der Chiton Christi, der um die linke Schulter und den linken Arm geschlungen ist, erstreckt sich bis zu seinem Herzen.

75 Besonders bedeutsam ist in diesem Zusammenhang eine weitere «Pokrow-Ikone», welche am Beginn des 16. Jahrhunderts gemalt wurde und sich im «Russischen Museum» in Petersburg befindet.

76 Siehe GA 123, 10.9.1910.

77 GA 159/160, 15.6.1915, sowie die zwei folgenden Zitate.

78 In Rußland standen *hinter* den Ikonen-Malern in der Regel die Inspirationen des einen oder anderen geistig fortgeschrittenen Asketen oder Heiligen. So fanden zum Beispiel die Inspirationen des heiligen Sergij von Radonesch in dem Werk von Andrej Rubljow ihren künstlerischen Ausdruck.

79 Das Original befindet sich in Petersburg im «Russischen Museum».

80 Siehe GA 114, 21.9.1909.

81 Siehe GA 104, 25.6.1908. – Der russische Dichter und Philosoph des 19. Jahrhunderts Ewgenij Baratynskij brachte diese Eigenart des menschlichen Ich in den folgenden Versen zum Ausdruck: «Zwei Reiche: des Leuchtens und der Finsternis Erforschen wollen gleichermaßen wir.»

82 Vom Tor der Sonne und des Mondes, welche zu den Geheimnissen der Zukunft und Vergangenheit führen, spricht Rudolf Steiner im Vortrag vom 25.1.1924 (GA 240). – Außerdem hat die Darstellung gerade dieser zwei Erzengel noch eine weitere Bedeutung. Rudolf Steiner stellt dar, daß die Engel in der Sphäre der dritten Hierarchie die Repräsentanten des Impulses des Heiligen Geistes sind (sie haben ein voll entwickeltes Geistselbst). Die Erzengel dagegen sind Repräsentanten des Sohnes oder Christus, da sie über einen voll entwickelten Lebensgeist verfügen (siehe GA 175, 20.2.1917). Deshalb befinden sich die Engel auf der Ikone rechts oben *unter* der «Sophien-Palla» und die Erzengel *über* ihr als Wesen, welche das Geistselbst aus der noch höheren Buddhi-Sphäre oder der Sphäre des Christus inspirieren.

83 Siehe Anm. 20 zum Haupttext.

84 Siehe Anm. 67 zum Haupttext.

85 Siehe Anm. 20 zum Haupttext.

86 Siehe GA 93, 4.11.1904.

IV. Das Bild von Alexander Iwanow «Das Erscheinen des Christus vor dem Volk»

87 Von 1837 bis 1857.

88 Siehe Anm. 257 zum Haupttext.

89 GA 109/111, 15.2.1909.

90 Allein die Tatsache, daß in der dunkelsten Zeit des Kali Yuga, als der Materialismus in Europa seine größte Ausbreitung erfuhr, ein im Westen (in Italien) lebender russischer Künstler im Laufe von *zwanzig Jahren* an einem Thema arbeitet, das innerhalb der ganzen Erdenentwicklung eine zentrale Stellung einnimmt, ist tief bedeutungsvoll.

91 In diesem Zusammenhang ist noch zu erwähnen, daß Alexander Iwanow eine Anregung *zu seiner* Behandlung der äußeren Gestalt Johannes des Täufers dadurch erhielt, daß er mit dem Original von Raphaels Freske «Die Messe von Bolsena» in Rom bekannt wurde. Die Gestalten auf deren linker Ecke erinnern, so wie sie auf den oben stehenden Altar weisen, von Ferne an die weisenden Hände Johannes des Täufers auf A. Iwanows Bild.

92 Siehe Kap. 3.

93 Von einer gewissen künstlerischen Intuition ausgehend stellt A. Iwanow Johannes Zebedäus gleich neben Johannes den Täufer. Obwohl er sich, selbstverständlich, nur auf die exoterische kirchliche Tradition stützen konnte, so weist er doch durch diese Komposition unbewußt auf die besondere Beziehung der zwei Johannes: Johannes der Täufer und Lazarus-Johannes (vergleiche mit Anm. 498 zum Haupttext).

94 Siehe GA 116, 2.5.1910. – Das ist einer der Gründe, warum die Mehrzahl der nächsten Jünger des Christus Jesus sich an der Zeitenwende als in sozialer Beziehung «einfache Menschen» (zum Beispiel Fischer und so weiter) verkörperte, obwohl sie in der Vergangenheit bedeutende Inkarnationen hatten.

95 Aus zahlreichen vorbereitenden Studien zu dem Bild folgt, daß A. Iwanow zunächst Jesus nach der Taufe im Jordan darstellen wollte. Nach mehreren erfolglosen Versuchen wandte er sich dann jedoch dem menschlicheren Aspekt dieser Szene zu, indem er Jesus malte, wie er sich dem Ort der Taufe nähert, das heißt unmittelbar *vor* derselben. – In diesem Zusammenhang ist besonders eine der erhaltenen Skizzen vom Haupt des Jesus interessant, die um das Jahr

1840 in Ölfarbe ausgeführt wurde und sich heute in der Tretjakow-Galerie befindet. Da sind neben dem Haupt des Jesus die antiken Häupter des Apollo von Belvedere, der Venus und des Zeus dargestellt, wobei der Künstler aus der Vereinigung einzelner Züge derselben die Grundlage für die Gesichtszüge von Jesus wählte: den oberen Teil des Gesichtes von Apollo, den mittleren von der Venus, den unteren von Zeus. (Ähnlich ging auch einmal Michelangelo vor, der als Modell für das Haupt des Christus im «Letzten Gericht» dieselbe Statue des Apoll von Belvedere wählte.) Wandte sich ein Künstler auf der Suche nach einem Modell für das Haupt Jesu an die Darstellung antiker Götter und besonders an die Gestalt des Sonnengottes Apollo, so war das nicht ganz unrichtig, wenn er Jesus *vor* seiner Taufe im Jordan darstellen wollte. In diesem Falle kann der Grund für eine gewisse Ähnlichkeit desselben mit den Darstellungen von Apollo, der Venus und Zeus, dem Sonnengott, der Göttin der Liebe und dem höchsten Lenker aller griechischen Götter, darin gesehen werden, daß die Gestalten der griechischen Götter und ganz besonders des Apollo, wie Rudolf Steiner bezeugt, Erinnerungsbilder der dritten Vorstufe des Mysteriums von Golgatha in der vierten Kulturepoche sind, der Vorstufe, welche die Entelechie des Jesus von Nazareth am Ende der atlantischen Periode vollbrachte (siehe GA 149, 30.12.1913). Was *nach* der Jordantaufe als Impuls des Staunens, der Liebe (des Mitleides) und des Gewissens (siehe Anm. 416 zum Haupttext) auf dem Antlitz des Jesus erscheint, dem entspricht *vor* der Jordantaufe die in Jesus lebende Erinnerung an die kosmischen Impulse, deren Projektionen im Bewußtsein des alten Griechen die Gestalten seiner Götter Apollo, Venus, Zeus waren.

96 Diese älteste Weisheit der Erdenentwicklung kann nach der althebräischen Geheimlehre als die «Weisheit der Schlange» bezeichnet werden. Und auf sie weist Johannes der Täufer, wenn er sich mit den Worten «Ihr Söhne der Schlange» (Matth. 3,7) an die Pharisäer und Sadduzäer wendet.

97 In dieser Beziehung waren viele der nächsten Jünger des Christus Jesus in einem gewissen Sinne in ihrer Verkörperung an der Zeitenwende den führenden Repräsentanten der späteren europäischen Bevölkerung verwandt, welche in den folgenden Jahrhunderten das Christentum annahmen (vergleiche mit Anm. 94 im Anhang).

98 Siehe Vortrag vom 1.10.1911 «Die Ätherisation des Blutes. Das Eingreifen des ätherischen Christus in die Erdenentwicklung» (in GA 130) sowie Vortrag vom 28.11.1919 (GA 194), in welchem Rudolf Steiner eingehend von dem Eingreifen des Christus-Impulses in das rhythmische System der menschlichen Organisation nach dem Mysterium von Golgatha spricht. – Ebenso wird im Lukas-Evangelium auf das Wirken des Christus-Impulses nach seiner Auferstehung von den Toten besonders im menschlichen Herzen gesprochen. Nachdem sich den zwei Jüngern, die nach Emmaus unterwegs waren, der Auferstandene, der sie während des ganzen Weges unerkannt begleitete, geoffenbart hatte, «sprachen sie zueinander: *brannte nicht unser Herz in uns* bereits, als er auf dem Wege zu uns sprach und uns den Sinn der Schrift erschloß?» (24,32).

99 Siehe «Die Erziehung des Kindes vom Gesichtspunkte der Geisteswissenschaft» in GA 34.

100 Kommt nicht die Erinnerung an gerade *dieses* «Repräsentantsein» schon in dem Titel von Novalis' Werk «Die Christenheit oder Europa» (1799) zum Ausdruck?

101 Siehe GA 116, 8.5.1910.

102 Vom russischen Volk als einem «Christus-Volk» spricht Rudolf Steiner auf eine ganz besonders entschiedene Weise im Vortrag vom 2.11.1918 (GA 185).

103 GA 59, 5.5.1910.

104 GA 152, 2.5.1913. Siehe auch Vortrag vom 20.5.1913 (ebd.).

105 Das wird nicht nur dadurch bestätigt, daß der Christus-Impuls im Osten Europas, auch in der neueren Zeit, besonders stark wirksam war, sondern noch mehr durch den äußeren Umstand, daß zum Beispiel in Rußland noch am Ende des 19. Jahrhunderts fast 90 % der Bevölkerung weder lesen noch schreiben und so nicht an der materialistischen Zivilisationsentwicklung teilnehmen konnte.

106 Selbstverständlich haben die Richtungen von Ost und West für die geistige Welt eine ganz andere Bedeutung als für die irdische. Nichtsdestoweniger erscheint die Projektion bestimmter *geistiger Strömungen* in der irdischen Welt in solcher Weise, daß von den genannten Richtungen gesprochen werden kann. Rudolf Steiner gibt zahlreiche Beispiele einer solchen Spiegelung geistiger Prozesse in der Erdensphäre, die mit den verschiedenen Richtungen in der Welt zusammenhängen. Das bedeutendste Beispiel finden wir in der Grundstein-Meditation, welche erstmals am 25. Dezember 1923 ge-

sprochen wurde. (Weitere Beispiele finden sich im Vortrag vom 21.1.1917, GA 174, und im Vortrag vom 25.11.1923, GA 232.)

107 Im Vortrag vom 28.3.1913 (GA 145) spricht Rudolf Steiner davon, daß das historische Mysterium von Golgatha Kräfte in die Erdenentwicklung trug, die die Menschheit in der Zukunft vor dem unrechtmäßigen Einfluß Ahrimans zu schützen vermögen, das zweite übersinnliche Mysterium von Golgatha und das darauffolgende Erscheinen des Christus im Ätherleibe dagegen vor dem unrechtmäßigen Einfluß Luzifers. Und dem entspricht auch die Richtung, in der sich der Christus-Impuls bewegt: im ersten Falle von Osten *nach Westen* (das heißt zu jenen Gebieten der Erde hin, wo die Kräfte Ahrimans überwiegen), und im zweiten von Westen *nach Osten* (das heißt zu jenen Erdgebieten hin, wo die Kräfte Luzifers überwiegen).

108 Das bedeutet selbstverständlich nicht, daß die genannte Fähigkeit des metamorphosierten Gewissens in den nächsten Jahrhunderten *nur* im europäischen Osten auftreten wird. Hier sollte nur darauf hingewiesen werden, daß die slawischen Völker zu einer *solchen* Verwandlung des Gewissens eine «natürliche» Veranlagung haben, die besonders daher rührt, daß ein geistiger Zusammenhang besteht zwischen dem künftigen Herabkommen des Geistselbst-Prinzips in die Erdenentwicklung und dem Eingreifen des ätherischen Christus in die Menschheit. (Siehe dazu Anm. 153 zum Haupttext.)

Verzeichnis der Abbildungen

Verzeichnis der verwendeten Werke Rudolf Steiners

Die Ziffern entsprechen den Bänden der vollständigen Gesamtausgabe der Werke Rudolf Steiners (GA), herausgegeben im Rudolf Steiner Verlag, Dornach, Schweiz.

Schriften

1 Einleitungen zu Goethes Naturwissenschaftlichen Schriften. Zugleich eine Grundlage der Geisteswissenschaft (Anthroposophie) (1884–1897).
2 Grundlinien einer Erkenntnistheorie der Goetheschen Weltanschauung, mit besonderer Rücksicht auf Schiller (1886).
4 Die Philosophie der Freiheit. Grundzüge einer modernen Weltanschauung – Seelische Beobachtungsresultate nach naturwissenschaftlicher Methode (1894).
6 Goethes Weltanschauung (1897).
8 Das Christentum als mystische Tatsache und die Mysterien des Altertums (1902).
10 Wie erlangt man Erkenntnisse der höheren Welten? (1904/05).
11 Aus der Akasha-Chronik (1904–1908).
13 Die Geheimwissenschaft im Umriß (1910).
14 Vier Mysteriendramen (1911–1913).
15 Die geistige Führung des Menschen und der Menschheit. Geisteswissenschaftliche Ergebnisse über die Menschheits-Entwickelung (1911).
17 Die Schwelle der geistigen Welt. Aphoristische Ausführungen (1913).
18 Rätsel der Philosophie in ihrer Geschichte als Umriß dargestellt (1914).
26 Anthroposophische Leitsätze. Der Erkenntnisweg der Anthroposophie – Das Michael-Mysterium (1924/25).
28 Mein Lebensgang (1923–1925).

Gesammelte Aufsätze

34 Lucifer – Gnosis. Grundlegende Aufsätze zur Anthroposophie und Berichte aus den Zeitschriften «Luzifer» und «Lucifer – Gnosis» 1903–1908.

Öffentliche Vorträge

53 Ursprung und Ziel des Menschen. Grundbegriffe der Geisteswissenschaft (1904–1905).
57 Wo und wie findet man den Geist? (1908–1909).
59 Metamorphosen des Seelenlebens – Pfade der Seelenerlebnisse (1910).
61 Menschengeschichte im Lichte der Geistesforschung (1911/12).
62 Ergebnisse der Geistesforschung (1912/13).

Vorträge vor Mitgliedern der Anthroposophischen Gesellschaft

93 Die Tempellegende und die Goldene Legende als symbolischer Ausdruck vergangener und zukünftiger Entwickelungsgeheimnisse des Menschen (1904–1906).
94 Kosmogonie. Populärer Okkultismus. Das Johannes-Evangelium. Die Theosophie an Hand des Johannes-Evangeliums (1906).
96 Ursprungsimpulse der Geisteswissenschaft. Christliche Esoterik im Lichte neuer Geist-Erkenntnis (1906/07).
97 Das christliche Mysterium (1906–1907).
98 Natur- und Geistwesen – ihr Wirken in unserer sichtbaren Welt (1907–1908).
99 Die Theosophie des Rosenkreuzers (1907).
100 Menschheitsentwickelung und Christus-Erkenntnis. Theosophie und Rosenkreuzertum – Das Johannes-Evangelium (1907).
102 Das Hereinwirken geistiger Wesenheiten in den Menschen (1908).
103 Das Johannes-Evangelium (1908).
104 Die Apokalypse des Johannes (1908).
105 Welt, Erde und Mensch, deren Wesen und Entwickelung sowie ihre Spiegelung in dem Zusammenhang zwischen ägyptischem Mythos und gegenwärtiger Kultur (1908).
108 Die Beantwortung von Welt- und Lebensfragen durch Anthroposophie (1908–1909).
109/111 Das Prinzip der spirituellen Ökonomie im Zusammenhang mit Wiederverkörperungsfragen. Ein Aspekt der geistigen Führung der Menschheit (1909).
110 Geistige Hierarchien und ihre Wiederspiegelung in der physischen Welt. Tierkreis, Planeten, Kosmos (1909).

112 Das Johannes-Evangelium im Verhältnis zu den drei anderen Evangelien, besonders zu dem Lukas-Evangelium (1909).
113 Der Orient im Lichte des Okzidents. Die Kinder des Luzifer und die Brüder Christi (1909).
114 Das Lukas-Evangelium (1909).
116 Der Christus-Impuls und die Entwickelung des Ich-Bewußtseins (1910).
117 Die tieferen Geheimnisse des Menschheitswerdens im Lichte der Evangelien (1909).
118 Das Ereignis der Christus-Erscheinung in der ätherischen Welt (1910).
119 Der Makrokosmos und Mikrokosmos. Die große und die kleine Welt. Seelenfragen, Lebensfragen, Geistesfragen. (1910).
120 Die Offenbarungen des Karma (1910).
121 Die Mission einzelner Volkseelen im Zusammenhange mit der germanisch-nordischen Mythologie (1910).
122 Die Geheimnisse der biblischen Schöpfungsgeschichte. Das Sechstagewerk im 1. Buch Moses (1919).
123 Das Matthäus-Evangelium (1910).
124 Exkurse in das Gebiet des Markus-Evangeliums (1910–1911).
125 Wege und Ziele des geistigen Menschen. Lebensfragen im Lichte der Geisteswissenschaft (1910).
126 Okkulte Geschichte. Esoterische Betrachtungen karmischer Zusammenhänge von Persönlichkeiten und Ereignissen der Weltgeschichte (1910–1911).
127 Die Mission der neuen Geistesoffenbarung. Das Christus-Ereignis als Mittelpunktsgeschehen der Erdenevolution (1911).
129 Weltenwunder, Seelenprüfungen und Geistesoffenbarungen (1911).
130 Das esoterische Christentum und die geistige Führung der Menschheit (1911/1912).
131 Von Jesus zu Christus (1911).
132 Die Evolution vom Gesichtspunkte des Wahrhaftigen (1911).
133 Der irdische und der kosmische Mensch (1912).
134 Die Welt der Sinne und die Welt des Geistes (1911–1912).
139 Das Markus-Evangelium (1912).
140 Okkulte Untersuchungen über das Leben zwischen Tod und neuer Geburt (1912–1913).
141 Das Leben zwischen dem Tode und der neuen Geburt im Verhältnis zu den kosmischen Tatsachen. Die lebendige Wechselwirkung zwischen Lebenden und Toten (1912–1913).

142 Die Bhagavad Gita und die Paulusbriefe (1913).
143 Erfahrungen des Übersinnlichen. Die Wege der Seele zu Christus (1912).
145 Welche Bedeutung hat die okkulte Entwickelung des Menschen für seine Hüllen – physischer Leib, Ätherleib, Astralleib – und sein Selbst? (1913).
146 Die okkulten Grundlagen der Bhagavad Gita (1913).
148 Aus der Akasha-Forschung. Das Fünfte Evangelium (1913/14).
149 Christus und die geistige Welt. Von der Suche nach dem heiligen Gral (1914).
150 Die Welt des Geistes und ihr Hereinragen in das physische Dasein. Das Einwirken der Toten in die Welt der Lebenden (1913).
152 Vorstufen zum Mysterium von Golgatha (1913/14).
153 Inneres Wesen des Menschen und Leben zwischen Tod und neuer Geburt (1913).
155 Christus und die menschliche Seele. Über den Sinn des Lebens. Theosophische Moral. Anthroposophie und Christentum (1912–1914).
157 Menschenschicksale und Völkerschicksale (1914–1915).
158 Der Zusammenhang des Menschen mit der elementarischen Welt. Kalewala – Olaf Åsteson – Das russische Volkstum (1912/13/14).
159/160 Das Geheimnis des Todes. Wesen und Bedeutung Mitteleuropas und die europäischen Volksgeister (1915).
161 Wege der geistigen Erkenntnis und der Erneuerung künstlerischer Weltanschauung (1915).
168 Die Verbindung zwischen Lebenden und Toten (1916).
174 Zeitgeschichtliche Betrachtungen. Das Karma der Unwahrhaftigkeit – Zweiter Teil (1917).
174a Mitteleuropa zwischen Ost und West. Kosmische und menschliche Geschichte, Bd. VI (1917/18).
175 Bausteine zu einer Erkenntnis des Mysteriums von Golgatha. Kosmische und menschliche Metamorphose (1917).
177 Die spirituellen Hintergründe der äußeren Welt. Der Sturz der Geister der Finsternis. Geistige Wesen und ihre Wirkungen, Bd. I (1917).
180 Mysterienwahrheiten und Weihnachtsimpulse. Alte Mythen und ihre Bedeutung. Geistige Wesen und ihre Wirkungen, Bd. IV (1917/18).

182 Der Tod als Lebenswandlung (1917/18).
185 Geschichtliche Symptomatologie (1918).
187 Wie kann die Menschheit den Christus wiederfinden? Das dreifache Schattendasein unserer Zeit und das neue Christus-Licht (1918/19).
188 Der Goetheanismus, ein Umwandlungsimpuls und Auferstehungsgedanke. Menschenwissenschaft und Sozialwissenschaft (1919).
193 Der innere Aspekt des sozialen Rätsels. Luziferische Vergangenheit und ahrimanische Zukunft (1919).
194 Die Sendung Michaels. Die Offenbarung der eigentlichen Geheimnisse des Menschenwesens (1919).
195 Weltsilvester und Neujahrsgedanken (1920).
202 Die Brücke zwischen der Weltgeistigkeit und dem Physischen des Menschen. Die Suche nach der neuen Isis, der göttlichen Sophia. Der Mensch in seinem Zusammenhang mit dem Kosmos, Bd. II (1920).
204 Perspektiven der Menschheitsentwickelung. Der materialistische Erkenntnisimpuls und die Aufgabe der Anthroposophie. Der Mensch in seinem Zusammenhang mit dem Kosmos, Bd. IV (1921).
209 Nordische und mitteleuropäische Geistimpulse. Das Fest der Erscheinung Christi (1921).
210 Alte und neue Einweihungsmethoden (1922).
211 Das Sonnenmysterium und das Mysterium von Tod und Auferstehung. Exoterisches und esoterisches Christentum (1922).
219 Das Verhältnis der Sternenwelt zum Menschen und des Menschen zur Sternenwelt. Die geistige Kommunion der Menschheit (1922).
223 Der Jahreskreislauf als Atmungsvorgang der Erde und die vier großen Festeszeiten. Die Anthroposophie und das menschliche Gemüt (1923).
227 Initiations-Erkenntnis. Die geistige und physische Welt- und Menschheitsentwickelung in der Vergangenheit, Gegenwart und Zukunft, vom Gesichtspunkt der Anthroposophie (1923).
229 Das Miterleben des Jahreslaufes in vier kosmischen Imaginationen (1923).
231 Der übersinnliche Mensch, anthroposophisch erfaßt (1923).
232 Mysteriengestaltungen (1923).
233 Die Weltgeschichte in anthroposophischer Beleuchtung und als Grundlage der Erkenntnis des Menschengeistes (1924).

233a Mysterienstätten des Mittelalters. Rosenkreuzertum und modernes Einweihungsprinzip. Das Osterfest als ein Stück Mysteriengeschichte der Menschheit (1924).
235 Esoterische Betrachtungen karmischer Zusammenhänge. Erster Band (1924).
236 Ebenda. Zweiter Band (1924).
237 Ebenda. Dritter Band (1924).
238 Ebenda. Vierter Band (1924).
239 Ebenda. Fünfter Band (1924).
240 Ebenda. Sechster Band (1924).
243 Das Initiaten-Bewußtsein. Die wahren und die falschen Wege der geistigen Forschung (1924).
245 Anweisungen für eine esoterische Schulung. Aus den Inhalten der «Esoterischen Schule» (1903 oder 1904).
257 Anthroposophische Gemeinschaftsbildung (1923).
258 Die Geschichte und die Bedingungen der anthroposophischen Bewegung im Verhältnis zur Anthroposophischen Gesellschaft. Eine Anregnung zur Selbstbesinnung (1923).
260 Die Weihnachtstagung zur Begründung der Allgemeinen Anthroposophischen Gesellschaft 1923/24 (1924).
262 Rudolf Steiner/Marie Steiner-von Sivers: Briefwechsel und Dokumente 1901–1925.
264 Zur Geschichte und aus den Inhalten der ersten Abteilung der Esoterischen Schule 1904 bis 1914.
271 Kunst und Kunsterkenntnis (1888–1909).
284/285 Bilder okkulter Siegel und Säulen. Der Münchner Kongreß Pfingsten 1907 und seine Auswirkungen.
292 Kunstgeschichte als Abbild innerer geistiger Impulse (1916–1917).
312 Geisteswissenschaft und Medizin (1920).
317 Heilpädagogischer Kurs (1924).
322 Grenzen der Naturerkenntnis und ihre Überwindung (1920).

Nachweis der Novalis-Zitate

NS – «Novalis Schriften», Gesamtausgabe in 6 Bänden, herausgegeben von Paul Kluckhohn † (und Richard Samuel), Stuttgart 1977-1999.
NW – «Novalis Werke», herausgegeben und kommentiert von Gerhard Schulz, Studienausgabe, München ^{2}1981.

Seite *Zitate*

29 Das Gewissen vertritt: NW, Seite 275.
47 Ich sag' es: NW, Seite 67.
Es gibt keine: NW, Seite 531.
Einsam, wie noch: NW, Seite 43.
Von unsäglicher Angst: NW, Seite 43.
Über der Gegend: NW, Seite 43.
48 Hinfloh die irdische: NW, Seite 43.
Weit und ermüdend: NW, Seite 44.
Oben baut er: NW, Seite 44.
49 Gehoben ist der Stein: NW, Seite 50.
50 O! Sauge Geliebter: NW, Seite 45-46.
Unter tausend frohen: NW, Seite 60.
Ich erfuhr in: NW, Seite 648.
51 Das Herz ist der Schlüssel: NS, Band 2, Seite 606.
So ist Christus: NS, Band 2, Seite 606.
Verklärung des Herzens: NW, Seite 247.
Alle unsere Neigungen: NW, Seite 534.
52 Und sterbe die: NW, Seite 46.
Ich lebe bei: NW, Seite 46.
53 Einst wird der Mensch: NS, Band 3, Seite 319.
55 Er starb, und dennoch: NW, Seite 60.
Er ist der Stern: NW, Seite 69.
Wenn Gott Mensch: NW, Seite 556.
Der vollendete Mensch: NW, Seite 524.
57 Mit ihm bin ich: NW, Seite 55.
60 Da kam aus blauen: NW, Seite 43.
Wenn alle untreu: NW, Seite 62.
61 In mir selbst: NS, Band 4, Seite 272.
Das vorzüglichste Element: NS, Band 4, Seite 272.

Ein hat mehr: NS, Band 2, Seite 422.
Wir träumen von Reisen: NS, Band 2, Seite 417-418.
Ich sag es jedem: NW, Seite 67-68.

64 Abwärts wend' ich: NW, Seite 41.
Himmlischer als jene: NW, Seite 42.
Aber zeitlos und raumlos: NW, Seite 42.
Nur Eine Nacht der Wonne: NW, Seite 51.
Und ein irdischer: NS, Band 4, Seite 278.

66 Ewig ist die Dauer: NW, Seite 42.
Die Nacht ward: NW, Seite 48.
Aber getreu der Nacht: NW, Seite 44.
Die Außenwelt ist: NS, Band 2, Seite 418.

67 Der echte Märchendichter: NW, Seite 455.
Dieses Ich höherer Art: NS, Band 2, Seite 529.

68 Absolute Unabhängigkeit: NW, Seite 376.
Philosophieren ist eine: NS, Band 2, Seite 529.

69 Die Welt muß: NS, Band 2, Seite 545.
Das große Geheimnis: NW, Seite 255.
Das schöne Geheimnis: NW, Seite 406.
Sittliche Grazie: NW, Seite 29.

70 Produktive Imagination: NW, Seite 376.
Ohne Inspiration keine: NW, Seite 330.
Erregung des heiligen: NS, Band 3, Seite 588.

71 Es dünckt dem Menschen: NS, Band 2, Seite 528-529.
Ein Engel zieht dich: NW, Seite 71.
O! dann neigt sich: NW, Seite 73.
Es kann kein Rausch: NW, Seite 29-30.

72 Jede Wirkung ist: NW, Seite 412.
Berührung eines höhern: NW, Seite 492.
Eine wahre Methode: NW, Seite 473.
Die Christenheit muß: NS, Band 3, Seite 524.
Die neue Welt-Inspiration: NW, Seite 502.
Eine universelle Individualität: NW, Seite 512.
Keine Religion, die nicht: NW, Seite 531.
Nur der rückwärts: NW, Seite 477.

73 Mir ist er: NW, Seite 514.
Das Sterbliche dröhnt: NW, Seite 273.

74 Der Heilige Geist: MW, Seite 565.
Die Welt ist: NW, Seite 403.

Alles, was wir: NS, Band 2, Seite 594.
Die Welt ist Markoanthropos: NW, Seite 466.
Manchen fehlt es: NW, Seite 520.
Was ist der Mensch: NW, Seite 390.
Die Geisterwelt ist: NW, Seite 460.
Der Mensch vermag: NW, Seite 327.
Der Entschluß zu: NS, Band 2, Seite 529.
Ehemals war alles: NS, Band 2, Seite 545.
75 Wir sind auf einer: NW, Seite 330.
Die Menschheit ist: NW, Seite 347.
Welt-Inspiration: NW, Seite 502.
Goldenen Zeitalters: NW, Seite 489.
79 Die Kunst, alles: NW, Seite 486.
83 Der ewige Friede: NW, Seite 489.
Apotheose der Zukunft: NS, Band 2, Seite 274.
Wir sind auf einer: NW, Seite 330.
Müssen wir Magier: NS, Band 3, Seite 250.
84 Magische Idealismus: NW, Seite 466 und Seite 480.
Auf die Idee einer: NS, Band 4, Seite 255.
Die Entdeckung der Religion: NS, Band 4, Seite 255.
Der Tag ist also: NS, Band 2, Seite 619.
Das Moralgesetz erscheint: NW, Seite 477.
Gott will Götter: NW, Seite 399.
Jeder Mensch, der: NW, Seite 459
Das Kind und sein Johannes: NW, Seite 128.
Wo Kinder sind: NW, Seite 346.
Der Messias der Natur: NW, Seite 128.
85 Ein Kind ist eine: NW, Seite 451.
Liebe ist der Grund: NW, Seite 451.
Wir müssen Magier: NS, Band 3, Seite 250.
86 Einst soll keine: NW, Seite 539.
Vollendetes…: NW, Seite 29.
Höheres Bewußtsein: NW, Seite 30.
Das System der Moral: NW, Seite 555.
Der Geisterwelt gehört: NW, Seite 539.
Gott hat gar nichts: NS, Band 3, Seite 250.
Theosophie – Gott ist: NW, Seite 451.
Der Messias der Natur: NW, Seite 128.
87 Die Menschheit ist: NW, Seite 391.

Gegenwart von: NW, Seite 276.
Die Christenheit wieder: NW, Seite 517.
Seinem heiligen Organ: NW, Seite 516.
Das neue Jerusalem: NW, Seite 518.
Nach dem Überirdischen: NW, Seite 517.
Treu bis in den Tod: NW, Seite 518.
Mit Wort und Tat: NW, Seite 518.
Die heilige Zeit: NW, Seite 518.
Wann und wann: NW, Seite 518.
88 Hier Zukunft: NW, Seite 260.
Als irdische Wesen: NW, Seite 432-433.
Die Synthese von Seele: NS, Band 3, Seite 457.
Wenn ein Geist stirbt: NW, Seite 436.
Freier Tod des Geistes: NW, Seite 436.
89 Christus und Sophia: NS, Band 4, Seite 48.
Und in diese Flut: NW, Seite 88.
90 Die Liebe ist: NW, Seite 447.
War Raphael Seelenmaler: NS, Band 3, Seite 242.
91 Gehoben ist der: NW, Seite 50.
92 Wo ich ihn: NW, Seite 62.
Meine Welt war: NW, Seite 60-61.
93 Theosophie. Gott: NW, Seite 451.
Wallen mit dir: NW, Seite 50.
Märtyrer sind geistliche: NW, Seite 563.
Wenn sich: NS, Band 1, Seite 433.
Moralisiert der echte: NW, Seite 531.
94 Denn dein Beispiel: NW, Seite 15.
Tausend Herzen sich: NW, Seite 49.
95 Apotheose der Zukunft: NS, Band 4, Seite 274.
Unzähligmal standst: NW, Seite 72.
Dein Kindlein gab: NW, Seite 72.
96 Unter tausend frohen: NW, Seite 60.
Wer einmal, Mutter: NW, Seite 70.
Ich sehe dich: NW, Seite 71.
Wen ich sah: NW, Seite 61.
Ein noch sehr (Brief von F. Schlegel): NS, Band 4, Seite 571-572.
97 Feuereifer eines Elias: NS, Band 4, Seite 100.
Über unser Ich: NW, Seite 492.
Hinunter zu der: NW, Seite 53.

98 Da kam ein: NW, Seite 57.
Alle Geschlechter verehrten: NW, Seite 46.
Geh zu dem Wunderstamme: NW, Seite 71.
In kühlen Strömen: NW, Seite 68.
99 Endlich kommt zur Erde: NW, Seite 58.
Die Sonne stand: NW, Seite 250.
Sie ist angekommen: NW, Seite 251.
Die Wärme naht: NS, Band 1, Seite 292.
Der alte Held: NW, Seite 235.
100 Weht zu neuen: NW, Seite 58.
Das gewöhnliche Leben: NW, Seite 405.
104 Unser ganzes Leben: NW, Seite 405.
Das gewöhnliche Leben: NW, Seite 405.
Nur Geduld, sie: NW, Seite 518.
Sie erkennten: NW, Seite 38.
106 In Luft und Öl: NW, Seite 68.
Glaube an die: NS, Band 3, Seite 523.
Der erste Mensch: NS, Band 2, Seite 564.
107 Die Bibel fängt: NS, Band 3, Seite 321.
Christus ist der: NW, Seite 468.
109 Neuen Testamentes: NW, Seite 128.
Neuen Natur: NW, Seite 128.
Die Nacht war: NW, Seite 48.
Es bricht die: NW, Seite 260.
Der erste Mensch: NW, Seite 389.
In neuen herrlichern: NW, Seite 48.
110 Veränderte Welt: NW, Seite 48.
Wahrlich ich war: NS, Band 1, Seite 138.
112 O! einsam steht: NW, Seite 52.
Wir müssen nach: NW, Seite 53.
114 In den Evangelien: NS, Band 3, Seite 669.
Erbauungsbücher: NW, Seite 525.
Läßt sich nicht: NW, Seite 520.
Verkündigt mit Wort: NW, Seite 518.
Zu Ende neigte: NW, Seite 47.
Fern steht nun: NW, Seite 73.
115 Unverbrennlich steht: NS, Band 1, Seite 138.
Wie er von Liebe: NW, Seite 66.
Des Liedes: NW, Seite 36.

In mir fühl ich: NS, Band 1, Seite 138.

117 Darf nur ein: NW, Seite 73.

Für alle seine: NW, Seite 56.

Zweiten, höhern Kindheit: NW, Seite 272.

Wiedergefundenes Paradies: NW, Seite 272.

121 So wird der heilge: NW, Seite 69.

Sein Äußeres (Zitat von H. Steffens): NS, Band 4, Seite 639-640.

122 Schon lodert: NW, Seite 36.

123 Die Kindeslieb: NW, Seite 73.

124 Was bildet den: NW, Seite 536.

Wir stehn in: NW, Seite 345.

134 Weckende Stimmen (und weitere Zitate): NW, Seite 273.

Selbst das Gewissen (und weitere Zitate): NW, Seite 274.

Allerdings ist das Gewissen: NW, Seite 275.

135 Alles, was die: NW, Seite 276.

Vergötternden Gegenwart: NW, Seite 276.

136 Ich sehe dich: NW, Seite 71.

Oft, wenn ich: NW, Seite 72.

139 Wissenschaft ist nur: NW, Seite 308.

Vermischter Willen: NW, Seite 321.

Wunderkraft des Glaubens: NW, Seite 488.

Der Mensch vermag: NW, Seite 327.

140 Für alle seine: NW, Seite 56.

142 Im Willen ist: NW, Seite 472.

143 Glauben – Wahrnehmung: NW, Seite 488.

Der Himmel ist: NW, Seite 56.

Religion ist: NS, Band 4, Seite 341-342.

145 Noch sind alles: NW, Seite 512.

151 Die Zeit ist da: NW, Seite 78.

158 Metaphysik und: NW, Seite 463.

Jede Krankheit ist: NS, Band 3, Seite 310.

Die Welt: NW, Seite 466.

Der gebildete Mensch: NS, Band 3, Seite 686-687.

Alle historische Wissenschaft: NW, Seite 495.

165 Könnten doch die: NW, Seite 89.

177 Der Mensch vermag: NW, Seite 327.

Anfang einer wahrhaften: NS, Band 2, Seite 526.

180 Christus und Sophia: NS, Band 4, Seite 48.

183 Wir stehn in: NS, Band 2, Seite 454.

194 Und wenn kein Sterblicher: NS, Band 1, Seite 82.
Einem gelang es: NS, Band 2, Seite 584.
195 Eine neue goldene: NW, Seite 512-513.
196 Die Götter verschwanden: NW, Seite 47, 48.
Fern im Osten: NW, Seite 57.
197 O geht hinaus: NW, Seite 56.
205 Ihr Gehorsam (und weiteres Zitat): NS, Band 4, Seite 24-25.
Eine Viertelstunde hat: NS, Band 4, Seite 367.
Sie will nichts sein: NS, Band 4, Seite 24.
Siehst du sie beide: NS, Band 1, Seite 389.
Wie gern wollte ich (Brief vom 18. 2. 1797): NS, Band 4, Seite 475.
206 Sie läßt sich (und weitere Zitate): NS, Band 4, Seite 24-25.
Nur Huldigung: NS, Band 4, Seite 181.
Es ist gewiß: NS, Band 4, Seite 222.
Ich habe zu Söphgen: NS, Band 2, Seite 395.
208 Anfang: NW, Seite 29.
Sittliche Grazie: NW, Seite 29, und NS, Band 4, Seite 101.
Moralische Schönheit: NS, Band 4, Seite 101.
212 Ewige Jungfrau ist: NW, Seite 456.
213 Eine Viertelstunde hat: NS, Band 4, Seite 367.
Einst wird die: NW, Seite 30.
220 Die Holzkohle: NS, Band 2, Seite 621.
229 Gegründet ist das: NW, Seite 258.
230 Was ihn aber: NW, Seite 132.
231 Aber die blaue Blume: NW, Seite 130.
Verbindung, die auch: NS, Band 4, Seite 50.
Allein das himmlische: NS, Band 4, Seite 210, 211.
232 Wer bin ich: NS, Band 4, Seite 211, 212.
Ich muß meine (und weitere Zitate): NS, Band 4, Seite 213, 214.
Aber die blaue Blume: NW, Seite 130.
Sie umgiebt mich: NS, Band 4, Seite 218.
233 Es ist gewiß: NS, Band 4, Seite 222.
Aber ich weiß: NS, Band 4, Seite 214.
Es ist mir ganz klar: NS, Band 4, Seite 220.
Zufrieden bin ich: NS, Band 4, Seite 221.
234 Wie entzückt werde: NS, Band 4, Seite 222.
Preis der Weltkönigin: NW, Seite 42.
235 Die Gegend hob: NW, Seite 43, der letzte Satz Seite 630.
Nach dir, Maria: NW, Seite 50.

Die Mutter eilte: NW, Seite 49-50.
236 Hinunter zu der: NW, Seite 53.
Glorie von Melodien: NS, Band 2, Seite 543.
250 Erwacht in euren: NW, Seite 245.
252 «An Tieck», ein Gedicht (und weitere Zitate): NW, Seite 76-78.
255 Siehst aller Dinge: NW, Seite 664.
Ein hohes göttlich Kind: NW, Seite 663.
256 Und konnte nun: NW, Seite 663.
Du wirst ein neues: NW, Seite 664.
Du hilfst das: NW, Seite 664.
257 So bleibt dein: NW, Seite 664.
Von Gottes goldnem: NW, Seite 664.
260 Seine Betrachtungen: NS, Band 2, Seite 640.
Wie der Physiker: NS, Band 2, Seite 640.
Goethische Behandlung: NW, Seite 494.
In manchen älteren: NW, Seite 496-497.
266 Wenn unsre Intelligenz: NW, Seite 450.
Nun erscheint die: NW, Seite 490.
Die Erkenntnis: NW, Seite 490.
Betrachtungen Gottes: NW, Seite 491.
267 Einbildungskraft besteht aus: NS, Band 2, Seite 169.
Sinnlichkeit und Verstand: NS, Band 2, Seite 169.
Anschauung – Vorstellung: NS, Band 2, Seite 186.
Ich ist Handlung: NS, Band 2, Seite 294.
Vollständiges Ich zu seyn: NS, Band 2, Seite 294.
Jedes Ding ist: NS, Band 2, Seite 180.
268 Gesetz des Begriffs: NS, Band 2, Seite 266.
269 Menschen zu beschreiben: NW, Seite 350.
Ethik. Über das Moralgesetz: NW, Seite 457.
Ich bestimme die Welt: NW, Seite 475.
Sittliches Gefühl ist: NW, Seite 558.
Mit der Bildung: NW, Seite 485.
270 Die Moral ist: NW, Seite 560.
Mensch werden ist: NS, Band 2, Seite 559.
Menschenwerdung: NW, Seite 526.
Ich bin überzeugt: NW, Seite 536.
Alle Erkenntnis: NS, Band 2, Seite 266.
271 Die Moralität muß: NS, Band 2, Seite 266-267.
272 Stärke läßt sich: NS, Band 2, Seite 292.

In jedem Augenblick: NS, Band 2, Seite 269.
Der tätige Gebrauch: NW, Seite 496.
273 Einem gelang es: NS, Band 2, Seite 584.
Das wunderbarste: NS, Band 2, Seite 362.
Was ist der Mensch: NW, Seite 390.
Die Welt ist: NW, Seite 466.
Die Welt ist: NW, Seite 403.
274 Heiligen Zeit: NW, Seite 518.
293 Wenn ich ihn: NW, Seite 62.
Alles Vollendete: NW, Seite 486.
294 Geistige Atmosphäre: NW, Seite 453.
Eine Berührung des: NW, Seite 453.
Das Christentum wird: NW, Seite 496.
Der Schleier ist: NW, Seite 514.
Ihr unentbehrliches Organ: NW, Seite 514.
Mir ist er: NW, Seite 514.
Über die Freiheit: NW, Seite 525.
325 Er war ein (Zitat von L. Tieck): NS, Band 4, Seite 558.
339 Wie wird das absolute: NS, Band 2, Seite 126.
Das reine Ich: NS, Band 2, Seite 134.
Gott ist unendliche: NS, Band 2, Seite 214.
Alles dreyes ist: NS, Band 2, Seite 214.
340 Die zufällige oder: NS, Band 2, Seite 248-249.
Die höchste Aufgabe: NW, Seite 329.
Wir sind gar nicht: NW, Seite 465.
Du wirst die Seele: NW, Seite 254.
Könnte ich doch: NS, Band 4, Seite 101.
341 In sich zurückgehn: NW, Seite 332.
Was korrespondiert: NW, Seite 436.
Wir würden inspiriert: NW, Seite 330.
348 Am Christentum hat. (Zitiert nach R. Meyer, «Novalis. Das Christuserlebnis und die neue Geistesoffenbarung», Seite 72, Stuttgart 1972.)
349 Die Welt wird: NS, Band 2, Seite 269.
351 Über die allgemeine: NS, Band 3, Seite 283.
Reizender und farbiger: NW, Seite 513.
352 Gewiß, lieber Herr: NS, Band 4, Seite 99-100.
357 Nicht alle Kinder: NW, Seite 456.
Wenn Christus sagt: NS, Band 3, Seite 560.

Schon lodert mächtig: NW, Seite 36.
Opferpriester: NW, Seite 36.
Das Lied der: NW, Seite 36.
358 Doch vielleicht hast: NS, Band 4, Seite 508.
Vielleicht hast du: NS, Band 4, Seite 508.
368 Ich mein es herzlich: NW, Seite 72.
Die Frage wirkt (Zitat von H . J. Mähl): NS, Band 2, Seite 93.
378 Moralisiert der echte: NW, Seite 531.
Jahreszeiten, Tageszeiten: NS, Band 2, Seite 612.
In der Tat (Zitat von H. Steffens): NS, Band 4, Seite 640, 641.
379 Das Leben der Götter: NW, Seite 543.
Jede Wissenschaft ist: NW, Seite 482.
Dichter ist: NW, Seite 485.
Dichter und Priester: NW, Seite 340.
384 Wer hat die Bibel: NS, Band 3, Seite 569.
390 Die Vermählung der: NW, Seite 89-90.
393 Wenn nicht mehr: NW, Seite 85.
402 Das Paradies ist: NW, Seite 492-493.
405 Es viel gar: NS, Band 4, Seite 586-587.
406 Sie würden sich: NS, Band 4, Seite 250.
[Goethes] Anhänglichkeit an das: NS, Band 4, Seite 222.
Schon in Kindergestalten (Zitiert nach der Novalis-Biographie von L. Tieck): NS, Band 4, Seite 552-553.
407 Ihr Tabakrauchen (und weitere Zitate): NS, Band 4, Seite 24-25.
408 Sittliche Grazie: NS, Band 4, Seite 101.
Moralische Schönheit: NS, Band 4, Seite 101.
418 Die Blüten sind: NW, Seite 556.
419 Der Weltkönigin: NW, Seite 42.
Entbundner: NW, Seite 43.
Lieblichen Sonne: NW, Seite 42.
Ich faßte (und weiteres Zitat): NW, Seite 43.
420 Drückst du sie: NW, Seite 50.
Die Mutter eilte: NW, Seite 49.
428 Dichter ist nur: NS, Band 3, Seite 406.
Trennung von Poet: NS, Band 3, Seite 406.
Die Physik ist nichts: NS, Band 3, Seite 558.

«Heinrich von Ofterdingen»
Notizen des Vortrags von Rudolf Steiner vom 26. April 1905 in Köln

Unser Novalis ist mehr eine Erinnerung an ein früheres Leben als ein Leben selbst, eine Persönlichkeit, welche die Innigkeit von Anfang an in der Anlage in sich hatte, eine feine, ätherische Persönlichkeit. Man ist gerade deshalb über Novalis erstaunt, weil er die höchste Intellektualität, das schärfste Denken mit einer wunderbaren Spiritualität verbindet.

Er war ausgebildeter Bergbautechniker, der Mathematik und so weiter vollständig beherrschte, der das mathematische Denken mit einer feinen, zarten, ätherischen Geistigkeit verband, der das ins Leben einführte, wie vielleicht keine zweite Persönlichkeit zu finden ist.

Man muß nachfühlen können, was in Novalis' kleinen Aussprüchen enthalten ist. Man muß auch nachfühlen seinen Enthusiasmus für die Mathematik; sie ist ihm ein großes Gedicht. Der Mensch sinnt nach über die Zusammenhänge von Raum und Zeit. Wenn er sich erfüllen kann mit den Harmonien der Sterne, die um die Sonnen kreisen, mit den Harmonien, die unter der Erde wirken, in den Erzadern im Innern der Erde und so weiter, so kann er das Wesen der Welt empfinden. Novalis ist erfüllt von einem wahren Enthusiasmus; er nennt die Mathematik eine erhabene Religion. Das ist etwas Wunderbares bei Novalis, daß er die scheinbar trokkenste Wissenschaft mit inbrünstiger Verehrung zu umfassen vermag.

Die Sinnenwelt war für ihn wenig praktisch vorhanden. Er verliebte sich in ein dreizehnjähriges Mädchen, welches bald starb. Er kannte dann keinen Unterschied zwischen den Lebenden und den Verstorbenen; er nannte sein ganzes Leben ein «ihr Nachsterben». Mit aufrichtigem Gefühl spricht er zu der Verstorbenen wie zu einer Lebenden. Später trat ihm ein anderes Mädchen nahe. Er trat ihr in übersinnlicher Weise entgegen, so daß sie für seine Gemütswelt vollständig zusammenfloß mit dem ersten Wesen, daß er geliebt hatte. Sie war für ihn ein Symbol. Das Sinnliche wurde für ihn ein Sinnbild für das, was darüber schwebte.

Es war in ihm eine Anlage zur Spiritualität, die in beispielloser Weise in der neueren Zeit dasteht. Er war in einem früheren Leben tief eingeweiht worden. Er trat in dieses Leben mit der Anlage zur Erfassung der Welt. Wie ein Komet erscheint er am geistigen Himmel, überall Geist ausstreuend in einer Weise, die nur in wenigen Kundgebungen bei neueren Geistern zu finden ist.

Aus zwei Polen war die frische, jugendliche Natur des Novalis zusammengesetzt: einer großen Intellektualität und Spiritualität. Bei ihm floß das ganze Denken als eine Allheit, die einen Lebensgrund hatte, zusammen. Er empfand überall den Urgrund als den Geist. Dies Bewußtsein nannte Novalis die Magie. Die schaffende, schöpferische Phantasie, das Fühlen der Seele, war bei ihm eine Nachbildung des großen Weltenfühlens. Es war ein magischer Idealismus in ihm; er fühlte sein Ich mit dem Ich aller anderen Wesen verwandt, und alle anderen Wesen fühlte er als untereinander verwandt.

In den «Lehrlingen von Sais» findet man die Geschichte des Jünglings Hyazinth, der ein inniges Verhältnis zu den Wesen der Natur hat; er steht dem Mädchen Rosenblüt nahe. Nur in den Tiefen des Waldes, den Blumen des Feldes hat er Genossen seines Geheimnisses! – So fühlte sich Novalis hinein in das geistige Leben und Weben der Natur. – Weiter kommt in der Geschichte ein Mann mit einem langen Bart vor, der ein Buch hat, aus dem Hyazinth viel lernt. Dann sucht er das, was das innerste Wesen des Menschen ausmacht; dieses, was der Mensch suchen muß, nannte Novalis «die blaue Blume». Das Aufsuchen des höheren Selbst im Menschen ist das Suchen der blauen Blume. – Das bedeutsamste Symbol ist für den orientalischen Mystiker die Lotosblume. Sie ist das Symbol des höheren Ich, des Menschen Menschentums, wo das Ich aufgeht. Wie in Blumenblättern ist es jetzt vorhanden, später wird es Samen und Früchte bringen. – Novalis hatte sich das Wissen aus einer früheren Inkarnation mitgebracht. – Er erzählt, wie Hyazinth nach dem Lande der Geheimnisse wandert. Als er den Schleier hinweghebt, findet er Rosenblüt.

Das Gefühl der Einheit ist auch zu finden in Novalis' «Hymnen an die Nacht»; dort ist das lyrisch zum Ausdruck gekommen. Alles, was er der Welt hat sagen wollen, hat er angefangen zu sagen in dem Roman «Heinrich von Ofterdingen». Er starb aber darüber. Was er hat ausführen wollen, wollen wir uns vorführen.

Es ist die Zeit des Wartburger Sängerkrieges, da Heinrich jung war. Dann werden wir eingeführt in eine Märchenwelt. Zurückversetzen müssen wir uns in die Zeit, als der atlantische Ozean noch Land war. Ein reges Leben war dort; Menschen, deren Treiben in der Tat dem jetzigen Menschen wie ein Märchen vorkommen würde. Es war ein Land, auf dem nicht Regen und Sonnenschein verteilt waren wie heute. Die nordischen Sagen haben nicht umsonst die Atlantis Niflheim – Nebelheim – genannt. Es war nicht eine Verteilung von Regen und Sonnenschein, sondern ein allgemeiner Übergang von Wasser und Luft. Ein Regenbogen wäre dort nicht möglich gewesen. Man steht staunend vor der unendlichen Wahrheit der religiösen Urkunden. Zunächst sieht man ein Sinnbild in dem Regenbogen; aber ein Regenbogen wäre in der alten Atlantis nicht möglich gewesen. Es ist einer jener heiligen Momente, die dem okkulten Forscher aufsteigen, wenn er sich im Schauen zurückversetzt in diese älteren Zeiten. Man kann da wirklich von einer Märchenwelt sprechen. In dieses alte Reich blickt Novalis zurück. Der Mensch hatte damals noch nicht seinen klügelnden Verstand. Er lebte damals das Leben der Natur mit; er baute sich sein Haus in der Weise, daß es hervorwuchs aus den Felsen und Pflanzen. Damals gab es noch keine Mythen. – Was sind die Mythen, die sich unser Volk erzählt? Die Gabe, die Welt in der Dichtung zu gestalten, ist erst unserer Wurzelrasse eigen; die Atlantier hatten sie nicht. Aber die Atlantier konnten die Pflanzen noch zur Verwandlung bringen. Die Verwandlungen der Circe in der «Odyssee» deuten hin auf diese Verwandlungskraft der Menschen. Alles, was der Mensch als Mythe aus seinem Innern hervorbringt, das hatten die Menschen in der Atlantis erlebt und mit eigenen Augen gesehen. Die großen Dichter unserer Rasse haben ihre Dichtungen von dem, was sie auf der Atlantis selbst gesehen hatten. Novalis verwebt seine Erinnerungen mit der Geschichte des Heinrich von Ofterdingen; darin gibt er eine Erzählung aus der Atlantis.

Dann führt er uns in neuere Zeiten hinein, in die Zeit der Städtegründung. Diese Zeit bringt das Heraufkommen des Bürgertums mit sich und die materielle Kultur. Mit dem Entstehen des Bürgertums ist die äußere materielle Kultur verknüpft. Da wird das, was Dichtung war, etwas anderes. In unserer Unterrasse ging die Dichtung von etwas anderem aus. Wir versetzen uns nun in die Mysterien vor Homer und Sophokles, wo eine uralte Kultur die Grundlage gelegt hat für das, was in Homer und Äschylos herauskommt. Da wurden die Gereinigten zugelassen zu den höheren Mysterien. Die Urmysterien verliefen im Astralen. Aber es gab einen Abglanz zum Beispiel in den eleusinischen Mysterien. Da wurde dargestellt das sogenannte Urdrama, wie der Gott in die Materie herabsteigt; der herabsteigende, leitende und auferstehende Gott, ringsherum der Chor, welcher in der uralten griechischen Musik wie in einem Echo das Urdrama wiedergab. Bei Äschylos wandelte sich ein Zweig des Urdramas um in das weltliche Drama. Das ist aber nur ein Zweig, aus den Mysterien hervorgewachsen. Der andere Zweig war die Philosophie und der dritte Zweig die Religion. Im Mysterium hatten die Alten Religion und Dichtung und Wissenschaft zugleich. Anschaulich wurde die Wissenschaft vorgeführt. Früher fanden sich diese zugleich nebeneinander, dann später auseinanderstrebend als drei Zweige aus einer Wurzel. Damit jeder in seiner Art vollkommen werden konnte, mußten sie sich trennen. Große Geister streben nun, das wieder zu vereinigen, was früher auseinandertrat. Daher finden wir das Streben nach Vereinigung der Künste, so zum Beispiel in Bayreuth ein Gesamtkunstwerk zu schaffen.

Poesie ist das, was aus der Wahrheit hervorgegangen ist. Ursprünglich war die Dichtung nichts anderes als das Kleid der Wahrheit. Novalis blickt auf die Urzeit zurück, in der die Dichter in ihren Dichtungen einen Ausdruck der höchsten Wahrheit geben wollten. Blicken wir zurück auf die Urdichtungen der Menschheit, so haben wir in ihnen einen Ausdruck der höchsten Wahrheit. In der Atlantis war der Mensch noch mit der Natur, mit seinem Gotte verwandt. In den Mysterien fanden Darstellungen der Wahrheit statt.

Die Erinnerungen, die in den Mysterien auflebten, waren für Novalis etwas Heiliges, Wirkliches. Er sagte sich: zukünftig wird wirklich werden, was die Menschen in sich tragen. Was wir aus unserer Imagination schaffen als Dichter, das wird einstmals Wirklichkeit werden. So wächst die gegenwärtige Welt zu einer Wirklichkeit heran. Dadurch, daß die Menschen die Keime der Dichtung in das materielle Leben legen, wächst auch aus dem materiellen Leben etwas ganz anderes heraus. Die Führerin ist ihnen die Weisheit, die Sophia.

In die Zeit der aufgehenden Städtekultur legt Novalis seine Handlung, die Zeit, wo das äußere Leben materiell wird, wo es übergeht in das bürgerliche Element des physischen Planes. Die Träger eines Zukunftssamens sind für ihn die Dichter. In die materielle Kultur werden die Samen der Dichtung gelegt.

Novalis läßt den Heinrich von Ofterdingen eine Art Seher sein. Er träumt von der blauen Blume – Träume, die nicht wie die anderen Träume sind, sondern eine Abspiegelung der Wirklichkeit. Er läßt ihn verschiedenes erleben: das Hineinleuchten der Kreuzzüge, des Spirituellen, was aus dem Orient nach Europa hereinfloß. – Die Gefangene auf dem Schloß – .

Das Wichtigste für Heinrich ist, daß er zusammenkommt mit einem Bergmann, der fast sein ganzes Leben unter der Erde zugebracht hat. Es wird vorgeführt, was man da empfinden kann, wenn man in den Schächten der Erde arbeitet. Die Sterne des Himmels leuchten ihm entgegen wie die Zukunft. In den Schächten der Erde findet er gleichsam seine Vergangenheit. Die Metalle sind dem Menschen gleichsam verwandt. Was im Laufe der Jahrtausende sich da unten entwickelt hat, das Geheimnis der göttlichen Weltordnung, bringt der Bergmann mit. Die Selbstlosigkeit der Arbeit wird da geschildert, wie er das Gold zum Vorschein bringt; ihn interessiert nur, wie das Gold aus der Erde hervorkommt. Darin erkennt er die schaffende Gottheit. Es ist eine schöne moralische Schilderung des selbstlosen Interesses an dem, was die Selbstsucht der Menschen entfacht. Er, der immer in der Finsternis ist, hat erst recht die Vorstellung von der Großartigkeit des Lichtes.

Heinrich macht weiter die Bekanntschaft mit dem alten Einsiedler in der Höhle. Dieser hat eine reiche Lebenserfahrung hinter sich und trägt dies in ein Buch ein. Er spricht davon, daß nur ein solcher ein wirklicher Geschichtsschreiber ist, der in allem Vergänglichen ein Gleichnis des Unvergänglichen sieht. Dieses vertieft wieder die Erfahrungen Heinrichs.

Dann lernt Heinrich in Augsburg den Meister Klingsor kennen, der ein Seher ist. In einem Märchen vernehmen wir von ihm die Zukunft der ganzen Menschheit. Eine höhere Welt wird herausgeboren aus dieser Welt. Ein dichterischer Zauber liegt in der Liebe zu Mathilde, die sich später wieder als Cyane entpuppt – ein Hinweis darauf, daß alles Vergängliche ein Sinnbild des Unvergänglichen ist. Er weiß, daß aus dem, was jetzt harte, steinerne Wirklichkeit ist, in Zukunft andere Welten herauswachsen werden.

Er schildert dann das Aufgehen in der astralen Welt. Das Land Astralis stellt für ihn Evolution, Entwicklung, dar. Die Dichtung wird zu einer magischen Kraft, die die Menschen umgestaltet. Er glaubt an die zauberische Kraft der Phantasie, wo sie nicht zügellos dahinflutet, sondern in der Führung der Sophia steht und die ganze Welt mit der Kraft des Eros durchdringt.

Ein wiederverkörperter Pythagoräer war Novalis.

*

Zu diesem Vortrag

Es gehört zu den Rätseln im Gesamtwerk Rudolf Steiners, daß er nur ein einziges Mal, und dazu noch in einem sehr frühen Vortrag, von einer Inkarnation von Novalis als «wiederverkörperter Pythagoräer» spricht. Dennoch ist diese Erwähnung von außerordentlicher Bedeutung, um das Wesen und Schaffen von Novalis besser verstehen zu können. Aus vielen Stellen seines Werkes spricht eine so direkte und authentische Beziehung zur Welt des alten Griechenland, daß man sich fragen kann, ob sie wohl eine Erinnerung aus seiner Inkarnation in dieser Zeit sei.

Wenn auch nicht unmittelbar, so deutet Rudolf Steiner doch immer wieder bei der Charakterisierung von Novalis' Beziehung zur Mathematik auf diese Seite von dessen karmischer Vergangenheit hin. Denn in seinem Leben war Novalis nicht nur ein begeisterter romantischer Dichter, sondern auch ein fest mit beiden Füßen im praktischen Leben stehender Mensch. Er hatte eine umfangreiche Bildung als Bergbauingenieur, zu der, neben umfassenden Kenntnissen in einer Reihe von Wissenschaften, auch ein gründliches Studium der Mathematik gehörte.

Vor allem die Worte aus dem Kölner Vortrag: «Man muß auch nachfühlen seinen Enthusiasmus für die Mathematik; sie ist ihm ein großes Gedicht», erwähnt Rudolf Steiner in verschiedenen Formulierungen in zahlreichen späteren Vorträgen. So spricht er am 26. Oktober 1908 davon, daß, wenn Mathematik der beste Weg zum Erlangen des «reinen sinnlichkeitsfreien Denkens» ist, Novalis «ein Musterbeispiel» eines Menschen darstellt, der diese höhere Stufe im Denken voll erreicht und ausgeübt hat (GA 108). Und in dem Vortrag vom 29. September 1920 beschreibt Rudolf Steiner, wie Novalis durch das «Erschauen» der «mathematischen Harmonien» zu wahren geistigen Inspirationen durchstoßen konnte, so wie es heute nur auf dem Wege des Buches «Wie erlangt man Erkenntnisse der höheren Welten?» möglich ist (GA 322).

Auch an vielen anderen Stellen, wo Rudolf Steiner diese besondere Beziehung von Novalis zur Mathematik beschreibt, bringt er – wie auch in dem obigen Vortrag – diese immer wieder mit den Sternenharmonien und Konstellationen in Verbindung, so wie es einst in den pythagoräischen Schulen gelehrt wurde. Zum Beispiel sagt Rudolf Steiner in dem Vortrag vom 25. Dezember 1920: «Der auserlesene Novalis besingt sie [die Welt der Mathematik], weil in ihm noch etwas lebt von dem Nachklang dessen, was diese Welt war, als sie sich noch nicht in das Innere [des Menschen] zurückgezogen hatte. Da war sie jene Welt, aus welcher der Jupiter-, der Saturngeist, aus der heraus der Geist des Widders, des Stiers, der Zwillinge wahrgenommen wurde. Das war die alte, lichterfüllte Sternenwelt, die sich nur zurückgezogen hat und zunächst im ersten Stadium ihres Zurückziehens die scheinbar trockene mechanisch-mathematische Welt ist» (GA 202). Es ist nicht schwer, hinter dieser «alten, lichterfüllten Sternenwelt» die Welt der pythagoräischen Sphären zu erkennen. Denn in den pythagoräischen Schulen wurde die Beziehung zwischen der Mathematik und der Astronomie unter dem Gesichtspunkt des sich in beiden offenbarenden Geistes gründlich studiert. Und als einen Nachklang dieses Unterrichts erlebte Novalis die überall in der Welt zu findenden mathematischen Gesetze als lebendiges Zeugnis einer allgegenwärtigen Präsenz und Wirksamkeit des Geistes.

Dadurch wurde Novalis auch von dieser Seite her ein bedeutender Vorläufer der modernen Geisteswissenschaft mit ihrem Bestreben, die Intellektualität und die Spiritualität zu verbinden (siehe den oben abgedruckten Vortrag), um auf dieser Grundlage das Ideal des wahren Rosenkreuzertums, die höhere Synthese von Wissenschaft, Kunst und Religion, zu erreichen. Und vor allem aus Novalis' Fragmenten geht klar hervor, daß er diese Synthese nicht nur geahnt, sondern wie kaum ein anderer in seiner Zeit auch gelebt hat.

In diesem Sinne bezeichnet Rudolf Steiner das Gedicht von Novalis, in dem dieser am schönsten seine künstlerisch-religiöse Beziehung zur Mathematik zum Ausdruck bringt, als «eine Art von Motto ... für dasjenige, wozu wir uns entschlossen haben, am Ausgangspunkt der anthroposophischen Geistesströmung» (29.12.1912, GA 143). Und diesen Vortrag, der den Titel trägt «Novalis als Verkünder des spirituell zu erfassenden Christus-Impulses», der sieben Jahre nach dem oben angeführten Kölner Vortrag am gleichen Ort gehalten wurde, schließt Rudolf Steiner mit dem erwähnten Gedicht, bei dem er in der letzten Zeile noch ein Wort hinzufügt (kursiv):

Wenn nicht mehr Zahlen und Figuren
Sind Schlüssel aller Kreaturen,
Wenn die so singen, oder küssen
Mehr als die Tiefgelehrten wissen
Wenn sich die Welt ins freie Leben,
Und in die «freie» Welt wird zurückbegeben,
Wenn dann sich wieder Licht und Schatten
Zu echter Klarheit wieder gatten
Und man in Märchen und Gedichten
Erkennt die «alten» wahren Weltgeschichten,
Dann fliegt von Einem geheimen Wort
Das ganze verkehrte *Herden*-Wesen fort.

(Zitiert nach «Novalis. Schriften», Band 1
«Das dichterische Werk», Stuttgart 1960.)

Dieses Gedicht fand sich unter den Papieren, die Novalis als Notizen zum zweiten Teil seines Romans dienen sollten. Es wurde erst später in den «Paraliponena zum ‹Heinrich von Ofterdingen›» veröffentlicht. Als Ludwig Tieck nach dem Tod von Novalis aufgrund der unveröffentlichten Fragmente und seiner früheren Gespräche mit dem Dichter eine Zusammenfassung des zweiten Teils des Romans herausgab, schrieb er über dieses Gedicht: «In folgendem Gedichte, welches seine Stelle im ‹Ofterdingen› finden sollte, hat der Verfasser auf die leichteste Weise den innern Geist seiner Bücher ausgedrückt». (Zitiert nach «Novalis. Schriften», Band 1 «Das dichterische Werk», Stuttgart 1960.)

Damit dokumentierte dieser Freund von Novalis – ohne es zu wissen – dessen tiefere Beziehung zu der pythagoräischen Strömung.

Hier möchte ich meinen herzlichen Dank an Frau Dr. Marianne Fiechter aussprechen, die mich nach dem ersten Erscheinen dieses Buches auf den unveröffentlichten Kölner Vortrag aufmerksam machte und ihn mir aus dem Nachlaß von Dr. Madeleine van Deventer zukommen ließ.